D1640022

LUDWIG FEUERBACH
Gesammelte Werke

21

LUDWIG FEUERBACH

GESAMMELTE WERKE

HERAUSGEGEBEN
VON DER
BERLIN-BRANDENBURGISCHEN
AKADEMIE DER WISSENSCHAFTEN
DURCH
WERNER SCHUFFENHAUER

21

LUDWIG FEUERBACH

Briefwechsel V
(1862–1868)
Nachträge
(1828–1861)

BEARBEITET
VON
MANUELA KÖPPE · WERNER SCHUFFENHAUER

AKADEMIE VERLAG

Dieser Band wurde durch die Bund-Länder-Kommission für Bildungsplanung und Forschungsförderung im Akademienprogramm mit Mitteln des Bundes (Bundesministerium für Bildung und Forschung) und des Landes Berlin (Senatsverwaltung für Wissenschaft, Forschung und Kultur) gefördert.

BERLIN-BRANDENBURGISCHE
AKADEMIE DER WISSENSCHAFTEN

LUDWIG FEUERBACH
GESAMMELTE WERKE
Begründet von Werner Schuffenhauer

KOMMISSION FÜR DIE
FEUERBACH-GESAMTAUSGABE
Herfried Münkler (Vorsitzender)
Alfred Schmidt · Erich Thies

ISBN 3-05-003822-5

© Akademie Verlag GmbH, Berlin 2004

Gedruckt auf chlorfrei gebleichtem Papier.
Das eingesetzte Papier ist alterungsbeständig nach DIN/ISO 9706.

Alle Rechte, insbesondere die der Übersetzung in andere Sprachen, vorbehalten. Kein Teil dieses Buches darf ohne schriftliche Genehmigung des Verlages in irgendeiner Form – durch Photokopie, Mikroverfilmung oder irgendein anderes Verfahren – reproduziert oder in eine von Maschinen, insbesondere Datenverarbeitungsmaschinen, verwendbare Sprache übertragen oder übersetzt werden.

Druck und Bindung: Druckhaus „Thomas Müntzer", Bad Langensalza

Printed in the Federal Republic of Germany

Briefwechsel
V

Vorbemerkung

In den Bänden 17 bis 22.1 der „Gesammelten Werke" Ludwig Feuerbachs wird der *Briefwechsel* des Philosophen veröffentlicht. Unsere Edition erfaßt chronologisch nach der jeweiligen Datierung sämtliche bislang aufgefundenen Korrespondenzen von und an Feuerbach, einschließlich der im Auftrag erfolgten; sie werden in ungekürztem Wortlaut nach der handschriftlichen Überlieferung bzw., wo eine solche nicht nachweisbar war, nach dem jeweils zuverlässigsten Druck wiedergegeben.

Zur Editionsgeschichte des Briefwechsels und zu den allgemeinen Prinzipien unserer Edition sei auf das *Vorwort zu den Gesammelten Werken Ludwig Feuerbachs* (im folgenden: GW) in Band 1 unserer Ausgabe (Berlin 1981, S. XXXVI bis XXXVIII und S. XLVII–XLVIII; 2., durchgesehene Auflage, Berlin 2000, S. LXXII–LXXIII und S. LXXXV–LXXXVIII) verwiesen.

Der vorliegende Band erfaßt den Briefwechsel der Jahre von 1862 bis 1868 mit insgesamt 190 Briefen von und an L. Feuerbach. Darüber hinaus werden weitere 28 Korrespondenzen zu vorangegangenen Bänden des Briefwechsels nachgetragen. Die früheren Editionen von Karl Grün (1874) bzw. von Wilhelm Bolin (1904) boten für den Zeitraum des Bandes lediglich 43 bzw. 61 Briefe.

Die Korrespondenzen des vorliegenden Bandes stehen zeitlich gesehen eng mit den Texten in GW 11 (Kleinere Schriften IV: 1851 bis 1866) und den nachgelassenen Stücken, die in GW 16 (Nachlaß IV: Studien, Kritiken und Aphorismen 1842–1870) geboten werden, in Verbindung.

Die Briefe Ludwig Feuerbachs aus den Jahren von 1869 bis zu seinem Tod, am 13. September 1872, folgen im ersten Teil des Bandes 22, der die Gesamtausgabe abschließt. Auch diesem Band werden eine Reihe zwischenzeitlich erfaßter weiterer

Nachträge beigegeben. Ein Anhang mit Briefen von und an Feuerbachs Frau Bertha und dessen Tochter Leonore, trägt zu Aspekten des Lebens und Wirkens des Philosophen zusätzlich bei.

Ludwig Feuerbach mußte 1860 infolge des Bankrotts der Bruckberger Porzellanmanufaktur mit seiner Familie Bruckberg verlassen. Der Bankrott kostete das Vermögen seiner Gattin, die Miteigentümerin der Fabrik war, und den Verlust von Mitteln, die er selbst der Abwendung des Zusammenbruchs gewidmet hatte. Die Familie übersiedelte an den Stadtrand von Nürnberg, wo man sich am Fuße des Rechenbergs zur Miete im Obergeschoß eines ursprünglich mehr zur sommerlichen Nutzung bestimmten Landhauses einlogierte. Finanzielle Hilfe von Freunden ermöglichte den Umzug. Schwierigkeiten bereiteten ihm anfangs in der kalten Jahreszeit die Unbenutzbarkeit des Arbeitszimmers, das nicht heizbar war, und anderseits die ständige Ruhestörung durch den regen Verkehr auf der nahe gelegenen Hauptstraße von und nach Nürnberg. Der Ausbau einer vom Verkehr abgelegenen Dachkammer und die Gewährleistung ihrer Heizbarkeit trugen mit dazu bei, das Arbeiten ungestörter und auch in der kalten Jahreszeit zu ermöglichen.

Allmählich stellten sich auch wieder wie in Bruckberg Besucher ein. So konnte Feuerbach seinen alten Freund, den Arzt und Publizisten Otto Lüning empfangen, der sich im Deutschen Nationalverein und für die Fortschrittspartei und dann seit ihrer Gründung 1865 für die deutsche Volkspartei engagierte und Feuerbach mit den Bemühungen um die Lösung der Fragen der Nation vertraut hielt. Die beiden Mitstreiter Garibaldis, der Militärschriftsteller und Oberstbrigadier Friedrich Wilhelm Rüstow und Oberleutnant Ludwig Schweigert, der in Coburg als Sekretär des Nationalvereins tätig war, wie auch der Freund und Dichter Georg Herwegh und seine Gattin Emma besuchten Feuerbach bei verschiedenen Gelegenheiten und vermittelten ihm insbesondere aktuelle Informationen über die Fortschritte der italienischen Befreiungsbewegung. Auch der Leipziger Verleger Otto Wigand suchte Feuerbach in seinem neuen Domizil auf, wobei der Gedanke einer gemeinsamen Studienreise nach Amerika für Feuerbach nicht mehr in Betracht kam. Der russische Exilant Jakob von Khanikoff weilte oft zu Besuch bei Feuerbach; er hatte sowohl Wohnsitz in Erlangen als auch in Berlin genommen. Zuvor hatte er in Heidelberg erste russische Übersetzungen Feuerbachs betrieben. „Das Wesen des Christentums" (1861) hatte er Johann Nicolaus Trübner, dem deutschen Verleger in London, zugleich mit dem Ziel der Herausgabe weiterer Werke Feuerbachs in russischer Sprache angeboten. Freude bereitete Feuerbach der Besuch des Publizisten Karl Blind, der 1848/49 als badischer Revolutionär, Mitglied des Bundes der Kommunisten und Mitarbeiter der „Rheinischen Zeitung" hervorgetreten war und nach der Revolutionsniederlage in London unter den zahlreichen Emigranten wirkte. Wenig später gelang es ihm, Feuerbach als – nominellen – Mitherausgeber seines Organs „Deutscher Eidgenosse" für den „Verein Deutsche Freiheit und Einheit" zu gewinnen, der von März 1865 bis Mai 1867 in London und Hamburg erschien. Blind spielte eine besondere Rolle bei der Einrichtung eines „Ehren- bzw. Nationaldankes" für Feuerbach, der durch Zuwendungen von Freunden aus aller Welt auf eine Feuerbach annehmbare Weise die größte Not lindern sollte. Dem Briefwechsel mit Otto Lüning ist zu entnehmen, daß der einstige radikale Revolutionär Ludwig Bamberger, der im Exil in London und Paris als Bankier zu Wohlstand gekommen war, Feuerbach für die folgenden sechs Jahre eine beachtliche jährliche Dotation zukommen ließ; Bamberger kannte Feuerbach aus der Zeit der Aufsehen erregenden „Vorlesungen über das Wesen der Religion" von 1848/49 in Heidelberg.

Neben den alten Freunden, die weiter mit Feuerbach den Briefverkehr aufrechterhielten und ihn nach ihren Möglichkeiten auch besuchten, führten eine Reihe jüngerer Verehrer und Freunde ihre Beziehungen weiter und hatten zum Teil auch Gelegenheit, am Rechenberg bei ihm einzukehren. Es sei hier Ferdinand Kampe, der gebürtige Luxemburger, genannt, der über das Studium der protestantischen Theologie zur freireligiösen Bewegung gekommen war, als Prediger in Breslau, Schweinfurt und Hamburg wirkte und sich nach der Niederlage der Revolution 1849 der Geschichte des Deutschkatholizismus zuwandte. Kampe war Feuerbach sehr zugetan und gab seinen Freunden den Hinweis auf die junge Deutsche Schillerstiftung. Dank verschiedener Bemühungen gelang es, Feuerbach alsbald jeweils für drei Jahre eine finanzielle Ehrengabe zukommen zu lassen.

Ein besonderes inniges Verhältnis vermitteln die Korrespondenz und die Besuche seines seit 1857 mit ihm bekannten Verehrers und Freundes Wilhelm Bolin aus Finnland, die Feuerbachs Anteilnahme an dessen akademischer Ausbildung gleichermaßen zeigen wie auch Bolins aufmerksames Eingehen auf manche Fragen der Arbeiten des Philosophen. Auch Carl Julius Duboc, der als Journalist in Dortmund und dann in Berlin wirkte, wie auch der schwäbische Radikale, Dichter und Publizist Ludwig Pfau, Verfasser der von Feuerbach hochgeschätzten „Freien Studien", vermochten Anteil an den philosophischen Arbeiten zu nehmen. Nachdem sich im Jahre 1864/65 Flüchtlingen der Revolutionszeit die Tore wieder öffneten, kehrte Pfau, der seinen Freiheitssinn und seine demokratischen Überzeugungen bewahrt hatte, von Paris zurück. Friedrich Alexander Kapp, der 1849 über die Schweiz nach den USA geflohen war und sich dort als Anwalt und Schriftsteller betätigte, hielt nach wie vor zu Feuerbach enge Beziehungen und ließ es sich nicht nehmen, ihn auf einer Besuchsreise in Deutschland, die seine Rückkehr vorbereiten sollte, am Rechenberg aufzusuchen. Schließlich sei hier auch auf den Zoologen und Politiker Karl Vogt, den Arzt und Politiker Ludwig Büchner und den Physiologen Jacob Moleschott hingewiesen, die vor allem brieflich mit Feuerbach Kontakt hielten.

Auch am Ort begannen sich Freundschaftsbeziehungen zu entwickeln, so mit Enno Hektor, dem Sekretär des Germanischen Museums in Nürnberg, und dem Mediziner Dr. Eduard Baierlacher, der Feuerbachs Hausarzt wurde und ihn auch in die Nürnberger „Naturhistorische Vereinigung" einführte.

Den Beginn einer besonderen Freundschaft bildete der Besuch von Konrad Deubler aus Goisern im Salzkammergut, der Feuerbach zwar verfehlte, aber von Frau und Tochter herzlich aufgenommen wurde. Deubler, Bergbauer und Gastwirt, wurde 1853 wegen des Besitzes aufklärerischer Literatur in seiner oberösterreichischen Heimat des „Hochverrats" und der „Religionsstörung" bezichtigt und hatte bis 1857 Haft und Internierung zu erdulden. Wieder in Freiheit, trieb es den begeisterten Verehrer Feuerbachs, den Philosophen kennen zu lernen. Für eine Zeit von drei Jahren entspann sich zunächst ein brieflicher Verkehr, bis es bei einem neuerlichen

Besuch Deublers am Rechenberg zum persönlichen Kennenlernen kam.

Ende 1863 wandte sich auf Wunsch von Emma Herwegh Ferdinand Lassalle an Feuerbach, um ihn mit seinen politischen Anschauungen vertraut zu machen; er übersandte ihm zahlreiche politischen Flugschriften und gab ihm Hinweise auf deren Abfolge. Hintergrund einer so eingehenden Information mag die Bedeutung gewesen sein, die Nürnberg im letzten Jahrzehnt in der wirtschaftlichen Entwicklung erreicht hatte, die dort beachtliche Rolle der Fortschrittspartei, in deren Gefolge ein für Süddeutschland markanter Aufschwung der Arbeiterbewegung. erfolgte. Unabhängig davon, daß über Lassalles Anschauungen bereits Artikelserien in Nürnberger Journalen erschienen waren (vgl. z. B. „Herr Lassalle und sein System", Korrespondent von und für Deutschland, Nürnberg, Juli 1863) sah Feuerbach die große Zahl der Flugschriften durch. Seine Antwort bezeugte Dank „für die Fülle des Erheiternden und Belehrenden, namentlich in nationalökonomischer Beziehung"; er bekannte sein Einverständnis mit Lassalles Kritik am gegenwärtigen Staatswesen und mit der Notwendigkeit einer „Konstruktion des zukünftigen Staates aus dem Arbeiterstande". Ungeachtet dessen distanzierte sich Feuerbach von Lassalles Anlehnung an Bismarck und von seiner Kritik an der Fortschrittspartei, die nach Feuerbach eben gerade „alle geistlichen und weltlichen Mächte der Vergangenheit wider sich habe und die conditio sine qua non der Realisation seiner eigenen Ideen sei" (An Ferdinand Lassalle, 28. Oktober/3. Dezember 1863).

Durch Zuschriften oder im Gespräch mit philosophisch interessierten Freunden, Bekannten und Verehrern erhielt Feuerbach Anstöße und Anregungen zur Weiterführung seiner philosophischen Arbeiten. Inmitten der Feuerbach bewegenden Fragestellungen waren zweifellos Wilhelm Bolins mehrfache Hinweise auf die noch ausstehende Auseinandersetzung mit Arthur Schopenhauers Philosophie von besonderem Belang, gerade wegen der prinzipiellen Gegensätzlichkeit beider Philosophen im Wesen und einander nahekommenden Auffassungen in manchen Einzelfragen – Beobachtungen, die auch Julius Duboc zu vermitteln suchte.

Zu seinem 60. Geburtstag im Jahre 1864 erhielt Feuerbach zahlreiche Glückwünsche und Geschenke, besonders aus

Berlin, weshalb es ihn trieb, seine Berliner Freunde, Heinrich Benecke und Max Friedländer sowie die Familie Jakob von Khanikoff aufzusuchen und seinen Dank persönlich abzustatten. Max Friedländer und Heinrich Benecke wirkten seit geraumer Zeit als Journalisten in Berlin. Friedländer war bekannt durch die in den fünfziger Jahren von ihm redigierte links-bürgerliche „Neue Oder-Zeitung", an der zeitweilig auch Karl Marx mitwirkte. Heinrich Benecke hatte sich nach dem Studium der Theologie und anfänglicher Ausübung des geistlichen Amtes unter dem Eindruck Feuerbachscher Schriften für die Stelle eines Erziehers und dann für die publizistische Tätigkeit entschieden. Die Reise nach Berlin gedachte Feuerbach mit einem Besuch des Viktoria-Instituts, einer Bildungsstätte vornehmlich für Kinder ausländischer Diplomaten in Falkenberg bei Freienwalde nordöstlich von Berlin, zu verbinden. Eine Nichte seiner Frau war kurz zuvor mit dem Direktor des Instituts, Dr. Schmidt, verheiratet und man hatte insbesondere Feuerbachs Tochter herzlich zu einem längeren Besuch in Falkenberg eingeladen. Feuerbach und seine Tochter verabredeten sich mit Dr. Baierlacher für diese Reise.

Feuerbachs Besuch bei Heinrich Benecke im alten Berlin war insbesondere Spaziergängen zur Erinnerungen an die Studentenzeit gewidmet: das Haus in der Mauerstraße, wo Feuerbach als Student wohnte, die Dreifaltigkeitskirche, wo Schleiermacher gepredigt hatte, die Weinstuben von Lutter & Wegner, Ecke Charlotten- und Französische (heute wiedererstanden: Ecke Tauben- und Charlotten-) Straße, wo er einmal mit Hegel zusammengetroffen war und ihm in aller Schüchternheit gestanden hatte, daß in ihm Gedanken über Welt- und Überweltliches aufkeimten, die von seinem System abführen müßten. Schließlich besuchte man in der Universität eine Vorlesung des Theologen August Detlev Christian Twesten, Schleiermachers Nachfolger in Berlin, der sie freundlichst empfing (H. Benecke Erinnerungen an Ludwig Feuerbach, Tägliche Rundschau, Berlin, um Ostern 1890, zitiert nach W. Bolin, Ausgewählte Briefe von und an Ludwig Feuerbach, Bd. 1, Leipzig 1904, S. 175). Denkwürdig war auch für Feuerbach der Besuch in Potsdam, wo ihn besonders die im Mausoleum aufgestellte Pietà von Ernst Friedrich August Rietschel, „dieses unvergleichliche, tiefergreifende Kunstwerk" wegen seiner Natürlichkeit und reinen Menschlichkeit beeindruckte (An Wilhelm Bolin, 25. September 1864).

In Feuerbachs Schaffen war seit der „Theogonie ..." von 1857 mit der Abhandlung „Über Spiritualismus und Materialismus, besonders in Beziehung auf die Willensfreiheit", dem Hauptstück seines dann 1866 herausgegebenen zehnten und letzten Bandes der „Sämmtlichen Werke", Leipzig 1846–1866, eine stärkere Verlagerung des Interesses von der Religionsphilosophie auf philosophische Grundfragen erkenntnistheoretischer, psychologischer und ethisch-moralischer Natur zu verzeichnen. Mit dem Haupttitel des Bandes, „Gottheit, Freiheit und Unsterblichkeit vom Standpunkte der Anthropologie", nahm Feuerbach Bezug auf die „3 Endfragen der alten, selbst noch Kantschen Philosophie" (An Wilhelm Bolin, vor dem 4. März/4. März 1866). Die Abhandlung „Über Spiritualismus und Materialismus ..." brachte erste bedeutsame Stellungnahmen zu wesentlichen, in der nachrevolutionären Etappe virulenten philosophischen Richtungen, darunter zur Philosophie Schopenhauers. Sie bedeutete eine positive Wiederanknüpfung an die „Grundsätze der Philosophie der Zukunft" von 1843 (vgl. GW 9, S. 264–341), freilich von einem durch die Erfahrungen der letzten zwanzig Jahre bestätigten und zugleich hinsichtlich aller Abhängigkeit von der Schulphilosophie geläuterten Standpunkt. Die Ausarbeitung war bereits zu Ende der fünfziger Jahre aufgenommen worden; verschiedene Umstände: der Verlust der Bruckberger Existenz, zunehmendes Mißbehagen an den politischen Entwicklungen jener Jahre wie auch gesundheitliche Probleme hatten immer wieder zu Unterbrechungen der Arbeit geführt. Und selbst nach ihrem Erscheinen 1866 fand er sie noch durchaus erweiterungs- und ergänzungsbedürftig, zumal sich auch hier an die Veröffentlichung neue Anfragen und Diskussionen anschlossen. Von Bedeutung war hier wieder der Gedankenaustausch mit Wilhelm Bolin, Julius Duboc, Ludwig Pfau oder auch mit dem Stuttgarter Lehrer Gustav Bäuerle über die Bestimmung der Willensfreiheit und des Gewissens oder über das Verhältnis zu dem „naturwissenschaftlichen Materialismus" Vogts, Moleschotts und Büchners. So reifte alsbald die Überzeugung, die mit „Spiritualismus und Materialismus" aufgenommenen Themen des Willens, des Glückseligkeitstriebes und der Sittenlehre fortzusetzen und dabei „der Begründung und

Bestätigung so manches darin ausgesprochenen Paradoxons" besondere Aufmerksamkeit zu schenken (An Jacob Moleschott, 27. Januar 1867).

Die Gefahr des Ausbruchs des preußisch-österreichischen Krieges 1866 veranlaßte Feuerbach u. a., sein Patenkind, den Neffen Johann Anselm Ludwig Feuerbach, der gerade sein Medizinstudium in Erlangen abgeschlossen hatte, zu Zurückhaltung hinsichtlich einer Meldung zum Kriegs- bzw. zum ärztlichen Kriegsdienst aufzufordern: „Es ist ein schmählicher Krieg. *Mit* Oestreich gegen Preußen! Es ist unmöglich, hier sich für das Pro oder Contra zu entscheiden. Eins ist so schlecht als das andre. Es gibt kein andres Mittel, als die Fürsten mit ihren Heeren und Regierungen sich selbst unter einander zerstören zu lassen. Dann erst kommt Zeit und Raum für die volkstümliche Teilnahme und Tat." (An Johann Anselm Ludwig Feuerbach, 9. Juni 1866.) Die Ereignisse nahmen aber einen anderen Lauf: Preußen marschierte Anfang Juni in Holstein ein; es kam zum Austritt Preußens aus dem Deutschen Bund und zum Einmarsch in Sachsen, Hannover, Kurhessen und Nassau. Am 27. Juni überschritt das preußische Heer die böhmische Grenze und nach mehreren für Preußen siegreichen Schlachten wurde Österreich am 3. Juli bei Königgrätz vernichtend geschlagen. Nürnberg erlebte den Durchzug mit Preußen verbündeter Truppen aus Mecklenburg und Pommern, es kam zu zeitweiliger Besetzung und zu Einquartierungen. Auch das Haus am Rechenberg war von Einquartierungen betroffen. Mit der Okkupation von Hannover, Kurhessen, Nassau kam es zum Norddeutschen Bund, zu Friedensverträgen mit Bayern und den anderen süddeutschen Staaten und im Ergebnis des Vertrags von Wien zur Übergabe Venetiens an Italien. Innerhalb kurzer Zeit hatten sich so die Machtverhältnisse – insbesondere zu Gunsten Preußens – verändert.

Ehrenhaft hatte sich Feuerbach der Verpflichtung entledigt, seinem jüngeren Freunde Friedrich Alexander Kapp für dessen „Geschichte der deutschen Auswanderung nach Amerika" einen Essay über die Herrnhuter, ihren Stifter Graf von Zinzendorf, seine Gemeinde und ihre Expansion in Europa und Amerika zu verfassen, wobei er die Überzeugung vertrat, daß sich im Herrnhutertum „in phantastischer, christgläubiger Form" ein „anthropologischer ‚Egoismus', Eudämonismus, Sozialismus und Sensualismus" offenbare.

Vermutlich auf Empfehlung von Friedrich Alexander Kapp wurde Feuerbach im Oktober 1866 korrespondierendes Mitglied der „St. Louis Philosophical Society" (Von Henry Conrad Brokmeyer und William Torrey Harris, 30. Oktober 1866; vgl. An Friedrich Kapp, 2. Dezember 1866). Schließlich gewann Feuerbach in dem jungen französischen Ingenieur und Mediziner Marie-Edouard Vaillant und seinen Gesinnungsfreunden Roy, Rey und Rogeard ergebene Freunde, die mit dem 1865 verstorbenen Frühsozialisten und Anarchisten Pierre Joseph Proudhon und mit der seit 1860 um Louis Auguste Blanqui gescharten selbständigen politischen Bewegung linker Intellektueller und Proletarier in Frankreich verbunden waren. In Feuerbach erblickten sie den kritischen, ja geradezu kritischrevolutionären Geisteskämpfer, dessen Werke sie bestrebt waren, in Frankreich durch Übersetzungen stärker bekannt zu machen (vgl. Feuerbach, Ludwig, Essence du Christianisme. Traduction de l'allemand avec autorisation de l'auteur par Joseph Roy. Paris 1864; Feuerbach, Ludwig, La religion; mort, immortalité, religion. Traduction de l'allemand avec autorisation de l'autoisation de l'auteur par Joseph Roy. Paris 1864). Die Verbindung Vaillants zu Feuerbach und seiner Familie blieb über die Jahre, in denen er sich als einer der Führer der Pariser Kommune zeigte, als Mitglied der Internationalen Arbeiterassoziation wirkte, und dann – über den Tod Feuerbachs hinaus – erhalten, wo er zu einem der Gründer der französischen Sozialistischen Partei wurde. So gab die internationale Würdigung Feuerbach viel von dem, dessen er in seinem Heimatlande entbehren mußte.

Im Frühjahr 1867 trat eine plötzliche Verschlechterung des gesundheitlichen Wohlbefindens und ein leichter Schlaganfall ein. Eine Veränderung brachte erst ein Erholungsaufenthalt, wo er in Goisern im Salzkammergut Gast seines um ihn besorgten Verehrers und Freundes Deubler sein durfte. Er weilte in Goisern in Begleitung seiner Tochter Leonore vom 15. August bis 9. September 1867 und konnte dort auch kurzzeitig den Besuch Wilhelm Bolins begrüßen. Die günstige Atmosphäre der Alpennatur Goiserns und die herzliche Aufnahme im Freundeskreis von Konrad Deubler bewirkte nicht nur eine beachtliche Besserung seiner körperlichen Befindlichkeit, sondern trug auch wesentlich bei, daß sich Feuerbach nochmals zu einer bedeutenden schriftstellerischen Leistung aufraffen konnte. Hier in Goisern stand ihm auch eine recht ansehnliche, nach den besonderen Interessen Konrad Deublers zusammengetragene Bibliothek und Zeitschriftensammlung zur Verfügung. Neben Deublers „Geistesfürsten" Feuerbach, Voltaire, Rousseau und Helvetius waren hier aber auch Karl Vogt, Jakob Moleschott und Ludwig Büchner oder die Lieblingsschriftsteller Johann Georg Adam Forster, Jean Paul und Heinrich Heine, der freireligiöse Gustav Adolf Wislicenus und selbst das umstrittene „Leben Jesu" von Joseph-Ernest Rènan (1863) vertreten (vgl. K. Deubler-Museum. Inventar und Bibliothek. Verzeichnis des Konrad Deublerschen Nachlasses. Bad Goisern 1965).

Im Frühjahr 1868 hatte sich die gesundheitliche Situation für Feuerbach wieder so weit verbessert, daß er sowohl vom Vorhaben seiner Schrift berichtete, wie auch von weiteren, eingehenden Studien. Besonders gefesselt hatte ihn dabei vor allem der im September 1867 erschienene erste Band der „grandiosen Kritik der politischen Ökonomie von K. Marx" (An Friedrich Kapp, 11. April 1868). Am 30. Mai lautete es nahezu triumphierend: „Es ist nämlich ... eine Revolution in mir vorgegangen: ich bin wieder Schriftsteller wie in meinen besten Jahren ..." (An Wilhelm Bolin, 30. Mai 1868). Und gegenüber seinem Verleger Wigand lautete es: „Allerdings war der Mai und Frühsommer dieses Jahres auch bei uns göttlich schön. Ich habe auch diese herrliche Zeit nicht ungenutzt verstreichen lassen, sondern fast bis Ende Juli ununterbrochen glücklich, tätig an einer neuen, sich über das Wesen meiner ganzen schriftstellerischen Laufbahn erstreckenden, zunächst aber an meine Abhandlung über den Willen und Glückseligkeitstrieb sich anschließenden Schrift gearbeitet." (An Otto Wigand, 17. November 1868.) Aber bald ergaben sich Rückschläge; und so lautete es im gleichen Schreiben weiter: „... auf diese glückliche Zeit folgte in Folge der fortwährenden unerträglichen Hitze eine ebenso unglückliche Zeit, eine Zeit der Tatlosigkeit, der tiefsten Verstimmung ... Und noch bin ich nicht an die Wiederaufnahme dieser so schmählich unterbrochenen Arbeit gekommen." (Ebenda.) – Feuerbach war es nicht mehr vergönnt, seine Ausarbeitung über den Willen und den Glückseligkeitstrieb („Zur Moralphilosophie. 1868", vgl. GW 16) zu vollenden.

Werner Schuffenhauer

Redaktionelle Bemerkungen

Im vorliegenden Band werden insgesamt 190 Briefe bzw. Briefentwürfe aus dem Zeitraum von 1862–1868 und 28 Nachträge zu vorangegangenen Bänden veröffentlicht. Davon stammen 97 Briefe von Feuerbach und 121 Briefe von Korrespondenten des Philosophen. Im Ergebnis unserer Recherchen, die überall bereitwillige Unterstützung fanden, ist es gelungen, auch für diesen Band in weitem Umfange die Handschriftenbasis zu erschließen und der Edition zugrunde zu legen. Unser Band bietet 100 Erstveröffentlichungen. Für zahlreiche weitere, bislang nur in gekürzter Form bekannt gewordene Briefe konnte der vollständige Wortlaut auf Grund der Handschriften etc. mitgeteilt werden; ebenso konnten durch Autopsie zahlreiche Textverbesserungen gegenüber früheren Editionen erfolgen.

Die Briefe werden nach den Gestaltungsprinzipien unserer Ausgabe in chronologischer Reihenfolge veröffentlicht. Steht die Datierung eines Briefes nicht eindeutig fest, so werden die entsprechenden Angaben im Briefkopf in eckigen Klammern gegeben. Der Text folgt getreu der jeweiligen Textgrundlage; Orthographie und Interpunktion wurden, soweit vertretbar, vorsichtig modernisiert. Der Lautstand sowie Eigenheiten der Interpunktion blieben weitgehend erhalten. Schreibfehler wurden stillschweigend korrigiert, notwendige Textrevisionen im Apparat der Untersuchungen und Erläuterungen ausgewiesen. Allgemein übliche Abkürzungen (Münzangaben etc.) wurden beibehalten, alle anderen abgekürzten Wörter wurden in eckigen Klammern zum vollen Wortlaut ergänzt. Unterstreichungen wurden kursiv wiedergegeben, Zitate und Titelangaben in Anführungszeichen gesetzt, fremdsprachigen Textstellen sowie heute unüblichen Fremdwörtern bei ihrem ersten Vorkommen im Text eine deutsche Übersetzung in eckigen Klammern nachgestellt. Textergänzungen über der Zeile bzw. am Rande wurden in den Text eingefügt, wenn die Zuordnung durch den Autor entsprechend gekennzeichnet wurde. Im übrigen bedeuten: Text in eckigen Klammern – redaktionelle Ergänzung, [...] – unleserliche bzw. verderbte Textstellen in der Handschrift, [?] – unsichere Transkription, / – Beginn bzw. Ende einer handschriftlichen Briefseite.

Die „Untersuchungen und Erläuterungen" bieten den Wortlaut textlich nicht eindeutig zuzuordnender Randbemerkungen in den Korrespondenzen, Angaben zum Standort der Originalhandschrift, zum Charakter des Textes (abgesandter Brief, Fragment, Briefentwurf oder Abschrift), zur Datierung (wenn erforderlich), zum Absendeort, zu Textverlusten bei beschädigten Autographen. Es erfolgt hier, soweit möglich, weiter der Nachweis der Erstveröffentlichung und ein Textvergleich zum Erstdruck. Der Bezug zum Text wird dabei über den Zeilenzähler hergestellt. Im Textvergleich werden nachgewiesen: Abweichungen (einschließlich Umstellungen soweit solche von inhaltlicher Bedeutung sind), Auslassungen, Einfügungen. Bei Abweichungen trennt ein Kolon den Text unserer Ausgabe von dem des Erstdrucks, bei Auslassungen folgt dem ausgelassenen Wort der Bearbeitungsvermerk Fehlt in und das Sigle des Erstdrucks, bei Einfügungen folgt dem Bezugswort zum Text der Bearbeitervermerk In (Sigle) folgt Zusatz: und das eingefügte Wort.

Die verwendeten Siglen bedeuten:

Archiv	C. De Pascale/A. Savorelli, Sechzehn Briefe von L. Feuerbach an J. Moleschott. In: Archiv für Geschichte der Philosophie, hrsg. von R. Specht, Bd. 70, H. 1, Berlin – New York 1988, S. 46–77.
Archiv DS	Dobbek, W. (Hrsg.), Die Akte Ludwig Feuerbach. Veröffentlichungen aus dem Archiv der Deutschen Schillerstiftung, H. 2, Weimar [1961].
BJ	Biblioteka Jagiellońska, Kraków. Aus den Beständen der ehemaligen Preußischen Staatsbibliothek, Sammlung Autographa.
Bolin WuZ	Ludwig Feuerbach. Sein Wirken und seine Zeitgenossen. Mit Benutzung ungedruckten Materials. Dargestellt von W. Bolin, Stuttgart 1891.
Bw	Ausgewählte Briefe von und an Ludwig Feuerbach. Zum Säkulargedächtnis seiner Geburt, hrsg. und biogr. eingel. von W. Bolin, 2 Bde., Leipzig 1904 (Ludwig

	Feuerbach, Sämtliche Werke. Neu hrsg. von W. Bolin und F. Jodl, neu hrsg. und erw. von H.-M. Sass, Bde. 12/13: Ausgewählte Briefe von und an Ludwig Feuerbach, Stuttgart-Bad Cannstatt 1964).
BwN	K. Grün, Ludwig Feuerbach in seinem Briefwechsel und Nachlass sowie in seiner Philosophischen Charakterentwicklung, 2 Bde., Leipzig – Heidelberg 1874.
Bw Recl	Ludwig Feuerbach. Briefwechsel, hrsg. von W. Schuffenhauer, Leipzig 1963 (Reclams Universalbibliothek, Bd. 105).
DB	Konrad Deublers Bibliothek im Heimat-Museum Bad Goisern (= Abschrift des Verzeichnisses von A. Dodel-Port, fortgeführt von F. Laimer und J. Pesendorfer).
Deubler Bw	Dodel-Port, A. (Hrsg.), Konrad Deubler. Tagebücher, Biographie und Briefwechsel des oberösterreichischen Bauernphilosophen, Leipzig 1886.
Deutsche Warte	Acht Briefe von Ludwig Feuerbach. Mitgetheilt von Dr. Julius Duboc. In: Deutsche Warte. Umschau über das Leben und Schaffen der Gegenwart, 4. Bd., H. 10, Leipzig 1873, S. 582–589.
Kapp Bw	Wehler, H.-U. (Hrsg.), Friedrich Kapp. Vom radikalen Frühsozialisten des Vormärz zum liberalen Parteipolitiker des Bismarckreichs. Briefe 1843–1884, Frankfurt am Main 1969.
Lenel	E. Lenel, Friedrich Kapp. 1824–1884. Ein Lebensbild aus den deutschen und den nordamerikanischen Einheitskämpfen, Leipzig 1935.
Nord und Süd	M. Herwegh und V. Fleury, Briefwechsel Georg und Emma Herweghs mit Ludwig Feuerbach. In: Nord und Süd. Eine deutsche Monatsschrift. 33. Jg., Bd. 128, H. 382 bis H. 384, Berlin 1909, S. 25–47, 260–275 und 489–500.

RZ Moskau	Russisches Zentrum zur Bewahrung und Erforschung von Dokumenten der neusten Geschichte, Moskau.
SW	Ludwig Feuerbach. Sämmtliche Werke, 10 Bde., Leipzig 1846–1866.
UB	Universitätsbibliothek.

Erläuterungen zu den Texten werden, soweit erforderlich, unter Angabe von Bezugswörtern und Textstellen den textgeschichtlichen bzw. -kritischen Hinweisen nachgestellt; sie sind so abgefaßt, daß sie – unter Beachtung der Vorbemerkung und der Register (Namen-, Literatur- und Sachverzeichnis) – notwendige Aufschlüsse vermitteln.

An dieser Stelle sei – neben den im *Vorwort zu den Gesammelten Werken* (GW 1, Berlin 1981, S. L–LI; 2. Auflage, Berlin 2000, S. LXXXVIII–LXXXIX) und im jeweiligen Nachweis der Überlieferung der hier mitgeteilten Korrespondenzen genannten Persönlichkeiten, Institutionen, Bibliotheken und Archiven – dem Staatsarchiv Hamburg, den Universitätsbibliotheken und Archiven Erlangen, Giessen, Kassel und München sowie den Stadtarchiven und Bibliotheken Ansbach, Berlin, Gütersloh und Nürnberg, dem Kalliope-Portal der Staatsbibliothek zu Berlin – Preußischer Kulturbesitz, und dem Stadtgeschichtlichen Museum Leipzig, sowie Prof. Dr. A. Arndt, Prof. Dr. P. Keiler, H. Albrecht, M. A., Berlin, A. Kröner, M. A., Oberasbach, und den Inhabern des Feuerbach-Privatarchivs, die ungenannt bleiben möchten, unser herzlicher Dank ausgesprochen. Die Übersetzung der französischen Texte besorgte freundlicherweise Herr Dr. J. Winiger, Kaltental. Herr Honorarkonsul Prof. Dr. G. Eisenbach, Frankfurt am Main, hat die Arbeit an der Feuerbach-Gesamtausgabe durch eine finanzielle Zuwendung Ende 2000 dankenswerterweise unterstützt. An den abschließenden Korrekturarbeiten waren unsere Mitarbeiter Herr F. Schmieder und besonders Frau Dr. B. Behrens beteiligt.

Vorliegender Band wurde einschließlich seiner Druckvorlage unter Nutzung der elektronischen Datenverarbeitung erarbeitet.

Wie bereits im vorangegangenen Briefwechselband konnten wir auch bei diesem Band auf die von unserer langjährigen Mitarbeiterin Edith Voigt, die am 29. März 1994 verstarb, geleisteten Vorarbeiten zur Texterfassung zurückgreifen. Wir gedenken ihrer mit Dank und Anerkennung.

Manuela Köppe, Werner Schuffenhauer

1862

968

Von Julius Duboc

8. Januar 1862

/ Ich habe zwar, mein verehrter Freund und Lehrer, seit langem darauf verzichten müssen, zuweilen eine Nachricht von Ihnen zu erhalten, ich hoffe aber, Sie befinden sich noch bei frischer Gesundheit und werden das beifolgende Schriftchen als ein Zeichen der Erinnerung wohlwollend aufnehmen. Wie gerne hätte ich einmal etwas Wertvolleres und den Anregungen Entsprechenderes geleistet, die ich durch Sie und Ihre Schriften für Lebenszeit vor Jahren erhielt. Vorläufig hat mich aber der Zwang der Verhältnisse ganz in die praktische Politik festgebannt und der Konsum des täglichen Bedarfes einer Zeitung ist so ungeheuer, daß man sich vollständig darauf zersplittert. Ich habe in der Tat noch nicht einmal das „System des Naturalismus" von Löwenthal angesehen, das mir durch Ihre Empfehlung interessant // gewesen wäre.

So peinlich dies ist, so zufrieden muß ich doch sein, daß es mir ziemlich schnell gelungen ist, bis zur Chef-Redaktion eines Blattes meinen Weg mir zu bahnen.

Mit nachträglich meinen besten Glückwünschen zum neuen Jahr in unveränderter Anhänglichkeit
       Ihr
       Dr. J[ulius] Duboc
       Redakteur der „Westphälischen Zeitung"
Dortmund, 8. Januar 1862 /

969

Von Otto Lüning

19. Januar 1862

/ Berlin, *19. Jan[uar] 1862*
Kanonierstr. 9, 2 Tr[eppen]
Lieber Freund!
Du bist immer so nachsichtig gegen meine Nachlässigkeiten in unserer Korrespondenz gewesen, daß ich für die Zeit der Wahlagitation gewiß auf dieselbe Duldsamkeit rechnen darf. Denn ich bin während dieser Zeit allerdings *sehr* in Anspruch genommen gewesen, und ich glaube, ich habe meine Schuldigkeit getan, sei es als einfacher Soldat in den Reihen der Urwähler und Wahlmänner, sei es als Führer in den verschiedenen Lokal-, Provinzial- und Zentral-Komitees. In Wahrheit war dieser letztere Dienst eine etwas anstrengende Verwandelung als Galopin; er erstreckte sich von Rheda über Paderborn und Hamm bis nach Berlin. Nun, la fin couronne les œuvres [das Ende krönt die Werke], wie der schwarze Clifford sagte, als ihn Herzog York zum Tode traf. Die Wahl in Berlin hat mich überreich für alle diese Anstrengungen entschädigt. Ich verkenne das Bedenkliche nicht, gleich anfangs als Abgeordneter der Hauptstadt zu debütieren; und die reaktionäre Meute heftet sich auch schon heftig mit sozialistischen Auszügen aus dem „[Westphälischen] Dampfboot" an meine Fersen, denen sie unzweifelhaft noch sehr viele illoyale /
/ Worte und Anschauungen aus der „Neuen Deutsch[en] Z[ei]t[un]g" wird folgen lassen. Das wird meine Gemütsruhe nicht stören; ich gehe ohne Selbstüberhebung, aber auch ohne sonderliche Zaghaftigkeit ans Werk, und wenn mir auch keine übermäßige parlamentarische Geriebenheit und keine aus dem Ärmel schüttelnde Beredsamkeit zu Gebote steht, so hoffe ich doch, meinen Platz neben den sonstigen vorhandenen Kapazitäten leidlich auszufüllen. „Ein Hundsfott tut mehr, wie er kann", wie der Förster Hubert im „Ivanhoe" sagt, dessen Vater einen guten Bogen in der Schlacht von Hastings führte. –

Es ist leider nicht zu bezweifeln und nicht zu verurteilen, daß die kaum erwachten Sympathien für Preußen in Deutschland durch die Königsberger und Letzlinger Reden und durch so manche Begehungs- und Unterlassungssünden des Ministeriums bis

unter den Gefrierpunkt herabgedrückt sind. Man kann darüber
streiten, ob man auf die persönlichen Anschauungen des Königs
so großen Wert legen sollte, namentlich da man seiner ganzen
Vergangenheit, seiner Erziehung und seinem Alter nach kaum
etwas anderes erwarten konnte; ob es ferner recht sei, daß man
über diese Gottesgnaden-Theorie, die ja *überall* als bestehend in
Wort und Tat angenommen wird, so entrüstet ist, seit sie bei uns
proklamiert // wurde, aber das Volk folgt seinem Gefühle, und
mit Recht beurteilt es Handlungen der preußischen Regierung
rigoroser, weil sie wichtiger sind als die beliebiger Distriktsprin-
zen und weil Preußen der führende Staat werden soll. Nur müssen
wir darauf bestehen, daß man das preußische Volk nicht mit der
Regierung identifiziere und daß man anerkenne, es habe bei den
Wahlen seine Schuldigkeit getan.

Ob hier etwas Erhebliches geschehen wird und was, das läßt
sich noch gar nicht bestimmen. Die „Deutsche Fortschrittspartei"
ist keine demokratische; sie ist ein Konglomerat verschiedener
Nuancen der Freisinnigen Partei, verbunden durch den Kitt der
nationalen Betrebungen. Zudem, wenn man aus der Wahlagitation in das Parlament tritt, so kommt es einem oft vor, als träte
man von einem Maskenball in die Garderobe, wo alle die mephi-
stophelischen Teufels- und Wüterichs-Larven abgelegt werden
und das harmlose Spießbürger-Antlitz zum Vorschein kommt.
Viele, die auf das Fortschrittsprogramm gewählt sind, bedenken
sich nun, ihr beizutreten, weil ihnen der oder jener innerlich zu
weit geht oder weil sie anzustoßen fürchten. Hohe Erwartungen
soll man nicht hegen, dazu sind die Befugnisse deutscher Volks-
vertretungen, unsere zumal, zu gering. Preußens deutschen Beruf
hervor[zu]heben, den Feudalismus und das Milit[är]budget mit
allen Mitteln zu bekämpfen, das ist unsere Aufgabe. Ob wir sie
lösen können, ob die Krone in // blödsinniger oder tollkühner
Verkennung der Sachlage uns ihrem Rechte gemäß heimschickt,
wird sich finden. Wenn Du Grabow, Behrend und v[on] Bockum-
Dolffs ins Präsidium gewählt findest, so ist Hoffnung, daß die
Kammer leidlich fest auftreten wird, nicht der Gewählten wegen,
sondern weil ihre Wahl eine Niederlage der trockenen Pelzwä-
scher andeutet, welche heute in dem Hochgefühle schwelgen,
einen Unterschied zwischen gouvernemental und ministeriell entdeckt zu haben. Ihr da draußen aber, die Ihr lange genug unter
dem freiheitsfeindlichen Einfluß Preußens am Bundestage gelit-
ten habt, begnügt Euch nicht, zu schelten und uns zu höhnen,

wenn wir unterliegen, sondern helft uns in dem Kampfe, der auch der Euere ist. Denn entziehen könnt Ihr Euch dem Einflusse Preußens in Deutschland nicht, so oder so; die realen Machtverhältnisse sind stärker als alle Antipathien, und diese werden *zunächst* auch wenig alteriert, wenn das Volk mit der Regierung auch in Hader gerät.

Doch genug von diesen Dingen, die wir ja bald selbst erleben werden. Von Herzen wünsche ich, daß der russischen Jugend Deine Werke zugänglich gemacht werden und daß nicht bloß sie und der Verleger, sondern auch der Autor die Früchte davon ernten möge. Deinen großen Einfluß auf die deutsche Jugend übst Du doch, wenn auch für den Augenblick mehr mittelbar durch uns, die wir mit Dir jung gewesen und in freiheitsdurstigerer Zeit Deine Schüler geworden sind.

Lebe wohl, mein alter Freund, antworte mir bald einmal und teile mir mit, welche größere Arbeit Dich jetzt beschäftigt. Herzlichen Gruß an Weib und Kind; ich rechne sicher darauf, im Laufe des Jahres Euch zu sehen und dabei nicht ins „Rote Roß" gesandt zu werden. Das fehlte auch noch! – Anliegend ein kleiner Beitrag (30 Rtlr.), der mir unterwegs zuging; die Sache ist durch die allseitige Wahlbewegung etwas in Unordnung geraten, daher das stoßweise Einsenden.

Mit herzlichem Gruß und Handschlag
Dein O[tto] Lüning /

970

An Julius Duboc

26. Januar 1862

Rechenberg bei Nürnberg, 26. Januar 1862
Verehrter Herr!

Es war mir sehr interessant, eine mir nur dem Namen nach bekannte, gleichwohl so tief und weit eingreifende Krankheitserscheinung unserer Zeit aus Ihrer Feder kennenzulernen. Sehr praktisch finde ich Ihren Vorschlag zu einem diesem Übel entgegengesetzten Vereine, aber eben, weil er praktisch ist, wird er bei uns nur auf dem Papiere stehenbleiben, denn das ist der große Übelstand bei uns, daß wir nur den Feinden der Freiheit und

Menschheit das Recht und Geschick zur Organisation und Korporation überlassen, wir selbst aber, unter uns, trotz unseres theoretischen Materialismus, im Leben ohne allen materiellen Zusammenhang und Bestand, uns ins Nichts der bloßen Gedankenfreiheit verlieren. – Sie haben gar nichts versäumt, wenn Sie das „System der Natur" (?!) des Herrn** noch nicht gelesen haben. Nach dem, was ich gehört, hat derselbe die große Indiskretion gehabt, mein auf sein Ersuchen gefälltes, in einem Briefe niedergelegtes Urteil über seine Schrift ohne meine Erlaubnis zu veröffentlichen, und zwar mit Weglassung des von mir ausgesprochenen Tadels – denn ich habe nur einige Sätze gelobt. Wahrlich, unsere Literatur ist ebenso miserabel wie unsere Politik. Was gäbe ich darum, wenn ich die Feder mit der Hacke vertauschen könnte! Indem ich Ihnen zum neuen Jahre Glück wünsche und für die Mitteilung Ihrer Schrift Dank sage, bin ich Ihr ergebenster
L. Feuerbach

971

An Emma Herwegh

26. Januar 1862

/ Rechenberg bei N[ürn]b[e]rg, 26. Jan[uar] 62
Liebe Herwegh!
Wortkarg, doch worttreu. Du hast einmal den Wunsch geäußert, unter Deine photographierten Freunde auch mich aufnehmen zu können. Ich habe Dir, ich weiß nicht mehr, ob schriftlich oder nur in Gedanken, die Erfüllung dieses Wunsches versprochen. Hier erscheint das in Licht verwandelte Wort. Die Photographie wird von allen, die sie gesehen, sehr gelobt. Mir selbst mißfällt nur die quasi reaktionäre, i. e. rückfällige Haltung.
Eure Berufung nach Neapel hat mich natürlich erfreut, ob sie mir gleich unter den gegenwärtigen Umständen nicht realisierbar erscheint. Was sind Eure Aussichten und Pläne in dieser Beziehung? Wie steht es mit der Gesundheit Deines Mannes, Deiner Kinder? Wir hier sind alle gesund. Möge dasselbe bei Euch der Fall sein! Glück zum neuen Jahre! Aber mit alter Freundschaft
Euer L. Feuerbach /

972

An Wilhelm Bolin

15. Februar 1862

/ Rechenberg bei Nürnberg, 15. Feb[ruar] 62
Lieber Herr Bolin!
Die Stimmung zur Schriftstellerei stellt sich bei mir so selten ein, daß ich, um diesen seltnen und heiklen Gast bei guter Laune zu erhalten, alles andre beiseite setzen muß. Wie Sie wissen, beschäftigte ich mich gerade während Ihrer Anwesenheit mit der Bedeutung der Totenbeschwörung als Nachtrag zu meiner „Unsterblichk[eit] v[om] Standp[unkt] d[er] Anthrop[ologie]". Diese Bedeutung führte mich auf die Bedeutung des Unsterblichkeitsglaubens überhaupt, namentlich bei den antiken und rohen Völkern, die zwar schon in der obenerwähnten Abhandl[ung] von mir richtig angegeben, aber doch dort nicht genügend begründet oder gar erschöpft worden ist. Diese Bedeutung und die damit zusammenhängenden Fragen beschäftigten Kopf und Feder bis ungefähr die Mitte Dezembers, obgleich das schriftstellerische Resultat der Quantität nach nicht mehr als *einen* Druckbogen betragen mag, denn ich bin nun einmal, wenn auch vielleicht zur Tiefe, doch zu den beiden andern Dimensionen der Breite und Länge schlechterdings // nicht, weder geistig noch leiblich, prädestiniert und disponiert. Von der Unsterblichkeit machte ich ohne Aufenthalt einen Sprung zu ihrer Mutter oder, wenn Sie lieber wollen, Tochter – der Freiheit. Und ich wollte nun abermals nicht eher an Sie mit der Feder denken, als bis ich dieses Kapitel, das auch nur ein kleines Ganzes werden soll, abgefertigt hätte. Allein teils äußere Unterbrechungen, teils sachliche Gedankenumstände und Verstimmungen, veranlaßt durch die Unbehaglichkeit und Unangemessenheit meiner hiesigen Wohnung, ja Existenz überhaupt, mit meinen geistigen und selbst leiblichen Bedürfnissen und Gewohnheiten, haben mich, ich hoffe nur auf kurze Zeit, von der Vollendung dieser Aufgabe abgezogen. Und ich benutze jetzt diese Pause, um endlich die Empfindungen und Gedanken auszusprechen, die Ihr letzter Brief in mir erweckt hat. Ich war, offen gestanden, ebenso betrübt und unwillig darüber, daß Sie bei Ihren schönen Kenntnissen und Anlagen noch immer nicht darüber mit sich im reinen sind, ob Sie zur Philosophie oder zur

Poesie bestimmt sind oder sich bestimmen sollen, // was so ziemlich eins ist. Ich sage Ihnen aber, daß Sie als ein Sohn dieser Zeit weder zur Prosa noch zur Philosophie, sondern nur dazu bestimmt sind, *der Sache* der Menschheit zu dienen, die jetzt ihre dringendste Angelegenheit ist. Diese Sache ist aber weder Poesie noch Philosophie oder beides, aber nur im Sinne und Dienste dieser Sache. Ob Poet, ob Philosoph, ist ganz gleichgültig, es handelt sich nur darum, daß Sie das einmal als wahr und notwendig Erkannte in dem Ihnen zu Gebote stehenden Wirkungskreise aussprechen, geltend machen, andern auch zu Gemüt und Verstand bringen, sei es nun vermittelst der reinen oder unreinen Vernunft. „Realismus" ist das Wesen und Wollen der Zeit, also realisieren Sie, was Sie wissen und denken, machen Sie Ihre geheime „Liebe"– nicht zu einer Person, aber zu der Sache, der meine Person angehört – zu einer öffentlichen, ehrlichen, fruchtbaren, Kinder zeugenden. Darum sollen sie nicht die Poesie an den Nagel hängen, aber ihr Zweck kann und soll sie nicht sein; sie bleibe den Eingebungen des Augenblicks, dem Drang der Umstände und Gefühle, aber stets im Dienste der jetzigen Herzensangelegenheit // der Menschheit überlassen. Es fehlt Ihnen weder an Talent zum Denken, noch zum Dichten, aber es ist notwendig, daß Sie sich einen praktischen Zweck setzen, daß Sie sich konzentrieren, daß Sie sich verheiraten, wenn auch nicht mit einer Person, doch mit einer Sache. Haben Sie den Punkt der Konzentration, der Verdichtung gefunden, so haben Sie auch den Vereinigungspunkt von Philosophie und Poesie, von Licht und Wärme gefunden. Ist es denn gerade notwendig, förmlicher Denker oder förmlicher Dichter zu sein? Nimmermehr. „Willst Du immer weiter schweifen? Sieh! das Gute liegt so nah' usw." Ja, es liegt Ihnen so nahe, also nur zugegriffen, nur in die Hand zusammengefaßt, in juristischen Besitz genommen, was bereits Ihr geistiges Eigentum ist!

Die Schrift Schopenh[auers] über die Freiheit, die ich Ihrer Güte verdanke, habe ich mit Wohlgefallen gelesen, eine Vergleichung des Willens mit dem allvermögenden Wasser mit Entzükken. Aber sie läßt eine Menge Fragen, freilich schon durch die gestellte Aufgabe beschränkt, unberücksichtigt, enthält außer dem, was über die Freiheit als Tatsache des Selbstbewußtseins gesagt ist, nichts Neues, nichts, was nicht schon andere vom Kantischen Standpunkt aus, schon vor mehr als 60 Jahren, so mein Vater in s[einer] „Revision der Grunds[ätze und Grundbegriffe]

des [positiven] peinlichen Rechts", ebensogut, wo nicht besser
gesagt. Ich weiß daher noch gar nicht, ob ich sie in meiner Abhandlung berücksichtigen werde. Dies gilt aber nicht von der anderen beigedruckten Schrift.

Die Meinigen, die sich wie ich, abgesehen von gewöhnlichen Winterübeln, wohl befinden, grüßen Sie freundlich. Mögen auch Sie wohl und glücklich sein. Trotz Schopenhauer ist Glückseligkeit der letzte Zweck und Sinn alles menschl[ichen] Tuns und Denkens.

L. Feuerbach /

973

Von Ferdinand Kampe

28. Februar 1862

/ Breslau, 28. Febr[uar] 1862
Friedrichstr. 5

Hochverehrter, lieber Freund!

Nachdem die Ihnen von mir vorweg angezeigte Angelegenheit so weit erledigt, ist mir soeben aus dem mir befreundeten Kreise eine kleine Reihe von Sie betreffenden Fragen zugegangen, die ich nur so gediegen beantworten zu können glaube, wenn ich Sie, verehrter Freund, schon jetzt wieder mit einem Briefe behellige und um baldige geneigte Auskunft bitte. Man hat in H[am]burg niemanden, von dem man wüßte, daß er jene Auskunft erteilen könnte, d. h. man hat mit Herrn B[ayer] keinen Konnex und will keinen haben. Andrerseits bitte ich Sie freundlich, die ganze Entreprise [das ganze Unternehmen], wenn sie sich zu weit einmischen sollte, oder wenn ihre Richtung Ihnen nicht genehm ist, mit dem kurzen Procedere eines einzigen Federstrichs zunichte zu machen, sie auf Rechnung lediglich guter, dankbarer Absicht zu setzen, die so ins Blaue treibt und an sich keine Augen hat, i. e. nicht übel zu nehmen.

Die allgemeine Frage ist die: Würden Sie sich unter irgend anlockenden Verhältnissen zu einer // Ortsveränderung entschließen? Die besondere, ob es Ihnen genehm wäre, wenn von Dritten Vorbereitungen getroffen würden, darauf abzielend, daß Sie entweder (über kurz oder lang) sich an einer Schweizer Universität (natürlich wohl Zürich) niederließen oder in einer geeigneten Stadt Vorlesungen hielten – dergestalt, daß Sie, rebus comparatis [bei vergleichbaren Umständen], bis dahin mere passions [den reinen Leidenschaften ⟨gehorchend⟩], Ihr entscheidendes Ja oder Nein einlegten? Oder, falls ich nicht deutlich war, geben Sie zu, daß in der oben bezeichneten Richtung, lokal: in der Schweiz (vielleicht in Hamburg?), für Sie gewählt wird? Im bejahenden Falle würden Sie ziemlich darauf rechnen dürfen, daß Ihnen die Übersiedlungskosten von H[am]burg aus *ersetzt* werden.

Beiläufig will ich noch bemerken, doch *ohne bestimmte* Anzeige, daß sich der Anonymitätsmodus wahrscheinlich noch an einem 3. Ort festsetzen wird. Könnte ich doch mehr als bloß indirekt oder vielmehr mittelbar darauf wirken, als Queue auf eine zweite Billardkugel durch die erste, die zweite nicht genau, nur ungefähr kennend, worauf auch gar nichts ankommt, da, wie ich hoffe, die Sache von H[am]burg aus – von wo mir diese Notiz kam – ganz stille und gut dirigiert werden wird und ich also nur von Zeit zu Zeit *nachzufragen* brauche. /

/ Aber, hochverehrter Freund!, es wird zu einer Eifersucht kommen, sobald ich hier im *kleinen* Kreise erzähle, daß Sie eine Visiten-Photographie nach H[am]burg geschickt haben. Ja, zu einer doppelten, denn *ich bin* schon eifersüchtig, was mich zu der schüchternen Frage veranlaßt – vorausgesetzt, wie man es wohl zu tun pflegt, daß Sie *mehrere* Bildchen haben machen lassen –, ob Sie nicht 1 oder (wenn ich auch daran kommen soll) 2 jener Bildchen auch für Breslau noch übrig und disponibel haben? Sie würden ganz gewiß sehr freundliche Gesichter und frohe Gemüter machen. Indessen will ich nicht drücken, sondern nur bescheiden anklopfen, wenn es auch, wie ich sehe, mit reichlicher Wortbreite geschehen ist.

In 8–10 Tagen muß ich nach H[am]burg schreiben. Wenn Sie auf m[eine] Fragen gütigst eingehend, möglichst bald mir Antwort zukommen lassen möchten, so könnte ich, anstatt mit „dürfte, könnte, möchte" viel besser assertorisch und kategorisch mich äußern. Jedenfalls tue ich das Meine, daß sich alles so still als möglich macht, und, noch einmal alles übersehend, bitte ich Sie, nichts übelzunehmen

Ihrem
ergebensten
Ferdinand Kampe /

974

Von Otto Lüning

6. März 1862

/ Mein lieber Freund!

Verzeih mir, wenn ich Dich wieder mit wenigen Worten abspeise; ich bin zwar nicht krank, aber ich habe die Grippe, und der Kopf ist mir so schwer, daß mir das Schreiben nicht gut tut. Drum habe ich mich auch montags an der großen Versammlung des Nat[ional]ver[eins] nur passiv im Hintergrund einer Loge beteiligen können. Sonst hätte ich einigen Pfeffer nicht gespart. Laß Dir von Reuß erzählen; ich höre mit Satisfaktion, daß Du etwas mehr unter die Leute kommst und ermahne Dich väterlich, in Deinem Kneipensuchen nicht zu ermatten. Hier ist sehr vieles faul, unter anderem auch Grabows Rede. Gewiß ist die Phrase, in die sich der König so verliebt hat, weil sie vielleicht das einzige ist, was er erfunden hat (die Krone vom Tische des Herrn!), sehr lächerlich, aber reden die anderen weniger von Gottes Gnaden? Und sind sie es nicht, sagt der Spatz, sind sie es etwa durch ihr Verdienst?

Die Ansprache des Nat[ional]ver[eins] ist vortrefflich und dazu von einem entschiedenen Demokraten. Ich wollte sie viel schärfer gegen die preußische Lahmheit, aber man hatte recht, es ist nicht Sache des Nat[ional]ver[eins], direkt mit Pr[eußen] zu brechen, und es ist auch nichts wesentlich Neues vorgefallen, was dazu // reizen könnte. Die zunehmenden Angriffe zu führen, ist Sache der Fortschr[itts]part[ei] in der Preuß[ischen] Kammer. Und da soll es an mir nicht fehlen, wenn ich nur nächste Woche bei der deutschen Frage wohl genug bin, zu sprechen. Ich habe große Lust, einmal abzurechnen oder dem Konvent mein Herz zu öffnen, wie St. Just sagte, als er die Dantonisten köpfen ließ.

Es wird mich und alle Deine Anhänger sehr freuen, wieder einmal ein Produkt Deiner Feder zu sehen. Du darfst versichert sein, daß wir dasselbe so hoch anschlagen, wie je, weil wir des Abschlusses bedürfen wie Du, ihn aber nicht so gut zu machen verstehen.

Und jetzt und basta mit Privatsachen, wie der Oberst sagte, als seine Offiziere den Sonnenaufgang bewunderten. Ich erhielt gestern für Dich 60 Rtlr. aus Königsberg, aber nicht in transporta-

blem Gelde, welches mir auch heute fehlt. Gleichzeitig erhielt ich
für mich einen Wechsel von Kapp, Schreiberlohn, vom gleichen
Betrage, und da ich weiß, daß diese Wechsel auf Köln so gut wie
bar[es] Geld sind, so schicke ich ihn Dir dafür. Du kannst ihn bei
jedem Wechsler einlösen – und Du nimmst es nicht übel, daß ich
Dir einen Gang mache, um mir einen zu ersparen, dieweil ich
unwohl bin. Will aber doch in die Kammer fahren, weil es vielleicht eine wichtige Abstimmung im Budget gibt. Herzl[ichen]
Gruß an Weib und Kind; antworte bald

         Dein O[tto] Lüning
         Kanonierstr. 9
Berlin, 6. 3. 62 /

975

Von Wilhelm Bolin

4. April 1862

/ Helsingfors, d[en] 4. April 62
Der wiedererwachte Lenz ruft unsren Verkehr mit Europa zu
neuem Leben und veranlaßt mich, mein teurer Freund, Ihren lieben Brief vom 15. F[e]br[uar] zu beantworten, der lange genug
bei mir gelegen. Zuvörderst also besten Dank für Ihr Schreiben
sowie zumal für Ihr wohlgelungenes Bild, das mir sehr, sehr viel
Freude macht. Ich kann mir denken, daß Ihre Frau Gemahlin, die
dafür Sorge zu tragen versprach, um die Bewerkstelligung der
Photographie einiges Verdienst hat und bitte ich hiemit um meinen wärmsten Dank.

Recht lieb war es mir zu erfahren, daß Sie an der Füllung eines
10. Bandes Ihrer Werke tapfer fortarbeiten. Vielleicht finden Sie
sich veranlaßt, einen Abschnitt über sinnliche Erkenntnis hinzuzufügen. Es wäre wenigstens sehr erwünscht, hierüber eine
gründliche Erörterung zu haben. So Trefflliches der zu früh vollendete Lud[wig] Knapp in seiner „geschichtlichen Mechanik"
geliefert, hat er, in Anbetracht seiner ethischen Aufgabe, die eigentliche Erkenntnis – das Verhältnis von Sinn und Verstand,
von Rezeptivität und Spontaneität des Denkens – nur andeutend
behandeln können. Solange das hierüber herrschende Schwanken
noch besteht, ist der von Kant aufgestellte welterschaffende Idea-

lismus noch immer nicht überwunden. Ich habe in der letzten Zeit es mir angelegen sein lassen, die deutschen Forscher kennenzulernen, die das von Kant erstrebte, von seinen unmittelbaren Nachfolgern verfehlte Ziel – Erkenntnis durch Erfahrung – zu erreichen sich bemühn. Es sind 3, fast gleichzeitig auftretende Gegner des Hegeltums: O[tto] F[riedrich] Gruppe mit seinem „Antäos" und „Wendepunkt der Philosophie", Ed[uard] Beneke // mit seinen von Stewart und Brown beeinflußten psychologischen Untersuchungen und schließlich der kürzlich verstorbene Friesianer Apelt in Jena. In der Kritik sind alle drei vortrefflich. Es ist ein eigentümliches Geschick, daß die Negativetät zunächst und am leichtesten ausgebildet ist, wie das z. B. die im Grunde nur absprechenden Religionsleugner oder Freidenker des vorigen Jahrhunderts, Voltaire an ihrer Spitze, beweisen; so schwach und unbestimmt wie das Positive dieser Männer, so schwach und unzulänglich sind die Leistungen jener Anbahner einer Erfahrungserkenntnis. Gruppe ist offenbar unfruchtbar, da seine Forderungen kaum über den Baco[n] hinausgehen, der ja auch wortkarg oder doch fragmentarisch und nur anbahnend in dem ist, was er aufstellen kann; doch muß man Gruppes Standpunkt billigen, indem er stets für die Sinne Partei nimmt. Beneke, dem es um ein ganzes System zu tun ist – welches eine Verschmelzung von Fichte und Herbart auf Jacobischem Standpunkte ist –, wirkt abspannend und verwirrend durch seine Darstellung und durchaus abstoßend durch seine salbungsvolle Tendenz zum Theos und zur lieben Seelenseligkeit. Apelt schließlich, der talentvollste von ihnen, der mit seinem Neukantianismus wirklich fesselt, da ihm eine gründliche Naturkenntnis – freilich vorzugsweise Astronomie – zu Gebote steht und der, eben wie sein Vorbild Fries, ein Gegenstück zum melancholischen Schopenhauer genannt werden kann – opfert alle seine vorzüglichen Anlagen zur Rettung der Unsterblichkeit, der Freiheit und des einigen, allgütigen Gottes, welchem allem eine Freistatt in der Vernunft gesichert wird durch die Proklamation: daß alle sinnliche Erfahrung nur zufällig wäre, wenn nicht die apriorischen Kategorien ihnen die Sanktion der Notwendigkeit erteilten. Unter den Kategorien sind die 3 Momente der // Relation die wahrhaft metaphysischen und im Grunde nur Modifikationen der 3 köstlichen Kleinode: denn Substantialität verklärt sich im Lichte des Glaubens zur unsterblichen Psyche, Kausalität wird durch Moral zur Freiheit geadelt, während die Wechselwirkung oder Totalität des Zusammenhanges von dem Allgegenwärtigen und Allmächtigen in Besitz genommen wird. Diese deutsche Zähigkeit für den Glauben wäre unbegreiflich, wenn sie nicht menschlich wäre; denn unsre Vorfahren in den germanischen Urwäldern zeigten anno Ulfilas und später keine Spur von dieser Zähigkeit, als es galt, den alten, naturfrischen Odinskultus gegen die byzantinische Seligkeit zu vertauschen. Ich weiß sehr wohl, daß die Wissenschaft allemal wie das „Tier auf dürrer Heide" umhergeführt wird, solange man, wie alle diese Herrn, das isolierte Subjekt zum Ausgangspunkte nimmt und diesem kontemplierenden Abstraktum die allwissende göttliche Vernunft als Attribut gibt. Sie haben gut reden von dieser hochweisen Vernunft, die gewiß höchst apriorisch ist, wenn man der Sorge um das Sattwerden enthoben ist und die Welt ganz gemächlich vom Studierzimmer aus betrachten kann. In allen solchen Ansichten von der Vernunft fehlt mir die Wahrheit des Lebens, wie in aller vorhellenischen Kunst. Aber was ist denn Vernunft? – Vor dieser Frage stand der Kritiker der reinen Vernunft, aber er hat nur durch Umschreibung der Frage selbst geantwortet. Was hier verfehlt war, brachte das Resultat Ihrer Forschungen, Natur und Menschheit, reichlich wieder ein. Mir scheint, daß ich hier nicht fehltreffe, da Kant negativ zu dem nämlichen Resultat kam, das die reiche Frucht Ihres unermüdlichen Strebens ist: keine Seele, kein Seelenhort. Zur Lösung dieser Aufgabe haben Sie alle Ihre // Kräfte zusammengezogen und das Größte erreicht. Aber Sie haben nebenbei, was auch selbstverständlich, Verzweigungen dieser Frage auf andren Gebieten als der Religion berühren müssen und sind später auch zu Ergänzungen veranlaßt worden. Es wäre daher äußerst vorteilhaft, wenn die leidige Angelegenheit, inwiefern der sinnlichen Erfahrung *die* Notwendigkeit und Gesetzmäßigkeit zukomme, die man nur der apriorischen Vernunfttätigkeit zugestehen will – eine schließliche Lösung durch Ihre resolute Hand erhielte.

Schließlich ein Wort von mir. Ich lebe hier still und arbeitsam, doch heiter und glücklich – wenn auch meine Zukunft noch ziemlich problematisch ist. Dabei erfreue ich mich einer verhältnismäßig großen Produktivität, obwohl sie mehr poetisch und literarisch als eigentlich wissenschaftlich ist. Das bestimmte Ziel, das ich vor Augen haben muß, im Streben, das auch Sie mir ans Herz legen, ist zunächst die Sicherung einer Stellung, da ich mich auf meine Feder allein nicht verlassen kann und meinen Eltern nicht mehr zur Last fallen darf. Im ganzen bin ich ziemlich entschieden

und resigniert und verfalle nur dann in ein Schwanken, wie es
mein letzter Brief verriet, wenn besonders heftige Gemütsbewegungen mich überwältigen; damals war es der Schmerz eines längern Abschieds von Deutschland und aus Ihrer Nähe. Hier fand ich
110 mich selbst ganz wieder und hoffe, bei einem langen Leben erfreuliche Früchte meiner Anlagen und meiner Bemühungen zu ernten.

Empfehlen Sie mich den lieben Ihrigen und behalten Sie ein freundliches Andenken für Ihren ergebenen

Wilhelm Bolin /

976

Von Ferdinand Kampe

24. April 1862

/ Breslau, 24. April 1862
Friedrichstr. 5

5 Hochgeehrter Freund!

Gestatten Sie mir, teilweise in Erwiderung Ihres freundlichen Briefes, ein paar begleitende Worte. Ihre Bemerkungen in betreff der Umsiedelung sind also so verstanden worden, daß in den nächsten Jahren in dieser Sache nichts weiter geschehen soll. Ich
10 weiß in der Tat auch nicht, ob man sich diese wohlgemeinten Absichten ganz klar gemacht hat. Man kann wohl eine solche Umquartierung erleichtern, aber wenn sie geschehen ist, was dann weiter? Was dann, wenn es Ihnen an dem betreffenden Orte nicht gefällt oder nicht alles nach Wunsch geht? Dennoch glaube ich,
15 daß Sie, falls Sie einmal selbst die Initiative ergreifen, sich jener Anfrage erinnern und mir einen Wink geben mögen; vielleicht, wahrscheinlich und hoffentlich nicht ohne Erfolg.

Über die Schillerstiftung haben Sie sich nicht geäußert. Ich habe daher den Wunsch ausgesprochen, man möge sich an Gutzkow
20 wenden, und Zusage erhalten, darf also annehmen, daß, wenn Sie in angemessener Zeit keine Wirkung verspüren, von Weimar aus kein Gesuch empfangen, // die Entreprise [das Unternehmen] im ersten Versuche gescheitert sei.

Ihre Beschwerden über Mangel an Ruhe, hochgeehrter Freund,
25 verstehe ich in ihrem ganzen Umfange, denn ich habe mir gestern

ein anderes Quartier gemietet, um vor dem abscheulichen Klavierklopfen eines alten cand[idatus] theol[ogiae] dicht nebenan und dem Getrampel und Gespringe eines 3–4jährigen Bengels über mir Ruhe zu gewinnen. Wenn dieser diabolische Spektakel, der mich in den Zirkus versetzt, denn ich genieße ja Pferdegetrappe[l] und Orchester dazu, losgeht und ich den Versuch mache, durch intensivere Anstrengung dagegen anzukämpfen, so bin ich in kurzem so abgespannt und marode, daß an ein Weiterarbeiten gar nicht zu denken ist. Vom 1. Juni ab wohne ich also *Teichstraße 5* –, vorausgesetzt, daß Sie mir nicht vorher ein *paar Zeilen* zukommen lassen wollen, denn ich habe, einem Unersättlichen vergleichbar, wieder ein Anliegen –, aber nur „vergleichbar", weil eigentlich unschuldig.

Wenn Gesundheit und die Glücksgötter es erlauben, so will ich mich in ein paar Jahren, zuerst hier, habilitieren, zunächst für Logik etc. und Geschichte der Phil[osophie], später die konkreten Fächer, vor allem die Religionsphilos[ophie] nicht vergessend. Daß die freigemeindliche Bewegung, trotz etwaigem // äußerlichen Geklapper, keine Lebensfähigkeit mehr hat – Mangel an Interesse in den zusammengeschmolzenen Gemeinden und Mangel an Intelligenz etc. in dem R[e]g[imen]te der Häuptlinge, wenn man nämlich von der Schleiermacherschen rationellen Frömmelei Rupps absehen will – kann Ihnen aus einem Einblicke in das Schlußkapitel meines letzten B[an]des ganz evident werden, es hat sich bis jetzt nichts geändert. Es war nur vor ein paar Jahren die Frage, ob ich äußerlich und innerlich, an Leib und Seele verkommen wolle? Also war meines Bleibens nicht mehr.

Wenn es Sie interessiert, so will ich Ihnen sagen, daß der betreffende Kreis in Hamburg und der *ganz kleine* Kreis hier in Breslau lediglich aus Damen besteht und *meines Wissens kein Männliches*, außer mir, darum weiß. Die Dame, welche nebenan befindliches Briefchen geschrieben, ist sehr liebenswürdig, gescheut und respektabel und hat mehrere Bände Ihrer Schriften *wirklich* gelesen und sich in diese Denkweise (natürlich: so viel beziehungsweise möglich) hineingewöhnt. Eine andere jüngere Dame, die ich nicht *so genau* kenne (von welcher der erste Brief mit den Exzerpten), ist noch aktiv in diesem Studium. Auch ist sie reich (vergleichungsweise), und so denke ich, es möchte wohl gut sein, sie noch besonders zu berücksichtigen. Sie ist – materiell – die *wesentlich* aktive. Wenn Sie // mich also verstehen, so will ich meinen Schluß kürzer fassen. Ich möchte gar gern, daß

Sie mir, falls ein solches noch disponibel ist, noch ein Bildchen schicken, andernfalls Sie bitten, mir zu sagen, ob man von der umstehenden Adresse des Photographen ein Exemplar (direkt oder per Buchhandel) beziehen kann? Diese Dame ist eine innerliche und stillvergnügte Natur; ich bin des Effekts vollkommen gewiß –, habe auch noch kein Wort verlauten lassen. Im übrigen wird der *bloße* Brief an mich, *ohne alle weitere Erwähnung*, als Beruhigung über den Empfang betrachtet. *Jetzt* wohne ich also noch Friedrichstr. 5.

Nun zum Schluß herzlichen Dank für Ihren lieben Brief und die Porträts –, worüber ich mich aus ganzer Seele gefreut habe – und tausend freundliche Grüße von

Ihrem
Ferdinand Kampe /

977

Von Gustav Julius Junghann

31. Mai 1862

/ Gotha, den 31. Mai 1862

Geehrtester Herr Professor!

Hiermit nehme ich mir die Freiheit, Ihnen mit Bezug auf unsere frühere Korrespondenz ein Exemplar des nun vollendeten ersten Teils meiner „Tetraedrometrie" zu übersenden. – Es hat mir Freude gemacht, darin, soviel sich die Gelegenheit bot, das treffliche Werk harter Arbeit Ihres verstorbenen Bruders, meines engeren Wissenschaftsgenossen (und den auch dieselbe Not des Vaterlandes, wie mich später, ins Unglück gestürzt hat), der ihm drohenden Vergessenheit zu entreißen. Sie werden leicht erkennen, daß sein Werk und das meinige nicht kollidieren, sondern sich nur gegenseitig ergänzen können. „Ich habe das Meinige getan, Kardinal, tun Sie das Ihre."

Hochachtungsvoll und
ergebenst
G[ustav] Junghann

Meine Erwiderung auf Ihren geehrten Brief vom 31. Juli 61, in der ich die Meinung aussprach, daß nach Ihrer gütigen Mitteilung des Inhaltes das Werk abgerundet und vollendet erscheine, und ohne weitere Redaktion gedruckt werden könne, haben Sie doch erhalten? /

978

Von Otto Lüning

18. Juni 1862

/ Mein lieber Freund!
Ich weiß, ich brauche mich bei Dir nicht zu entschuldigen, wenn ich auch in der Beantwortung der Briefe sehr unpünktlich gewesen bin. Die anstrengende Wahlagitation und die nicht minder anstrengende Tätigkeit eines Landboten, der daneben ein ganzes Wochenblatt zu schreiben, die Wochenschrift des Nat[ional]ver[eins] zu alimentieren und schließlich die amerikanische Presse abzufüttern hat, werden ein gutes Wort für mich ablegen. Auch heute habe ich schon von 6–11 am Schreibtisch gesessen, bin dann bis 3 Uhr in der Sitzung gewesen und habe dann noch bis jetzt um 6 Uhr eine Korrespondenz geschrieben, so daß ich eigentlich bis zu Abgang der Post nur noch Zeit zu einem eigenhändigen Gruße habe.
Ich kann mir lebhaft vorstellen, wie Du über unsere sentimentale, fast kindische Adresse gewütet hast. Allerdings hätte sie auch von dem Standpunkte // aus, den wir einmal einnehmen mußten, viel, viel besser sein können; aber wie das so bei parlamentarischen Dingen geht, wenn einmal ein schlechter Entwurf vorliegt, so ist nichts mehr dagegen zu machen. Was ich darüber zu sagen weiß, findest Du im „Wochenblatt" und in der „Wochenschrift". Glaube mir aber, die Stimmung der Massen ist so kompromißsüchtig – und nicht bloß bei uns –, daß wir diesen letzten Versuch zur Versöhnung machen mußten, und *wir* haben diesen Schritt nicht zu bereuen. Die schnöde Aufnahme hat dieselbe Folge wie die frechen Wahlbeeinflussungen. Sie hat wieder Tausenden die Augen geöffnet. Man rühmt jetzt *die* Leute um ihrer Konsequenz willen, die als Frondeurs [Unzufriedene] schmollend zur Seite stehen und auf unseren Gothaismus, auf unsere Konzessionen schimpfen. Aber wird denn die politische Arbeit dadurch gefördert, daß man nichts tut? Und wenn diese Herren, wie Zieg-

ler, die an sich tüchtige, gescheite Menschen sind, etwas Besseres zu tun wüßten wie wir, ei warum tun sie's denn nicht? Sie haben mir hier viel vorgeschwatzt, daß sich bei der // einen Nachwahl die Demokratie mit der Fortschrittspartei messen sollte. Es war Humbug; diese demokratischen Frondeurs haben nirgends etwas ausrichten können. Jacoby, der sich übrigens für die Fortschr[itts]p[artei] erklärt hatte, wurde gewählt, um den albernen Bann zu brechen! [und] dem Könige eine Lektion zu geben. Die politischen Erfolge werden stets, Revolutionen ausgenommen – und daß von einer solchen keine Rede ist, wirst Du mir zugeben –, nur durch Kompromisse und Abschlagszahlungen errungen und wenn man dabei dem Prinzipe nichts vergibt, so hat das auch nichts zu sagen. Der weitere Gang der Dinge, die Anträge der Kommissionen, die Ansichten in der Militärfrage (Du findest sie im „Wochenblatt") sehen sich nicht übel an. Die Sache wird sich besser machen, als [es] nach der, wie ich zugebe, namentlich bei den Wahlskandalen durch die Sehnsucht der Familienväter „nach Muttern" verpudelten Adreßdebatte befürchtet werden konnte. –

Bis Ende Juli dauert die Sache hier mindestens. Komme ich im Herbst nach Coburg, so sehe ich Dich jedenfalls. Auch mir tut eine Ausspannung not. Laß mich wieder einmal von Dir hören. Herzliche Grüße von mir und manchem Dir unbekannten Deiner Schüler, speziell von Joh[ann] Jacoby und Martiny.

Wie immer
Dein O[tto] Lüning
Kanonierstr. 9

Berlin, 18. Juni 1862

Von Hammacher hörte ich dieser Tage, daß es mit Ida Kapp (Zimmermann) *sehr übel* stünde; die lange befürchtete Lungentuberkulose habe rapide Fortschritte gemacht. Die Arme! – /

979

Von Julius Duboc

1. Juli 1862

/ Geehrtester Herr!

Im Juliheft der „Deutschen Jahrbücher für Politik und Literatur" von Oppenheim erscheint ein Aufsatz von mir „Wider die Grundanschauungen des [philosophischen] Idealismus", der die Resultate Ihrer Anschauungen in populärer Form zu geben versucht und einiges enthält, worüber ich schon früher einmal mit Ihnen korrespondierte.

Ich zahle damit eine alte Dankesschuld in leider sehr kleiner Scheidemünze zurück und freue mich namentlich, daß mir Gelegenheit gegeben wird, eine ebenso unwissende wie unverständige Kritik Julian Schmidts (in seiner Literaturgeschichte) über Sie einigermaßen zu züchtigen.

Ich hoffe, Sie vergeben mir an-//dererseits, daß ich einige teils zustimmende, teils erläuternde Worte, die Sie mir zu einer von mir geäußerten Ansicht einmal schrieben, in jenem Aufsatz wörtlich zitiert habe, ohne Ihre Erlaubnis erst einzuholen. Ich habe in meinem Redaktionsgeschäft immer so unendlich viel zu schreiben, daß ich alles umgehe, was ich irgend umgehen kann.

Ich hoffe, Sie befinden sich bei erwünschter Gesundheit und fühlen sich in Rechenberg jetzt heimisch. Ich wünschte nichts mehr, als daß es mir diesen Herbst gelingen möchte, mir einige Wochen Ferien auszuwirken, und daß es mir dann vergönnt sein möchte, Sie en passant wieder aufzusuchen wie vor 9 Jahren, als ich auf meine Weltumse[g]lungs-Reise ausging.

Haben Sie noch herzlichen Dank für Ihre freundlichen Zeilen vom 26. Januar d[es] J[ahres], die jetzt eine so verspätete Antwort erhalten, // und behalten Sie in gutem Andenken

Ihren
C[arl] J[ulius] Duboc

Dortmund, 1. Juli 62 /

980

An Julius Duboc

10. Juli 1862

Rechenberg bei Nürnberg, 10. Juli 1862
Verehrter Herr!
Es bedarf keiner Vergebung meinerseits, es bedarf vielmehr nur der nachträglichen Versicherung meiner vollkommenen Zustimmung zu dem Gebrauche, den Sie von brieflich Ihnen mitgeteilten Äußerungen von mir gemacht haben. Es geschah ja diese Veröffentlichung nur im Interesse meiner eigenen Sache und selbst Person. Welche bübischen Urteile über mich existieren nicht unangefochten und unwiderlegt in der deutschen Bücherwelt! Zu welcher erbärmlichen Rolle in der Unterwelt der deutschen Literatur hat mich nicht auch der furchtbare literarische Jupiter-Stygius in Leipzig verurteilt! Ich bedaure nur, daß Sie die Lücken meiner Schriften nur aus Briefen ergänzen konnten und mußten, und daß das Werk, das ich jetzt unter der Feder habe, noch lange auf seine Vollendung, noch länger auf seine Veröffentlichung wird warten lassen. Unter den Gegenständen dieses Werkes spielt auch das Thema, worüber Sie schon in ihren ersten Briefen an mich Fragen gestellt hatten: die Willensfreiheit, eine Rolle. Ein Hauptpunkt ist hier in dieser Arbeit die Lösung des Knotens, aus dem sich Kant und nachher Herr Schopenhauer mit einem Salto mortale in die intellektuale oder vielmehr Traumwelt losgemacht haben. Gegenwärtig stehe ich aber an ganz anderen Punkten, im Mittelpunkte des Streites zwischen Idealismus und Materialismus. Erst vor einigen Tagen habe ich die Kritik der idealistischen und somnambulistischen Psychologie Hegels vollendet. Ich komme übrigens auch hier, aber auf Veranlassung des Gegenstandes ebensowohl, wie auf Grund meines hauptsächlichen Berufes und Themas, wieder auf die Gottheit, die Theologie und Religion. Aber ich behaupte es immer und immer wieder: Nur die Religion oder, was eins ist, die Gottheit und das damit Zusammenhängende ist Sache der Menschheit, der Geschichte, des Volkes, alles andere Sache der Schule. „Nur die Gottheit", sage ich an einer Stelle meines neuen Werkes, „entscheidet das Schicksal der Psyche, der Seele." Hinter der Seele steckt nur die Gottheit, hinter dem Idealismus der Theologismus.

Es soll mich sehr freuen, wenn Sie mich besuchen, aber zeigen Sie mir gefälligst lange vorher ungefähr die Zeit Ihrer Ankunft an, damit ich zur rechten Zeit hier bin. Ergebenst
L. Feuerbach

981

An Georg Herweg

21. Juli 1862

/ Rechenberg, Montag, 21. Juli 62

Lieber Herwegh!

Soeben, d. h. 1/2 4 Uhr nachmittags, ist dieses Telegramm an Dich bei mir eingetroffen, nachdem ungefähr eine Stunde vorher der zweite Brief Deiner lieben Frau an die meinige angekommen war. Am Samstagnachmittag war ihr erster angekommen und ich [war] schon am Abend desselben Tags in den „Württemberger Hof" gegangen, in der Erwartung, im glücklichsten Fall Dich vielleicht selbst schon zu treffen oder doch einstweilen dem Wirte Deine Ankunft anzukündigen, da das angegebne Paßhindernis mir unglaublich erschien. Das vorgestern Unglaubliche ist aber heute schon zu jämmerlicher Gewißheit geworden. Indes enthält vielleicht doch diese Depesche ein Deinen Wünschen entsprechendes Resultat. // Sollte dies aber nicht der Fall sein, so wünsche ich nur, daß diese apriorische Ausweisung aus Öst[e]r[reich] keine nachteilige[n] Folgen für Deine Gesundheit haben möge. Um zur Verwirklichung dieses Wunsches beizutragen, was ich beitragen kann, mache ich mich unverzüglich auf die Beine, um noch vor Abgang der Abendpost die Depesche an Euch zu befördern. Ich habe daher auch keine Zeit mehr, als nur zu bemerken, daß mir seit vorigem Jahre auch nicht eine Zeile von Deiner Frau zugekommen ist, und Dir und den Deinigen körperliches und geistiges Wohl zu wünschen Dein

L. Feuerbach /

982

Von Gustav Julius Junghann

22. Juli 1862

/ Gotha, den 22. Juli 1862
Geehrtester Herr!
Daß ich Ihren geehrten Brief, der, wie ich eben sehe, das Datum vom 11. Juni trägt, und mir ein so ehrenvolles Anerbieten macht, noch bis heute nicht beantwortet habe, liegt, wie die meisten Unterlassungen, in der Unsicherheit des Entschlusses, den ich zu fassen habe. Sie wollen mir das wertvolle Manuskript Ihres verstorbenen Bruders zur Veröffentlichung überlassen. Mit der Annahme dieses Erbietens würde ich also auch die Verpflichtung der Veröffentlichung übernehmen. Und nun weiß ich nicht, ob ich nicht vielleicht damit eine Arbeit übernehmen würde, die ich vorläufig meiner eignen, mir nun einmal zugefallenen wissenschaftlichen Aufgabe wegen zu übernehmen nicht berechtigt bin. Ich, der ich in gleicher Richtung arbeite, darf das Manuskript nicht herausgeben, ohne es gründlich durchstudiert zu haben. Und das ist wahrscheinlich keine kleine Arbeit, die mich wohl für eine geraume Zeit aus meinem jetzigen Gedankengange herausreißen würde. Außerdem würde ich die Herausgabe wohl nicht anders als auf eigne Kosten und Gefahr bewerkstelligen können –, auch für meine Schrift habe ich keinen Verleger, sondern nur einen Kommissionär gefunden. Nun habe ich jetzt allerdings ein (unveröffentlichtes) erstes, kompetentes Urteil, und zwar ein unumwunden an-//erkennendes, über mein Buch von meinem alten Lehrer Schenk, und das macht mir Mut, ein ähnliches von dem allgemeineren gelehrten Publikum zu erwarten. Sollte nun meine Schrift anerkannt werden, so würden damit auch meine Äußerungen über Ihres Bruders Schrift anerkannt sein, und die Herausgabe würde keine Schwierigkeit mehr finden. Bis dahin freilich, daß man jene Anerkennung einem Verleger schwarz auf weiß zeigen kann, läßt sich kaum darauf rechnen, einem solchen den Wert beider Schriften irgendwie begreiflich zu machen. Und in der Tat muß man ja auch jedem Verleger zugestehen, daß beide Schriften als *Handelsartikel* wenig Wert haben.
Neulich nun besuchte mich Dr. Gensler (jetzt Pfarrer in Großmölsen im Weimarschen), mit dem ich auch auf diese Angelegen-

heit kam. Dabei erfuhr ich, daß er ein Vetter und Jugendfreund von Ihnen ist. Er läßt Sie freundlichst grüßen. Der hatte den Gedanken, bei Trendelenburg, mit dem er befreundet ist, anzufragen, ob es nicht Sache der Akademie wäre, dergleichen wertvolle Reliquien der Wissenschaft zu erhalten. Er will ihm vorschlagen, die Akademie zu veranlassen, sich von mir, da Sie mich dazu berechtigt haben, über das Werk Bericht erstatten zu lassen und die Herausgabe zu vermitteln. Sollte dieser Vorschlag Anklang finden, so würde ich allerdings die Unterbrechung meiner // eignen Arbeit zum Behufe jenes Berichtes nicht scheuen, da ich doch jedenfalls darauf rechnen kann, in dem Studium des Werkes mannigfache Anregungen auch für meine Arbeit zu finden. Und diese Erwägung gibt mir denn schließlich die Bitte an Sie ein, mir das Manuskript – vorläufig ohne mir damit eine weitere Verpflichtung aufzulegen – einstweilen einmal überlassen zu wollen. Daß ich damit keinen Mißbrauch treibe, daß ich Ihren Bruder nicht bestehlen, sondern jede Anregung, die ich seinem Geiste und seiner Arbeit verdanke, ehrlich vor der Welt bekennen werde, das, meine ich, wird Ihnen ja wohl aus der Art und Weise, wie ich meine Beziehungen zu jener Schrift bisher behandelt habe, sicher sein. Habe ich doch schon eigne, ganz unabhängige Entdeckungen ihm in § 36 und 37 ehrlich zurückgegeben, als ich – nicht ohne Mühe wegen der ganz andern Darstellung – erkannt hatte, daß er sie vor mir mit andern Mitteln gefunden hatte. Ich hätte wahrlich nicht besorgen dürfen, daß, wenn ich jene Priorität ignoriert hätte, mir jemals ein Plagiat vorgeworfen werden würde. Also darf ich wohl auf Ihr Vertrauen rechnen, besonders da Sie nach Genslers Äußerung schwerlich zu denen gehören, die es für weise halten, sich nach allen Seiten hin dadurch sicher zu setzen, daß sie nach keiner Seite Vertrauen haben.

Dr. Gensler ist ein wunderbares Arbeits-Genie. Er bearbeitet eine von Newton abweichende Gravita-//tionstheorie, an die sich dann weitere naturphilosophische und metaphysische Folgerungen knüpfen. Obgleich nun die Begründung dieser Theorie wesentlich mathematisch ist, studiert er doch zum Behufe der historischen Einleitung die astronomischen Erfahrungen und Theorien aller ältesten, alten, mittleren und neuen Kulturvölker und ist jetzt dabei, die in Hieroglyphen geschriebenen Beobachtungen der alten Ägypter zu übersetzen. Und das alles in den Mußestunden, die er einer äußerst gewissenhaften und ungewöhnlich sorgfältigen Verwaltung seines Pfarramtes entübrigt. – Ich für mein Teil bewundere ihn mehr, als ich ihn verstehe. In der Begründung seines Hauptgedankens spielt die Mathematik in die Metaphysik über in einer Weise, der ich nicht mit voller Klarheit folgen kann. Darum muß ich mich des Urteils enthalten und kann nur wünschen und hoffen, daß das Resultat dem immensen Arbeitsaufwande entsprechen möge. Imponieren wird jedenfalls das Werk, das aus so mühsamen, mannigfaltigen, scheinbar weit auseinanderliegenden Vorstudien hervorgehen wird. –

Wenn Sie mir die Bitte um Übersendung des Manuskripts gewähren, so empfange ich es unter der selbstverständlichen Voraussetzung, daß das mir von Ihnen angebotene Eigentumsrecht vorläufig noch nicht und erst dann in Kraft tritt, wenn ich die Herausgabe bestimmt in Angriff nehme. Bis dahin werde ich es nur als auf Diskretion geliehen betrachten und Ihr äußerliches Eigentumsrecht unantastbar, immerdar und unter allen Umständen das nie verlöschende Eigentumsrecht des Verstorbenen auf die Produkte seines Geistes heilig halten.
Hochachtungsvoll

Ihr ergebener
G[ustav] Junghann /

983

Von Emma Herwegh

22. Juli 1862

/ Zürich, den 22. Juli 62

Bester Ludwig!

Von Dir kann nur Gutes kommen, und so enthielt denn die Deinen Zeilen beigefügte Depesche die Nachricht, daß alles in Wien geordnet sei, und den Wunsch einer glücklichen Reise nach Karlsbad. Was mich jedoch drängt, Dir augenblicklich zu schreiben, trotz der Vermutung, daß mein Brief später als Georg bei Dir eintreffen wird, ist, daß ich aus Deinem Brief ersehe, daß der meinige, den ich in der Nacht des 2. Juli an Dich schrieb, (wenige Stunden nach dem Empfang einiger Zeilen v[on] Deiner Bertha) und am 3. morgens auf die Post gab, bei Dir nicht eingetroffen // ist. Dieser Brief, der sehr ausführlich war und außer Georgs Photographie eine lange Erzähl[ung] der ital[ienischen] Angelegenheit und somit den Aufschluß meines langen Schweigens enthielt, sollte mir zu gleicher Zeit Deine Verzeihung für meine scheinbare Unschlüssigkeit erwirken, deren ich um so mehr bedurfte, da Dir mein Schweigen doppelt auffallend sein mußte, nachdem Du meinen lebhaften Wunsch nach Deinem Bilde, wenngleich spät, doch so gütig berücksichtigt hattest.

Tu' mir den Gefallen und frage auf der Nürnberger Post nach, ob jener Brief nicht da liegt. Meine kleine Ada hat ihn selbst aufgegeben, so daß ich der Besorgung // von hier aus sicher bin. –

Nun noch tausend Grüße an Georg – und außerdem die Bitte, was fortan unter Deiner Adresse für ihn ankommen sollte, nicht mehr hieher zu schicken, sondern ruhig in Nürnberg zu behalten –, da er, wenn nicht mit dem *morgenden* Schnellzug, so doch späte[stens] übermorgen, Donnerstag, zehn Uhr, nach Nürnberg abreist und in selbiger Nacht im „Württemberger Hof" einzukehren gedenkt.

Tu' mir den Gefallen und beruhige mich wegen des Briefs und behalte mich in treuem Angedenken wie ich Dich und die Deinen –
jetzt und immer Deine
Emma Herwegh /

984

An Gustav Julius Junghann

12. August 1862

/ Rechenberg, 12. August 1862

Verehrter Herr,

wenn auch der Zeitraum zwischen dem 22. Juli, dem Datum Ihres Briefes, und dem 12. Aug[ust], dem Datum des meinigen an sich ein kurzer ist, so ist er doch für die Psyche der Erwartung lang genug, um sie mit Argwohn und Zweifeln an die Erfüllung Ihres Wunsches zu erfüllen. Wie und warum hätte ich aber meine bereits gegen Sie ausgesprochene Gesinnung ändern sollen? Mein Vertrauen stützt sich ja nicht auf eitle Worte, sondern auf tatsächliche, in Ihrem Werke niedergelegte Beweise neidloser Anerkennung der Verdienste meines Bruders. Nur aus Gründen, die gar nicht mit dem Anlaß und Gegenstand unsres Verkehrs zu tun haben und welche ich daher auch gar nicht nennen will, komme ich erst heute dazu, Ihnen das erwünschte Manuskript zu überschicken. Sie erhalten es so, wie es in meine Hände kam – also auch mit seinen Schmutzflecken, denn diese stammen nicht von mir, sondern von den Vorfahrn, eben sowenig die gleich zu Anfang und später noch hie und da sich vorfindenden Reihen von weggeschnittnen Blättern. Wenn ich auf den von Ihnen selbst ausgesprochnen Wunsch, daß das Manuskript veröffentlicht werde, mich bereit erklärte, Ihnen zu diesem Zwecke // dasselbe zu übersenden, so setzte ich natürlich voraus, daß Sie selbst für Ihr Werk eine Vorlage gefunden hätten und daher auch ohne eignes Risiko und sondere Beschwerde das Werk Ihres Vorgängers eben denselben oder einen andren Verleger finden würden. Da diese Voraussetzung aber eine irrige, so habe ich nichts gegen den von Ihnen gemachten Vorschlag einzuwenden. Welcher Weg der Veröffentlichung aber auch eingeschlagen werde, auf jeden Fall ist es notwendig, daß Ihnen vorerst das Manuskript zur An- und Einsicht übersandt werde, um dasselbe mit dem bereits gedruckten und von Ihnen gründlich studierten Werke vergleichen zu können. Sie nur sind befähigt und berechtigt, über sein Schicksal zu entscheiden, und ich bin überzeugt, daß Sie als gerechter wahrheitsliebender Richter entscheiden werden. In dieser Überzeugung lege ich getrost dies teure Vermächtnis meines Bruders in Ihre Hände nieder.

Sehr überrascht haben mich Ihre Nachrichten von H[errn] Dr. Gensler. Ich habe ihn vor 30 Jahren in meinem großväterlichen Hause in Frankfurt a[m] M[ain] kennenlernen, später aber nichts mehr von ihm erfahren können, als daß er eine sehr weite Reise, ich weiß nicht mehr wohin, gemacht habe, eine Reise, die sich endlich in meiner Phantasie aus Mangel an allen terrestrischen Anhaltspunkten in eine Reise in das „unbekannte Jenseits" verlor. Und // nun erfahre ich plötzlich von Ihnen, daß er in nächster Nähe nicht nur an den Leiden und Freuden des menschlichen Lebens, sondern zugleich an den höchsten Triumphe[n] des menschlichen Geistes tätigen Anteil nimmt. Ich wünsche ihm zu beidem Glück und erwidere seine Grüße aufs freundlichste.

Ich ersuche Sie, mich von Ihren ferneren Entscheidungen in betreff des M[anu]skripts in Kenntnis zu setzen, zunächst nur in einigen Zeilen in Betreff des Empfangs und zeichne
      hochachtungsvoll Ihr
      ergebenster L. Feuerbach. /

985

Von Wilhelm Bolin

16. August 1862

/ Norderney, Sonnabend, d[en] 16. August 62
Ich möchte deutschen Boden nicht verlassen, ohne wenigstens einen Gruß auf kürzerer Entfernung mit Ihnen, teurer Freund, gewechselt zu haben. Ja, ich bin wieder in Deutschland! Als Kurgast, wie Sie oben ersehen; doch eigentlich als Begleiter meiner Mutter und zweier Schwestern. Die ganze Badereise ist ein durch die Umstände aufgenötigtes Stegreifunternehmen, das nur in einem 4wöchentlichen Aufenthalt dahier und kürzesten Hin- und Rückweg zerfällt. Daher mußte ich von vornherein auf das Vergnügen verzichten, bei Ihnen in Nürnberg vorzusprechen, da ich meinen Damen unmöglich von der Seite weichen kann.

Mit der Erledigung vielfacher, meist lästiger Angelegenheiten überhäuft, konnte ich bisher nicht [dazu] gelangen, an Sie zu schreiben. Da ich Ihnen erst im Frühling (April) geschrieben und dann für Ihr Letztes vom Februar nebst beifolgendem Bild gedankt –, erlaubte ich mir eine Zögerung, die mir vielleicht um so sicherer eine baldige Entgegnung von Ihnen einbringt. Wenn ich hiemit Ihre Absicht getroffen, so haben Sie die Freundlichkeit, mich bis zum 26. d[ie]s[e]s [Monats] ein Schreiben in Berlin vorfinden zu lassen, und zwar bei Herrn H[e]rm[ann] Peters, Charlottenstraße 54. – Von dort geht es raschen Schrittes in meine nordische Heimat.

Meinen eben erwähnten Brief vom Frühling aus Helsingfors werden Sie wohl richtig erhalten haben; folglich kann ich // hiemit an meinen damaligen Bericht anknüpfen. Rasch genug ist mir die Zeit verstrichen! Einige Monate Familienverdruß abgerechnet, habe ich ziemlich fleißig sein können. Außer einigen Beiträgen für Hearing-Vollerts „Neuen Pitaval" bin ich mit literären Artikeln (sc[i]l[icet] [nämlich] Kritiken) an einem recht guten Blatt bei uns daheim beteiligt. Bei dieser Tätigkeit, der ich allmählich große Befriedigung abgewonnen, ist mir einiges zu Händen gekommen, worauf ich Sie aufmerksam machen möchte.

Zunächst eine Biographie des verstorb[enen] Arth[ur] Schopenhauer, von seinem Freunde W[ilhelm] Gwinner; ein sehr interessantes Porträt, das über den Sonderling erklärenden Aufschluß erteilt. Doch dies nur beiläufig; dagegen möchte ich länger bei den

neuesten Erzeugnissen des trefflichen D[avid] Fr[iedrich] Strauß
verweilen. Kennen Sie seinen „Ulrich v[on] Hutten"? Ein köstli-
40 ches Lebensbild, das mit großem Geschick zugleich alle mittelbaren und unmittelbaren „Reformatoren" vorführt. Die meisterhafte
Darstellung zeigt überraschend anschaulich, wie sehr die Reformation das Erzeugnis eines ganzen Zeitalters ist. Diesen zwei Bänden
Biographie schließt sich als dritter eine Auswahl Huttenscher Dia-
45 loge in deutscher Bearbeitung an, in die sich zu vertiefen ein
erquickender Hochgenuß ist. Am köstlichsten bei eben diesem
Bande ist die Vorrede, worin V[e]rf[asser] einen Rückblick auf
seine Laufbahn wirft, nachdem ein Vierteljahrhundert seit Erscheinen des „Leben Jesu" verfloß. Sie selbst wissen ebensogut wie
50 Str[auß], inwieweit Ihr bei-//derseitiges Wirken Früchte getragen.
Diese ebenso berechtigte als erhebende Zuversicht äußert Str[auß]
unverhohlen in den wenigen Blättern und wirft dadurch ein besonders anziehendes Licht auf die gewissermaßen sekundäre Arbeit. Natürlich hat sein Buch ebensoviel Verehrer als Widersacher,
55 was, bei dem in unsrer Zeit kolossalen Indifferentismus, noch kein
eklatanter Erfolg ist. Etwas mehr Aufsehen dürfte sein kürzlich
publizierter „H[e]rm[ann] Sam[uel] Reimarus und seine Schutzschrift für die vernünftigen Verehrer Gottes" erwarten können. Für
das eigne Streben hat hier Str[auß] an diesem „Märtyrer des
60 Schweigens" einen wichtigen Bundesgenossen aus den Gräbern
des vor[i]g[en] J[ahr]h[un]d[er]ts sich erweckt. Diese Paraphrase
des veralteten Werks ist so anziehend als belehrend. Aber die Erde
wird noch lange Zeit Kutten von allen Farben tragen sehen, so
handgreiflich Strauß auch hier zu Werke gehet. Und er hat sich die
65 leichtere Aufgabe erwählt: Sein Kampf gilt dem individualisierten
Deus. Wie weit ist in den Alltagsköpfen der Schritt bis zum Un-
sichtbaren, Universellen, das Sie zur Erkenntnis zu bringen trachten? – Bei ihm handelt es sich nur um die Mittelperson, die eigentlich greif- und faßbare Figur des christlichen Olymps – mit der
70 wird die Welt – als mit völlig Ihresgleichen – zunächst sich abfin-
den müssen. (Wie lang hat z. B. die mit Luther begonnene Emanzipation von der Maria und den Heiligen gewährt?) – Ihr eignes
Streben aber hat es vorzugsweise mit den beiden übrigen Personen
der Trinität zu tun, wo die //rätselhafte, unheimliche Gedankenwelt
75 vorherrscht. Der Erlöser ist in seiner Objektivität ebenso leicht zu
erfassen und zu bewältigen als die beiden andren Überall-und-
Nirgends, die Sie ad coram nehmen [vornehmen], durch die un-
ermüdliche Widersprüchigkeit ihrer Beschaffenheit eine Hydra-

Existenz führen, zumal die Welt in dieser Heraklespositur sich ungemein wohl gefällt. Man möchte daher nicht so sehr über die geringe Verbreitung Ihres Strebens als darüber staunen, daß es schon jetzt zu solcher Klarheit und Überzeugungsfreiheit entfaltet werden konnte. Mit jedem Tage erkenne ich deutlicher, daß Ihre Lehre nur dann lebendig ist, wenn man sich durch einen entsprechenden sittlichen Ernst zu ihr emporschwingen kann. Das aber dürfte Ihnen bekannt sein, wie sehr die Gegenwart eben dieser Bedingung noch ermangelt. Nur von diesem Umstande leite ich die Isoliertheit ab, in der Sie bisher gestanden und noch wer weiß wie lange beharren werden. Daß aber Ihr Wirken, zumal wegen der eben bezeichneten Eigenschaften, vor dem Verschollenwerden gesichert ist, brauche ich Ihnen wahrlich nicht zu beweisen. –

Schließlich meinen nachträglichen Glückwunsch zu Ihrem kürzlich gefeierten Geburtstag. Mit herzlichem Gruß an die lieben Ihrigen in treuer Anhänglichkeit
Wilhelm Bolin

Falls Sie verhindert sind, mir zur bestimmten Zeit nach Berlin zu schreiben, bleibt meine Adresse nach wie vor: H. R. Sturm in Hamburg. /

986
Von Gustav Julius Junghann
16. August 1862

/ Hochgeehrter Herr!
Das Manuskript habe ich erhalten, und danke Ihnen herzlich für das mir durch die Zusendung erzeigte und in dem Begleitschreiben ausgesprochene Vertrauen. Was irgend ich nun damit beginnen kann, ist nicht in kurzer Zeit abzutun, und ich habe daher für den Fall meines plötzlichen Ablebens auf einem am Deckel befestigten Zettel die Bedeutung des Manuskripts bemerkt und es als Ihr Eigentum bezeichnet. – Die schöne Handschrift wird das Studium sehr erleichtern, wogegen zwei andere Umstände es mir erschweren. Der eine ist: daß ich tief in der Bearbeitung des zweiten Teils meiner eignen Schrift stecke und diese um so energischer verfolgen muß, da ich zweitens zu Michaelis wieder in ein Schulamt eintreten

werde (welches mir im J[ahr] 1851 von dem Manteufflisch zusammengesetzten Disziplinarhofe genommen wurde) – wahrscheinlich am Gymnasium zu Quedlinburg. Rücksicht auf meine Familie zwingt mich, die freie Muße (die ich *jetzt* freilich für die Wissenschaft besser verwerten könnte, als es durch die Belehrung einzelner geschehen wird) dem Verdienen zu opfern. Dadurch werden nun alle meine jetzigen Bestrebungen, also auch die für Ihres Bruders Werk, verlangsamt. Indes würde mir die Herausgabe sowieso doch nicht früher möglich sein, als bis etwa mein // System der Tetraedrometrie sich und mir eine anerkannte Stellung in der Literatur erworben haben sollte, wofür ich nun bis jetzt noch keine öffentliche, sondern nur eine private, mir für kompetent geltende Beurteilung meiner Schrift habe.

Da Sie den Dr. Gensler so gänzlich aus den Augen verloren hatten, so will ich meinen früheren Notizen noch hinzufügen, was ich über ihn weiß. Er war früher in Bern Lehrer an einem Privatinstitut und las nebenbei an der Universität über Mathematik und, wie ich glaube, über Naturphilosophie. Um die bedenklichen Folgen der Nervenüberreizung radikal zu kurieren, ging er dann zur See, machte das Kapitänsexamen und machte als Schwermatrose verschiedene Fahrten nach der Südsee mit. Darauf kämpfte er in Schleswig-Holstein mit und trug eine Schußwunde im Schenkel davon. Dann als Lehrer am Realgymnasium in Eisenach beschäftigt, heiratete er eine vortreffliche Frau aus Friedland im Mecklenburgischen, seiner zweiten Heimat, eine an Kopf und Herzen sehr gesunde Frau. Durch persönliche Gehässigkeiten wurde ihm aber die Bestätigung in dem ihm provisorisch übertragenen Amte versagt, gerade als ihm das erste Kind geboren wurde, und da ist ihm denn eine mäßige Pfarrstelle zu Großmölsen im Weimarschen als Zuflucht geworden, wo er gegenwärtig seine Zeit zwischen sehr gewissenhafter Amtsführung und Seelsorge und der Entzifferung ägyptischer Hieroglyphen teilt. // Seine gelehrten Beschäftigungen scheinen ihn aber dem Oberkirchenrat keineswegs zu empfehlen, ja er hat deswegen unangenehme Konflikte durchzumachen. Eine Kirche, und sei es auch eine rationalistisch angestrichene, kann ja einmal an den Ihrigen nicht vertragen, dessen sie nicht Herr bleiben kann.

Sobald ich meinen Wohnort verändere, werde ich Sie davon in Kenntnis setzen, damit Sie wissen, wo das Manuskript zu finden ist.

       Hochachtungsvoll Ihr ergebenster G[ustav] Junghann
Gotha, den 16. August 1862 /

987

An Ludwig Jegel

11. September 1862

/ Rechenberg, 11. Sept[ember] 62

Lieber Jegel!

Der unseligste Zustand des Menschen – Erwartung ohne Erfüllung – Erwartung von Freude, die nicht gekommen, und Erwartung guter Laune zur Vollendung einer schriftstell[erischen] Kleinigkeit, die aber gleichfalls bis jetzt nicht gekommen ist, dieser unseligste Zustand also ist Ursache, daß Deine hochpoetische, himmelwärtsstrebende Einladung weder meine Beine noch Feder in Bewegung gesetzt hat. Auch jetzt ergreife ich nur die Feder, um Dir anzuzeigen, daß dieselbe mir zu Herz und Kopf gestiegen ist, daß ich aber noch nicht weiß, wann dieser innerlichen Bewegung die äußere mechanische Bewegung nach Rupprechtstegen nachfolgen wird. Einstweilen also schriftlichen Gruß und Dank Dir und den Deinigen von

Deinem
L. Feuerbach /

988

Von der Deutschen Schillerstiftung

12. Oktober 1862

/ Hochgeehrter Herr!

Die anliegenden 150 Rtlr. wollen Sie als die erste Rate einer Ehrengabe betrachten, welche Ihnen der Unterzeichnete im Betrage von 900 Rtlrn. und zwar in der Art darbietet, daß Sie in dem Zeitraum von drei Jahren mit halbjährig sich wiederholenden gleichen Raten die volle Summe werden empfangen haben.

Es bedarf keiner Versicherung, daß es uns eine hohe Freude gewährt hat, die Segnungen unsrer Stiftung gerade einem Manne Ihres ausgezeichneten Namens ersprießlich zu machen. Möge diese Beisteuer zu Ihren Bedürfnissen, als Ausdruck der Ihnen gebührenden Anerkennung, die Folge haben, daß Sie die Kräfte gewin-

nen, bald wieder die Nation mit neuen Werken Ihres lichtvollen
15 Geistes zu erfreuen.
Mit vorzüglicher Hochachtung
Der Verwaltungsrat der Deutschen
Schillerstiftung
Weimar, den 12ten Oktober 1862 /

989

Von Wilhelm Bolin

15. Oktober 1862

/ Helsingfors, d[en] 15. Oktober 62
Es ist mir seit Jahren eine liebe Gewohnheit, vor Abschluß der
5 Schiffahrt Ihnen, teurer Freund, meinen letzten Gruß für das durchlebte Jahr zuzusenden. So auch heute. Könnte ich statt der Zeilen selbst kommen, würde ich mündlich Ihnen und Ihrer lieben Frau meinen Glückwunsch zur Silberhochzeit am 12. November abstatten. Nun aber müssen wir uns mit dieser schriftlichen Freuden-
10 bezeugung begnügen, die darum nicht minder warm und herzlich gemeint. In Gedanken bin ich Ihnen an dem Tage, wie auch sonst so oft, recht nahe, und soll es mich freuen, wenn Sie im traulichen Familienkreise des fernweilenden innigergebenen Freundes gedenken, der es dann recht deutlich empfinden wird, wie unmächtig der
15 allmächtige Wunsch ist. –
Seit dem Frühling habe ich nichts mehr von Ihnen gehört. Damals erhielt ich Ihren Brief vom 15. F[e]br[uar] mit einliegendem wohlgelungnem Bild, wofür ich hiemit meinen Dank wiederhole. Seitdem schrieb ich Ihnen zweimal. Zunächst von hier, bald nach
20 Empfang Ihrer Zeilen. Hierauf ward ich für den Sommer ganz unvermutet auf einige Wochen nach Deutschland verschlagen. Doch war es nur ein Badeausflug mit kürzester Hin- und Herreise, und konnte ich aus Norderney, meinem einzigen eigentlichen Aufenthaltsorte, Ihnen bloß einen Gruß zukommen lassen, da ich Mut-
25 ter und zwei Schwestern eskortierte und von ihnen nicht weichen durfte. Gegenwärtiges ist also mein dritter Brief in diesem Jahr. Ziemlich lang bin ich nun wieder daheim und habe manches vorgenommen. Darunter auch Rénans // „Études d'histoire réligieuse", die ich mir wegen seiner Abhandlung über Sie verschaffte. Diese

Abfertigung von 15 Seiten verdient kaum eine Beachtung und dürfte s[einer] Z[eit] in der „Revue germanique" gebührender Beurteilung unterworfen worden sein. In der Vermutung, daß Sie Rénans Äußrungen nicht gelesen, will ich Ihnen einen Begriff davon geben, weil ich mich entsinne, daß Sie davon Notiz nehmen wollten. – Rénan ist Freigeist, aber doch der Religion anhänglich als universeller Angelegenheit der Menschen, für die er einen historischen Gesichtspunkt innehält, der aber eine gar zu große Ähnlichkeit mit dem des Herrn Jehovah am 6. Schöpfungsabend hat: Es ist alles gut, weil es ist. Das Allgemeine hat recht, der Einzelne irrt. Ein solcher einzelner ist L[udwig] F[euer]b[ach]. – Doch meint R[énan], daß der Atheismus – der ihm eine Absurdität – gar nicht gefährlich sei und daß eigentlich kein Mensch den Gott (nach R[énan] die Kategorie oder Gesamtidee des Wahren, Schönen und Guten) ableugnen könne, es sei denn aus wunderlicher Grille. Grillen aber hat die deutsche Philosophie manche aufzuweisen, doch soll man sich von dieser da nicht einschüchtern lassen: Die Deutschen sind ein gar zu idealistisches Volk, als daß es mit solchem Materialismus je Ernst sein könnte. Daher klinge es komisch, wenn Sie in Ihrer Vorrede zum „Wes[en] d[es] Chr[i]st[entums]" äußern: Sie hätten es durch dies Buch mit Gott und Menschen verdorben. Wenn dem so ist, läge es nur an Ihnen, denn: „Le bon Dieu lui pardonnera et le monde l'oubliera [Der liebe Gott wird ihm vergeben, und die Welt wird ihn vergessen]." Geschickte Darstellungsgabe, gründliche Einsicht und ein gewisses dialektisches Talent sei Ihnen nicht abzusprechen. Ihre Anschauungsweise ist bizarr, isoliert, und es ist Ihnen nur zu tun, das Christentum als Absurdität, als das Häßlichste und Odioseste [Verabscheuungswürdigste] darzustellen: Es gleicht Ihnen den Zauberspeisen der Circe, wodurch die Menschen entmenscht würden. R[énan] will nicht bestreiten, daß [das] Ch[ri]st[entum] wie jede andre Religion ein großes Sünden-//register an Verirrungen aufzuweisen habe; doch sind die Abweichung[en] nicht [die] Sache selbst. Das Praktische, das Gebet, die Zeremonie ist nur Moment, Akzidenz. Das Wahre, Bleibende, Entzückende, Fesselnde jeder Religion ist das Metaphysische, Poetische und Moralische. Von diesen Gesichtspunkten ist bei Ihnen keine Spur. Die Lösung der Welträtsel, das Unendliche als Ziel der Erkenntnis ist nicht berührt. Die Vorstellung des Unendlichen als Erhabenes, als Höchstes der Kunst – das doch auch ein wesentlicher Bestandteil der Religion – ist übersehen, und ebenso fehlt die Vorstellung des Unendlichen als das

Ideal der Sittlichkeit, woraus der Mensch seine Zuversicht und seine ethische Begeistrung schöpft. Summa summarum [Alles in allem]: Ihr Fehler ist, daß Sie die Religion in ihrer Wirklichkeit, in ihrem sinnlichen Sein, in ihrer lebendigen, einzig wahren, bisher und bei allen Völkern allgemein gültigen Erscheinung gefaßt und nicht als jenes charakterlose Vakuum, wo jeder nach seiner Fasson selig werden will.

Diese Art, Sie aufzufassen, habe ich bei manchem getroffen, der sich seiner Freigeisterei brüstet; er hat mit der Kirche gebrochen, will aber eine Providentia [Vorsehung], ein supranaturalistisches Irrlichtelieren durchaus beibehalten. Solche Charakterlosigkeit ist der letzte Rest des unseligen Dualismus, den das Christ[en]t[um] über die Welt gebracht. Das Vorhandensein eines so augenfälligen Widerspruchs, wie kritischer Dogmatismus oder dogmatischer Kritizismus, wäre nicht zu begreifen, wenn man nicht wüßte, daß die Mängel der Überzeugung stets in den Bedürfnissen der Empfindung ergänzt und dadurch der eignen Einsicht entrückt sind.

In jeder Kulturform spiegelt sich der ganze Mensch, aber jede derselben hat etwas Spezielles, wodurch sie dies Eine Bestimmte ist. An diesem Einen muß das Ding gepackt werden, wenn man's erken-//nen will. Aber diese Kunst ist so schwer, daß man sie oft nicht mal zu schätzen weiß, wenn sie so glücklich und geschickt gehandhabt wird wie von Ihnen. Es bleibt jedoch fast rätselhaft, wie man noch bis jetzt die einfache Wahrheit nicht einsehen kann, daß Religion nur darin ihr eignes Wesen hat, worin sie allezeit ganz und gar beharrt, worin sie sich selbst gleichbleibt. Allerdings ist sie eine Arche gewesen, in der alles, was Kultur heißt, beherbergt ward, während die Fluten der Natur und Barbarei vom Menschen nicht bewältigt waren, während er für sein Titanenwerk Bildung noch keinen festen Boden gewonnen. Daher war Ordnung, Reinlichkeit, Arbeit, häusliche Verrichtung aller Art, Heilkunde, Wissenschaft und Kunst in der Religion enthalten. Aber alles das hat sich abgelöst, um ein selbständiges Leben zu führen; das, was nachblieb, ist Religion. Können Sie dafür, daß dieser Bodensatz, diese inkommensurable Größe eine Absurdität ist? Die Einfachheit dieses Sachverhaltes ist handgreiflich – doch „die einfachen Wahrheiten sind's gerade, auf die der Mensch am spätesten kommt".

Mit diesem herzinnigen Gruß
                       in steter treuer Anhänglichkeit
                       Wilhelm Bolin
Meine Adresse bleibt nach wie vor Hamburg, H. R. Sturm. /

990

Von Adolf Strodtmann

19. Oktober 1862

/ Hamburg, d[en] 19. Okt[ober] 1862
Geehrtester Herr Professor!
Unter dem Titel „Orion" gebe ich vom Dezember d[es] J[ahres] an bei Hoffmann und Campe hieselbst eine literarisch-kritische Monatsschrift heraus, die bestrebt sein wird, unter Mitwirkung der namhaftesten Kräfte, der *Kunst- und Literaturkritik* eine geachtete und würdige Stellung zu erkämpfen, den bessern Schriftstellern, welchen es noch *Ernst* mit der Kunst ist, einen Vereinigungspunkt zu gewähren, und eine Brücke der Vermittlung zwischen ihnen und dem gebildeten Teile des Publikums zu schlagen. Alle Aufsätze des „Orion" sollen von ernstem, wissenschaftlichem Inhalte, aber in einer lebendigen, geistvoll anregenden, jedem *Gebildeten* verständlichen Form geschrieben sein. Höchst energisch gedenke ich vor allem den dilettantischen Feuilletonismus zu befehden, der sich mehr und mehr in der Literatur breitmacht, // mit einer *„populären" Form* kokettiert, dabei aber jedes *Inhalts* entbehrt. Indem ich Sie um Ihre geneigte Mitwirkung bei meinem Unternehmen ersuche, beziehe ich mich auf unsern gemeinschaftlichen Freund *Friedrich Kapp*, der Sie vor kurzem in Nürnberg besuchte und gleich mir der Hoffnung ist, daß es Ihnen vielleicht nicht unlieb sein wird, solche philosophische[n] Abhandlungen für den „Orion" zu schreiben, die zu der *Kunst* in irgendeinem, wenigstens mittelbaren Bezuge stehn. Ich kann Ihnen einstweilen ein Honorar von 3 Friedrichsd'or für den 16seitigen Bogen im Format der (Oppenheimschen) „Deutschen Jahrbücher" zusichern, wobei Ihnen die anderweitige Verwertung Ihrer Arbeit *sofort nach dem Abdruck im „Orion"* zusteht. Auch würde ich Ihnen vielleicht ausnahmsweise schon jetzt ein etwas höheres Honorar zu erwirken imstande sein, wenn Sie mir freundlichst Ihre Ansprüche mitteilen. /
/ Wollen Sie meinen Wunsch erfüllen, so bitte ich Sie, geehrtester Herr Professor, mir recht bald das eine oder andere Thema namhaft zu machen, das Sie in nächster Zeit für den „Orion" behandeln möchten. Die Fortführung des Unternehmens ist mir von der Verlagshandlung kontraktlich unter allen Umständen auf mindestens *zwei volle Jahre* garantiert worden; Sie mögen daraus

vorläufig abnehmen, daß es sich nicht um ein leichtfertiges Experiment, sondern um ein ernstes, wohlüberlegtes und wohlvorbereitetes Werk handelt. Auch darf die Gewissenhaftigkeit, mit der ich eine vollständige und *kritische* Gesamtausgabe von H[einrich] Heines Werken herzustellen bemüht bin, Ihnen wohl einigermaßen dafür bürgen, daß ich auch als Redakteur des „Orion" meine Aufgabe sehr ernst nehmen werde.

In Erwartung Ihrer baldigen geneigten Antwort,
mit ausgezeichneter Hochachtung
Adolf Strodtmann /

991

Von Konrad Deubler

23. Oktober 1862

Dorf Goisern im Salzkammergut, den 23. Oktober 1862
Großer Mann!

Verzeihen Sie einem Manne aus den untersten Schichten der menschlichen Gesellschaft, der es wagt, Sie mit einem Schreiben zu belästigen. Der Drang, Sie persönlich kennenzulernen, bestimmte mich vorigen Monats, bis zu Ihrem stillen Asyl in Rechenberg zu reisen. Ich traf Sie aber leider nicht zu Hause.

Der freundliche Empfang von Ihrer Frau und Tochter hat unendlich wohltuend auf mich einfachen Naturmenschen eingewirkt, ich danke ihnen herzlich für ihre gute Aufnahme!

Ich wollte auf meiner Rückreise von Dresden, die ich durch Thüringen machte, noch einmal in Nürnberg einen Tag bleiben, um Sie zu sehen; aber Zeit und Geld vereitelten meinen schönen Plan. Ich habe ja durch die Gefälligkeit Ihrer Tochter Ihr Porträt bekommen und freue mich unendlich über diesen Besitz.

Da ich zu weit von einer Buchhandlung entfernt bin, so bitte ich Sie, das in Zukunft erscheinende Buch von Ihnen, das mir Ihre Tochter versprochen hat, ja gewiß zu schicken. Ob ich gleich arm bin, so habe ich zum Ankauf eines wahrhaft guten Buches immer Geld. Meine Bücher, worunter Ihr Werk „Wesen des Christentums", wurden mir im Jahre 1853 alle konfisziert; seit vier Jahren habe ich mir Vogt, Ule, Moleschott, Buckles „Geschichte der englischen Zivilisation" angeschafft. Diese Lektüre hat meinen

Gaumen ganz verwöhnt. Besonders hat Buckle auf mich einen großen Eindruck gemacht; schade, daß der Tod an der Ausführung und Vollendung dieses großen Werkes ihn verhindert hat! Wie wäre es, wenn Sie es fortsetzten oder wenigstens eine *Geschichte Deutschlands* in diesem Sinne schrieben?

Der Geist, der alle jene Schriften durchweht, diesem habe ich es zu verdanken, daß ich gesund und zufrieden meine *zweijährige Kerkerhaft in Brünn* ertragen habe und selbst meine *Verbannung in Olmütz*, weit von meinen heimatlichen Bergen, von Weib und Kind, ertragen habe. Ich habe Zeit genug gehabt, über die wichtigsten Wahrheiten des Lebens nachzudenken, ich habe die Schattenseiten des Lebens kennengelernt und kann mit gutem Gewissen die Wahrheit unterschreiben, die Sie, großer Mann, einmal ausgesprochen haben, „daß noch nie eine Wahrheit mit Dekorationen auf die Welt gekommen, nie im Glanze eines Thrones [...], sondern stets im Dunkel der Verborgenheit unter Tränen und Seufzern geboren worden ist, [...] daß noch nie die [,]Hochgestellten['], [...] daß stets nur die Tiefgestellten von den Wogen der Weltgeschichte ergriffen werden". Ich sah Hunderte an meiner Seite, verzweifelnd an allem, fluchend ihr Leben endigen, waren aber doch die besten Christen und Gläubigen. Meine naturwissenschaftliche Anschauung sah in diesen armen Menschen nur die Opfer eines Jahrtausende alten Wahnes.

Doch genug von dieser für mich so traurigen Zeit. Sollten einmal Sie oder einer Ihrer Freunde eine Reise in unser jetzt von so vielen Tausenden von Fremden besuchtes Salzkammergut machen, so bitte ich Sie herzlich, mich zu besuchen; Sie könnten auch bei mir wohnen und sich aufhalten; von meinem Dorfe aus können wir die herrlichsten Bergpartien machen.

Seien Sie nicht böse, edler Menschenfreund, daß ich es gewagt habe, an Sie zu schreiben und auch auf einen Brief von Ihnen zu hoffen. „Nur Lumpe sind bescheiden!" sagt Goethe.

Grüße Sie und Ihre Frau und Tochter recht herzlich und danke noch einmal für die freundliche Aufnahme. Leben Sie wohl.

Konrad Deubler

992

An Konrad Deubler

3. November 1862

Rechenberg bei Nürnberg, den 3. November 1862
Mein lieber und verehrter Herr Deubler!
... Ich betrachte mich als Ihren Schuldner bis ich Ihren Besuch, nicht wie jetzt nur mit der Feder, sondern mit Leib und Seele erwidert habe. Was ich aber einmal als Schuld betrachte, das wird unbedingt erledigt, wenn ich auch nicht die Zeit vorausbestimme. Ich komme entweder allein oder in Begleitung meiner reiselustigen Tochter, die – es sei gleich hier gesagt – nebst meiner Frau Sie herzlich grüßt. Komme ich aber auch ohne leibliche Tochter zu Ihnen, so komme ich doch nicht ohne geistige Töchter von mir, d. h. [nicht] ohne Schriften, wenn auch nicht mit meiner noch unter der Feder begriffenen, vielleicht erst spät vollendeten Schrift, doch mit Schriften früherer Jahre, die Ihnen vielleicht unbekannt geblieben sind. Eine von mir noch ungelöste Aufgabe ist es, einen *volkstümlichen Auszug* aus meinen sämtlichen Schriften zu machen. Ich will es mir einprägen, auch diese Aufgabe als eine Schuld an Sie, an das *Volk* überhaupt, zu betrachten, dann werde ich sie gewiß auch lösen. Wie sollte es mich freuen, wenn ich mit dem Händedrucke persönlicher Freundschaft zugleich den volkstümlichen Gesamtauszug und Ausdruck meines Geistes Ihnen einhändigen könnte!
    Mit dem Wunsche, daß es Ihnen und den Ihrigen wohl ergehen möge, Ihr ergebenster
                                            Ludwig Feuerbach

993

An Wilhelm Bolin

5. November 1862

/ Rechenberg, 5. Nov[ember] 62
Lieber Herr Bolin!
Endlich komme ich zu Ihnen. Endlich, denn ich wollte schon zu Ihnen, wie Sie noch in Berlin waren, allein Ihr Brief aus Norderney kam gerade hier an, während ich mich in Muggendorf auf einige Tage aufhielt, und als ich zurückkam, fand ich, daß ein Brief Sie nicht mehr in B[erlin] getroffen hätte. So verlor ich Sie aus dem Auge, das ja nur in die Nähe sieht, wenn auch nicht aus dem Sinne. Aber nur die leibliche Nähe elektrisiert und feuert zur Tat an, der innre Sinn überläßt uns unbeschränkt unsern eignen Gedanken. Und so habe ich denn auch seitdem, statt an Sie zu denken, d. h. zu schreiben, nur an mich selbst gedacht, aber nicht als den Autor längst geschriebner und längst vergeßner Werke, sondern nur als den Urheber des zwar auch längst geschriebnen, doch allein noch in frischem Andenken der deutschen Literatur, aber nicht zu meiner Ehre lebenden famosen Satzes oder vielmehr Wortspiels: „Der Mensch ist, was er ißt." Das Echo, das so oft wiederholte, erst neuerdings bei der Fichtefeier wieder mit Hohngelächter erschallte Echo dieses Satzes hat mich in einen solchen Humor versetzt, daß // ich mich nicht enthalten konnte, aus diesem Satz eine selbständige, wiewohl kurze Abhandlung, aus diesem Wortspiel tiefen Ernst zu machen. Wie ich aber den Satz: „Gott ist, was der Mensch wünscht zu sein" auf dem Grund und Boden des altertümlichen, aber noch jetzt uns beherrschenden Menschen in meiner „Theogonie" eingeführt, so habe ich auch diesen „Satz", teils zu meiner Erholung, teils zur Anknüpfung an meine frühern, zeither unterbrochnen Studien, nur auf den Tempeln und Altären des Altertums zum Hohn der modernen Laffen und Pfaffen aufgebaut und ausgeführt. Ich beginne, wie in der „Theogonie", mit Homer, aber hier nicht wie dort mit dem den verderblichen Zorn des Achilleus vollstreckenden Zeus, sondern mit dem menschenfreundlichen, bei den Äthiopiern schmausenden Zeus oder vielmehr als Einladung hiezu mit den gutmütigen Lotophagen [Lotosesser] und den immer fressenden Zyklopen. Der Titel soll sein: „Das Geheimnis des Opfers oder: der Mensch ist, was er ißt". Die Arbeit hat mir viel

Mühe gekostet. Sowie man speziell auf einen Gegenstand eingeht, so sieht man, wie oberflächlich und einseitig unsre Gelehrten, weil ihnen leitende // Prinzipien fehlen. Ich hoffe, daß sich meine „Methode", mein Prinzip auch an diesem Gegenstande, so kurz ich ihn behandelt, bewährt hat. Solange ich mich nun aber mit einem Gegenstand beschäftige, so müssen meine Freunde warten, bis ich fertig bin. Wenigstens die entfernten, die sinnlich toten, deren Existenz für uns von uns selbst abhängt und denen wir selbst nur durch den Geist Kunde von unserm Dasein geben, denn die sinnlich lebendigen Freunde und Bekannte sind so unverschämt und unvorbedacht wie neuentdeckte Planeten und Kometen, sie kommen, ohne uns vorher zu fragen, ob sie uns im System und Laufe unsrer Gedanken stören. Und was einmal als ein fait accompli [eine vollendete Tatsache] mit der Tür ins Haus gefallen ist, das lassen sich ja selbst auch unsre legitimistischen und absolutistischen Nacht- und Tagwächter gutwillig gefallen. Namentlich wurde ich dieses Jahr, besonders diesen Herbst von solchen meteorologischen Besuchen heimgesucht. Erst vorgestern verabschiedete ich mich an der Eisenbahn nach zweitägigem fast ununterbrochnem Zusammensein von einem // – erschrecken Sie nicht – russischen Staatsrat, einem – was unendlich mehr Respekt einflößt – ebenso großen Mathematiker als Kenner der orientalischen Sprachen, Länder und Völker, zugleich höchst freisinnig und allgemein gebildeten Manne, dem Vetter eines jungen Russen, der mich schon voriges Jahr besucht hatte, um sich mit mir wegen einer zu bewerkstelligenden, bereits begonnenen, aber infolge der neusten Ereignisse wieder ins Stocken geratnen Übersetzung meiner Schriften ins Russische zu besprechen, und der sich seitdem selbst in Erlangen niedergelassen hat, wo oder von wo aus wir fast wöchentlich einmal zusammenkommen. Er hat auch eine junge Frau bei sich, die, des Deutschen mächtig, als geborne Livländerin, sich an meine Frau und Tochter innigst angeschlossen. Die barbarische Verfolgungssucht in R[ußland] hat sie hieher getrieben. Um so mehr erfordert es schon die Humanität – abgesehen von der Persönlichkeit und Bildung beider – von dem Gesetz der Sparsamkeit an Zeit und Kraft bei ihnen eine Ausnahme zu machen. Was aber, um wieder zurückzukommen, die sinnlich Lebendigen für sich in Anspruch nehmen, das wird natürlich den sinnlich Toten entzogen. Doch genug der langen Rede vom langen Schweigen. Mit der gastrotheistischen Arbeit bin ich fertig. Was ich nun anfangen oder fortsetzen werde, weiß ich jetzt noch nicht. Es hängt dies großenteils davon ab, ob und wie ich mich in meine wiederbezogne, den Musen so ungünstige, so Frost und Schall zugängliche Winterstudierstube finden werde. Leben Sie wohl!

Ihr L. Feuerbach /

994
Von Julius Duboc
24. November 1862

/ Hochgeehrter Herr!
Es ist mir nicht wenig leid gewesen, wie Sie denken können, daß ich bei meinem diesjährigen Besuch der Gener[al]-V[er]s[amm]-l[un]g des National-Vereins in Coburg es doch nicht ermöglichen konnte, Sie in Nürnberg aufzusuchen und unsere alte Bekanntschaft zu erneuern. Die mir sehr knapp zugemessene Zeit zwang mich, meinen Weg direkt fortzusetzen, und es ist mir damit auch die Gelegenheit entgangen, bei Ihnen als dem eigentlichen obersten Gerichtshof in dieser Angelegenheit Erkundigung einzuziehen, ob ich in meinem Aufsatz „Wider die Grundanschauungen des philos[ophischen] Idealismus" nicht allzuviel unbewußte Sünden begangen habe. Ich bin sehr begierig zu erfahren, ob es mir nicht ganz mißlungen ist, Ihre Gedanken darzustellen, denen ich, soweit es mein sonderbares zerfahrenes Schicksal und meine stets zerhackte und zerstückelte Zeit gestattete, in meinem Leben eine ziemliche Aufmerk-//samkeit gewidmet habe. Kaum darf ich hoffen, daß ich überall das Richtige getroffen habe, aber ich gebe mich doch mit einiger Zuversicht der Erwartung hin, daß ich es auch nicht überall verfehlte, und eine Erklärung Ihrerseits darüber wird mir große Freude machen. Vorläufig habe ich wenigstens die Befriedigung gehabt, von Joh[ann] Jacoby ein Urteil zu vernehmen, das zu schmeichelhaft war, um es für ganz richtig zu halten, das mir aber, von ihm kommend, doch Vergnügen gemacht hat.

Von Dr. Oppenheim hörte ich, daß Sie mit Eifer an Ihrem längst versprochenen Werke arbeiten. Sie können denken, mit welcher Spannung wir dasselbe erwarten.

Mit dem Ausdruck aufrichtiger Hochachtung
               freundschaftlichst grüßend Ihr Dr. J[ulius] Duboc
Dortmund, 24. Nov[em]ber 62 /

995

Von Adolf Strodtmann

1. Dezember 1862

/ Hamburg, d[en] 1. Dez[ember] 1862
Hochgeehrter Herr Professor!
Obschon Sie auf meine Aufforderung zur Mitwirkung am „Orion" vorläufig ablehnend geantwortet, erlaube ich mir doch, Ihnen beiliegend das erste Heft zu senden.
Die Streitfragen des Materialismus und Idealismus, des Zusammenhangs von Leib und Seele etc. sind so brennende und *in letzter Instanz* auch für die *Kunst* so wichtig, daß ich mit Vergnügen dieselben in einer oder mehren Abhandlungen von Ihnen für den „Orion" behandelt sähe. Der Ton des ersten Heftes wird Ihnen zeigen, daß die Zeitschrift auf *völlig freiem* und *unabhängigem* Boden steht. Wenn es Ihre Zeit also irgend möglich macht, würde ich mich herzlich freuen, diese Fragen von einem so scharfen und unerbittlichen Denker im „Orion" behandelt zu sehen. Natürlich bleibt Ihnen das Recht, Ihre Aufsätze *sofort nach deren Abdruck in meiner Zeitschrift* // als Ihr freies Eigentum in Buchform oder anderweitig zu verwerten. Auch würde ich mich Ihnen gegenüber gern zu einem höheren Honorar verstehen, als ich vorläufig den übrigen Mitarbeitern zahlen kann, da ich recht gut weiß, daß zu einem philosophischen Aufsatze ganz andere Vorarbeiten als zu einer kritischen Abhandlung über einen neuen Roman etc. nötig sind.
In der Hoffnung, daß Sie imstande und geneigt sein werden, meiner Bitte über kurz oder lang zu entsprechen, grüßt
mit ausgezeichneter Hochachtung
Ihr ergebener
A[dolf] Strodtmann /

996

Von B. Bleyer

9. Dezember 1862

/ Freystadt bei Graudenz, 9. 12. 1862
Wertgeschätzter Herr Feuerbach!
Wenn auch spät, mache ich mir endlich doch das Vergnügen, Ihnen vorläufig etwas von der Ostsee zu schicken, nämlich einige Bern[stein]stücke. – *Vorläufig* wiederhole ich absichtlich, weil ich mir später noch das Vergnügen machen will, Ihnen mehr oder doch wenigstens Besseres zu schicken oder lieber gar selbst zu bringen. – Zu den Bernsteinstückchen habe ich absichtlich eine kleine Versteinerung von der Insel Rügen gelegt; wahrscheinlich ist's Dysaster, Clypeus Hugi oder Diadema seriale. Sie werden's wohl bald genauer erkennen, ebenso die Bernsteineinschlüsse mit einer guten Lupe oder dgl. /
/ Wie Ihr hübsches Fischchen hieß, habe ich, da ich mir's nicht aufschrieb, bis auf das Lepto- ... [dünn, schmal, klein] ganz vergessen; den Namen des Krebses haben Sie mir gar nicht genannt. – Wenn [es] Ihnen bei einem Gange durch Nürnberg paßt, einmal wieder Herrn v[on] Bibras oder auch v[on] Gemming[s] Sammlungen zu sehen, so möchte ich Sie bitten, mich den Herren zu empfehlen und jedem der Herren von den Bernsteinstückchen eins oder dem v[on] Bibra wohl auch ein paar zu geben. In meinen sanguinischen Hoffnungen, dergl[eichen] bald viel und Gutes aufzutreiben, versprach ich beiden Herren, dgl. einmal zu schicken oder zu bringen. – Sollte dies Ihnen passen, so überlassen Sie Herrn v[on] Bibra unter etwa 4 der schlechtesten Stücke die Wahl, dem alten Herrn v[on] Gemming aber geben Sie irgendein schlechteres Stückchen, wenn's geht, vielleicht zwei nach Ihrem Belieben. – /
/ Paßt's Ihnen nicht, so mögen die alten Burschen warten, bis ich mal komme; – wenn der alte Gemming nur nicht beim Warten noch vorher stirbt –. Wenn Sie obengenannte Herren besuchen sollten (vielleicht können Sie auch die ganze Sache Herrn Dr. Gibson, an den ich auch etwas beigelegt, oder irgendeinem Ihrer jüngern Bekannten überlassen –), würden die Herren mir ihre Photographien schicken, wenn sie dran erinnert würden; Bibras habe ich zwar schon lange in Stahlstich, ich hätte aber gerne eine Photographie

aus der neuern Zeit. – Ebenso würde wohl Herr v[on] Gemming, wenn Sie ihn in meinem Namen drum ersuchten und ihn daran erinnerten, daß er auch die meinige hat, und daß ich derjenige wäre, der ihm die hübschen Naturforscherlieder aufgeschrieben, mir auch die seinige schicken. Sollten Sie jene Lieder noch nicht kennen, so würde es Ihnen vielleicht Vergnügen machen, selbige, besonders das // Petrefaktenlied, durch Gemmings oder meine Vermittelung zu lesen. – Da Dr. Gibsons Wohnung im „Roten Hirsch" auf Ihrem Wege nach der Stadt liegt, ersuche ich Sie, an Dr. Gibson das für ihn Adressierte und den kleinen Streithammer abzugeben. Den Brief habe ich offen gelassen, weil es ungesetzlich und vielleicht auch unschicklich wäre, ihn zu versiegeln; dann tue ich dergl[eichen] gern, um nicht manches doppelt schreiben zu müssen, was so oft zwei oder mehrere Personen lesen können. Ich habe dort zwei meiner photographierten Visitenkarten an Gibson und den jungen Aufseß gelegt, ich würde für Sie auch dgl. hineingelegt haben, wenn ich sicher gewußt hätte, daß Ihnen an dergleichen gelegen wäre. – Was mich anbetrifft, so liegt mir sehr viel an Ihrem Porträt, und obgleich jenes große lithographierte Porträt von Ihnen, das ich schon längere Zeit habe, doch nicht so schlecht ist, wie's mir manchmal erschien und wie ich's Ihnen gegenüber äußerte, so wünschte ich doch ein anderes. /

/ Wenn nun Ihr Porträt, das vor der Ausgabe Ihrer Werke, ins Russische übersetzt, mit erscheinen sollte, noch nicht zu haben ist, so wäre mir solche kleine Photographie oder dergleichen Ähnliches von Ihnen sehr lieb. – Da man von sich gern auf andre schließt und mir Photographien usw. nach berühmten Gemälden lieb sind, so hatte ich schon Lust, dergleichen für Ihre Damen mit einzupacken, aber erstens wußte ich nicht recht, ob ich Ihren Damen damit auch recht gekommen wäre, und zweitens hatte ich keine recht passende größere Schachtel. – Obgleich ich eigentlich nicht gern Briefe schreibe, am allerwenigsten im Winter, weil ich im Winter nicht so gut gestimmt bin wie sonst, so wird dieser, fürchte ich, für Sie doch zu lang. – /

/ Bei dem Gedanken an die Übersetzung Ihrer Werke ins Russische fällt mir der junge v[on] Herder, Kustos des Herbariums in Petersburg ein, an den ich nächstens zu schreiben habe. – Etwas bekannt bin ich mit dem Direktor der Akademie der Schönen Künste in Petersburg, ein gebildeter und, wie es scheint, humaner Mann. – Sollten diese beiden, wie auch ein paar jüngere jüdische Ärzte in Odessa, mit denen ich befreundet, nicht Ihrer Sache in

Rußland auch von Nutzen sein können[?] – Ich wünschte und hoffe es auch so ziemlich, daß es in Rußland nach einiger Zeit Ihren Anhängern und Freunden in Rußland nicht so gehen dürfte oder vielmehr, daß sie es nicht so machen würden wie einer // Ihrer Bekannten (denn Freund, wie er sich nannte, kann ich ihn nach seinem Benehmen wohl nicht nennen) für mich komischen Andenkens, der nicht so ganz fern von Ihnen wohnte. –

In einem großen Gesellschaftszimmer eines öffentlichen Lokals aß ich zufällig mit einem ziemlich jungen Mann (nomina sunt odiosa [Namen sind verhaßt]) allein zu Abend; die Kellnerin war nur so einmal durch den Saal gegangen. Das Bewußtsein, daß wir so allein waren, mußte meinem Gegenüber also auch in jedem Augenblick gegenwärtig sein. Als ich nun im Verlauf des Gesprächs äußerte, daß ich Ihretwegen nach Nürnberg reisen wollte, fragte ich ihn, ob er Sie kenne. // Ich glaub', ich meinte eigentlich den Schriften nach. – (Doch das ist gleichgültig.) – Er darauf: Ja freilich, ich bin sein – (langes, vorsichtiges Umherblicken, ob doch jemand vielleicht in einem Eckchen wäre) – sein Freund. Da er nun ziemlich jung aussah –, klang es mir trotz der Ängstlichkeit auch noch *anmaßend*. Ja, und wenn Sie ihn nun mündlich oder schriftlich „Freund" zu nennen gewürdigt hatten –, müßte er doch mehr Mut zeigen. –

„Ehe der Hahn zweimal krähen wird, wird er Sie dreimal verleugnet haben." – Und doch kann man sich täuschen, er kann am Ende wirklich in jeder Beziehung ein Petrus für Sie werden. –

Verfolgt und unterdrückt, und wenn auch nur moralisch, werden wir doch überall noch. // Das hab' ich in diesem Sommer und Herbst noch erfahren und auch dem Zwang leider nachgegeben, aus Pietät gegen meine 74jährige kranke Mutter. – Ich meine nämlich den Zwang zum Eid, besonders zum Zeugeneid. – Wenn man nach der vorgeschriebenen Formel schwört, begeht man als Nichtgläubiger, wenn nicht gerade ein Unrecht, so doch etwas eigentlich Unehrenhaftes, und man verlangt mit allen Zwangsmitteln, dauerndem Gefängnis und immer höher gesteigerten Geldstrafen Wahrheit auf Kosten der Wahrheit. – Ich habe mich nun 2mal gesträubt und den Eid verweigert, habe es aber für gut gehalten, solang meine Mutter lebt, es in dieser Weise nicht bis zum Äußersten / / kommen zu lassen und, wie man sagt, Ärgernis [zu] erregen. – Und doch würde die Welt sich ebensowohl und ebenso ruhig befinden und verhalten, ja wohl noch besser, wenn die Formel allgemeiner lautete: Ich bekenne öffentlich; ich erkläre feierlich oder auch ich schwöre feierlich, bei allem, was mir heilig (das ginge doch wohl noch). – Und zu solchem Zeugnis kommt man oft ganz unvermutet. – Mancher ist so glücklich, nie dazu zu kommen. – Wie verhalten Sie sich wohl oder wie würden Sie sich wohl bei solcher Gelegenheit verhalten. Denn darin und in andern noch wichtigern Angelegenheiten lass' ich doch Autoritäten gelten, obgleich ich Roßmäßler in Leipzig, als // er gegen mich einmal aussprach, es wäre sein Streben und so viel er mich beurteile, hoffentlich auch mein Streben, gegen alle Autorität (ich weiß doch nicht bestimmt, ob er sagte „alle") anzukämpfen. – Er wird wohl auch mehr an die Autorität, die auf Macht, Geburt usw. fußt, gedacht haben. – Mir wird's wenigstens so vorgeschwebt haben. –

Obgleich ich schon so viel geschrieben, wird Sie doch vielleicht folgendes von Moleschott interessieren – (denn wenn ich selbst auch so viel schreibe, so würde ich zwar, wenn Sie mich einiger Zeilen würdigten, mich glücklich [schätzen]; wenn Sie Ihre Zeit aber besser anwenden können, bescheide ich mich auch). – Also mit einer Karte von O[tto] Ule an Moleschott gerüstet, wurde ich von Moleschott freundlich empfangen und bald gefragt, // ob es mir recht wäre, wenn er mir die Vorrede zur zweiten Auflage des „Georg Forster", an der er grade schriebe, vorläse. – Natürlich war mir das sehr recht. – Als er nun an folgende Stelle kam: „Wir müssen entschieden erklären, daß wir nicht mehr Christen sind", wandte er sich zu mir hin, er wüßte nicht, ob ich mit ihm darin über[ein]stimme, sagte ich: Sehr, das können Sie schon daraus schließen, daß ich mich sehr darüber betrübte, Ludwig Feuerbach in Nürnberg nicht getroffen zu haben. – Daraus, daß er mich darauf groß ansah und schwieg, wie aus seinem andern Benehmen schloß ich, daß es ihm doch lieber gewesen, wenn ich zu verstehen gegeben, daß ich *bloß durch* die *Natur*forscher zu solchen Ansichten gekommen. – Doch ich mag mich wohl irren, und ich möchte dem lieben Mann auch darin nicht Unrecht geben. /

/ Ich hoffte bis jetzt auf einen Brief von I[mmanuel] Kant, den mir ein in Ostpreußen Wohnender versprach und würde ihm gern diesen Brief geopfert haben, die Toten den Lebenden, den niedrigern, überwundnen Standpunkt dem höhern. –

Wenn [ich] ihn erhalte, will ich Ihnen denselben schicken. Dr. Kuby, der Mann der Adele v[on] Herder, sollte mir die bestimmte Adresse seines Schwagers schicken und schreiben, wie's ihm und seiner Familie geht – ich schrieb gleich nach dem Tode der Therese Forster –, aber ich warte noch. – Über die Adresse an

Herder denke ich jetzt fast so wie Herwegh, „daß es bei so unbestimmter Adresse mit dem Schreiben an Herder schlimm stände[“].
– Wie mag's wohl Herweghs gehen[?] –
Sollten Sie vielleicht so bekannt mit Zeltner sein, dem Ultramarinfabrikanten, daß Sie // für mich seine Photographie einkassieren könnten? In Beziehung auf Ihre Zigarrenspitze mit der Schraube hätte ich fast vergessen, Ihnen zu verraten, daß sie vielleicht nicht von – Bernstein, sondern von Kopal wäre. – Ich habe erst in diesem Herbst, eben durch den Karl v[on] Siebold angeregt, darüber einiges gelesen. – Bis zum Jahre 1860 und sogar bis [18]62 glaubte ich von Siebold, er wäre berühmt, tüchtig und zuverlässig (wenn auch nicht bloß, doch meistens) als Fischkundiger, besonders in Beziehung auf Salme, darum gab ich auf seine Äußerung über jene Zigarrenspitze, „sie würde wohl von Kopal sein, das schade aber nichts, es wäre derselbe Pramß", damals nicht viel. Man würde doch keine Bernsteinspitze von Kopal machen usw. /
/ Weil ich also selbst nicht dran glauben wollte, hielt ich's nicht für nötig, Ihnen durch solchen wenig begründeten Zweifel die Freude daran zu verderben. Doch jetzt weiß ich, daß Siebold darin mehr Bescheid weiß, als ich vorhin dachte. – Diese Stücke also, wenn auch unscheinbarer, scheinen doch zuverlässiger zu sein. –
Außer den andern Beweisen für Echtheit des Bernsteins soll der sicherste der sein, daß die Einschlüsse, wenn's Tierchen sind, nicht solche von Tieren sind, die jetzt noch leben. Also muß man besonders die Insekten studieren, um nicht durch die Ähnlichkeit und Verwandtschaft der vorweltlichen mit den jetzt lebenden getäuscht zu werden. Übrigens soll's auch vorkommen, daß man auf geschickte Weise Tierchen hineinpraktiziert. Vegetabilische Einschlüsse sind, // obgleich unscheinbarer und schwerer herauszuerkennen, wie mir Goeppert in Breslau selbst sagte, die seltensten. –
Sie haben in Ihrer Nähe eine ziemlich berühmte, aus Danzig hingekommene Bernsteinsammlung, die Kleinsche, in Ihrem – Erlangen – der „Eiterbeule von Franken", wie's A[rnold] Ruge nennt.
– Dann hat Berendt aus Danzig viel über Bernstein geschrieben, so auch Direktor Loew in Meseritz. – Ich weiß nicht, ob es unbescheiden ist, daß ich darüber so viel schreibe –, doch es kann ja sein, daß Sie einige Quellen der Art zufällig nicht kennen und doch kennenlernen möchten. – In der Mitte des Oktober kommen die Naturforscher in einer der Ostseestädte zusammen, also wird man wohl auch viel über Bernstein sprechen und auch hübsche Stücke

sehen. – Ich werde auch suchen, dort zu sein – Sie wohl nicht. –
Erhalten Sie Ihre Gewogenheit

Ihrem
B. Bleyer /

997

An Julius Duboc

13. Dezember 1862

Rechenberg, 13. Dezember 1862
Verehrter Herr!
Erst in der vorigen Woche habe ich mir von Erlangen, nachdem ich schon lange vor Ihrem letzten Briefe in Nürnberg mich vergeblich nach den „Deutschen Jahrbüchern" umgesehen hatte, Ihren Aufsatz „Wider die Grundanschauungen des philosophischen Idealismus" verschafft und mit derselben Gründlichkeit gelesen, mit welcher er geschrieben ist. Ich stimme Ihnen vollkommen bei sowohl in dem, was Sie aus mir über mich, als in dem, was Sie aus sich selbst über Raum, Kausalität und Identitätsgesetz sagen. Ich habe Sie früher nur für einen philosophischen Dilettanten gehalten, aber Sie haben dies Vorurteil gründlich widerlegt. Darum hat mich auch Ihr Urteil über mich, als ein auf Sachkenntnis gegründetes, innerlichst erfreut und ermuntert. Ich bedaure nur, daß ich nicht gleich nach der Lesung Ihres Aufsatzes meine Gedanken und Eindrücke zu Papier gebracht habe. Ich habe nämlich gleichzeitig mit dem Julihefte einige längst gesuchte alte Schriftsteller erhalten und sogleich nach Ihnen vorgenommen, darunter den alten Porphyrius „De abstinentia ab esu animalium". Wozu? werden Sie fragen. Ich habe die letzten Monate her zu meiner Erholung und Satisfaktion den vielberüchtigten Satz von mir: „Der Mensch ist, was er ißt" zum Gegenstande meiner Feder gemacht, aber so, daß ich zugleich die Bedeutung des Opfers von Speise und Trank zu meinem Thema machte, in dem Sinne dieses Satzes den Sinn des Opfers finde und nachweise. Ich bin schon fertig, aber nachträglich mußte ich zu meiner Vergewisserung lesen, was ich noch nicht gelesen hatte. So sind meine Gedanken von Ihnen abgekommen. Ich habe übrigens selbst über die Kantsche Apriorität des Raumes und der Kausalität in den letzten Jahren mancherlei gedacht und, wie es mir

eben in den Kopf kam, zu Papier gebracht. Was Sie über die immer- oder fortwährende – ich zitiere aus dem Gedächtnis – Wahrnehmung als Erklärungsgrund der vermeintlichen Apriorität oder Idealität bei Gelegenheit des Identitätsgesetzes sagen, stimmt fast verbotenus [wörtlich] mit mir überein. Nur mache ich vor allem den praktischen Standpunkt, den Standpunkt des Lebens vor dem Standpunkte des hölzernen Katheders auch in dieser Frage geltend. Wenn ich dazu kommen werde, auch diese Gedanken für den Druck herzurichten, so werde ich gewiß auch Ihre Gedanken nicht unbenutzt lassen. Ich wünsche nur, daß Ihre Redaktionsgeschäfte Ihnen erlauben mögen, öfters Proben von der modernen – nicht absolutistischen, nicht monarchischen – sondern sozialistischen, gemeinschaftlich denkenden Philosophie zu geben.
Mit diesem Wunsche Ihr ergebenster
L. Feuerbach

998

Von Julius Duboc

22. Dezember 1862

/ Verehrter Herr!
Ich kann die Freude, die Sie mir mit Ihrem letzten, anerkennenden Schreiben gemacht haben, kaum schärfer bezeichnen, als wenn ich sage, daß sie meine beste Weihnachtsfreude ausmacht und daß ich mich jetzt erst mit dem lästigen Doktortitel aussöhne, nachdem der formellen Habilitierung eine in meinen Augen reelle gefolgt ist.
Ich habe allerdings, wenn sich meine Lebensumstände nicht noch sehr verändern, keine Aussicht mehr, das philosophische Gebiet je noch mit Muße zu kultivieren. Wer es weiß, was es heißt, für den täglichen Bedarf einer Zeitung in einer aufreibenden Weise tätig zu sein, nur um sich selbst den notdürftigen Bedarf zu sichern, weiß auch, daß er sich alle Gedanken derart vergehen lassen muß. Auch jener Aufsatz, über den Sie ein so wohlwollendes Urteil gefällt haben, stammt aus einer Zeit, wo ich zwar am Hungertuche nagte, aber wenigstens herren- und stellenlos war und daher meine Gedanken zusammenfassen konnte.

20 Aber wenn mir diese Umstände auch alle Aussicht nehmen, so liegt darin andererseits nur // um so mehr Grund für mich, mich darüber zu freuen, daß ich, von der Periode gänzlicher Sterilität, diesem in mir unter allen Himmelsstrichen und allen Verhältnissen immer wirksam gebliebenen Drange zum philosophischen Denken
25 wenigstens soweit habe genügen können, daß er, dessen Herkommen mir allmählich selbst im Lichte der Illegitimität erschien, sich nun von meinem eignen Bewußtsein und dem einiger Freunde als legitim hat rechtfertigen können.

Und in diesem Sinn sage ich Ihnen nochmals für Ihre freund-
30 lichen Zeilen meinen besten Dank.

Dr. Oppenheim bittet mich aufs dringendste bei Ihnen anzufragen, ob Sie ihm nicht etwas von Ihren im Gange befindlichen Arbeiten für die „Jahrbücher" ablassen wollen. Er meint, es bliebe Ihnen ja doch, dieselben in einem Buch herauszugeben, und würde
35 das Anerbieten an diverse Verleger dadurch nur erleichtert werden. Auch könnte er Ihnen vielleicht einen etwas höheren Honorarsatz erwirken. Übrigens ist der Honorarsatz der „Jahrb[ücher]" ohnehin ungefähr der beste, der gezahlt wird.

Wollen Sie dies vielleicht in Erwägung ziehen? Oppenh[eim]s
40 Adresse ist[:] Neue Wilhelmstraße 13.

Mit meinen besten Wünschen für das bevorstehende Fest
in aufrichtiger Verehrung
Ihr Dr. J[ulius] Duboc
Dortmund, 22. Dez[em]ber 62 /

999

An Jakob von Khanikoff

31. Dezember 1862

/ Mein lieber und verehrter Herr Khanikoff!

Meine Tochter kann erst am 6. Jan[uar 1863], also dienstags
5 (Mittag) zu Ihnen kommen. Aus diesem Grunde halte ich es für besser, auch meinen Besuch bei Ihnen bis zu diesem Tage zu verschieben.

Sie haben recht, soviel Liebenswürdigkeit wenigstens auch bei mir vorauszusetzen, daß ich keinen Wunsch Ihrer liebenswürdigen
10 Frau Gemahlin abschlagen kann. Aber da der kostbare orientali-

sche Pelz bereits von Ihren Schultern auf die meinigen durch Ihre kolossale Freigebigkeit übergegangen ist, so scheint mir die Sorge für die Kleinigkeiten, die noch daran fehlen, um denselben vollends meinem Körper und Eigensinn anzupassen, auch nur mir obzuliegen. Doch ich will nicht widersprechen.

Morgen ist der erste Tag des neuen Jahres. Ich wünsche innig und aufrichtig mit den Meinigen, daß dieses neue Jahr Sie beide für die bittern Schicksale des alten reichlich entschädigen möge.

Ihr
L. Feuerbach

Rechenb[erg], 31. Dez[ember] 62 /

1863

1000

Von Emma Herwegh

19. Januar 1863

/ Zürich, den 19. 1. 63

Lieber Ludwig!
Es sind jetzt fast drei Vierteljahr, da schrieb mir Deine gute Frau, ich möchte ihr doch für Lorchens Album eine Photographie von mir schicken, wenn ich deren eine besäße. Was ich damals nicht konnte, weil ich deren keine besaß, kann ich jetzt nachholen, wo ich auf Georgs und einiger Freunde Bitten mich endlich entschlossen habe, eine aufnehmen zu lassen. So schick' ich sie denn und füge noch eine in jüngster Zeit von Georg verfertigte bei, die, wenngleich keineswegs nach Wunsch ausgefallen, Euch, die Ihr ihn kennt, doch in etwa des Freundes Bild zurückrufen wird. Jener Brief, den ich Dir vor einem Jahre schrieb und der samt seinem übrigen Inhalt verlorenging, enthielt eine bessere, in Wien verfertigte, von der ich leider kein ordentliches // Exemplar mehr besitze. So nimm denn einstweilen diese, bis ich sie durch eine gelungenere ersetzen kann.

Ich für meinen Teil finde sämtliche Photographien schlecht, weil sie nur ein *Schein*bild, ein höchst mangelhaftes, der Person wiedergeben, dennoch weiß ich aus Erfahrung, daß man sich freut, wenn man deren erhält. Ein wenig ist doch immer von der Person darin, und dieses Wenige wird der Phantasie und Herzenserinnerung ein Ausgangs- und Anhaltspunkt.

Ich weiß ewig lange nichts von Euch und Ihr nichts von uns. Nur hie und da, wenn ich mich an irgend etwas geistig erquicke, von dem ich voraussetzen darf, daß es auch Dir einen guten Augenblick bringen wird, beeile ich mich, es Dir zu senden. So wird denn auch wohl die kleine brochure über // den „Tag von Aspromonte", die ich im Sep[tember] schnell aus dem Italienischen übertrug und der Georg ein vortreffliches *Vorwort* und ein herrliches *Schlußgedicht* beigefügt, seit mehreren Wochen in Deinen Händen sein. Da wir der Bestimmung der kl[einen] Arbeit wegen nicht um viele Freiexemplare bitten konnten, denn der Ertrag der von H[errn] Streit kostenfrei gedruckten brochure ist den Verwundeten und Gefangenen von Aspromonte bestimmt, mußten wir es der Gefälligkeit des Verlegers anheimstellen, ob und wann er unsern liebsten Freunden, deren Adresse wir angegeben hatten, die paar Blätter zusenden wollte, ob nicht.

40 Daß Dein Name obenan stand, bedarf keiner Erwähnung. Leider ist der moralische und materielle Erfolg durch die echt deutsche Trödelei fast Zero [Null] geworden – da es nicht genug ist, daß eine Sache kommt, sondern daß sie im richtigen Moment erscheint. – /

45 / Was im Sept[ember] kurz nach dem großen, tragischen Ereignis das tiefste allgemeine Interesse erregte und in jener Stimmung geschrieben ward, kam, dank den Coburgern, *wider allen Vertrag drei Monat post festum [danach] ans Tageslicht*, nachdem die Welt schon längst über des Helden Schicksal beruhigt war, ja ihn,
50 wie die ganze Sache schon, fast vergessen hatte.

Wessen wird die Welt *nicht* müde? Die größten Begebenheiten teilen dies Schicksal mit den kleinsten – vergessen wird alles und jeder in längerer oder kürzerer Zeit.

Im übrigen, lieber Ludwig, ist unser Leben, wie das Eure, von
55 außen her so wenig reich an Wechsel, und kommt ein Wechsel, so ist es gewöhnlich kein erfreulicher, daß dies Bewußtsein unwillkürlich die Feder lähmt. Von Euch erfuhr ich auf indirektem Wege, daß Ihr wenigstens gesund seid und neulich die Familie Blind gesehen habt. /

60 / Ich wäre begierig zu wissen, welchen Eindruck die beiden tollen Frauen auf Euch gemacht? –

Die Tochter, nur eine verjüngte Auflage ihrer Mutter, war lange hier und hat mir zur Zeit leidlich viel zu schaffen gemacht. Nicht in der Weise wie ehedem die Mama, aber doch auch auf eroti-
65 schem Gebiet. Durch Zürich sind die Zugvögel nicht gekommen, vermutlich aus Ursachen, die mir nicht unbegreiflich sind, obschon viel zu unwichtig zu schriftlicher Mitteilung. – Auf ein paar Stunden wären sie mir nicht unwillkommen gewesen.

Schweigert sprach im vorigen September bei uns ein, als er aus
70 Italien mit durchschossenem Bein zurückkehrte. Ich pflegte ihn damals einen Tag, dann aber zog er weiter, weil er fürchtete, wenn er sich länger aufhielte, auf Wochen wegen des Eiterns der Wunde dableiben zu müssen. Jetzt ist er wieder geheilt.

Ich weiß, wie ungern Du schreibst, // wenigstens Briefe. Den-
75 noch möchte ich Dich recht herzlich bitten, uns zulieb einmal die Feder in die Hand zu nehmen und mir zu sagen, wie es Dir, wie es Euch geht und ob keine Aussicht da ist, daß Du in diesem Frühling bis Zürich kommst?

Daß die Menschen, mit denen man am wahrsten zusammenhängt, die sein müssen, die man am seltensten sieht, während man einer Unmasse von indifferentem Volk auf Schritt und Tritt begegnet. In unsern elenden Verhältnissen, wo ein jeder froh sein muß, wenn er das Notwendigste ermöglichen kann, wäre es ungehörig zu sagen: Mache die Reise uns zur Freude –, aber wünschen darf man es sich doch und auch sagen, und kannst Du Dich so weit freimachen, um Dir einen Ausflug bis hieher zu gestatten, dann wirst Du uns die größte Freude bereiten und Tür und Tor wird Dir weit geöffnet werden. – /

/ Ehe ich Deine oder Deiner Frau Schriftzüge nicht wieder gesehen, fehlt mir der Mut, mich weiter auszulassen.

So geht's, wenn die Korrespondenz sich so sporadisch macht wie die unsere und immer eine unbewältigte Masse von Stoff zwischen dem einen und andern Brief hemmend liegt. Ein einziger Moment des Sehens tut da, was bogenlange Briefe nicht vermögen.

Lebt alle wohl, und möge dies Jahr uns alle einmal zusammenführen. Im übrigen müssen wir froh sein, wenn das Leben uns nur die Lieben läßt, die wir haben, und will durchkämpft sein bis zur letzten Stunde. Was dann von uns allen übrig bleiben wird, fürchte ich, ist kaum mehr als das, was den Göttern geopfert wurde, weil es für die Menschen zu schlecht war. Von Dir und Georg freilich und denen, die Euch gleichen, bleibt das, was der Tod selbst nicht nehmen kann. Ich // grüße und liebe Euch alle von ganzem, treuem Herzen.

Deine Freundin
Emma Herwegh

Dem Bruder und den Schwestern meinen besten Gruß. /

1001

An Emma Herwegh

23. Februar 1863

/ Rechenberg bei N[ürnberg], 23. Feb[ruar] 63

Liebe Emma!

Schon nach dem „Tag von Aspromonte" drängte es mich, Dir zu schreiben und zu danken – Dir für das Licht, das Du mir hier-

über mitgeteilt hast, Deinem Manne für das Feuer, womit er die in jeder freien, so auch meiner Brust an diesen Tag geknüpften Empfindungen ausgesprochen hat. Ich war aber damals und auch
10 später noch, als ich Deinen Brief nebst den Photographien erhielt, so sehr beschäftigt mit einer Arbeit, daß ich erst ihre bei der glücklichen Tätigkeit und Stimmung, in der ich mich befand, nahe gedachte Vollendung abwarten wollte, ehe ich Dir schrieb, um dann um so mehr Dir sein oder schreiben zu können – beides ist ja bei
15 uns Deutschen leider eines – je weniger ich mit mir selbst und meinem störrischen Kopfe zu tun hätte. Leider wurde diese glückliche Tätigkeit plötzlich durch einen höchst erbärmlichen körperlichen – grippartigen – Zustand unterbrochen. Ein unerhörtes Ereignis // in meinem Leben – fast zwei volle Wochen war ich, wenn auch nicht
20 an das Bett, doch an die Stube gefesselt. Seit einer Woche gehe ich bereits wieder aus, aber ich bin doch noch nicht zu meiner Tätigkeit, zu meiner Arbeit zurückgekehrt. Mit Ausnahme eines widerlichen Briefes – Widerliches kann ich nicht aufschieben – sind diese Zeilen die ersten und einzigen, die ich seit 3 Wochen,
25 wenn auch nicht con amore [mit Lust], denn ich habe noch nicht die Unterbrechung meiner Arbeit verschmerzt, weil noch nicht ersetzt, doch wenigstens mit freiem Willen geschrieben. Aber auch der – relativ – freie Wille ist kein grund[-] oder ursachloser Wille. Und so muß ich denn ehrlich bekennen, daß auch diese höchst
30 prosaischen Zeilen ihre Entstehung nur den neusten poetischen Ergüssen Georgs verdanken, daß nur die Galle der Satire über den traurigen Wilhelm von Preußen meine Nerven und Muskeln zur Ergreifung der Feder erregt und bestimmt hat. Ich halte die Satire für den einzigen zeit-//gemäßen Ausdruck der Poesie. Und ich
35 danke und gratuliere Deinem Manne, daß er die, wenigstens nach meiner Empfindung und Gesinnung, dem Stoff unsrer Zeit allein entsprechende Form der Poesie sich angeeignet hat. Ich glaube nicht zu irren, wenn ich Georg auch für den Verfasser der im ersten Hefte des „Orions" erschienenen satirischen Gedichte auf die
40 Münchner Hofpoeten und Hofphilosophen halte. Es sollte mich sehr freuen, mich hierin nicht zu irren. Jedenfalls sind sie seiner würdig. Auch die Photographie Deines Mannes finden wir einstimmig – Schwestern und Bruder inbegriffen –, freilich aus der Ferne und Erinnerung, sehr ähnlich, nicht aber Deine oder doch
45 weniger. Doch ich wende mich vom Bilde zum Original mit dem herzlichen Wunsche, daß der Vater der Götter und Menschen, insbesondere auch der Dichter, durch seinen Lieblingssohn Apollo,

die poetischen so zeitgemäßen Ergüsse Deines Mannes mit einem goldnen Regen, aber nicht in Deinen Leib, sondern Deine Börse beantworten und belohnen möge.
                    Mit diesem profanen Wunsche Dein L. F. /

1002

Von Otto Lüning

4. März 1863

/ Lieber Freund!
Niemand ist vor seinem Ende glücklich zu preisen – und auch die Vor- und Nachteile einer „möblierten Wohnung" lernt man erst im Lauf der Tage kennen. Ich Tor sah nur auf das stattliche Haus, die bequeme Treppe, die hohen Fenster und die elegante Einrichtung –, und nun muß ich seit den 3 Tagen, daß ich sie bezogen habe, zu meinem Schrecken erfahren, daß ich parterre ein Café übersehen habe, von welchem jeden Abend eine keineswegs anmutige Harfenistinnen-Musik bis Mitternacht zu mir herauftönt. Freilich ist man etwas gewohnt, wenn man Bismarck oft reden hören muß; aber wenn Du in meinem Briefe die richtige Konzentration vermissen solltest, so vergegenwärtige Dir selbige Musik recht lebhaft und denke zugleich ein wenig an einen von der Grippe geplagten Kopf. Der meinige ist fast so wüst und wirr, als hätte ich mit dem Justizminister meine Ideen ausgetauscht, wie einst Heine, als er sehr zerstreut und verwirrt war, mit dem semmelblonden Jakob Venedey getan zu haben behauptete. /
/ Du wirst Dich über die Einlage wundern; ich werde Dir aber sofort eine Erklärung ohne Hörner und Klauen darüber geben, die Dich hoffentlich befriedigen wird. Nach Deinem, mir durch Deine Frau seinerzeit mitgeteilten Willen habe ich den Freunden sogleich mitgeteilt, daß ich in Deinem Namen ihre ferneren Beisteuern bis auf weiteres ablehnen müsse. Da stellte mir vor einiger Zeit Ludwig Bamberger aus Mainz, den Du gewiß persönlich kennst, den einliegenden Betrag jährlich in so herzlicher Weise zur Verfügung, daß ich mich um so weniger berechtigt hielt, ihn abzuweisen, als er meines Wissens ein reicher Mann. Und so bitte ich Dich die

Sache ebenfalls anzusehen und mich machen zu lassen. Erfahren hatte er von der Geschichte durch Fritz Kapp. –
Wie es hier steht, kann ich Dir mit zwei Worten sagen. Die Niederlagen des Ministeriums in der Adreßdebatte, in der Polenfrage waren furchtbar, zerschmetternd; aber sie dürfen sich ja mit dem Könige decken, und so wird ihre Stellung // *bei ihm* durch jede neue Niederlage in der Diplomatie und im Abg[eordneten]hause nur *befestigt*. Er ist ja ihr Vorkämpfer, und sie sind, wie er, Opfer der Demokratie. Wie ein so vollständig auf dem Kopfe stehender Zustand *legal* abgeändert werden kann, das wird mit jedem Tage unklarer, und unberechenbare Ereignisse kann man keinem Kalkül zu Grunde legen. Wir wissen hier nicht mehr als die Zeitungen, und darum gehe ich nicht weiter darauf ein. Mein Blättchen wirst Du wohl auch in meiner Abwesenheit bekommen und hoffentlich bemerkt haben, daß ich, seit ich hier bin, wenig oder nichts dafür geschrieben habe.

Im Laufe dieses Jahres werden wir doch hoffentlich einmal Gelegenheit finden, uns wieder zu sehen. Fahr' denn wohl bis dahin, alter Freund, laß einmal von Dir und dem Fortgang Deiner Arbeiten hören, die mich sehr interessieren, wenn ich auch meiner ganzen Natur nach – ganz abgesehen von dem Mangel der Studien – auf ein ganz anderes Feld gehöre. Herzliche Grüße an Weib und Kind.

Wie immer Dein getreuer
O[tto] Lüning
Krausenstraße 18

Berlin, 4. März 1863 /

1003

An Jakob von Khanikoff

10. März 1863

Rechenberg, den 10. März 1863
Verehrter Herr v[on] Khanikoff!
… Sie haben, wie wir gestern entdeckten, das zweite Heft des „Orion" mitzunehmen vergessen. Es folgt daher jetzt mit dem Boten zurück. Zugleich lege ich die dagelassenen Reste Ihres Manuskriptes bei. Aufsatz Nr. 5, dessen in den ersten Sätzen ausge-

drückten Gedanken ich, vielleicht nur infolge des Abschreibens, nicht korrekt finde, habe ich sprachlich nichts Erhebliches auszusetzen gefunden.

Sachlich habe ich nur zu bemerken, daß ich dem *Sozialismus*, wenigstens dem französischen, die Anlage zum Fanatismus und Despotismus *nicht* absprechen möchte. Jede Meinung, jede Überzeugung überhaupt, die nicht das Recht der Individualität, folglich auch das Recht derselben auf das Gegenteil dieser Überzeugung anerkennt, scheint mir in Fanatismus und Despotismus überzugehen.

Soeben habe ich Ihren Brief nebst Zeitung erhalten, oder vielmehr, wie ich bei genauerem Studium ermittele: den Brief Ihrer lieben Frau. Seien Sie überzeugt, daß der „beste Dank" für uns in dem Bewußtsein liegt, Ihnen einen schönen Abend bereitet zu haben. In der Hoffnung baldigen Wiedersehens und mit den allseitigen Grüßen

Ihr Freund L. Feuerbach

1004

An Otto Lüning

16. März 1863

/ Rechenberg bei N[ürn]b[erg], 16. März 63
Lieber Lüning!

Ob Du gleich schon seit langer Zeit kein schriftliches Zeichen von mir erhalten hast, so habe ich doch stets im Geiste mit Dir und Deinen Parteigenossen korrespondiert und sympathisiert. Du schriebst an meine Frau zur Zeit der Loyalitätsdeputationen von Deiner tiefen Verstimmung. Auch ich war tief verstimmt über die Landmacht, die so plötzlich, wenngleich längst vorbereitet, auf den preußischen Landtag gefolgt ist, über die Wolken von Heuschrecken, die diese Finsternis verursachten. Und ich war es, bis der Landtag wieder seinen Mund auftat und durch die Blitze und Donner seiner Worte die mit biblisch ägyptischer Finsternis und pestilentialischen Dünsten gefüllte Atmosphäre wieder erhellte und reinigte. Dieses wohltätige Ozon wittert meine Nase auch in Deinem Briefe, denn trotz der Grippe, trotz der häuslichen und ministeriellen Katzenmusik, wovon Dir der Kopf // „wüst und wirr

ist", spricht aus ihm der beste Humor. Man sieht hier den großen
Unterschied zwischen unmittelbarer, aktiver oder lebendiger und
durch Lesen vermittelter, passiver Teilnahme an einer Sache.

Mich hat auch die Grippe beim Pendel gehabt, aber – freilich
mit gastrischer Affektion verbunden – nicht weniger als zwei Wochen – was mir noch nie in meinem Leben passiert ist – an die
Stube gefesselt und vier Wochen arbeitsunfähig gemacht, nachdem
sie mich boshafterweise gerade in dem Zeitpunkt überfallen, wo
ich in glücklichster Tätigkeit und Stimmung begriffen war. Seit 10
oder 14 Tagen bin ich wieder aktiv und beflissen, das Versäumte
gutzumachen, das gewaltsam Unterbrochne wieder zusammenzuflicken. Dies ist der Grund, warum ich Dir erst heute schreibe,
wo ich in meiner Abhandlung über den Willen, mit der ich seit
Neujahr beschäftigt bin, um sie endlich zu vollenden und ins reine
zu schreiben, an eine Pause gekommen bin. Ich rede übrigens nicht
gerne von meinen Arbeiten, um keine Erwartungen zu erregen, die
ich nicht erfülle, damit das bekannte Parturiunt montes [es kreißen
die Berge] auf mich keine Anwendung finde. /

1005

Von Wilhelm Bolin

24. März 1863

/ Helsingfors, d[en] 24. März 63

Lange genug, mein teurer Freund, habe ich diesmal die Beantwortung Ihrer lieben Zeilen vom 5. No[vem]b[e]r [18]62 verzögert; doch geschah es zumeist, weil Sie, fast gleichzeitig als Ihr
Brief bei mir eintraf, ein Schreiben von mir zu Ihrer Silberhochzeit
erhalten haben müßten. Einem nach Deutschland reisenden Freunde vertraue ich diese Zeilen an und danke Ihnen hiemit, noch ehe
der Tyrann Winter seine uns isolierende Herrschaft aufgegeben.

Sie können sich denken, wie sehr es mich freute zu erfahren, daß
Sie wieder recht tätig gewesen. Hoffentlich liefern Sie Ihre Arbeit,
von andrem sonst und bisher Geleistetem begleitet, bald in Druck,
damit man endlich wieder einmal ein vernünftiges Buch in rebus
philos[ophiae] [auf dem Gebiet der Philosophie] begrüßen kann.
Seit Ihrer „Theogonie" und L[udwig] Knapps unvergeßlichen
Rechtsphilosophie, die gleichzeitig ans Tageslicht traten, ist un-

ablässig altes Stroh gedroschen worden. Wie alt aber dieses Stroh ist, entdeckte ich erst in der letzten Zeit, da ich endlich dahin gelangte, den Rousseau zu lesen. Das war doch wieder einmal ein ganzer Mann! Redlich und wahrheitliebend und mit einer überlegenen Schärfe der Beobachtung ausgerüstet, wirkt er mit einem Zauber, der ans Prophetische grenzt. Kuno Fischer meinte irgendwo, Sie würden der deutsche Rousseau geworden sein, wenn Sie dessen Zeitgenosse gewesen. Ich möchte den Ausspruch umkehren und sagen: Rousseau, auf seinem Standpunkte, hat Sie antizipiert, indem er, // wenn anders ich ihn recht verstanden, von allen Denkern des vorigen Jahrh[un]d[er]ts am deutlichsten nach dem ganzen Menschen hin trachtet. Hierin überragt er, meines Wissens, auch seine unmittelbaren Nachfolger. Und doch haben diese Leute den seltsamen Seher gar auffallend ausgebeutet, ohne seine trefflichen Wahrnehmungen und zumal sein musterhaftes Verfahren sich zu Nutz zu machen. Mehr als irgendeiner hat der gepriesene Schopenhauer bei diesem seinem Geistesverwandten reichlich geschöpft, und in dem Glaubensbekenntnis des savoyardischen Vikars finde ich den ganzen Jacobi vorgebildet; auch dürfte Kant dem Weisen von Montmorency manches zu danken haben. Interessanter als diese Entdeckung war mir die Einsicht, wie klar und überzeugend man schon damals zu Werke gehen konnte, ohne sich mit einem komplizierten System herumzuschleppen. Zumeist fiel mir sein Streben auf, sich von der Absurdität des abstrakten Naturrechts loszumachen. Allerdings hat er das hieher Gehörige („Emile", liv[re] IV, z[um] Anf[an]g) nur angedeutet, doch enthält es eine überaus fruchtbare Anregung. Ausdrücklich sagt er: Alle Moral hänge in der Luft, wenn sie nicht auf einem *Bedürfnis* des Gemüts gegründet sei. Ist das dem kategorischen Imperativ nicht reichlich überlegen? – Aber nicht minder bedeutend ist er in andren Gebieten. Gestützt auf sorgfältige und unumstößliche Beobachtung, entwirft er eine musterhafte Psychologie – lebendig und anschaulich, kein hohläugiges Gerippe wie das, was man gewöhnlich als Erkenntnislehre usw., zu bieten pflegt. Die Bewußtseinsentfaltung habe ich nirgend so klassisch dargelegt gesehen, // denn die professionellen Metaphysiker kennen keine Kinder.

Wie ist es möglich, daß so wichtige Andeutungen wie R[ousseau]s Untersuchungen über die Sinne, über deren gegenseitige Beziehungen, über die Richtigkeit ihrer Zeugnisse, über das Verhältnis von Wahrnehmung und Urteil (im 2. und 3. Buch des „Emil[e]") – die konsequent zu Ihrem Standpunkt der lebendigen

Erfahrung leiten – bisher so unbeachtet bleiben, da man noch unablässig von apriorischen Bewußtseinsdaten und ureigner Weltproduktion des Denkens faselt, allem gesunden Verstande zum Trotz? – Die Pfaffenweisheit führt ein zähes Leben – wie ihre Urahne im Paradiese. Stark genug, Kants Kritik zu überdauern, zwingt sie dem scharfsinnigen Rousseau genug Respekt ab. Aber auch dies ist belehrend, zumal wenn man nicht übersieht, wie unklar und machtlos der ehrliche und beredte R[ousseau] wird, wenn er die Methode der Beobachtung verläßt, um den alten Traum des Glaubens fortzuspinnen. Solcher Widerspruch ist bei dem ohnehin vielfach widersprüchigen Denker keineswegs befremdend, so nah, so wunderbar nah er auch der vollen, einfachen Wahrheit gekommen, die sich uns im Anschluß an den wirklichen Menschen offenbarte.

Sonst habe ich mich bisweilen mit zwei Verschollenen befaßt: J[ohann] J[acob] Wagner und Ed[uard] Beneke. Jener ist abstoßend durch einen ekelhaften Schematismus, dieser durch pedantische und ermüdende Darlegung des Angestrebten, das ihm bei alledem nicht klar werden will. Dagegen sind sie beide durch ihre Urtei-//le über ältere und zeitgenössische Denker wahrhaft anregend und in der Kritik bisweilen anerkennenswert. Leider aber hat das unbefangene Erkennen hier seine Grenze, da alles Dichten und Trachten auf den verjährten Sauerteig der Dogmatik abgesehen ist. Es bleibt ein Rätsel, trotz seinen beständigen Wiederholungen, daß man Kants wahrhaft heroische Tat in ihrer weltgeschichtlichen Bedeutung so lange übersehen kann – und doch gehen diese Leute seiner willkürlichen Erkenntnistheorie scharf zu Leibe. – Im Wagner und Beneke habe ich nur geblättert, den R[ousseau] aber ernstlich vorgenommen, seit ich wieder recht arbeitstüchtig geworden, nachdem ich den Winter über durch zeitweiliges Unwohlsein, Verstimmtheit und sonstige Zerstreuung ziemlich unfruchtbar im Leisten gewesen. Dagegen erfreute ich mich einer recht befriedigenden Empfänglichkeit und habe in der Zeit mich mit den Spaniern, Calderón, Lope, Alarcón und Cervantes sowie auch mit dem Sheridan befreundet. Mit der Feder brachte ich nur zwei größere literäre Artikel, einige kürzere Rezensionen und sonst mehrere Übersetzungen zustande –; das alles kaum der Rede wert. – Binnen einigen Wochen liefre ich meinen 4. Beitrag für den „Neuen Pitaval" ein, wobei ich vom 31. Bande an mit einem finnischen Halunken beteiligt bin. Im übrigen schriftstellere ich noch immer

schwedisch und muß es tun, bis ich zu einem Posten komme, der
mir mein Brot gibt. –
                In steter treuer Anhänglichkeit
                Wilhelm Bolin

Gruß den lieben Ihrigen! /

1006

Von Friedrich Kapp

10. April 1863

                          New York, den 10. April 1863
Lieber Feuerbach!
Es sind jetzt schon sieben Monate, seit wir in Bamberg voneinander Abschied nahmen. Ich bin schon seit fünf Monaten wieder hier und sollte mich schämen, daß ich erst jetzt zu diesem Briefe komme, aber ich will Dich nicht mit Entschuldigungen langweilen.
    Hast Du meinen „Kalb" bekommen? Nachdem Du meine Darstellung wegen des Ansbacher Markgrafen, der einen Schornsteinfeger vom Dach geschossen haben soll, schon mündlich berichtigt hast, bitte ich Dich um den Namen des Prinzen, der Gewissensbisse über seinen Mord empfand. Als ich jenen Passus schrieb, glaubte ich den Mann, der uns im Herbste 1843 die Geschichte in der Kneipe zu Bruckberg erzählte, so verstanden zu haben.
    Man soll als Historiker vor allem gewissenhaft sein, deshalb tut mir dieses Mißverständnis leid. Ich werde noch Gelegenheit finden, es zu verbessern, da ich jetzt mit einer Arbeit über die von ihren Fürsten nach Amerika verkauften Soldaten beschäftigt bin und hier auch näher auf den Landesvater von Ansbach einzugehen habe. Dieses Schandkapitel unserer Geschichte ist historisch noch gar nicht beleuchtet worden. Da es aber in der Kleinstaaterei wurzelt, also noch sehr mit der Gegenwart zu tun hat, so halte ich die Arbeit für nötig und heilsam.
    Mir hat die Reise nach Deutschland sehr gut getan. Abgesehen von der bürgerlichen Erholung und dem angenehmen Nichtstun während voller 4 Monate, so waren die geistigen Eindrücke sehr wohltuend für mich. Mir, der 14 Jahre abwesend gewesen war, erschien der inzwischen gemachte Fortschritt ganz kolossal. Das

Volk betätigt sich jetzt selbst im politischen Leben, und so mangelhaft, so einseitig und oft kleinlich dieses auch sein mag, es ist das ein Gewinn und eine Eroberung, die uns nicht wieder verlorengehen kann. Namentlich fand ich die Rheinprovinz-Westfalen bedeutend fortgeschritten. Ich würde sofort wieder zurückkehren, wenn sich mir eine nur einigermaßen zahlende Stellung böte. Meine Umschau danach und meine Bemühungen zu diesem Ende sind bis jetzt leider ganz erfolglos geblieben. Ich gebe aber die Hoffnung nicht auf. Diese langweilige Freiheit hier ohne jeden positiven Inhalt, die sich in Knechtschaft und Abhängigkeit umkehrt, sobald man ihr eben einen Inhalt geben will, sagt mir jetzt noch weniger als früher zu. Ich fühle mich hier so vollständig überflüssig, als reinen Luxusartikel, als vollständig in der Luft schwebend, daß mich hier nichts festhält als ein gemeines Geschäft, das gerade einträglich genug ist, um mich und meine Familie anständig zu ernähren. Es fällt mir natürlich nicht ein, aufs Ungewisse nach Deutschland zu gehen und dort wieder ganz von vorn anzufangen, denn statt in der Heimat zu hungern, will ich lieber gut in der Fremde leben. Da ist es leicht möglich, daß ich immer hier bleiben muß, so gern ich auch fort möchte.

Übrigens ist Danzig nach Nürnberg die Krone der mittelalterlichen Städte. Was die dort überall hervortretende und tonangebende Gotik besonders pikant macht, ist das unmittelbar angrenzende Slawentum. Es ist am Ende lächerlich, Parallelen zwischen derartigen Städten zu ziehen, und man soll froh sein, sie alle beide zu besitzen. Allein in meinen Rückerinnerungen verwebt sich jetzt immer Danzig mit Nürnberg, und zudem war ich in beiden in so guter Gesellschaft.

Hier merkt man den Krieg eigentlich noch gar nicht. In New York gehen die Geschäfte besser als je; es herrscht ein Leichtsinn und eine Sorglosigkeit, die kaum glaublich ist. Nach meiner Kenntnis des Landes kriegt der Norden trotz der jämmerlichen Regierung – dieser Lincoln ist übrigens ein ins Amerikanische übersetzte[r] Erzherzog Johann – den Süden unter, wenn nicht in diesem, so in einem der folgenden Jahre. Ich wundere mich, daß die Bedeutung dieses, durch seine gewaltigen Ziele so wichtigen Kampfes in Deutschland so wenig verstanden wird, daß man ihn für einen Witz hält und über die Kriegführenden schimpft, als ob sie einen schlechten Witz machten. Es scheint drüben nicht einmal der gute Willen vorhanden zu sein, sich zu unterrichten. Auf der einen Seite ist das ein gutes Zeichen, denn es beweist, daß die Leute zu Hause selbst eine wirkliche Arbeit haben, auf der anderen aber scheint mir diese Erscheinung doch eine gewisse Verflachung zu verraten. So wenig ich sonst Amerikaner bin, so unbedingt sind meine Sympathien mit dem Norden, und der Deutsche, der gegen ihn ist, kann nur ein Schuft oder ein Dummkopf sein.

Hoffentlich seid Ihr alle wohl? Bitte empfiehl mich Deinen Damen: Frau, Tochter und Schwestern, grüße Deinen Bruder und sei selbst herzlichst gegrüßt von Deinem
Friedrich Kapp

1007

An Friedrich Kapp

11./19. Mai 1863

/ Rechenberg, [11.] Mai 1863

Lieber Kapp!

Deinen Brief würde ich augenblicklich beantwortet haben, wenn ich nicht zugleich Dein historisches Gewissen mit meiner Antwort hätte befriedigen wollen. Da ich aber bei nochmaliger Durchlesung desselben erwogen, daß Du die Berichtigung erst in einer neuen Schrift, die doch nicht sogleich das Licht der Welt erblicken wird, veröffentlichen willst und da ich nicht weiß, wann der Sekretär des German[ischen] Museums mir die gewünschte Quelle einhändigen wird, so verspare ich das Ergebnis derselben auf den nächsten Brief. Einstweilen kann ich Dir nur zu Deiner Beruhigung sagen, daß die Volkssage wenigstens diese und ähnliche Handlungen dem Markgrafen nacherzählt, daß daher auch ich irgendwo in meinen Schriften sage: „Ob mich mein allergnädigster Land[es]vater zu seinem Plaisir vom Dache herunterschießt oder ein Ziegelstein totschlägt?" Es muß übrigens statt „letzter" *vor*letzter heißen, denn jener war ein guter Mensch, der sich selbst Verdienste um sein Ländchen erworben, die heute noch, wenn auch nur in der Gestalt von Ochsen und Kühen, unter dem Landvolk fortleben, wenn er gleich vielleicht nur aus Prachtliebe // prächtige Ochsen auch zu seinem Staat rechnete und deswegen in seinem Lande einführte. Der alte Mann, auf den Du Dich berufst und der kein andrer gewesen sein kann als der alte, damals ungefähr [7]2 bis 74jährige Helm, war allerdings ebenso seinem Alter nach, denn er kannte ja noch als Markgraf den Sohn des berüchtigten, den letzten, obgleich dieser schon 1791 noch die Regierung resignierte [abdankte], als seinem Charakter und selbst seinem Wissen nach glaubwürdiger Mann. Doch Du sollst selbst auch über diesen Punkt die möglichst genauen Nachrichten erhalten, wenn ich Dir über den objektiven Tatbestand berichten werde. Deinen „Kalb" habe ich mit doppeltem Interesse gelesen, dem allgemeinen des sich um Geschichte, besonders Revolutionsgeschichte bekümmernden Menschen, dem besondern des Landsmanns und Nachbarn. Es ist köstlich, daß Du diesen Baron als einen simplen Bauern entlarvt hast, aber gleich zu bedauern ist, daß über die Vermittlung dieser damals so schroffen Gegensätze alle nähern historischen Angaben fehlen. Die amerikanischen Erbärmlichkeiten, namentlich die Erbärmlichkeit des Generals, unter dem Kalb fiel als ein Opfer von der Erbärmlichkeit des militärischen Gehorsams überhaupt, hat übrigens einen traurigen Eindruck auf mich // gemacht –, ein Eindruck, der glücklicherweise kein bleibender und endgültiger ist, sondern durch Deine treffliche Skizze der damaligen Zeit im letzten Kapitel wieder ausgelöscht wird. Es soll mich freuen, wenn ich einmal wieder auf Deine wertvollen mir geschenkten Werke statt mit Worten mit Werken des Danks antworten kann. Ich habe schon manches, ich schmeichle mir nicht Unbedeutendes, meine Feinde und Verächter tief Beschämendes, wenn auch nur durch seinen Inhalt Beschämendes, zum Drucke bereitliegen. Aber es fehlt mir der Publikationstrieb, ich liebe das Inkognito, abgesehen davon, daß mit den Jahren, so ist es wenigstens bei mir, die Forderungen steigen, die man an sich stellt, während doch die Kräfte, wenigstens das alle Steine des Anstoßes schmelzende, alle Gedankenzollschranken verzehrende Feuer abnimmt. Und so kann es noch lange dauern, daß ich statt Bücher Dir nur Briefe schicke. Doch ich habe noch einen Teil meiner Manuskripte auf dem Gewissen, d. h. noch der letzten, entscheidenden Federkritik zu unterwerfen. Bin ich damit fertig, und zwar zu meiner Zufriedenheit, so entschließe ich mich vielleicht zu früherer Veröffentlichung, wenigstens einzelner Partien. Wenn mich eine gute Laune // anwandeln sollte – mit Ausnahme des auch bereits fertigen: „Der Mensch ist, was er ißt" haben meine übrigen bisherigen Themata, wie über Willensfreiheit, über Spiritualismus und Materialis[mus] mir wenig Raum zu guter Laune gelassen – so werde ich in einer hiesigen Zeitung – hier ist der beste Ort dazu – auf den zum Bauern degradierten Baron K[alb] v[on] H[üttendorf] aufmerksam machen. Leider!

sind zur Schande der bayerischen Freiheits- oder Fortschrittsmänner die hiesigen Zeitungen so beschränkt an Mitteln und Raum, daß sie nicht geeignet sind, den latenten Publikationstrieb in Freiheit und gute Laune zu versetzen. So wollte ich auch, und zwar gerade zu einem sehr geeigneten Zeitpunkt, auf Deine Sklavereischrift aufmerksam machen, aber es unterblieb. Noch findest Du mit Bleistift angestrichen die Parallelen, die Du zwischen dem dortigen Süden und Norden und dem hiesigen Junker- und Menschentum gezogen und die ich damals besonders herausheben wollte.

Über meine Schuldforderung an Solger kann ich Dir weiter nichts als beiliegendes aus einer alten Brieftasche herausgeschnittnes Blättchen oder vielmehr Fetzchen mitteilen. S[olger] war damals in Berlin – im Sommer desselben auf der Kehrseite bemerkten Jahres hatte ich ihn in Bruckb[er]g kennengelernt, wo er ungefähr 8 Tage bei mir sich aufhielt – und // er war so fein, nicht direkt mich um Geld zu ersuchen, sondern nur seine damalige Verlegenheit und Bedrängtheit mir nahezulegen, und ich war demgemäß auch so fein oder so dumm, ihm sofort durch meinen Schwager die angegebne Summe zu überschicken, mich auf keine andren Urkunden als die seines Gedächtnisses und seines als nobel vorausgesetzten Charakters verlassend. 1848 oder [18]49 bat ich jedoch Wigand, der damals mit S[olger] in Rechnung stand, mir durch Abzüge vom Honorar zu dem Meinigen, an dessen freiwilliger Rückgabe ich schon damals verzweifelte, zu verhelfen. Er sagte oder schrieb mir nun –, ich weiß es nicht genau, habe mich auch nicht an W[igand] gewandt, weil aus jener tumultuarischen Zeit auch er gewiß nichts bestimmtes mehr weiß –, daß er ihm etwas abgezogen habe oder abziehen wolle, er hat mir aber nie, weder schriftlich noch mündlich angegeben, wie viel. Die zuverlässigste Quelle hierüber wäre Solger selbst, denn einen Strich durch die Rechnung, einen unfreiwilligen Abzug von gehofftem Gewinn oder Honorar vergißt man so bald nicht. Nachdem nun auch Du so gütig warst, mir 25 Tlr., d. i. 43 fl. 45 Kr. auf seine Rechnung zu bezahlen, so kann ich nicht bestimmen, wie groß noch der Rückstand. Ich habe übrigens diese Schuld, wie noch zwei andre Schulden wiewohl von bedeutend geringerm Betrag, mir selbst als moralische Schuld angerechnet und durch Abzüge an meiner eignen Person längst gebüßt. Wenn daher S[olger] nicht mehr weiß, // daß und von wieviel er mein Schuldner – es gibt freilich viele Menschen, die nur merken, was andre ihnen, nicht was sie ihnen schuldig sind – so sei die Schuld getilgt und vergessen. Ich bin überdem gegenwärtig und auf mehrere Jahre hinaus dank dem Homo homini Deus [Der Mensch sei dem Menschen Gott]! so gestellt, daß ich ohne Sorgen leben kann und daher auch die von Dir und Deinem mir noch immer teuren Bruder Otto im Jahre nicht des Heils, sondern des Unheils 1860 übersandte Summe nicht als eine Gabe der Freundschaft, sondern als ein Darlehen betrachte und zurückzahlen kann, ohne mir wehetuende Büßungen wie im umgekehrten Solgerschen Falle aufzuerlegen.

19. Mai

Schon seit wenigstens 8 Tagen ist Vorstehendes mit Unterbrechung niedergeschrieben. Ich wollte doch das Ergebnis der Nachsuchungen des Sekretärs der Bibliothek des Germ[anischen] Mus[eums] abwarten. Dieses ist leider! ein negatives. Ich muß also an die beste Quelle, nach Ansbach, gehen oder schreiben und Dich darum auf einen späteren Brief vertrösten. Nun von Dir und mir weg zu einem Dir unbekannten Dritten. Ein Landsmann von Dir, d. h. ein Preuße, Direktor einer höhern Erziehungsanstalt in Falkenberg bei Berlin, ein freisinniger, vielseitig und gründlich, namentlich in der klassischen und neuern Sprache und Literatur unterrichteter Mann, Dr. Schmidt mit Namen, hat mich, weil ich ihn hier bei Gelegenheit seiner Verheiratung mit einer Tochter meines Schwagers Stadler kennen-, und ich setzte hinzu: schätzen gelernt habe, ersucht, ihn Dir zu empfehlen, Dich in seinem Namen um die Erlaubnis zu bitten, Dir das Programm seiner Erziehungsanstalt zuschicken zu dürfen. Gewiß wirst Du schon in den Fall gekommen sein oder noch kommen, von Amerikanern, die ihre Söhne im Ausland erziehen lassen, in betreff deutscher Erziehungsanstalten um Rat gefragt zu werden, gewiß wird es also auch für Dich nicht ohne Interesse sein, die Anstalt des Dr. Schmidt kennenzulernen, um auf sie gegebenenfalls hinweisen zu können. In dieser Gewißheit werde ich ihm schreiben, daß er Dir getrost den Steckbrief seiner pädagogischen Persönlichkeit und Anstalt zuschicken möge. Ich hoffe, daß Du und die Deinigen so wohl sich befinden als ich und die Meinigen. Dein engeres Vaterland steht gerade jetzt an einem Wendepunkt, sei's zum Bessern oder Schlimmeren, wahrscheinlich zu letzterem. Herzlich Dein

L. Feuerbach

Noch eine Frage: Weiß Du nichts von Dedekind? /

1008

An Wilhelm Bolin

19. Mai 1863

/ Rechenberg, 19. Mai 63
Mein lieber Herr Bolin!
Es hat mich sehr gefreut, ja gerührt – nirgends ist ja der Mensch empfindlicher, als wo er an wichtige Ereignisse seiner Vergangenheit erinnert wird – aber auch in Verwunderung gesetzt, bis meine Frau mir das Rätsel aufklärte, daß Sie, noch dazu aus so weiter Ferne der Zeit und des Raums, des Tags meiner viertelhundertjährigen Verehelichung gedacht haben. Ich wollte Ihnen auch sogleich meine dadurch erregten Gedanken und Empfindungen telegraphieren, aber dieser praktische Wille scheiterte an der Theorie des Willens, die mich gerade damals und noch lange nachher beschäftigte. So sehr ist der Wille ein zeitlicher Akt, daß wir, wozu wir keine Zeit, auch keinen Willen haben, wenigstens keinen Tatwillen, aber was ist ein Wille, der nur im Gedanken steckenbleibt? So viel als ein Schwert, das in der Scheide steckt. Darum muß ich auch jetzt die Feder ergreifen, wenn nicht wieder Monate verstreichen sollen, ohne daß Sie von mir ein Denk- oder Lebenszeichen erhalten, jetzt, wo ich Zeit für Sie habe – die aber gleichwohl schon bei dem nächsten Satze durch Besuche Ihnen zum Schaden mir entrissen würde –, wo // ich an einem Abschnitt meines Denkens und Lebens stehe, indem ich nächster Tage mein Sommerstudierstübchen beziehe, um hier endlich an meine zum Ekel oft erwähnte Arbeit über Material[ismus] und Spiritualismus die letzte Hand zu legen. Meine Abhandlung über den Willen, woran diese sich enge anschließt, ist bereits vollendet, obwohl in einigen Punkten nicht zu meiner Zufriedenheit, die daher doch vielleicht noch statt des mechanischen Drucks der Presse die Feuerprobe der Kritik [wird] erleiden müssen. Ich wollte, ich könnte Ihnen oder sonst einem kompetenten Freunde mein Manuskript zur Einsicht mitteilen. Man ist oft so ungerecht gegen sich, so skrupulös, so sich selbst mißliebig, daß man oft eines bloßen Wortes willen, das einem zufällig widerwärtig ist – die Ideenassoziation der alten Psychologie spielt auch hier ihre Rolle – einen ganz richtigen Gedanken verwirft, daß man oft aus einem Splitter einen Balken macht, leider aber auch einen Balken nur für einen nichts-

sagenden Splitter ansieht. Der Grundgedanke meiner Arbeit über den Willen ist die Einheit des Willens und Glückseligkeitstriebs: „*ich will* heißt, ich will nicht Unglück leiden, kurz, // ich will *glücklich sein*" – die Hauptaufgabe, die auf Grund des Glückseligkeitstriebes versuchte psychologische Vermittlung von Notwendigkeit und Verantwortlichkeit im Gegensatze zu der phantastisch metaphysischen Vermittlung Kants und Schopenh[auers]. Doch wozu schwatze ich Ihnen brieflich vor, was Sie gedruckt zu lesen bekommen. „Aber wann?" Das kann ich freilich selber jetzt noch nicht bestimmen. Meine Sorge ist einstweilen nur, meine Mappe mit druckbaren, korrekt geschriebnen Manuskripten auszufüllen. So habe ich unterdessen auch eine noch in Bruckb[erg] verfaßte kurze Göttergeschichte „Zur Theogonie" gehörig oder „der Menschen Wunsch, der Götter Wesen" nach den „lateinischen Schriftstellern" ebenso meine ebensowohl auf die ältesten als die neuesten Urkunden des menschlichen Geistes, also auf Religion und chemische Physiologie gegründete Expektoration [Auslassung] über den berüchtigten Satz: „Der Mensch ist, was er ißt" in druckbare Form gebracht. Je mehr aber der Schriftsteller gewinnt, desto mehr verliert der Briefsteller; was man der Allgemeinheit gibt, entzieht man der Persönlichkeit, der Freundschaft. Glücklicherweise / / machen jedoch Sie eine Ausnahme von dieser Regel, da Sie sich mehr für meine Schriften als meine Briefe interessieren, ich also doch für Sie schreibe, wenn ich auch nicht an Sie schreibe. Nur bitte ich Sie, in Ihrer Erwartung wie in meiner Ankündigung von meinen künftigen Schriften kein Parturiunt montes [es kreißen die Berge] zu erblicken. Ich will nicht mehr in den Augen anderer sein, als ich in meinen eignen, nicht von Selbstüberschätzung verblendeten Augen bin. Wenn der Satz: „Nur die Lumpe sind bescheiden" allgemein gültig, so muß ich mich zu den Lumpen rechnen. Auch in meinen Schriften habe ich nie mehr geben wollen als Lumpen, abgerißne, wenn auch deswegen nicht abgetragne Stücke von den Lappen meines Hirns, aber auch meiner Leber und Lunge. Erwarten Sie daher auch in Zukunft nicht mehr von mir. Sie wissen ohnedem von mir, daß ich lieber lerne als lehre, lieber lese als schreibe, lieber mit andern als mit mir selbst mich beschäftige. Womit anders als mit sich und seinen eignen Gedanken beschäftigt sich aber der Schriftsteller? Wir schreiben aus Übersättigung, aus meist eingebildeter Überfülle des Wissens, aber wir lesen aus Armut, aus Mangel des Wissens, kurz, aus Lumperei. Wie Sie hat es unterdessen auch mich zu Rousseau hingezogen. Ich habe mir

deswegen schon im vorigen Sommer eine neue Ausgabe desselben angeschafft, bin aber noch nicht zu ihm gekommen. Ich darf ihn auch jetzt noch nicht lesen, weil ich sonst über ihm mich vergesse. Sowie ich aber Zeit und Willen für ihn habe, werde ich Ihre Hinweisungen vor allem berücksichtigen, dann auch Ihre Kriminalgeschichten lesen, der „Pitaval" ist hier zu haben. Meine Frau und Tochter grüßen Sie freundlich. Von Herzen
                            Ihr
                      Freund L. Feuerbach /

1009

Von Wilhelm Bolin

12. Juni 1863

/ Helsingfors, d[en] 12. Juni 63
Besten Dank, teurer Freund, für Ihre lieben Zeilen vom 19. Mai. Gefreut hat es mich, daß Sie so herzlich meiner gedenken, zumal aber von Ihrer indessen entfalteten Tätigkeit zu hören. Glück zu! Ohne anmaßend zu sein, darf ich wohl getrost sagen: Ich weiß schon, was ich von Ihren Arbeiten zu erwarten habe. Ihren künftigen Publikationen sehe ich mit um so größerer Spannung entgegen, sowohl weil ich Ihnen seitdem näher gekommen, als auch weil Sie Fragen berühren, die mir ganz besonders am Herzen liegen. Möge es Ihnen vergönnt sein, uns bald mit den Früchten Ihrer Bemühungen bekannt zu machen. Von Ihrem erneuten Verkehr mit Rousseau verspreche ich mir viel Erfolg. Es dürfte Ihnen nicht unlieb sein zu erfahren, daß der bekannte Saint-Marc Girardin eine Reihe trefflicher Artikel über R[ousseau] in der „Revue des deux mondes" (1852–55 oder gar [18]56) lieferte, die meines Wissens nach nicht in der ihnen gebührenden gesonderten Buchform erschienen sind. Die verdienstvolle Zeitschrift wird Ihnen natürlich zu Gebote stehen. („[Jean-Jacques] Rousseau. Sa vie et ses œuvres", also literarhistorisch.)

Ich wünschte, auf meine Zeit mit gleicher Befriedigung – mit gebührender Rücksicht auf Kräfte und Beruf – wie Sie blicken zu können. Bisher habe ich nicht viel zutage gefördert, obwohl ich mein Gehirn hinlänglich in Anspruch genommen. Beiläufig habe ich einen frischen Beitrag für den „Pitaval" fertig gemacht. Diese /

/ meine gelegentlichen Arbeiten betreffend, bin ich Ihnen den kleinen Wink schuldig, daß die Redaktion sich ein freies Schalten mit meinen Manuskripten vorbehielt, wozu ich meine Einwilligung nicht versagen konnte; wundern Sie sich also nicht über den frommen Schafspelz, den man mir dort umgehängt. Einige Zeitungsartikel abgerechnet, habe ich in den letzten Monaten mich zu einer größern Arbeit gerüstet, die mich schon seit mehreren Jahren beschäftigt und die ich endlich erledigen will. Seit längerer Zeit geht es mir dabei wie Ihnen. Ich ringe mit einem Schauder wider das leere Papier. Nachdem man den Gegenstand allerseits erwogen und damit ins reine gekommen, kann man sich eines Ekels nicht erwehren, wenn es gilt, das Erlernte wiederzukäuen. Hier muß die Notwendigkeit entscheiden, und so werde ich denn hoffentlich meiner Aufgabe bald Meister sein. Es sind Studien über die Familie, wozu ich durch die einseitige Darstellung des braven aber philisterhaften Riehl und durch die feindlichen Angriffe der weltverbesserischen Titanen veranlaßt worden bin. Die letztren hat man endlich einer Beachtung gewürdigt, nachdem man sie lange genug ignoriert oder, wie Riehl, bespöttelt hat. Und doch spricht eine erste Mahnung aus diesen Zeichen der Zeit. Die verschiedenen Ansichten über Familie habe ich jahrelang unbefangen auf mich wirken lassen und halte so alle Auffassungen durch. Gelegentlich werde ich Ihnen das Endergebnis meiner Forschungen mitteilen.

Sobald diese Arbeit aus den Händen, werde ich mich an eine Abhandlung machen, mit der ich mich hier um die Dozentenwürde in der Philosophie bewerben soll oder muß. Zu diesem Vorhaben bin // ich nur durch die Verhältnisse gezwungen. Es ist bedenklich genug, denn der Hegel steht hier in ebenso hohen Ehren, wie sein himmlischer Protegé. Man kennt meine Farbe nicht genau, ahnt aber doch, daß ich ein Gegner des spekulativen Abrakadabra sei. Andre Arbeiten, zumal aber das Bedürfnis, die eigne Überzeugung zu kräftigen, sowie auch ein heftiger Widerwillen gegen den Katheder, hielten mich bisher ab, nach hiesigem Brauch eine kleinere Schrift herauszugeben und selbige öffentlich zu verteidigen. Endlich muß ich dem Drange der Umstände nachgeben, jedoch mit dem Vorbehalte, von dem Beginnen abzusehen, falls sich ein andrer Ausweg zu gesicherter Existenz bieten sollte. In Anbetracht der kitzlichen Lage habe ich einen neutralen Gegenstand gewählt, worin ich jedoch meine Richtung implizite anzudeuten gesonnen bin. Durch Ihre Schriften angeregt, habe ich mir die Untersuchung „Leibniz als Vorläufer Kants" zur Aufgabe gestellt. Dieselbe erstreckt sich also auf das Grundthema der bekanntlich lange verschollen gewesenen „Nouveaux Essais", welche der Königsberger nicht gekannt zu haben scheint; da er sonst schwerlich sich der nämlichen Mühe unterzogen haben würde, sondern einfach auf seinen Vorgänger hätte verweisen müssen. Er bekämpft im L[eibniz] nur den Metaphysiker, nicht den Psychologen. Das Interessante ist also zu zeigen: ob die Erkenntnistheorie von L[eibniz] bis K[ant] einen Fortschritt gemacht, obwohl 1781 zu Resultaten führt, die 1705 bereits vorlagen. Mir scheint, daß Kant, in seinem Kampfe gegen den Wolf[f]ianismus, ohne Kenntnis der „N[ouveaus] E[ssais]" zu diesen aus der Leibnizschen Philosophie resultierenden // Grundsätzen sich hinarbeitet, aber von Locke – Hume und der fortgeschrittenen Wissenschaft beeinflußt –, sich der Sinnlichkeit zuwendet. Er pariert den Hume durch die „N[ouveaux] E[ssais]" und modifiziert diese selbst durch – einen freilich sehr abstrakten – Sensualismus. Seine Berührungspunkte mit Leibniz sind einfach die geniale Ergänzung einer in der Philosophie entstandenen Lücke und somit ist aus Kant selbst ersichtlich, was er geworden wäre, wenn ihm die „N[ouveaux] E[ssais]" zugänglich gewesen: Seine Scheidung zwischen Noumena und Phaenomena deutet hinlänglich an, daß er niemals zu dem einfachen Standpunkte der sinnlichen Erkenntnis gekommen wäre. Wie weit und wie nah stehen davon schon Hume und namentlich Reimarus! Kein Wunder, daß die Welt noch immer zagt, diesen entscheidenden Schritt zu tun.

Über die Gliederung meines Gegenstandes bin ich mit mir noch nicht einig. Hoffentlich ist es eine lohnende Aufgabe und läßt sie sich binnen eines Jahres und in Form einer Broschüre von etwa 6 bis 8 Bogen bewältigen. Es wäre mir lieb, Ihren freundschaftlichen Rat zu vernehmen. Ich erachte meine Wahl daher für geeignet, weil ich eine ganz objektive und interpretative Darstellung der „N[ouveaux] E[ssais]" beobachten kann und somit nur anzudeuten brauche, von wo aus Kants Streben, allen philosophischen Systemen ein Ende zu machen, bestimmt war. Die Lösung hiezu meine ich in jenem Umstande zu finden, daß die Notwendigkeit der Erkenntnis nicht mehr von einer göttlichen Einwirkung, sondern von der an Erfahrung gebundenen Vernunft – d. h. von dem lebendigen Menschen – abhängig gemacht werde, was aber noch dualistisch und abstrakt ausgesprochen wird.

       In steter Anhänglichkeit
       W[ilhel]m Bolin /

1010

Von Nikolai Wladimirowitsch von Khanikoff

3. Juli 1863

/ [3 Juillet 1863]
Montfort-L'Amaury (Seine et Oise)
Monsieur,
Il y a bien longtemps que je me proposais de vous remercier de la manière bienveillante dont vous avez bien voulu agréer l'hommage de mon mémoire „*Sur la partie méridionale de l'Asie centrale*" et de vous dire, en même temps, combien j'ai été sensible à l'attention amicale que vous avez eue de m'envoyer votre profond ouvrage sur la „*Théogonie*". Je l'ai lu et étudié avec le plus grand intérêt et je me fais un agréable devoir de vous dire que j'admire également l'étendue de votre connaissance du monde ancien et la rigueur de l'analyse que vous appliquez à éclaircir les ténèbres d'une question ardue et compliquée. Mais je croirais mal reconnaître vos bonnes dispositions pour moi en me bornant à vous communiquer simplement l'ensemble de l'impression favorable que m'a laissée l'étude de votre éminent travail, et vous me permettrez de vous exposer quelques observations qui se sont présentées à mon esprit pendant que je vous suivais, pas à pas, dans la solution d'une question immense, qui a toujours intéressé, et qui intéressera encore pendant longtemps le genre humain.

J'espère, Monsieur, qu'en lisant cette lettre vous me ferez l'honneur de croire qu'en vous exposant mes doutes, je ne suis pas guidé par la prétention puérile d'apprendre quelque chose de nouveau à un des plus forts penseurs de notre temps, sur un sujet, dont il a fait, depuis longtemps, l'objet de ses méditations, je ne suis mu que par le désir sincère d'avoir recours à vos lumières pour éclaircir quelques points qui me paraissent obscurs, dans vos importantes recherches. Je crois qu'en disant, page 38 „Der Wunsch ist die Urerscheinung der Götter" et plus loin p[age] 48 „Die Gottheit ist wesentlich ein Gegenstand des Verlangens, des Wunsches; sie ist ein Vorgestelltes, Gedachtes, Geglaubtes, nur weil sie ein Verlangtes, Ersehntes, Erwünschtes ist", vous avez mis le doigt sur l'endroit sensible de la question, vous avez exprimé une grande vérité. Certaines idées n'ont besoin que d'être formulées, pour être admises, et il me semble que votre observation, sur l'origine de l'idée de la divinité, est du nombre de ces idées. Je ne doute pas que le *désir* soit pour beaucoup dans la *religiosité* de l'espèce humaine, mais est-il la seule et unique raison de ce sentiment? Voilà où commence pour moi le doute. Vous dites, vous même: „Die Gottheit ist ursprünglich und *wesentlich* kein ‚Vernunftgegenstand', kein ‚Gegenstand' der Philosophie, denn die Götter waren, als es noch keine Philosophen gab [...]" et ceci explique très-bien comment nous retrouvons des traces de religion et même de culte // parmi les nations les moins civilisées, mais tout de même j'ose poser la question: est-ce tout? L'homme n'est pas le seul être animé qui désire. Dans les premières phases de son développement, ses désirs diffèrent peu de ceux des autres animaux. Comme eux, il aspire presque exclusivement au bien-être matériel; comme eux, il a peur de tout ce qui peut l'en priver, à moins qu'il ne sache combattre ces ennemis de son bonheur, ainsi, avant tout, lui, comme tous les animaux, il a la mort en horreur. Or, en présence de ces faits, communs à tous les êtres doués de vie, n'est-on pas en droit de poser la question, pour quoi jamais on n'a constaté rien qui ressemble à la religiosité chez aucun animal, en dehors de l'espèce humaine? Aussi un ethnographe et naturaliste èminent, Mr. Quatrefages, a-t-il proposé de reconnaître le sentiment religieux comme indice unique et infaillible de l'espèce *homme*, le seul propre à la distinguer des autres espèces animales. Donc, Monsieur, avant que ce doute ne soit éclairci pour moi, je ne puis m'empêcher de considérer le sentiment religieux que comme une fonction complexe, dépendante de quelques variables et de quelques constantes, dont l'une est sans contredit celle que vous avez eu le talent de découvrir, notamment le désir; reste à chercher les autres. Trouvera-t-on jamais le moyen de déterminer complètement cette fonction indéterminée? J'en doute et voilà pourquoi. Il nous manque, malheureusement, un organe spécial, apte à nous faire reconnaître, avec certitude, si une chose, dont nous avons la conscience, est en nous seulement, ou si elle est en même temps en dehors de nous. Je ne parle pas déjà des quatre idées primordiales telles que l'espace, le temps, la force et la matière, qui resteront toujours des énigmes pour nous, je ne mentionnerai qu'un phénomène bien moins général, le phénomène de la lumière. Qui peut me dire que la clarté, les couleurs, les gradations lumineuses etc., n'existent exclusivement que dans l'oeil humain, qu'en dehors de ce petit organe, tout est ténèbre où oscille l'éther et dont les oscillations ne deviennent lumière qu'au moment où ils irritent ma rétine.

Mais si je désespère de voir jamais prouver l'individualité de la lumière ou son manque d'individualité, comment voulez[-vous] que je puisse admettre que cela puisse se faire pour l'idée de la divinité, idée infiniment plus compliquée et plus vaste que les autres, car l'homme, ne sachant trop qu'en faire, // en a fait une espèce d'armoire, où il fait entrer tout. Ainsi, Monsieur, il me semble qu'on aura beau analyser cette fonction que je nomme fonction religieuse, on aura beau la réduire à ses éléments les plus simples et les plus saisissables, on ne parviendra jamais à prouver ni l'absurdité de l'existence d'un Dieu individuel, ni l'absurdité de sa *non*-existence. La croyance, origine première de toute religion, est plutôt une affaire de sentiment qu'un résultat de la pensée. Aussi l'entendement, proprement dit, a peu de prise sur les convictions d'un croyant, on ne discute pas les sentiments. Prouvez comme deux et deux font quantre à un amoureux que l'objet de sa passion ne mérite aucun attachement qu'il se perd et se dégrade en l'aimant, il conviendra, à moins d'être fou que logiquement vous avez raison, mais son coeur et tout son être n'en seront pas ébranlés, il n'aura ni plus ni moins d'amour que par le passé.

Voilà, Monsieur, quelques-uns de mes doutes et je n'ai pas besoin de vous dire combien je serais heureux si vous vouliez me faire quelques observations à ce sujet par l'entremise de mon cousin, car votre temps est trop précieux pour que je veuille le mettre à contribution.

La semaine dernière a paru „La vie de Jésus" par Ernest Rénan, on en a vendu 15 000 exemplaires en trois jours. Il me semble que comme étude littéraire, c'est un livre très remarquable, mais comme philosophie, l'ouvrage laisse beaucoup à désirer. L'auteur veut prouver qu'il n'y a aucune nécessité d'admettre l'origine divine de Jésus pour lui donner un rang au-dessus du commun des mortels. La foi et le doute s'équilibrent pour ainsi dire dans l'âme de l'auteur et le lecteur quitte son livre en se demandant: mais au fond que faut-il donc que je pense de Jésus? Je me permets de vous transcrire les lignes éloquentes que Mr. Rénan met à la suite de sa narration du supplice de Jésus:

„‚Tout est consommé!' Sa tête s'inclina sur sa poitrine et il expira. Repose maintenant dans ta gloire, noble initiateur. Ton oeuvre est achevée; ta divinité est fondée. Ne crains plus de voir crouler par une faute l'édifice de tes efforts. Désormais hors des atteintes de la fragilité, tu assisteras, du haut de la paix divine, aux conséquences infinies de tes actes. Au prix de quelques heures de souffrance, qui // n'ont pas même atteint ta grande âme, tu as acheté la plus compète immortalité. Pour des milliers d'années, le monde va relever de toi! Drapeau de nos contradictions, tu seras le signe autour duquel se livrera la plus ardente bataille. Mille fois plus vivant, mille fois plus aimé depuis ta mort que durant les jours de ton passage ici-bas, tu deviendras à tel point la pierre angulaire de l'humanité qu'arracher ton nom de ce monde serait l'ébranler jusqu'aux fondements. Entre toi et Dieu, on ne distinguera plus. Pleinement vainqueur de la mort, prends possession de ton royaume où te suivront, par la voie royale que tu as tracée, des siècles d'adorateurs."

Le côté le plus attrayant pour moi du livre de Mr. Rénan est le calme avec lequel il est écrit, par ce calme, il porte un coup beaucoup plus sûr à la superstition que par une attaque plus savante de l'édifice quelle a élevé à Jésus. S'il n'a pas osé attaquer aussi franchement la divinité de Jésus comme Strauß, il a eu le talent de saper si bien tout l'échafaudage sur lequel on a cru devoir baser cette divinité que les plus croyants lisent les ouvrages sans remarquer où il les conduit.

Adieu, Monsieur, si par hasard vous seriez curieux de lire l'ouvrage de Mr. Rénan, mon exemplaire est à votre disposition.
Votre très-humble serviteur
N[ikolai] de Khanikoff /

[3. Juli 1863
Montfort-L'Amaury (Seine et Oise)
Sehr geehrter Herr!
Schon seit langem habe ich vor, Ihnen für die wohlwollende Aufnahme der Zueignung meiner Denkschrift *„Sur la partie méridionale de l'Asie centrale"* zu danken und Ihnen gleichzeitig zu sagen, wie gerührt ich gewesen bin angesichts der freundschaftlichen Aufmerksamkeit, mir Ihr tiefgründiges Werk *„Die Theogonie"* zu schicken. Ich habe es mit dem größten Interesse gelesen und studiert, und es ist mir eine angenehme Pflicht, Ihnen zu sagen, daß ich ebenso die Breite Ihrer Kenntnis der alten Welt wie die Strenge der Analyse bewundere, die sie darauf verwenden, das Dunkel einer schwierigen und komplizierten Frage zu erhellen. Aber ich würde Ihre gute Gesinnung mir gegenüber schlecht anerkennen, wenn ich mich darauf beschränkte, Ihnen einfach die Gesamtheit des günstigen Eindrucks mitzuteilen, den das Studium Ihrer hochbedeutenden Arbeit bei mir hinterlassen hat, und Sie

werden mir erlauben, Ihnen einige Beobachtungen darzulegen, die mir eingefallen sind, während ich Ihnen Schritt für Schritt in der Lösung einer unermeßlichen Frage folgte, die das Menschgeschlecht immer interessiert hat und noch lange Zeit interessieren wird.

Ich hoffe, verehrter Herr, Sie geben mir beim Lesen dieses Briefes die Ehre zu glauben, daß ich, indem ich Ihnen meine Zweifel darlege, mich nicht durch die kindliche Absicht habe führen lassen, einem der besten Denker unserer Zeit etwas Neues über einen Gegenstand zu lehren, der seit langem das Objekt seines Nachdenkens ist, ich werde nur von dem aufrichtigen Wunsch angetrieben, mich Ihrer sachkundigen Hilfe zu bedienen, um einige Punkte in Ihren wichtigen Untersuchungen aufzuhellen, die mir noch dunkel erscheinen. Ich glaube, Sie haben, indem Sie, S. 38, sagen: „Der Wunsch ist die Urerscheinung der Götter" und weiter unten, S. 48: „Die Gottheit ist wesentlich ein Gegenstand des Verlangens, des Wunsches; sie ist ein Vorgestelltes, Gedachtes, Geglaubtes, nur weil sie ein Verlangtes, Ersehntes, Erwünschtes ist", den Finger auf die empfindliche Stelle der Frage gelegt, Sie haben damit eine große Wahrheit ausgesprochen. Gewisse Ideen brauchen nur formuliert zu werden, um Anerkennung zu finden, und es scheint mir, daß Ihre Bemerkung über den Ursprung der Idee der Gottheit zu diesen Ideen gehört. Ich zweifle nicht, daß der *Wunsch* wesentlichen Anteil hat an der *Religiosität* der menschlichen Gattung, aber ist er der alleinige und einzige Grund dieses Gefühls? Hier beginnt für mich der Zweifel. Sie sagen selbst: „Die Gottheit ist ursprünglich und *wesentlich* kein ‚Vernunftgegenstand', ⟨...⟩ kein Gegenstand ⟨...⟩ der Philosophie, denn die Götter waren, als es noch keine Philosophen gab", und dies erklärt sehr gut, wie wir Religions- und selbst Kultspuren bei den am wenigsten zivilisierten Nationen finden, und dennoch wage ich die Frage zu stellen: Ist das alles? Der Mensch ist nicht das einzige belebte Wesen, das Wünsche hat. In den ersten Phasen seiner Entwicklung unterscheiden sich seine Wünsche wenig von denen der anderen Lebewesen. Wie sie erstrebt er fast ausschließlich materielles Wohlbefinden; wie sie hat er Angst vor allem was es ihm entziehen könnte, es sei denn, er versteht es, diese Feinde seines Glückes zu bekämpfen, und wie allen Tieren, graut es ihm vor allem vor dem Tod. Hat man nun, angesichts dieser Tatsachen, die allen lebenden Wesen gemeinsam sind, nicht das Recht, die Frage zu stellen, warum hat man bei keinem Tier außerhalb der menschlichen Gattung etwas festgestellt, das Religiosität ähnelt? Daher hat ein hervorragender Ethnograph und Naturforscher, Herr Quatrefages, vorgeschlagen, das religiöse Gefühl als einzigartiges und unfehlbares Merkmal der Gattung *Mensch* anzuerkennen, das einzige Merkmal, das geeignet ist, ihn von den anderen Tiergattungen zu unterscheiden. Somit kann ich, verehrter Herr, bevor dieser Zweifel für mich nicht aufgehellt ist, mich nicht enthalten, das religiöse Gefühl nur als eine komplexe Funktion zu betrachten, die von einigen Variablen und einigen Konstanten abhängt, deren eine unstreitig diejenige ist, die zu entdecken Sie die Befähigung hatten, namentlich der Wunsch; es bleibt also übrig, die anderen zu suchen. Wird man jemals das Mittel finden, diese unbestimmte Funktion vollständig zu bestimmen? Ich zweifle daran, und zwar aus folgendem Grund. Es fehlt uns unglücklicherweise ein Spezialorgan, das uns befähigt, uns mit Sicherheit erkennen zu lassen, ob eine Sache, die uns bewußt ist, allein in uns ist oder ob sie zur selben Zeit außerhalb von uns existiert. Ich will jetzt gar nicht nicht von den vier grundlegenden Ideen sprechen, als da sind Raum, Zeit, Kraft und Stoff, die immer Rätsel für uns bleiben werden, ich werde nur ein weniger allgemeines Phänomen erwähnen, das Phänomen des Lichts. Wer kann mir sagen, daß die Helligkeit, die Farben, die Abstufungen nur ausschließlich im menschlichen Auge existieren, daß außerhalb dieses kleinen Organs alles Finsternis ist, wo der Äther oszilliert und wo dessen Oszillationen nur Licht in dem Moment werden, in dem sie meine Netzhaut reizen. Aber wenn ich schon nicht erhoffen kann, daß die Individualität des Lichts oder seine Nicht-Individualität jemals bewiesen wird, wie soll ich da annehmen, daß dies bei der Idee der Gottheit möglich sei, die doch unendlich komplizierter und umfassender ist als die anderen Ideen, denn da der Mensch nicht recht weiß, was er mit ihr anfangen soll, hat er aus ihr eine Art Schrank gemacht, in den er alles hineinstopft. So scheint mir, verehrter Herr, daß man diese Funktion vergeblich analysieren wird, die ich religiöse Funktion nenne, man wird sie vergeblich auf ihre einfachsten und greifbarsten Elemente zurückführen, man wird niemals dahin gelangen, weder die Unmöglichkeit der Existenz eines individuellen Gottes, noch die Unmöglichkeit seiner Nicht-Existenz nachzuweisen. Der Glaube, erster Ursprung jeder Religion, ist eher eine Angelegenheit des Gefühls als ein Ergebnis des Denkens. Daher hat der Verstand im eigentlichen Sinne wenig Einfluß auf die Überzeugungen eines Gläubigen, man debattiert nicht über die Gefühle. Beweisen Sie einem Verliebten, wie zwei mal zwei vier sind, daß der Gegenstand seiner Leidenschaft keinerlei Zuneigung verdient, daß er sich in seiner Liebe verliert und erniedrigt, er wird, wenn er nicht verrückt ist, zugeben, daß Sie logischerweise recht haben, aber sein Herz und sein ganzes Wesen werden davon nicht erschüttert sein, er wird nicht weniger oder mehr Liebe empfinden als in der Vergangenheit.

Hier also, verehrter Herr, einige meiner Zweifel, und ich brauche Ihnen nicht zu sagen, wie glücklich ich wäre, wenn Sie mir durch Vermittlung meines Vetters einige Bemerkungen zu diesem Gegenstand machten, denn Ihre Zeit ist zu kostbar, um sie in Anspruch zu nehmen.

In der letzten Woche ist das „Leben Jesu" von Ernest Rénan erschienen, in drei Tagen sind 15 000 Exemplare verkauft worden. Es scheint mir, daß dieses Buch als literarische Studie sehr bemerkenswert ist, aber als Philosophie läßt das Werk sehr zu wünschen übrig. Der Autor will nachweisen, daß es keine Notwendigkeit gibt, den göttlichen Ursprung von Jesus anzunehmen, um ihm einen Rang über dem gewöhnlichen der Sterblichen zu geben. Der Glaube und der Zweifel halten sich, sozusagen, in der Seele des Autors das Gleichgewicht, und der Leser legt sein Buch aus der Hand, indem er sich fragt: Aber im Grund, was soll ich also von Jesus halten? Ich erlaube mir, Ihnen die beredsamen Zeilen abzuschreiben, die Herr Rénan an das Ende seiner Erzählung vom Leiden Jesu setzt: „‚Es ist vollbracht!' Sein Haupt sank auf die Brust, und er hauchte sein Leben aus. Ruhe jetzt in deiner Glorie, edler Bahnbrecher! Dein Werk ist vollbracht, Deine Göttlichkeit begründet. Fürchte nicht mehr, daß das Gebäude Deiner Bestrebungen durch einen Fehler zusammenstürze. Von nun an außer dem Bereich der Hinfälligkeit, wirst Du von der Höhe des göttlichen Friedens herab Zeuge der unendlichen Folgen Deiner Handlungen sein. Zum Preis von wenigen Stunden des Leidens, die Deiner großen Seele nichts anhaben konnten, hast Du die vollständigste Unsterblichkeit erkauft. Auf Tausende von Jahren wird die Menschheit Dir huldigen. Du wirst das Banner unserer Widersprüche, das Zeichen sein im Gewühle des erbittertsten Kampfes. Tausendmal lebendiger, tausendmal geliebter nach Deinem Tode als während der Tage Deines Erdenwallens, wirst Du in dem Grade der Eckstein der Menschheit werden, daß, wer Deinen Namen der Menschheit entreißen wollte, sie bis in ihre Grundfesten erschüttern würde. Zwischen Dir und Gott wird man keinen Unterschied mehr machen. Völliger Überwinder des Todes, nimm Besitz von

Deinem Reiche, wohin auf der von Dir bereiteten königlichen Bahn anbetende Jahrhunderte Dir folgen werden."

Die für mich anziehendste Seite des Buches von Herrn Rénan ist die Ruhe, mit der es geschrieben ist, durch diese Ruhe gibt er dem Aberglauben einen viel sicheren Stoß als durch einen gelehrten Angriff auf das Gebäude, das dieser für Jesus errichtet hat. Wenn er nicht gewagt hat, die Göttlichkeit von Jesus so offen anzugreifen wie Strauß, so hat er die Fähigkeit besessen, das ganze Gerüst so gut zu unterhöhlen, auf das man diese Göttlichkeit glaubte gründen zu müssen, daß die Gläubigsten die Werke lesen, ohne zu bemerken, wo er sie hinführt.

Leben Sie wohl, verehrter Herr, wenn sie vielleicht begierig sind, das Werk von Herrn Rénan zu lesen, so steht mein Exemplar zu Ihrer Verfügung.

Ihr untertänigster Diener
N⟨ikolai⟩ von Khanikoff]

1011

An Jakob von Khanikoff

1. Oktober 1863

/ Rechenberg bei N[ürn]b[erg], 1. Okt[ober] 63
Mein lieber Herr von Khanikoff!

Sie erhalten hiemit von mir die von Ihnen bei mir deponierten Gelder in preuß[ischen] Talerscheinen. Auf meinen Rat, um sich für unvorhergesehne Ausgaben und Fälle zu sichern, legte Ihre Frau Gemahlin nur 10 Taler bei, den russischen 50 Rubel-Schein habe ich auf Kohns Rat nicht ausgewechselt, weil Sie hier daran verloren hätten. Er selbst hätte, sagte er, den Schein nach Berlin geschickt, wenn er ihn angenommen hätte. Auf meine Frage, wie hoch ich bei der Übersendung und Wertdeklaration den Rubelschein ansetzen sollte, antwortete er: 50 Taler, ob er gleich etwas mehr beträgt. Ich setze also auf den Brief: Wert 166, schreibe hundertsechsundsechzig Taler, in pr[eußischen] Kassa-Anweisungen. 106 Taler // nämlich macht das Gold. Eine Rechnung hierüber von Kohn liegt bei. In der mir von Ihnen am 9. Sept[em]ber in die Feder diktierten Summe der deponierten Gelder steht übrigens ein Irrtum. Sie haben angegeben: 150 Francs in franz[ösischem] Gold und 12 Imperialstücken. Es waren deren aber nur 11, dagegen 170 Franc[s] in fr[anzösischem] Gold.

Als ich vorgestern mittag vom Rechenberg herunterkam, kam mir meine Frau mit den Worten entgegen: „Soeben ist eine Hiobspost angekommen, Khanikoff kommt nicht, und in der nächsten Woche muß seine Frau fort." Wahrlich eine Trauerpost! Wie schön wäre es gewesen, wenn wir noch einige Tage hier in Gemeinschaft mit Ihnen und Ihrer lieben Frau hätten verleben können! Und wie traurig sind die Gründe, die Sie vom Hierherkommen abhalten! Mögen diese Gründe bald verschwinden und nie wiederkehren! Mit diesem Wunsch und einem Gruße an Ihren Freund grüßt

Ihr ergebenster
L. Feuerbach /

1012

Von Ferdinand Lassalle

21. Oktober 1863

/ Geehrter Herr!

Auf den direkten Wunsch einer gemeinschaftlichen Freundin, Mme. Emma Herwegh, übersende ich Ihnen beifolgend die vollständige Serie meiner politischen Flugschriften, die ich ohne diese ausdrückliche Aufforderung *Ihnen* zu übersenden fast prätentiös finden würde!

Die Schriften wollen genau in derselben Reihenfolge gelesen sein, in welcher ich sie Ihnen nachstehend aufführe. Sie sind ein genetischer Prozeß, dessen Notwendigkeit sich eben nur bei schrittweiser Verfolgung rechtfertigt.

1.) „Herr Julian Schmidt der Literarhistoriker etc.":
Scheinbar hat diese Schrift mit den folgenden noch keinen Zusammenhang. Aber eben nur *scheinbar*: In der Tat ist sie, wie Ihrem Auge nicht entgehen wird, die ganze eine *Hälfte* der Bewegung. Sie ist die Erhebung gegen den literarischen Mob, auf welche mit innerer Notwendigkeit die Erhebung gegen den politischen und // ökonomischen Mob folgen mußte. Der theologische, politische, ökonomische, literarische Mob – es ist immer ein und derselbe Mob, der seine einheitliche Natur nur nach verschiedenen Seiten hin zur Schau stellt.

2.) Vortrag „Über Verfassungswesen": – Obgleich derselbe schon durchaus auf meinem sozial-philosophischen Gesamtstandpunkt beruht, wurde er dennoch von der Bourgeoisie noch ausnehmend beklatscht, weil diese mit dem geistigen Scharfblick, der sie kennzeichnet, nur die darin *ausgesprochnen*, nicht die darin *enthaltenen* Konsequenzen erkannte.

Diese latenten Konsequenzen wurden aber – unter etwas breiterer Entwicklung der sozial-philosophischen Grundlage scharf gezogen in

3.) dem „Arbeiterprogramm", welches zu einem Kriminalprozeß Veranlassung gab, in welchem zunächst die Rede

4.) die „Wissenschaft und die Arbeiter" // erfolgte. In demselben wird, wie Sie sehen, noch vollständig die Allianz mit der Bourgeoisie und den Fortschrittlern festgehalten.

Das gleiche gilt von

4.) der Gedenkrede: „Die Philosophie Fichtes", die in diese Zeit fällt und die Konsequenzen in nationaler Hinsicht enthält.

Inzwischen entwickelten sich die Ereignisse. Der vollständige Verfassungsbruch, den ich schon in dem ersten Vortrag – fast ein Jahr vorher – als notwendig und unvermeidlich vorausgesagt hatte, trat ein. Das Ministerium Bismarck kam ans Ruder und hielt die Verfassungsverletzung offen aufrecht. Jetzt – während der Vertagung der Kammern – erschien

5.) mein „Was nun?" Immer noch die Allianz festhaltend, den Fortschrittlern das einzige angebend, was zu tun war, und sie zugleich mit dem offnen Bruch seitens aller demokratischen Elemente bedrohend, falls sie sich zu Komplizen der Regierung und es dieser möglich // machten, den äußerlichen Scheinkonstitutionalismus aufrechtzuhalten, statt durch ein männliches Handeln den *Boden* zu einer revolutionären Gärung zu legen.

Ebenso

6.) „Macht & Recht", schon stärker drängend, als die Fortschrittspartei ihre Entschlossenheit, im *Nichtstun* zu verharren – an der ich übrigens nie gezweifelt –, fortgesetzt an den Tag legt.

Nachdem endlich dieser Entschluß der Fortschrittler zur historischen Tatsache geworden, ließ ich, eine seitens des Leipziger Central-Comités an mich ergangene Anfrage (infolge meines „Arbeiterprogramms") benutzend,

7.) mein „Antwortschreiben" erscheinen, in welchem nur der offne Bruch als vollendete Tatsache eintrat.

Die ebenso klägliche als törichte Stellung, welche die Fortschrittspartei und Presse zu demselben einnahm, ist nur jemandem ganz klar, der die verschiedenen Blätter dieser Presse täglich zu verfolgen das Unglück hatte.
Nun folgen im raschen Lauf
8.) mein „Arbeiterlesebuch" und /
/ 9.) meine Verteidigungsrede vor dem Kammergericht „Die indir[ekten] Steuern und die Lage des Arbeiterstandes", darauf
10.) meine Rheinische Rede „Die Feste, die Presse etc." und
11.) die „Ansprache an die Berl[iner] Arbeiter", die vor 3 Tagen die Presse verlassen hat.

Es ist viel verlangt, sich durch diese ganze Literatur durchzulesen. Ich verlange es auch nicht. Nur das eine verlange ich, geehrter Herr, daß Sie keine dieser Broschüren außerhalb der hier angegebenen Reihenfolge lesen und erst urteilen, wenn Sie *alles* gelesen haben. Die große Sorgfalt, mit welcher ich, ich möchte fast sagen seit meiner Kindheit, *Ihre* Schriften verfolgt, und die liebevolle Wärme, die ich seit dieser Zeit immer für Sie fortbewahrt habe, gibt mir vielleicht ein Recht zu dieser Bitte!

Schon im voraus werden Sie, wenn Ihnen meine philosophischen Werke nicht vielleicht entgangen sind („Philosophie Herakleitos des Dunklen", 2 Bde.; „System der erworbenen Rechte", 2 Bde.), nicht zweifeln, daß meine Erhebung // auf streng philosophischer Grundlage bei mir erwachsen ist. Die Fortschrittler sind politische *Rationalisten* der seichtesten Sorte, und es ist *derselbe* Kampf, den Sie in theologischer und den ich jetzt in politischer und ökonomischer Richtung führe. Eben deswegen würde es mir ausnehmend leid tun, von jemand, den ich so verehre wie Sie, diese tiefe innere *Identität* verkannt zu sehen, die übrigens – verzeihen Sie mir diese Versicherung – selbst trotz einer Verkennung eine historische und philosophische *Tatsache* bleiben würde!

In politischen Kampfschriften kann das philosophische Element nur eben den Hintergrund bilden und darf nicht als solches hervortreten.

Aber in streng philosophischer Weise ist der Grundgedanke dieses ganzen Kampfes entwickelt in meinem schon 1861 erschienenen „System der erworbenen Rechte", welches ich mir, da es Ihnen vielleicht entgangen, beifolgend mit warmer // Verehrung und als ein schwaches Zeichen des Danks für alte Erkenntnisschulden, die ich Ihnen abzustatten habe, überreiche.

Der § 7 des 1. B[an]d[e]s enthält – in einer freilich erst nach Durchlesung des ganzen Werkes wirklich verständlichen Weise – die *Grund*lagen meiner politischen und ökonomischen Insurrektion. Orientieren wird Sie übrigens schon das Vorwort.

Und nun erlauben Sie mir, Ihnen herzlichst die Hand zu schütteln und Ihnen zu sagen, wie angenehm es mir ist, bei diesem Anlaß eine persönliche Bekanntschaft mit Ihnen vermittelt zu haben.

Es wird mir natürlich gleich angenehm sein, wenn Sie mir antworten. Aber gestatten Sie mir die Bitte, daß dies nicht früher geschehe, als bis Sie das übersandte Material – freilich mit Ausnahme des „Systems der e[rworbenen] R[echte]", denn das ist eine sauere und nicht schnell zu bewältigende Lektüre – durchgelesen haben.

Mit Hochachtung und Verehrung
F[erdinand] Lassalle
Potsdamer Str. 13

Berlin, 21. Okt[ober 1863]

N. B. Falls Sie meinen „Heraklit" // nicht kennen, bitte ich Sie, mich davon baldigst kurz zu benachrichtigen. Ich erlaube mir dann, Ihnen denselben zu überschicken, da Sie dort mythologische und religionsgeschichtliche Forschungen finden (sowohl über orientalische Religionen als bes[onders] auch über die innere Genesis der christl[ichen] Religion in gelegentlicher Ausführung), die mit dem spezifischen Gegenstande Ihrer Studien und Arbeiten im engsten Zusammenhang stehen.

D[er] O[bige]

Ich überlege mir, daß es kürzer ist, den „Herakl[eitos]" gleich beizufügen. /

1013

An August Nathanaël Böhner

Herbst 1863

[...] Das in dieser Schrift über Feuerbach Angeführte ist teils *nicht* von ihm, teils so verstümmelt und entstellt wiedergegeben, daß der

5 *Sinn* der zitierten Worte fehlt – dasselbe daher einer Berichtigung weder fähig noch würdig ist. [...]

1014

An Christian Steinicken

13. November 1863

/ Rechenberg, 13. Nov[ember] 63
Eiligst.
5 Lieber Herr Steinicken!
Schon auf Ihren ersten Brief aus München wollte ich Ihnen schreiben, aber ich vergaß meinen Vorsatz über meinen anderweitigen Beschäftigungen und Schreibereien. Ich wollte Ihnen aber nichts andres sagen, als was ich Ihnen jetzt erst sage, nämlich, daß
10 Sie sich doch wegen der noch rückständigen Schuld an mich auch nicht *ein* graues Härchen sollen wachsen lassen, daß ich die Rückzahlung derselben ganz Ihrem guten Willen und Kassabestand anheimstelle, daß ich Sie nicht eher erwartet, als bis Sie in gesegneten, d. h. mit Geld gesegneten Umständen sich befinden, daß
15 daher das pekuniäre Defizit kein moralisches Defizit in mir hervorgebracht, ich vielmehr auch jetzt noch mit derselben Achtung und Zuneigung, wie früher [zeichne],

Ihr
ergebenster
L. Feuerbach /

1015

An Ferdinand Lassalle

28. Oktober/3. Dezember 1863

Rechenberg bei Nürnberg,
28. Oktober 1863
5 Verehrter Herr!
Ihre wertvolle Sendung kommt mir gerade in dem Momente zu, wo ich nach mehrmonatlicher unfreiwilliger Unterbrechung ein

höchst schwieriges philosophisches Thema wieder aufzunehmen und endlich per tot discrimina rerum et idearum [nach so vielem Hin und Her] zu vollenden im Begriffe stehe. Es ist mir daher jetzt unmöglich, Ihre Schriften zu lesen – zu lesen wenigstens mit gutem Gewissen, d. h. mit ungeteiltem Sinne, mit jenem Sinne, womit allein das liebe Ich dem Alter Ego Liebe oder wenigstens Gerechtigkeit erweisen kann. Aber ebenso unmöglich ist es mir, einem Schriftsteller für die Übersendung einer Schrift Dank zu sagen, ehe ich mich mit dem Geist derselben vertraut gemacht habe. Ihre Bitte, nicht früher Ihnen zu antworten, als bis ich „das übersandte Material durchgelesen hätte", ist daher ganz in meinem Sinne begründet und gerechtfertigt. Nur muß ich Sie meinerseits bitten, aus dem oben angeführten Grund, mir Zeit zu gönnen. Je näher der Gegenstand Ihrer Flugschriften namentlich meinem Denken und Fühlen liegt, um so weniger darf ich mich von meinem gegenwärtigen und seitherigen abstrakten Thema entfernen, um nicht Sinn und Stimmung für dasselbe zu verlieren. Wann aber die Zeit für Sie bei mir gekommen sein wird, dann können Sie darauf rechnen, daß ich Ihre Schriften mit Gründlichkeit und Vorurteilslosigkeit und genau in der angegebenen Reihenfolge durchlesen werde. Indem ich Sie schließlich bitte, diese Vertagung nicht zu mißdeuten, sie vielmehr nur aus der eigentümlichen Organisation meines Geistes und der ökonomischen Ordnung meiner Arbeiten und Studien sich zu erklären, bin ich mit Hochachtung

Ihr ergebener
L. Feuerbach

[3. Dezember 1863]

Als ich vorstehende Zeilen niederschrieb, war ich willens oder der Meinung, erst nach Vollendung meiner Arbeit an Ihre Schriften zu gehen. Es ist aber anders gegangen, als ich dachte, daher auch die in diesem Gedanken niedergeschriebenen Zeilen bis jetzt liegengeblieben sind. Ich habe meine Arbeit noch nicht vollendet und mich doch nicht enthalten können, Ihre mit Nummer 1 bis 11 bezeichneten Schriften, und zwar genau in der angegebenen chronologischen Ordnung durchzulesen. Erst vorgestern habe ich die „Ansprache" ad acta gelegt. Das Resultat meiner Lektüre ist subjektiv: innigstes Dankgefühl für die Fülle des Erheiternden und Belehrenden namentlich in nationalökonomischer Beziehung, objektiv: vollkommenes Einverständnis mit den Prinzipien, die sowohl Ihrer Kritik der Misère unseres gegenwärtigen Staatswesens als der Konstruktion des zukünftigen Staates aus dem Arbeitsstande zugrunde liegen. Nur kann ich Ihnen nicht beistimmen in der Anwendung dieser Prinzipien in Beziehung auf die Fortschrittspartei. Wer gegen diese ist, wirbt, wenn auch wider Willen und Wissen, nur für die Reaktion. Sie haben auch in der Kritik dieser Partei vollkommen recht, aber nur im Prinzip, in der Theorie, die abstrahiert von den örtlichen und zeitlichen Bedingungen und Beengungen, an die das Handeln, die Praxis namentlich im Status civilis [bürgerlichen], nicht naturalis [Naturzustand] gebunden ist. Ich selbst bin „Konstitutioneller", aber nur bedingter, nur temporärer, nur deswegen, weil nur unter dieser Bedingung und Beschränkung – natura non discitur nisi parendo [man lernt aus der Natur nur, wenn man ihr gehorcht] – die Möglichkeit zu Handlungen gegeben ist, die zwar noch unendlich fern sind von dem Ziele der Demokratie, aber gleichwohl die Verwirklichung desselben zur unausbleiblichen Folge haben. Die Idee des Arbeiterstandes wird realisiert werden, aber zunächst auf Umwegen. Erst wenn oder[?] wann [?] beseitigt ist, was die Fortschrittspartei bekämpft, wird weiteren Schritten der Menschheit Platz und Luft gemacht. Doch was ich sage und noch sagen will, wissen Sie selbst, haben Sie selbst gesagt. Aber eben deswegen kann ich es nur bedauern, daß Sie sich mit dieser Partei in solchen Zwiespalt gesetzt haben – mit dieser Partei, die alle geistlichen und weltlichen Mächte der Vergangenheit wider sich hat und die conditio sine qua non [unerläßliche Bedingung] der Realisation Ihrer eigenen Ideen ist. Ihre großen gelehrten Werke verspare ich auf spätere freie Zeit.

Mit freudigster Anerkennung, ja Bewunderung Ihrer großen Geistesgaben und Kenntnisse schließe und zeichne ich

L. F.

P. S. Sollte Frau Herwegh noch in Berlin sein, so bitte ich Sie, ihr zu sagen, daß ein noch uneröffnetes Fäßchen marinierter Heringe sehnsuchtsvoll ihrer harrt.

1016

An Friedrich Kapp

11. Dezember 1863

/ Rechenberg bei N[ürn]berg, 11. Dez[ember] 63
Lieber Kapp!
Die Abreise Deines Landsmanns Herrn Aufermann nach Amerika benutze ich als eine willkommne Gelegenheit, Dich freundschaftlichst zu grüßen und Dir zugleich als Nachtrag zu meinem letzten, hoffentlich längst in Deinen Händen befindlichen Briefe das bis jetzt einzige zuverlässige Resultat meiner in betreff Deines historischen Gewissensskrupels in Ansbach angestellten Nachforschungen: „Die Geschichte des vorletzten Markgrafen v[on] A[nsbach]" von Lang zu überschicken.
Mit dem Wunsche, daß Du und die Deinigen sich so wohl befinden mögen als ich und die Meinigen, wenigstens physisch, sich befinden,
                    Dein
                      geisteigner, wenn auch
                      nicht leibeigner Freund
                      L. Feuerbach /

1017

Von Konrad Deubler

11. Dezember 1863

                Dorf Goisern, den 11. Dezember 1863
Mein lieber und verehrtester Freund!
Seien Sie nicht böse auf mich, edler Menschenfreund, daß ich Sie schon wieder mit einem Briefe belästige. Es ist schon über ein Jahr, daß Sie mir in Ihrem lieben Briefe versprochen haben, daß Sie mich auf meinen Bergen besuchen wollen; ich freue mich samt den Meinen unendlich auf Ihre so sehnlich gehoffte Ankunft – Sie kamen nicht!
Auch haben Sie noch eine Schuld an das deutsche Volk abzutragen, nämlich einen volkstümlichen populären Auszug Ihrer sämtli-

chen Schriften. Sie wissen selbst am besten, wie zeitgemäß jetzt ein solches Unternehmen wäre. Sie sehen als Beweis für meine Behauptung das ungeheuere Ansehen und die große Verbreitung des „Leben Jesu" von Rénan, das wirklich ein *schlechter Schmarren* ist! Allein es ist billig und populär geschrieben und für die Massen berechnet. Nur Sie wären allein imstande, dieses elende französische Machwerk in den Grund zu bohren!

Sie kennen die „Geschichte der englischen Zivilisation" von Th[omas] Buckle? Nur Sie allein wären imstande, sie zu vollenden, wenigstens den Teil über Deutschland.

Auf einen für mich sehr wichtigen Menschen wage ich es, Sie aufmerksam zu machen, sein im Selbstverlage erschienenes Büchlein „Geist, Seele, Stoff" müssen Sie sich anschaffen, wenn Sie es noch nicht kennen; es ist nämlich Dr. Brugger in Heidelberg, ein 68jähriger Mann, der sich bei der dortigen Freien Gemeinde durch Unterricht ernähren muß und wohl einer menschenfreundlichen Unterstützung durch Abnahme seines Buches bedarf. Auf Ihr Urteil über dieses Buch wäre ich sehr neugierig!

O wie viel hätte ich mit Ihnen zu reden – wie würde es uns alle freuen, wenn Sie uns künftigen Sommer besuchten. Allein wenige Menschen sind so glücklich, Herr ihrer Zeit zu sein; sollte aber jemand von Ihren zahlreichen Bekannten und Freunden das Salzkammergut bereisen, so bitte ich, selbe an mich zu adressieren.

Grüßen Sie mir Ihre liebe Frau und Tochter und erfreuen Sie mich mit einer baldigen Antwort. Seien Sie mir nicht böse wegen meiner Zudringlichkeit. Wenn der gläubige Katholik an seine Heiligen seine Wünsche und Bitten richten darf, warum nicht auch ich zu den meinen?

Machen Sie mich aufmerksam auf die wichtigsten Schriften der Gegenwart, denn ich muß vieles wieder nachholen, was ich während meiner vierjährigen Kerkerhaft versäumt habe.

Leben Sie wohl und behalten Sie mich lieb, und schreiben Sie mir einen recht langen Brief.
   Ihr treuer Freund
   Konrad Deubler,
   im Dorfe Goisern nächst Ischl in Oberösterreich

1018
An Konrad Deubler
19. Dezember 1863

Rechenberg bei Nürnberg, den 19. Dezember 1863
Mein lieber Freund Deubler!
Leider war es mir nicht möglich, dieses Jahr eine Reise zu machen, nicht möglich also, Sie zu besuchen. Erst kommt bei mir die Arbeit und dann das Vergnügen. Der größte Mangel meiner hiesigen Wohnung und Existenz war bisher der Mangel einer stillen und im Winter heizbaren Studierstube. Um diesem schmerzlichst empfundenen Mangel abzuhelfen, hatte ich mich endlich diesen Herbst entschlossen, in diesem Hause, wo ich nur zur Miete wohne, auf meine eigenen Kosten mir eine solche herstellen zu lassen. Diesem Zwecke mußte ich das Vergnügen, Sie und Ihre Berge zu sehen, aufopfern. Die Arbeiter sind hier enorm teuer, und ich brauchte nicht weniger als den Tüncher, den Maurer, den Zimmermann, den Schmied, den Schreiner, den Glaser, den Hafner, den Tapezierer. Was bleibt da zum Reisen übrig? Was ich jedoch an Geld verloren, das hoffe ich an Arbeitslust und Arbeitskraft gewonnen zu haben. Ich bedarf, wenn auch nicht zum Studieren oder Lesen, was ich überall kann, wohl aber zum Produzieren, zum Schreiben, vor allem *Raum* – meinem Kopfe, meinem Sinne oder Eigensinn, wie er vielleicht andern erscheint, entsprechenden Raum. Von dem: Wo ich bin, hängt bei mir ab das: *Was* ich denke und *wie* ich denke, d. h. für andere, also schreibe, denn Schreiben ist ja nichts anderes als ein lautes, andern vernehmliches Denken. Volle 24 Jahre habe ich auf dem Lande gewohnt und hier für mich den Standpunkt gefunden, den Archimedes für sich verlangte, um die Erde in Bewegung zu versetzen. Diesen glücklichen Standpunkt habe ich nicht durch meine Schuld verloren. Meine gegenwärtige, hochgelegene, abgeschlossene, dem Menschengetümmel und Hundegebell entrückte, der Sonne von ihrem ersten bis zum letzten Strahle zugängliche Arbeitsstube ersetzt mir jedoch einigermaßen wieder diesen Verlust, eröffnet mir mit dem freieren und weiteren Horizonte auch die Aussicht auf fruchtbarere Jahre, als die bisher verlebten waren, und die Aussicht namentlich, daß ich eine Arbeit, die ich seit meinem nunmehr schon dreijährigen Hiersein im Kopfe und auf dem Gewissen, zum Teile auch schon wirklich auf dem

Papiere habe, endlich glücklich vollenden werde. Und so sehr lag diese Arbeit mir am Herzen, daß ich selbst mir keine Reise vor ihrer Vollendung gönnte. So kann, was für jetzt unsere persönliche Bekanntschaft verhinderte, vielleicht später gerade sie bewirken oder ermöglichen. Ich sage vielleicht, denn wie viele unvorhergesehene Fälle stellen sich oft nicht einer Reise in den Weg! Wer weiß, ob es nicht das nächste Frühjahr schon zu einem Kriege oder einer Revolution kommt? Jedenfalls leben wir in einer Zeit, die uns gar keine Garantie für die nächste Zukunft gibt, die uns gebieterisch zuruft: Beschränkt Euch auf das Notwendigste, spart, arbeitet! Zu den Gegenständen meiner Arbeit gehört auch der, von dem, nach dem mitgeteilten Titel zu urteilen, die Schrift Ihres Freundes Dr. Brugger handelt. Ich werde sie mir anschaffen und Ihnen mein Urteil über sie mitteilen, aber erst, wenn ich mit meiner Arbeit über denselben Gegenstand fertig bin, weil ich nicht gerne den Lauf meiner eigenen Gedanken durch die Gedanken anderer unterbreche. Dr. Brugger ist mir übrigens bereits nicht nur seinem Namen nach vorteilhaft bekannt, sondern auch aus seinem „Fremdwörterbuch für das deutsche Volk", welches ich besitze. Einen populären Auszug aus meinen Schriften habe ich, obgleich schon alt, doch für ein späteres Alter als eine Invalidenarbeit aufgespart. Ich will nicht selbstgefällig rückwärts in meine Vergangenheit blicken, ich will, solange ich noch rüstig bin, vorwärts schauen und schaffen. Auch will ich dem guten Rénan keine Konkurrenz machen, der weit hinter meiner Vergangenheit noch zurück ist. Aber um gerecht gegen ihn zu sein, müssen wir bedenken, daß er Franzose ist und unsere Zeit einen so erbärmlich schwachen, durch das Gift jahrelanger Reaktion so verdorbenen Magen hat, daß sie stärkere, männliche Kost nicht verträgt. Meine Zeit kommt noch. Also nur Geduld. Sowie ich einmal wieder etwas von mir drucken lasse, so werde ich es Ihnen zuschicken. Freilich ist mein Publikationstrieb ein sehr geringer. Von wichtigen Schriften der Gegenwart weiß ich, diesen Augenblick wenigstens, keine Ihnen zu nennen. Von Wichtigkeit ist jetzt nur Politik, alles andere daneben Kleinigkeit. Meine Frau und Tochter grüßen Sie, wie ich die Ihrigen. Schreiben Sie bald wieder. Von Herzen, wenn auch nicht von Augen, Ihr

L. Feuerbach

1864

1019

Von Otto Wigand

1. Januar 1864

Leipzig, am 1. Januar 1864
P[raemissis] P[raemittendis]. Ich habe die Ehre, Ihnen hiermit
anzuzeigen, daß ich meine unter der Firma
    Otto Wigand
bestehende Verlagsbuchhandlung meinem ältesten Sohne Hugo
mit allen Aktiven und Passiven käuflich überlassen habe und erlischt demnach meine Unterschrift.

Es tritt in geschäftlicher Beziehung keine Veränderung ein, da
mein Sohn nicht nur die alte Firma fortführen, sondern auch den
Weg gehen wird, der seit einer langen Reihe von Jahren mein
Streben und mein Ziel war.

Indem ich Ihnen für das mir geschenkte Vertrauen und Wohlwollen meinen Dank sage, bitte ich Sie, dasselbe auch meinem Sohne
zu Teil werden zu lassen.

Hochachtungsvoll
Ihr ergebener
Otto Wigand.

1020

Von Hugo Wigand

1. Januar 1864

Leipzig, am 1. Januar 1864
P[raemissis] P[raemittendis]
Wie Sie aus vorstehender Mitteilung meines Vaters ersehen
haben, geht die seit zehn Jahren gemeinschaftlich geführte Verlagsbuchhandlung in meinen alleinigen Besitz über. Ich werde dieselbe
unter der bisherigen Firma
    Otto Wigand
in derselben Weise und soviel in meinen Kräften steht in dem alten
bewährten Geist fortführen. Meine Ihnen bekannte Unterschrift
bleibt ebenfalls dieselbe.

Indem ich Sie bitte, das meinem Vater in so reichem Maße geschenkte Wohlwollen und Vertrauen, von dem auch mir in meiner zehnjährigen Teilhaberschaft bereits zahlreiche ehrende Zeichen von Kollegen und Geschäftsfreunden zu Teil wurden, ganz auf mich zu übertragen, empfehle ich mich Ihnen bestens und zeichne
Hochachtungsvoll
Hugo Wigand
in Firma
Otto Wigand.

1021

Von Otto Lüning

3. Januar 1864

/ Mein lieber Freund!

Bamberger bittet mich, Dir den einliegenden Wechsel mit seinen besten Grüßen zu übersenden. Ich adressiere den Brief an Deine liebe Frau, weil ich, entre nous soit dit [unter uns gesagt], das Portefeuille der Finanzen lieber in ihren als in Deinen Händen sehe und, ohne Dir zu schmeicheln, glaube, daß sie es mindestens ebensogut verwalten wird; aber ich will Dir doch wenigstens ein Paket Grüße beilegen und Dir ein kräftiges Prosit Neujahr zurufen. Verlange nicht, daß ich Dir etwas von unseren Zuständen sage! Sie sind empörend, wenn wir auch noch nicht die Verbindung mit dem Frankfurter Central-Ausschuß verbieten. Auch privatim habe ich manches erlitten; meine kleine Ida hat am Scharlach gelegen, eine ganze Portion Häuser sind in Rheda abgebrannt, und mich zwickt noch immer der Pietismus in der Schulter. Aber ich halte doch den Kopf oben; ich hoffe doch noch, daß ihnen die Bewegung über den Kopf wächst. Geht's mit dem lieben Gott nicht, so muß es mit dem Teufel gehen und schlimmstenfalls mit der Trias. Eppur si muove [Und sie bewegt sich doch]!

Grüß' mir die Deinigen herzlich; ich wollte Deiner Frau noch ein paar Worte schreiben, aber der Brief muß fort.

Dein O[tto] L[üning]

Berlin, 3. Jan[uar] 1864 /

1022

Von Wilhelm Bolin

Ende Januar 1864

/ Helsingfors, Ende Januar 64
Als ich Ihnen, teurer Freund, zu Anfang vergangenen Sommers schrieb, teilte ich Ihnen mit, ein größeres Buch über „Die Familie", das seit Jahren vorbereitet, endlich in Ausführung bringen zu wollen. Seit ich den letzten Federstrich daran getan, eile ich nun, Ihrer zu gedenken, zumal ich, von Arbeit überhäuft, meinen üblichen Herbstgruß verabsäumt. Bei dieser mit Liebe, und, wie ich hoffe, nicht ohne Erfolg, gepflogenen Arbeit habe ich nur zwei Dinge zu beklagen. Vor allem muß ich, da ich mich der schwedischen Sprache zu bedienen hatte, auf das Vergnügen verzichten, Ihnen die Frucht eines langjährigen, von Ihrem Wirken bedeutend beeinflußten, Mühens darzubringen. Ferner ist das Buch mit äußerster Anstrengung geschrieben und sind mir für die 20 Oktavbogen in der Zeit von kaum 8 Monaten nur zwei Redaktionen vergönnt gewesen. Dies alles ist mir durch die Verhältnisse abgenötigt; ich muß mich damit trösten, mein Bestes getan zu haben.
Meine Aufgabe war, wie ich Ihnen bereits angedeutet, die gegen die Familie gerichteten Zweifel zu untersuchen. Dieselben sind zweifacher Natur und reichen weit zurück. Entweder sind sie utopistisch und zumeist von Platon beeinflußt – alsdann sind sie gegen den Unterschied von arm und reich gerichtet und beschuldigen die Familie der Unfähigkeit, ihre Kinder selbst zu erziehen; in dieser Form wiederholen sich die Zweifel bei jeder sozialen Krisis in den letzten drei Jahrhunderten. Die ganze Richtung hat in ihrem Streben nach steter Glückseligkeit eine stark orgiastische Färbung, wobei Familie konsequent aufgehoben wird in der Ausschweifung. Eine // zweite Animosität gegen die Familie gilt das Wesen der Ehe und hat an dem großen Milton („On divorce") ihren Bahnbrecher. Diese in ihrer Überzeugung ebenso streng sittliche, als in ihrem Resultat durchaus unsittliche Richtung findet ganz richtig, daß die Ehe in einer innigen Verbindung der Herzen ihre Weihe habe und verlangt, daß keine Verbindung ohne diese wichtige Voraussetzung geschlossen werden dürfe; aber sie fordert auch, daß jede Ehe ohne weiteres aufgelöst werden könne durch bloßes gegenseitiges Einverständnis, ganz wie selbige geschlossen

wird. Es wird bestritten, daß die Ehe jemanden außer dem Paare
anginge, und folglich vergessen, daß die Unbegrenztheit des
Schließens und Auflösens solcher bloß wie eine „Aufforderung
zum Tanz" betriebener Verbindung notwendig zur Ausschweifung
führe. Man meint freilich, Pflichten zwängen zu unmoralischer
Heuchelei, wenn sie nicht durch aufrichtige Hingebung unterstützt
sind; daher müßte eine Ehe, wo die Hingebung geschwunden,
aufgelöst werden, da sonst die Gatten einander zur Plage lebten.
Bei der gesetzlichen Bestimmung der Ehe handelt es sich aber
nicht darum, die Lösung einer törichten Verbindung unter Umständen zu gestatten –, sondern: ob eine Ehe in der Voraussetzung,
nach Belieben lösbar zu sein, geschlossen werden dürfe. Ist es
bloße Willkür, daß das Gesetz bisher von den Eheleuten einen Eid
auf Lebenszeit nimmt –, oder ist das Gesetz nicht vielmehr der
Integrator und Bevollmächtigte der Herzen selber, indem jede
wahre Hingebung notwendig dauernd sein will? Nicht im Über-
maße der Gefühle, nur wenn dieselben gewichen, ist die Verbindung als solche lästig. Aber ist denn je auf Nachhaltigkeit der
Gefühle zu rechnen, wenn man nichts zu deren Erhaltung tut?

Dies die allgemeinen Gesichtspunkte meines Buches, das in
6 Studien zerfällt. Meine Untersuchung ruht auf dem merkwürdigen C[harles] Fourier, dem ich die ganze 2te Studie // gewidmet:
In seinen Angriffen gegen die Familie konzentriert sich alles, was
je gegen dieselbe vorgebracht worden, seinen Vorgängern gehört
die erste Studie. Fourier will den Rousseauschen Naturenthusias-
mus mit der Kultur verbinden und behauptet: die Menschen hätten
ihre irdische Glückseligkeit verfehlt, weil sie eine falsche *von den
Philosophen erfundene Moral* zur Richtschnur gehabt. Was man
Sittenlosigkeit nennt und was – er schreibt 1809 – so keck und
eifrig betrieben wird, ist die wahre Bestimmung des Menschen.
Kaum hat er jedoch die Familie der Unnatur beschuldigt und ver-
dammt, da führt er sie durch eine Hintertür wieder ein: statt durch
das sittliche Streben, will er die Welt durch Reichtum lenken. Er
gibt die Ausschweifung unbedingt frei, stellt Unzucht unter das
eigene Belieben, will aber Keuschheit mit Prämien und Treue mit
Renten belohnen. – Ein tiefer Ernst liegt diesem seltsamen Denker
zugrunde. Voll Hohn über alle menschliche Scheußlichkeiten, tritt
er an das Zeitalter mit der Frage heran: ob die sittlichen Greuel,
wie sie die Reaktion und Restauration kennzeichnen, in ihrer
Schamlosigkeit bestehen sollen oder nicht? Sein Haß gegen die
Philosophen veranlaßte mich in der dritten Studie, einen Blick

auf die Lehre von der Familie in ihrer historischen Entwicklung zu werfen. Das Resultat ergibt, daß Fouriers Zeitgenosse Fichte selbst so unklar ist über die bindende Kraft der Ehe, daß er nicht nur Miltons Sätze gewissermaßen reproduziert, sondern auch in seiner „Staatslehre oder das Verhältnis des Urstaates zum Vernunftreiche" in den platonischen Utopismus verfällt, indem er die Erziehung der Familie entreißt. Erst Hegel bietet 1820 eine vollständige Auffassung der Ehe und Familie, doch hat er hinsichtlich des ersteren zwei nicht unbedeutende Vorgänger an Rousseau („Emile") und Th[eodor] v[on] Hippel. Eine richtige Fassung der Ehe ist ganz unmöglich, // solange sie auf Unterordnung der Frau gestützt wird, wie es noch Fichte tut. Obwohl Kant dies vermeidet, ist bei ihm die Ehe sehr mißlungen definiert, was umso mehr staunen macht, da sein Freund Hippel schon 1774 Treffliches über die Ehe sagt. Die Langsamkeit, womit die hochweise Zunft selbst zu einem richtigen Begriff von der Familie kommt, ist mir eine Rechtfertigung der gegen dieselbe gerichteten Zweifel, und auch der Grund, weshalb ich diese berücksichtigte. Die 4te Studie behandelt die Aufgabe der Familie – eine kritische und historische Widerlegung von Erziehungs-Utopien; die fünfte: die Emanzipation der Frauen. Diesem Abschnitt habe ich große Sorgfalt gewidmet. An Hippels verschollenem Buch „Über die bürgerl[iche] Verbesserung der Weiber", das durch Debatten im Nationalkonvent (1790–92) hervorgerufen, beweise ich gegen den Fourierismus, daß die Familie den menschlichen Rechten der Frau nicht hinderlich, und gegen die Philister, denen das Weib nur zum Kindergebären da ist, daß sie, außer Gattin und Mutter, auch Mensch ist; hienach hat sie Rechte, die ihr im Laufe der Kultur in einer immer größeren Gleichberechtigung neben dem Manne faktisch zugewiesen werden. Die 6te Studie ist dem Proletariat gewidmet, um dessentwillen die modernen Utopisten die Aufhebung der Familie verlangen. Hier beweise ich, daß alle für diesen Stand bewerkstelligten Verbesserungen notwendig dessen Hebung durch die Familie abzielen und daß dies notwendig so geschehen müsse, und zwar vermittels der eigenen Anstrengung und Einsicht des Arbeiters, wie es der herrliche Lamennais, mitten in den bedenklichsten Krisen des Industrialismus (Mitte der 30er Jahre) so klar als furchtlos ausgesprochen – letztres so sehr, daß er fast allgemein, ganz ohne jeden Grund, für einen Kommunisten gehalten wird, weil ihm das Arbeiterelend zu Herzen ging.

Bald hoffe ich von Ihnen zu hören. Empfehlen Sie mich den
lieben Ihrigen.
In steter treuer Anhänglichkeit Ihr W[ilhel]m Bolin /

1023

An Wilhelm Bolin

4. Februar 1864

/ Rechenberg bei N[ürn]b[er]g, 4. Febr[uar] 64
Mein lieber Herr Bolin!
Es ist sehr schwer, zu einem aphoristischen Akt zu kommen. Ein solcher ist aber für mich ein Brief. Es ist um so schwerer, wenn man sich bewußt ist, daß der Briefempfänger sich mehr für den Schriftsteller als Briefsteller interessiert, daß man also, wenn man auch nicht an ihn schreibt, doch für ihn schreibt, wenn man nur überhaupt schreibt. Und das habe ich denn auch unterdessen getan, wenngleich mit großen Unterbrechungen, denn es ist mir nun einmal schlechterdings Bedürfnis, auch an Dingen teilzunehmen und über Dinge mich zu belehren, über die ich nichts, wenigstens in ausdrücklicher Förmlichkeit und Handgreiflichkeit, geschrieben habe, noch vielleicht auch je schreiben werde; es ist mir ferner nicht möglich zu schreiben, außer bei vollkommen wolkenlosem Geistes-Himmel, außer in olympischer Götter-Stimmung, // aber solche Stimmung ist nur im Himmel der Phantasie eine ununterbrochne, alltägliche, nicht in der irdischen, unendlich bedingten Menschenwelt. Und zwar habe ich, um nach dieser Abschweifung wieder zu dem ursprünglichen Gedankengang zurückzukommen, endlich das Kapitel oder das Thema zu Papier gebracht, wozu Sie hauptsächlich mich veranlaßt haben noch in Bruckberg seligen Andenkens, nämlich: Ist der Raum, ist die Welt selbst nur etwas Ideelles, Subjektives, wie Kant, Fichte, Schopenh[auer] behaupten? Meine Beantwortung dieser Frage steht übrigens dem Umfang nach in großem Mißverhältnis zu dem Aufwand von Zeit und Studium, das sie mir gekostet hat; sie ist sehr kurz ausgefallen, beträgt im Druck wohl nicht mehr als einen Bogen. Warum? weil bei dem Standpunkt, von dem ich ausgehe, dem der Unzertrennlichkeit des Ich und Alter Ego, das nur durch die Sinne gegeben ist, also die Wahr-//heit, die absolute, wenigstens für den Men-

schen absolute Wesenheit der Sinnlichkeit, selbst der Sexualität voraussetzt, mir diese Frage als eine Frage des Unsinns, ja Wahnsinns erschien und erscheint. Ich sprach eben vom Druck: Ich weiß aber noch nicht, wann, wo und wie ich wieder einmal etwas von mir drucken lassen werde und soll? Soll ich das Geschriebene zu einem neuen, dem zehnten Band anschwellen lassen oder in eine Zeitschrift einrücken? Aber in welche? Oder lieber selbständig in einzelnen nacheinander erscheinenden, dem allgemeinen Publikum schon der Form und des Preises wegen zugänglicheren Heften herausgeben? Oder alles für ein opus postumum [nachgelassenes Werk] aufsparen? Dies docebit [Der Tag wird es lehren].

Zu Rousseau bin ich noch immer nicht gekommen. Stets ist er teils durch die moderne Physiologie – die Frage des Idealismus, namentlich in der Schopenhauerschen Fassung und Empfindung, läuft ja zuletzt nur auf eine physiologische hinaus, teils durch die alte Theologie, zu deren noch immer nicht unterlaßnem Studium die hiesige // Stadtbibliothek mir sehr wertvolle Beiträge geliefert hat, teils durch die Politik der Gegenwart, die ich trotz ihrer Erbärmlichkeit, ja Grauenhaftigkeit, mit der größten Aufmerksamkeit, wenngleich nicht mit der Feder verfolge, teils durch zufällig aus nächster Nähe sich mir aufdrängende Lektüre zurückgedrängt worden, hoffentlich nicht ad Calendas Graecas [bis zum Sankt-Nimmerleins-Tag]. Auch den „Pitaval" habe ich erst vor kurzem mir verschafft und darin „Die finnische Walpurgisnacht" mit Wohlgefallen gelesen. Übrigens hat dieser Pitaval – ich habe 3 Bände gelesen – auf mich den trübseligsten Eindruck gemacht, ebenso von seiten seiner Verbrecher, als von seiten seiner Juristen und Geistlichen. Ich wundre mich daher nicht, daß Sie in dieser Gesellschaft sich den „frommen Schafpelz" anhängen müssen, aber bedauere doch diese Verhüllung. Um so freudiger sehe ich den Abhandlungen entgegen, worin Sie allein für sich selbst, ohne geistlichen Bei- und Umstand auftreten können. Hüten Sie sich nur in Ihrer Deduktion Kants aus Leibniz, die auch ich einst im Kopf hatte, vor dem modernen Fehler, über der Identität des Nachfolgers mit seinem Vorgänger nicht die entscheidende, kritische Differenz zu übersehen. Ob Kant die „Nouv[eaux] Essais" gekannt? Sie erschienen, wie Sie wissen, 1764, K[ant]s „De mundi sensibilis atque intell[igibilis] form[a] et princ[ipiis]", die Grundlage seiner Kritik, 1770, also 6 Jahre später, wo K[ant] wenigstens Zeit genug gehabt hätte, sie zu lesen. Mit herzlichen Wünschen
L. F.

Lassen Sie bald wieder von sich hören, aber nicht von Ihrem
75 Denken, sondern auch Leben und Befinden, das hoffentlich ein
gutes ist. /

1024

Von Wilhelm Bolin

27. März 1864

/ Helsingfors, d[en] 27. März 64
Ihr jüngster Brief, mein teurer Freund, schloß mit der liebevollen
5 Mahnung, daß ich bald von mir hören lassen sollte. Dieser Wunsch
fand rasche Erfüllung, da wir beinah gleichzeitig einander gedacht
und unsere beiderseitigen Schreiben sich auf dem Wege kreuzten.
Seitdem habe ich mehr denn je, nicht nur in meinen Studien, sondern
auch persönlich, Ihnen im Geiste nah gestanden. Kaum hatte
10 ich mein voriges Schreiben an Sie befördert, als ich von meinen
Arbeiten hier abberufen wurde durch die Nachricht von dem plötzlichen
Tode meines Vaters, der uns durch einen Nervenschlag von
ungewöhnlicher Heftigkeit in Verlauf von kaum zwei Minuten
entrissen wurde. Daß dieses erschütternde Erlebnis auch meine
15 Überzeugung nicht unberührt ließ, wird Sie nicht befremden. Niemals
habe ich die Innigkeit und das Erhabene jener Wahrheit,
deren Einsicht ich Ihrem Wirken verdanke, so tief, so überwältigend
empfunden, als unter besagten Umständen. Ich kann Ihnen
nicht sagen, wie schal, wie erbärmlich das Pfaffengeschwätz mir
20 neben dem Schmerz über den Verlust, neben dem Bewußtsein, daß
ein unabänderliches Etwas mich betroffen, erschien. Wie gedankenlos
muß man doch sein, um den heiligen Ernst der Vernichtung
nicht zu erfassen! Wie kalt, wie ärmlich ist das Wahngebild der
Todesverleugnung, an die keiner glaubt, solange der Schmerz ihn
25 wahr und mächtig beherrscht! – Gekräftigt durch meine Überzeugung,
ward mein Trost durch den Gedanken an Sie nicht wenig
erhöht. Beseligend war es daher, bei meiner Rückkehr aus Petersburg
Ihren Brief hier vorzufinden. Was konnte mich inniger mit
dem Leben versöhnen, als so unmittelbar an das erinnert zu werden,
30 das mir mein Dasein so wert macht –, denn was wäre ich ohne
Ihren Einfluß? – Sie können sich denken, wie lieb es mir war
zu // ersehen, daß mein bescheidenes Denken auf Ihre Tätigkeit

irgend eingewirkt hatte. Möge man nun bald das während so vielen
Jahren Angesammelte zu Gesichte bekommen. Meinem unmaß-
geblichen Dafürhalten nach läßt das Vorhandensein Ihrer gesammelten Werke, auf die jede neue Leistung unwillkürlich zurück-
weist, die Herausgabe eines neuen Bandes am zweckmäßigsten
erscheinen, zumal das zu Veröffentlichende jedenfalls diese Gestalt
einmal annehmen wird. Das hiezu erforderliche „Anschwellen
lassen" dürfte doch die Veröffentlichung des bereits Fertigen nicht
gar zu sehr verzögern, da Sie, wenn anders meine Berechnung
richtig, doch schon ein ganz artiges Material beisammen haben
müßten. Mit dem anonymen, in verschiedenen Zeitschriften und
Tagblättern Erschienenen, worauf Ihre Leser gewiß Ansprüche
haben, dürften die während unserem Verkehr verfaßten Abhandlungen – über Totenbeschwörung, über Materialismus, über Freiheit und Willen, über Opfer, über den Wunsch, über Raum und
Zeit und ebenso die neuen Ergänzungen zur Unsterblichkeitsfrage – wohl schon zu einem Bande ausreichen. Ihrer Untersuchungen über die Unsterblichkeitsfrage und über Raum und Zeit
eingedenk, drängte sich mir der Wunsch auf, Sie mit einem Forscher bekannt zu machen, den man als einen *unwillkürlichen* Bundesgenossen oder wenigstens Bahnbrecher zu Ihrem Standpunkte –
im gewissen Sinne eine Ergänzung zu Schopenhauer – betrachten
könnte. Es ist der lange ignorierte und schließlich auf eine ganz
rätselhafte Art verschollene Ed[uard] Beneke, über dessen jetzt
mehr gewürdigte, stell[en]weise überschätzte Leistung ich Ihnen
schon einige Andeutungen gegeben. In der Vermutung, daß er
Ihnen bisher nicht in den Weg gekommen, erbitte ich mir hiemit
die Erlaubnis, Ihnen sein gelungenstes Werk, „System der Metaphysik", für dessen Anschaffung und Beförderung an Sie ich Sorge
getragen, zusenden zu dürfen. Mit den außerdeutschen Denkern
vielfach vertraut, hat dieser redliche Mann einen Weg aus dem
Labyrinthe gesucht, welches die Systemsucht deutscher Katheder-
fürsten // um Kants Streben gebaut. Unter dem Einflusse der Zeit-
stimmung hat Beneke das von der „Krit[ik] d[er] r[eine]n Ver-
n[un]ft" Zertrümmerte wieder aufrichten wollen, aber ohne das
durch Kant Begründete aufzugeben, wodurch er sich in recht cha-
rakteristische Widersprüche verwickelt. Seine Zwitterhaftigkeit
ist aber nicht abstoßend, weil er – namentlich in seinen beachtens-
werten Kritiken – manches Treffliche liefert, immer aber klar und
ehrlich sich ausspricht und in seinem Bemühen, der Theologie
nebst gemütlichem Zubehör wieder auf die Beine zu helfen, mit

der Naivetät und Bonhomie [Gutmütigkeit] eines Leibniz zu Werke geht. Geleitet ward ich auf diesen Mann durch meine erneuten Studien im Kant, welche mich auch wieder auf Sch[o]p[en]h[aue]r brachten, dessen Kritik Kants und „4fache Wurzel des Satzes vom Grunde" ich mit großem Interesse gelesen. Zur Orientierung auf meinem eignen Standpunkt bediente ich mich immer der „Grundsätze der Philosophie der Zukunft", denen ich hiemit einen neuen Wert abgewann. Mit den Zurüstungen zu meiner Abhandlung über Kant und Leibniz, die mir durch Ihre Mitteilungen und Winke besonders lieb geworden, bin ich nur langsam forgeschritten –, eine natürliche Folge sowohl der Erschlaffung nach meinen gegen Mitte des nächsten Monats erscheinenden „Studien über die Familie" als auch der Aufregung und Abspannung, die sich meiner nach den traurigen Erlebnissen bemächtigt, womit das ohnehin allgemein unheilvolle Jahr auch für mich begann. Ich hoffe jedoch vor Ende des Sommers die erste Bearbeitung fertig zu haben und möchte mir dann eine kleine Erholungsreise gönnen, welche ich auf Deutschland auszudehnen gedenke, welchenfalls ich direkte zu Ihnen steuern würde. Zu diesem Behuf wäre es mir lieb, bis spätestens Mitte Juni zu erfahren, was Sie für die schöne Jahreszeit vorhaben, damit ich bei meiner, wahrscheinlich in der zweiten Hälfte Juli stattfinden[den] Ankunft in Deutschland Sie zuverlässig und zu einer Ihnen gelegenen Zeit treffen könnte. Ich habe im Sinn, die fragliche Abhandlung zunächst deutsch niederzuschreiben, um // Ihr Urteil darüber einholen zu können. Nur wenn ich selbst mit meiner Arbeit einigermaßen zufrieden, werde ich selbige Ihnen vorlegen, falls Sie es mir gestatten. Querstriche hätte ich nur zu befürchten, falls die Kräfte mir versagen und [ich] mir die Arbeit nicht aus den Händen kommen lasse oder wenn die politischen Wirrnisse mir die Reisen unmöglich machen. Die bevorstehende Aufgabe ist nicht leicht, aber sie interessiert mich; deswegen und um meine philosophische Leistungsfähigkeit zu prüfen, traf ich diese Wahl, wobei mir jedenfalls der Vorteil erwächst, mit den Herren der Wissenschaft vertrauter zu werden.

Hinsichtlich meiner Beteiligung am „Pitaval" bin ich Ihnen die Erklärung schuldig, daß nicht das Unternehmen als solches, sondern die Freundschaft und Geistfreiheit von dessen ehemaligem Begründer und Herausgeber Dr. W[ilhelm] Haering (Wil[l]ibald Alexis) mich zur Beteiligung veranlaßt. Ungeachtet der frömmlerischen Zustutzung, die ich mir von seiten der Redaktion gefallen lassen muß, bin ich bei dem Unternehmen beharrt, weil Dr. H[ae-

ring] um fernere Teilnahme gebeten, als auch weil es mich inter- 115
essiert, an der deutschen Literatur zu arbeiten, wozu der „Pitaval"
mir bisher die einzige befriedigende Gelegenheit bot; sodann aber
war diese Tätigkeit für mein hiesiges Ansehen von Belang. Übrigens müßten Sie wissen, daß der „Pitaval" erst in Händen der
gegenwärtigen Redaktion mit dem Schafspelz geschmückt worden; 120
zum Entsetzen des jetzigen Herausgebers und der übrigen Freunde
des ehemaligen Begründers will dieser von unsäglichen Leiden
heimgesuchte Dr. H[aering] von dem abgestandnen Kinderbrei
gläubigen Trostes nichts hören. Die frommen Brüder halten diese
„Verstocktheit" für eine Äußerung falschen Stolzes, daß nämlich 125
Dr. H[aering] sein Verlangen nach dem himmlischen Balsam
dämpft, nur um nicht der Umkehr geziehen zu werden.
    Ihrer baldigen Nachrichten gewärtig, in steter Treue
                              Ihr W[ilhel]m Bolin /

1025

Von Edouard Vaillant

6. Mai 1864

/ Vendredi, 6 mai 1864 – Stuttgart
Monsieur,
    Venu en Allemagne avec un de mes amis, notre plus grand désir 5
à tous deux était de vous voir, malheureusement au bout de peu
de temps mon ami dut revenir à Paris, mais en me quittant son
dernier mot fut: n'oubliez pas d'aller voir M. Feuerbach. Il n'avait
pas besoin de le recommander, car certes mon désir n'était pas
moins vif que le sien. Je me croyais sûr de votre adresse; dans 10
divers ouvrages qui probablement s'étaient copiés à ce sujet,
j'avais lu que vous demeuriez à Bruckberg. Aussi il y a 15 jours
le lendemain de mon arrivée à Munich, je pars pour Bruckberg,
une fois arrivé je questionne tout le monde, mais personne dans
ce petit village de paysans ne vous connaît. Einfin à la gare on me 15
conseille d'attendre la fin des offices (c'était un dimanche) et
d'aller trouver le personnage important du village: le curé. Pen-
sant // que peut-être vous habitez les environs et qu'il pourra me
donner des renseignements à ce sujet, je m'y décide, non sans
quelque hésitation, de le questionner rélativement à vous, connais- 20

sant par expérience l'esprit des curés de campagne. Mais j'avais trop compté sur sa sottise et pas assez sur son ignorance, il ne connaissait pas même votre nom. Aussi je revins le soir à Munich; ne sachant comment trouver votre adresse, je m'adressai à un libraire qui me promit de s'informer et en effet quelques jours après me dit que vous demeuriez à Ansbach. D'un autre côté on me conseilla de m'adresser à M. Otto Wigan[d] dont la réponse me trouva à Stuttgart et m'indiquait Nuremberg comme votre résidence. Devant ces renseignements contradictoires, mais dont le dernier est plus probable, j'ai pensé devoir vous écrire. Car avant de partir et d'aller vous déranger peut-être, je voudrais être assuré que ma visite ne vous sera pas désagréable. Je sais que partout les hommes remarquables sont en but à une curiosité indiscrète et banale que les fatigue et les irrite. C'est vrai, j'ai la prétention de n'être pas dans la catégorie de ces importuns, seulement il me serait pénible de quitter l'Allemagne sans y saluer celui dont les idées ont eu tant d'influence sur les miennes et l'assurer de mon admiration et de ma reconnaissance.

Je ne désirerais pas moins vous parler d'un // travail de traduction que mon ami a entrepris et dont il regrettera bien de ne pas vous entretenir lui-même. Si donc vous avez cette obligeance, si ma visite ne vous parait pas importune, je vous serai très obligé de vouloir bien m'écrire un petit mot à l'adresse suivante:

Ed[ouard] Vaillant, ingénieur (poste restante), Stuttgart.

Vous me disiez votre adresse, l'heure à laquelle je vous dérangerais le moins. Pardon, Monsieur, et pour cette lettre trop longue et pour l'embarras que je vous donne. Veuillez recevoir l'assurance de l'affection reconnaissante

de votre élève dévoué
Ed[ouard] Vaillant /

[Freitag, 6. Mai 1864 – Stuttgart

Sehr geehrter Herr!

Mit einem meiner Freunde nach Deutschland gekommen, war es unser beider größter Wunsch, Sie zu sehen. Unglücklicherweise mußte mein Freund binnen kurzem nach Paris zurückkehren, aber als er mich verließ, waren seine letzten Worte: „Vergessen Sie nicht, Herrn Feuerbach zu besuchen." Es war nicht nötig, es mir anzuempfehlen, denn gewiß war mein Wunsch nicht weniger lebhaft als der seinige. Ich glaubte mich Ihrer Adresse sicher. In verschiedenen Werken, die wahrscheinlich zu diesem Zweck abgedruckt wurden, hatte ich gelesen, daß Sie in Bruckberg wohnten. Daher fuhr ich vor 15 Tagen, am Tage nach meiner Ankunft in München, nach Bruckberg. Dort angekommen, fragte ich jedermann, aber niemand in diesem kleinen Bauerndorf kannte Sie. Schließlich riet man mir am Bahnhof, das Ende des Gottesdienstes abzuwarten (es war ein Sonntag) und die wichtigste Persönlichkeit des Dorfes aufzusuchen: den Pfarrer. Da ich dachte, daß Sie vielleicht in der Umgebung wohnen und daß er mir darüber Auskunft geben könnte, entschloß ich mich dazu, ihn nach Ihnen zu fragen, jedoch nicht ohne ein gewisses Zögern, denn ich kannte aus Erfahrung den Verstand der Dorfpfarrer. Aber ich hatte zu sehr mit seiner Dummheit und nicht genug mit seiner Unkenntnis gerechnet, er kannte nicht einmal Ihren Namen. So kehrte ich am Abend nach München zurück, ohne zu wissen, wie ich Ihre Adresse finden könnte, ich wandte mich an einen Buchhändler, der mir versprach, sich zu erkundigen, und wirklich, einige Tage später sagte er mir, daß Sie in Ansbach wohnen. Von anderer Seite riet man mir, mich an Herrn Otto Wigand zu wenden, dessen Antwort mich in Stuttgart erreichte und der mir Nürnberg als Ihren Wohnsitz angab. Angesichts dieser sich widersprechenden Auskünfte, deren letztere jedoch am wahrscheinlichsten ist, habe ich gedacht, ich sollte Ihnen schreiben. Denn ehe ich losfahre und Sie vielleicht störe, wollte ich sicher sein, daß mein Besuch Ihnen nicht unangenehm ist. Ich weiß, daß überall bemerkenswerte Menschen das Ziel indiskreter und banaler Neugierde sind, die sie belästigt und verstimmt. Ich nehme zwar für mich in Anspruch, nicht zu dieser Kategorie zudringlicher Menschen zu gehören, allein es wäre mir schmerzlich, Deutschland zu verlassen, ohne denjenigen zu begrüßen, dessen Ideen einen solchen Einfluß auf die meinigen gehabt haben, und ihn meiner Bewunderung und meiner Anerkennung zu versichern.

Ich wünschte nicht weniger, Ihnen von einer Übersetzungsarbeit zu erzählen, die mein Freund unternommen hat, der wohl bedauern wird, sich nicht selbst mit Ihnen darüber unterhalten zu können. Wenn Sie also diese Gefälligkeit haben, wenn mein Besuch Ihnen nicht aufdringlich erscheint, wäre ich Ihnen sehr verpflichtet, wenn Sie mir ein kurzes Wort an die folgende Adresse schreiben wollten:
Ed⟨ouard⟩ Vaillant, Ingenieur (postlagernd), Stuttgart.
Teilen Sie mir bitte mit Ihrer Adresse die Stunde mit, zu der ich Sie am wenigsten stören würde. Verzeihen Sie, verehrter Herr, sowohl diesen langen Brief als auch die Ungelegenheit, die ich

Ihnen bereite. Wollen Sie bitte die Versicherung der dankbaren Zuneigung entgegennehmen.
Ihres sehr ergebenen Schülers
Ed⟨ouard⟩ Vaillant]

1026

An Wilhelm Bolin

21. Mai 1864

/ Mein lieber Herr Bolin!
Es war zwar ein Gedanke von mir und zwar ein mir ebenso von
5 geistigem als leiblichem Bedürfnis aufgedrungner, diesen Sommer irgendwo auf dem Lande zu verleben, da ich aber in den mir zunächst gelegnen und bekannten Gegenden, der sogenannten Fränkischen und Nürnberger Schweiz, keinen Ort kenne, wo ich zugleich Ruhe und passende Nahrung fände und ich mich nicht in die unbe-
10 kannte Ferne begeben wollte auf den Zufall hin, dort zu finden, was ich hier und in der Nähe vermisse, so habe ich diesen Gedanken mit dem Projekt einer Herbstreise vertauscht. Ich und mein Haus sind daher zu // der Zeit, wo Sie nach Deutschland zu reisen gedenken, zu Ihrem Empfange bereit. Dieses Ihnen anzuzeigen, und zwar
15 jetzt schon, ist der einzige Zweck dieser Zeilen; denn was ich außerdem auf Ihren Brief zu antworten habe, verspare ich auf die mündliche, natürliche, wie Schriftgelehrte sagen würden, naturwüchsige Redekunst. Nur melde ich Ihnen einstweilen dankbar den Empfang Benekes und drücke mein Bedauern darüber aus, daß Sie
20 eine so niederschmetternde Bestätigung meiner „Todesgedanken" erfahren haben. Mit aufrichtiger Freude dem Wechsel des Schrift- und Briefstellers mit dem Menschen entgegensehend
Ihr
L. Feuerbach
Rechenberg, 21. Mai 64 /

1027

Von Edouard Vaillant

16. Juni 1864

/ Paris – Jeudi, 16 juin 1864

Monsieur,
Une lettre de mon ami a dû vous apprendre mieux que je n'ai pu le faire moi-même comment et sur quel plan il a entrepris la traduction de vos oeuvres. Arrivé à Paris à la fin de la semaine dernière, je n'ai pas voulu vous écrire, sans avoir été à la librairie de M. Lacroix que s'est chargé d'imprimer cette traduction afin d'en avoir des nouvelles. On s'en occupe sérieusement maintenant, m'a-t-on dit et peut-être d'ici deux mois le 1er volume pourrait paraître.

Vous recevez, je pense, en même temps que cette lettre ou à un jour de distance les 2 ouvrages de Malebranche et Fénelon que vous désiriez. Le volume de Fénelon ne porte pas exactement le titre que vous m'aviez indiqué, si ce n'était pas cela, vous n'auriez qu'à m'en prévenir et je vous enverrais aussitôt le vrai volume, mais je crois bien que je ne me suis pas trompé. J'ai ajouté une petite exposition du positivisme par Littré resté à la tête des positivistes qui ont su se garder des divagations religieuses dans lesquelles était tombée cette école à la suite de Comte, son fondateur. /

/ Comme vous m'aviez dit que vous ne connaissiez pas Paul Louis Courier, je vous envoie aussi le petit volume qui contient ses oeuvres, je ne doute pas qu'elles ne vous plaisent, et en passant la traduction du roman „Daphnis et Chloe" je crois que Mademoiselle Feuerbach y trouvera une lecture qui lui conviendra et l'intéressera.

Quand j'avais le plaisir d'être près de vous, Madmoiselle Feuerbach m'avait dit aussi que vu l'éloignement de Nuremberg elle se trouvait privée le leçons de chant. Je lui dis alors qu'il y avait en France une méthode de musique vocale donnant des résultats qu'aucune autre n'avait donné jusqu'à ce jour et permettant d'apprendre seul à chanter. J'ai été voir l'auteur, il m'a dit qu'une nouvelle édition était sous presse et paraitrait dans un mois environ, et qu'alors il vous l'enverrait. J'espère que la poste vous portera sans encombre ces quelques volumes s'ils ne vous arrivaient pas comme je vous l'annonce ayez l'obligeance de m'en prévenir pour réclamer dans ce cas à l'administration.

Je vous prierai aussi, Monsieur, de ne pas oublier que je suis tout
40 entier à votre disposition et soit que vous désiriez quelque livre, soit que vous ayez quelque commission à me donner, ce sera un bonheur pour moi de m'en charger.

Veuillez présenter mes compliments à Madame et Mademoiselle Feuerbach et veuillez recevoir avec l'assurance de ma respectueuse
45 affection les voeux sincères.

de votre élève tout dévoué
Ed[ouard] Vaillant /

/ Veuillez aussi, je vous prie, quand vous verrez votre neveu lui présenter mes amitiés, je me rapelle avec plaisir la cordialité de
50 son caractère et espère que lui aussi ne m'oubliera pas s'il a besoin de quelque renseignement, soit sur la science ou la médecine française.

J'espère que votre intention de venir à Paris se fortiefiera de jour en jour, en attendant ce moment que je hâte de mes voeux; je me
55 rappelle les heureux instants que j'ai passé au milieu de vous et vous prie de nouveau d'en recevoir tous mes remerciements.

Je vous renouvelle mon adresse dans le cas où, ce que j'espère, vous auriez quelque commission à me donner.

Ed[ouard] Vaillant, ingénieur, chez M. E. Gariel, Boulevard
60 Malesherbes 19 (Paris). /

[Paris – Donnerstag, 16. Juni 1864
Sehr geehrter Herr!

Ein Brief meines Freundes hat Sie wohl besser unterrichtet über den Plan, nach dem er die Übersetzung Ihrer Werke unternommen
65 hat, als ich es selbst gekonnt hätte. Ende voriger Woche in Paris angekommen, wollte ich Ihnen nicht schreiben, ohne zuvor in der Buchhandlung von Herrn Lacroix, die den Druck dieser Übersetzung übernommen hat, darüber Neues zu erfahren. Man beschäftigt sich jetzt ernsthaft damit, hat man mir gesagt, und vielleicht kann
70 in zwei Monaten der erste Band erscheinen.

Sie empfangen, denke ich, gleichzeitig mit diesem Brief oder mit einem Tag Abstand die 2 Werke von Malebranche und von Fénelon, die Sie wünschten. Der Band von Fénelon trägt nicht genau den Titel, den Sie mir angegeben haben, und wenn er es nicht ist,
75 brauchen Sie mich nur zu benachrichtigen, und ich schicke Ihnen

alsbald den richtigen Band, aber ich glaube wohl, daß ich mich nicht geirrt habe. Ich habe eine kleine Darlegung des Positivismus von Littré beigefügt, der an der Spitze der Positivisten geblieben ist, die es verstanden haben, sich vor religiösen Hirngespinsten zu hüten, in die diese Schule nach ihrem Begründer Comte verfallen war.

Da Sie mir gesagt hatten, daß Sie Paul Louis Courier nicht kennen, schicke ich Ihnen auch den kleinen Band, der seine Werke enthält, ich zweifle nicht, daß sie Ihnen gefallen werden, und zur Übersetzung des Romans „Daphnis und Chloe" glaube ich, daß Ihr Fräulein Tochter hier eine Lektüre finden wird, die ihr zusagt und sie interessiert.

Als ich das Vergnügen hatte, bei Ihnen zu weilen, hat mir Ihr Fräulein Tochter auch gesagt, daß sie in Anbetracht der Entfernung von Nürnberg sich der Gesangsstunden beraubt sieht. Ich erwiderte ihr daraufhin, daß es in Frankreich eine Gesangsschule gibt, die Resultate wie keine andere bisher erzielt hat und die es erlaubt, das Singen allein zu erlernen. Ich habe den Verfasser aufgesucht, er hat mir gesagt, daß eine neue Auflage in Druck wäre, die in etwa einem Monat erscheinen würde, und daß er sie Ihnen schicken werde. Ich hoffe, daß die Post Ihnen diese wenigen Bände ohne Zwischenfall überbringen wird; wenn sie nicht eintreffen, wie ich es Ihnen ankündige, haben Sie bitte die Gefälligkeit, mich zu benachrichtigen, damit ich in diesem Fall bei der Verwaltung anmahnen kann.

Ich bitte Sie auch, verehrter Herr, nicht zu vergessen, daß ich ganz zu Ihrer Verfügung stehe, sei es, daß Sie irgendein Buch wünschen, sei es, daß Sie irgendeinen Auftrag für mich haben – es wäre eine Freude für mich, ihn zu übernehmen.

Wollen Sie bitte Ihrer Frau Gemahlin und Ihrem Fräulein Tochter meine Empfehlungen übermitteln und wollen Sie mit der Versicherung meiner respektvollen Zuneigung die aufrichtigen Wünsche entgegennehmen.

Ihr ergebenster Schüler
Ed⟨ouard⟩ Vaillant

Wollen Sie auch bitte, wenn Sie Ihren Neffen sehen, ihm meine Grüße übermitteln, ich erinnere mich mit Freude der Herzlichkeit seines Charakters, und ich hoffe, daß er auch mich nicht vergessen wird, wenn er irgendeine Auskunft, sei es über die Wissenschaft oder die französische Medizin benötigt.

Ich hoffe, daß Ihre Absicht, nach Paris zu kommen, von Tag zu Tag fester wird, und erwarte diesen Moment, den ich mit meinen Wünschen beschleunigen möchte. Ich erinnere mich der glücklichen Augenblicke, die ich bei Ihnen verbracht habe, und bitte Sie
120 nochmals, dafür meinen Dank entgegenzunehmen.
Ich wiederhole meine Anschrift für den Fall, daß Sie, was ich hoffe, mir irgendeinen Auftrag zu geben haben.
Ed⟨ouard⟩ Vaillant, Ingenieur, bei Herrn E. Gariel, Boulevard Malesherbes 19 (Paris).]

1028

Von Wilhelm Bolin

3. Juli 1864

/ Helsingfors, d[en] 3. Juli 64
In dankbarer Entgegnung Ihrer liebevollen Zuschrift vom
5 21. Mai, eile ich, Ihnen, mein teurer Freund, hiemit anzuzeigen, daß ich in der zweiten Hälfte dieses Monats in Deutschland einzutreffen gedenke. Etwa drei Wochen, nachdem diese Zeilen zu Ihnen gelangt,– ich nehme an, es geschieht den 8. oder 10. Juli –, dürfte ich selbst mich am Rechenberge einfinden. Nach einer klei-
10 nen Rast in Hamburg, wo ich am 27.–28. anlange und Geschäfte halber mich einige Tage aufhalten muß, eile ich unverzüglich zu Ihnen. Hoffentlich habe ich die Zeit so glücklich abgepaßt, um Ihnen keineswegs ungelegen zu kommen, obschon ich wohl ruhig sein dürfte, daß Ihre beabsichtigte Herbstreise schwerlich in die
15 erste Hälfte Augusts fallen kann. Allerdings komme ich später, als wie ich im März vermutet, es tun zu können, doch wissen Sie genugsam, wie schwierig es mit Zeitbestimmungen aus solcher Ferne und so lange vorher ist.
Mit meiner Arbeit, über welche ich Ihren wohlwollenden Rat
20 einholen möchte, bin ich nun so weit vorgeschritten, um bis zu meinem Aufbruch so gut fertig zu sein, als es // bei häufiger Ungunst der Stimmung, vielfachen Verdrießlichkeiten aller Art und einer überaus knapp zugemessenen Zeit sich tun ließ. Um Sie in der uns beiden gelegensten Zeit zu treffen, mußte ich – wenn ich
25 anders nicht mit leeren Händen kommen sollte – mich begnügen, Ihnen kaum mehr denn einen Entwurf vorzulegen, der nun gelten

mag, soviel ihm Apollo an Gunst verliehen. Ich weiß es nur zu gut, wieviel förderlicher für die Sache und auch bequemer für Sie es gewesen wäre, wenn ich eine fertige Arbeit gebracht haben würde. Eben deshalb habe ich noch bis gestern Bedenken getragen, mich zu dieser Reise zu entschließen. Wenn ich nun dennoch von Ihrer freundlichen Aufforderung Gebrauch mache, so geschieht es, neben vielen Gründen, die ich Ihnen mündlich mitteilen werde, deshalb, weil ich, von Überanstrengung erschöpft, einer Erholung bedarf, die durch ein Zusammentreffen mit Ihnen mir überaus wohltuend und nebenbei auch für meine Arbeit von einigem Nutzen sein könnte. Ihre langjährige Freundschaft und Ihr stetes Interesse für mich gestatten mir, diesmal meinem Wohl ein Vorrecht vor sonst unerläßlichen Rücksichten einzuräumen; denn gälte mein Besuch nur dem Forscher, so können Sie versichert sein, daß ich die Abhandlung – „Leibniz als Vorbote Kants" –, wie selbige jetzt beschaffen, Ihnen unter keiner Be-//dingung gezeigt haben würde. Dem Freund, dem Menschen, der ja ein Recht hat, in des Herzens tiefste Tiefe zu blicken, darf man anders nahen.
Mit dieser Voraussetzung ruft Ihnen ein frohes Wiedersehen zu
Ihr aufrichtig ergebener
Wilhelm Bolin

Sobald ich deutschen Boden betrete, werde ich nicht ermangeln, Sie sofort von meinem Eintreffen in Kenntnis zu setzen. /

1029

An Jakob von Khanikoff

4./5. August 1864

/ Rechenberg, 4. Aug[ust] 64
Mein lieber Herr v[on] Khanikoff!
Erst heute ist es mir möglich, auf Ihr und Ihrer lieben Frau so herzliches Glückwunschschreiben ein sichtbares Zeichen dankbarer und freundschaftlicher Gesinnung von mir zu geben. Gleich am andern Tage nach meinem Geburtstag ging ich, wie Sie bereits wissen, nach Rupprechtstegen, um das ununterdrückbare Bedürfnis nach stärkender Wald- und Bergluft zu befriedigen. Dort habe ich zwar warm an Sie beide gedacht – wir haben ja daselbst so schöne Tage

zusammen verlebt –, aber keine Zeit und Lust gehabt, diese Gedanken zu Papier zu bringen. Unmittelbar nach meiner Rückkunft hatte ich aber wieder weder Ruhe noch Zeit, an abwesende Freunde mit der Feder in der Hand zu denken, da anwesende Freunde, Dr. Bolin aus Finnland und Landschaftsmaler B[ernhard] Fries aus München, ein alter treuer Freund, den ich seit zwölf Jahren nicht mehr gesehen, mich ganz in Anspruch nahmen. Aber auch abgesehen von diesen äußerlichen Abhaltungen – der Wucht und Pracht dieser kostbaren Berliner Geburtstagsgeschenke gegenüber fand ich das Wort, namentlich das schriftliche, viel zu // dürftig und unzulänglich zum Ausdruck meiner Gefühle. In diesem Gefühl von der Unzulänglichkeit des schriftlichen Worts habe ich daher zu meiner Tochter gesagt und durch sie Ihnen sagen lassen: Ich bringe dich und mich unsern Berliner Freunden zum lebendigen Gegengeschenk dar. Noch bin ich unentschlossen, ob ich dieses Wort ausführe, und aus diesem Grunde habe ich noch heute gezögert und gezweifelt, ob ich Ihnen schreiben soll. Diese Unentschlossenheit hängt aber nicht von moralischen und politischen – wenigstens nicht allein –, sondern hauptsächlich von sanitätspolizeilichen Rücksichten und Gründen ab. Eine Erholungsreise ist für mich ein unabweisbares Bedürfnis, aber es fragt sich, welche Richtung, welche Weltgegend die diesem Bedürfnis, diesem Zwecke entsprechendste ist? Ob der Süden, wo die Natur, oder der Norden, wo die Menschenwelt zwar in mir innigst befreundeten, aber zugleich auch in den abstoßendsten Gestalten und Erscheinungen vor die Augen tritt. Auf alle Fälle hängt die Entscheidung von meinem Befinden ab, und ich muß mit ihr daher noch einige Zeit, wenigstens 8–14 Tage warten. Bin ich nicht mehr so matt, so erschöpft, so empfindlich, so abhängig von der Beschaffenheit der Witterung, wie bisher, mit Ausnahme weniger Tage, so komme ich mit meiner Tochter nach Berlin, um leibhaftig Ihnen und Ihrer lieben Frau meine Dankbarkeit, Liebe und Verehrung zu bezeugen.

L. Feuerbach /

/ 5. Aug[ust]
Ich habe gestern den Brief nicht auf die Post gegeben, auf den Fall, daß mir noch etwas zu bemerken einfiele. Es ist mir aber für jetzt nichts eingefallen als dies, daß, wenn ich komme, ich wahrscheinlich in Gesellschaft Herrn Baierlachers kommen und in Berlin nur einige Tage mich aufhalten werde.
Heute habe ich denn auch an H[errn] Friedländer geschrieben. /

/ P[o]s[ts]cr[i]pt[um]. Dieser Brief war schon auf meiner Studierstube geschrieben, als mir beim Herunterkommen zum Essen in den Vorplatz von meiner Tochter die an sie angekommenen Briefe von Ihnen mitgeteilt wurden. Ich habe ganz vergessen zu bemerken, daß, wenn ich mich auch nach meinem Befinden für Berlin entscheide, ich doch nicht eher von hier fortkann, als bis H[err] Bolin, der augenblicklich sich in München befindet, aber am Sonntag wieder zu uns kommt, um wenigstens 8 Tage bei uns zu verweilen, von hier fortgeht. Wenn ich nach Berlin komme, so will ich in größter Stille und Obskurität nur mit Ihnen und Ihren allernächsten Freunden, wie H[errn] Friedländer, verkehren. H[err] Friedländer wird, wenn nicht noch heute, doch dieser Tage einen Brief von mir erhalten. Meine Frau und Tochter grüßen Sie freundlichst. Eben kommt meine Tochter herauf und fragt, ob ich schon zugesiegelt habe. Sie legt einige Zeilen bei.

L. F. /

1030

Von Emma Herwegh

7. August 1864

/ Zürich, d[en] 7. Aug[ust] 64, 6 h

Mein lieber, teurer Freund!

Zwischen unserm letzten Wiedersehen und heute liegt eine Welt von Kummer und Kampf – eine Welt voll der widrigsten und drückendsten Erlebnisse. Das hat mich stumm, aber nicht kalt gemacht. – Kein Tag ist indessen verstrichen, *keiner*, an dem meine wärmsten, intimsten Gedanken Euch nicht aufgesucht hätten und die Liebe und Achtung gesteigert, mit der ich Euch angehöre für alle, alle Zeit. –

Diese Zeilen, die ich als flüchtige Boten so hinaussende, sollen bei Euch // fragen, ob Ihr in den nächsten Wochen zu Hause seid oder ob die guten Sommertage Euch zu einem Ausflug in die nächste oder fernere Umgegend Nürnbergs veranlaßt haben?

Schreibt mir *umgehend* hierauf Bericht, denn es *könnte* sein, daß wir, ich meine Georg und ich, falls Ihr daheim wäret und wir Euch in Eurem Hause nicht störten, auf 6–8 Tage heimsuchten, um wieder einmal mit Menschen zu sein. –

Wir würden aber dann bei Euch in dem nämlichen Stübchen woh-
20 nen wollen, das mich und Marcel schon einmal gastlich aufgenommen, // denn im Gasthof zu wohnen, bringt um jeden Genuß.
    Georg ist in einer Stimmung teils wirklicher, teils eingebildeter
Melancholie. –
    Da einer jedoch um eingebildete Leiden geradesoviel sich abquä-
25 len kann als um wirkliche, und es einem anständigen Menschen an
den letzten nie ganz fehlt, so fühlt er sich eben unglücklich genug. –
    Nun, vielleicht sehn wir uns, und das würde das beste Mittel gegen
den freiwilligen Unmut sein und uns gegenseitig guttun. –
    In Liebe und Treue Eure Emma Herwegh /

30 / P. S. Grüße auch die Schwestern, die wenn nicht mündlich, auch
schriftlich d. h. in der nächsten Woche von mir hören werden. –
Oder hättet Ihr Lust zu uns zu kommen? Schreibt sogleich – Vorausgesetzt, daß man sich sieht, tut der Ort nirgens zur Sache.

1031

An Emma Herwegh

10. August 1864

/ Rechenberg, 10. Aug[ust] 64
    Liebe Herwegh!
5   Warum hast Du aber auch so lange gar nichts mehr von Dir hören
lassen? Unverzeihlich, wie eine Sternschnuppe zu kommen und zu
verschwinden. Wäre wenigstens auch nur einen Tag früher Dein
Brief angekommen, so hätte er mich noch unentschlossen angetroffen. So erhielt ich ihn gestern bei der Rückkunft aus der Stadt mit
10 einer neuen Reisetasche um den Leib und einer Paßkarte in der Brieftasche, um am Samstag meine Tochter nach Berlin zu der bekannten
russischen Familie, die sie schon im Frühjahr erwartet hatte, zu bringen und zugleich um meinen dortigen russischen und deutschen
Freunden // für die kostbaren Geschenke, die sie mir zu meinem
15 sechzigsten Geburtstag geschickt haben, persönlich meinen Dank
abzustatten. In Berlin bleibe ich nicht lange, aber ob ich nicht nach
Hamburg oder an die Ostsee reise, um stärkende Seeluft einzuatmen,
und also meine Reise statt auf 8 auf 14 Tage und darüber ausdehne,
kann ich jetzt nicht bestimmen. Ich reise in der Gesellschaft des Dr.

Baierlacher, der schon als praktischer Arzt nicht lange von hier abwesend sein kann; um jedoch etwas Gewisses und Festes anzunehmen, will ich Ende Augusts oder 1. September als äußersten Zeitpunkt meines Ausbleibens ansetzen. Wenn es also bis dahin Euch // nicht zu spät, steht Euch mit Vergnügen mein Haus offen, nur mußt Du dann, wenn Dein Mann ordentlich bedient werden soll, die Güte haben, meiner Frau in der Küche und Haushaltung überhaupt hülfreiche Hand zu leihen, da meine Tochter erst im Spätherbst von B[erlin] zurückkommt und auch meine Nichte Erneste auf längere Zeit sich in die Oberpfalz verreist. Indem ich Euch also bis dahin willkommen heiße, Dein und Deines Mannes Freund
L. Feuerbach

Ich schrieb in größter Eile, weil ich einen jungen Schweden, der auch mit uns bis Berlin reist, zum Gast und ein Manuskript von ihm zur Durchsicht und Prüfung habe. /

1032

Von Edouard Vaillant

12. August 1864

/ Paris, 12 août 1864

Monsieur,

Vous avez dû me trouver bien négligent de répondre si tard à votre lettre, et vraiment je serais bien coupable s'il y avait de ma faute. Mais quand votre lettre arriva à Paris, j'étais en province dans ma famille, on a négligé de me l'y envoyer, et je viens de la trouver ici en revenant après plus d'un mois d'absence.

Je serais très heureux que vous ayez trouvé dans les livres que je vous ai envoyé, ce que vous y cherchiez; le libraire m'a assuré que c'étaient les meilleures éditions, cependant si quelque chose y manquait vous n'auriez qu'à me // prévenir. Comme je vous le disais dans ma dernière lettre, ce me sera un grand plaisir que vous me demandiez tous les livres français dont vous pourrez avoir besoin. Quand au payement je vous le disais à Nuremberg les livres français coûtent très bon marché, aussi vous serais-je très obligé de ne pas vous en occuper, je suis bien plus que payé par le plaisir de vous les envoyer. Et j'espère, Monsieur, que vous ne vous gênerez nullement avec moi et ne voudrez pas me priver de cette satisfaction. J'ai été trouver le maître de musique, inventeur de la nouvelle méthode dont je vous parlais. Dans quelques jours son volume sera prêt et d'ici à 15 jours vous l'aurez. Je souhaite qu'il soit aussi utile à Madmoiselle votre fille que je le désire et que je le pense, car malgré les oppositions très vives excitées par cette méthode, elle a déjà fait merveille en France. Je pense que vous aurez en même temps les deux premiers volumes de votre traduction, car // mon ami me disait que l'éditeur lui promettait qu'ils seraient prêts avant 15 jours. Je ne serai pas moins content que lui si sa traduction vous satisfait. Je n'ai pas besoin du reste de vous en parler, car je joins à cette lettre un mot de mon ami qui vous en parle. Je joins sa lettre à la mienne, car sa 1ère lettre ne vous étant pas parvenue ce qui lui est déjà arrivé pour d'autres lettres adressés en Allemagne, il espère par ce moyen avoir plus de chance.

Veuillez présenter mes compliments à Madame et Mademoiselle Feuerbach et ne pas m'oublier près de votre neveu.

Et recevez l'assurance de l'affection respectueuse
de votre tout dévoué
Ed[ouard] Vaillant

Et permettez-moi encore une fois de vous prier de vouloir bien m'écrire quand vous aurez besoin de quelque chose. Vous me dîtes que vous ne pensez pas venir cette année visiter Paris; je le regrette, j'espère cependant que vous ne tarderez pas trop, mais ce que je souhaiterais plutôt et ce que vous m'avez presque permis d'espérer, c'est non de venir visiter Paris, mais de venir bientôt vous y installer avec votre famille. Et je crois pouvoir vous assurer que quelque agréable que soit Nuremberg vous ne l'y regretteriez peut-être pas trop. /

[Paris, 12. August 1864
Sehr geehrter Herr!

Sie müssen es wohl als nachlässig empfinden, daß ich so spät auf Ihren Brief antworte, und wirklich wäre ich schuldig, wenn es mein Versehen gewesen wäre. Aber als Ihr Brief in Paris ankam, war ich in der Provinz bei meiner Familie, man hat versäumt, ihn mir nachzusenden, und ich fand ihn soeben hier vor, als ich nach mehr als einmonatiger Abwesenheit zurückkehrte.

Ich wäre sehr glücklich, wenn Sie in den Büchern, die ich Ihnen geschickt habe, das gefunden hätten, was Sie suchten; der Buchhändler hat mir versichert, daß es die besten Ausgaben wären; wenn jedoch etwas fehlte, müßten Sie es mich wissen lassen. Wie ich Ihnen schon in meinem letzten Brief mitteilte, wäre es mir ein großes Vergnügen, wenn Sie von mir all die französischen Bücher erbitten würden, die Sie benötigen. Was die Bezahlung angeht, so sagte ich Ihnen schon in Nürnberg, daß die französischen Bücher sehr billig sind, daher wäre ich Ihnen sehr verbunden, wenn Sie sich nicht darum bekümmerten, ich bin mehr als belohnt durch das Vergnügen, Sie Ihnen zu schicken. Und ich hoffe, verehrter Herr, daß Sie sich meinetwegen keinen Zwang antun und mich dieser Genugtuung nicht berauben wollen. Ich habe den Musiklehrer, den Erfinder der neuen Methode, von der ich Ihnen gesprochen habe, aufgesucht. In einigen Tagen wird sein Werk fertig sein, und in 15 Tagen wird es in Ihrem Besitz sein. Ich hoffe, es wird Ihrem Fräulein Tochter so nützlich sein, wie ich es wünsche und denke, denn trotz des lebhaften Widerspruchs, den diese Methode hervorrief, hat sie in Frankreich schon Wunder getan. Ich denke, daß Sie zur gleichen Zeit die zwei ersten Bände Ihrer Übersetzung haben werden, denn mein Freund sagte mir, daß der Verleger ihm versprochen hat, sie in weniger als 15 Tagen fertig zu haben. Ich wäre nicht weniger erfreut als er, wenn seine Übersetzung Sie zufriedenstellte. Ich brauche Ihnen übrigens davon nichts weiter zu berichten, denn ich füge diesem Brief einige Zeilen meines Freundes bei, der Ihnen dazu schreibt. Ich schließe seinen Brief dem meinigen bei, denn sein erster Brief hat Sie nicht erreicht, was ihm schon mit anderen nach Deutschland adressierten Briefen passiert ist; er hofft, so mehr Glück zu haben.

Wollen Sie bitte meine Empfehlungen Ihrer Frau Gemahlin und Ihrem Fräulein Tochter übermitteln und vergessen Sie nicht Ihren Neffen von mir zu grüßen.

Und empfangen Sie die Versicherung der respektvollen Zuneigung
Ihres ergebensten
Ed⟨ouard⟩ Vaillant

Und gestatten Sie mir noch einmal, Sie zu bitten, mir zu schreiben, wenn Sie irgend etwas benötigen. Sie sagten mir, daß Sie nicht glauben, dieses Jahr Paris besuchen zu können; ich bedaure das, ich hoffe jedoch, daß Sie nicht zu lange zögern, aber was ich viel mehr wünschte und was Sie mir beinahe zu hoffen erlaubten, ist nicht, daß Sie Paris besuchen, sondern daß Sie bald kommen, um sich hier mit Ihrer Familie niederzulassen. Und ich glaube Ihnen versichern zu können, daß, so angenehm Nürnberg auch sein mag, so würden Sie es vielleicht nicht allzusehr bedauern.]

1033

Von Joseph Roy

13. August 1864

/ Paris, ce 13 août 1864

Monsieur,

Mon ami, Mr. Edouard Vaillant, qui a eu l'honneur et le plaisir de vous voir, il y a peu près deux mois, a dû vous parler d'une traduction que j'ai faite de vos principaux ouvrages. Je regrette infiniment que les circonstances ne m'àient pas permis d'avoir le même honneur et la même joie que lui. Dans un tête-à-tête, j'aurais pu vous dire avec plus de détails ce que je me propose de faire; j'aurais écouté avec respect vos conseils et j'aurais agi suivant vos désirs. Si je ne vous ai pas écrit depuis longtemps, c'est que j'ignorais complèment le lieu de votre demeure habituelle, car les informations que j'avais voulu prendre n'avaient abouti à rien. Permettez-moi de vous dire cependant que j'ai fait mon travail sans m'inquiéter le moins du monde, persuadé d'avance que vous verriez d'un bon oeil mes faibles efforts lors même que leur résultat ne serait pas tout à fait au niveau de mes désirs et des vôtres. Il y a plus de trois ans déjà que ma traduction est faite; je l'ai présentée à plusieurs reprises à divers éditeurs et toujours j'ai été éconduit sous ce prétexte que la police n'en permettrait pas la publication. Je commençais à désespérer de // pouvoir la faire paraître lorsque tout d'un coup un éditeur belge, Mr. Lacroix, m'a proposé de l'imprimer immédiatement. J'en ai été aussi fâché que content parce que tout en voyant avec joie que mon travail n'avait pas été entrepris en pure perte, j'aurais désiré néanmoins avoir le temps de lui donner une autre forme que celle qu'il a en ce moment. Malgré tout, je crois que vous en serez satisfait. Si ma traduction ne rend pas toute l'originalité de votre style, elle a du moins cela pour elle d'être écrite en français et de pouvoir être lue facilement.

Pour le moment elle se compose de deux volumes; le premier comprend „L'essence de la Religion", une partie des „Pensées sur la mort et l'immortalité" et les trois premiers chapitres de votre livre sur Bayle avec les notes qui lui correspondent. Le second est „L'essence du Christianisme" toute entière, à part quelques omissions imperceptibles dans les notes. J'aime à croire que les deux volumes seront enlevés dans un espace de temps assez restreint. S'il en est ainsi, je referai la seconde édition tout autrement. „*L'essence du Christianisme*" restera dans son intégrité, mais j'y ajouterai en guise de conclusion une centaine de pages où je résumerai vos idées en répondant aux critiques qui en auront été faites. Bien entendu que je vous en donnerai connaissance avant de la faire imprimer // afin qu'il ne s'y trouve rien qui ne soit approuvé par vous. – Le premier volume comprendra en outre les parties les plus importantes de la „*Théogonie*" et de vos discours sur la religion. Vous voyez que j'agis avec vous en *ami*, comme on dit, c'est-à-dire *sans gêne*. Si vous avez quelques observations à me faire je les suivrai de point en point. Dans le cas où la première édition ne se vendrait que lentement, je ferai un troisième volume en attendant l'épuisement complet de l'ouvrage.

Dans une quinzaine de jours au plus tard vous recevrez les deux volumes susdits. Je vous serai très reconnaissant si vous voulez bien avoir la bonté de m'en accuser réception et de m'en dire quelques mots. J'aurais bien encore beaucoup de choses à vous demander, mais je le ferais dans une prochaine lettre. – Obligé de quitter Paris pour le moment et de me rendre chez moi, je chargerai M. Vaillant de vous faire parvenir ma traduction. Si vous me faites l'honneur de m'écrire, voici d'ici à quelque temps mon adresse: M. J[oseph] Roy à Etauliers près Blaye – Gironde, France.

En attendant, je suis, Monsieur, votre tout dévoué
Joseph Roy

P. S. L'éditeur s'est permis d'imprimer sur la première page – „traduction avec l'autorisation le l'auteur" – il ne m'en avait rien dit; vous a-t-il écrit pour cela et vous a-t-il envoyé les épreuves? /

[Paris, den 13. August 1864
Sehr geehrter Herr!
Mein Freund, Herr Edouard Vaillant, der die Ehre und das Vergnügen hatte, Sie vor etwa zwei Monaten zu besuchen, hat Ihnen sicher von einer Übersetzung erzählt, die ich von Ihren hauptsächlichen Werken gemacht habe. Ich bedaure unendlich, daß die Umstände mir nicht erlaubt haben, die gleiche Ehre und Freude zu haben wie er. Bei einer Begegnung hätte ich Ihnen mehr ins einzelne gehend sagen können, was ich mir vorgenommen habe; ich hätte mit Hochachtung Ihre Ratschläge angehört und wäre entsprechend Ihren Wünschen verfahren. Wenn ich Ihnen nicht schon längst geschrieben habe, so deshalb, weil ich Ihren Wohnsitz überhaupt nicht kannte,

denn die Auskünfte, die ich hatte einholen wollen, hatten zu keinem Ergebnis geführt. Erlauben Sie mir, Ihnen jedoch zu sagen, daß ich meine Arbeit in völliger Unbekümmertheit gemacht habe, im voraus überzeugt, daß Sie meine schwachen Anstrengungen mit Wohlwollen betrachten werden, selbst dann, wenn ihr Ergebnis nicht ganz auf der Höhe meiner Wünsche und der Ihrigen ist. Schon seit mehr als drei Jahren ist meine Übersetzung fertig; ich habe sie wiederholt verschiedenen Verlegern angeboten, und immer wurde ich unter dem Vorwand abgewiesen, daß die Polizei ihre Veröffentlichung nicht erlauben würde. Ich verlor schon die Hoffnung, daß sie je erscheinen würde, als plötzlich ein belgischer Verleger, Herr Lacroix, mir vorschlug, sie unverzüglich zu drucken. Ich war darüber ebenso verärgert wie erfreut, denn während ich mit Freude sah, daß meine Arbeit nicht ganz umsonst gewesen ist, hätte ich nichtsdestoweniger gewünscht, noch die Zeit zu haben, ihr eine andere Form zu geben als diejenige, die sie jetzt hat. Trotzdem glaube ich, daß Sie damit zufrieden sein werden. Auch wenn meine Übersetzung die Originalität Ihres Stils nicht ganz wiedergibt, so hat sie wenigstens für sich, in Französisch geschrieben und leicht lesbar zu sein.

Im Augenblick umfaßt sie zwei Bände; der erste enthält „Das Wesen der Religion", einen Teil der „Gedanken über Tod und Unsterblichkeit" und die drei ersten Kapitel Ihres Buches über Bayle mit den entsprechenden Anmerkungen. Der zweite Band enthält „Das Wesen des Christentums" vollständig, abgesehen von einigen unwesentlichen Auslassungen bei den Anmerkungen. Ich möchte annehmen, daß die beiden Bände in ziemlich kurzer Zeit vergriffen sein werden. Wenn dem so ist, werde ich die zweite Auflage völlig umarbeiten. *„Das Wesen des Christentums"* bleibt unangetastet, aber ich werde als Nachwort etwa hundert Seiten hinzufügen, wo ich Ihre Gedanken zusammenfasse, indem ich auf die dann erschienenen Kritiken antworte. Selbstverständlich werde ich Sie davon in Kenntnis setzen, bevor ich sie drucken lasse, damit sich nichts darin findet, was nicht von Ihnen für gut befunden wird.

Der erste Band wird außerdem die wichtigsten Teile der „Theogonie" und Ihrer „Vorlesungen über ⟨das Wesen⟩ der Religion" enthalten. Sie sehen, daß ich mich Ihnen gegenüber, wie man sagt, als *Freund* verhalte, d. h. *ohne Hemmung.* Wenn Sie mir Einwendungen zu machen haben, werde ich sie Punkt für Punkt befolgen. Falls sich die erste Auflage nur langsam verkaufen sollte, mache ich einen dritten Band in der Erwartung des vollständigen Absatzes des Werkes.

In etwa 14 Tagen spätestens werden Sie die beiden obengenannten Bände erhalten. Ich wäre Ihnen sehr dankbar, wenn Sie die Güte hätten, mir den Empfang anzuzeigen und mir einige Worte darüber zu sagen. – Ich hätte Sie noch vieles zu fragen, aber ich werde es in einem nachfolgenden Brief tun. Da ich gezwungen bin, im Augenblick Paris zu verlassen und nach Hause zurückzukehren, werde ich Herrn Vaillant beauftragen, Ihnen meine Übersetzung zukommen zu lassen. Wenn Sie mich beehren, mir zu schreiben, hier meine Adresse für die nächste Zeit: Herr J⟨oseph⟩ Roy, Etauliers bei Blaye – Gironde, Frankreich.

In der Zwischenzeit bin ich, verehrter Herr, Ihr sehr ergebener
Joseph Roy

P. S. Der Verleger hat sich erlaubt, auf die erste Seite – *„vom Verfasser autorisierte Übersetzung"* – zu drucken, davon hatte er mir nichts gesagt; hat er Ihnen deshalb geschrieben und Ihnen die Korrekturbogen geschickt?]

1034

Von Wilhelm Bolin

12. September 1864

/ Helsingfors, Montag, d[en] 12. September 64
Es ist noch keine Woche her, mein teurer väterlicher Freund, seit ich wieder in meine nordische Stille und Einsamkeit angelangt. Mit das erste, was ich vornehme, nachdem ich ins gewohnte Gleis gekommen, ist dieser Brief, der Ihnen meinen herzlichsten Dank für all die Freundschaft, die Sie mir so reichlich haben zuteil werden lassen, nun auch aus der Ferne zu wiederholen eilt. Köstliche Tage habe ich in Ihrer Nähe verlebt, und mit Freude kann ich sagen, daß meine Reise aufs Gemüt die gewünschte Wirkung geübt. Die Aufmerksamkeit und Aufmunterung, die Sie außerdem meiner Schriftstellerei gezollt, haben mir Kraft verliehen, an die schließliche Lösung der mir gegenwärtig bevorstehenden Aufgabe mit der Zuversicht zu gehen, die für ein so ernstes und folgenschweres Beginnen unerläßlich ist.

Bis jetzt habe ich nur äußerst wenig für die Umgestaltung meiner Dissertation tun können, da mir, so kurze Zeit nach der Heimkehr, die nötige Ruhe noch nicht geworden, um Ihre Bemerkungen und Ratschläge gehörig zu erwägen. Vorläufig habe ich mich an das Studium der // noch zu berücksichtigenden kleinen Abhandlungen von Kant und anderen gemacht, und erst wenn ich damit im reinen bin, werden das Manuskript und die Hauptstellen bei Leibniz einer sorgfältigen Prüfung unterworfen. Diese Orientierung erfordert ihre runde Zeit und muß ich somit heute darauf verzichten, Ihnen einen genauen Bericht über meine Arbeit zu geben. Soviel kann ich Ihnen jedoch sagen, daß mir Ihre wohlwollende Belehrung über manches die Augen geöffnet. Über den schwächsten Punkt meiner Darstellung habe ich natürlich zumeist nachgedacht und gefunden, die zu einer quellengemäßen Entfaltung meines Themas erforderliche Modifikation des bisher Geleisteten habe ihr Augenmerk darauf zu richten, daß Kant, der im Grunde ein Idealist bleibt wie Leibniz, entschieden die Sinnenwelt zu erreichen sucht, die nach L[ei]b[niz'] Prinzipien gar nicht zu erfassen ist. Indem L[ei]b[niz] in den „Nouv[eaux] Ess[ais]" sich Locke zu nähern strebt, wird er unwillkürlich von seiner, der Sinnlichkeit ganz unzugänglichen Pneumatologie abgelenkt. Der von K[ant] hier genommene Ausweg führt allerdings nur scheinbar zum Ziel, da mit der *reinen* Anschauung die Außendinge erst recht unerkennbar werden; gleichwohl ist dies die einzige Art, das von Descartes aufgenommene Problem zu der Alternative zu bringen, die Kants geschichtliche Bedeutung ausmacht. Wer ihn recht versteht, wird sich überzeugen, daß der Standpunkt des isolierten Subjekts, // der von K[ant]s Nachfolgern traditionell festgehalten wird, unbedingt aufgegeben werden müßte. In dieser Beziehung ist mir mein Thema so interessant als lehrreich gewesen. Kants tapferes Einschreiten für die Rechte der Erfahrung hat mich ungemein angezogen, aber nicht minder auch L[ei]b[niz'] mühsames und vielseitiges Hypothesenspinnen: Während bei diesem die eine Hypothese die andere durchkreuzt und aufhebt und der zu verbessernde Cartesianismus unverbesserlich bleibt, liefert jener den kühnen Beweis, daß alles durchs bloße Denken erreichte Wissen ganz wertlos sei. Statt also in meiner Arbeit den L[ei]b[niz] zum Kantianer zu machen, habe ich darauf zu achten, daß K[ant] durch Verzichtleistung auf das Übersinnliche die von den „Nouv[eaux] Ess[ais]" angebahnte Vermittelung zwischen Locke und L[ei]b[niz] zustande bringt.

Hoffentlich wird es mir gelingen, meiner Darstellung die erforderliche Feile zu geben. Keine Mühe will ich mir sauer werden lassen.

Die Arbeit ist mir besonders lieb geworden, seit sie in Ihren Händen gewesen und die Weihe Ihrer Sorgfalt und Berichtigung erhalten. Sobald es nur irgend möglich, werde ich Ihnen Näheres darüber wissen lassen, vorausgesetzt, daß ich gesund bleibe und Sie, teurer Freund, meine Kräfte und Kenntnisse nicht überschätzten. Hat Goethe recht, wenn er sagt: „Wer sich nicht zuviel dünkt, ist weit mehr, als er glaubt" – so darf ich wohl ruhig sein. Sicher aber ist, daß ich mir bisweilen herzlich unwissend und ungeschickt vorkom-//me und mich alsdann auch der unausweichbare Argwohn beschleicht, als sei ich der jeder sinnenden Natur gewöhnlich anhaftenden Trägheit nicht genug Meister.

Doch genug von mir. Wie verlangt es mich, von Ihnen zu hören und namentlich auch, wie Ihre Reise abgelaufen. Sicherlich hat dieser Ausflug Ihnen wohlgetan, wenigstens verspreche ich mir den besten Erfolg davon für Ihre Stimmung und demgemäß auch für Ihr Wirken. Die in vieler Beziehung gewiß angenehmen Abwechslungen, die Sie jüngst durchlebt, werden Sie anspornen, an die Vollendung der in Ihrer Mappe angehäuften Schriften zu gehen.

Ich kann nicht schließen, ohne abermals meinen aufrichtigsten Dank für die gastliche Bewirtung in Ihrem Hause sowie für alle Ihre Liebe und Teilnahme zu wiederholen. Indem ich mir vornehme, künftig häufiger nach Deutschland – d. h. zu Ihnen – zu kommen, ist es mir eine liebe Pflicht, in meiner wissenschaftlichen Tätigkeit den Erwartungen, die Sie vertrauensvoll auf mich gestellt, gewissenhaft nachzukommen.

Behalten Sie lieb Ihren
                    treu ergebenen Wilhelm Bolin

Sie können künftig *unfrankiert* direkt an mich schreiben; bezahlte Briefe gehen hier häufig verloren. Sollte irgendwelche unvermutete Zögerung eintreten, so ist J. R. Hamfeldt in Hamburg mein steter Vermittler mit Deutschland. /

1035

An Leonore Feuerbach

15. September 1864

/ Rechenberg, 15. Septemb[er] 64
Mein liebes Lorchen!
Heute sind es gerade 8 Tage, daß ich das schöne Falkenberg verlassen habe, und gestern war der erste, von Natur wunderschöne Tag, den ich hier wieder verlebt habe. Ich blieb nämlich in Berlin noch bis Montag 1 Uhr, in Leipzig dafür aber, da leider Otto Wigand, der Vater, verreist war, nur ein paar Stunden, so daß ich mit dem Kurierzug schon am andern Morgen in Bamberg war, wo ich mich den Tag über aufhielt, um endlich einmal wieder Freund Heger zu besuchen. Abends um 7 Uhr war ich auf dem Rechenberg, die Mama aber nicht zu Hause, sondern in der Stadt. Ich ging ihr daher entgegen, aber nicht weit, so trafen wir zusammen. Mein erster Gang in die Stadt war zu Westermann, um den Auftrag unsrer liebenswürdigen Falkenberger Gastwirtin, der Emerentia, // zu besorgen. Schon heute mittag erhält ihre Mutter 15 Tlr., d. i. 26 fl. 15 Kr., welche Du gelegentlich von Emerentia zurückgezahlt erhalten wirst, so daß wir also Dir von hier aus kein Geld zu schicken brauchen, wenigstens für die nächste Zeit. Von Westermann ging ich zu Schultheiß, um Herrn Baxt und seine russische Reisegesellschaft zu besuchen. Unter dieser befindet sich auch eine liebliche junge Dame, die aber sonderbarerweise eine Liebhaberin des ernsten und abstrakten Studiums der Mathematik ist, vielleicht jedoch nur aus Sympathie und Blutsverwandtschaft mit ihrem auch hier anwesenden Bruder, der, obwohl noch ein ganz junger Mensch, schon ein perfekter Mathematiker sein soll, dafür aber körperlich ein sehr imperfektes, ja krankhaftes, nervenschwaches Wesen ist, wie auch die Schwester nervenleidend ist. Du wirst sie in Berlin kennenlernen, denn sie reisen alle // zusammen schon morgen oder übermorgen nach Berlin, um dort länger sich aufzuhalten. Ich denke, daß es auch für Dich das beste wäre, so bald als möglich wieder nach Berlin zurückzugehen, um so mehr, da Frau Khanikoff jetzt allein ist. Emerentia und ihr Mann sind ja so sehr mit den Angelegenheiten ihres Instituts beschäftigt, daß Du außer der Bertha niemanden zur Gesellschaft hast, also größtenteils auf Dich selbst angewiesen und beschränkt bist. Aber dazu macht man keine Reise, sich selbst hat man zu Hause. Doch will ich Dir nichts vorschreiben.

Folge Deiner Neigung! Nur sei die Neigung auf das Gute und Zweckmäßige gerichtet. Dieses findest Du aber mehr in Berlin als in Falkenberg, wo ja selbst auch der Naturgenuß aus Mangel an Mitgenießenden für Dich ein spärlich zugemeßner ist. Auch hast Du an der Khanikoff eine Dich innig liebende und hochschätzende Freundin. Hoffentlich wirst Du durch die Huldigungen, // die Dein Papa und andre Männer ihr dargebracht, Dich nicht in Deinem Werte und Selbstbewußtsein zurückgesetzt fühlen. Es gibt stille und laute Tugenden und Schönheiten – beide sind gleichberechtigt –, es gibt einheimische und ausländische Blumen – beide sind gleich schön –, aber die ausländischen haben den Reiz des Fremden für sich. Also hast Du keinen Grund, Dich der Khanik[off] gegenüber nicht gleichberechtigt und folglich bei ihr heimisch zu fühlen. Das Kindergeschrei wird Dich nicht stören, das ist doch noch erträglicher als das Katzengeschrei auf dem Rechenberg. Ich habe für Dich bei Khan[ikoff] den Katalog des Museums zurückgelassen. Er gibt doch einige Aufschlüsse, wie ich mich bei meinem letzten Besuche überzeugt habe. Versäume nicht die deutsche und niederländische Schule zu sehen. Es sind hier vortreffliche Rubens und van Dycks und andre Meister. Um nur allein die Bildergalerie mit Verstand zu sehen, dazu gehören nicht Tage, sondern Wochen. Ich selbst habe einen Raffael nicht gesehen, wie ich leider! erst am letzten Tage aus dem Katalog ersehen. Es ist Maria, die in der einen Hand ein Buch, in der andern das Bein ihres Kindes hält, welches mit einem Vogel spielt. Es heißt, glaub' ich, Maria mit dem Stieglitz. Es steht im Katalog verzeichnet im letzten Saale. Doch ich muß schließen. Ich bin zu Schultheiß zum Essen von den Russen eingeladen. Schmidts wiederhole meinen innigsten Dank für ihre liebenswürdige Gastfreundlichkeit und die Versicherung, daß ich zum Ruhm und Gedeihen ihres Instituts beitragen werde, was in meinen geringen Kräften steht. Grüße die Lehrer und Bertha, kurz alles, auch die Dienerschaft. Lebe wohl, sei heiter und vergnügt.

Dein treuer Vater
L. F.

Mama grüßt Dich herzlich. Laß bald von Dir, ich wünsche Erfreuliches, hören. Bolin hat noch nicht geschrieben.
Soeben kommen unerwartet die Russen. /

1036

An Wilhelm Bolin

25. September 1864

/ Rechenberg, 25. Septemb[er] 64
Mein lieber Bolin!
Ihr Brief ist gerade an dem Tage geschrieben, an welchem ich von dem schönen Berlin und der liebenswürdigen Khanikoff, dem einzigen mir bis zum letzten Augenblick meines Dortseins treugebliebenen befreundeten Wesen, schmerzlichen Abschied nahm. Und noch bis jetzt habe ich diesen schmerzlichen Abschied nicht überwunden, weil das wunderschöne Wetter, das sich unmittelbar nach meiner Abreise von B[erlin] eingestellt hat, mir ad oculos [augenfällig] demonstriert, daß meine Reise, so schön sie war, so gelungen von Anfang bis zu Ende, so reich an wohltätigen Anschauungen aller Art, doch der Zeit nach eine verfehlte war, daß ich sie, wie es ja anfangs mein Wille war, auf die Herbsttage, die ja gewöhnlich bei uns die schönsten Tages des Jahres sind, hätte // aufsparen sollen. Nun bin ich leiblich hier und doch geistig noch immer abwesend; das schöne Wetter läßt mir keine Ruhe, ich möchte immer statt lesen, schauen, statt denken, sprechen, statt in der Studierstube sitzen, im Tiergarten oder Unter den Linden oder in den Kunstsälen Berlins herumwandeln. Dabei muß ich mich immer fragen: Was tust du denn hier, wozu bist du denn hier? Ist es die Natur, ist es die Kunst, sind es die Menschen, ist es der Bücherreichtum, der dich an den hiesigen Aufenthaltsort fesselt? Und ein niederschlagendes „Nein" ist die Antwort auf diese Fragen. Zwar habe ich mir immer schon vorher diese Fragen aufgeworfen und mit „Nein" beantwortet, aber Berlin hat mir doch erst recht lebhaft nach dem bekannten Gesetz: contraria juxta se posita magis elucescunt [Gegensätze treten am deutlichsten hervor, wenn sie zueinander in Beziehung gebracht werden] die Öde, die Sinn- und Zwecklosigkeit meines Aufenthalts dahier zur Anschauung gebracht. Statt über abstrakte // Dinge, sinne ich daher darüber nach, ob ich nicht, wenn auch nicht für immer, wenn auch nicht mit meiner Familie, doch allein und auf längere Zeit nach B[erlin] gehen kann und soll. Bei diesen gemütbewegenden Fragen können Sie sich denken, daß ich jetzt auch noch keinen Sinn für den Leibnizschen und Kantschen Idealismus habe und Sie daher allein Ihren

Gedanken überlassen muß. Alle meine Gedanken weilen noch in
der Vergangenheit, selbst was ich seit meiner Rückkehr gelesen,
bezog sich größtenteils auf gesehne Kunst- oder Naturgegenstände,
denn auch diesen letztern habe ich namentlich in dem ebenso schönen als durch seine Braunkohlenformation interessanten Falkenberg, wo ich 8 Tage mit meiner Tochter mich aufhielt, wo diese
noch gegenwärtig weilt, meine Aufmerksamkeit während meiner
Reise gewidmet, soweit es das leider meist schlechte Wetter und
der Mangel an allen Hülfsmitteln erlaubten. // Indem ich in der
Erinnerung von der Natur zu den gesehnen Kunstgegenständen
überschweife, muß ich Ihnen noch insbesondre und ausdrücklich
dafür Dank sagen, daß Sie mich oder, es ist eins, uns – denn wir
drei, Papa, Tochter und Frau Kh[anikoff] waren bis auf die Falkenberger Reise unzertrennlich Eins, so auch Ein Herz und Ein
Auge in der Anschauung und Bewunderung der Pietà in Potsdam
– auf dieses unvergleich[lich]e, tiefergreifende Kunstwerk aufmerksam gemacht haben; denn ohne Sie wäre es uns sicherlich
entgangen, ebenso wie unserm Begleiter, einem livländischen
Russen, der schon öfter in P[otsdam] gewesen war, ohne – noch
dazu ein Ästhetiker – das Sehenswürdigste daselbst gesehen zu
haben. Sie sehen, wie sich auch von mir bestätigt: Wenn jemand
eine Reise tut, so kann er was erzählen, denn ich habe Ihnen noch
nie einen so geschwätzigen Brief geschrieben, wie diesen, und wie
vieles könnte ich noch plaudern! Sie sehen hieraus zugleich, daß
die Reise doch mir gute Früchte getragen hat, wenn auch einstweilen noch nicht in bezug auf meine Schrift-, doch Briefstellerei,
daß sie eigentlich nur *einen* Fehler gehabt hat – den, daß sie zu
kurz war. Und warum war sie es, warum ging ich fort von B[erlin]?
weil ich a priori in Wort und Gedanken meiner Reise eine so kurze
Zeit gesetzt hatte und nun diesem Wort treu // bleiben wollte, um
so mehr treu bleiben wollte, als ich zugleich auch den Verdacht,
nicht etwa anderer, sondern meines eignen Verstandes, es könnten
am Ende und im geheimen nur die Reize weiblicher Liebenswürdigkeit sein, die mich an Berlin fesseln, derb ins Gesicht schlagen
wollte. Und so habe ich denn bei meinem freiwilligen Abschied
von B[erlin] vielleicht männlich, aber gewiß höchst unphiloso-
phisch gehandelt, denn der Unterschied zwischen dem Apriori und
dem Aposteriori hat sich auch hier schlagend herausgestellt. Wie
viele Zeit zu würdiger und adäquater Anschauung erfordert nicht
allein die Bildergalerie! Wie viele bedeutende Bilder habe ich über
andern bedeutenden übersehen, wie ich zu meinem großen Leidwe-

sen noch an dem letzten Tage meines Aufenthalts aus dem Museumskatalog ersehen! Doch nun Adieu Berlin!

Mein Schweigen von der Insel Rügen sagt Ihnen, daß ich, infolge des schlechten Wetters, nicht hingekommen bin. Ebensowenig habe // ich mich länger in Leipzig, wie ich vorhatte bei der Hinreise, aufgehalten. Verstimmt über O[tto] Wigands, des Vaters, Abwesenheit, verstimmt auch über das schlechte Wetter, überdem nicht geneigt, die letzten Überbleibsel meines Reisefonds auszugeben, am wenigsten an Antiquare, benutzte ich nach einigen Stunden unfreiwilligen Aufenthalts schon den nächsten Zug – einen nächtlichen Schnellzug zur Heimreise.

Die Adresse Schreitmüllers in München ist nach Baierlachers Angabe: Corneliusstraße Nr. 15, 4 Stiegen rechts.

Meine Frau grüßt Sie herzlich und wird später einmal Ihnen wieder schreiben. Wenn Sie einen freien Augenblick haben und sich erlustigen wollen an einem Urteil französischer Ignoranz und Arroganz über das „Wesen des Christentums", so lesen Sie den „Constitutionnel" vom 18. Sept[ember]. Übrigens halte ich es auch für ungeschickt von Seite der Übersetzer, mit dieser Schrift, diesem ἅπαξ λεγόμενον [nur einmal gesagten], diesem Kaiserschnitt der christl[ichen] Religion, so sans façon [ohne Zwang] zu beginnen. Übrigens ist mir noch immer kein Exemplar der Übersetzung zugekommen. Indem ich Ihnen Glück und Segen zu Ihrer Arbeit wünsche, bin ich Ihr herzlich ergebner

L. Feuerbach /

1037

An Johann Schreitmüller

30. September 1864

/ Rechenberg bei N[ürn]berg, 30. Sept[em]b[er] 1864
Lieber Herr Schreitmüller!

Endlich – nach mehr als zwei Monaten komme ich dazu, Ihnen für den sinnvollen schönen Becher, den Sie mir zu meinem Geburtstag gemacht haben, eigenhändig zu danken. Fremdenbesuche, monatelanger Aufenthalt in Berlin und der Umgegend, nach der Rückkehr wieder Fremdenbesuche und eine Menge aufgeschobener zu schreibender Briefe waren der Grund, daß es erst jetzt geschieht; aber mein Wohlgefallen an dem Becher ist heute noch so lebhaft, wie an meinem Geburtstag, folglich auch das darauf gegründete Dankgefühl. Bei meinem letzten Besuch in den Antikensälen des Berliner Museums habe ich mein Augenmerk besonders auf die Behandlung der Bärte // bei den Alten gerichtet und dabei die Feinheit und Genauigkeit bewundert, womit sie die Individualität der Bärte behandelten und ausdrückten, daher den Tadel begründet gefunden, den ein Freund von mir über den Bart in meiner Büste ausgesprochen. Ich hatte Sie verteidigt mit der „Unmöglichkeit", meinen Bart oder einen ähnlichen anders zu machen, als Sie ihn gemacht hatten, habe mich aber jetzt von dem Gegenteil überzeugt – bin aber auch zugleich überzeugt, daß Sie es bei Ihren Anlagen und Ihrem Fleiße selbst noch dahin bringen werden, diese Unmöglichkeit in meisterhafte Möglichkeit zu verwandeln.

Daß Sie in München mit seiner übertünchten Barbarei ein Verlangen nach vernünftiger Lektüre haben, begreife ich und schicke Ihnen daher meines Bruders „That-//sachen und Gedanken". Er gibt es Ihnen zum Eigentum, aber nur mit der Bedingung, daß Sie es nicht ausleihen. Er ist aus trauriger Erfahrung ein geschworner Feind vom Bücherverleihen.

Indem ich Ihnen alles wünsche, was Körper und Kunst zu ihrem Wohlergehen bedürfen, bin ich
Ihr
väterlicher Freund L. Feuerbach

Meine Frau und Elise grüßen Sie. Meine Tochter ist noch in Falkenberg bei Berlin und wird so bald noch nicht nach Hause kommen. /

1038

Von Edouard Vaillant

2. Oktober 1864

/ Paris, 2 octobre 1864

Monsieur,

J'aurais voulu vous répondre plus tôt, mais depuis avant-hier je n'ai pas eu un moment à moi. Ce jour-là aussitôt votre lettre reçue

je courus à la boutique de l'éditeur, car cela m'étonnait beaucoup que vous n'ayez pas reçu un exemplaire dès que l'édition avait paru. J'avais remis aussi pour vous être envoyé en même temps
10 le livre de musique dont je vous avais parlé, et ayant eu occassion de passer chez cet éditeur, l'on m'avait affirmé que le tout vous avait été anvoyé. Mais avant-hier ayant reçu la même affirmation, je priai de s'assurer s'il en était ainsi, bien m'en prit, car après quelques recherches on retrouva les livres tous prêts à vous être
15 envoyés, et que l'on croyait l'être, mais qui ne l'étaient pas par suite de l'oubli et la négligence d'un employé. On a dû faire partir ces volumes avant-hier, vendredi, et au moment où je vous écris cette lettre peut-être les avez vous déjà reçus. // Cette maison d'édition n'a qu'une succursale à Paris, son siège est à Bruxelles,
20 c'est là que réside son chef qui ne vient que rarement à Paris. Mon ami Roy est parti d'ici sans avoir pu le voir et certes s'il n'en avait pas été ainsi, on n'eut pas commis l'étrange inconvenance de disposer de votre nom, de votre signature sans votre assentiment. Mon ami étonné que sans en avoir rien appris vous ayez permis à
25 l'éditeur de mettre „avec l'autorisation de l'auteur" avait demandé aux employés de Paris, comment on s'était procuré cette autorisation, ils avaient répondu qu'ils l'ignoraient, mais que M. Lacroix – le chef de la maison – avait dit de faire ainsi, qu'il devait donc vous en avoir écrit et avoir obtenu cette permission. Je vais écrire cela à
30 mon ami, il sera bien blessé du manque de tact dont vous avez été l'objet et s'en plaindra à l'éditeur.

Il n'y a guère qu'une quinzaine de jours, à cause de quelques retards, que cette traduction est en vente, aussi ne puis-je vous donner en ce moment aucun renseignement sur son succès, mais il n'est pas
35 douteux, il suffit pour l'assurer que le public soit prévenu de l'apparition de ce livre, ce que ne manqueront pas de faire amis et ennemis. /

/ C'est à ce titre que les éditeurs ont été contents de l'article du „Constitutionnel" quelque contraire et quelque mauvais qu'il fut.
40 Le public en France sait ce qu'il doit penser de tout article venu d'un journal comme „Le Constitutionnel", journal aussi dévoué au gouvernement par qui il est stipendié qu'au clergé, à l'église qu'il cherche à allier l'Empire. Par un article semblable l'auteur assez sot pour l'écrire ne fait voir que sa sottise, mais il apprend au public que
45 le livre existe, ce qui seul est important. Ce n'est pas moi qui vous ai envoyé l'article du „Constitutionnel", il me semblait trop mal pour

vous occuper, mais s'il parait quelque chose de bien dans d'autres journaux je vous l'enverrai.

Je passerai de nouveau aujourd'hui aux bureaux de l'éditeur et m'assurerai qu'il a définitivement envoyé vos livres. Adieu, Monsieur, j'espère que vous serez content de la traduction de mon ami qui du reste a fait plaisir à plusieurs personnes ici qui se sont déjà procuré l'ouvrage. Veuillez, je vous prie, ne pas oublier que je suis tout à votre disposition pour tout livre ou toute commission dont vous pouvez avoir besoin. Veuillez présenter mes compliments à Madame Feuerbach ainsi qu'à Mademoiselle Feuerbach qui, je l'espère, aura fait un voyage agréable. Si vous voyez votre neveu ne m'oubliez pas près de lui, je vous prie.

Et recevez, Monsieur, l'assurance de profond respect et de l'affection dévouée

de votre tout dévoué
Ed[ouard] Vaillant /

[Paris, 2. Oktober 1864

Sehr geehrter Herr!

Ich würde Ihnen eher geantwortet haben, aber seit vorgestern habe ich nicht einen Augenblick für mich gehabt. An diesem Tag, kaum daß ich Ihren Brief empfangen hatte, eilte ich in das Geschäft des Verlegers, denn es verwunderte mich sehr, daß Sie nicht gleich nach Erscheinen der Ausgabe ein Exemplar erhalten haben. Ich hatte auch das Musikbuch, von dem ich Ihnen gesprochen hatte, übergeben, damit es Ihnen gleichzeitig mitgeschickt würde, und als ich gelegentlich bei dem Verleger vorbeikam, hat man mir versichert, daß Ihnen alles geschickt worden sei. Aber vorgestern, als ich die gleiche Bestätigung erhielt, bat ich darum, sich zu vergewissern, ob dem so sei, und zum Glück, denn nach einigem Suchen fand man die Bücher, zum Versand bereit, die man glaubte, verschickt zu haben, aber die es nicht waren infolge der Vergeßlichkeit und Nachlässigkeit eines Angestellten. Man hat diese Bände vorgestern, Freitag, abgehen lassen und in dem Augenblick, wo ich diesen Brief schreibe, haben Sie sie vielleicht schon erhalten. Dieses Verlagshaus hat nur eine Filiale in Paris, sein Sitz ist in Brüssel, dort wohnt sein Inhaber, der nur selten nach Paris kommt. Mein Freund Roy ist von hier abgefahren, ohne ihn sehen zu können, und wenn das nicht gewesen wäre, hätte man gewiß nicht die befremdliche Ungehörigkeit begangen, über Ihren Namen, Ihre Unterschrift ohne Ihre Zustimmung zu verfügen. Mein Freund, der verwundert war, daß Sie – ohne daß er es erfahren hat – dem Verleger erlaubt haben zu setzen „mit Autorisation des Autors", hatte die Angestellten in Paris befragt, wie man sich diese Autorisation verschafft habe; sie haben geantwortet, daß sie es nicht wüßten, aber daß Herr Lacroix – der Inhaber des Hauses – gesagt hatte, daß so zu verfahren sei, daß er Ihnen wohl deswegen geschrieben und diese Erlaubnis erhalten habe. Ich werde dies meinem Freund schreiben, er wird wohl wegen dieses Mangels an Takt Ihnen gegenüber verletzt sein und sich beim Verleger beschweren.

Wegen einiger Verzögerungen ist es kaum vierzehn Tage her, daß diese Übersetzung im Handel ist, daher kann ich Ihnen im Augenblick keinerlei Auskunft über ihren Erfolg geben, aber es ist nicht an ihm zu zweifeln, er wird sich unweigerlich einstellen, wenn das Publikum vom Erscheinen dieses Buches erfährt, wofür Freunde und Feinde sorgen werden.

In dieser Hinsicht sind die Verleger mit dem Artikel im „Constitutionnel" zufrieden gewesen, so ablehnend und schlecht er auch war. Das Publikum in Frankreich weiß, was es von jedem Artikel, der von einem Journal wie „Le Constitutionnel" kommt, zu halten hat, ein Journal, das der Regierung, von der es gedungen ist, ebenso ergeben ist wie dem Klerus, der Kirche, die es mit dem Empire zu verbinden sucht. Durch einen solchen Artikel läßt der Autor, der dumm genug ist, ihn zu schreiben, nur seine Dummheit gewahr werden, aber er unterrichtet das Publikum, daß das Buch existiert – das allein ist wichtig. Den Artikel aus dem „Constitutionnel" habe ich Ihnen nicht geschickt, er schien mir zu schlecht, daß Sie sich damit beschäftigen, aber wenn irgend etwas Gutes in anderen Zeitschriften erscheint, werde ich es Ihnen schicken.

Ich werde heute noch einmal im Büro des Verlegers vorbeigehen und mich vergewissern, ob er wirklich Ihre Bücher abgeschickt hat. Leben Sie wohl, verehrter Herr, ich hoffe, daß Sie mit der Übersetzung meines Freundes zufrieden sind, die übrigens hier verschiedenen Personen, die sich das Werk schon besorgt haben, gefallen hat. Wollen Sie bitte nicht vergessen, daß ich Ihnen für jedes Buch oder jede Besorgung, die Sie nötig haben sollten, zur Verfügung stehe. Wollen Sie Ihrer Gattin wie Ihrer Tochter, die, wie ich hoffe, eine angenehme Reise hatten, meine Empfehlungen übermitteln. Wenn Sie Ihren Neffen sehen, vergessen Sie bitte nicht, ihn von mir zu grüßen.

Und empfangen Sie, verehrter Herr, die Versicherung des tiefen Respekts und der ergebenen Zuneigung

Ihres ergebensten Ed⟨ouard⟩ Vaillant]

1039

Von Wilhelm Bolin

7. November 1864

/ Helsingfors, d[en] 7. No[vem]b[e]r 64
Mein lieber väterlicher Freund!
Nahezu sechs Wochen bin ich in Besitz Ihrer herzlichen Zeilen
vom Ende September und würde wohl auch jetzt noch nicht zum
Beantworten derselben gelangt sein, wenn nicht zwei Dinge meinem Aufschub ein Ende gemacht hätten: zunächst der mir vor
einigen Tagen zuteil gewordene Brief Ihrer Frau, der mich ob
meinem Schweigen gegen Sie wahrhaft erröten machte, obwohl
ich in gegenwärtiger dringender Arbeitszeit auf Ihre gütige Nachsicht rechnen darf, sodann veranlaßt mich das ungewöhnlich frühe
Anrücken des Winters, der unseren direkten Verkehr mit Europa
unterbricht, das morgen abgehende letzte Lübeckerboot zu benutzen, um Ihnen meinen üblichen Herbstgruß zukommen zu lassen.
Vor allem herzlichen Dank für Ihr Schreiben, für den reichen
Anteil, den Sie mir dadurch an den angenehmen Eindrücken Ihrer
Reise gegönnt. Ich will hoffen, daß dieselbe trotz allen Wenn und
Aber dennoch wohltätig für Sie war und bleibt. Auch will ich nicht
verhelen, daß ich zu den willkommenen Symptomen den Umstand
rechne, daß Sie auf einen Wechsel des Aufenthaltes sinnen. Ich
kann mir nicht denken, daß dies unausführbar wäre. Billig leben
läßt sich in einer größeren Stadt, // z. B. Berlin, ganz unzweifelhaft;
ruhig nicht minder, da man sich eine Behausung danach aussuchen
kann; bürgerlich ungestört, hoffentlich heutzutage wohl auch, da
sogar unter Bismarcks Regiment der Ihnen in Leipzig widerfahrene
polizeiliche Blödsinn schwerlich vorfallen dürfte. Über dies alles
werden Sie sich gewiß mit dem Doktor Friedländer hinlänglich
beraten haben. Aber die Welt ist ja weit: Die Schweiz, der Rhein
haben Städte, wo Sie sicherlich einen passenderen Aufenthalt
finden, als ihn N[ü]r[n]b[er]g bietet. Mit größter Spannung sehe
ich Ihrem Entschluß hierüber entgegen.
Ich begreife vollkommen, daß die Macht der Realität Ihnen die
Fragen über den Leibnizschen und Kantschen Idealismus aus dem
Sinne entfernt. Mein hierauf bezügliches Anliegen war aber, wie
Sie wohl noch wissen, nur auf ein bescheidenes Wenn gestellt,
ohne daß die dabei geschehene Abmachung von irgendwelcher

Seite als bindendes Versprechen hätte betrachtet werden dürfen; solches wäre schon daher unstatthaft und unbillig, weil Sie meiner
40 Arbeit mehr denn hinlänglich Mühe und Sorgfalt gewidmet. Wenn trotzdem die Bitte erging, mein zu gedenken, falls Sie irgend weiteres fänden, das für mich brauchbar wäre, so geschah es im Gefühle der Unsicherheit und Befangenheit, das mich beschlich, als mein Gemüt zwischen dem begreiflichen Unwillen über die von Ihrer
45 Hand gemachten Ausstellungen und der Freude, daß das Geleistete doch einigen Wert habe und zu Erwartungen berechtige, hin und her wogte. Im Nachhall dieser nämlichen Stimmung berührte ich den fraglichen Punkt auch bei unserem Scheiden in Berlin. Als ich mir alles ruhig überleg-//te, sah ich wohl ein, daß ich mich durch-
50 aus so einzurichten hätte, um allein durchzukommen. Etwaige fernere Ratschläge von Ihnen würden mithin nicht als unerläßliche Winke erwartet, sondern wären nur als Bestätigung des von mir zustande Gebrachten willkommen gewesen. Somit habe ich denn getrost fortgearbeitet und die Abhandlung gegenwärtig zu 2/3
55 fertig gebracht. Während der ganzen Arbeit habe ich nicht wenig Kraft und Mut aus der Belehrung gesogen, die ich Ihnen zu danken habe. Jetzt eben habe ich das 4. Kapitel vor, das, wie Sie wissen, die Prüfung der Leibnizschen Erkenntnistheorie behandelt. Mehr als die ganze Abhandlung, die nun so gut wie neu geworden, muß
60 dies Kapitel umgemodelt werden. Ich glaube hier am richtigsten zu verfahren, wenn ich an L[ei]b[niz] den Maßstab lege, ob nach ihm die bloße, auf das Empirische gerichtete Erkenntnis erklärt sei, wodurch denn seine Berührungspunkte mit Kant die Bedeutung erhalten, daß sie die in der „Krit[ik] d[er] r[eine]n V[e]rn[un]f[t]"
65 gemachten Ergänzungen und Berichtigungen der idealistischen Erkenntnistheorie in ihrer Notwendigkeit darlegen. Zu diesem Verfahren berechtigt mich L[ei]b[niz]' ganze Haltung in den „Nouv[eaux] Ess[ais]", die doch zunächst nicht seine Metaphysik rechtfertigen sollen, sondern gerade die spontane Tätigkeit des
70 Verstandes bei allem Erkennen in erster Reihe erklären wollen. Ich nehme ihn einfach beim Wort mit seinem Nihil est in intellectu usf. [Nichts ist im Verstand, was nicht vorher in den Sinnen war, außer dem Verstande selbst] und suche nachzuweisen, wie zwitterhaft und schwankend er diesen Satz nimmt, indem er mit der Sinnlich-
75 keit nie recht klar werden kann und daher die immanenten Verstandeswahrheiten bald in engster Beziehung zur Sinnlichkeit stellt, bald diese in die fatale Verworrenheit zurückstößt und den lieben // Gott um seine Allwissenheit beneidet. Meine Kritik fragt

also nicht, wie L[ei]b[niz] ein Wissen des Übersinnlichen erreicht, denn dies ist bei ihm schon vorausgesetzt, sondern sie zeigt, daß seine idealistische Erkenntnistheorie nur dann Sinn bekommt, wenn die Sinnlichkeit dem Verstande ebenbürtig zur Seite gestellt wird. Kantens Kunststück einer Anschauung a priori ist in der Tat bewundernswürdig.

Lassen Sie es heute mit diesen Andeutungen genug sein. Sobald ich alles fertig habe, will ich Ihnen gern ausführlicher über meine Arbeit berichten, vorausgesetzt, daß es Sie interessiert, noch weiteres darüber zu hören. Ich habe versucht, mein Bestes zu tun, und hoffe nun, die Klippen, an denen ich bei der ersten Bearbeitung strandete, glücklich vermieden zu haben. Ebenso war es mein Bemühen, in meiner Darstellung vollständig und bündig zu sein. Ohne Zweifel ist das Ganze besser und reifer geworden, als es im Sommer war. Wenn ich mir also einigen Erfolg verspreche, so berechtigt mich hiezu vor allem Ihre Versicherung, daß Sie die Schrift mit Interesse gelesen, da dieselbe manches Gute biete und von unverkennbarem Fleiße und einer hinlänglichen Belesenheit zeuge.

Bis jetzt ist es mir noch nicht gelungen, der bewußten Rez[en]s[ion] im „Constitutionnel" ansichtig zu werden, werde aber nicht unterlassen, mir das Blatt zu verschaffen. Die französischen Übersetzer scheinen eine gar zu große Treue gegen Sie beobachtet zu haben, indem sie sich verpflichtet hielten, die von Ihnen vor 20 Jahren eingehaltene Ordnung in der Reihenfolge Ihrer Werke, wobei Sie gewiß den Verhältnissen Rechnung trugen, reproduzieren zu müssen. Ein Wort der Verständigung mit Ihnen hätte doch wahrlich vorhergehen sollen.

In steter Liebe und Anhänglichkeit Ihr

Wilhelm B[olin] /

1040

Von Friedrich Kapp

10. Dezember 1864

Dein letzter Brief nebst der wertvollen Broschüre vom Ritter Lang über den Ansbacher Markgrafen ist jetzt schon ein Jahr in meinen Händen. Ich hätte Dir längst schreiben und mich für Deine

Aufmerksamkeit bedanken sollen, bitte deshalb wegen dieser groben Unterlassungssünde um Verzeihung. Übrigens war nicht Gleichgültigkeit oder Faulheit die Ursache. Ich bin des Abends zu müde, zu abgetrieben, um etwas tun zu können, und die frühen Morgenstunden sind die einzige Zeit, die mir gehört.

Also nichts für ungut! Ein kleines Lebenszeichen habe ich Dir durch meinen inzwischen erschienenen „Soldatenhandel" gegeben, der hoffentlich richtig in Deine Hände gelangt sein wird. Leider konnte ich die Ansbacher Materialien aus Lang nicht gebührend im Texte anbringen, da mein Manuskript schon zur Absendung bereitlag; ich will aber das Versäumte in einer hoffentlich bald nötig werdenden 2. Auflage nachholen. Diese Langsche Broschüre ist ein wahres Juwel in seiner Art; selten hat mich ein kostbarer Fund so erfreut; sie ist einer der wichtigsten Beiträge zur kleinstaatlichen Geschichte Deutschlands im 18. J[ahr]h[undert]. Es müssen noch viele derartige Unika in Deutschland zerstreut sein. Wenn sich nur jemand die Mühe gäbe, sie zu sammeln. Sei doch so gut, mir in Deiner Antwort diejenige Stelle in Deinen gesammelten Werken genau zu bezeichnen, welche auf diesen Ansbacher Landesvater anspielt oder mir nur die Arbeit anzugeben, wo ich den Passus finden kann; ich wünsche mich später vielleicht darauf zu beziehen.

Mir und den Meinigen geht es gut. Die Kinder gehen jetzt sämtlich in die Schule und entwickeln sich sehr verständig. Sogar der Junge fängt schon an zu politisieren und mit denen sich zu prügeln, die in seiner Klasse für MacClellan statt Lincoln waren. Diese Dinge liegen hier in der Luft; in unserem Hause wurden sie gar nicht genährt. Es ist mein Streben und Bemühen, so bald als möglich wieder nach Deutschland zurückzukehren. Wenn es gut geht, so hoffe ich 1870 imstande zu sein, meine Rückwanderung zu ermöglichen, sonst muß ich bis zu meinem 50. Jahre warten, also noch 10 Jahre von jetzt an. Ich habe mich hier von jeder Beteiligung am politischen Leben zurückgezogen und gehe nur meinem Geschäft und Privatstudien nach. Ich glaube, in Bruckberg kann man nicht zurückgezogener leben, als ich es hier tue. Ich denke in Deutschland eine größere preußische Provinzialstadt zu meinem Wohnort zu wählen, denn für Berlin werden voraussichtlich meine Mittel nicht ausreichen, und in einem kleinen deutschen Raubstaat mag ich nicht wohnen. Preußen hat wenigstens noch die Möglichkeit, etwas zu werden; die Raubstaaten dagegen haben nur die Bestimmung, möglichst bald zum Teufel zu gehen.

Wir beabsichtigen hier ein größeres republikanisches deutsches Blatt zu gründen, sobald wir nämlich 100 000 Dollar haben; bis jetzt sind aber erst 40 000 $ gezeichnet. Ein solches Blatt kann natürlich anständig bezahlen. Wärest Du willens, ständiger Mitarbeiter zu werden und etwa alle Monate über einen Dir zusagenden Gegenstand zu schreiben? Laß mich wissen, was Du darüber denkst; die Unternehmer hier, zu denen ich auch als Unterzeichner für eine Aktie à $ 500 gehöre, würden froh sein, wenn Du ihnen eine Zusage machtest. Es ist, wie gesagt, noch zweifelhaft, ob das Kapital zusammenkommt, denn unter $ 100 000 soll nicht angefangen werden. Wüßtest Du eventuell einen guten Korrespondenten in Mitteldeutschland?

Ich habe, da ich nur so lange als nötig hier zu bleiben gedenke und im Jahr 1870 imstande zu sein hoffe, als unabhängiger Mann nach Deutschland zurückzukehren, mir vorgenommen, die Zwischenzeit mit Arbeiten auszufüllen, die meinen Landsleuten drüben hoffentlich zugute kommen werden. Ich habe deshalb meinen alten Plan, eine Geschichte der deutschen Einwanderung zu schreiben, aus denselben Gründen wieder aufgenommen, die ich in der Einleitung zu meiner Schrift über den Soldatenhandel ausgeführt habe. Es kann den deutschen Kollegen nicht schaden, die Kleinstaaterei von den verschiedensten Seiten beleuchtet und als die Hauptquelle unseres politischen Elends nachgewiesen zu sehen. Mir stehen hier Hülfsmittel zu Gebote, die man in Deutschland gar nicht kennt, ja von deren Vorhandensein man kaum eine Ahnung hat. Für diese Arbeit möchte ich auch Deine Hülfe in Anspruch nehmen. Falls Dich keine dringenden Arbeiten beschäftigen, bitte ich Dich, mir einen Aufsatz über die Herrnhuter zu schreiben. Sie spielen eine hervorragende Rolle in der Geschichte der deutschen Einwanderung und bilden das geistige zivilisierende Element unter all den verwahrlosten Kleinbürgern und Bauern, welche Not oder Abenteuersucht nach Amerika getrieben hatte. Die Herrnhuter – hier nennt man sie nur Moravians oder Moravianbrothers – sind vortreffliche Bürger, fleißig und sparsam, ausdauernd und kühn; aber im öffentlichen Leben bedeuten sie nichts. Entweder beugen sie sich der herrschenden Macht oder ziehen sich in die Schneckenstube ihres religiösen Lebens, besingen das Gotteslamm und bekehren die Indianer.

Es kommt mir nur auf den geschichtlich-philosophischen Nachweis an, wie diese Herrnhuter als ein Flügel des wiedererwachten geistigen Lebens und Denkens im Gegensatz zu dem verknöcherten und vom Staate beschützten Luthertum, gar keine allgemeinen Gesichtspunkte haben konnten, wie sie zwischen oder ausschließlich mit ihrem Ich beschäftigt, nur bei sich und mit sich verkehren, und wie ihre bürgerliche Stellung aus ihrer Religion zu erklären ist. In ihren Leistungen übertreffen sie alle zeitgenössischen Mitansiedler durch Tätigkeit und Erfolg. Ihr Stifter und Kirchenvater Zinzendorf ist mir eine durchaus antipathische Natur; er ist aber eine merkwürdige Mischung von klarem praktischem Verstand und bodenloser Schwärmerei, von Eitelkeit und Hingebung. Wenn ich auch die Möglichkeit der Entstehung dieser Sekte und ihres relativen Fortschritts zu verstehen glaube, so fehlen mir doch die zur Begründung und Durchführung meiner Ansicht erforderlichen Quellen und Vorkenntnisse, das unerläßliche Stratum [die Schicht, das Lager], auf dem ich meine Darstellung aufbauen könnte. Das Verhältnis dieses Teils meiner Arbeit zum Ganzen ist aber nicht so groß, daß ich den Gegenstand selbständig durchzustudieren mich gedrungen fühlte. Es kommt mir weniger auf wörtliche Benützung Deiner Ansichten als deren Kenntnis an. Du könntest also die Studie später in jeder Dir geeignet erscheinenden Form benutzen. Das Ganze braucht nicht ausgearbeitet zu sein, einzelne Thesen reichen mir völlig aus. Beifolgend die Ansicht meines Freundes und Associé C[harles] Goepp, dessen Vater Herrnhuter ist und der selbst bis zum 18. Jahre der Gesellschaft angehörte. Er ist ein Exponent des gebildeten Herrnhutertums; vielleicht führt Dich diese Ausführung auf einige neue Gesichtspunkte.

Als Honorar für Deine Arbeit lege ich eine Anweisung auf Frankfurt a[m] M[ain] für 300 fl. bei. Da die Aussteller der Tratte [des gezogenen Wechsels] ein bedeutendes hiesiges Haus sind, so wirst Du den Betrag bei jedem Geldwechsler oder Bankier in Nürnberg einziehen können. Wenn ich die Arbeit im Laufe des Jahres 1865 erhalte, so kommt sie zeitig genug. Hast Du keine Lust, sie zu machen, so ersuche ich Dich, das Geld nichtsdestoweniger in usum proprium [zum eigenen Gebrauch] zu verwenden und im Laufe des Sommers eine Vergnügungsreise davon zu machen oder Dir ein gutes Faß Wein dafür einzulagern oder sonst ein bene [eine Wohltat] dafür anzutun, das nicht auf dem regelmäßigen Etat stehen darf. Trotz des Krieges verdient unsereiner hier noch genug, daß es auf ein paar hundert Gulden mehr oder weniger nicht ankommt. Ich wiederhole nochmals, ich will Dich durchaus zur verlangten Arbeit nicht zwingen; widert Dich das Thema oder überhaupt die Zumutung an, auf fremde Bestellung zu arbeiten, so

tue, als ob ich nichts gesagt hätte und nimm mir einfach die Zumutung nicht übel.
Hoffentlich treffen Dich diese Zeilen noch zu den Feiertagen. Grüße die Deinigen und laß mich mein langes Stillschweigen nicht entgelten.

Ganz der Deinige
Friedrich Kapp

1041

Von Friedrich Kapp

17. Dezember 1864

Schreibe doch, falls Du Lust dazu hast, ein anerkennendes Wort über den hiesigen Krieg, das eventuell gedruckt werden kann. Deutschland ist das einzige Land, dessen Vertreter in Literatur und Politik den gewaltigen Krieg zwischen Norden und Süden ignoriert haben. Es sollte wenigstens eine geachtete Stimme sich laut für den Norden erklären.

1042

Von Karl Blind

25. Dezember 1864

/ 23 Townshend Road, St. John's Wood, *London*, N. W., 25. Dez[ember] 64
Verehrter Freund!
Ich kann das „heilige Christfest" nicht würdiger feiern, als indem ich mit Ihnen mich in geistigen Rapport setze. Darum von mir, meiner Frau und unserer Tochter herzliche Grüße an Sie und die werten Ihrigen zuvor!
Eine oder zwei Sendungen *Flugschriften* werden Sie im Lauf des vorigen Jahres von mir erhalten haben. Heute komme ich im Namen der Sache, die uns alle verbindet, mit einer Anfrage und einer freundschaftlichen Bitte.

Unser *Verein „Deutsche Freiheit und Einheit"*, der seit Jahren
von hier aus eine demokratische deutsche Propaganda betreibt,
gedenkt demnächst ein periodisch erscheinendes Heft als regelmäßiges // Organ herauszugeben. Es soll eine ausgesprochen
freistaatliche, also republikanische Tendenz haben und ein *Freiligrath*sches entsprechendes Motto an der Spitze tragen. Außer
den hiesigen Freunden haben bereits Dr. Louis *Büchner*, („Kraft
und Stoff"), Gustav *Struve*, Dr. Gustav *Rasch* u. a. die Mitwirkung
zugesagt; ebenso zählen wir auf August *Röckel* (den Maigefangenen) und auf eine Anzahl anderer guter Namen, wie auch die Teilnahme von *Hecker*, den Unionsgeneralen *Sigel* und Karl *Schurz*,
von Friedrich *Kapp* in Amerika, von dem ehemal[igen] Mitglied
des deutschen Parlaments Fr[iedrich Jacob] *Schütz*, Karl *Heinzen*
und sonstigen meiner persönlichen und politischen Freunde in
Amerika mit Sicherheit erwartet ist.

Im Namen der hies[igen] Gesinnungsgenossen geht nun meine
Frage dahin: Ob Sie Ihren Namen als einen der *Mitwirkenden*
ebenfalls nennen lassen wollten, wie dies Büchner, Struve und
andere in Deutschland bereits förmlich // getan haben. Es würde
uns alle herzlich freuen, wenn Sie diese Erlaubnis geben wollten,
und zwar möchte ich dabei bitten, wenn es Ihnen möglich wäre,
Ihre gef[ällige] Antwort mir *umgehend* zuzuschicken. Sie können
mir unter meiner eigenen Adresse schreiben oder unter der Anschrift: Messrs. Trübner & Co., booksellers, 60 Paternoster Road,
City, *London*, E. C., mit versiegelter Einlage.

Es versteht sich von selbst, daß die Nennung eines Namens als
eines „Mitwirkenden" keineswegs die Verantwortlichkeit des
einzelnen für alles in den Heften Erscheinende in sich schließt. Der
Ton des Organes soll ein populärer sein. Wir wollen im Volke
Propaganda machen. Die Arbeit ist der Regel nach eine unentgeltliche; im vorliegenden Falle würde jedoch ein Honorar von einem
Pfund Sterl[ing] (zwölf Gulden) für einen Aufsatz von etwa
4 Druckseiten gebo-//ten. Noch will ich bemerken, daß der Verwaltungsrat aus folgenden Mitgliedern besteht: Dr. med. Ed[uard]
Bronner (ehem[aliges] Mitglied der Konstit[uierenden] Versammlung in Baden); Professor W. *Ehrlich*, Dr. med. C[arl] H[einrich]
Schaible, Prof[essor] an der Militär-Akademie zu Woolwich;
E. G. Rarenstein, Statistiker im engl[ischen] Kriegsministerium,
und Kaufmann Jul. *Wolffsohn*, die in London, Bradford und
Newcastle wohnen. Verleger (und Mitglied des Verwaltungsrats)

ist der Buchhändler N[ikolaus] *Trübner,* der Chef der bekannten
deutschamerik[anischen] Firma dahier.
Dürfen wir nun, verehrter Freund, darauf zählen, daß auf dem
Titelblatt, welches die Worte tragen soll: „Herausgegeben vom
Verein D[eutsche] Frei[heit] und Einh[eit] – unter Mitwirkung
von" (folgt die Reihe der Freunde der Sache) neben den obigen
auch Ihr Name genannt wird? Wollten Sie mir auch sagen, ob Sie
gelegentlich zu den genannten Bedingungen einen Aufsatz beitragen würden? Ihrer baldigen freundl[ichen] Antwort entgegensehend grüßt Sie herzlich Ihr
Karl Blind

N[ach]s[atz]. Wenn Sie ein photogr[aphisches] Bild von sich
vorrätig haben, wollten Sie uns damit erfreuen? /

1043

Von Wilhelm Bolin

30. Dezember 1864

/ Helsingfors, d[en] 30. Dezember 64
Den lieben Ihrigen und Ihnen selbst, mein teurer Freund, ein
gutes neues Jahr wünschend, eile ich, Kunde über den Ausgang
meiner Arbeit zu geben. Man hat mir die venia docendi [die Erlaubnis, Vorlesungen zu halten] erteilt – hier mit einem ganz hübschen Gehalt verknüpft, das aber erst noch einige Zeit anfällt;
dagegen bleibt das Amt selbst vorläufig noch unbesetzt. Nach
Verlauf von 15–18 Monaten habe ich eine neue Arbeit zu liefern,
mit der es mir hoffentlich gelingt, den letzten, praktisch wichtigsten
Wurf zu tun. Ich kann diese Entscheidung nicht anders denn gerecht und erwünscht finden; letztres, weil ich Zeit gewinne zu
fernerer ungestörter Entfaltung, ersteres, weil meine Ihnen bekannte Arbeit, bei der Eile, mit der ich sie aus den Händen geben mußte, den strengsten Forderungen der Wissenschaft, deren Rechtmäßigkeit ich nimmer antaste, nicht unbedingt entspricht. Als ich
im Oktober die zweite Bearbeitung begann, war die Zeit so weit
vorgerückt, daß ich schon zu drucken anfangen mußte, wenn ich
anders die mir von der Akademie festgesetzte Frist einhalten wollte. So wurden denn je 8 Seiten, wie sie am Schreibtisch vollendet,

zur Druckerei getragen und Bogen um Bogen völlig expediert, noch ehe die Schrift selbst fertig war. Als ich auf die Hälfte gekommen, stieß ich auf einen hartnäckigen Stillstand in meiner Arbeitsfähigkeit, die mir deutlich sagte, daß eine längere Besinnung erforderlich wäre. Daran war aber nicht mehr zu denken, sondern es mußte aufs Geratewohl fortgearbeitet werden. Kaum hatte // ich dann die Abhandlung beendet und eingereicht, als ich merkte, daß ich mein Problem stellweise nicht scharf und fest genug präzisiert [hatte]. Allerdings hatte ich die von Ihnen ausdrücklich bemerkten Fehler sorgfältig ausgemerzt; die Spannung aber und die Zeitkürze, mit denen ich unablässig zu ringen hatte, machten es mir durchaus unmöglich, meine Darstellung gehörig zu sichten und zu heben und die Untersuchung nach Punkten auszudehnen, die, wie ich nun sehe, meinem Gegenstande überaus günstig gewesen wäre. Ich hätte einerseits Leibnizens Verfahren gegen Locke und seine eigne Stellung zur Erfahrung genauer erörtern müssen, andrerseits hätte ich mir Ihren Wink, daß Kant selbst auf dem Standpunkt der von ihm bekämpften Metaphysik beharre, noch mehr zu Nutzen machen sollen. Zu allem diesem war aber ein neues Studium von Leibniz und Kant und eine erweiterte Kenntnis von Locke, Wolff und Hume erforderlich, wozu es mir an Zeit gebrach. Ich mußte mich jeglicher Kritik über Kant enthalten, mich nur auf seine Berührungspunkte mit L[ei]b[niz] beschränken und zu zeigen suchen, daß dieser das Erkenntnisproblem nicht vernachlässigt, sondern in der Lage war, schon ähnlich wie K[ant] gegen die Empirie zu operieren. Soviel K[ant] hierzu von Wolff entlehnt, halte ich seine Taktik gegen Hume für eine Influenz von L[ei]b[niz], der ihm in der Rettung der Verstandesdata a priori vorgearbeitet. Eine solche Darstellung muß aber unvollständig ausfallen, wenn die oben berührten Punkte nicht mit hineingezogen werden, da sie gleichsam die Probe der Richtigkeit der Behauptung geben und deren Fernsein das Ganze ohne hinlänglichen Halt erscheinen läßt, zumal die Darstellung Spuren der Mühe und Hast trägt, zu denen ich wohl oder übel verurteilt war. /

/ Indessen hat meine Arbeit vielerseits eine freundliche und wohlwollende Aufnahme gefunden und erfuhr meine Erklärung über die Art, wie L[ei]b[niz]' Schweigen gegenüber Locke zu verstehen, und mein Beweis, daß K[ant] den L[ei]b[niz] selbst gelesen, sowie auch meine Belesenheit und gewandte Darstellung unbedingte Anerkennung. Ich bin gesonnen, diese Schrift, jedoch gehörig gekürzt und berichtigt, baldmöglichst ins Deutsche zu übertragen, da selbige doch wohl des wissenschaftlichen Interesses nicht entbehrt. Daher gestatten Sie mir, das versprochene nähere Referat gegen diese Zusage zu vertauschen.

Nun steht mir bevor, mich für einen neuen Stoff zu entscheiden und zu rüsten. Hiefür wende ich mich abermals an Ihre gütige Einsicht. Mich gelüstet es, die Willensfreiheit in Untersuchung zu ziehen. Bei meiner Belesenheit kommt mir hier ein längeres Nachdenken über dieses anziehende Thema nicht wenig zustatten. Die dabei obwaltende Schwierigkeit verhehle ich mir keineswegs. Soviel mir bekannt – Ihre eignen Aufzeichnungen über diesen Punkt sind mir, wie Sie ja wissen, noch verborgen –, ist bisher keine befriedigende Lösung gegeben, weil sie auf dem Standpunkte des isolierten Subjekts nie zu finden ist. Halten Sie es für ratsam, daß ich mich an diesen Gegenstand wage? und wenn dem so ist, wollen Sie mir Ihren freundschaftlichen Rat hinsichtlich der zu befolgenden Methode und der zu benutzenden Quellen erteilen? – Es ist mir um eine rein philosophische Abhandlung zu tun, deren Vorarbeiten meiner Vorlesungstätigkeit zugute kommen und deren Behandlung mutmaßlich in einem Jahre zu bewerkstelligen wäre. Letztres ist natürlich ein höchst unzuverlässiges Kriterium, da die Wonne der günstigen Stimmung nach keiner Wahrscheinlichkeitsrechnung, noch weniger nach bloßen Arbeitstagen zu berechnen ist. Bei einer akademischen Aufgabe ist jedoch // Zeitbestimmung ganz unerläßlich und dürfte man immerhin im voraus beurteilen können, ob man sich zu etwas Ausführbarem entschlossen habe. Von allen mir übersehbaren und mich irgend anregenden Problemen scheint mir keines so geeignet und anziehend als wie die Frage von der Willensfreiheit. Ich kann Ihre exakte, faktisch-genetische Methode dabei einhalten, ohne meine antitheologische und antisystembauende Richtung bloßzulegen. Dies Anlehnen an den Deus verbietet sich hier von selbst, wenn man anders zu einem positiven Resultat und nicht etwa zu einem Widerspruch gelangen will. Ebenso ist das Operieren mit den Formeln eines begriffsspinnenden Systems ganz unstatthaft, weil man damit keinen Aufschluß erteilt, sondern nur mit Hinweisungen auf eine dogmatisch angenommene und angelernte Terminologie beweist. In einigen 6 bis 8 Wochen oder etwa um Ostern hoffe ich in der Sache mit mir selbst mehr im klaren zu sein und werde alsdann Ihnen nähere Kunde erteilen. Doch wäre es mir lieb, bis dahin zu erfahren, was Sie über das fragliche Thema denken und ob Sie Zeit und Lust haben, mich abermals mit Ihrem Rate zu fördern? Ich habe Mut, mich an die

Aufgabe zu machen, weil mich der Stoff anzieht und weil ich der
Meinung bin, daß man seine Kräfte am Schwierigen üben und
entfalten muß, denn mit der erfolglichen Lösung einer gleichsam
sich von selbst lösenden Aufgabe läuft man Gefahr, sich selbst über
seine Befähigung zu täuschen.

Es versteht sich von selbst, daß ich baldigen Nachrichten von
Ihnen und Ihren teuren Angehörigen mit Spannung entgegenblicke.
Hoffentlich treffen diese Zeilen Sie alle in bestem Wohlbefinden.
In steter Freundschaft und Anhänglichkeit

Ihr Wilhelm Bolin /

1865

1044

An Friedrich Alexander Kapp

5. Januar 1865

/ Rechenberg bei N[ürn]b[er]g, 5. Jan[uar] [18]65
Lieber Kapp!
Es war mir eine erfreuliche Nachricht, daß Du die Langsche
Schrift erhalten hast, da ich aus Deinem langen Stillschweigen auf
das Gegenteil geschlossen hatte, und zwar um so mehr, als ich den
Überbringer derselben, Herrn Auffermann, bei seiner Abreise nicht
getroffen und daher dem Kellner seines Hotels das Paketchen
übergeben hatte. Den fraglichen Punkt, wegen dessen ich dieselbe
Dir überschickt, führe ich in meinen Schriften nicht als ein historisches Faktum an, sondern nur (in den Anmerkungen zu den „Vorlesungen über d[as] Wes[en] d[er] Rel[igion]") in der Art ungefähr – ich habe das Buch ausgeliehen – „es ist dem Resultate nach
ganz eins, ob mich ein Es, etwa ein Ziegelstein, erschlägt oder ein
Er, etwa mein allergnädigster Landesherr zu seinem Plaisir vom
Dache herunterschießt", ob ich gleich dabei den A[nsbacher]
Markgraf im Sinne hatte. Dagegen habe ich Deine Schrift über den
Soldatenhandel nicht erhalten, bin jedoch, aber erst dieser Tage,
nach Empfang Deines ersten Briefes, durch einen Auszug des
„Fränkischen Kuriers" daraus mit ihrem wesent-//lichen Inhalt bekanntgemacht worden. Du hast Dir durch diese Schrift ein neues
Verdienst erworben, und zwar diesmal weniger um Deine Landsleute in Amerika als die in Europa, die noch heute sich von ähnlichen fürstlichen Kreaturen geduldig beherrschen lassen. Mit
Vergnügen bin ich bereit, zu Deinem neuen Werke über die Einwanderung in A[merika] nach Kräften und Mitteln beizutragen, um so
mehr, als ich Dir schon von früher her und erst neuerdings wieder
durch die Übersendung eines Wechsels auf 300 fl., den ich bereits
am 27. Dezember [18]64 erhalten und am 31. mit dankbarem
Herzen einkassiert habe, zugleich als Schuldner verbunden bin.
Nur muß ich, was den vorgeschlagnen speziellen Gegenstand
betrifft, gestehen, daß ich, wie Du selbst, eine Antipathie gegen
die religiöse Sonderbündelei der Herrnhuter und ihrer Stifter habe
und daß ich jetzt wenigstens trotz der interessanten Mitteilungen
Deines Freundes noch nicht weiß, was sich dieser an sich nicht
reizenden Partikularität für pikante allgemeine Gesichtspunkte

und Zusammenhänge abgewinnen lassen. Indes l'appetit vient en mangeant [der Appetit kommt beim Essen]. Nur kann ich jetzt
40 noch nicht an den Gegenstand gehen, da ich // eben damit beschäftigt bin, das bereits vorliegende Material zu einem neuen Bande meiner Gesamtausgabe zu vervollständigen. Dein Brief kam gerade in dem Momente an, wo ich ein Thema vollendet hatte, das mich am Schlusse auf den heiligen Beruf und göttlichen Ursprung des
45 Carnifex [Henkers] und Tortor [Folterknechts] im christlich-germanischen Kriminalrecht im Gegensatze zu der verächtlichen Bedeutung desselben bei den Heiden, besonders den Römern, geführt hat und ich mich eben besann, welches Thema ich nun aus den vielen im Kopfe und Plane vorhandnen zur Ausarbeitung aus-
50 wählen soll. Noch bin ich unentschieden, aber nur soviel ist gewiß, daß noch einige Monate vergehen werden, ehe ich die Probe machen kann, ob der eben angeführte gastronomische Satz auch in der Historie, in der Literatur überhaupt sich bestätigt, woran ich nicht zweifle, da trotz meiner Antipathie gegen den Pietismus, zu
55 dem ja auch der Herrnhutismus nicht nur seinem Ursprung, sondern auch teilweise seinem Wesen nach gehört, der Gegenstand an sich selbst in das Gebiet meiner Lebensaufgabe fällt. Diese ist ja bekanntlich keine andre, als das Wesen der Religion nach allen ihren Seiten und Gestalten bis zu ihren letzten, // sich im Hirn des
60 Menschen verlierenden Wurzeln hin zum Heil und Wohl der Menschheit zu verfolgen und ergründen. Wie überhaupt bei meinen schriftlichen Arbeiten, so hängt aber auch bei dieser sehr viel, wo nicht alles, von dem Umstande ab, daß mir zur rechten Zeit die rechten Quellen in die Hände fallen. Wie viele Themata habe ich
65 nicht schon gänzlich aufgeben, wie viele nur beschränkt lösen können, weil es mir an den nötigen Büchern fehlte oder sie mir erst verschaffen konnte, nachdem längst das Feuer der Lust zur Arbeit verraucht war. Welche traurigen Erfahrungen habe ich nicht in dieser Beziehung schon hier gemacht! Wie ganz anders wäre es,
70 wenn ich in einer mittelreichen Stadt leben könnte, wie etwa Berlin, wo ich diesen Herbst, um Dir gleich dies mitzuteilen, 3 Wochen mit meiner dorthin eingeladnen Tochter mich aufhielt und es mir trotz Bismarck und Konsorten sehr wohl gefiel, so daß in mir der lebhafte Wunsch und fast Entschluß entstand, wenn auch
75 nicht dort mit Weib und Kind mich niederzulassen, doch allein auf längre Zeit mich dort aufzuhalten, um die dortige Bibliothek zu benutzen. – Den armen Solger bedaure ich aufrichtig. Es freut mich aber, daß es Dir und den Deinigen wohl geht. Bei uns ist es

auch der Fall, nur fehlt uns Wärme in unsrer luftigen Wohnung
im Winter. – Einen guten Korrespondenten in Mitteldeutschland
für Euer Unternehmen weiß ich diesen Augenblick nicht, werde
ihn aber später Euch zu verschaffen wissen. Für den Brief meines
Vaters, der mir schandbarerweise nicht zu Gesicht noch Ohr gekommen, schönsten Dank von Deinem Dir auch außerdem dank-
verbundnen

                              Feuerbach

Deinen Vater habe ich leider! nicht in B[erlin] getroffen, Deinen
Schwager von der Leyen besuchen *wollen*. /

1045

Von Joseph Roy

8. Januar 1865

                                       / Ce 8 janvier 1865
Monsieur,
Vous devez trouver au moins étrange que je n'aie pas encore
répondu à la lettre que vous m'avez fait l'honneur de m'écrire, il
y a déjà deux mois. N'eusse-je alors rien eu à vous dire, j'aurais
dû vous écrire un mot pour vous en accuser réception et vous remercier des compliments que vous avez bien voulu me faire. Je
n'ai donc pas d'excuse et j'accepte votre condamnation ainsi que
le châtiment qu'il vous plaira de m'infliger. *Pendant ces deux
mois*, pour échapper à des ennuis de toute sorte j'ai vécu comme
un sauvage, le fusil à la main, dans les marais et dans les bois.
L'inconscience du temps a été chez moi si grande que j'ai oublié
tout même des devoirs de la plus simple et de la plus agréable
politesse; mais je ne veux pas vous rendre compte de choses qui
ne vous intéresseraient guère: je vous dirai pour en finir que je
viens de me réveiller. – Supposez que vous m'avez écrit hier ou
que j'ai dormi depuis deux mois et soyez assez bon pour n'y plus
penser.
    Je n'ai pas besoin de vous assurer // que j'ai appris avec le plus
grand plaisir que ma traduction vous avait satisfait. Quant aux
observations que vous avez faites à propos de certaines parties, aux
lacunes et omissions que vous avez signalées, je les avais prévues

d'avance; elles ne m'ont donc pas surpris et je puis vous affirmer que si les deux volumes avaient paru tels que je les voulais, vous auriez été étonné de l'accord qu'il y avait entre nous en tout et pour tout, bien que nous n'eussions eu aucun rapport ensemble. Vous raconter pourquoi les choses ne se sont pas passées comme je l'aurais désiré serait une trop longue histoire.

D'abord j'avais commencé à vous traduire à tort et à travers selon que les pages que je lisais me faisaient plus ou moins de plaisir. Puis j'avais interrompu ma traduction en apprenant qu'il y en avait une autre – puis je l'avais reprise en voyant que cette dernière laissait beaucoup à désirer – puis je ne trouvais pas d'éditeur qui parût disposé à se charger de l'affaire. – Enfin est venu Mr. Lacroix qui après avoir refusé d'abord, ensuite s'est ravisé et s'est mis à me crier: „vite, vite", si bien // que j'ai pris toutes les pages traduites, les ai rajustées tant bien que mal, y ai ajouté une ombre de préface et les ai livrés au public. –

Chose mal commencée est rarement menée à bonne fin, mais ici le mal peut être réparé et je vais me mettre à l'oeuvre dans cette intention. Que croyez-vous que je vais faire? Rien autre chose qu'un troisième volume et comme il me tarde d'en avoir fini, avant trois mois tout sera terminé. – Cette fois-ci je vais vous mettre littéralement en pièces. A part deux ou trois opuscules tirés des „Erläuterungen und Ergänzungen z[um], W[esen] d[es] C[hristentums]"' et que je traduirai presque entièrement, je prendrai le reste page par page dans la „Théogonie" et dans les „Discours sur la Religion" et j'ajouterai au tout une préface ou une conclusion pour en rendre l'intelligence plus facile. Je ferai en sorte que rien d'important ne soit omis et afin que le lecteur ne se figure pas rencontrer par-ci par-là quelque contradiction je tâcherai de le mettre à votre point de vue s'il en est capable ou s'il ne s'y refuse pas.

Comme vous le voyez, cette première édition laissera encore à désirer, mais dans une seconde – et pourquoi n'y en aurait-il pas une seconde? – je chargerai, // c.-à-d. je disposerai d'une meilleure façon l'ordre des matières. J'accompagnerai chaque sujet de notes, je répondrai aux critiques, s'il y en a, ou vous y répondrez vous-même, si cela vous fait plaisir et nous laisserons l'oeuvre faire son chemin à la garde des hommes de bonne volonté.

J'avais d'abord l'intention, au lieu de continuer à vous traduire, de faire un travail sur vous, et à propos de vous sur bien d'autres choses. J'y ai renoncé pour le moment, n'ayant pas le loisir nécessaire et ne me sentant pas la force d'accomplir cette tâche selon les conditions que je m'imposerais. Et puis j'ai pensé qu'il serait bien possible que vous eussiez fait vous-même les trois quarts de ce travail. Depuis dix ans n'avez-vous rien écrit à part la „Theogonie"? Vous m'avez dit que vous aviez soixante ans – je vous en croyais davantage. – Votre testament n'est donc pas fait et si vous me constituez votre légataire interprète, je ne me sens pas le besoin d'ouvrir la bouche pour bégayer d'avance ce que vous y direz d'une voix retentissante. Me serait-il permis de vous demander quelques confidences là-dessus?

Dans quelques jours j'aurai l'honneur de reprendre ma conversation avec vous à propos de la traduction que je vais commencer.

En attendant je vous salue en ami

J[oseph] Roy /

[Den 8. Januar 1865

Sehr geehrter Herr!

Sie werden es zumindest seltsam finden, daß ich noch nicht auf den Brief geantwortet habe, mit dem Sie mich schon vor zwei Monaten beehrten. Hätte ich Ihnen auch nichts zu sagen gehabt, so hätte ich Ihnen doch ein Wort schreiben sollen, um den Empfang zu bestätigen und Ihnen für die Komplimente zu danken, die Sie die Güte hatten, mir zu machen. Ich habe also keine Entschuldigung und nehme Ihre Verurteilung hin sowie die Strafe, die Sie mir aufzuerlegen belieben. *Während dieser zwei Monate* habe ich, um Verdrießlichkeiten aller Art zu entkommen, wie ein Wilder, das Gewehr in der Hand, in den Sümpfen und Wäldern gelebt. Das Bewußtsein der Zeit war mir so sehr verloren gegangen, daß ich selbst die Pflichten der einfachsten und angenehmsten Höflichkeit vergessen habe, doch ich will Ihnen keine Rechenschaft über Dinge geben, die Sie kaum interessieren dürften: Ich will Ihnen sagen, um damit zu schließen, daß ich wieder aufgewacht bin. – Denken Sie einfach, Sie hätten mir gestern geschrieben oder ich hätte zwei Monate geschlafen und seien Sie so gut, nicht mehr daran zu denken.

Ich brauche Ihnen nicht zu versichern, daß ich mit dem größten Vergnügen erfahren habe, daß Sie mit meiner Übersetzung zufrieden waren. Was die Bemerkungen angeht, die Sie mir bezüglich gewisser Abschnitte gemacht haben, zu den Lücken und Auslassungen, die Sie angezeigt haben, so hatte ich sie vorausgesehen; sie haben mich also nicht überrascht, und ich kann Ihnen versichern, wenn die beiden Bände so erschienen wären, wie ich es wollte, wären Sie erstaunt gewesen über die Übereinstimmung, die es zwischen uns in allem und für alles gegeben hätte, obwohl wir keinerlei Kontakt miteinander hatten. Ihnen erzählen, warum die Dinge nicht so gelaufen sind, wie ich es gewünscht hatte, wäre eine zu lange Geschichte.

Zunächst hatte ich begonnen, Sie drauflos zu übersetzen, entsprechend den Seiten, die ich mit mehr oder weniger Vergnügen las. Danach hatte ich meine Übersetzung unterbrochen, als ich erfuhr, daß es schon eine andere gäbe – dann habe ich sie wieder aufgenommen, als ich sah, daß letztere viel zu wünschen übrig ließ – dann fand ich keinen Verleger, der bereit war, sich mit der Sache zu befassen. Endlich ist Herr Lacroix gekommen, der, nach anfänglicher Ablehnung, sich plötzlich anders besann und sich hinstellte und „Rasch, rasch" rief, so daß ich alle übersetzten Seiten genommen, sie so gut es ging hergerichtet, ihnen den Schatten eines Vorworts vorangestellt und sie dem Publikum übergeben habe.

Eine schlecht begonnene Sache wird selten zu einem guten Ende geführt, aber hier kann der Schaden wieder gutgemacht werden, und in dieser Absicht mache ich mich ans Werk. Was, glauben Sie, werde ich tun? Nichts anderes als einen dritten Band, und da es mich drängt, ihn zu beenden, wird alles in weniger als drei Monaten fertig sein. – Dieses Mal werde ich Sie buchstäblich in Stücke zerreißen. Abgesehen von zwei oder drei Schriften aus den „Erläuterungen und Ergänzungen zum ‚Wesen des Christentums'", die ich fast vollständig übersetzen werde, nehme ich den Rest Seite für Seite aus der „Theogonie" und den „Vorlesungen über ⟨das Wesen⟩ der Religion" und füge dem Ganzen eine Einführung oder ein Nachwort zum leichteren Verständnis hinzu. Ich werde so verfahren, daß nichts Wichtiges ausgelassen wird, und damit der Leser nicht an manchen Stellen einen Widerspruch zu entdecken glaubt, werde ich mich bemühen, ihn mit Ihrem Gesichtspunkt vertraut zu machen, sofern er dazu fähig ist und willens ist.

Wie Sie sehen, läßt diese erste Ausgabe noch zu wünschen übrig, aber in einer zweiten – und warum sollte es keine zweite geben? – stelle ich mir die Aufgabe, d. h. ich werde eine bessere Anordnung des Stoffes vornehmen. Ich werde jeden Gegenstand mit Anmerkungen versehen, auf Kritiken antworten, wenn es welche gibt, oder Sie antworten selbst, wenn es Ihnen Vergnügen macht, und wir lassen das Werk seinen Weg gehen, unter der Obhut von Menschen guten Willens.

Ich hatte zunächst die Absicht, anstatt Sie weiter zu übersetzen, eine Arbeit über Sie und, von Ihnen ausgehend, über viele andere Dinge zu schreiben. Ich habe im Augenblick darauf verzichtet, da ich nicht die nötige Muße habe und nicht die Kraft verspüre, die Aufgabe so zu erfüllen, wie ich sie mir vorstelle. Und dann habe ich gedacht, daß Sie möglicherweise selbst Dreiviertel dieser Arbeit getan haben könnten. Haben Sie seit zehn Jahren nichts außer der „Theogonie" geschrieben? Sie haben mir gesagt, daß Sie sechzig Jahre alt sind – ich glaubte, Sie seien älter. Ihr Testament ist also noch nicht gemacht und wenn Sie mich zum Interpreten Ihres Vermächtnisses einsetzen, so brauche ich nicht den Mund zu öffnen, um im voraus zu stottern, was Sie dazu mit lauter Donnerstimme sagen werden. Wäre es erlaubt, Sie um einige Mitteilungen darüber zu bitten?

In einigen Tagen werde ich die Ehre haben, mein Gespräch mit Ihnen bezüglich der Übersetzung, die ich anfangen werde, wieder aufzunehmen.

Inzwischen grüße ich Sie als Freund

Joseph Roy]

1046

An Wilhelm Bolin

21. Januar 1865

/ Rechenberg, 21. Januar 65

Mein lieber Bolin!

Ihren Brief vom 30. Dezember habe ich erst am 13. J[anuar] erhalten, würde ihn aber sogleich beantwortet haben, wenn nicht fast gleichzeitig mit demselben sich ein elender Katarrh bei mir eingestellt und 8 Tage lang mich zu einem elenden Mann gemacht hätte. Warum aber sogleich? Erstens, weil ich mich gerade in einem Interregnum befand, das alte Thema – das Thema, welches durch die Reise nach Berlin unterbrochen worden war – vollendet hatte, ohne noch ein neues gewählt zu haben, also noch frei war; zweitens, weil es mich drängte, Ihnen meine Freude darüber zu bezeugen, daß Sie Ihre für Sie so wichtige, so entscheidende Abhandlung zur rechten Zeit fertig gebracht und somit den Zweck derselben erreicht haben. Ich hatte nämlich befürchtet, Sie möchten namentlich wegen der Steine des Anstoßes, die ich Ihnen in den Weg geworfen, nicht zur bestimmten Zeit an Ihr Ziel kommen, und doch konnte ich Sie nur mit nutzlosen Wünschen begleiten und unterstützen, nicht mit sächlichen Gedanken, weil mein Geist sich unterdessen unendlich weit von dem Gegenstand Ihrer Abhandlung entfernt hatte. Nicht lange nach Ihrem // ersten Brief erhielt ich nämlich aus Paris die franz[ösische] Übersetzung von mir mit dem Wunsche des Übersetzers, mein Urteil zu vernehmen. Dieses konnte ich aber nicht abgeben, wenigstens mit gutem Gewissen, ohne sorgfältig die Übersetzung mit dem Original zu vergleichen. Diese sprachliche Vergleichung führte mich aber sofort zu einer höheren Vergleichung – zur Vergleichung meiner Gedanken mit ihren Objekten, meiner Darstellungen mit ihren Themata, endlich meiner Schriften überhaupt mit den neusten französischen Schriften, wie Larroque, die teilweise dieselben Themata behandeln und die ich eben erst bei Gelegenheit der franz[ösischen] Übers[etzung] von mir habe kennenlernen zu meiner großen Befriedigung und Ermunterung. Auch von dem Ihnen wahrscheinlich bekannten umfangreichen Werke Laurents, der übrigens nur ein freisinniger Rationalist ist, habe ich mir bei dieser Gelegenheit einstweilen zwei Bände: „Le Christianisme" und „Les barbares et le catholicisme" kommen lassen und bereits größtenteils gelesen. Kurz, ich bin wieder ganz vom Gaul der Philosophie auf den Esel der Theologie heruntergekommen. Meine letzten Federzüge galten – erschrecken Sie nicht // über diesen Anachronismus – den ewigen Höllenstrafen. Nur am Schlusse meiner historisch-genetischen Erklärung derselben, die mich mitten in die greuelvollen Abgründe des christl[ich]-german[ischen] Kriminalrechts hineinzusteigen nötigte, komme ich natürlich auch auf die Hauptfigur desselben, auf den Carnifex und damit in Berührung mit Ihrem neuen Thema, denn zuletzt stützt sich ja nur auf das Dasein des Carnifex die Folgerung von der Notwendigkeit der Willensfreiheit. Da bei uns überall, so auch auf unsern Universitäten, noch hinter unsrer vielgepriesnen Willensfreiheit der Carnifex steht oder steckt, so ist es das beste für Sie, daß Sie historisch den Gegenstand anpacken, etwa gleich bei Leibniz, bei welchem Sie sich ja eben befinden, als dem Gegner des Hobbesschen Notwendigkeitsprinzips, dann weiter herab bis auf die neure Zeit beide Gegensätze fortführen und einander in klaren, bestimmten Sätzen gegenüberstellen, endlich am Schlusse die kritische (deswegen nicht charakterlose und armselige) Vermittlung treffen. Doch folgen Sie Ihren eignen Eingebungen. Am Ende folgt doch jeder nur seinem eignen Kopf. Also Glück und Mut zum neuen Jahr und neuen Thema! Mit diesem Wunsche Ihr

L. Feuerbach /

1047

Von Konrad Deubler

15. Februar 1865

15. Februar 1865

Lieber guter Freund!

Soweit ich in meinem Leben zurückdenke, waren mir Bücher die besten Freunde; sie waren mir Trost im Unglücke und Gesellschaft in der Einsamkeit, sie ersetzten in meiner Dürftigkeit den Reichtum, in den Kerkern von Brünn und Olmütz, in der Verbannung vom Vaterhause mein geliebtes Weib, Eltern und Heimat. Weder Vermögen noch Rang würde ich tauschen für den Genuß, den mir meine Bücher dadurch gewähren, daß sie mir den Umgang sichern mit den größten Geistern entschwundener Jahrhunderte, sowie mit denen der Gegenwart.

Da stehen sie vor mir in einem von mir selbst gezimmerten Schranke, die „Weltgeschichte" von Struve obenan, die „Bibel" von G[ustav] A[dolf] Wislicenus, Feuerbachs „Wesen des Christentums", [der] „Kreislauf des Lebens" von Moleschott, sämtliche Jahrgänge von Ules Naturzeitung, „Gartenlaube", Karl Vogts „Altes und Neues", die „Isis", 4 Bände, von Radenhausen „ein Buch für mutige Denker" (wie es Roßmäßler bezeichnet); dann Buckles „Geschichte der Zivilisation von England", „Kraft und Stoff" von Büchner, „Geist und Stoff" vom alten Dr. Brugger aus Heidelberg, „Über den freien Willen" von Fischer usw. Das Traurige ist nur, daß ich keinen einzigen Menschen in meinem Gebirgsdorfe habe, dem ich meine Ansichten mitteilen könnte. Die Protestanten sind Pietisten und die Katholiken?

Ich habe mir vergangenes Jahr noch ein kleines Gütchen gekauft; es steht auf einem Hügel mit der prachtvollsten Aussicht über das ganze obere Salzkammergut, man sieht auf den Hallstätter See, auf den Dachstein mit seinen ewigen Eisfeldern. Wenn Sie (wie Sie

mir versprochen haben) doch einmal in unsere Berge kommen sollten, so müßten Sie da oben Sommerfrische halten! Ich würde mich vor Freude nicht fassen können, wenn ich da oben in meinem Schweizerhäuschen den größten Denker unseres Jahrhunderts
35 beherbergen könnte! Sie und K[arl] Vogt sind nun einmal meine Ideale – meine Heiligen! Ja, lieber, guter Feuerbach, sollten Zeit und Umstände Sie an einer Reise in unsere Gegend verhindern, so werde ich gewiß Sie nochmals in Ihrem Tuskulum in Rechenberg aufsuchen.
40 Wie geht es Ihrer lieben Frau und Tochter? Ist alles gesund und wohlauf?

Wie lange müssen Ihre Verehrer und Gesinnungsgenossen noch auf das Buch warten, das Sie schon seit mehreren Jahren unter der Feder haben? Ich freue mich schon herzlich darauf. Sollten Sie
45 vielleicht mir ein paar Zeilen schreiben, so vergessen Sie ja nicht Ihre versprochene Beurteilung der Schrift vom alten Dr. Brugger „Geist und Stoff".

Leben Sie wohl und grüßen Sie mir Ihre Frau und Tochter recht herzlich und behalten Sie ferner lieb Ihren Freund

Konrad Deubler

1048

Von Edouard Vaillant

17. Februar 1865

/ Paris – 17 fevrier 1865
Depuis longtemps, Monsieur, je voulais vous écrire et vous dire
5 que j'avais fait parvenir à mon ami Roy la lettre que vous m'aviez envoyé pour lui. Mais depuis cette époque, soit pour affaires, soit pour visites de famille, j'ai toujours été en voyage et n'ai pu trouver un instant. A mon retour du Berry je viens de trouver chez mon beau-frère votre lettre ainsi que celle de Mademoiselle votre fille
10 et je ne veux tarder plus longtemps à vous remercier l'un et l'autre de tant de bonté. J'ai été heureux de voir combien vous participiez à la triste perte et si inattendue de Charras et surtout de Proudhon dont la mort a causé un deuil général parmi tous les amis de la libre pensée et de la révolution. J'ai reçu ce matin une lettre de mon ami
15 Roy, me faisant part de votre lettre et à qui vous avez aussi com-

muniqué vos regrets. Comme vous le savez peut-être le 2ᵉ volume de la traduction de mon ami // „L'essence du Christianisme" a paru quelques jours avant le Iᵉʳ volume „La Religion". Mon ami, n'étant plus à Paris, m'avait prié de le porter à Proudhon; il était déjà souffrant et allait partir pour la Franche-Comté. Il le reçut avec plaisir et me dit: „Je le lirai pendant mon voyage." A son retour, il y a environ 3 mois, je revins le trouver pour lui donner le 1ᵉʳ volume. Je le trouvai enchanté de la lecture de „L'essence du Christianisme". „Voilà un livre qu'un philosophe doit être heureux d'avoir écrit", me disaitil, „il y a longtemps que je n'ai fait une lecture aussi fortifiante. Avant je ne le connaissais que par Ewerbeck, c'est-à-dire je ne le connaissais pas. Je voyais en lui un grand penseur, maintenant je vois en lui un grand philosophe et de plus un écrivain, car il sait rire et plaisanter excellement ce que je ne trouvais que rarement chez les Allemands. Si vous avez occasion de lui écrire, dites lui combien je l'estime, avec quel plaisir j'ai lu son ouvrage", (et comme je lui avais dit que vous aviez presque l'intention de venir à Paris) „et combien je serais heureux de le voir."

Je suis allé derniérement chez l'éditeur de votre traduction, il regrettait que les journaux ne s'en soient pas plus occupés, car c'est le seul moyen de faire connaître un ouvrage au public. Mais nous sommes sous un tel régime qu'il est aussi peu permis aux journaux gouvernementaux qu'à ceux de l'opposition de s'occuper des livres de cet ordre. Les journaux officieux et cléricaux naturellement aiment mieux se taire que parler même contre ce qui serait faire connaître le livre ce qu'ils redoutent. Ceux de l'opposition ou plutôt de // demi-opposition qui tremblent toujours pour leur existence préfèrent se taire par prudence, c'est-à-dire par peur et aussi surtout parce que ce sont des organes de juste-milieu amateurs de compromis, libéraux amateurs, plus éloignés de la révolution que de l'empire, et pour qui en philosophie le Rénan parait le suprême de la hardiesse. Néanmoins j'espère que d'ici à quelque temps quelques articles pourront paraitre. Je vous envoie en même temps que cette lettre un numéro d'un petit journal littéraire à qui la politique est interdite et est rédigé par des étudiants („La Rive gauche" ainsi nommée, car elle se publie sur la rive gauche de la Seine, quartier des étudiants). Un des rédacteurs nommé Blatin a l'intention de faire 2 ou 3 articles sur votre ouvrage. Le numéro que je vous envoie aujourd'hui ne parle que peu de votre ouvrage; c'est comme une entrée en matière et cela vous étonnera peutêtre un peu d'y voir l'éloge de Rénan à côté du vôtre. Au reste l'esprit de cette feuille est assez bon et résume assez fidèlement les opinions des étudiants républicains de Paris. C'est depuis 3 ans la 5ᵉ feuille de ce genre, comme ses ainées, la politique lui étant interdite, elle se rejette sur une guerre d'allusions plus ou moins transparentes. Ces attaques finissent toujours par fâcher le gouvernement et plus tôt ou plus tard cette feuille finira comme celles qui l'ont précédé par être supprimée par quelques mois de prison et quelques centaines de francs d'amende. C'est pour un semblable délit que votre traduction a été, il y a 2 ans, condamné à 2 mois de prison et mille francs d'amende. En tout cas je souhaite que la suppression n'ait pas lieu avant la publication des articles qui vous concernent, surtout s'ils doivent être passables. /

/ Dans la lettre qu'il m'écrit ce matin, mon ami me dit qu'il fait peu à peu le 3ième volume de sa traduction, il sera de retour ici, je pense, en avril et j'espère qu'alors il pourra donner ce 3ᵉ volume à l'imprimeur. D'icilà je vous enverrai les articles de journaux qui s'occuperont de votre livre et vous prie de vous souvenir que si parmi les livres français il s'en trouve que vous désiriez avoir, vous me ferez grand plaisir en me donnant cette commission.

Adieu, Monsieur, veuillez recevoir l'assurance bien sincère du respect et de la considération

de votre tout dévoué
Ed[ouard] Vaillant

Veuillez présenter mes hommages à Madame Feuerbach et remettre à Mademoiselle votre fille les quelques mots que j'ajoute à cette lettre pour la remercier de sa trop grande bonté à mon égard. /

[Paris, 17. Februar 1865
Schon seit längerem, sehr geehrter Herr, wollte ich Ihnen schreiben und Ihnen sagen, daß ich meinem Freund Roy den Brief habe zukommen lassen, den Sie mir für ihn geschickt hatten. Aber seit dieser Zeit war ich, sei es aus geschäftlichen oder familiären Gründen, immer auf Reisen und habe nicht einen Augenblick finden können. Bei meiner Rückkehr aus dem Berry habe ich soeben bei meinem Schwager Ihren Brief gefunden, ebenso den Ihres Fräulein Tochter, und ich will nicht länger zögern, Ihnen beiden für so viel Güte zu danken. Ich war glücklich zu erfahren, wie sehr Sie an dem betrüblichen und so unerwarteten Ableben von Charras und be-

sonders von Proudhon Anteil nehmen, dessen Tod eine allgemeine
Trauer unter allen Freunden des freien Gedankens und der Revolution ausgelöst hat. Ich habe heute morgen einen Brief meines
Freundes Roy erhalten, in dem er mir Ihren Brief anzeigt und mich
wissen läßt, daß Sie ihm auch Ihr Bedauern mitgeteilt haben. Wie
Sie vielleicht wissen, ist der zweite Band der Übersetzung meines
Freundes, das „Wesen des Christentums", einige Tage vor dem
1. Band „Die Religion" erschienen. Mein Freund, der sich zur Zeit
nicht mehr in Paris aufhält, hatte mich gebeten, ihn Proudhon zu
überbringen; er war schon leidend und wollte gerade in die Franche
Comté abreisen. Er empfing den Band mit Vergnügen und sagte
mir: „Ich werde ihn während meiner Reise lesen." Nach seiner
Rückkehr vor ungefähr 3 Monaten habe ich ihn erneut aufgesucht,
um ihm den 1. Band zu geben. Er zeigte sich entzückt von der
Lektüre des „Wesens des Christentums". „Das ist endlich ein
Buch, das geschrieben zu haben, einen Philosophen glücklich
machen muß", sagte er mir, „es ist lange her, daß ich einen so
stärkenden Lesestoff hatte. Vorher kannte ich es nur durch ⟨die
Übersetzung von⟩ Ewerbeck, d. h. ich kannte es nicht. Ich sah in
ihm einen großen Denker, jetzt sehe ich in ihm einen großen Philosophen und darüber hinaus einen Schriftsteller, denn er kann
lachen und ausgezeichnet unterhalten, was man nur selten bei den
Deutschen findet. Wenn Sie die Gelegenheit haben, ihm zu schreiben, sagen Sie ihm, wie sehr ich ihn schätze, mit welchem Vergnügen ich sein Werk gelesen habe" (und da ich ihm gesagt hatte,
daß Sie fast die Absicht hatten, nach Paris zu kommen) „und wie
glücklich ich wäre, ihn zu sehen".

Ich bin neulich bei dem Verleger Ihrer Übersetzung gewesen,
er bedauerte, daß die Zeitungen sich nicht mehr damit befaßt hatten, denn das ist das einzige Mittel, ein Werk öffentlich bekannt
zu machen. Aber wir befinden uns unter einem solchen Regime,
das ebensowenig den Regierungszeitungen wie denen der Opposition erlaubt, sich mit Büchern dieser Art zu beschäftigen. Die
offiziellen und klerikalen Zeitungen ziehen es natürlich vor zu
schweigen, als dagegen zu sprechen, was das Buch bekannt machen würde, aber das fürchten sie. Diejenigen der Opposition oder
vielmehr der Halbopposition, die immer um ihre Existenz zittern,
schweigen lieber aus Vorsicht, d. h. aus Angst, und vor allem auch,
weil es Organe des Juste-Milieu sind, die den Kompromiß lieben,
liberale Dilettanten, die weiter entfernt von der Revolution als vom
Empire sind, und für die in der Philosophie Rénans der Höhepunkt

der Kühnheit zu liegen scheint. Nichtsdestoweniger hoffe ich, daß in einiger Zeit einige Artikel erscheinen könnten. Ich schicke Ihnen gleichzeitig mit diesem Brief eine Nummer eines kleinen Literaturjournals, dem die Politik verboten ist und das von Studenten redigiert wird („La Rive gauche" genannt, weil es auf dem linken Seineufer, dem Viertel der Studenten, veröffentlicht wird). Einer der Redakteure, Blatin, hat die Absicht, 2 oder 3 Artikel über Ihr Werk zu verfassen. Die Nummer, die ich Ihnen heute schicke, spricht nur wenig von Ihrem Werk; es ist wie eine Art Einführung in die Materie, und es wird Sie vielleicht ein wenig erstaunen, dort das Lob Rénans neben dem Ihrigen zu finden. Übrigens ist der Geist dieses Blattes ziemlich gut und resümiert ziemlich getreu die Meinung der Pariser republikanischen Studenten. Es ist seit 3 Jahren das 5. Blatt dieser Art und verlegt sich, wie seine Vorgänger, da ihm die Politik verboten ist, auf einen Krieg mit mehr oder weniger deutlichen Anspielungen. Diese Angriffe erregen immer irgendwann den Zorn der Regierung, und früher oder später wird dieses Blatt wie die vorhergehenden verboten werden. Es wird einige Monate Gefängnis geben und einige Hundert Franken Geldbuße. Für ein ähnliches Vergehen wie Ihre Übersetzung hat es vor zwei Jahren 2 Monate Gefängnis und 1000 Franken Geldstrafe gegeben. Auf alle Fälle wünsche ich, daß das Verbot nicht vor Erscheinen der Artikel über Sie ausgesprochen wird, besonders wenn sie passabel ausfallen sollten.

In dem Brief, den er mir heute morgen geschrieben hat, sagt mir mein Freund, daß er nach und nach den dritten Band seiner Übersetzung anfertigt, er wird, so denke ich, im April zurück sein, und ich hoffe, daß er dann diesen 3. Band dem Drucker übergeben kann. Bis dahin werde ich Ihnen die Zeitungsartikel schicken, die sich mit Ihrem Buch befassen, und ich bitte Sie, sich daran zu erinnern, daß Sie mir eine große Freude machen würden, wenn Sie mir im Falle von Wünschen nach französischen Büchern einen diesbezüglichen Auftrag erteilten.

Leben Sie wohl, verehrter Herr, empfangen Sie die aufrichtige Versicherung der Ehrfurcht und Hochachtung

Ihres sehr ergebenen
Ed⟨ouard⟩ Vaillant

Wollen Sie bitte meine Ehrerbietung Ihrer Frau Gemahlin übermitteln und Ihrem Fräulein Tochter die wenigen Worte übergeben, die ich diesem Brief beifüge, um ihr für die so große Güte hinsichtlich meiner Person zu danken.]

1049

Von A. Passover

26. Februar 1865

/ Tübingen, 26. Februar 1865

Hochgeehrter Herr!

Da ich in Erfahrung gebracht habe, daß Sie in kindlicher Zurückgezogenheit leben, so ist mir die Idee gekommen, Sie um etwas zu ersuchen, was Ihre Zeit in Anspruch nehmen wird, für mich aber von großer Wichtigkeit ist. Was ich haben möchte, ist ein Privatissimum über Hegels Rechtsphilosophie. An Ihrer bewährten Hand möchte ich das Buch durchgehen und von dieser speziellen Seite aus Hegels Methode sowie überhaupt die Resultate seines Philosophierens studieren.

Dieser Vorschlag wird Ihnen nicht zu seltsam erscheinen, wenn Sie bedenken, daß ich ein Ausländer, ein Russe nämlich, bin, daß der Entwicklungsgang unserer Erziehung gewöhnlich weit ab von aller philosophischen Spekulation liegt, daß ich mich also mit Philosophie nie ex professo [ausdrücklich] befaßt habe, daß ich wohl in den letzten paar Jahren zu wiederholten Malen versucht habe, in die Philosophie einzudringen, indem ich es so machte, wie die Deutschen gewöhnlich tun, d. h. Vorlesungen hörte, daß aber die Mittel des einseitigen Dozierens vom Katheder aus und des fleißigen Nachschreibens auf der Bank bei mir sehr wenig gefruchtet hat[ten]. Ich glaube also einen anderen Weg einschlagen zu müssen. Sie werden vielleicht fragen, warum ich mich nicht auf die Lektüre werfe. Ich würde es auch tun, wenn ich wüßte, daß so eine Beschäftigung mit den pièces justificatives [Belegen] der deutschen Philosophie // mich an das Ziel bringen würde, aber diese Überzeugung habe ich nach dem, was ich probiert habe, eben nicht, und ohne eine solche moralische Stütze ein so weit aussehendes und scheinbar so weit abliegendes Unternehmen zu beginnen, ist für mich nicht gut möglich. Mein spezielles Studium ist das Staatsrecht, und wenn ich mich mit der Philosophie beschäftigen will, so ist es, weil ich die Notwendigkeit fühle, in den

höchsten und einfachsten Begriffen mir Klarheit zu verschaffen.
35 Die ungeteilte Kraft aber auf einen Gegenstand zu verwenden, der meine Spezialität in der Zukunft nicht bilden wird, und dies zu tun, ohne wenigstens die Möglichkeit des Erfolgs vorauszusehen, dies ist für mich, entschuldigen Sie das grob-materialistische Wort, ein allzu großes Risiko.
40 Aber auch ganz abgesehen davon, denke ich, daß unser Wissen sehr unproduktiv wäre, wenn nicht jede Generation der nächstfolgenden den Weg zur Erkenntnis erleichtern wollte. Darum ersuche ich Sie ganz ergebenst um ein Privatissimum über den mir notwendigen Gegenstand und bitte Sie mir zu sagen, ob ich zu
45 Ihnen kommen darf.
     Mit ausgezeichneter Hochachtung
     Ihr ganz ergebener
     A. Passover

Meine Adresse: A. Passover, Tübingen, bei Herrn Postsekretär Steinhart. /

1050

An Konrad Deubler

21. März 1865

  Rechenberg bei Nürnberg, den 21. März 1865
Mein lieber Freund Deubler!
5 Ich befriedige einstweilen meine Reiselust in Gedanken und erquicke mich in der Phantasie in Ihrem neuen Schweizerhäuschen an der prachtvollen Aussicht über das ganze obere Salzkammergut, und ich hoffe, daß, wenn keine unvorhergesehenen Hindernisse eintreten, im Laufe des Sommers oder Herbstes diese Gedankenrei-
10 se zu einer wirklichen, körperlichen wird. Das einzige, was mich bis jetzt noch unentschlossen macht, was meine Lust zu einer Reise in dieser Richtung stört und unlustig macht, das ist der Gedanke an den österreichischen Jesuitenstaat, an die österreichische Paß- und Polizeischererei – der Gedanke, daß unser Zusammensein von
15 den mikroskopischen Argusaugen der Polizei gleich schon in den ersten Tagen als ein Komplott gegen Gott und Obrigkeit angesehen und auseinandergesprengt werde. So ist es mir schon einmal in

Leipzig gegangen, freilich zu einer Zeit, wo gerade die krasseste Reaktion im Anzuge war. Ich habe aber keine Lust zu Reisen, zu Handlungen überhaupt, deren Gelingen oder Mißlingen von der bloßen Willkür der Polizei abhängt. Ich muß daher über diesen Punkt erst zureichende und zuverlässige Aufklärung mir zu verschaffen suchen, ehe ich wirklich den Entschluß, Sie zu besuchen, fasse. Auf alle Fälle müssen Sie dieses Jahr noch mehr von mir kennenlernen, als den Verfasser vom „Wesen des Christentums", welches Sie allein zu kennen oder wenigsten zu besitzen scheinen. Sie müssen kennenlernen und besitzen meine „Erläuterungen und Ergänzungen zum ‚Wesen des Christentums'", meine „Vorlesungen über das Wesen der Religion", endlich meine (1845, nicht die schon 1830 erschienenen) „Gedanken über Tod und Unsterblichkeit". Kann ich Ihnen auf den Fall, daß ich nicht selbst kommen und sie mitbringen sollte, diese Bücher sicher durch die Post zuschicken? Die Schrift von Brugger habe ich mir im vergangenen Herbste bei meinem hiesigen Buchhändler bestellt, aber bis dato noch nicht erhalten. Ich werde ihn dieser Tage erinnern. Meine Schrift wollte ich diesen Winter zum Drucke endlich vollends herrichten, aber ich habe noch keinen so körperlich schlechten Winter erlebt wie diesen, ich habe nichts geschrieben, ich habe nur gelesen und gedacht. Meine Frau und Tochter grüßen Sie.

Ihr geistiger und hoffentlich auch noch körperlicher Freund
L. Feuerbach

1051

Von Karl Blind

22. März 1865

London, den 22. März 1865

Verehrter Freund!

Mein herzlichster Dank für die Bereitwilligkeit, mit der Sie Ihren hochgeschätzten Namen zu denen der anderen Freunde des „deutschen Eidgenossen" setzten, kommt spät. Entschuldigen Sie es mit dem bei mir nie endenden Drange der Arbeiten! [...]

Ihr Karl Blind

1052

Von Wilhelm Bolin

10. April 1865

/ Helsingfors, d[en] 10. April 65
Da Sie, mein teurer Freund, die Gründe, weshalb sich die Beant-
5 wortung Ihrer werten Zuschrift vom 21. Jan[ua]r bisher verzögerte,
aus beifolgendem Brief an Ihre Frau Gemahlin erfahren, erlauben
Sie mir wohl, nach einem kurzen und herzlichen Dank für Ihre
liebevolle Teilnahme und Aufmunterung, sogleich an einen Bericht
meiner Tätigkeit zu schreiben.
10 Zur Orientierung über mein neues Thema ergriff ich zunächst
das Bedeutendste des aus jüngster Zeit dahin Gehörigen – welche
Bezeichnung unserm Freunde Arth[ur] Schopenhauer füglich nicht
vorenthalten werden kann. Im Zusammenhange damit las ich Kants
beide dahin einschlagende Schriften und hatte beiläufig mein Auge
15 auf die gleichartigen Untersuchungen in Knapps Rechtsphilosophie
und Ad[olf] Bastians „Psychologie als Naturwissenschaft" (bildet
den ersten Band seines 1860 erschienenen „Der Mensch in der
Geschichte", ein überaus anregendes, aber leider zu unfertiges
Buch). Dies zeigte mir hinlänglich, wie zeitgemäß mein Unterneh-
20 men sei, da die Frage nirgend gehörig erörtert worden, indem –
obschon es an trefflichen Winken keineswegs fehlt – doch keiner
es zu eigentlichen Resultaten bringt. Die Darstellung Kants hat
mir den Eindruck einer Sisyphos-Arbeit gemacht, denn trotz aller
Weitschweifigkeit, Wiederholung und Rückfall in den von ihm
25 selbst bekämpften Standpunkt, bleibt er ratlos dabei stehen, daß
Freiheit, ungeachtet der Abhängigkeit in dem menschl[ichen] Tun,
für Sittlichkeit unerläßlich sei, aber auf keinerlei Art bewiesen
werden könne. Wie ein so klarer // und für Kants Mängel so ein-
sichtiger Kopf wie Sch[o]p[en]h[aue]r in diesem Notbehelf der
30 intelligiblen Freiheit eine befriedigende Lösung finden kann, bliebe
unerklärlich, wenn nicht eben dies dem modernen Buddhisten
Wasser auf seine methaphysische Mühle wäre. Nach wiederholter
Prüfung des Punktes kann ich das Geständnis nicht unterdrücken,
daß mir diese intelligible Freiheit ganz undenkbar ist – es sei denn,
35 daß man sie als Gottheit en miniature [im Kleinen] fasse. Mir will
die Angeborenheit des Charakters auf keinerlei Weise einleuchten,
und hierdurch eben erklärt Sch[o]p[en]h[aue]r die Freiheit, indem

mithin das Individuum vor seiner Geburt sich ganz von selbst entschließt, ein Tugendbold oder ein Ungeheuer zu werden. Weit entfernt zu wähnen, daß man aus jedem Menschen etwas Beliebiges machen könne – obwohl Beibringen und Verwahrlosen nicht wenig hierfür zu zeugen scheinen – ist mir eine absolute Präformation zu einer Entfaltung so widersinnig, wie wenn man sagen wollte, es habe an Philipp II. selbst gelegen, daß er ein so tückischer Despot, an Franklin selbst, daß er ein so braver und wohlwollender Mensch gewesen und daß es nur bei ihrem „Charakter" möglich war, daß der eine kein Schuft, der andre kein großherziger Titus geworden. Sogar im Gebiete der Intelligenz gilt die Persönlichkeit nicht alles, sondern ist Raffaels Größe ebensosehr von dem hervorragenden Stande der Malerei bedingt, als auch an einem Goethe die Mangelhaftigkeit der geschichtlichen Verhältnisse Deutschlands unverkennbar ist. Hiemit will ich das jedesmalige Selbst des Betreffenden keineswegs annulliert wissen, ich meine nur, daß Gunst und Ungunst der Verhältnisse jede Entfaltung beeinflussen. Und wenn dies im Intellektuellen // nachweisbar – wo Anlagen, mithin Angeborenheit in gewissem Sinne obwalten – so scheint mir im Moralischen die Einwirkung des Äußern noch mehr Belang zu haben. Denn das Moralische betrifft doch vorzugsweise unser Verhältnis zu Mitmenschen, während das Intellektuelle mehr eine Eigenschaft des Wesens selbst ausdrückt. Weil der moralische Wert etwas durchaus Relatives, will es mir nicht in den Sinn, daß dabei so qualitative Unterschiede gelten sollen wie bei dem Intellektuellen, das sich in einer Mannigfaltigkeit der Funktionen äußert. Der Unterschied von guten und schlechten Menschen – denn zuletzt kommt es in sittlicher Beziehung doch nur auf die Scheidung von Schafen und Böcken, Gerechten und Verdammten an – ist mir kein anderer als der völlig quantitative, wie er zwischen normaler Entfaltung und einer irgendwie nachweisbaren Verbildung statthat. Der Böse, der Schlechte, der Verwerfliche ist mir ein Unglücklicher; und wenn ich je das Leben eines solchen überblicke, habe ich stets die Segnungen und Vorteile vermißt, die dem Guten schützend zur Seite standen. Eine angeborene Schlechtigkeit ist mir so unsinnig wie angeborene Schwierigkeit oder Faulheit; der Mensch hat unverkennbare Anlagen zu alledem, aber auch die Fähigkeit, darüber erhoben zu werden. Ein sprechendes Beispiel hiefür sind die Irländer, die unter der Fuchtel des blonden Albion in Schmutz und Elend verkümmern und nicht höher kommen als an den Galgen, auf Amerikas freien

Boden aber tüchtige und rechtschaffene Arbeiter werden. Meinem Geiste widerstrebt es zu glauben, daß ein absolut fertiges essentielles Sein in dem Leben des einzelnen sich unbedingt geltend mache, unter mir günstigen oder ungünstigen // Verhältnissen sich auch entfaltet haben möchte. Ich stelle nicht in Abrede, daß der Mensch es zu einer Konsolidierung bringe, kraft deren er sich während einer Spanne seines Lebens mit einer gewissen Autonomie behauptet. Mir scheint jedoch, daß, bis zum Momente dieser Selbstheit, das Gemüt in einem Werden begriffen ist, wo äußere Einflüsse so gewaltig herrschen, daß ich wohl begreifen kann, wie der eine es zu einem ganzen harmonischen Selbst bringt, der andre in seinem Innern geknickt wird und der Übermacht der Verhältnisse um so schonungsloser preisgegeben wird, je häufiger sie ihn zu einem vergeblichen Kampfe herausfordern, indem er töricht genug ist, seine, ihm durch die Minute gebotene Macht – worin meinem Dafürhalten nach das Wesen der Willensfreiheit liegt – derjenigen der Außenwelt als ebenbürtig oder gar überlegen entgegenzusetzen. Der gescheuteste und abgefeimteste Halunke bekundet in seinem Tun allemal eine gewisse Borniertheit oder hat er – wie z. B. die purpurgeschmückten Bösewichte – erbärmliche Verhältnisse zu Bundesgenossen, ebenso gewiß wie die Periode seiner Entfaltung der Gleichmäßigkeit, des Ernstes, der zu Herzen dringenden Menschlichkeit entbehrte, die dem sich als gut und brav Bewährenden geistig zu dem Segen gereicht, wie man seine Gesundheit einem in der Kindheit nicht verdorbenen Magen und einer sonst verständigen Lebensweise dankt.

Lassen Sie es sich diesmal an obigen Andeutungen genügen. Bin ich auf den Holzweg geraten, so werden Sie gewiß nicht versäumen, mir Ihre einsichtsvollen Einwendungen gütigst zukommen zu lassen, und zwar entweder schriftlich hieher bis gegen Mitte Mai oder mündlich – worüber Näheres im beifolgenden Brief.

In steter Treue und Liebe

Ihr Wilh[elm] Bolin /

1053

An Johann Schreitmüller

1. Juni 1865

/ Rechenberg, 1. Juni 65

Lieber Schreitmüller!
Sie erhalten hier von mir noch 10 Taler vorgeschossen, was für mich viel, für Sie aber leider sehr wenig ist. Sie werden indes dieser Tage auch vom H[errn] Dr. Baierlacher, mit dem ich Ihretwegen mich besprochen, Unterstützung erhalten – ob aber genügende? Das weiß ich freilich nicht. Die Herren Kohn, Cramer usw. haben Geld, auch wirklich guten Willen, aber sie sind Praktiker, sie wollen unmittelbaren handgreiflichen Erfolg für ihre Ausgaben sehen, sie bauen nicht auf die Zukunft, auf die Hoffnung. Aber auch Ihnen rat ich, verlassen Sie sich nicht zu sehr auf versprochne und zuletzt doch ungewisse Unternehmungen. Halten Sie sich an das Nächste, an das gegenwärtig Mögliche. Das Leben ist das erste und dann kommt erst Kunst und Wissenschaft; aber zum Leben gehört das Brot. Also was // Ihnen Brot gibt, das sei Ihr erster Gedanke, sei es auch im Dienste eines Meisters, der nicht Ihren Anforderungen entspricht. Jeder muß ja erst dienen, sich verleugnen, ehe er Herr und Meister auf eigne Faust und eignen Namen wird. Wieviele Jahre verstreichen, wieviele untergeordnete, von außen, von der Not aufgedrungne Arbeiten muß der Mensch vollenden, bis er endlich in die glückliche Lage kommt, im Sinne seines eingebornen Genius' komponieren und schaffen zu können. Aber auf das Glück kann man nicht rechnen, man muß tun, was eben unter den gegebnen Verhältnissen man tun kann, um seine Existenz zu behaupten und seine Tüchtigkeit, vor allem auch seine physische Tüchtigkeit für die Zukunft, die vielleicht glücklicher[e] [Ver]hältnisse bringt, zu erhalten. Mögen Sie bald sich wieder voller Gesundheit erfreuen!
  H[err] Bolin hat sich in einem Brief an meine Frau unlängst darüber beschwert, daß Sie nichts von sich hören lassen, daß Sie ihm nicht einmal angezeigt, ob Sie einen Wechsel, den er Ihnen geschickt, erhalten haben. Wegen der Rückzahlung des von mir geschickten Geldes *machen Sie sich ja keine Sorgen, sie hat keine Eile.* Mit besten Wünschen Ihr
L. Feuerbach

Grüßen Sie bestens Fries. /

1054

Von Wilhelm Bolin

15. Juni 1865

/ Jena, Donnerstag, d[en] 15. Juni 65
Laut Versprechen gehe ich nun daran, Sie, mein teurer Freund, von meiner Anwesenheit in Deutschland zu benachrichtigen. Seit 8 Tagen bin ich nun in Jena und wohne in der Johannesgasse (bei Posamentier W. Hundius), dem Hause schräg gegenüber, wo Ihr verstorbener Vater zwei Jahre logierte, wie an einer Tafel über der Haustür ersichtlich – ein Erinnerungszeichen, das sämtlichen hier geweilt habenden Berühmtheiten zuteil geworden.

Mit dem Schreiben habe ich bisher gezögert, weil ich Ihnen einen Bericht über den Mann geben wollte, um dessentwillen ich hergekommen. Nun ich ihn sechsmal gehört und verschiedentlich mit ihm gesprochen, getraue ich mir ein Urteil, so zuverlässig als ich eines zu geben imstande bin. Kuno Fischers Vortrag, der mich, wie Sie bereits wissen, vorzugsweise hergelockt, gehört ohne Zweifel zum Vortrefflichsten, was die Philosophie jemals aufzuweisen gehabt. Die Klarheit seiner Darstellung, die Einfachheit und Bündigkeit, womit er die verschiedenen Ansichten entfaltet, zeugen von einer ungewöhnlichen Befähigung zu objektivem und allseitigem Eindringen in die Lehrgebäude der einzelnen Denker, deren Würdigung, soviel ich ermessen kann, nicht von einem vorgefaßten Standpunkte, sondern allemal nach ihrem eignen innern Maß und Streben geschieht. Man wird sich also durchaus gestehen müssen, daß die Philosophie sich hier einen Historiker ersten Ranges erworben, und bin ich der Ansicht, daß diese Tätigkeit Fischers zur Förderung und Kräftigung unsrer nur zu sehr darniederliegenden Wissenschaft von eminenter Bedeutung ist. Durch sein reges und fruchtbares Wirken // wird die Gegenwart in den Stand gesetzt, sich leichter über den Stand der Philosophie, ihr Wesen und ihr Ziel zu orientieren, und die Philosophie selber wird durch dieses über sie gehaltene Jüngste Gericht einem neuen Leben entgegengehen. Nun aber fragt es sich, wo und wie diese Wiedergeburt stattfinden werde? Auch hier treffen wir Fischer an einem Punkte, wobei die Unbefangeneren ihm sicherlich zustimmen. Er sagt, mit Kant habe eine Krisis begonnen, die bisher noch nicht abgelaufen, und jetzt erst sei man dazu herangereift, den Kant in seiner ganzen Bedeutung zu erfassen. Von all den folgenden, oft reich begabten Denkern haben wir nur mehr oder minder verfehlte Versuche, die von K[ant] angebahnte neue Grundlage der Philosophie zu gewinnen. Aber über Ansätze kommt er auch bei der, eine Kette bildenden Trias Fichte, Schelling und Hegel nicht hinaus. Während Fichte in einseitiger Beschränktheit verharrt, gerät auch die durch Schelling befruchtete Wissenschaft durch Hegel in einen starren und oft willkürlichen Formalismus, der den richtigen und fruchtbaren Entdeckungen Hegels nicht wenig Abbruch tut, indem die Wissenschaft so zur erbärmlichsten Wortklauberei und Haarspalterei herabsinkt, mit denen das selbstlose „Knabenvolk" der Schüler sein Wesen treibt – Leute, die nur dadurch emporkommen, daß sie sich ein Ansehen geben, in die „tiefen Geheimnisse" der Hegelschen Weisheit eingedrungen zu sein und aus einem sehr wohlfeilen und dogmatistischen Interpretieren ihr Metier machten. Dies brachte die Philosophie in die Geringschätzung, die sie gegenwärtig von vielen Seiten erdulden muß, doch hieraus erprießt ihr Gedeihen. Die nach K[ant] eingetretene Überwucherung und Überproduktion, die den momentanen Zeitbedürfnissen mit dem Wetteifer der Konkurrenz genügen wollte, mußte durch ein längeres Brachliegen der // Wissenschaft ausgeglichen werden. Es führt dies zur Besinnung über ihre Aufgabe, und hiemit treten wir unmittelbar an Kant heran, dessen mächtige Gestalt wir erst heute, nachdem die durch ihn lebenden „Kärrner" wie Spreu verweht werden, völlig ins Auge fassen können.

Hier eben auch ist der Punkt, wo ich dem geistvollen Fischer unmöglich ferner nachfolgen kann. Seine Würdigung Kants scheint mir hauptsächlich darin zu liegen, daß von ihm der gerade Weg zu Hegel führt; und so dürfte die von Fischer erwartete Regeneration der Philosophie darin zu suchen sein, daß der von Hegel selbst nicht genügend anerkannte und empfundene Zusammenhang mit K[ant] aufgewiesen und das Hegelsche Streben somit als dasjenige gezeigt werde, auf welches der allgewaltige K[ant] hingesteuert. Vermittelst K[ant] soll also eine vor dogmatistischer Willkür gesicherte Grundlage gewonnen werden und auf diese dann der renovierte, restaurierte, aufgeputzte und gesäuberte Hegel gestellt werden; denn Fischer hält an der Identität von Denken und Sein, an der Abhängigkeit der Welt vom Bewußtsein und an der Widersprüchigkeit der Begriffe fest. Gegenwärtig ist er im Begriff, diesen seinen wiedergeborenen Hegel zu veröffentlichen, und es wird sich wohl zeigen, ob diese Methode der Evolution nun endlich die Philosophie auf den Herrscherthron bringen wird, von dem sie der alte Königsberger einst gestoßen. Daß dieses gewiß mit Klarheit und Gewandtheit geschriebene Werk („Logik und Metaphysik oder Wissenschaftslehre", gänzlich neue Auflage des ehemaligen kleinen Leitfadens des Verfassers, erscheint zu Michaelis, und bitte ich mir hiemit die Erlaubnis aus, selbiges Ihnen alsdann zukommen lassen zu dürfen) zur Würdigung und zum Verständnis Hegels beitragen werde, ist so gewiß, als die Wirkung davon eine andere werden muß, denn // die vom Verfasser angebahnte. Es wäre doch gar zu kurios, wenn diese Lehre, im Gegensatz zum Christentum, sich zuerst formell ausgelebt und ausgenutzt haben sollte, und erst hernach ihrem inneren Kern und Wesen nach zu wirken und zu gelten beginnen sollte, denn wozu sonst sollte ihre Restitution angebahnt werden? Erinnert dies nicht an den Luther, der das echte Christentum wiederherstellen wollte und deshalb an Bibel und Kirche hielt? Und was gab's für ein Resultat? Gewiß ein ihm selbst ebenso unerwartetes und vorher nicht zu bezeichnendes, wie es jetzt dem Kuno Fischer gehen wird. Diese Befangenheit ist aber beiden ganz unerläßlich. Mir jedoch ist nichts so einleuchtend, als daß die von K[ant] versuchte Losreißung vom Dogmatismus nur halb sei und daß daher jedes *unmittelbare* Anknüpfen an ihn sich selbst das Urteil spricht. Der Hort der Philosophie ist mir allerdings Kant, aber nicht der bauende und ordnende, sondern der kämpfende.

Bis Ende des Monats treffen Briefe mich hier, danach in Hamburg (J. R. Hamfeldt), von wo aus ich nach Helgoland ins Bad gehe. Sobald ich damit fertig, komme ich, etwa in der zweiten Woche August, zu Ihnen, um einige Tage in Ihrem gastlichen Kreise zu verleben. Es soll mir jedoch überaus lieb sein, bis dann von Ihnen zu hören, um genau zu wissen, ob ich Ihnen dann recht komme oder ob Sie alsdann irgendeinen kleinen Ausflug zu machen gedenken, wo ich auf einige Zeit Ihr Begleiter sein könnte; denn von Helgoland gedenke ich einen völlig gesunden Fuß mitzubringen. Bis jetzt bin ich doch immer noch nicht aller Spuren meines Leidens entledigt.

Mit herzlichstem Gruß an die lieben Ihrigen, in steter Treue und Anhänglichkeit Ihr

Wilh[elm] Bolin /

1055

An Wilhelm Bolin

3. Juli 1865

/ Rechenb[erg], 3. Juli 65

Lieber Herr Bolin!
Wie Sie wissen, bin ich kein Freund von unnötigen Worten, unnötigen Schriften und Briefen. Unnötig aber war und ist es noch, mich brieflich über den philosophischen Inhalt Ihres letzten Schreibens auszusprechen, da ich mich darüber längst öffentlich ausgesprochen habe. Sie können sich ja aus diesen Ihnen nur zu gut bekannten Aussprüchen selbst sagen, was ich von einer Regeneration der Philosophie denke, die nicht zugleich von einer Regeneration der Menschheit, der Religion, des sozialen Lebens ausgeht, was ich überhaupt halte von einer partikularistischen Fachphilosophie, welche die brennenden Fragen der Gegenwart umgeht und sich nur mit Dingen beschäftigt, die für niemand als für einen Professor der Philosophie Interesse haben. Ich bin unendlich fern davon – ich habe auch gar keinen Grund // dazu –, die Verdienste und Talente anderer verkennen oder gar verkleinern zu wollen. Herr Prof. Fischer ist gewiß ein vorzüglicher philos[ophischer] Historiker und Ästhetiker; aber so viel weiß ich gewiß, daß die Philosophie vom hölzernen Katheder aus in unsrer Zeit und unsern Verhältnissen, die ganz andre sind als die der Kante und Fichte, nimmermehr auf einen grünen Zweig kommen wird. Und was ich weiß, das wissen Sie auch, das haben Sie selbst zum Teil in Ihrem Briefe ausgesprochen. Wozu also über ausgemachte Dinge noch Worte verlieren? Überdem war ich die letzten Wochen her durch Briefe, durch Fremdenbesuche, durch Lesen und Exzerpieren von Schriften, die ich von der Münchner Bibliothek bezogen und nun zurückschicken mußte, so sehr in Anspruch genommen und mir selbst entrissen, daß ich mich danach sehne, wieder mir selbst, meinen eignen Gedanken und Entwürfen anzugehören. Den Inhalt Ihres vorletzten // Schreibens können wir ja der mündlichen Besprechung überlassen. Ich habe in betreff einer Reise noch keine bestimmten Pläne gefaßt, weder hinsichtlich der Ortsrichtung, noch der Zeit. Gewitzigt durch die Erfahrung des vorigen Jahrs, gedenke ich eine Reise bis in den Herbst zu verschieben, und Sie sind also zu der von Ihnen angegebnen Zeit willkommen
Ihrem alten Freunde L. Feuerbach

Da ich nicht weiß, ob dieser Brief Sie noch in Jena trifft, so adressiere ich lieber gleich nach Hamb[urg]. /

1056

Von Emma Herwegh

4. Juli 1865

/ Berlin, d[en] 4. Juli [18]65
Victoriastraße 29 b,
eine Treppe hoch
Bester Ludwig!
Einer der herbsten Verluste meines Lebens, der Tod meines alten, treuen Vaters, hat mich plötzlich im Sturm nach Berlin geführt. Meine jetzt 16jährige Tochter Ada, der ich mein langjähriges Versprechen, ihren Großvater noch sehen zu dürfen, nur so weit halten konnte, daß ich sie an das Totenbett desjenigen führte, der lebens so viel für sie getan, ist mit mir hier und wünschte // sehnlich, daß ich den Rückweg über Nürnberg nehmen möchte, um diese Stadt zu sehen. – Mir selbst kann ja nichts Besseres begegnen, als meine alten Freunde, wenn auch im Fluge, begrüßen zu können – doch muß ich, bevor ich mich zu diesem Umweg entschließe, sicher sein, Euch, Dich zu finden, denn Nürnberg *ohne Euch* wäre mir zu traurig, und ich habe des Traurigen genug, brauche es nicht neu aufzusuchen. Meine Abreise // von Berlin ist auf Samstag früh festgesetzt, Du müßtest also Deine Antwort *sogleich* schreiben, wenn sie mir nützen soll. Ich bedarf ja nur weniger Worte in diesem Fall, ob Du und die Deinen im Laufe der kommenden Woche, also vom 9.–15. dieses Monats zu treffen seid? –
Ich reise von hier bis Magdeburg, wohin ich wegen der Dir bekannten und wirklich schrecklichen Testamentsangelegenheit mit dem dort weilenden Testamentsexekutor gehen muß – von dort aus werde ich dann, je nach der Nachricht, // welche ich von Dir erhalten, meinen Weg über Frankfurt [am Main] oder durch Bayern nehmen.
Soviel in Eile und mit der Versicherung unwandelbarer Freundschaft und Verehrung
Eure
Emma Herwegh

Solltest Du schreibunlustig sein, so übernimmt vielleicht Bertha oder Lorchen dies Amt. /

1057
Von Konrad Deubler
6. Juli 1865

Dorf Goisern, 6. Juli 1865
Lieber, guter, verehrter Freund!
Seien Sie nicht böse über mich, daß ich Ihren Brief vom Monate März nicht beantwortet habe. Ich muß aufrichtig gestehen, ich habe den Sinn des Schreibens nicht verstanden, erst das Schreiben Ihrer Tochter hat mich darüber aufgeklärt.

Sie können sich nicht vorstellen, wie groß meine Freude sein würde, wenn Sie mich in unseren schönen Bergen besuchen würden! Ich hätte Ihnen gleich geschrieben, aber ich wollte Ihrer Tochter eine photographierte An- und Aussicht von meinem Häuschen mit beilegen –, allein unser Dorfkünstler wird nicht fertig damit.

Mein alter Freund Robert Kummer hat mir aus Dresden geschrieben, daß seine Tochter Anna im Brautstande sei und daß ihre Hochzeit am 24. Juli abgehalten würde und daß es ihm sehr erwünscht wäre, wenn ich doch noch einmal (da wir uns schon lange nicht gesehen haben) ihn besuchen möchte. Ich habe es ihm zugesagt. Ich werde von Dresden über Leipzig, wo ich meinen lieben alten Roßmäßler wiedersehen werde, dann durch Thüringen, Eisenach, Koblenz, Nürnberg zu Ihnen nach Rechenberg kommen. Bei Ihnen würde ich so Ende Juli ankommen, und wir könnten das weitere mündlich besprechen. Das wäre also mein Plan.

Würden Sie dann gleich mit mir fortreisen können oder würden Sie später nachkommen? Das würde sich dann schon zeigen. Ihre Befürchtungen wegen Polizeischereien bei uns in Österreich, glaube ich, würden auch nicht so viel zu sagen haben. Wir haben ja eine freie Konstitution! Und auch im übrigen ist es mir in meinem schönen Oberösterreich lieber als in dem gelobten Preußen oder dem voll Mucker und protestantischen Jesuiten wimmelnden Württemberg!

Kommen Sie nur samt den lieben Ihrigen zu uns auf unsere schönen Berge. Die Monate August und September sind gerade bei uns am angenehmsten.

35 Hier in Goisern ist gerade der Mittelpunkt; von da aus können wir die Gosauer Seen, Hallstatt, Aussee, Karls-Eisfeld mit dem Dachstein usw. besuchen.

Jetzt leben Sie wohl! Es grüßt Sie samt den Ihrigen Ihr Verehrer
Konrad Deubler

1058

An Konrad Deubler

13. Juli 1865

Rechenberg bei Nürnberg,
13. Juli 1865
5 Mein lieber Freund Deubler!
... Meine Antwort besteht aber nur in dem Ausdruck meiner herzlichen Freude über Ihren angekündigten Besuch und meines ebenso herzlichen Wunsches, daß Sie bei Ihrer Ankunft in Nürnberg sich sofort auf den Rechenberg begeben und *mein Wohnhaus zu Ihrem*
10 *Wirtshaus* machen. Sie genieren uns nicht im geringsten; wir sind eingerichtet und stets bereit zur Beherbergung von Freunden.

In der Hoffnung also, daß Sie diesen Wunsch uns erfüllen, nenne ich mich Ihren

Rechenberger Wirt und Freund
L. Feuerbach

1059

Von Wilhelm Bolin

23. Juli 1865

Helgoland, d[en] 23. Juli 65
Herzlichen Dank, mein teurer Freund, für Ihr liebes Schreiben vom
5 3. d[ie]s[e]s [Monats], das ich vor zwei Wochen bei meiner Ankunft in Hamburg erhielt. Wenn Sie darin betonen, daß ich Ihre Ansicht

über die in Jena angestrebte Restauration der Philosophie mir zum voraus hätte zusammenstellen können, so habe ich Ihnen hierin keineswegs zu widersprechen. Allerdings schrieb ich meinen damaligen Brief in der Voraussetzung, daß Sie meiner Auffassung durchaus beistimmen würden. Wenn ich aber gleichwohl diesen meinen Bericht vermutlich mit dem Wunsche schloß, Ihre Ansicht ausdrücklich zu hören, so geschah es lediglich aus jenem rein psychologischen oder vielleicht richtiger pathologischen Grunde, von dem man unter dem Einflusse der unmittelbaren Eindrücke einer neuen und in gewisser Hinsicht bedeutenden Erscheinung abhängig ist. Neu war mir die persönliche Nähe eines in seiner Art überaus begabten Mannes, der einer in meinen Augen durchaus verjährten Lehre mit Leib und Seele zugetan war. Bedeutend erschien mir dies Streben nicht nur durch den seltnen Aufwand an Talent, womit er seine Überzeugung entfaltete, sondern namentlich dadurch, weil er sich des Verfalls bewußt war, in den die Philosophie seit der durch Kant hervorgerufenen Krisis geraten. Sosehr ich in diesem Punkte mit dem Manne übereinstimmte, so mächtig waren meine Zweifel gegen die Gültigkeit und Fruchtbarkeit seines Strebens –, und zwar um so mächtiger, als ich sein Talent bewundern und die Klarheit seiner Darstellung anerken-/ /nen mußte. In dem Bedürfnis, mich hierüber unbefangen auszusprechen, fühlte ich mich recht einsam, da mir zu eben der Zeit in Jena kein anderer vertrauter Umgang zuteil war, als derjenige mit dem Manne selbst, dem über meine Bedenken natürlich kein Urteil zustand. Daß ich in dieser Stimmung mich zunächst an Sie wandte, werden Sie mir schwerlich verdenken. Sosehr ich dadurch von den Vorrechten der Freundschaft Gebrauch machte, indem ich mir erlaubte, Sie mit Dingen zu behelligen, deren größte Bedeutung vielleicht nur von meiner damaligen Stimmung herrührte – so glaubte ich doch, daß der Bericht über den Stand der Philosophie in Jena Ihnen insofern nicht uninteressant wäre, als derselbe aus unmittelbarer Anschauung entnommen. Wäre mein damaliger Brief minder von der fraglichen Stimmung beherrscht gewesen, so würde wohl auch ein fernerer Umstand zur Geltung gekommen sein, wodurch mein Bericht seinen vollen Wert erlangt hätte. Statt nämlich mit der momentanen Zaghaftigkeit an Sie heranzutreten mit der Anfrage, ob meine Schätzung des dortigen Treibens richtig sei, hätte ich den größten Nachdruck darauf gelegt, daß auch von dieser Seite, so widersinnig es scheint, ein Umschwung in der Philosophie angebahnt werde. Nicht nur, daß Kuno Fischers ganzes Verdienst sich einzig darauf erstreckt, eine schließliche allgemeine Würdigung derjenigen

Phase der Philosophie, der man einen wesentlichen Einfluß auf eine ganze Kulturepoche nicht absprechen kann, zu erleichtern; sondern noch bedeutsamer scheint mir, daß die langjährige und mit großer Überlegenheit geübte Wirksamkeit dieses Mannes insofern auffallend unfruchtbar ist, als seine zahlreichen Zuhörer – und ich habe mit recht vielen verkehrt – so gut wie // außerstande sind, sich in die von ihm vertretene Anschauung hineinzuleben. Auch hierin würde ich Ihnen freilich nichts Neues sagen; immerhin dürfte es aber etwas Erfreuliches sein. Wenigstens kenne ich nichts, das mich so erhöbe und mit so mancher Unebenheit des Lebens versöhnte, als die Wahrnehmung dessen, was die Geltung der mein Leben erfüllenden Überzeugung verbürgt. Mit der Gewißheit, daß auch die philosophische Tradition, ungeachtet der auf sie verwendeten Mühe, keine Wurzeln in dem Zeitbewußtsein hat, bin ich von Jena geschieden, und es ist mir recht lieb, Ihnen somit eine Ergänzung zu meinem vorigen Briefe erteilen zu können. Denn unzweifelhaft muß es Ihnen zur Befriedigung gereichen, daß auch der begabteste Repräsentant der von Ihnen zunächst in ihrer Ungültigkeit aufgewiesenen Richtung, die um Beibehaltung ihres ehemaligen Ansehens ringt, indirekt für diejenige Weltanschauung wirkt, für welche Sie in stiller Entsagung, aber mit Anschluß an die mächtigen Naturwissenschaften, gelebt und gewirkt. Ihre Freundschaft wird mir's schon zugute halten, daß ich nicht gleich anfangs mich vollständig aussprechen konnte und daß ich nun gleichsam eine Rechtfertigung gebe, während es mir doch zunächst und allezeit nur um das zu tun ist, wozu ich die Weckung und Leitung Ihnen verdanke.

Hier in dem köstlichen Helgoland bin ich bald zwei Wochen und gedenke bis gegen den 8. August zu verweilen. Gegen den 13. [August] hoffe ich bei Ihnen zu sein. Die Zeit verstreicht mir unsäglich rasch, so daß von Arbeit nicht sonderlich viel zutage kommt. Die Bäder und die herrliche Luft wirken so mächtig auf den Körper ein, daß man es aufgeben muß, dem abstrakten Denken // nachzuhängen, wenn anders man den guten Einfluß des hiesigen Aufenthaltes nicht gefährden will. Da Gesundheit der vornehmste Zweck meines Hierseins, darf ich es wohl schon auf mein Gewissen nehmen, daß meine Pläne hinsichtlich der auf der Reise zu erledigenden Arbeiten bedeutend gekreuzt werden. Ich sehe mich angewiesen, mich mit einem bloßen Orientieren über den mit Ihnen zu besprechenden Gegenstand zu begnügen, woraus Ihnen der Vorteil erwächst, vom Durchlesen eines Manuskripts meiner Wenigkeit durchaus verschont zu bleiben. Obwohl ich in der dahin einschlagenden Literatur noch nicht genügend heimisch bin, hoffe ich mit meinen eigenen Beobachtungen doch zu einigen Resultaten gelangt zu sein, die mir den Mut geben, Ihre Aufmersamkeit in Anspruch zu nehmen.

Meiner Berechnung nach treffen die Zeilen am Rechenberge zur Zeit Ihres Geburtstages ein. Empfangen Sie denn meinen herzlichsten Glückwunsch. Möge Ihnen die Gesundheit und die bisherige Geistesfrische verbleiben, damit Sie Ihrem Wirken mit der nämlichen Zuversicht auf den Sieg der Wahrheit obliegen können.

Mit herzlichem Gruß an all die lieben Ihrigen blickt einem baldigen frohen Wiedersehen entgegen

Ihr
aufrichtiger
Wilhelm Bolin

Sollte irgendwelche Meldung mir zu machen sein, so treffen mich Briefe bis zum 10. Aug[ust], wenn selbige an J. R. Hamfeldt in Hamburg adressiert werden. /

1060

Von Emma Herwegh

26. Juli 1865

/ Zürich, den 26. Juli 65

Lieber Ludwig!

Da ich mich am 28. Juli nicht in Person auf den Rechenberg begeben kann, soll mein Gruß Dich wenigstens erreichen. Für Deine Unsterblichkeit hast Du bereits gesorgt, sorge nun auch für das Diesseits, indem Du Dich uns allen so frisch und so lange erhältst als nur immer möglich. Dies ist mein Wunsch und vermutlich der all Deiner Freunde.

Seit ich Euch verlassen [habe], ist wenig Frohes in mein Leben gekommen. Ich wußte es, als ich Euch verließ, und weil ich's wußte, war ich so traurig, als ich mir das erlaube.

Georg fand ich in Lindau. Wir blieben // noch bis Dienstag um 6 Uhr abends bei alten Freunden und zogen abends 11 Uhr in Zürich ein. Marcel empfing uns am Bahnhof, selig über die Muscheln, die er „neulich" bei Euch gelassen, und sehr vergnügt in der Hoffnung, Lorchen diesen Herbst wiederzusehen. Ich habe mich so entwöhnt, mich auf Kommendes zu freuen, daß ich nachgerade nur an das glaube, was ich in Händen halte. Wie heißt das Sprüchwort – mich dünkt: Zwischen dem Kelch und der Lippe ist immer noch Raum für ein Unglück. Bei Gott, ein schöner Geburtstagsbrief! Weißt Du, was mich gegenwärtig so unglücklich macht? Die Stimmung von Georg. // Er ist von einer Melancholie, von einem Lebensüberdruß, der vollständig bleiern auf mich wirkt, um so mehr, als ein gutes Stück davon Folge seines physischen Zustandes ist. Gleich beim Wiedersehn fiel mir der immer noch dauernde Husten mitten im Sommer auf, und bald darauf die starken Stöße nach dem Kopf, die ihn regelmäßig befallen, wenn er einschläft, und von Stockungen im Unterleib herrühren sollen. Unser Arzt will ihn nach Tarasp schicken und verspricht sich Wunder davon. Georg hingegen fürchtet die grenzenlose Öde des Ortes, die wieder verderben würde, was das Wasser nützt, die rauhe / / Temperatur und die lächerlich hohen Preise. Ich will nun sehen, wie es wird, soviel ist mir klar, daß mir diese Sorge am schwersten zu tragen ist.

Diesen Morgen erhielt ich von Schweigert folgenden Zettel, den ich Dich bitte, Deinen Frauen mitzuteilen:

„Liebe, gute Freundin!

Bei Ihrer Abreise von Coburg sagten Sie mir zweierlei: 'Entscheidet sich Marie für Sie, dann alles Glück, wenn nicht, behalten Sie den Kopf auf den Schultern!' –

Emma, ich habe den Kopf verloren, seit dem 20. d[es] M[ona]ts bin ich verlobt.

Soll ich Ihnen noch das weitere erzählen, ach nein, ich bin vor Seligkeiten arm an Worten.

Später einmal mehr.

Alle grüßend Ihr glücklicher Freund Schweigert." /

/ Abgesehen davon, daß ich mich über dies Finale für beide Menschen freue, ist mir's auch beruhigend, daß Schwarzenberg nun nicht mehr nötig hat, auf den Dächern zu sitzen.

Im übrigen kommen hier zwei vortreffliche, liebe Menschen zusammen.

An Bertha schreibe ich nächstens – meine Gedanken sind viel und innig mit ihr, und wie gut sie's mit mir meint, hab ich tief empfunden.

Danke allen Deinen Bekannten für ihr herzliches Entgegenkommen, vor allem aber Dr. Baierlacher, dem ich wirklich für seine Güte besonders verpflichtet bin. –
Vergiß niemanden, auch Deinen Bruder Fritz nicht. Du erhältst nächstens // eine kleine brochure von mir unter Kreuzband, auf die ich als treuen, ungeschminkten Bericht jener Tage Wert lege. Es wird Dir nicht schwerfallen, Deine alte Freundin aus jeder Zeile wiederzuerkennen.
Dein Medaillon macht Georg große Freude. Ich finde es schlecht, d. h. unähnlich.
In unwandelbarer Freundschaft Deine
Emma Herwegh

P. S. Denke, wenige Tage nach meines Vaters Tod, am 6. Juli, ist auch Georgs Vater gestorben. /

1061

An Ludwig Büchner

28. Juli 1865

/ Rechenberg bei N[ürn]b[er]g, 28. Juli 1865
Verehrter Freund!
Spät kommen sie, doch sie kommen, die versprochnen Schriften von mir. Daß ich so spät erst mein Versprechen erfülle, daran ist schuld ein sechstägiger Ausflug in den Bay[e]rischen oder Böhmischen Wald, den ich wenige Tage nach Ihrer Abreise mit meinen und Ihren hiesigen Freunden gemacht habe, dann ein unmittelbar nach der Rückkehr hier eingetroffner Fremdenbesuch, der mir mehre[re] volle Tage kostete, endlich die unmenschliche, reaktionäre, jede Bewegung, jede Tatkraft hemmende Hitze.
Von den „Gedanken über Tod und Unst[erblichkeit]" empfehle ich Ihnen nur die „Unsterblichkeitsfrage vom Standpunkt der Anthropologie, ann[o] 1846", vom Jahrgang 1830 nur die „Satirisch-theologischen Distichen". Meiner „Theogonie" fehlt leider ein Inhaltsverzeichnis; Sie müssen sich daher // die Mühe machen, selbst darin zu blättern und je nach dem Reiz der Kapitelüberschriften sich Stoff zur Lektüre auszuwählen, da Sie schwerlich Zeit haben werden, das Ganze von Anfang bis zu Ende im Zu-

sammenhang durchzulesen. Übrigens ist diese Schrift, abgesehen von dem abschreckenden gelehrten Ballast, der jedoch notwendig war, die einfachste, leicht faßlichste meiner Schriften, geschrieben im Triumph der Gewißheit von der Wahrheit meiner bereits in
25 andren Schriften ausgesprochnen Gedanken und Grundsätzen.

Auch während dieser wenigen Zeilen wurde ich – es ist zum Verzweifeln – wieder durch einen Fremdenbesuch unterbrochen und bin heute, wo mein 61ster Geburtstag ist, nicht sicher vor einem solchen. Also beschränke ich mich nur auf die Absendung
30 meiner Schriften. Diese mögen den Mangel des schlechten Briefschreibers, der ich bin, ergänzen. Mit freundschaftlichster Gesinnung

Ihr L. Feuerbach /

1062

An Emma Herwegh

31. Juli 1865

/ Rechenberg, 31. Juli 65
Liebe Emma!
5 Ich will Dir nur sagen, daß mir Deine unerwartete briefliche Erscheinung an meinem Geburtstag große Freude gemacht hat, so große, daß ich, ob ich gleich mir jede Auszeichnung dieses Tages vor einem andern, gewöhnlichen, verbeten hatte, doch unmittelbar nachdem ich Deinen Brief empfangen und gelesen hatte, zu den
10 Meinigen sagte: „Jetzt willige ich ein, daß wir diesen Abend mit den Schwestern und ein paar Freunden bei Schultheiß verleben", was denn auch ausgeführt wurde, und zwar in einer sehr schlichten und geräuschlosen, aber eben deswegen mir zusagenden Weise. Sagen aber, Du hast mir eine Freude gemacht, heißt bei Leuten,
15 denen Freude andern machen selbst Freude macht, Dank sagen. Könnte ich nur auch meinen Dank durch eine Tat ausdrücken und Dir Deine Sorgenlast erleichtern! Aber wie // ich, um *den* Gegenstand Deiner Sorgen nur zu berühren, den Du in Deinem Brief erwähnt hast, Deinen Mann an einen Ort einladen, der mir selbst
20 nicht gefällt, der, abgesehen von seinen altertümlichen Sehenswürdigkeiten, nichts dem Leibe, nichts dem Geiste bietet? Teile mir jedoch stets Deine Sorgen offen mit; kann ich Dir helfen, so

geschieht's von Herzen gern, kann ich nicht, so werde ich es stets ebenso offen Dir sagen.

Empfange Dank auch für die übrigen Mitteilungen Deines Briefs. Deinen Dank an meine und Deine hiesigen Bekannten, wie auch an meinen Bruder habe ich bereits pünktlich ausgerichtet.

Verzeihe die Kürze mit dem unüberwindlichen Trieb, endlich mir selbst wieder anzugehören. Erst gestern hatte ich wieder einen, obwohl mir und den Meinigen höchst lieben und angenehmen Fremdenbesuch, nämlich von einem Tiroler Freigeist, der schon vor zwei Jahren meinetwegen hier war, aber mich damals verfehlt hatte.

Das Beste wünschen Dir und den Deinigen die Meinigen und ich, Dein treuer alter Freund

L. Feuerbach /

1063

An Georg Friedländer

2. August 1865

/ Rechenberg bei N[ürn]b[er]g, 2. Aug[ust] 65
Verehrter Herr und Freund!

Die glänzenden Geburtstagsgeschenke, die ich voriges Jahr von Berlin aus, wie Sie als Mitbeteiligter wissen, erhielt, haben mich, der ich nie nach dem Glanze der Zelebrität [Berühmtheit] gestrebt, vielmehr einen starken Hang zu persönlicher, wenn auch nicht geistiger Obskurität [Verborgenheit] habe, offen gestanden, weniger erfreut, als frappiert und in Verlegenheit gesetzt, so daß die Erinnerung an diesen Tag mir keine angenehme ist. Obgleich die Khanikoffs es nicht unterlassen konnten, mir auch diesmal wenigstens eine Kleinigkeit zu schicken, so ist doch mein 61. Geburtstag nicht in russischem, sondern in meinem Sinne, d. h. eigentlich nicht gefeiert worden, ohne Lärm und Glanz, ohne Vivats, ohne Leckerbissen, ohne Auszeichnung vor einem andern, ehrlichen Arbeitstag vorübergegangen; aber eben deswegen rechne ich ihn zu den erfreulichen, den angenehm verlebten Tagen. Wohltätig ist allerdings, namentlich in vorgerücktem // Alter, die schlichte Beglückwünschung befreundeter Menschen. Diese lasse ich mir gefallen, ja nehme ich mit Dank und Freude in Empfang, so denn auch die

Ihrige, die mich um so mehr erfreute, je weniger ich sie erwartete, da ich ja weiß, wie sehr Sie als Arzt beschäftigt sind, wie wenig Sie Zeit und Lust zum Briefschreiben haben. Übrigens habe ich
25 die Überzeugung oder den Grundsatz, daß man nur sagen, in Worten ausdrücken soll, was sich nicht von selbst versteht. Unter Männern, wenn auch nicht Frauen und Männern, unter Deutschen, wenn auch nicht Russen, die sich wohlwollen, die sich befreundet sind, versteht es sich aber von selbst, daß sie sich an ihrem Geburtstag,
30 ebenso wie an jedem andern ordinären Tage nur Gutes wünschen. Ich bitte Sie also bei der allenfallsigen Wiederkehr meines Geburtstags diesen männlichen und deutschen, wenn auch nicht neu-, doch urdeutschen Grundsatz, den Sie gewiß auch mit mir teilen, gegen mich in Anwendung zu bringen. Infolge dieses Grundsatzes,
35 welcher freilich etwas rigoros auch das Schickliche in die engen Grenzen des Notwendigen einschließt, habe ich auch, ungeachtet der hier ob-//waltenden Geschlechterdifferenz, das Dankschreiben Ihrer verehrungswürdigen Frau Kusine, so freudig es mich überrascht hat, unbeantwortet gelassen. Es trug jedoch hiezu auch der
40 Umstand bei, daß ich gerade damals in einer schriftstellerischen, leider! durch die darauffolgende Hitze unterbrochnen Arbeit begriffen war, und in diesem Zustande, der bei [mir] immer ein ungewöhnlicher, denn ich habe trotz meiner vielen Schriften und Jahre es noch immer nicht zur professionistischen, tagtäglich wie der
45 Stuhlgang vonstatten gehenden Schriftstellerei gebracht, verschwinden mir Tage wie Stunden, Wochen wie Tage. Was aber nicht zur rechten Zeit geschieht, unterbleibt lieber ganz. Ich bitte Sie, dies Ihrer Frau Kusine gelegentlich zur Berichtigung eines möglichen, wenn auch nicht wahrscheinlichen Mißverständnisses
50 meines einerseits unwillkürlichen, anderseits aber tief begründeten Stillschweigens mitzuteilen.

Mit dem, was Sie über Khanikoff schreiben, bin ich ganz einverstanden. Wenn er sich bald auf einen Gegenstand konzentriert, und zu dieser Konzentration gehört auch die Festsetzung an einem
55 bleibenden Aufenthaltsort, so ver-//puffen ziel- und resultatlos seine schönen Kenntnisse und Gaben. Daß sie nicht gleich mit ihrer Mutter nach Rußland gehen, daß sie noch einige Zeit in Deutschland bleiben, damit bin ich einverstanden, daß sie aber den Winter über in Gießen oder Freiburg oder sonst einer Winkeluniversität
60 zubringen wollen, finde ich sonderbar. Er ist gewiß ein „wackrer" und guter Mensch; ich bin ihm auch von Herzen gut, aber sein Umgang, sein nervenkrankes, aufgeregtes Wesen greift an, beunru-

higt, während das gesunde, frische und heitre, ungezwungne und doch echt weibliche Wesen seiner Frau stets auf mich einen sehr wohltätigen Eindruck gemacht hat und ich es daher sehr bedauere, daß ich sie nur wiedersehe, um dann vielleicht nicht mehr sie zu sehen. Sie wollen nämlich von uns persönlich Abschied nehmen, wir wissen aber noch nicht, wann und wo? Auch mit dem, was Sie über unsre erbärmlichen politischen Zustände sagen und nach dem obigen Grundsatz nicht sagen, bin ich vollkommen einverstanden. Nur damit bin ich nicht einverstanden, zumal ich nach den Andeutungen Ihres frühern Briefes das Gegenteil erwartete, daß Sie in Ihrer neuen Wohnung neben dem eignen noch immer ein leeres Bett stehen haben und diese Leerheit mit mir, der ich übrigens über meine nächste Zukunft noch gar nichts bestimmt habe, statt mit einem Wesen andren Geschlechts ausfüllen wollen.

Verehrungsvoll Ihr ergebenster Freund
L. Feuerbach /

1064

Von Wilhelm Bolin

29. September 1865

/ Helsingfors, d[en] 29. September 65
Obwohl ich, mein teurer Freund, vermutete, Ihnen nicht gar bald nach unsrem Scheiden schreiben zu können, weil ich die nächsten Wochen danach beständig auf Reisen war, mithin der Muße ermangelte, mich mit Ihnen schriftlich zu unterhalten, glaubte ich doch nicht, daß es sich bis heute verzögern würde.

Vor allem also meinen herzlichsten Dank für die abermalige freundliche Aufnahme. Dank auch für die Aufmerksamkeit, die Sie meinem wissenschaftlichen Anliegen geschenkt, sowie für die Ratschläge und Winke, die Sie mir so reichlich gespendet. Jeder Besuch bei Ihnen ist mir so erhebend und förderlich, daß ich Ihnen wohl gestehen mag, es werde nicht an meinem guten Willen liegen, wenn sich ein künftiges Wiedersehen weit über das Maß meiner Sehnsucht erstrecken sollte. Nun sind wir bereits 1 1/2 Monate getrennt. Über meine indessen zurückgelegten Kreuz- und Querzüge finden Sie einen kleinen Bericht in dem beifolgenden Schreiben an Ihre Frau.

Mit ein Hauptgrund meines verzögerten Schweigens liegt an der Menge Arbeit, die mir die Vorbereitungen zu meiner Kathedertätigkeit verursachen. Jetzt erst atme ich etwas auf, // nachdem ich seit 14 Tagen in Büchern gestöbert und schließlich einen Faden zur Darstellung meines Gegenstandes gefunden, sowie auch einige Vorlesungen bereits zu Papier gebracht. Zum Glück sind es noch zwei Wochen, bis ich das Katheder betrete; diese Zeit wird gewissenhaft ausgebeutet. Mein Gegenstand, die Entfaltung der politischen Ideen vom 16. Jahrhundert an, interessiert mich aufs höchste. Ich bin gesonnen, meine Darstellung so zu geben, daß es nicht nur bei einer bloßen Folge der einzelnen Denker verbleibt, sondern daß sich aus dem festen Erwerb ihrer Leistungen gleichsam eine Staatslehre aufbaut. In jedem der 3 letzten Jahrhunderte wird – tatsächlich wie begrifflich – ein Hauptpunkt des staatlichen Lebens zur Geltung gebracht. Durch das erweiterte Eingehen des Volkes in das Staatsleben bekommt dieses einen bestimmteren und reicheren Inhalt, während die in jedem der betreffenden Zeitalter ausgesprochenen Ansichten immer mehr modifiziert werden, sosehr jede von denselben ihrer eignen Zeit durchaus angemessen ist. So finde ich, daß die Fürstengewalt, wie sie sich auf Waffen gründet und nach Territorialbesitz strebt, durchaus berechtigt ist im 16. Jahrhundert (ein Prozeß, der allerdings bereits im 14. J[ahr]h[un]d[er]t beginnt), denn eben dann geht dies Streben mit den Interessen der Nation in einer Linie. Daher ist mir Machiavelli ein durchaus zeitgemäßer, klassischer Schriftsteller, den man mit eben der Achtung behandeln muß, die man heute einem Rousseau, einem Lamennais, einem Fichte zuerkennt. Ganz besonders muß ich Ihnen für Ihre gütige Hinweisung auf Fichtes Abhandlung über den Machiavel[li] danken, wo dieser Autor mit überraschendem // Verständnis geschildert ist. Allerdings muß man über den einen Punkt hinwegsehen, wo der nüchterne Italiener dem romantischen Deutschen weit überlegen ist: die betreffende Bemerkung, daß das Christentum die Menschen eher erschlafft als moralisch gekräftigt habe. Gleichwohl rechne ich es dem Fichte hoch an, daß er den Machiavel[li] als einen Genius erster Größe anerkennt. Solcherweise stellt sich Fichte als ein würdiger Vorläufer des Macaulay und Gervinus, die den Machiavel[li] mit ebenbürtigem Geiste erfaßt und dargestellt. Trotz dieser trefflichen Leistungen über den Machiavel[li] trifft man noch heute in neuern, deutschen wie französischen, Werken die albernsten Urteile über den wunderbaren Mann, wie sie natürlich nur vom Standpunkte der platten

Moral möglich sind. Dem Studium des Machiavel[li] verdanke ich viel Genuß und Belehrung, wie dies bei seinem klaren Stil, seiner großartigen Konsequenz und namentlich bei seinem unbefangenen und empfänglichen Blick für die unmittelbare und geschichtliche Wirklichkeit nicht anders möglich ist. – Wie ist er also von der Mehrzahl gelesen und verstanden worden!? – Es gibt doch nur eine Art Dummheit, die ich für verächtlich und unverzeihlich halte – diejenige des gelehrten Dünkels. Diese hat die größten Schäden in der Welt angerichtet, wie es uns die heillose Wirtschaft der hochlöblichen Theologie hinlänglich beweist.

Indem ich mir vorbehalte, Ihnen künftig mehr über meine Vorlesungen zu berichten, will ich heute lieber darauf bedacht sein, Ihnen für die Bekanntschaft mit Lassalle zu danken. Ohne Ihre / / Empfehlung würde er mir sicherlich bis heute unbekannt geblieben sein. In dem Manne ist ein eminentes Talent der Welt vorzeitig entrissen worden. Seit Rousseau habe ich keine so schwunghafte Sprache, keine so hinreißende Darstellung gelesen. In der Kunst des Vortrags sowie in der Klarheit der Entwicklung ist er ganz musterhaft. Auch in dieser Hinsicht habe ich viel von ihm gelernt. Über die sozialen Zeitfragen ist er überzeugend. In den Blitzen, die er gegen die erbärmlichen Zustände schleudert, glaubt man einen Propheten zu erkennen. Man begreift wohl, wie die engherzige und mißtrauische Bourgeoisie in Lassalle einen verkappten Emissär der Regierung wittern konnte. Bei all den Fehlern, die ihm angeheftet, halte ich ihn für einen Mann von gediegener und unerschütterlicher Überzeugung. Die Prozesse, die er auszufechten gehabt, gereichen ihm so sehr zur Ehre, als sie der preußischen Wirtschaft zur ewigen Schmach gereichen. Des bloßen Gaukelspiels halber wird sich auch ein GottesgnadenKönigtum keine so offenbaren Blößen geben. Ehre seinem kühnen, edlen Wirken!

Binnen kurzem werden Sie wohl die nagelneue wiedergeborene Hegel-Fischersche „Logik und Metaphysik" zugesandt bekommen. Ich bin auf Ihr Urteil höchlichst gespannt. Wenn dies Buch Sie zu keinem schriftstellerischen Votum veranlaßt, so behalte ich mir doch ein briefliches vor, das Sie mir gewiß zukommen lassen werden, falls Sie, wie ich nicht bezweifle, in den rechten Humor geraten. Das Buch ist immerhin lesbar, weil es seinen geistreichen und talentvollen Schriftsteller nicht verleugnet.

Hoffentlich treffen diese Zeilen Sie gesund und in bester Arbeitsdisposition, davon benachrichtigen Sie ja

Ihren treu ergebenen
Wilhelm Bolin

Ihre Briefe, wie bisher, via St. Petersburg, weil es sichrer ist. /

1065

Von Emma Herwegh

17. Oktober 1865

/ Zürich, den 17. Okt[o]b[e]r 65
Lieber Ludwig!
Diese Zeilen, deren Inhalt nur für Dich bestimmt ist (Bertha als zu Dir gehörig nehme ich aus), werden Dir wenig Freude machen, dennoch schreibe ich sie, weil ich auf niemandes Freundschaft, auf niemandes Verständnis, auf keines Menschen Takt besser baue als auf den Deinen –.

„Teile mir", schreibst Du in Deinem Brief vom 31. Juli, „jedoch stets Deine Sorgen offen mit; kann ich Dir helfen, so geschieht es von Herzen gern, kann ich nicht, so werde ich es stets ebenso offen Dir sagen." –

Das tu' ich denn, indem ich Dir schreibe, daß es uns verzweifelt geht, // und nur insoweit an Deine *Vermittlung* appelliere, als sie nötig ist, falls *Du* jemanden kennst, dem es möglich und zu gleicher Zeit eine Freude und Ehre sein würde, dem Dichter, dem er so manche gute Stunde verdankt, in einer schlechten durch eine größere Summe beizuspringen. Als ich hier ankam, bildeten sich die Leute vermutlich ein, ich hätte die Hände voll Geld und würde nun als reiche Erbin allem und allen gerecht werden. Seit sie merken, daß nichts kommt, ist eine solche Verfolgung eingerissen, von der sich nur derjenige eine Vorstellung machen kann, der durch ähnliches gegangen. –

Kein Buch der Bibliothek, und Du verstehst, wie Georg an seinen // Büchern, unserm einzigen Eigentum hängt, das nicht bereits zur Deckung einer Schuld eingetragen wäre und, wenn nicht Hülfe kommt in der nächsten Zeit, abgeholt und versteigert zu werden drohte. Und in dieser Atmosphäre soll ein Mensch geistig produzieren! Es gibt Naturen, die sich in solchen Zeiten gegen das Schicksal stemmen, Georg wird *vernichtet* in einer solchen Luft, und weil ich diesem Ende nicht ruhig entgegensehen kann, weil *ich* alles erschöpft habe, was zu geben in meiner Macht stand, weil es sich hier um die Erhaltung einer edlen, einer seltenen Natur // handelt, die in dem kleinlichen Kampf der täglichen Qual jämmerlich vernichtet und, wenn man sie von diesen furchtbaren Fesseln befreien würde, noch so unendlich viel geben könnte – *darum* sage ich, denke nach, lieber Ludwig, ob es nicht möglich, daß die *nächste* Zeit in einer *stillen, schicklichen* Art eine Erleichterung, wenn auch keine volle Befreiung bringt. Kann ich nur so viel erreichen, daß *Georg* in Ehren hier fort und an einem andern Ort ungestört ein halb Jahr leben kann, so will *ich* schon den Kelch hier bis auf die Hefe leeren und sehen, was ich ihm von seinen Sachen, resp. Büchern retten kann, die beiläufig mit 7000 [s]fr. taxiert, d. h. für diese Summe eingetragen sind. /

/ Daß ich von *Dir* nichts will, um keine Welt, das brauche ich nicht erst zu sagen, ich will von Dir nichts, was sich auf irdisches Gut bezieht, wie Du von uns nichts wollen würdest, weil weder Du noch wir etwas besitzen. Hättest Du etwas, was dem Überflusse ähnlich sähe, Du lieber Philosoph, dann würde es mir anzunehmen von niemandem so natürlich scheinen als von Dir. Ich schreibe Dir gerade, weil ich *nichts* von Dir will, um keine Welt, als das, was nichts kostet und so wenige haben: das Herz und den Stolz für seine Freunde. – Du wirst an niemanden Dich wenden, von dem Du nicht überzeugt // bist, daß er es für eine Gunst des Schicksals ansieht, einem Mann wie Georg etwas anbieten zu können und wirst es so einrichten, daß die Gabe den Gebenden ehrt und dem Empfänger kein Atom seiner Freiheit nimmt, seiner Manneswürde in keiner Weise zu nahe tritt.

Welches jedoch das Resultat dieses Briefes sein mag, antworte mir *bald* und nimm ihn für ein Zeichen der größten Freundschaft und Verehrung, das zu bringen ich imstande bin.

Du bist der erste und einzige Mensch, dem ich es gönne, etwas für G[eorg] zu tun, außer mir selbst. Sieh, ob Du es kannst. /

/ Kann es geschehen, so wird die passende Art und Weise auch leicht gefunden sein für Menschen, denen es um die Erreichung des Zweckes und nicht um [die] Befriedigung der Eitelkeit zu tun ist, wenn sie etwas geben. –

Nun will ich Dir auch sagen, daß Horace vor zehn Tagen abgereist ist, um sich mit dem Schiff, das am 23. in Hâvre abgeht, nach Amerika zu begeben. –

Ein alter Freund von uns, der Zahlmeister der Armee in St. Louis ist, ein gewisser Bernays, hat ihm, eingedenk alter, guter Zeiten, die er bei uns verlebt hat, eine Stelle // an der Nord-Missouri-Eisenbahn verschafft mit 60–75 Dollars per Monat, und findet Hor[ace] bei seiner jetzigen Anwesenheit in Paris keine Stelle, die materiell *ungleich* besser ist, bei der er ebensoviel lernt und auf mehrere Jahre fest engagiert wird, so tritt er seine Reise, wie ich bereits sagte, am 23. in Hâvre an. Die Auswahl des Kummers, den ich in jenen Tagen hatte, half mir über das Bittere einer solchen Trennung hinweg, und die Überzeugung, daß eine tüchtige, kühne, energische Natur, wie die von Hor[ace] ist, ganz nach Amerika gehört, wo einem die gebratenen Tauben zwar auch nicht ins Maul fliegen, ein junger, strebsamer Mann aber immerhin // weit mehr Chancen hat, sich emporzuarbeiten als hier, ließ mich ihm selbst auf das entschiedenste zur Annahme der Stelle raten.

Ich ginge noch heute hinüber, so wenig Zug ich im Grunde zu Amerika habe, wenn ich für uns die Möglichkeit einer freien, unabhängigen Existenz sähe und doch nicht fühlte, daß Georg ursprünglich dorthin nicht gehört. Freilich hat das deutsche Vaterland für seine besten Söhne selten bei Lebzeiten mehr zu bieten als Elend, Verfolgung oder freie Wohnung im Kerker. –

Leb wohl, lieber Freund, und geh' nun mit Dir zu Rate über das // Ob und Wie! Besser, hundertmal besser *nein*, als einen Weg einschlagen, der in die Öffentlichkeit führen könnte – das wäre Georgs Tod. –

Leb wohl! Deine Freundin

Emma Herwegh /

1066

An Otto Wigand

19. Oktober 1865

[...] Wenn Sie nur auf meinen Wunsch hin, nicht aus eigner Überzeugung von der Würdigkeit seines Gegenstands sich für H[erwegh] bei der Schillerstift[ung] verwenden sollten, so betrachten Sie meinen Wunsch als nicht geschehen. Und wenn *nur* auf meine Kosten den H[erwegh]s eine Gabe gewährt werden sollte, so kenne ich beide zu gut, sie sind beide zu nobel, als daß sie nicht eine solche Gabe statt als einen Segen, als einen Fluch betrachten und von sich weisen würden. [...]

1067

An Emma Herwegh

20. Oktober 1865

/ Rechenberg, 20. Okt[ober] 65

Liebe Emma!
Deinen erschütternden Brief erhielt, erbrach und las ich, als ich
eben im Schreiben eines wichtigen Briefes an O[tto] Wigand in
L[ei]pz[ig], eines Briefes, zu dem ich mich erst nach langem Kampfe entschließen konnte, begriffen war und eben an den Punkt kam,
wo es sich auch bei mir um eine Entscheidung zwischen Bedürfnis
und Ehre handelte. Du weißt – ich muß von mir anfangen, aber nur,
um auf Dich und Deine Angelegenheit zu kommen –, daß ich von
der Schillerstiftung eine „Ehrengabe" erhielt, deren letzte Rate in
[den] vergangnen Frühling fiel. Freunde von mir haben jedoch ohne
mein Wissen und Willen, wie ich erst post factum [hinterher] erfuhr,
sich an O[tto] Wigand, der, ich weiß nicht, in welcher Rolle, bei
jener Stiftung beteiligt ist, gewendet, um die Erneuerung und Fortsetzung dieser Gabe zu erwirken. Ich schrieb nun dem O[tto] W[igand],
daß er sich nicht für mich verwenden möge oder wenigstens so lange
warten möge, bis wieder etwas von // mir im Drucke erschienen
wäre. Und aus diesem Grunde bot ich ihm nach schwerem Kampfe
mein während meines hiesigen unseligen Aufenthalts verfaßtes,
übrigens noch einige kopf[zer]brechende Ergänzungen bedürftiges
Manuskript zum Drucke und Verlage an. „Verwenden Sie", schloß
ich dann, „Ihren Einfluß zugunsten eines andern." Und ich bezeichnete ihm als einen solchen mit eindringlichen Worten Deinen Mann,
mit Worten, in denen ich aber natürlich nichts von Deinem Briefe
erwähnte, die ich auch gebraucht hätte vor Deinem Briefe, wo ich
nur im allgemeinen, nur aus dem Munde meiner Frau von Eurer
traurigen Lage unterrichtet war, mit Worten, die ich auch schon vor
ungefähr zwei Jahren gebraucht habe, wo ich mich Euretwegen an
einen einflußreichen, Euch beiden wohlwollenden und selbst befreundeten Mann, aber wahrscheinlich erfolglos, gewandt habe.
Jedenfalls muß der Erfolg ein höchst geringer gewesen sein, sonst
befändet Ihr ja Euch nicht in einer so schrecklichen Lage. Ob meine
Verwendung bei O[tto] W[igand], und wenn bei ihm, auch bei andern W[igand]s // Verwendung fruchtet, das ist freilich fraglich.
Aber das nächste, was ich versuchen konnte, war doch diese Verwen-

dung bei W[igand] und das Versuchen, das Experimentieren darf
man wenigstens unterlassen, wenn man, wie es leider bei mir der Fall
40 ist, nicht eigne Mittel besitzt, um andern zu helfen. Leider ist auch
der Kreis meiner Bekannten ein sehr beschränkter, meine Stellung
im Leben und in der Literatur selbst [eine] so isolierte, daß ich schon
oft bedauert habe, erst jetzt wieder schmerzlich bedauere, daß ich
durch die, die Welt vor den Kopf stoßenden Gedanken meines Hirns
45 mein Herz um seinen Einfluß auf andere gebracht, der Mittel, andern
zu helfen, beraubt habe. Übrigens werde ich nichts zu tun unterlassen, was mir meine auch in dieser Beziehung so geringen Mittel zu
tun erlauben. Aber es ist unmöglich, daß ich Bekannte und Freunde
zur Teilnahme, zu Rat und Tat herbeiziehe, ohne daß ich ihnen Eure
50 Lage, wie sie ist, offenbare. Zu diesen gehört unter den hiesigen vor
allem der aufopfernd für andere tätige, auch Dir befreundete Dr.
Baierlacher. So viel oder vielmehr so wenig für heute. Mit inniger
Teilnahme Euer

Freund L. Feuerbach /

1068

Von Emma Herwegh

22. Oktober 1865

/ Zürich, den 22. Okt[obe]r [18]65
Lieber Ludwig!
5 Hätte ich eine Ahnung davon gehabt, daß Dich mein Brief zu
einem Schreiben an O[tto] Wigand antreiben würde, indem Du
zugunsten von Georg auf eine Gabe verzichten willst, die *Dir* vor
allen gehört, keinen Federzug hätte ich getan. Wohl ist es eine
Schande, und wir haben ja dies Kapitel bei unserm letzten Wieder-
10 sehn besprochen und waren darüber einig, daß eine Schillerstiftung
in D[eu]tschl[and] existieren kann, die nicht nur einen Dichter wie
Herwegh ignoriert, sondern bei Gelegenheit, wo man ihn in Erinnerung // brachte (eine Sache, die Georg nicht weiß), ihr Veto dekretiert, während Männer wie Gutzkow, Auerbach, Bodenstedt, Seeger,
15 alle selbstverständlich ihr Honorar bezogen –, aber glaubst Du wirklich, daß Georg ein Anerbieten annehmen würde, das man ihm auf
Kosten und auf Bitten seines liebsten Freundes bewilligte, ohne jede
Spontaneität, gleichsam wie ein Almosen, statt eines Zeichens frei-

williger, wohlverdienter Anerkennung, nun und nimmermehr, das ist ja das Gräßliche, daß diejenigen, welche mit Leichtigkeit dienen könnten und in einer Weise, die den Empfangenden keineswegs unfrei machen oder // im mindesten demütigen würde, jeder Einsicht, jeder Bescheidenheit, jedes Anstands bar sind, und nur die den nötigen Herzenstakt besitzen, deren Mittel kaum zur eignen kleinen Existenz ausreichen. Ich gestehe, daß ein regelmäßiger Beitrag der Schillerstiftung vor allem *mir* ein Trost wäre, weil es mir die Möglichkeit gäbe, in Ruhe zu sterben, da mir das unselige Testament meiner Eltern so die Hände bindet, daß ich nicht einmal die Macht habe, im Fall ich vor Georg sterbe, ihm auch nur das Kleinste zurückzulassen – aber ich wiederhole Dir, daß ich // im Moment, wo ich erführe, daß man *Dir* diesen dürftigen, diesen mageren Beweis von Anerkennung zugunsten Georgs entzogen hätte, augenblicklich die erste wäre, die auf eine Zurücksendung des Geldes dringen würde.

Was nun das Einweihen Dritter in diesen delikaten Punkt betrifft, so kann ich Dir nicht genug empfehlen – und nicht ein falscher Stolz, nicht Eitelkeit lassen mich dies wiederholen, sondern das Gefühl der Menschen*würde* –, damit äußerst vorsichtig zu sein. Ein Wort in die Öffentlichkeit, und alles wäre umsonst, Georg würde, das weiß ich, nichts annehmen, und wenn ihm viele Tausende angeboten // würden. Die Person, von der Du schreibst, an die Du vor Jahren Dich schon unsertwegen gewandt, zu erraten, ist mir unmöglich. Sollte es Lüning sein? Da hätte ich Dir vorhersagen können, daß es unnütz wäre. – Diese Leute alle berechnen die Lebensfähigkeit eines Mannes wie Georg nach dem, was er drucken läßt, und da seit Jahren nur hie und da eine Perle erschienen ist, die von der Mittelmäßigkeit und dem Neid totgeschwiegen wurde, heißt es: Herwegh *war*. Dann sind wieder andere, die sich einbilden, der Dichter müsse im tiefsten Elend sein, um produzieren zu können, und führen zum Beleg in ihrer Dummheit Schiller an, der die Not in der // letzten Bedeutung *nie* gekannt und wahrlich nicht deshalb war, was er gewesen, sondern *trotzdem*! Was aber ein Geist wie Schiller gewesen wäre, in einer freien Atmosphäre? Das fällt diesen Leuten nicht im Schlaf ein, geschweige im Wachen. Dann ist wieder eine Sorte, und das ist die schlimmste, das sind die feierlich Niederträchtigen, die Sorte, denen der Genius als eine Gabe der Götter, die sich nicht erwerben läßt, verhaßt ist, und die sich freuen würden, uns, ich meine Georg, völlig am Boden zu sehen. Es ist die Sorte, die das berühmte // „Spritzleder" erfand und allem guten Wissen zum Trotz ausbeutete. Bei diesem Anlaß fällt mir ein, daß ich mir ein Exemplar meiner damaligen brochure hab' kommen lassen und Dir als mein einziges Opus mit diesem Briefe unter Kreuzband schicken werde.

Wenn du die kl[eine] brochure gelesen – deren Lektüre Varnhagen zu dem Ausspruch veranlaßte, dem einzigen an dem mir liegt: „aus dieser brochure spricht aus jeder Zeile die *Wahrheit* und diesen Menschen gehört doch die Zukunft", so sage mir offen, wie sie *Dir* geschienen.

Daß ich Dich, den ich so wahrhaft, so tief verehre, für den ich selbst Wunder tun möchte, nun so betrüben muß! Im Augenblick quält mich zu allem auch noch Georgs Gesundheitszustand. – Die letzten Nächte waren wieder entsetzlich, die Stöße vom Herzen nach dem Kopf heftig, kurz, die ganze Wirkung der kurzen Badekur wieder vernichtet. /

/ Nur ich stehe in all dem Kampfe mit meiner derberen Natur ungebeugt und wehre mich wie eine Verzweifelte gegen die immer wachsende Flut, aus der ich meine Kleinodien retten möchte, so gern, mit dem Preis meines armen Lebens.

Könnte ich den Glauben, den *ich* in der Brust trage, an der ganzen Bedeutung Georgs, könnte ich den übertragen, dann wäre die Hülfe da. Denn so gewiß ich weiß, daß dieser Kampf, wenn er nicht bald endet, ihn vernichtet, so sicher weiß ich, daß Georg heute frei von den vernichtenden Fesseln wie ein Adler seine Schwingen erheben und Größeres schaffen würde denn je. // Wie selten aber kommt Hülfe im richtigen Moment.

Hätte ich heute so viel, um reinen Tisch zu machen und fortzugehen – dann gebe ich Dir mein Wort, sollten die, welche mir dazu geholfen, noch Dinge sehen, die unbezahlbar sind.

Ada ist gegenwärtig mit Hor[ace] bei Freunden von uns in Paris, die sie dringendst eingeladen hatten. – Der Wunsch, sie ein wenig außerhalb dieser Wirren zu haben, ließ mich mit Leidenschaft der herzlichen Einladung Folge leisten. Heute erhielt ich denn auch einen seligen Brief, der mir wie ein Sonnenstrahl ins Herz fiel. Sie schreibt ganz entzückt und dabei // so innig und so sinnig, daß ich mich nur freuen kann, meinem Herzen gefolgt zu sein. Horace ist noch nicht eingeschifft, weil sich in Paris *möglicherweise* durch Bekanntschaft mit einem sehr allmächtigen franz[ösischen] Ingenieur und englischen banquier Crowley eine Stelle in Mexiko bietet, die ungleich besser und vorteilhafter als die amerikanische wäre. Die nächsten Tage werden entscheiden, wohin sein Weg sich richtet, und Du mußt dann schon verzeihen, wenn ich Dir's mitteile, da ich Deiner und Berthas Teilnahme so gewiß bin.

Und Lorchen? Wie oft denke ich an sie und wünsche mir eine // ruhigere Zeit, um sie endlich bei uns zu haben und ihr mit meinen wenigen Kenntnissen ein wenig dienen zu können. Welcher Genuß wäre mir das. Selbst jetzt würde ich glücklich sein, sie um mich zu haben, aber das ist kein Moment, um jemanden zu bitten „Komm!", wie willkommen sie mir auch in jeder Stunde wäre!

Sag' ihr das, und auch, daß ich fest hoffe, in nicht zu ferner Zeit ein *Recht* zu haben, sie einzuladen oder vielmehr die alte Einladung zu erneuern.

Und nun leb wohl! Gräme Dich nicht zu sehr und habe Dank // für jeden liebevollen Gedanken, den die Freundschaft für Georg und der Glaube an ihn Dir eingibt. Leb wohl! In unwandelbarer Zuneigung und Freundschaft

Eure
Emma Herwegh

Grüße Deine Schwestern, *Deinen Bruder* und wer sich sonst unserer erinnert. Georgs Gruß füge ich nicht hinzu, da er keine Ahnung von *dieser* Korrespondenz haben *darf.* /

1069

Von Otto Wigand

27. Oktober 1865

/ Leipzig, 27. Okt[ober] 1865

Lieber alter Freund!

Wenn man ins 70. Jahr eintritt, so wird einem manchmal elend zumute. Bei Eingang Ihres Briefes vom 19. d[es] M[onats] war mir elend, und noch heute laborier' ich an einem Unwohlsein, was ich kaum erklären kann. Die hiesige Luft scheint schwanger zu gehen; was sie uns bringt, müssen wir abwarten. –

Heute muß ich aber antworten, weil ich in einer peinlichen Lage, hinsichtlich Ihres Wunsches wegen Herwegh, bin. Es quält mich ganz fürchterlich, daß ich statt für Sie, edler Freund, für // Herwegh beim Schiller-Vorstand intervenieren soll. Ihre Nürnberger Freunde verlangen geradezu, ich soll für *Erhöhung* intervenieren. Ich wende mich deshalb nochmals an Sie *und bitte Sie inständigst*, mir definitiv

zu sagen, was ich tun soll. Ich werde – wenn ich reüssieren [Erfolg haben] soll, sehr wahrscheinlich nach Wien müssen. –
Lieber Feuerbach! Überlegen Sie sich Ihre Angelegenheit recht gründlich, und was Sie mir dann auftragen, will ich befolgen.
20 Ich habe meinem Sohn Hugo von Ihrem M[anu]s[kript] Mitteilung gemacht. Wenn Sie mit dem // neuen M[anu]s[kript] fix und fertig sind, so wollen Sie dasselbe direkt einschicken. Hugo meint: im Fall Ihr M[anu]s[kript] zu stark wäre, d. h. mehr als einen Band Ihrer „Sämmtl[ichen] Werke" ausmachte, so könne
25 man ja 2 Bände daraus machen? Haben Sie die Güte, Ihrem Willen Nachdruck zu geben.
Schon vor 7 Jahren machte ich Ihnen folgenden Vorschlag:
1.) Ich wollte gern eine recht billige *Volksausgabe* von dem *„Wesen des Christentums"* drucken und bat Sie um Ihre Einwilli-
30 gung, sowohl dazu, als auch zu gestatten, die Anmerkungen streichen zu dürfen, weil die nur für Gelehrte etc. Wert hätten. Sie sagten nicht nein und auch nicht ja!!, und somit blieb dieser Wunsch liegen. Jetzt, wo Rénan so stark vom Volke // gelesen wird, wäre der rechte Augenblick gekommen, Ihr „Wesen d[es]
35 Ch[risten]tums" in meiner vorgeschlagenen Gestalt zu bringen! Es versteht sich v[on] s[elbst], daß mein Sohn für diese Volksausgabe ein von Ihnen oder uns zu bestimmendes Honorar bezahlt. –
2.) Wünscht Hugo Ihre Schrift „Gedanken über Tod und Unsterblichkeit" in einer feinen Miniaturausgabe zu bringen, welche
40 Ausgabe als Geschenk an gebildete Damen und Herren verwendet werden könnte. Sie müssen doch auch schön gebunden in der Welt auftreten?! –
Obschon ich weder Inhalt noch Umfang Ihrer 3. Abhandlung kenne, so geht doch aus dem Titel hervor, daß dieselbe „Zur Un-
45 sterblichkeitsfrage" als Anhang zu verwerten // wäre. Sie müssen das bestimmen. Auch für diese Ausgabe der „Gedanken" bestimmen Sie das Honorar. Auf der Welt ist nichts umsonst. Noch erlaube ich mir zu bemerken, daß Ihre 1te Abhandlung: „Das Geheimnis des Opfers, oder der Mensch ist, was er ißt" für sich, d. h. aparte
50 erscheinen sollte. – Später mag diese Abhandlung nebst allen übrigen einen oder 2 Bände Ihrer *„Sämmtl[ichen] Werke"* füllen.
Für jetzt wäre es sehr wünschenswert, wenn Sie recht bald auf dem Markte des Lebens als lebendiges Wesen erschienen!! –
Sie schreiben mir, daß Ihre treue Gefährtin sehr unwohl gewesen.
55 Ich hoffe, es geht so gut, daß nichts zu befürchten steht? Bitte freundlich // um weitere Nachricht! –

Von Ihrer Tochter sagen Sie nichts, was mich sehr bekümmert. Ist sie verheuratet oder lebt sie bei Ihnen als Jungfrau? Grüßen Sie beide Damen recht innig von mir.

Antworten Sie bald und ausführlich Ihrem
getreuen und aufrichtigen
Freunde Otto Wigand
sen[ior] – /

1070

Von Emma Herwegh

2. November 1865

/ Zürich, d[en] 2. Nov[em]ber 65.
Abends.

Lieber Ludwig!

Daß Du inmitten eigener Dir wichtiger Ereignisse und ernster Arbeiten Zeit gefunden, mir so ausführlich zu schreiben und so lebhafte Teilnahme für das Schicksal der Freunde zu zeigen, würde meine Anerkennung, Verehrung und Zuneigung zu Dir nur steigern, wenn ich dies alles nicht in Dir vermutet, ja ich kann sagen, gewußt. Es ist dies aber der Grund, weshalb auch ich, der das Schreiben fast eine Folter ist, den Ausdruck innigster Teilnahme an dem frohen Ereignis, was Euch, was Lorchen betroffen, nicht länger zurückhalten will. Sehr wohl erinnere ich mich des jungen Mannes, mit dessen Bruder ich am letzten // Tage meines Nürnberger Aufenthaltes ein zweistündiges Gespräch über Italien hatte, das mir von Dir die freundliche Anrede: „Elendes Frauenzimmer" zu Berthas und meiner Belustigung zuzog. Er ist groß, braun, trägt eine Brille und hat ein angenehmes, gescheites Gesicht, aus dem Güte und energisches Wollen spricht. –

Sage Lorchen, was man in solchen Fällen denjenigen sagen möchte, die einem lieb sind und an deren tiefere und wahrhaftere Empfindung man glaubt, wenn sie gewählt haben und sich nicht nur wählen ließen. Möge das jungen Leuten wohlergehn! Ich wünsche es aus voller Seele ihnen und Euch, ich meine Euch, den Eltern. /

/ Was nun unsere Angelegenheit betrifft, so kann ich Dir, bester Ludwig, nicht genug anempfehlen, vorsichtig in Deinen Mitteilungen zu sein, nicht aus unwürdiger Eitelkeit, sondern weil ein Wort am *falschen* Ort, ein Wort in die *Öffentlichkeit* gebracht, *alles* vernichtet. –

Ich sagte Dir, und weil ich's schrieb, wußtest Du, daß es so und nicht anders ist, daß Georg keine Ahnung davon hat, daß ich mich Dir mitgeteilt, keine, selbst die leiseste, in welchem Sinn, zu welchem Zweck. Was Lüning betrifft, so teile ich Deine Ansicht über ihn, soweit es die Anständigkeit des Charakters betrifft, unbedingt – // aber keineswegs Deine Hoffnungen –. L[üning] ist Fortschrittler, Nationalvereinler, und in jenen Kreisen, glaube mir, ist keine Sympathie für den Dichter der Freiheit, für den Antinationalvereinler, für den Gegner der Fortschrittspartei zu suchen. Es ist eben sehr, sehr traurig, und der Rest ist – Schweigen. –

Auch drängt alles so, ist alles dermaßen auf die Spitze getrieben, daß nur eine *schnelle* Hülfe noch den letzten Henkerstoß von uns abwenden könnte, und woher sollte *die* kommen. Von L[üning] sicher nicht, und ich wüßte Dir niemanden zu nennen – niemanden, der Mittel hat und dabei die Großherzigkeit, sie einem Mann wie Georg in der passenden Art und mit der Freudigkeit und Anspruchslosigkeit // anzubieten, die den Gebenden ehrt und den Empfangenden nicht demütigt. Ich wüßte dafür nur Menschen wie Du und mich selbst, eben solche, deren Kapital nicht im Beutel steckt. –

Vielleicht, daß ein Mann wie Dingelstedt, wenn er eine Ahnung von der Sorge, von der Krisis hätte, in der ein Mann wie Herwegh gegenwärtig sich befindet, aus Freundschaft für den Jugendfreund und Achtung vor dem Genius hier etwas vermöchte – aber ich kenne ihn, würde ihm niemals schreiben und habe bei dem flüchtigen Begegnen einen nichts weniger als sympathischen Eindruck bekommen. – Wie gesagt, ich weiß niemanden und nur das eine – daß die Hülfe *bald, sehr bald* kommen muß, wenn sie nicht zu spät kommen soll. Zerquäle Dich nicht, bester Freund, so sehr, // habe Dank für Deinen treuen Wunsch, für Deinen besten Willen, und willst Du noch eins tun, so empfiehl L[üning] nochmals aufs eindringlichste die höchste Delikatesse und Diskretion. Das fehlte noch zu allem Leid, wenn man das intimste Leben sollte an die Öffentlichkeit gezerrt sehen, selbst aus wohlwollenden Motiven. Bei den wenigen honetten Feinden, die es gibt, fehlte dies noch, um uns total elend zu machen. –

Wer von den Besitzenden es sich nicht zur Ehre anrechnet, dem deutschen Dichter eine Gabe anzubieten, der hat kein Recht, es zu tun. Wohl sagst Du recht, daß man den Leuten *oft* in die Ohren schreien muß, wenn man nicht vergessen werden will, aber diejenigen, // auf die das Quantitative wirkt, die sind es doch nicht, für die

Ihr gewirkt habt, und wenn der Geist was gilt, wem sich der Genius auch in einer Zeile schon offenbart, dem hätte der erste Band der „Gedichte der Lebendigen" schon genügen müssen, wenn ihm kein zweiter, nichts mehr gefolgt wäre, um diesen Eindruck, dieses Geschenk, nie zu vergessen. – Ich habe mein eigenes Leben immer wie eine Mission aufgefaßt, ein schönes, reiches, das sich mir zugesellt, zur vollsten Erscheinung, ich kann nicht sagen, bringen zu helfen, denn das wäre dumm, aber nie darin zu stören, und nun komm' ich mir so namenlos ohnmächtig vor und hatte // doch bestes Wollen, ein ganzes Leben wahrster Liebe daran gesetzt. Ich sage Dir, Ludwig, ich bin namenlos traurig – und ende, um Dich nicht noch tiefer zu verstimmen. Möge ein gütiges Geschick Dein liebes Kind und den, [den] sie sich auserwählt, geleiten und Euch, Dir, die einstige Trennung leichter machen. „Entbehren sollst Du, selbst entbehren, dies ist der ewige Gesang, der jedem in die Ohren klingt."

Grüße Bertha, der meine Wünsche nicht minder gelten als Dir und Lorchen und behalte uns lieb. Also Schlechtes haben sie Dir von Georg gesagt? Wenn er tot ist, werden sie ihn leben lassen. O die Gemeinheit, der Neid mittelmäßiger Naturen, denen die Schönheit allein schon Grund ist, um sie in den Kot zu ziehen. Leb wohl! Ich fürchte nichts // als die eitlen und dummen Menschen, denn denen ist, wenn Du sie in ihrer Eitelkeit verlachst – und wie leicht ist dies geschehen – nichts heilig. Bis auf einen gewissen Punkt, glaub' mir, gehört auch der sonst sehr ehrenhafte L[üning] dazu. Er ist eine beschränkte Lokalgröße und hat sich dadurch auf Gebiete verirrt, von denen er wenig verstand und auf denen er im besten Fall keine eklatante Dummheit machen, aber auch keine hindern wird. – Die Großmanns-Stadtmannssucht steckt diesen Herren allen in größerer oder kleinerer Dosis im Leib, und wo die beginnen – ade wirkliches Verständnis, ade Selbstverleugnung, ade freudiges Anerkennen der hohen, edlen Befähigung anders und feiner begabterer Naturen. – /

/ Tausend Dinge fallen mir im Schreiben an Dich noch ein – aber, teils habe ich kein Recht, Dich zu ermüden, denn glaube nicht, daß Deine Güte mich Dein und mein Format vergessen läßt, ich meine, mich vergessen läßt, was, wer Du bist – teils sage ich mir, wozu Dir sagen, was Du unendlich besser weißt als viele, als ich? Nur im Herzen unterordne ich mich den Besten nicht, und das macht mich auch Deinesgleichen, edler, guter Freund. Leb wohl!
       Deine
       Emma Herwegh /

1071

Von Hugo Wigand

2. November 1865

/ Leipzig, 2. November 1865
Hochgeehrter Herr!
5 Mein Vater hat mir Ihr Wertes v[om] 31. v[origen] M[onats] zur Beantwortung übergeben, soweit es mich angeht. Ich gestehe, daß es mir immer schwerfällt, Entscheidungen über die äußere Form eines Buches zu treffen, ohne das M[a]n[u]s[kri]pt vor mir zu haben, ein Bock ist gar zu leicht geschossen. Indessen hoffe ich im vorlie-
10 genden Fall nicht zu weit vom Richtigen [entfernt] zu sein, wenn ich folgendes vorschlage.

Wir drucken zunächst Ihre neue Arbeit als 10. B[an]d der „Sämmtlichen Werke", wofür Sie dasselbe Honorar erhalten wie bisher.

Das „Wesen des Christentums" wünsche ich allerdings zunächst
15 nur für sich abzudrucken, und kommen Sie durch Ihren Vorschlag, die gelehrten Anmerkungen sowie einige Kapitel wegzulassen, meinen geheimen Wünschen nur entgegen. Schon vor 12 Jahren, als ich mit gebrochenem Bein auf meinem Schmerzenslager Zeit genug hatte, über allerlei nachzudenken, kam ich auf die Idee, den Inhalt
20 des 3. und 7. B[an]d[e]s in kleinen, wohlfeilen Ausgaben zu bringen, sprach auch mit meinem Vater darüber, aber beide waren wir des Glaubens, daß Sie in eine weitere Popularisierung durch Hinweglassung der Noten usw. nicht [ein]willigen würden und daß ein reiner Wiederabdruck, selbst zu billigem Preis, nicht den nötigen Absatz
25 haben würde. Diese Schwierigkeit ist durch Ihr Entgegenkommen gehoben, bleibt die andere wegen des Honorars. Bei billigen Ausgaben hat die Höhe des Honorars eine Grenze an der möglichen Höhe der // Auflage, weil hier die materiellen Herstellungskosten eine größere Rolle spielen. Könnten Sie sich entschließen, für die
30 „Volksausgabe" des „W[esens] d[es] Chr[istentums]" vorläufig mit einem kleinern Honorar als dem gewöhnlichen zufrieden zu sein, so ist viel Aussicht zu wiederholten Auflagen, wodurch Sie doch herauskommen. Bei dem alten Honorar könnte ich nicht so billig sein, als ich möchte, wodurch die Aussicht auf fernere Auflagen geringer
35 wird.

Schlägt das „W[esen] d[es] Chr[istentums]" in dieser Form ein, so können wir später die „Gedanken" ebenso bringen. Die Zusammenstellung derselben würde ich natürlich ganz Ihrem Ermessen anheimstellen und würde dann die Aufnahme der fragl[ichen] Aphorismen aus dem 10. B[an]d keine besondere Schwierigkeit haben.

Mit diesen drei Vorschlägen glaube ich Ihre Vorsätze und Wünsche so ziemlich getroffen zu haben. Ihrem Wunsche gemäß sende [ich] Ihnen 1 Ex[em]pl[ar] des 3. und 7. B[an]d[e]s und sehe Ihren weiteren Entschließungen entgegen.

Mit bestem Gruß

hochachtungsvoll
Hugo Wigand /

1072

An Hugo Wigand

7. November 1865

/ Herrn Hugo Wigand, Buchhändler in Leipzig
Rechenberg bei N[ürn]b[erg], 7. Nov[ember] 65
Verehrter Herr!

Ehe ich mein Manuskript lediglich zum Behufe des Setzers und folglich zum letzten Male mit der Feder und dem Radiermesser in der Hand durchsehe, muß ich doch noch eine Frage an Sie stellen, weil von ihrer Entscheidung es abhängt, ob ich dieses oder jenes Zitat stehenlasse oder streiche und dergleichen Veränderungen mache oder unterlasse – die Frage nämlich, ob es nicht zweckmäßiger wäre, die Idee einer Volksausgabe sogleich mit dem Drucke des Neuen zu realisieren, etwa unter dem Titel „Volksausgabe von L[udwig] F[euerbach]s gedruckten und ungedruckten Werken im Auszug" oder wenigstens, wie ich Ihrem Herrn Vater in meinem ersten Briefe angedeutet, die einzelnen Abhandlungen auch einzeln, nur unter einem gemeinsamen Titel zusammengefaßt, er-//scheinen zu lassen. Alle neuen Abhandlungen beziehen sich zwar, wie ich schon geschrieben, auf meine frühern Schriften, sind nur Beweise, Begründungen, Ausführungen ausgesprochner Gedanken, aber in einer Weise, die alles in einem neuen Licht darstellt, jede trotz der Kürze ein selbständiges, für sich selbst genießbares Ganzes, so daß es schade wäre, wenn diese innerliche Selbständigkeit nicht auch äußerlich geltend gemacht würde. Diese Geschöpfe meiner Muse in einen Band zusammenpacken und

diesen Band an die alten Bände der Gesamtausgabe anreihen, heißt sie lebendig begraben, heißt den neuen Most in alte Schläuche fassen. Wer liest sie da; wer kauft gleich einen ganzen Band? Nur ein spezieller Freund und Kenner meiner Schriften, der zugleich
30 Geld zum Bücherkaufen hat, während Kleines und Wohlfeiles in die Masse kommt. Allerdings sind die Gegenstände meiner Abhandlungen nicht zu behandeln, wenn sie wenigstens wahrhaft erfaßt und behandelt werden sollen, ohne philosophischen Geist und zugleich historische und selbst philologische, // aus den Ur-
35 kunden selbst geschöpfte Kenntnisse, aber sie sind so klar, so einfach geschrieben, daß sie jedermann, der sich nur für diese Gegenstände interessiert, verstehen kann und die unerläßlichen Belegstellen so verarbeitet oder angebracht, daß sie nicht lästig und störend wirken. Ich habe zwar auch in den neuen Arbeiten die
40 Methode meiner frühern befolgt, das Ganze im Text und [in] Anmerkungen oder Zusätze zu verteilen und vieles in die Anmerkungen zu setzen, was eigentlich in den Text gehört, aber ich sehe nicht ein, warum in Schriften, die so wichtige, so empfindliche, so „heilige" Fragen behandeln und diese noch dazu in einem, dem
45 offiziell gültigen Sinne so entgegengesetzten Sinn, selbst wenn diese Schriften in einer dem Volk zugänglichen Druckform erscheinen, nicht diese Methode, wenn sie auch hier eine Ausnahme von der Regel macht, gelten soll. Ich besinne mich, ob es nicht das beste wäre, zum Behufe der Entscheidung der von mir aufgeworfe-
50 nen Frage Ihrerseits, Ihnen mein Manuskript zur Ansicht zu schikken, ungeachtet der Unannehmlichkeit, es mir retour // schicken [zu] müssen, denn wie gesagt, ich muß noch Veränderungen machen, wenn Sie sich für die Volksausgabe entscheiden, und jedenfalls es noch, ehe es in die Hände des Setzers kommt, mit den
55 Augen des kritischen Auctors durchgehen. Aber es hält schwer, ein M[anu]s[kri]pt, wovon man kein Duplikat besitzt und das man, zum Teil wenigstens, schon so lange bei sich birgt, dem Risiko des Hin- und Herschickens auszusetzen. Überdem habe ich ja Ihnen eben die Beschaffenheit meines M[anu]skripts näher bezeichnet,
60 Sie kennen mich und meine Schreibweise aus dem Frühern so gut, daß Sie ohne Ansicht des M[anu]skripts sich wohl getrauen werden, meine Anfrage zu beantworten. Auf den Fall, daß Sie sich für die Einreihung in die Gesamtausgabe entscheiden, bemerke ich, daß nach meiner Schätzung, die freilich nicht zuverlässig ist, selbst
65 mit Inbegriff der Abhandl[ung] von der Unsterblichkeit, es nur einen sehr kleinen Band geben wird. Ich habe zwar eine Masse

Stoffs liegen lassen, die leicht zu Druckbarem hergerichtet werden könnte, aber es ist mir ein schrecklicher, ein unerträglicher Gedanke, nur zu schreiben, um einen Band auszufüllen. Im Falle einer Volksausgabe schon des Neuen legen Sie in betreff des Honorars das alte Format als Maßstab zugrunde, nur bedinge ich mir aus, daß Sie bei einem *glücklichen* Erfolg auch mich bedenken.

Mit herzlichem Gruß an Ihren Herrn Vater und Dank für die empfangnen Exemplare

hochachtungsvoll
L. Feuerbach /

1073

An Emma Herwegh

13. November 1865

/ Rechenberg, 13. Nov[ember] 65

Liebe Herwegh!

Daß ich Dir erst jetzt schreibe, das hat allerdings seinen Grund teilweise in der zeitherigen Beschäftigung mit meinem M[anu]skript, die mich aber keineswegs abgehalten hat, an Dich und Deine Lage zu denken, hauptsächlich aber darin, daß ich mich Dir gegenüber – ich bediene mich mit Wohlbedacht eines an sich zweideutigen, aber durchaus wahren Ausdrucks – meiner Impotenz *schäme* – schäme, nur Worte der Teilnahme ohne entsprechende Tatbeweise hervorbringen zu können. Ich schreibe auch jetzt nur, um wegen der von Dir geäußerten Besorgnis, es möchte die Indiskretion in die Öffentlichkeit bringen, was Du geheim gehalten wissen willst, sowohl Dich, als mich selbst zu beruhigen, denn es wäre für mich doch gar zu traurig, wenn sich zum Schamgefühl der Impotenz auch noch der Gewissensvorwurf, durch meinen guten, dummen Willen die Veranlassung einer Verletzung Euers Ehrgefühls gegeben zu haben, gesellen sollte. // Ich habe zwar dem L[üning] nicht mehr geschrieben, aber ihm ausdrücklich, wie schon früher gesagt, in meinem Briefe, es ihm als einen Wunsch von Dir bezeigend, daß nichts in die Öffentlichk[eit] dringe. Die M[enschen] sind zwar insgemein indiskret, namentlich die modernen, welche d[as] Prinzip der Öffentlichkeit der Justiz, das Recht mit Unrecht auf alle Dinge ohne Unterschied ausdehnen. Ich hoffe aber von L[üning], von seiner Achtung für Dich und Deinen Mann, er mag nun etwas getan haben oder nicht für Euch, Deinen Wunsch wenigstens nicht unberücksichtigt lassen wird. Übrigens ist Eure Ehre ja gar nicht hier beteiligt. Nicht Dein Mann, nicht Du hast Dich an ihn gewandt, sondern ich; also seid Ihr auf jeden Fall durch mich gedeckt. Eure Lage wird der Welt nicht verborgen bleiben können, wäre dies der Fall, so wäre sie ja keine so schlimme, so bedauernswerte. Unglück aber ist keine Schande, ebensowenig die, wenn auch ohnmächtige Verwendung von Freunden zum Besten der vom Unglück Betroffnen. Was meine Verwendung bei O[tto] W[igand] betrifft, so geschah auch sie auf eine durchaus für Euch ehrenvolle Weise. [„]Wenn Sie[„], schrieb ich ihm, // [„]nur auf meinen Wunsch hin, nicht aus eigner Überzeugung von der Würdigkeit seines Gegenstands sich für H[erwegh] bei der Schillerstift[ung] verwenden sollten, so betrachten Sie meinen Wunsch als nicht geschehen. Und wenn *nur* auf meine Kosten den H[erwegh]s eine Gabe gewährt werden sollte, so kenne ich beide zu gut, sie sind beide zu nobel, als daß sie nicht eine solche Gabe statt als einen Segen, als einen Fluch betrachten und von sich weisen würden." Ich habe mir also nichts vorzuwerfen, höchstens, daß ich die politische Differenz zwischen H[erwegh] und L[üning] übersehen habe, aber dazu verleiteten mich L[ünings] persönliche Antecendentien [früheren Verhältnisse], seine Äußerungen über H[erwegh], sein freundschaftliches Verhältnis zu Euch und die Erfahrung, daß politische Gegensätze nicht immer und unmittelbar in persönliche Feindschaften übergehen. Trotzdem bin ich mit demütigendem Schamgefühl nutzloser Teilnahme

Dein L. Feuerbach

Das kleine Schriftchen von Dir ist köstlich geschrieben und folglich auch köstlich zu lesen. /

1074

Von Hugo Wigand

15. November 1865

/ Leipzig, 15. November 1865
Hochgeehrter Herr!
Ihr Wertes v[om] 11. d[iese]s [Monats] nebst M[a]n[u]s[kri]pt
habe [ich] s[einer]z[eit] richtig erhalten und hätte schon gestern
antworten können, wenn ich nicht auf die Rückkehr meines Vaters
gewartet, der auf einige Tage verreist war. Beiliegend finden Sie
einen Brief von ihm, von dessen Inhalt ich nur allgemeine Kenntnis
habe. Wenn wir daher im einzelnen auseinandergehen, so wollen
Sie das auf den Unterschied der Jahre schieben, aus welchen nur
zu leicht eine verschiedene Auffassung der Verhältnisse kommt.

Ehe ich eine bestimmte Meinung über die äußere Form Ihrer
neuesten Schriften ausspreche, müssen wir uns erst über einige
Ausdrücke einigen. Von einer wirklichen Volksausgabe kann
doch eigentlich bei Ihren Schriften nicht die Rede sein. Wir haben das Wort gewählt und zunächst für das „Wesen des Christentums" angewandt, um damit eine billige Ausgabe zu bezeichnen,
in der allerdings auch alles Fremde übersetzt oder ganz weggelassen ist, weil es selbst für Gebildete der jetzigen Generation ungenießbar ist, sobald sie nicht das Gymnasium besucht haben. In
diesem Sinne haben wir *wohlfeile* Ausgaben des 7. und eines Teiles
des 3. B[an]d[e]s bringen wollen, weil diese allein ziemlich sichere Aussicht auf Erfolg haben. Ob es mit den vorliegenden Abhand-//lungen ratsam wäre, einen solchen Versuch zu wagen,
möchte ich sehr bezweifeln. Jedes Buch muß sich erst für sich einen
gewissen Ruf gemacht haben, ehe es möglich ist, dasselbe über den
gewöhnlichen Käuferkreis ins größere Publikum zu bringen. Ob sich
ein Buch diesen Ruf erwirbt, hängt leider von allen andern mehr ab
als von seiner innern Güte, viel ist daran unsere Organisation des
Buchhandels und das Verhalten des Publikums schuld.

Dann nennen Sie die Gesamtausgabe „altfränkisch", sagen, die
Aufnahme in diese hieße neuen Wein in alte Schläuche fassen! Meinen Sie wirklich, daß nur diese äußere Form den alten Schlauch
darstellt und Ihre Behandlungsweise nicht auch Teil daran hat? An
einer andern Stelle sagen Sie selbst, daß es auf die Art der Herausgabe ankommt, wie Sie diese oder jene Stelle fassen und wiederge-

ben wollen, also wollen Sie selbst von sich aus das Neue in verschiedener Form geben, warum? Glauben Sie nicht, daß so mancher sich den 9. B[an]d näher angesehen hätte, wenn auf dem Umschlag statt „Theogonie" „Die Lehre von der Götterentstehung" gestanden hätte? Wieviel Menschen wissen, was Theogonie ist, die meisten werden das Buch dem Titel nach nur für Gelehrte genießbar gehalten haben, und doch ist er einer großen Verbreitung fähig. Ich selbst habe s[einer]z[eit] das Wort nachschlagen müssen und schiebe den geringen Erfolg nur auf den fremden Ausdruck.

Nach diesem ist meine Meinung noch immer, wir bringen alle Abhandlungen in *einem* Band unter einem noch zu vereinbarenden Titel, der *allein* auf dem Umschlag zu stehen hätte und im Format der // „Sämmtlichen Werke", damit Besitzer aller 9 B[än]de sich diesen als 10. mit separatem Werktitel binden lassen können. Letzteren zu liefern wäre dann meine Sache. Wie Sie den Stoff behandeln, überlasse ich ganz Ihnen und bemerke dabei nur, daß sich von den gesandten Abhandlungen nur die 4. zu einer (spätern) Separatausgabe eignet. Nur für diese dürfte ein größeres Publikum zu erringen sein, die andern sind auch, abgesehen vom Inhalt, im Volumen zu klein, als daß von einer Separatausgabe einiger Erfolg zu hoffen wäre. Das Geschäft ist auch in diesem Punkte wesentlich anders, d. h. nicht besser geworden. Broschüren für 5–10 Sgr. sind fast gar nicht ins Publikum zu bringen, weil dieses keine Anzeigen, Kritiken usw. liest, und der Buchhändler nichts davon wissen will.

Mit Ihrem a conto meta – Vorschlag [Abschlagszahlung zur Hälfte] bin ich natürlich dankbar einverstanden, geht das Buch sehr gut, so zahle ich auch den 1/2 Gewinn sehr gern aus.

Noch eins habe [ich] zu oben vergessen. Bringen wir jetzt eine oder die andere Abhandlung (5 kenne ich noch nicht) einzeln zu einem wohlfeilern Preis als im Verhältnis zur Gesamtausgabe, so wäre ein 10ter B[an]d nur sehr schwer zu drucken, was doch auf alle Fälle sehr zu bedauern wäre. Doch soll auch dies nicht mein letztes Wort sein, nach Ihrem neuesten Vorschlag in bezug auf das Honorar ist mein Risiko um so viel geringer, daß es mir ein leichtes ist, alle Ihre Wünsche in bezug auf die Herausgabe zu befriedigen. Ich rede offen. Wenn nicht das alte Honorar vorweggeht, ist es gar kein Kunststück, Ihre neuen Abhandlungen // in jeder beliebigen Form zu bringen, soviel geht immer daran, um die Kosten für Druck und Papier zu bezahlen, auch ein kleiner Überschuß ist sicher und nur ein größerer Gewinn zweifelhaft.

Ihren gefälligen Entschließungen entgegensehend, grüße [ich]
Sie freundlichst und bleibe
hochachtungsvoll
Hugo Wigand /

1075

Von Otto Wigand

15. November 1865

/ Leipzig, 15. Nov[ember] 1865
Mein alter, lieber Freund!
Mein Sohn hat mir Ihren Brief und 4 Abhandlungen M[anu]s[-kript] mitgeteilt. Ich habe mit Ihnen oft über die *Form* Ihrer geistigen Erzeugnisse – ich meine Satz und Format und die Taufe – verhandelt und [wir] sind stets einig geworden; somit hoffe ich, wird auch jetzt von beiden Seiten das Richtige getroffen werden. Die Geldfrage ist bereits im reinen, da mein Sohn gern und willig Ihrem Willen nachkommen wird. –
Was nun das Format betrifft, so bin ich der Meinung, daß dieses wenigstens den früheren Bänden gleichkommt? Der Titel – Sie trauen mir wohl einige Erfahrungen zu? – soll einfach sein! Ich würde vorschlagen:
Fünf Abhandlungen von Ludwig Feuerbach.
Darunter die Titel der 5 Abhandlungen. // Die 5 Abh[an]dl[ungen] einzeln erscheinen [zu] lassen, ist wahrlich nicht gut und würde dem Absatze sicher schaden. Ich glaube auch nicht, daß Sie darauf beharren werden. Einige Abh[an]dl[ungen] sind so schwach im Volumen, daß sie im Laden der Buchhändler usw. durchgelesen und nicht gekauft werden. Sie kennen ja hinlänglich die deutschen Hungerleider! – Überlassen Sie meinem Sohn diese Form, er wird sicher alles gut machen. –
Von Weimar und Wien habe ich Antwort erhalten, und gegen die weitere Fortzahlung der 300 Rtlr. hat sich niemand etwas zu erinnern erlaubt. Wegen Herwegh habe ich nach Zürich geschrieben und sehe einem Briefe entgegen, der meine Schritte unterstützen soll.
Freundliche Grüße an Gattin und Tochter.
Ihr treu ergebener
Freund Otto Wigand /

1076

An Emma Herwegh

17. November 1865

/ Eilig.
Rechen[berg], 17. Nov[ember] 65
5   Liebe Emma!
Diesen Vormittag habe ich von Wigands, Vater und Sohn, Briefe erhalten. Erstrer schreibt mir: „Wegen Herwegh habe ich nach Zürich geschrieben und sehe einem Briefe entgegen, der meine Schritte unterstützen soll." Ich bitte Dich nun, durch keine falsche und un-
10 zeitige Anwendung Eures sonst so berechtigten Selbst- und Ehrgefühls den O[tto] W[igand] abzustoßen, sondern seine Schritte aufs freundlichste und bereitwilligste zu unterstützen. Führen diese Schritte zum erwünschten Ziel, so hast Du ja in der Aussicht darauf ein Mittel in der Hand, vielleicht auch den jetzt Dich bedrohenden
15 Schlag zu parieren. Auf mich hast Du keine Rücksicht zu nehmen, denn O[tto] W[igand] schreibt mir zugleich, daß „gegen die Fortsetzung meines, des bisherigen, Bezugs aus der S[chiller]stiftung sich niemand etwas zu erinnern erlaubt habe"! Also frisch zugegriffen und fest gepackt die Hand, die sich zur Hülfe darbietet! Mit diesem Rat
20   Dein alter Fr[eund]
                                            L. F. /

1077

Von Emma Herwegh

21. November 1865

/ Zürich, den 21. Nov[em]b[e]r 65
Lieber Ludwig!
5   Du bist wirklich ein Abgrund von Güte, aber trotz alledem und alledem fürchte ich, wird eine Hülfe, *wenn sie überhaupt für uns kommt*, wofür bis jetzt auch nicht das leiseste Anzeichen da ist, zu spät kommen, und Georgs Worte „Was hilft dem Fink die Sonnennähe, den tot ein Adler trägt hinan" werden auf ihn, auf uns passen. –

Ich habe keine Ahnung, an wen sich Otto Wigand *hier* gewandt haben kann und zu welchem Zweck? // Ich weiß nur, daß wir hier außer Rüstow niemanden haben, mit dem wir verkehren, und ein großer Teil der hiesigen Deutschen uns nichts weniger als freundschaftlich gesinnt sind. Der Deutsche war und ist ein Barbar, und was Hölderlin in seinem „Hyperion" über diesen Punkt schreibt, gilt auch heute. – Es genügt ihnen, daß jemand unter dem Schutz der Musen und Grazien gekommen ist, daß er den Stempel des Genius trägt, um ihn zu verketzern, zu verfolgen. Nur wer den Blick direkt nach unten gewandt hält, entgeht // ihrem Haß. Die Besten sagen offen, daß sie sich nicht interessieren, die andern würden, wenn man sie fragte, Bedingungen stellen, um zu helfen, die der wahre Poet nie eingeht und nur erfüllen kann und *von selbst erfüllt*, wann er in *freier* Luft atmet, folglich *nachdem* ihm geholfen, aber nicht vorher. –

Daß ich meinen Glauben, mein Verständnis auf andere übertragen könnte! Auf solche nämlich, denen es ein leichtes wäre zu dienen und die, wenn sie *meine* Überzeugung hätten, mit wahrer Herzensfreude sich // dazu anbieten würden – für die große Menge der Begüterten ist der arme Dichter tot, sobald er nicht mehr *drukken* läßt. – Weißt Du an wen ich schon dachte? an Richard Wagner –, aber der Bursch' ists nicht wert. Auch könnte er ja höchstens von des Königs Geld etwas geben – also ists nichts. – Sie, die der Welt nichts geben, nichts hinterlassen, was ihren eignen Staub überlebt, sie sind die ersten, die, wenn man sich an sie wenden würde, in Erinnerung der guten Stunde, die der Dichter ihnen einst ungebeten und unbezahlt gegeben hat, antworten würden: „Er tut ja nichts mehr, wozu sollen wir da beisteuern? Wenn er sich wieder einmal zeigt, dann ist's etwas anderes!" Wie gesagt, unter dem Druck, dem, // für eine Natur wie die Herweghs, *vernichtenden* Druck täglicher Sorge, verlangen diese Philisterseelen Zeichen und Wunder, die nur der freie Geist geben und schaffen kann, und machen ihre Wohltaten von diesen Zeichen abhängig. *Du* verstehst mich ja, sonst würde ich nicht so reden, wie ich's tue. Bis jetzt, wie gesagt, ist uns noch nichts angetragen worden – wohl aber wächst der Strom der Sorge täglich und wäre ich nicht von solchem Stoff, der sich so lange als möglich gegen den Untergang der Seinen wehrt, wir wären schon längst überflutet. Und doch untergräbt dies ewige, unausgesetzte Lavieren, denn weiter ist es nichts, auch *meine* physische Kraft, und es kommt oft eine Schwermut // über mich, eine Verzweiflung über die eigene Ohnmacht, die schrecklich ist. Dein letzter Brief wirkt aber elektrisch, weil mehr als alles und eigentlich allein die wahre *Güte* mir noch imponiert, und die sprach aus jeder Zeile Deines lieben Schreibens. –

Ada ist seit mehr als einer Woche wieder hier und wünschte, da sie weiß, daß ich Dir schrieb, Euch allen empfohlen zu sein – Zürich schmeckt ihr nach Paris schlecht genug. Wenn sie nur nicht noch Schweres mit durchmachen muß – dann mag sie mit der Erinnerung schöner Tage schon eine Weile die Gegenwart sich ausschmücken. // Horace hat unserer Berechnung nach Sonntag den amerikanischen Boden betreten – Marcel ist lieblich, geigt nach Herzenslust und sagte neulich zu einem unserer Bekannten, wenn *alle* seine Eltern tot seien, werde er mit seiner Geige in die Wirtshäuser gehen und sich sein Brot verdienen.

Von Georg schreibe ich nichts. Du kannst Dir denken, wie gedrückt er ist –. Auch habe ich ihm Deinen so guten Rat bis jetzt noch nicht mitgeteilt, da mir's leider noch gar nicht sicher scheint, daß wir in den Fall kommen werden, ihn befolgen // zu *können*. Kommt die Gelegenheit, dann soll er befolgt werden.

Hat sich O[tto] W[igand] an jemanden in Zürich gewandt und ist dessen Stimme bestimmend, so wüßte ich, die Hand aufs Herz gelegt, *niemanden* der hiesigen Deutschen, bei dem ich ein wahres Interesse für Georg voraussetzen dürfte. Im *besten* Fall sind sie indifferent, und ich versichere Dir, ich habe Georgs Feinde und Freunde stets mit wahrer Virtuosität erraten, selbst par distance. Daß Dir meine kleine Schrift behagt hat, daß Du ihr die *Wahrheit* angefühlt hast, ist mir der größte Triumph, den ich haben konnte, der einzige, an dem mir etwas liegt, und doch, wenn etwas gerade ein schlagender Beweis dafür ist, daß ich *nicht zum Schriftstellern* geboren bin, wie so mancher mich glauben machen wollte, so ist es dieses unliterarische, naturwüchsige Produkt, zu dem nichts erforderlich war als ein gerader, offner Sinn und das Herz auf dem rechten Fleck. Leb wohl!

Habe Dank für so viel Güte.

Deine Freundin
E[mma] Herwegh /

/ Tausend Grüße an Bertha und Lorchen und meine herzliche Empfehlung allen denen, die sich meiner erinnern; Deinen Bruder ebenso. – /

1078

An Hugo Wigand

21./22. November 1865

/ Rechenberg bei N[ürn]b[er]g, 21. Nov[ember] 65
Verehrter Herr!
Sie haben allerdings recht, wenn Sie, wie auch Ihr Herr Vater, behaupten, daß meine Abhandlungen, höchstens Nro. 4 ausgenommen, sich sowohl ihres Umfangs, als ihres Inhalts wegen nicht zu einer Separatausgabe eignen, und [ich] willige also ein, daß sie in einem Bande zusammengebunden als 10. B[and], aber zugleich unter einem selbständigen, entweder unter dem von Ihrem H[errn] Vater vorgeschlagnen Titel: „Fünf Abhandlungen von L[udwig] F[euerbach]" oder einem andern, erst noch zu bestimmenden erscheinen. Nur bedinge ich mir aus, daß Sie den Preis des neuen Bandes, der übrigens, selbst wenn ich auch noch Zusätze mache, kein großes Volumen einnehmen wird, so niedrig als möglich ansetzen, denn unter dem Ausdruck „Volksausgabe" verstehe ich nichts anderes als eine wohlfeile Ausgabe. Sie haben recht, // wenn Sie bei dem geringen Absatz, den meine „Theogonie" gefunden, die Unpopularität des Titels mit in Rechnung bringen, aber gewiß ist an dem Schicksal dieser, wie auch meiner andern Schriften, auch der hohe Preis derselben schuld. Ich wenigstens habe darüber oft bitter klagen hören. Bei dem neuen Bande ist mir aber ein zahlreicher Absatz und folglich ein diesem Erfolg entsprechender Preis um so wünschenswerter, als ich auf ein Honorar verzichte und es doch gar zu traurig für mich wäre, wenn meine Ausgaben an Geist, Kraft und Stoff ohne alle Einnahme blieben. Gleichwohl mache ich mir auch bei dem möglichst billigen Preis keine Illusion in betreff des Absatzes, denn es ist noch nicht die Zeit da, daß [eine] meiner Schriften Hauptsache, Volkssache wird, es ist noch die Macht des bloßen Scheines eine viel zu große, als daß dem wahren, ungeschminkten Wesen Platz gemacht werden könnte. Was ich mir noch ausbedingen muß, sind 20–25 Freiexemplare für meine Freunde und Ver-//wandte. Das M[anu]skript werde ich Ihnen erst mit dem neuen Jahre zusenden. Da die Abhandlungen zusammen erscheinen, so muß die mit Nr. 5 bezeichnete eine andre Stellung erhalten, gleich auf die „Zur Theogonie oder Beweise etc." folgen. Die Ausführung und Vollendung derselben hängt – abgesehen vom

körperlichen Befinden, das die letzten Winter her bei mir nicht das beste war – von guter Laune ab, die man sich nicht willkürlich
40 geben kann, die von selbst kommt, ohne daß man Tag und Stunde bestimmen kann. Aber auch von dieser, der Form nach noch unvollendeten Abhandlung abgesehen, will ich das ganze M[anu]skript vor dem Drucke noch einmal mit größter Ruhe, Aufmerksamkeit und Besonnenheit durchmustern.
45 Ihrem H[errn] Vater werde ich nächstens schreiben, um ihm für die erfreulichen Mitteilungen seines Letzten zu danken. Indem ich ihn und Sie freundlichst grüße

hochachtungsvoll
L. Feuerbach

50   22. Nov[ember 1865]
Ich habe diesen Brief schon gestern früh geschrieben, aber nicht fortgeschickt, weil mir der Gedanke in den Sinn kam, ob es nicht das // beste wäre, da wir nun einmal wieder in das alte Geleise gekommen sind, alles auch in betreff des Honorars beim alten zu
55 lassen, nur daß wir den alten Fehler vermeiden und also nicht wieder durch einen unverständlichen Titel das Publikum abstoßen. Doch um endlich die Geburtswehen, die mir meine neue Schrift schon gekostet, zu beenden, bleibe es bei dem gestern Niedergeschriebnen, bleibe es bei dem a conto meta, selbst wenn auch
60 der neue Band durch mögliche Zusätze von meiner Hand einen größern Umfang und folglich auch höhern Preis im Buchhandel erhalten sollte. Da derselbe so gedruckt wird, daß er meinen frühern Schriften angereiht werden kann, so sehe ich nicht ein, warum Ihnen mein vorgeschlagner Titel: „Beweise von der Wahrheit der
65 im ‚Wesen der Religion' etc." ausgesprochner Grundgedanke nicht annehmbar erscheint. Doch darüber können wir uns ja später verständigen.

Ergebenst L. F. /

1079

Von Emma Herwegh

1. Dezember 1865

/ Zürich, d[en] 1. Dezember 65
Lieber Ludwig!
Indem ich Dir und durch Dich Herrn Hirzel, dessen nähere
Adresse ich nicht weiß, den richtigen Empfang des mir übersandten
Wechsels von *500 frcs.* anzeige, kann ich nicht umhin, Dir mit
meinem aufrichtigsten Dank das Gefühl tiefster „Beschämung"
auszudrücken, das mich im Moment, wo ich Deinen Brief erhielt,
in einer Weise überfiel, daß ich sicher den Wechsel zurückgeschickt hätte, wenn ich den // Betrag desselben nicht schon am
Morgen dazu benutzt, um den verheerenden Sturm im Moment des
Ausbruchs zu beschwichtigen. –
Nicht nur der Gedanke, daß *Du* es sein mußtest, der die Mittel
hiezu selbst vorgeschossen, ein Gedanke, der mir eine Folter ist,
weil ich die Vorstellung nicht ertragen kann, daß Ihr möglicherweise, Du, Bertha, Lorchen, Euch meinetwegen nur auf Stunden
beschränken müßt – das Bewußtsein, Dir, indem ich mich Dir offen
mitgeteilt, Zeit und Denken gestört, das war es vor allem, // was
mich geradezu unglücklich machte und unglücklich macht. Du
wirst jetzt eine Weile nichts von mir hören, es wäre denn, daß ich
Dir Frohes zu melden hätte – aber mein Sinnen wird darauf gerichtet sein, wenn auch langsam, so doch sicher meine Schuld
abzutragen, die mich, mißversteh' mich nicht, nur deshalb drückt,
weil es wahrhaftig nicht *mir* in den Sinn kommen konnte, uns auch
nur vorübergehend zu helfen, indem ich Euch in Not brachte. /
/ Leb wohl! Grüße Deine Frau und Lorchen und danke Deinem
einstigen Schwiegersohn für die Mühe und die Güte, die er mir
bewiesen.
Rüstow sagte noch neulich, als ich ihm Lorchens Verlobung mit
ihm mitteilte, daß er in seinem ganzen Leben keinen Schüler gehabt habe, mit solcher glänzenden Begabung zur Mathematik. Die
Leichtigkeit, mit welcher er die Aufgaben gelöst, wäre ihm, Rüstow, fabelhaft vorgekommen. Leb wohl! Habe ewig Dank.
         Eure Freundin
         Emma Herwegh /

1080

An Emma Herwegh

4. Dezember 1865

/ Liebe Emma!
Der Teufel hole das Geld, auch das Dir überschickte, wenn es Dir, nachdem es Dich von einer augenblicklichen Sorge befreit, eine dauernde und noch dazu folternde Sorge macht. Aber dazu hast Du gar keinen Grund, weder, wie sich von selbst versteht, in meiner Gesinnung, noch in meiner Lage. Im ersten Teil meines Briefes setzte ich nur deswegen meine *diesjährigen* pekuniären Verhältnisse so ausführlich auseinander, weil ich da noch nicht wußte, ob es mir möglich sei, in so kurzer Zeit das Verlangte zu liefern. Also nicht um absoluten Mangel, nur um augenblicklichen Mangel flüssigen, zur Disposition stehenden Geldes handelte es sich. Was den zweiten, am andern Tage geschriebnen Teil betrifft, so habe ich ganz im Widerspruch mit meinem Wesen nur die Gedanken und Vorstellungen anderer zu meinen eignen Gedanken und Gewissensvorstellungen gemacht, und um diese abzuweisen oder zur Räson zu bringen, mich als den Repräsentanten oder provisorischen Stellvertreter der zu Eurer Rettung – weil Ihr nicht nur mir befreundete Privatpersonen, sondern auch öffentliche, politische Personen seid – Verpflichteten betrachtet und hingestellt. Ich für meinen Teil // hielt es für meine verdammte Schuldigkeit oder besser für eine unerläßliche Notwendigkeit, Dich nicht in der Not – wenigstens einer solchen, zu der meine Mittel hinreichten, was sich übrigens eigentlich von selbst versteht – steckenzulassen. Was ist ein Mensch, der nicht hülft, von Herzen gern hülft, wenn er helfen kann. Hätte ich *früher* gewußt, daß es sich – wenigstens zunächst – nur um eine an sich so geringe Summe handelt, so hätte ich Dir selbst dieselbe angeboten. Also beleidige nicht mich noch die Meinigen dadurch, daß Du Dir Sorgen machst. Ich nehme keinen Kreuzer von Dir an, sofern Du nicht in eine Lage kommst, worin Dir die Wiedererstattung eine Kleinigkeit ist. Was ich Dir geschickt, war ich Dir schuldig, was Du mir schuldest, das schulden andere Dir und mir. Lebt wohl!

L. F.

Rechenberg, 4. Dez[ember] [18]65 /

1081

Von der Deutschen Schillerstiftung

9. Dezember 1865

/ An Herrn Dr. Ludwig Feuerbach
im Dorf Rechenberg bei Nürnberg

Hochgeehrter Herr!
Es macht mir außerordentliche Freude, Ihnen mitteilen zu müssen, daß der V[erwaltungs]-R[at] der D[eutschen] Sch[iller]-St[iftung] in seiner am 5. d[iese]s [Monats] zu Wien stattgehabten Sitzung den Beschluß gefaßt hat, Ihnen auf *weitere drei Jahre* eine jährliche Pension von *dreihundert* Rtlrn. darzubieten.

Mögen Sie in diesem Beschluß ein Zeichen dankbarer Verehrung erkennen und die aufrichtigen Wünsche, daß Ihre hohe Kraft in neuem Schaffen [sich] noch lange betätige!

Haben Sie die Güte, beifolgende Quittung unterzeichnet, hierher zurückgehen zu lassen, die halbjährige Rate im Betrag von 150 Rtlr. wird dann sofort an Sie abgeschickt werden.

Ich habe die Ehre, Sie meiner außerordentl[ichen] Hochachtung zu versichern und zeichne

Der Vors[itzende] des V[erwaltungs]-R[ats]
[von Münch]
Wien, 9. XII. [18]65. /

1082

Von Otto Lüning

15. Dezember 1865

/ Rheda, 15. Dez[ember] 1865

Mein lieber Freund!
Schon längst hätte ich Deinen Brief, der mir einmal wieder ein lange entbehrtes direktes Lebenszeichen von Dir brachte, beantwortet –, wenn ich Dir nur in bezug auf den eigentlichen Gegenstand desselben irgend etwas Befriedigendes zu antworten gewußt hätte. Ich habe hin und her gesonnen nach einer Persönlichkeit, welche hier helfend einschreiten könnte, da meine eigenen Mittel

für die hier nötige Radikalität in keiner Weise ausreichten, aber – ich habe keine gefunden. Und ein anderer Weg soll ja nicht eingeschlagen werden, und vielleicht würde auch er nicht einmal zum Ziele führen. Ich für meine Person halte H[erwegh] für einen bedeutenden Dichter, für einen in sehr vielen Dingen, Sprachen, Naturwissenschaften, Literatur usw. als dilettantisch sehr gut unterrichteten Mann und dazu neben allen seinen persönlichen, in den Hauptsachen auf seine Poeten-Natur zurückzuführenden Schwächen, für einen liebenswürdigen Menschen, nobel in Gefühl und Gesinnung. Aber die Welt urteilt leider anders über ihn. Die // hämischen Illustrationen seiner unglücklichen Heerführer-Rolle, zu der ihn seine überschwengliche Phantasie und die Einflüsterungen einiger ihn exploitierender Abenteurer drängten, sind zwar widerlegt und wohl auch verziehen, aber leider sind aus seinem Privatleben, in specie aus seinem Zusammenleben mit der Familie Herzen und dem späteren, Lärm machenden Bruch neue odiosa et curiosa [gehässige und sonderbare Dinge] genug dem schadenfrohen Publikum zu Ohren gekommen. Das möchte aber alles noch sein, wenn er nur seit beinahe 20 Jahren seines besten Alters irgend etwas getan hätte, seinen literarischen Ruhm zu sichern, nachdem er den Gipfel des Parnasses in kühnem Anlauf durch 2 kleine Bändchen lyrischer Gedichte erstürmt hatte, und nebenbei seine Fähigkeiten zu verwerten, um sich und seiner Familie eine sichere Existenz zu schaffen. Denn daß dieselbe seit mindestens 15 Jahren lediglich auf einem von Verlegenheit zu Verlegenheit führenden Pumpsystem beruhte und daß die Hoffnungen auf eine Rehabilitierung durch das Vermögen resp. die Familie seiner Frau eine Illusion waren, das konnte ihm trotz aller Blindheit in solchen Dingen unmöglich verborgen bleiben. Das // schlimmste aber ist, daß seine Schulden meiner Überzeugung nach so bedeutend sind, daß nur durch eine *bedeutende* Summe in die Tausende hinein eine wirkliche fühlbare Erleichterung geschaffen werden könnte, während alle kleineren unmerkbar verdampfen würden wie ein Tropfen Wasser auf einem heißen Stein. So leid es mir tut, ich weiß wahrhaftig nicht zu helfen, es möchte sich denn für ihn ein Mäzen finden wie für Richard Wagner, der es in der Kunst, ein sybaritisches [üppiges] Leben zu führen, ohne sich durch unermeßliche Schulden jemals seine Laune verderben zu lassen, ihm allerdings noch weit zuvortut. Hätte Wagner nicht so schnell unsren Ultramontanen und Knownothings, den Onkeln und Basen weichen müssen, so hätte er in dem neuen Künstlerstaate an der Isar vielleicht eine passende Rolle für seinen Freund gefunden. Übrigens hat Fr[au] E[mma] H[erwegh] sowohl in ihrer nächsten Familie als unter den Bekanntschaften ihrer früheren Zeit so viel reiche Leute, daß sie wahrhaftig viel eher einen Helfer in der Not finden kann, als wir Proletarier. –

Ich bin in den letzten beiden Monaten dreimal in Frankfurt [am Main] gewesen (zum Abgeordnetentag und Nationalverein) und bereite mich allmählich zur Abreise nach Berlin vor in // der ersten Hälfte des Januar. (Meine Adresse daselbst ist: Charlottenstr. 85.) Die Aussichten für unsere Tätigkeit sind nicht verlockend, doch hoffe ich, daß die eingehende Beratung des Budgets, wie in der vorigen Session, sich ablehnen läßt, da alle seitherigen Äußerungen der Minister die absolute Erfolglosigkeit erweisen – vorbehaltlich völliger Unterwerfung. Das weitere Vorgehen, namentlich in der schlesw[ig]-holst[einischen] Frage läßt sich im voraus nicht bestimmen. Eine bestimmte Erklärung gegen die Bismarcksche Annexion hoffe ich, aber zugunsten des Berliner Kompromisses, denn trotz aller Bismarckerie kann man dem preußischen Volke nicht zumuten, dem Partikularismus ganz freies Feld zu geben und nur für die schönen Augen des Augustenburgers oder seiner Frau geblutet zu haben.

Doch lassen wir die Politik. Nur noch ein Wort über Crämer von Doos, dessen schnöder Übertritt mich geschmerzt hat, weil ich sowohl seine Intelligenz als seinen Charakter schätzte. Die *Manier* seines Übertritts hat meine günstige Meinung sehr erschüttert, obgleich ich noch geneigt bin, an eine Übereilung zu glauben. Auf dem Abg[eordneten]tage in Frankfurt [am Main] sagte er mir und Metz, als wir ihn über seine Stellung befragten, *wörtlich:* „Ich kann nicht länger im Ausschuß bleiben, weil meine Leute absolut nicht mehr // mittun wollen, aber ich werde allen Eklat vermeiden und behalte mir auch noch vor zu erwägen, ob ich Mitglied des *Vereins* bleiben kann. *Ich habe gehört*, daß die neue ‚Volkspartei' Eckardt mir die Ehre angetan hat, mich zu ihrem Führer zu wählen; *ich weiß davon nichts*." Und ging hin und nahm die Führerschaft an, und „um keinen Eklat zu machen" hielt er die famose Rede gegen „diese widerwärtigen Norddeutschen", mit denen man „mit Ehren" nicht länger zusammen gehen könne! „Donnerwetter, das gibt Luft", sagte die Frau und da kriegte sie Zwillinge; aber eine so plumpe Kriegserklärung gegen den ganzen Norden hätte ich in dem Munde eines sonst so verständigen Mannes, der auf den Gener[al]versammlungen so oft so wirksam für die Notwendigkeit der Verständigung gesprochen hat, nicht vermutet. Sie hätte mich sogar im Munde eines mutigen Republikaners oder eines wildgemachten Münchener Bierphilisters überrascht. Schade, daß der alte, brave Reuß tot ist! –

Fritz Kapp hat mir in diesen Tagen von New York geschrieben und mir einstweilen die schönsten Grüße an Dich aufgetragen. Er würde Dir bald selbst einmal wieder schreiben. Mit seiner Rückkehr wird es sich wohl noch einige Jahre hinziehen, doch beharrt er ernstlich dabei, weil er das soziale Leben in D[eutschland] doch vorzieht. Er verfolgt unsere politischen Zustände mit Interesse, aber nicht immer mit Vergnügen (tout // comme chez nous [ganz wie bei uns]!) und meint, es würde besser gehen, wenn wir statt des Bundesstaates den Einheitsstaat ins Programm setzten. Den Einheitsstaat „mit dene widerwärtige Norddeutschen"! Ich glaube, Altbayern, Schwaben und Frankfurt [am Main] würden durch die Leichen der Selbstmörder verpestet werden. Ja, wenn man in Deutschland über Nacht Plattforms und Parteien fixen könnte wie die Yankees! – Von Kapp höre ich auch, daß mein Schwager Hans Weydemeyer endlich, nachdem er Oberst eines Regiments gewesen, in Missouri zu einer einträglichen (3000 $) und 6 Jahre dauernden Stelle eines County-Auditors (eine Art Schatzmeister) gewählt ist. So kann er endlich nach langem Pech frei Atem schöpfen. –

„Mit einem heiteren, einem nassen Auge", wie der König im „Hamlet", lese ich Deine Nachricht von dem Unwohlsein und der Genesung Deiner Frau. Ich würde ihr selbst meinen Glückwunsch sagen, da ich ihr, wenn ich nicht irre, noch eine Antwort schuldig bin, verspare es mir aber auf einen ruhigeren Tag und bitte Dich, einstweilen mein Dolmetscher zu sein.

(Beiläufig gesagt, werde ich Dir wahrscheinlich etwa im Januar wieder, wie immer, einen Pariser Wechsel zu schicken haben, wasche aber meine Hände in Unschuld, wenn er etwa wieder „Mut[uum] [Darlehen für] Ludwig" giriert [überwiesen] sein sollte.) Aber à propos, ich meine irgendwo ein Wort von einer Verlobung Deiner Tochter, freilich ohne alles Detail, gehört zu haben; wenn ich das nicht geträumt habe, so sage ihr meinen und der Meinigen herzlichen Glückwunsch.

Nun leb wohl, mein alter Freund, schreibe mir bald einmal wieder, hieher oder doch nach Berlin. Freundlichen Gruß an Dich und Weib und Kind

von Deinem getreuen O[tto] Lüning /

1083

An die Deutsche Schillerstiftung

21. Dezember 1865

/ Hochwohlgeborner,
Hochzuverehrender Herr!
Indem ich die Ehre habe, Euer Hochwohlgeboren die von mir unterzeichnete Quittung zurückzusenden, kann ich nicht umhin, Ihnen als dem Vorsitzenden des Verwaltungsrats der Deutschen Schillerstiftung für die mir auf fernere drei Jahre bewilligte Pension zugleich meinen tiefgefühltesten und verehrungsvollsten Dank auszusprechen und die Versicherung zu geben, daß es mein eifrigstes Bestreben sein wird, nicht bloß durch Worte persönlicher Gefühle, sondern // auch durch Werke des Geistes zu beweisen, daß ich der mir zuteil gewordnen Ehre würdig bin.
Mit dieser Versicherung und zugleich der Versicherung meiner tiefsten Hochachtung habe ich die Ehre zu sein
Euer Hochwohlgeboren
       dankbeflissenster
       Dr. L. Feuerbach
Rechenberg bei Nürnberg, 21. Dez[ember] 1865. /

1866

1084

Von Ildephons Müller

5. Januar 1866

Verehrtester Herr!
Vor einiger Zeit erhielt ich einen Bri[e]f von Ihrer gegenwärtig in Rom weilenden Schwester, Freifrau von Dobeneck, die 1847 in unserem Kloster zur katholischen Kirche zurückgekehrt, nachdem ich sie, auf ihr dringendes Verlangen, in den Grundlehren der katholischen Religion unterrichtet hatte.
Sie meldet mir u. a., Sie hätten bei ihr in Nürnberg den Wunsch geäußert, eine alte Bibel Ihres Urgroßvaters, worin derselbe viele Stellen eigenhändig, mit rother Tinte unterstrichen, zu erhalten. Ihre Schwester hatte mir diese Bibel übergeben und sie stund bisher in unserer Bibliothek. Bitte mir nun gefälligst zu melden, auf welchem Wege ich sie Ihnen senden soll. Es macht mir viel Vergnügen, Ihrem dießfälligen Wunsche zu entsprechen. Auch benutze ich diesen Anlaß, Ihnen für das schöne Portrait Ihres l[ieben] Vaters sel[ig] in Stahlstich, das Sie eben durch Ihre Schwester von Dobeneck mir gütigst hatten zukommen lassen, verbindlichst zu danken.
In Erwartung einer baldigen Antwort bitte [ich] Sie, die Versicherung meiner aufrichtigsten Ergebenheit zu genehmigen womit ich unter Anwünschung alles Wohlergehens zu zeichnen die Ehre habe.

    P[ater] Ildephons Müller,
    Ordinis S[anc]ti Benedicti,
    p[ro] t[empore] Subprior
Mariastein (Schweiz bei Basel), den 5. Jänner 1866.

1085

Von Hugo Wigand

8. Januar 1866

/ Leipzig, 8. Januar 1866
Hochverehrter Herr!
Ihr Wertes v[om] 4. d[iese]s [Monats] nebst M[a]n[u]s[kri]pt ist mir vorgestern geworden und habe ich dieses heute der Druckerei übergeben. Revisionen werde ich Ihnen regelmäßig zugehen lassen, um ein Druckfehlerverzeichnis wie bei den frühern Bänden möglichst zu vermeiden. Über die mir zu Auswahl gestellten Titel werde ich mich während des Drucks entscheiden. 20 Freiex[em]pl[are] habe [ich] notiert.

Mit den schönsten Grüßen von Vater und Sohn bleibe hochachtungsvoll

Ihr
aufrichtig ergebener
Hugo Wigand /

1086

Von Friedrich Kapp

10. Januar 1866

New York, den 10. Januar 1866
Lieber Feuerbach!
Dein Brief liegt jetzt fast ein Jahr zur Beantwortung vor mir. Es ist also hohe Zeit, daß ich nicht länger damit zögere. Ich hatte schon Mitte Dezember schreiben wollen; allein Geschäfte, Unwohlsein und dringende Sorgen hielten mich von Tag zu Tag ab. Wenn auch einige Wochen post festum [nach dem Fest], so hoffe ich doch, kommt die Einlage immer zur rechten Zeit. Ich wünsche Dir ein glückliches Neujahr, Gesundheit und Kraft. Das ist in wenigen Worten so ziemlich alles, was ein anständiger Kerl vom Leben erwarten kann.

Mir ist es im letzten Jahr gut gegangen. Wir waren alle gesund. Die Kinder entwickeln sich kräftig und verständig, und meine

äußeren Verhältnisse gestalten sich derartig, daß ich in 4 bis 6
Jahren auf meine Unabhängigkeit rechnen kann. Mein alter Plan
liegt nach wie vor fest: ich denke 1870 nach Deutschland zurückzukehren, um dann endlich einmal meinem eigenen Zweck zu
leben. In dem Gewühle und Drängen des hiesigen Lebens kommt
man zu nichts Rechtem; nicht allein der Tag, jede Stunde zersplittert sich, es ist, als ob man beständig auf der Eisenbahn wäre,
und selbst wenn man einen Tag Ruhe hat, zittern die erregten
Nerven noch nach und lassen einen nicht zum Genuß kommen.
Man wird eben zu sehr durch seine Umgebung bestimmt.

Mit meiner Arbeit über die Geschichte der deutschen Einwanderung schreite ich stetig, wenn auch langsam vorwärts. Es wäre
mir lieb zu hören, ob Du den Herrnhutern so viel Geschmack
abgewonnen hast, daß Du einen kleinen Essay über sie zu schreiben bereit bist. Ich würde ihn im Laufe des Jahres nötig haben,
weil ich dann an die pennsylvanische Einwanderung zu kommen
hoffe. Ich würde mich sehr freuen, wenn Du meinen, vor einem
Jahre ausgesprochenen Wunsch erfüllen könntest. Meinen „Soldatenhandel" wirst Du inzwischen wohl erhalten haben? Ich habe
wenigstens noch einmal an den Verleger geschrieben, ihn Dir zu
schicken.

Es wird Dich interessieren, zu hören, daß Jegel hier wieder eine
Restauration und zwar in der unteren Stadt, vier Türen von meinem Office, hat und Geld macht. Ich frühstücke jeden Vormittag
dort, nach amerikanischer Manier, stehenden Fußes.

Ich werde jeden Augenblick unterbrochen und will nächste
Woche wieder schreiben. Einstweilen grüße alle die Deinigen.
Dein Friedrich Kapp

1087

An Ildephons Müller

15. Januar 1866

/ Hochwürdiger, hochzuverehrender Herr!
Allerdings erinnere ich mich, daß ich einmal zu meiner lieben
Schwester Helene v[on] Dobeneck den Wunsch geäußert habe, die
alte, urgroßväterliche Bibel meiner Familien-Antiquitäten-Samm-
lung einverleiben zu können, aber sowie er ausgesprochen, so war

er auch schon wieder vergessen und selbst ohne allen Anspruch auf seine Erfüllung geäußert worden. Ich war daher nicht wenig überrascht, als mir plötzlich, noch dazu von Ihrer eignen werten Hand, die unerwartete Erfüllung dieses bescheidenen Wunsches angeboten wurde. Ich bin auch bereit, dieses Anerbieten dankbar anzunehmen, aber nur in dem Fall, daß // diese Bibel nicht für Sie selbst als ein Andenken an meine Schwester von besonderem Wert ist. Nur für diesen Fall setze ich meine Adresse hieher: Weiler Rechenberg bei Nürnberg.

Es war mir sehr angenehm, zu vernehmen, daß Ihnen das durch meine Schwester Helene übersandte Porträt meines unvergeßlichen Vaters Freude gemacht hat. Wie sollte es mich freuen, wenn ich wieder einmal die Gelegenheit fände, irgendeinen Wunsch von Ihnen erfüllen zu können!

Genehm[ig]en Sie die Versicherung ausgezeichneter Hochachtung und Verehrung, womit ich die Ehre habe zu sein

Euer Hochwürden
ergebenster
Ludw. Feuerbach

Rechenberg, 15. Jan[uar] 1866 /

1088

Von Friedrich Kapp

18. Januar 1866

[Dieser Brief enthält nach Edith Lenel größtenteils Bitten um antiquarische Bücher, die die Einwanderung in Amerika behandeln.]

1089

Von Edouard Vaillant

31. Januar 1866

/ Heidelberg, 31 janvier 1866

Monsieur,

Je ne me suis pas trompé sur le sens de vos deux bonnes lettres et c'est justement parce que j'y ai vu la preuve de votre bonté et de l'intérêt que vous voulez bien me porter que je vous en suis reconnaissant. Comme je vous l'avais dit dans ma première lettre, je désirais profiter des premiers congés pour vous aller rendre visite. De plus un de mes amis, jeune homme de Paris qui finit ses études médicales à Heidelberg, a le plus grand désir de vous voir, et j'ai cru pouvoir prendre la liberté de vous le présenter.

Aussi pensons-nous partir demain pour Nuremberg et aller suivant l'heure de notre arrivée soit ce jour, soit le lendemain vous rendre visite. Ce sera pour moi un bien grand plaisir de vous revoir après un temps aussi long, et j'aurais désiré vous écrire un peu plutôt pour vous demander, si ma visite à cette époque ne vous gênait pas. /

/ Nous ne voudrions en aucune facon vous causer du dérangement, aussi si vous avez soit à sortir, soit à vous absenter de Nuremberg nous serions désolés que notre arrivée vous en empêchât, nous vous prions de ne pas vous gêner et dans le cas où nous ne pourrions vous voir nous visiterons avec mon ami la ville qu'il ne connait pas et remettrions aux vacances de fevrier la plaisir de vous voir.

A bientôt, Monsieur, j'espère, en attendant veuillez présenter à Madame et Mademoiselle Feuerbach mes compliments respectueux et veuillez recevoir l'assurance de mon affectueuse et profonde considération

Ed[ouard] Vaillant /

[Heidelberg, 31. Januar 1866

Sehr geehrter Herr!

Ich habe mich über den Sinn Ihrer beiden gütigen Briefe nicht getäuscht, und ich bin Ihnen deshalb so dankbar, weil ich darin den Beweis Ihrer Güte und Ihres Interesses gesehen habe, das Sie mir entgegenbringen. Wie ich Ihnen schon in meinem ersten Brief

gesagt hatte, würde ich die ersten Ferientage gern dazu benutzen, Ihnen einen Besuch abzustatten. Darüber hinaus hat auch einer meiner Freunde, ein junger Mann aus Paris, der seine medizi-
40 nischen Studien in Heidelberg beendet, den größten Wunsch, Sie zu sehen, und ich habe geglaubt, mir die Freiheit nehmen zu dürfen, ihn Ihnen vorzustellen.

So gedenken wir morgen nach Nürnberg abzureisen und Sie je nach der Stunde unserer Ankunft entweder am selben oder näch-
45 sten Tag zu besuchen. Es wäre für mich eine sehr große Freude, Sie nach so langer Zeit wiederzusehen, und ich hätte Ihnen etwas früher schreiben wollen, um Sie zu fragen, ob mein Besuch Ihnen zu dieser Zeit recht ist. Wir möchten Sie in keiner Weise stören, daher wären wir untröstlich, wenn Sie, falls Sie beabsichtigen, sich
50 von Nürnberg zu entfernen, durch unsere Ankunft daran gehindert würden; wir bitten Sie, sich nicht stören zu lassen, und im Fall, daß wir Sie nicht sehen könnten, würde ich mit meinem Freund die Stadt besichtigen, die er nicht kennt, und wir würden das Vergnügen, Sie zu sehen, auf die Februarferien verschieben.
55 Auf bald, verehrter Herr, wie ich hoffe. Wollen Sie inzwischen Ihrer Frau Gemahlin und Ihrem Fräulein Tochter meine ehrerbietigen Empfehlungen übermitteln und wollen Sie die Versicherung meiner herzlichen und tiefen Hochachtung entgegennehmen
Ed⟨ouard⟩ Vaillant]

1090

Von Hugo Wigand

24. Februar 1866

/ Leipzig, 24. Februar 1866
Verehrter Herr!
5 Der Setzer ist nun so weit, daß er in den nächsten Tagen weiteres M[a]n[u]s[kri]pt brauchen kann, ich ersuche Sie daher, den letzten Aufsatz umgehend einzusenden.

Haben Sie jetzt einen Titel gefunden? Vater und ich haben vielfach darüber nachgedacht und gesprochen, sind aber zu keinem
10 Resultat gekommen.

Es wird Ihnen wohl schon bekannt sein, daß die „Gartenlaube" nächstens einen großen Artikel über Sie bringen wird. Porträt und

Biographie sind von Nürnberg gekommen, über Ihre Werke wird –
sub rosa [im Zeichen der Rose, d. h. im Vertrauen] gesagt –
Prof. Bock berichten, worauf ich mich sehr freue.
Ihren Nachrichten entgegensehend, grüße ich Sie auch in Vaters
Namen auf das herzlichste und bleibe hochachtungsvoll Ihr aufrichtig ergebener
Hugo Wigand /

1091

An Friedrich Kapp

1./2. März 1866

/ Rechenberg, 1. März 1866

Lieber Kapp!
Gestern endlich habe ich das Hindernis beseitigt, das mich so
lange, schon seit mehr als vier Wochen, wo ich Deinen ersten
Brief und Wechsel erhalten, abgehalten hat, Dir zu schreiben und
zu danken; gestern nämlich das Schlußwort, den Epilog eines
neuen, übrigens dem Umfang nach nicht großen, demnächst im
Verlag O[tto] Wigands erscheinenden Werkes zum Drucke übersandt. Es handelt von der Willensfreiheit, von – doch wozu soll
ich Dir vorschwatzen, was Du nächstens mit eignen Augen wahrnehmen wirst, denn ich werde Dir natürlich ein Exemplar durch
die Post überschicken, wenn ich anders voraussetzen kann, daß
es auf diesem Wege Dir in die Hände kommt. Ich gehe daher
auch sogleich vom Schriftsteller zum Menschen, vom Geiste zum
Corpus über, um so mehr, als dieser auch in meiner Schrift die
Hauptrolle spielt.
Dein Wechsel ist mir sehr erwünscht gekommen. Ich habe im
vergangenen November, um gleich mit dieser Angelegenheit zu
beginnen, den Herweghs, die durch das Testament des Vaters der
Frau, welches sie nur auf die Zinsen des den Kindern vermachten
Vermögens einschränkt, an den Rand des äußersten Elends gekommen sind, zur Rettung der Bibliothek 500 Francs vorgestreckt // und diese Summe, weil ich gerade selbst kein bares Geld
hatte, aufgenommen, und der Termin der Rückzahlung [war] eben
verstrichen, als der Wechsel ankam. Meine Freunde nehmen mir
vielleicht diese Handlung übel, aber es war mir moralisch un-

möglich, einem Weibe, noch dazu einem solchen Weibe, die trotz
ihrer Fehler – wer aber ist fehlerlos? – [wie] die Herwegh ist, das
sich in ihrer Verzweiflung an mich, wenn auch nur um Rat und
Verwendung gewendet hatte, nur Worte, nicht einen Beweis tätiger
Teilnahme zu schicken. Ich erwähne diese Geschichte jedoch nur,
weil ich schon längst – nur durch meine Arbeit verhindert – bei
Dir anfragen wollte, ob sich nicht auf Deine Anregung hin und
durch Deinen Namen und Einfluß unter den wohlhabenden Deutschen Amerikas eine Sammlung zum Besten des einst so gefeierten, jetzt, wenn auch durch eigne Schuld, doch ebenso durch die
Schuld seiner Zeitgenossen ins Elend geratnen Dichters Herwegh
veranstalten ließe. Ich weiß zwar nicht, wie Du von H[erweghs]
denkst und wie Du persönlich zu ihnen stehst oder gestanden – leider haben sie sich auch persönlich mit Unzähligen überworfen,
aber ich halte es für meine Pflicht, wenigstens nichts unversucht
zu lassen. Ich habe mich auch be-//reits im Herbst ihretwegen an
O[tto] Wigand, den Vater, um wo möglich eine Pension oder
Honorar aus der Schillerstiftung zu erwirken, und an O[tto] Lüning
gewandt. Damals sollte aber nach ihrem törichten Wunsch alles
nur sub rosa abgemacht werden. L[üning] bezweifelte jedoch, daß
auch auf dem Wege einer Sammlung etwas Erkleckliches zu-
standegekommen wäre; die Vorurteile der Welt gegen H[erwegh]
seien zu stark. Vielleicht denken die Deutschen in A[merika] in
diesem Punkt milder als bei uns. Es ist allerdings unverzeihlich
von H[erwegh], daß er in den besten Jahren seines Lebens nichts,
wenigstens nach außen, getan, nicht seine schönen Kenntnisse zum
Nutzen seiner Familie und seiner selbst verwertet hat. Aber man
vergesse doch auch nicht die schmählichen Demütigungen, die er
erlitten und die eine dichterische Natur für immer vom Schauplatz
des freudigen Wirkens und tätigen Lebens abschrecken können,
zumal, wenn Verhätschelung und Vergötterung unmittelbar vor-
hergegangen ist.

2. M[ärz]

Also noch einmal: Dein Wechsel war mir eine sehr erfreuliche
und überraschende Erscheinung. Aber wie beweise ich meinen
Dank? Wie Du schon im vorigen Jahre wünschtest: durch einen
Essay über die Herrnhuter. So fern dieser Gegenstand den Projek-
ten meines Kopfs liegt, obgleich diese, teilweise wenigstens, noch
immer, aber freilich nur die Kardinalfragen der Religion und
Philosophie betreffen, so bin ich doch bereit, demselben // eine

Zeitlang mich hinzugeben, wenn ich mir die notwendigsten Quellen verschaffen kann. Leider ist hier, weder auf dem German[ischen] Museum, welches grundsätzlich seine Sammlungen nur bis auf die erste Hälfte des 17. Jahrh[underts] ausdehnt, noch auf der Stadtbibliothek, welche um so gehaltloser ist, je näher es auf die neure Zeit zugeht, und so recht den Verfall der ehemaligen Republik repräsentiert, nichts zu finden. Nicht einmal die Varnhagenschen „Biogr[aphischen] Denkmäler", V. B[and], wo eine Biographie Zinzendorfs [enthalten ist], konnte ich hier auftreiben. Ich werde mich daher nächstens nach Erlangen wenden. Aber wie oft hat mich nicht auch diese Bibliothek schon im Stich gelassen! Im Winter vor 2 Jahren wollte ich den griechischen Philosophen Epiktet zum Gegenstand einer kleinen Abhandlung machen. Aber es fehlte mir die beste bis jetzt vorhandene Ausgabe desselben, und diese war weder hier noch auf der Universitätsbiblioth[ek] E[rlangen] aufzutreiben. Jetzt besitze ich sie selbst, aus einer Frankf[urter] Auktion. Aber es gilt auch hier, wenigstens bei mir, der Spruch des weisen Salomon: Alles hat s[eine] Zeit. Zeit verloren, alles verloren. Dies ein kleines Beispiel von den Schicksalen und den widerwilligen Lücken meiner Schriftstellerei. Nicht das Studium auch des trockensten, in Folianten aufgehäuften Materials, wenn es zur Sache gehört, schreckt mich ab, aber widerlich ist mir das noch dazu so oft vergebliche Zusammensuchen, Zusammenbetteln des Materials. Daher greife ich auch lieber in den eignen Beutel, so wenig Ursache ich sonst auch dazu habe, als daß ich meine Hände nach fremder Hülfe und Gnade ausstrecke. Nicht von meinem Willen, sondern [von] dem, was außer meinem Selbst und Selbstvermögen liegt, hängt also die Erfüllung Deines Wunsches ab. Übrigens ist das *Prinzip* zur Beurteilung und geschichtlichen Wertbestimmung des Herrnhutianismus schon von mir ausgesprochen im „Wesen des Glaubens im Sinne Luthers", am Schlusse des // „Wesens des Christentums", II. und III. A[uflage], und in den ersten Sätzen der „Grundsätze der Philosophie", wo ich sage: Der Protestantism[us] ist nicht mehr Theologie, sondern Christologie, die Christologie ist aber nichts als die religiöse Anthropologie. Das Dogma der Dogmen, das Dogma, worin sich alle zuletzt als ihrem Endzweck auflösen, im Sinne Luthers, ist die Liebe Gottes zum Menschen – und zwar zum wirklichen, sinnlichen, nicht kastrierten, phantast[ischen] Menschen des Katholizismus, ist der nichts andres als das, und zwar selbst sensualistische Wesen des M[enschen] ausdrückende und vergegenständlichende Gott. Der Herrnhutianismus hat diesen Kern des Luthertums entblößt und sich angeeignet, aber zugleich noch wieder angeknüpft und verhüllt in die Person Christi und in der Praxis mit absonderlichen pieti[sti]schen Elementen versetzt. Doch ich hoffe, mir wenigstens so viel Material verschaffen zu können, daß ich Dir eine speziellere, eingehendere, brauchbare Wesensbestimmung d[es] Herrnhutianismus oder richtiger Charakteristik desselben, wenn auch nicht eine förmlich geschichtl[iche] Abhandlung, überschicken kann.

Wie vieles, leider! meist Trauriges hat sich ereignet, seit wir uns nicht mehr geschrieben haben! Erst vor kurzem erhielt ich mit großem Bedauern und ebenso großer Verwunderung die Anzeige von dem Tode Deines noch so geistesfrischen Vaters, denn er hatte mir noch im Spätsommer nach mehrjährigem Stillschweigen einen sehr heitern Brief geschrieben und dabei zugleich eine Abschrift einer sehr interessanten Selbstbiographie aus den letzten Jahren überschickt. Wie fern war da der Gedanke an ein so nahes Ende. Ich bereue, meine Antwort verschoben zu haben. // Denn der nur auf dem Papier vergeßne frühzeitige Tod Solgers und das schreckliche Los des Max und das noch schrecklichere des, den geistigen Tod seines Sohnes überlebenden Vaters. Ich stimme ganz mit Deiner Teilnahme, aber auch Deinem Urteil über ihn überein. Was Du mir von August schriebst, war mir unbekannt, aber nicht unerwartet. Neu ist vielleicht für Dich, was ich neulich hörte, daß der Vater und die gute Johanna wenigstens in pekuniärer Hinsicht ganz unter seiner Kuratel [Vormundschaft] stehen. Johanna hat mir im Herbst einen ausführlichen Bericht über ihren unglücklichen Bruder erstattet, seitdem aber auffallenderweise nichts mehr von sich hören lassen. Das nur noch habe ich, aber nicht von ihr, sondern von meiner Schwägerin in H[ei]d[e]lb[erg], gehört, daß man ruchloserweise dem alten Kapp nun auch seine einzige und letzte Freude, seine Zedern, tödlich verletzt hat. Ebenso traurig als [in] diesem uns befreundete[n] Hause sieht es in unserm, insbesondere Deinem engern Vaterlande aus. Leider hat das Abgeordnetenhaus durch seine engherzige und kurzsichtige, wenn auch nicht in corpore [insgesamt] ausgesprochene Anerkennung der Bismarcksch[en] Gaunerpolitik nach außen sich um alle Sympathie in dem außerpreußisch[en] Deutschl[and] gebracht. Was heißt Preußen vergrößern andres, als den Übermut, die Hybris [Übermut] und Ate [Verblendung] seiner Dynasten und Junker vergrößern? Du willst 1870 nach Deutschl[and] zurück.

Möge es dann anders hier aussehen als jetzt. Was mich selbst betrifft, so bin ich gesund, doch erschöpft. Außer einer kurzen Partie in den Bayerischen (Böhmischen) Wald habe ich voriges Jahr gar keine Erholung gehabt. Bei dem tropischen Sommer verschob ich eine Reise bis in den Herbst, aber da erkrankte bedenklich meine Frau. Sie ist aber längst wiederhergestellt. Das einzige erfreuliche Ereignis ist die Verlobung mit einem jungen biedern, kenntnisvollen, gescheiten, durch und durch freien Schweizer namens Rud[olf] Hirzel, ehemals Ingenieur, der sich aber ganz auf die Publizistik namentlich der Arbeiterfrage geworfen. Erfreulich nenne ich es, aber bis jetzt nur in Beziehung auf die Persönlichkeit, nicht in Beziehung auf die Stellung des Publizisten namentlich in Deutschland.
Ein andermal anderes.
                              Dein alter Freund
L. F. /

1092

An Wilhelm Bolin

[vor dem 4. März] / 4. März 1866

                              / Rechenberg, 1866
Lieber Freund!
Endlich komme ich dazu, meine Schuld an Sie abzutragen, und doch ist selbst jetzt noch nicht der Zeitpunkt erschienen, den ich für Sie im Geiste vorausbestimmt hatte – der Zeitpunkt nämlich, wo ich gar nichts mehr mit meiner Schrift zu tun hätte, wo ich so recht con amore [mit Vergnügen] mit Ihnen plaudern könnte. Zwar ist schon seit einigen Wochen mein Werk unter der Presse, aber es fehlt dem Ganzen noch ein passender Schluß, und zur Ausarbeitung eines solchen fehlte mir bisher immer die rechte Stimmung, wahrscheinlich infolge der abnormen Witterung; wir haben im Januar, dem gefürchtetsten Wintermonat, wahre Frühlingstage, aber dumpfe und selbst schwindlige Köpfe. Wie aber das rechte Wetter, so läßt sich auch nicht die rechte Stimmung ertrotzen, sondern nur erwarten und benützen, aber dafür will ich Sie wenigstens nicht länger warten lassen. Ist doch Ihr an mich gerichteter Brief bis gestern noch auf dem Schreibtisch in meiner Sommer-

wohnung gelegen, weil er hier empfangen und gelesen wurde! Wahrlich eine geraume Zeit! aber für mich // auch eine Zeit der angestrengtesten Geistestätigkeit und der tiefsten Gemütsbewegungen, ebensowohl infolge der Versprechung meiner leiblichen Tochter, deren Scheidung von mir ich, in Gedanken wenigstens, der Scheidung der Seele vom Leib gleichsetze, als der Versprechung meiner geistigen Tochter, meiner Schrift, an den Buchhändler, die ich auch mit sehr schwerem Herzen aus meinen Händen ließ, ja gerne wieder zurückgenommen hätte, wenn ich nicht durch mein einmal gegebenes Wort gebunden gewesen wäre. Am wenigsten dachte ich daran, daß sie schon so bald erscheinen würde, viele Lücken, die allmählich und gelegentlich ausgefüllt werden sollten, sind daher stehengeblieben, viele Partien nicht ausgeführt oder geradezu weggelassen worden. Doch alea jacta est [der Würfel ist gefallen], nach fast 10jährigem Scheintode bin ich wieder zum „Sein für andre" erwacht; ist nur einmal der Anfang gemacht, so ergibt sich die Fortsetzung von selbst. Es taugt übrigens schlechterdings nichts, M[anu]skripte jahrelang liegenzulassen. Gedacht, geschrieben und gedruckt! das sei des Schriftstellers Motto. Es ist doch alles, was wir tun, denken und schreiben, ephemer [für einen Tag], wie wir selbst; der Unterschied ist nur, daß die Gedanken des Genies nicht alltägliche und deswegen der Aufbewahrung // würdig sind.

4. März

Die vorstehenden schlecht geschriebnen Zeilen schicke ich Ihnen nur als einen Beweis, daß ich Ihnen schon längst schreiben wollte, aber zugleich auch als einen Beweis von der Richtigkeit der in meiner neusten Schrift ausgesprochnen Behauptung, daß der Wille, der von der Zeit abstrahiert oder gar wider den Strom der Zeit schwimmen will, nur ein Phantom ist. Erst jetzt ist mein Wollen Können – Wollen ohne Können ist aber nur eingebildetes, schimärisches Wollen –, erst jetzt, wo und weil ich mit meiner Schrift fertig bin, also Zeit habe, an Sie zu schreiben. Was sollte ich Ihnen aber auch, was soll ich jetzt selbst schreiben? Alles Wissenswürdige von mir enthält ja meine Schrift, und Sie werden sich nicht dadurch beeinträchtigt fühlen, daß ich, was ich Ihnen mitteile, zugleich auch andern, ja der gesamten Welt mitteile. Besteht ja doch der Wert der Schrift zuletzt nur darin, daß sie eine Sache so gemein macht wie Licht, Luft und Wasser. Ich schreibe Ihnen daher eigentlich auch nur, um Sie zu fragen, auf welchem

Wege ich meine Schrift Ihnen zuschicken kann und soll, ob durch die Post oder den Buchhandel oder wie sonst? Übrigens ist meine Schrift nur von meiner Seite, nicht von seiten des Setzers und Buchhändlers fertig. Der letzte Bogen, den ich korrigierte, war der 14te, und das Ganze wird sich auf 17–18 Druckbogen belaufen. Es wird also noch 14 Tage oder gar 3 Wochen dauern, bis sie vom Stapel läuft, also noch Zeit genug, // um von Ihnen Antwort zu erhalten und danach meine Maßregeln treffen zu können, ehe durch fremde Hände Ihnen meine Schrift zu Gesicht kommt. Leider habe ich bis jetzt noch keinen andern Titel gefunden als den dreifältigen: Freiheit, Gottheit und Unsterblichkeit vom Standpunkt der Anthropologie. In der Tat läßt sich der Inhalt meiner Schrift, meiner Schriften überhaupt, auf diese 3 Endfragen der alten, selbst noch Kantschen Philosophie reduzieren, aber die abstrakten Dreiheiten lassen sich kaum in *einem* Zuge über die Zunge bringen, stehen also nicht im Einklang mit dem Individualismus und Sensualismus, dem die Schrift huldigt. – Die Schrift von Fischer habe ich noch im verfloßnen Jahr erhalten, aber bis jetzt auch nicht einen Blick in sie geworfen, teils aus Mangel an Zeit, aber auch Lust. Was sage ich: Mangel an Lust? Es graust mir, wie dem Leben vor dem Tod, vor der Hegelschen Philos[ophie], H[egel]schen Logik, auch in ihrer erneuten, sei's verbesserten, sei's verschlechterten Form. Die Erklärung dieses Grausens werden Sie, wenn nicht schon in meinen frühern Schriften, namentlich in meiner letzten finden. Es ist d[as] Grausen des Schmetterlings vor seiner Puppen- und Raupengestalt. Doch auch abgesehen hievon, ich hatte bis jetzt positiv keine Zeit, habe sie auch jetzt noch nicht, da ich unmittelbar nach meiner Schrift an die Erfüllung eines schon im Sommer vorigen Jahres einem Freunde in Amerika gegebnen Versprechens gegangen bin, ihm zur Geschichte der deutschen Einwanderung in A[merika] aus der hiesigen Bibliothek einen Beitrag zu liefern. Sehr wird es mich freuen, gute Nachrichten von Ihren Vorlesungen und Ihrem Befinden zu erhalten. Wir haben den fortwährenden, bei uns milden Winter gesund überstanden. Frau und Tochter grüßen Sie herzlich und lassen Ihnen sagen, daß Sie nur den Bruder des mit dieser verlobten, nicht diesen selbst kennenlernten. Leben Sie wohl!

    Freundschaftlich Ihr L. Feuerbach /

1093

Von Emma Herwegh

5. März 1866

/ Zürich, d[en] 5. 3. 66
Bester Ludwig!
Die Sachen hier stehen so, daß ein Arrangement als nicht unwahrscheinlich in Aussicht ist. Natürlich nicht von heute auf morgen und nicht ohne allerlei Widerwärtigkeiten. Unter diesen Umständen, gestehe ich, ist es mir eine wirkliche *Erleichterung*, wenn Georg, der gerade jetzt in voller Arbeit und dabei sehr leidend ist, und Ada, welche hier nur allerlei hochnäsigen Mienen ausgesetzt sein würde, Kränkungen, auf die man bei der Gemeinheit des Menschengeschlechts mit mathematischer Gewißheit rechnen kann, in schwerer Stunde – wenn diese beiden // sich während der nächsten Wochen etwas außerhalb Zürich begeben und mir, indem sie mir die Sorge um beide nehmen, etwas mehr Freiheit des Denkens und Handelns ließen. –

Kommt, wie ich es hoffe, ein Arrangement zustande, so ist dies vor allem dank dem Kontingent, das Georg durch seine Arbeit liefert, um uns alle wieder flott zu machen. Was er in der Sache also tun konnte, hat er getan, und was er noch tun *kann*, kann er nur in einer ihm wenigstens harmonischen Umgebung leisten. –

Du, indem ich Du sage, meine ich Dich und Deine Frau, bist der *einzige* Mensch, höre wohl, was ich Dir sage, der einzige unter allen, zwischen dem und Georg // ein ewiger Zusammenhang besteht, drum tauchte in ihm diesen Morgen der Entschluß auf, sich während der Zeit der Abwicklung mit Ada zu Euch, d. h. wohlverstanden, *nicht in Euer Haus, die beiden haben, was sie brauchen*, sondern nach Nürnberg zu begeben, ein Entschluß, den *ich* mit allen Kräften unterstütze, weil ich ihn in keines Menschen Nähe lieber weiß als in der Deinen und ich in der Stimmung des Schaffens, des Geistes und der Seele, in welcher Georg gerade jetzt ist, gerade Deine Gegenwart für ein gegenseitiges Fördernis der Arbeit für Dich und ihn halte. Um was es sich nun handelt, wäre, zwei *verschiedene* möblierte Zimmer zu // finden, für Georg und Ada, möglichst nah bei Euch, die Ihr auf einen Monat mieten müßtet, wenn es nicht wochenweise gehen sollte, damit beide nicht nötig haben, zuerst im Gasthof abzusteigen. Will Bertha das für ihre Freundin übernehmen? Und auch [mir mitteilen], ob sie das Nötige gefunden? und schnell? Ich wiederhole nochmals, daß sie zwar in Eurer Nähe, aber nicht in Euerm Hause zu wohnen wünschen, weil sie das Nötige zu diesem Aufenthalt besitzen und das am öfter Sehen nichts hindert. Soviel in Eile, mit einer Welt von Verehrung und Liebe für Dich und alles, was Dir nahesteht. Da wäre ich aber vielleicht auch mit einbegriffen, und da muß ich bekennen, daß es mit meiner „Verehrung" für mich selber nicht weit her ist. Leb wohl! und möge ein // gütiges Geschick uns bald wieder zusammenführen. Bertha soll mir möglichst schnell schreiben – sie soll, was zu tun ist, mir und den anderen zulieb, *sogleich* tun.

                        Deine treue Freundin Emma /

/ Ich brauche Dir nicht zu sagen, daß der ganze // Anhalt dieses Briefes wie das Projekt Georgs, nach Nürnberg zu kommen, *niemandem* als Euch zu vertrauen ist. Georgs innigste Grüße begleiten diese Zeilen. /

1094

Von Hugo Wigand

5. März 1866

/ Leipzig, 5. März 1866
Verehrter Herr!
Ihr Wertes v[om] 28. v[origen] M[onats] nebst M[a]n[u]s[kri]pt habe [ich] s[einer]z[eit] empfangen, letzteres kam gerade zur rechten Zeit.

Ich habe mir dieser Tage Ihren Titel mehrere Male von vorn und hinten besehen, kann aber nichts besseres finden. Meinem Vater fällt auch nichts anderes ein. Das Fremdwort darin wird sich schwer umgehen lassen, auch gehört es zu den landläufigen, und darum ist es wohl auch ausdrucksvoller.

In 14 Tagen hoffe ich Ihnen den letzten Bogen zur Revision senden zu können. Sie wollen mir dann auch mitteilen, wie und wann Sie das Honorar wünschen.

Mit bestem Gruß von Vater und Sohn an den H[eiligen] Geist
            Ihr aufrichtig ergebener Hugo Wigand /

1095

An Ildephons Müller

10. März 1866

/ Rechenberg bei N[ürn]berg, 10. März 1866
Hochehrwürdiger Herr!
Entschuldigen Sie gütigst, daß ich so spät erst Ihnen meinen verbindlichsten Dank für die Übersendung der bewußten Bibel abstatte! Es geschieht so spät nur, weil ich mit meiner Danksagung zugleich die Erfüllung Ihres Wunsches verbinden wollte, ich jedoch kein Exemplar meiner Photographie mehr vorrätig hatte, und der Photograph, der zudem sehr weit entfernt von mir wohnt, mich mehre[re] Wochen warten ließ, bis er mir neue Exemplare schickte. Auch wollte ich nicht allein in effigie [als Bild] vor Ihnen erscheinen, sondern in Gesellschaft meiner Schwestern, deren Porträts // Sie ja auch wünschten. Allein auch sie haben keine Exemplare von sich vorrätig und sind bisher trotz meiner Aufforderung noch immer nicht dazu gekommen, sich neue machen zu lassen, werden es aber hoffentlich nicht unterlassen, Ihren Wunsch zu erfüllen, sei es unmittelbar selbst oder durch meine Hände. So muß ich denn jetzt doch ganz allein vor Ihnen erscheinen, was mir wirklich unlieb ist, denn ich kann Ihr Interesse an mir nur Ihrem Interesse an meiner Schwester Magdalena, an meiner Familie überhaupt zuschreiben. Und nun soll ich allein für mich, für meinen Kopf Ihre Blicke und Aufmerksamkeit in Anspruch nehmen? Nur der Gedanke, daß es unfreiwillig geschieht und daß ich Sie nicht länger warten lassen wollte, besiegt diesen Einwand.

Mit dem Wunsche also, daß Sie diese meine photographische Singularität nicht übel deuten

Euer Hochehrwürden
hochachtungsvollst ergebner
L. Feuerbach /

1096

Von Wilhelm Bolin

22. März 1866

/ Helsingfors, d[en] 22. März 66
Obschon Ihr Brief vom 4. d[ie]s[e]s [Monats] bereits länger als eine Woche in meinem Besitz, komme ich erst heute dazu, Ihnen, mein teurer Freund, für die mir abermals bewiesene Liebe und Freundlichkeit zu danken. Meine Zögerung rechtfertigt sich durch drei triftige Gründe: eine zufällige Unpäßlichkeit bei Empfang Ihres Schreibens, eine dadurch verursachte Überhäufung mit Arbeit für meine Vorlesungen und die geraume Zeit, die es noch währt, bis unser direkter Verkehr mit Lübeck seinen naturgemäßen Anfang nimmt und mich so in den Stand setzt, Ihr Werk auf sicherem Wege zu erhalten. Da wir gerade dabei sind, mag denn die Angelegenheit sogleich erledigt werden. Von Anfang Mai an können Sie, zu dem von Ihnen angegebenen Zwecke, die Adresse Heinrich Piehl & Co. in Lübeck benutzen, und zwar steht es Ihnen frei, sich an diese Firma direkt p[er] Post oder auf dem Buchhandelswege zu wenden. Ich werde mit meinem Freund Piehl abmachen, daß er die Buchhändler seiner Stadt beordere, eine etwa auf dem Wege ihnen zukommende Sendung an ihn zu befördern. Ziehen Sie es vor, die Post zu benutzen, was in mancher Hinsicht bequemer, so bitte ich Sie, kein Porto für das Buch zu erlegen, sondern selbiges in Lübeck erheben zu lassen, weil solches mit zur Sicherheit und Schleunigkeit der Beförderung beiträgt.

Aus obigen Angaben ersehen Sie, daß ich erst um Mitte Mai in Besitz Ihrer Schrift gelange. Ich muß mich aber drein fügen, wenn ich anders die teure Gabe mit Sicherheit in meinen Händen haben soll; denn Paketsendung[en] über Petersburg geben viel Umstände, erhöhen die Kosten und können sogar, bei Gegenständen wie der fraglichen, zu Beschlagnahme veranlassen. Außer, daß es in jeglicher Beziehung vorteilhafter, den Beginn des Verkehrs mit Lübeck abzuwarten, so ist selbiger der einzige, auf dem unser Buchhandel in der Regel be-//trieben wird. Die Möglichkeit also, Ihr Werk zu Gesichte zu bekommen, bevor selbiges mir durch Ihre gütige Vermittlung zuteil wird, ist gar nicht einmal vorhanden. Außerdem wäre hiebei auch insofern dafür gesorgt, daß die Bäume nicht in

den Himmel wachsen, als die wissenschaftliche Literatur hier für gewöhnlich nur auf ausdrückliche Bestellung hin zugänglich ist.
40 Wie Sie sehen, ich mag mich drehen, wie ich will – der Zopf, der hängt mir hinten, d. h. ich befinde mich außer dem Bereiche der europäischen Verkehrsvorteile, die uns durch unsere leidige Abhängigkeit von Rußland in eben dem Maße entzogen sind, als die Natur uns feindlich ist.

45 Sie können sich denken, wie sehr es mich freut, daß Ihr Werk endlich an die Öffentlichkeit gelangt und zumal, daß Sie noch „Fortsetzungen" in Aussicht stellen. Ihren Protest gegen das Horazische Axiom begreife ich vollkommen. Ich bezweifle, daß selbst der gewissenhafte Goethe diesen von den Schulgedanken
50 aufgestellten Satz immer befolgt; wenigstens sind seine besten Werke dem von Ihnen behaupteten Grundsatz gemäß zum Vorschein gekommen. Auch in der bemessenen Erfahrung meiner Tätigkeit habe ich mich überzeugt, daß das Liegenlassen sich nicht bis zu einem Entfremden an dem Gegenstande erstrecken darf, ja
55 daß die fruchtbarste Tätigkeit sich gern mit einem gewissen Zwang verbindet, vorausgesetzt, daß das Können weder hinsichtlich der Stimmung und des Befindens, noch der Fähigkeiten und Kenntnisse beeinträchtigt sei. Fanden sich diese Bedingungen ein, so habe ich unter dem Zwange, wie solcher bei meinem gegenwärti-
60 gen Wirken sich von selbst einstellt, recht viel geleistet, wenigstens gewiß mehr, als wenn ich bloß unter dem otium sapientis [der Muße des Weisen] gestanden hätte. Ich kann Ihnen nicht sagen, wie förderlich mir das Arbeiten für das Katheder gewesen. Mir scheint, als hätte ich nie so viel gelernt und nie so nützlich
65 gewirkt, außer daß ich mir die Geschicklichkeit des freien Vortrags erworben. Wie ich da eben sitze, habe ich mehr denn ein halbes Hundert Vorlesungen bei fast immer vollem, bisweilen überfülltem Auditorium gehalten. Daß dieser Umstand äußerst /
/ anregend wirkt, brauche ich Ihnen nicht zu sagen; ich habe aber
70 nie geahnt, daß der unmittelbare Verkehr mit Menschen, denen man etwas sein kann, so sehr erhebe und belebe. Natürlich weiß ich, daß diese Annehmlichkeit ihre Kehrseite habe, denn während meiner Tätigkeit werde ich mich so sehr entwickelt haben, daß jeder Blick auf die nun erledigten Vorlesungen äußerst demütigend
75 für mich sein werde, da sich alle Lücken auftun werden, die im Drange der Pflichterfüllung unbemerkt blieben. Etwas Ähnliches wird Ihnen hinsichtlich Ihrer jüngsten Schrift widerfahren sein, wenigstens kann ich Ihre hierauf bezüglichen Bedenken wegen

etwaiger Lücken nur so erklären, indem ich überzeugt bin, daß nur
Sie allein derselben ansichtig geworden, und zwar nachdem Sie
das gewiß mit voller Besonnenheit dem Druck überlieferte Ganze
überblickt. Der Hauptsache nach ist Ihr Buch abgeschlossen, und
ich weiß nicht, ob es je einen gewissenhaften Verfasser gegeben,
der jemals mit seinem Werk ganz zufrieden gewesen wäre oder es
gar sein könnte. Mir scheint außerdem, daß das Gefühl der Überlegenheit über der eignen Leistung im Momente der Entäußerung,
wie dies nun bei Ihnen der Fall gewesen, am peinlichsten sei. Auch
kann man dessen nie gewohnt werden, ebensowenig wie man –
wenigstens bei Strenge gegen sich selbst und bei einem über aller
Eitelkeit und Schreibseligkeit stehenden Tun – nie der Qual enthoben wird, die einem das Anfangen und Abschließen kostet.

Über meine Vorlesungen, obwohl ich Ihnen einen ausführlichen
Bericht zugesagt, kann ich heute mich nur kurz fassen. Bis Weihnacht[en] hatte ich eine Gruppe von Denkern abgeschlossen, die
sämtlich um Machiavelli oder sein Prinzip gravitieren [kreisen]:
den Staat in der Obrigkeit aufgehen zu lassen und diese nur über
Untertanen waltend zu sehen, obschon auch hier schon das Bewußtsein erwacht, daß das Volk das eigentliche Subjekt der staatlichen Gemeinschaft sei und auch hier schon von Ansprüchen
desselben die Rede ist. Dieses Letztere wird betont von Hotmann,
Languet, Mariana, Buchenau, bei denen jedoch Gewalt, Mord /
/ und d[er]gl[eichen] die ultima ratio [das letzte Mittel] bleibt,
während der Staat normaliter immer in der Obrigkeit bleibt, wie
solches auch bei Bodin, Hobbes, Grotius und Spinoza der Fall,
obgleich hier Anfänge einer richtigeren Einsicht vorhanden. Diese
beginnt zu tagen im Milton, an den sich Alger[non] Sidney und
Locke schließen; bei ihnen ist das Volk schon tätig im Staate, aber
sie machen sich entsetzlich viel mit einem gewissen Empörungsrecht zu schaffen, wodurch bei ihnen der Staat nur rein im Waffenstillstand befindlich erscheint, indem Regierung und Regierte,
obwohl letztere ihre bürgerlichen Rechte verwalten – also selbst
ein Stück Regierung sind – einander feindlich gegenüberstehen.
Montesquieu ist's, der, durch einen umfassenden Blick in die
historischen Zustände, den Staat in seiner Gesamtheit betrachten
lehrt; aber theoretisch ist er noch mit vielen Widersprüchen behaftet, die zum Teil vom Rousseau bereits beseitigt werden. Gegenwärtig habe ich eben diesen merkwürdigen Denker vor. Ich habe
mich abermals überzeugt, wie unverantwortlich man ihn mißverstanden und kritisiert. Bei all seinen mangelhaften Kenntnissen

und dem häufigen Überhandnehmen seiner erregten Phantasie ist er doch ein kernhafter Kopf, der mit seinen genialen Blicken die Dinge richtiger erfaßt als mancher hochgelehrte, begriffsgeschulte Systematiker. Bei R[ousseau] sind die Fehler offenbar, leicht übersehbar; seine wertvollen Gedanken muß man bisweilen allerdings mit Mühe festhalten, um sie nicht mit dem rhetorischen Quark auszugießen; aber diese Scheidekunst lernt man am besten von ihm selbst, denn mit dem, was ihm wahrhaft am Herzen liegt, weiß er einen schon zu packen. In dies hat man sich recht hineinzudenken, und mit diesem Halt gehe man dann an das Sichten des übrigen. Dies Verfahren erfordert Sorgfalt und Liebe, R[ousseau] verdient sie, obwohl er nicht zu denen gehört, die solche sogleich zu wecken vermögen. Aber deswegen einen Schriftsteller von so redlichem Streben beiseite zu tun, ist leichtsinnig, obwohl es namentlich mit all den Denkern zu geschehen pflegt, die wie Rousseau, Machiavelli ganz und gar in ihrer Zeit standen und dieser viele Opfer bringen mußten.

Mit herzlichem Gruß an Sie und die Ihrigen
in steter Anhänglichkeit Ihr
W. Bolin /

1097

Von Otto Wigand

30. März 1866

/ Leipzig, am Karfreitag 1866
Lieber Freund!

Ihr 10. Band ist endlich so weit, um seine Reise in alle Gegenden der lesenden Welt antreten zu können.

Ich bin eben darüber her und studiere so fleißig, als Alter und Zeit es erlauben. Heute wollte ich Ihnen nur sagen, daß ich Anfang Mai nach Karlsbad gehe, um neues, frisches Blut zu holen. Von Karlsbad will ich die neue Bahn bis Nürnberg besehen. Es ist mein Wunsch, 1–2 Tage in Nürnberg zu bleiben, um Sie und Ihre Familie noch einmal zu sehen und zu sprechen. Damit ich nun diese Fahrt nicht umsonst mache, so zeige ich Ihnen meinen Besuch an und frage: Sind Sie Ende Mai oder Anfang Juni in Re-

chenberg? Wie sieht es denn im „Grauen Kater" aus? Kommen
Sie gegen // Abend noch dahin?

Ich habe ein heißes Verlangen, mit Ihnen einige Stunden zu plaudern; auch möchte ich sehen, ob Sie sich verändert haben oder noch der alte Streiter sind! Nach Fürth auf die alten Ruinen müssen wir auch noch einmal!

Die Kannibalen in Östreich und Preußen scheinen Lust zu verspüren, uns das Reisen unmöglich zu machen; aber offen gestanden: Ich glaube an keinen Krieg in Deutschland. Ich meine, es sind nur verruchte Mittel, um die Völker von ihren Interessen, von ihrem Drange, frei zu werden, abzuziehen und mit Schrecken zu beschäftigen! – Grüßen Sie herzlich Frau und Kind!

Ihr
treu ergebener Freund
Otto Wigand
sen[ior] /

1098

Von Hugo Wigand

31. März 1866

/ Leipzig, 31. März 1866

Verehrter Herr!

Endlich ist Ihr neuer Band samt dem [„]Ursprung der Götter["] in deutschem Gewand zur Versendung gekommen und habe ich das Vergnügen, Ihnen anbei das Honorar für ersteren, 18 B[o]-g[en] à 33 fl. gleich 610 fl. zu übersenden. 6 Freiex[em]pl[are] gehen in apartem Paket an Sie ab, dem ein Brief meines Vaters beiliegt.

Mit den schönsten Grüßen

Ihr
aufrichtig ergebener
Hugo Wigand /

1099

An Wilhelm Bolin

30. April 1866

[Briefentwurf:]

/ Lieber Herr Bolin!
Sie empfangen hier auf dem angegebnen Wege meine Schrift, die wie keine andre meiner Schriften, unmittelbar nachdem sie in die Öffentlichkeit getreten oder vielmehr nur in die Hände des Setzers übergegangen war, das dringende Bedürfnis ihrer Fortsetzung in mir erzeugte, so daß ich nahe daran war, selbst schon auf dem Titel davon Kunde zu geben, indem ich die Schrift nur als erste Abteilung bezeichnete. Leider konnte ich aber diesem Bedürfnis der Fortsetzung nicht Raum geben, da ich, wie ich Ihnen schon geschrieben, einem Freunde das Versprechen gegeben hatte, zu einer dem Inhalt meiner Schrift, gegenwärtig wenigstens, sehr fernliegenden literarischen Arbeit einen Beitrag // zu liefern, der mich denn auch zeither beschäftigt hat und noch beschäftigt. Ob später dieses Bedürfnis wieder in mir erwacht, kann ich jetzt noch nicht bestimmen, um so weniger, da ich meine Schrift nur stückweise zum Behufe der Revision, aber noch nicht, seitdem sie vollendete Tatsache ist, im Ganzen, in einem Zuge gelesen, also nicht weiß, ob nicht das Ergänzungsbedürfnis hauptsächlich auf Rechnung dieser stückweisen Lektüre zu setzen ist. /

[Abgesandter Brief:]

/ Rechenberg, 30. April 66
Lieber Herr Bolin!
Sie empfangen hier auf dem von Ihnen angegebnen Wege meine Schrift. Möge die Lektüre derselben in Ihnen das Bedürfnis und den Wunsch einer Fortsetzung derselben so lebhaft erzeugen, als sie der Verfasser empfindet! So ist mein Zweck erreicht, denn mehr kann der Verfasser nicht wünschen, als daß sich im Lesen das l'appétit vient en mangeant [der Appetit kommt beim Essen] bestätigt.
Ich bin noch immer beschäftigt mit der mir von einem Freunde oktroyierten Arbeit und habe daher keine Zeit und Lust zum Brief-

schreiben. Nur dieses. Ich habe endlich den Fischer in einem freien Augenblick zur Hand genommen und den Anfang der eigentlichen Logik: Sein, Nichtsein, Werden gelesen, aber // schon während des Lesens unwillkürlich laut ausrufen müssen: Erbärmlich, erbärmlich! Die elendeste Scholastik und Sophistik! Wie ehrwürdig, wie klassisch ist gegen diesen Pfuscher Hegel! Wie bedauere ich die Jugend, der solcher Unrat zur Verdauung angeboten wird. Doch später vielleicht einmal Beweise von der Wahrheit dieses wegwerfenden Urteils, wenn es anders derselben bedarf.

Mit den herzlichsten Grüßen von mir und den Meinigen
Ihr
L. Feuerbach /

1100

An Unbekannt

5. Mai 1866

Rechenberg bei Nürnberg, 5. Mai 1866
[...] Meister Khanikoff hat wieder einen Beweis gegeben, wie sehr er sich auf die Kunst versteht, das Gerade krumm, das Leichte schwer, das Einfache verwickelt zu machen, indem er Sie [...] zum Vermittler der Briefe zwischen sich und uns gemacht hat. Diese meisterhafte Ungeschicklichkeit nötigt mich, Ihnen hiemit einen Brief der Meinigen an die Frau von Khanikoff zu übersenden und Sie mit der Adressierung und Postbeförderung desselben zu belästigen [...] Mit Vergnügen benutze ich jedoch diese Gelegenheit, [...] mich nach Ihrem Leben und Befinden zu erkundigen. Da ich aber bei Ihnen dasselbe Interesse an mir voraussetze, so teile ich Ihnen zugleich mit, daß ich mich zeither ebenso wie die Meinigen, immer wohl befunden habe, gleichwohl aber sehr dringend das Bedürfnis einer größern und länger dauernden Erholungsreise empfinde. Ich denke es schon im nächsten Monat zu befriedigen und zwar in südlicher Richtung, wenn anders nicht die kriegerischen Ereignisse mir einen Strich durch die Rechnung machen. Ich glaube jedoch immer noch an das Parturiunt montes etc. Selbst wenn es auch zu einigen Gefechten oder Schlachten kommen sollte, etwas Ganzes, Großes kommt nicht zu Stande, so lange ein

Napoleon an der Spitze steht. Schacher ist das Wesen unsrer Zeit und Politik [...]

1101

Von Wilhelm Bolin

18. Mai 1866

/ Helsingfors, Freitag, d[en] 18. Mai 66
Vor etwas mehr als einer Woche, mein teurer Freund, erhielt ich
5 Ihr neuestes Werk nebst einliegenden Zeilen. Ich eile, Ihnen mit umgehendem Dampfer meinen aufrichtigsten und freudigsten Dank zu bezeugen. Die köstliche Gabe fand sich zu einer besonders gelegenen Zeit ein. Ich kam nämlich von meiner letzten Vorlesung für das gegenwärtige akademische Jahr, als man mir das
10 vor kurzem aus Lübeck eingetroffene Buch überreichte. Die Freude des Empfangs sollte jedoch vorläufig mein einziger Genuß an der Gabe bleiben. Obschon ich nämlich insofern frei war, als keine Kathederpflichten meinen Geist in Anspruch nahmen, war ich jedoch, nach einer ununterbrochenen Tätigkeit von fast 9 Mona-
15 ten, körperlich und geistig dermaßen erschöpft, daß ich mehrere Tage hindurch die mir aus Ihrem Werke entgegenlachende Labung, wie ein Tantalos, nur ansehen, aber nicht genießen durfte. Es war, als sollte ich mich erst realiter – gleichsam in einem leibhaftigen a priori – von dem Inhalte Ihrer Schrift überzeugen, bevor
20 ich es schwarz auf weiß sah, daß Leib und Seele, Wollen und Können durchaus eins sind. Ich wünschte sehnlichst, die kostbaren Blätter in genauen Augenschein zu nehmen, es war mir aber entschieden unmöglich, solange der Körper seine unabweislichen Forderungen an Schlaf und Stärkung rücksichtslos in den Vor-
25 dergrund stellte. Endlich war ich so weit gekommen, mir den ersehnten Genuß gönnen zu dürfen. Um Ihnen schon jetzt danken zu können, aber auch aus einer sehr begreiflichen Gespanntheit auf den mir neuen und doch in vieler Hin-//sicht wohlbekannten Inhalt Ihres Buches, habe ich dasselbe zunächst nur „verschlun-
30 gen", nur durchgelesen, aber noch nicht durchgedacht. Was ich Ihnen heute darüber sagen kann, entquillt nur dem ersten Eindruck, der unbedingt ein günstiger ist und zumal mit Ihrem eignen

Wunsche, nämlich einem Bedürfnis nach Fortsetzung, durchaus zusammentrifft.

Besagtes Verlangen nach „mehr" gilt zumeist Ihrer überaus fesselnden und in vieler Hinsicht gewaltsam hinreißenden Abhandlung über Spiritualismus und Materialismus, die unbedingt eine Ergänzung erheischt. Was Sie im Gebiete der allgemeinen Religion, als der unbewußten und unwillkürlichen Philosophie geleistet, und was in den kleineren Abhandlungen des neuesten Bandes so wesentliche als überzeugende Ergänzungen erhalten, ist in der größeren, obwohl fragmentarischen, Abhandlung unverkennbar auf das Gebiet der partikularen, uneigentlichen, verkappten Religion, auf die Philosophie ausgedehnt, muß aber in noch erweiterterem Maße geschehen, um den Sieg über die Religion, die dort ihren letzten Schlupfwinkel hat, vollständig zu machen. Die Gewalt Ihrer Tätigkeit liegt offenbar darin, zu zeigen, wie alt, wie zwingend, wie umfassend die Anschauungsweise ist, der Sie Anerkennung zu erwerben trachten. Die Schwäche, der Grundmangel der bisherigen Philosophie besteht unzweifelhaft darin, daß jeder Denker durchaus von vorn anfangen will, stets klüger und gescheuter sein [will] als alle seine Vorgänger, denen er nicht nur feindlich gegenübertritt, sondern auch – ein echtes süffisantes Ich, eine Gottheit en miniature – gänzlich ignoriert. Diesem Sisyphostreiben in der Philosophie machen Sie ein Ende. Aber eben deshalb kann die allgemeine Überzeugung Ihnen so wenig unmittelbar und ungesäumt zufallen, als sie sonst sich den gewöhnlichen, einander bloß wie Kalender ablösenden Denkern anschließt, die selbst das größte // Gewicht auf Neuheit legen, die man eben bei ihnen zumeist schätzt. Sie, mein Freund, verzichten auf „Neuheit" – Sie zeigen im Gegenteil das Alte, Permanente und Beständige in Ihrer Denkweise auf und werden daher nur dann die volle Anerkennung finden, wenn man sich der Vorurteile entledigt, die der von Ihnen gebotenen und vollzogenen Selbsterkenntnis hinderlich im Wege stehen.

Ohne Zweifel wäre es überaus erwünscht gewesen, wenn Ihnen die Verhältnisse gestattet hätten, die fragliche Abhandlung vollständig ans Licht zu bringen. Doch will ich hoffen, daß sich hiebei wiederholen wird, was dem Goethe widerfuhr, als er seinen langgehegten „Faust" zunächst nur als Fragment an die Öffentlichkeit brachte, aber, durch diesen Umstand angefeuert, sich zur Vollendung des Gedichts entschloß und uns den köstlichen „ersten Teil" – für mich, beiläufig gesagt, einer weiteren Fortsetzung kei-

neswegs bedürftig – lieferte. Ihre Methode, die ich eine historisch-
genetische Interpretation nennen möchte, hat sich an dem neuen
Versuch trefflich bewährt. Obgleich derselbe eines gewissen
innern Abschlusses und Zusammenhangs nicht ermangelt, kann
man doch nicht umhin, stell[en]weise eine Erweiterung zu wünschen. Dieselbe dürfte, soweit ich nach einmaligem Lesen urteilen
darf, zunächst in der eigentlichen Willensfrage zu liefern sein,
namentlich was Verantwortung und Moral überhaupt betrifft.
Ferner wäre, wie mir scheint, der Kant mit seinem zwitterhaften
Sensual-Idealismus nicht ohne Erfolg auszubeuten; außerdem
dürfte ein gleicher Ertrag von seinen Epigonen zu erwarten stehen.
Vielleicht ließe sich hieran eine Kritik des K[uno] Fischer anknüpfen, der sicherlich von Freund und Feind mit Hegel identifi-
ziert wird, sei es daß man ihn als den vollendeten Hegel begrüßt
oder aus einem der zahllosen Winkelsysteme mit ihrem aufge-
wärmten Vor-Kantianismus bekämpft. /
 / Nach Ablauf einiger Tage, binnen dessen der erste Eindruck
Ihrer Schrift sich abgeklärt haben dürfte, und nach welcher Frist
ich aller dienstlichen Angelegenheiten enthoben zu sein hoffe,
werde ich den Band abermals, mit Ruhe und Gelassenheit lesen.
Im Zusammenhang damit werde ich meine Vorbereitungen für die
Vorlesungen zum nächsten Semester (beginnt Ende Sept[em]ber,
Anf[ang] Okt[o]b[er]) anfangen. Ich beabsichtige Psychologie zu
lesen. Im Geiste, impizite, sollen Sie mein Führer sein. Äußerlich
schließe ich mich an die Engländer Bain und Spencer an, wobei
sich, außer physiologischen Untersuchungen von Lewes, Helmholtz u. a. vielleicht einige Schriften aus der Herbartschen und
Humboldtschen (sprachforschlich-philosophischen) Schule mit
Nutzen anwenden lassen dürften. Die beiden Engländer sind mir,
der eine durch Sie, der andere durch J[ohn] St[uart] Mill empfohlen. Noch ist mir die Arbeit selbst eine terra incognita [ein unbe-
kanntes Land], wie dem Kolumbus sein Kontinent hinter dem
Ozean. Jedoch auf einem so trefflichen Schiff wie der Methode der
faktischen Beobachtung und mit einer so trefflichen Mannschaft
wie den oben Benannten läßt sich wohl eine Reise wagen. Mein
nächster Zweck ist, mich in der Psychologie gründlich heimisch
zu machen. Nachdem ich die Stichhaltigkeit des docendo discimus
[indem wir lehren, lernen wir] bisher so befriedigend erprobt,
wage ich's, in einem ausgedehnteren und unbekannteren Gebiete
zu wiederholen. Etwas muß sich ja immer zutage fördern lassen.
– Können Sie mir sonst brauchbares Material empfehlen?

Während des Hochsommers werde ich einige Wochen bei meiner Mutter zubringen, die übrige Zeit bis zum Wiederbeginn der akademischen Tätigkeit bin ich hier. Hoffentlich finde ich Zeit und Stimmung, an meinen begonnenen Untersuchungen über die *Lehre von der Willensfreiheit* fortzuarbeiten. Ihre Schrift wird mir überaus förderlich sein. – Mit bestem Gruß an die lieben Ihrigen, abermals herzlich dankend,

Ihr treu ergebner
W[ilhel]m Bolin /

1102

An Johann Anselm Ludwig Feuerbach

9. Juni 1866

Rechenb[erg], 9. Jun[i] [18]66

Lieber Anselm,

hier erhältst Du das Buch zurück nebst Dank und zwei Guldenstücken zur Befriedigung Deines Wunsches, einige Kreuzer mehr zu haben! Ich kann Dir leider im gegenwärtigen Augenblick nicht mehr schicken, weil ich eine Reise und zwar in Begleitung meiner Frau und Tochter – jedenfalls der Letzteren – vorhabe, ob ich gleich infolge der politischen Verhältnisse und den damit zusammenhängenden traurigen Aussichten in die Zukunft noch nicht fest entschlossen bin und daher auch noch nicht weiß: wohin und wann? Entscheide auch Du Dich nicht voreilig und hingerissen von dem Reiz, den ein Krieg für die Jugend, und für den ärztlichen Kriegsdienst! Es ist ein schmählicher Krieg. *Mit* Oestreich gegen Preußen! Es ist unmöglich, hier sich für das Pro oder Contra zu entscheiden. Eins ist so schlecht als das andre. // Es gibt kein andres Mittel, als die Fürsten mit ihren Heeren und Regierungen sich selbst unter einander zerstören zu lassen. Dann erst kommt Zeit und Raum für die volkstümliche Teilnahme und Tat. Doch abgesehen von der politischen und moralischen Scheußlichkeit dieses Krieges – wenn er es anders zur Wirklichkeit kommt – bedenke auch die physische Seite desselben, die Strapazen desselben, ob sie Deine zur Bequemlichkeit geneigte Körperkonstitution vertragen kann. Aus Deinem Auftrag an Hirzel ersehe ich, dass Du noch nicht weißt, daß dieser – morgen wird es schon 14 Tage –

verschwunden ist, daß er alles, was ihn an N[ürn]b[erg] fesselte, Braut, Zeitungsredaktion, Vereine, seine Bücher, Kleider und selbst Gelder im Stich gelassen hat, ohne auch nur eine Zeile zu
30 hinterlassen und angegeben zu haben, wohin er sich begeben und warum er sich so plötzlich entfernt habe. Man vermutet, er sei nach Italien zu den Freiwilligen Garibaldis. In Hoffnung, Dich bald nach glücklich bestandenem Examen zu sehen.

Dein Onkel Ludwig

35 Herwegh ist bereits seit Montag fort. Mesner und deren Leute grüßen Dich herzlich. /

1103

An Friedrich Kapp

9. Juli 1866

/ Rechenberg bei N[ürn]b[erg], 9. Juli 66
Lieber Kapp!
5 Was ich verspreche, halte ich, sollte es mir auch noch so schwer und sauer zu stehen kommen, wie es diesmal der Fall war, weil der Gegenstand des Versprechens an sich ein längst von mir abgetaner, ad acta gelegter ist, also ein Gegenstand ohne Reiz, ohne Interesse. Ich habe die Erfüllung meines Versprechens lediglich
10 abhängig gemacht von dem äußern Umstand, daß ich die nötigen Quellen oder Materialien rechtzeitig erhalte. Ich habe sie erhalten, wenn auch nicht alle, die ich wünschte, doch immerhin hinreichende, denn das ex ungue leonem [an der Kralle erkennt man den Löwen] gilt ja auch hier, und so war denn die Sache jetzt in die
15 Klasse der Dinge versetzt, die ἐξ ἡμῖν [aus uns], in nostra potestate sunt [in unserer Macht sind], stoisch gesprochen. Aber der Wille vermag nichts über den Geist, der schafft, wenn auch nur Bücher aus Büchern. So wenig wir eine Person lieben können, bloß weil wir es wollen, so wenig können wir auch mit bestem
20 Willen über einen Gegenstand schreiben, wenn er nicht unsre Stimmung und Neigung für sich hat oder wenn er überhaupt außer der Zeit ist, denn auch die Personenliebe hat ja ihre Zeit und ist nur schön und klassischer Ausdruck der Menschennatur, wenn sie eben an der Zeit ist. Dies gilt insbesondere von dem Thema der

mitfolgenden Blätter, welches ein wahres Contre-temps [eine
unzeitige Angelegenheit] ist, und zwar nicht nur in privatlicher,
persönlicher, sondern auch öffentlicher, allgemeiner Rücksicht.
Wie kann man in Zeiten des erbittertsten politischen Meinungs-
kampfes, // mitten im, wenn auch erst nur theoretischen oder
papiernen und mündlichen Bürgerkrieg, sich mit den Stillen im
Lande ohne Widerwillen und Ironie beschäftigen? Und meine
Zurüstungen zum Einstudieren einer auf dem gegenwärtigen
Stadium meines Lebens- und Gedankenlaufs mir so fernliegenden
Sache und Persönlichkeit waren eben gemacht, als auch schon der
Teufel, wenn auch zunächst nur in den Köpfen und Herzen, den
Zungen und Federn losging. Dazu gesellte sich nun noch die
Anwesenheit einer mir sehr angenehmen und liebenswürdigen,
aber nichts weniger als meine fromme Aufgabe fördernden Persön-
lichkeit – nämlich Herweghs, der vom 1. April bis in die ersten
Wochen Junis hier sich aufhielt. Es war mir aus diesen Gründen
unmöglich, Dir einen förmlich ausgearbeiteten Essay über die
H[errnhuter] zu überschicken. Es ist nur der Stoff zu einem solchen, ich hoffe aber, Deinem Zwecke genügender. Vieles kannst
Du verbotenus [wörtlich] gebrauchen. Ich behandelte das Thema
zweimal, einmal vom räumlichen Standpunkt, indem ich mich in
Gedanken mit Dir nach Amerika versetzte und daher an die dortigen verwandten Erscheinungen anknüpfte, das andre Mal vom
zeitlichen, historischen, deutschen Standpunkt. Du kannst mit
leichter Mühe beide verschmelzen oder den Dir tauglicher erscheinenden allein auswählen. Die letzten Wochen hier war aller
Ver-//kehr von hier nach dem Norden unterbrochen, also die
Absendung meiner Arbeit unmöglich, auch jetzt noch ist sie ein
Wagnis. Daher lege ich auch nicht meine Schrift bei, ihre Übersendung günstigerer Zeit und Gelegenheit vorbehaltend, und habe
auch dieser Tage eben die beiliegenden Blätter abgeschrieben, um
doch wenigstens die Kopie in meinen Händen zu haben, falls das
Original nicht in Deine kommen sollte. Ich bitte Dich daher, im
Falle Du es erhältst, mir so bald als möglich den Empfang zu
melden und mir dabei zugleich anzuzeigen, ob Deinem Zweck
meine Arbeit, auf deren Inhalt, freilich nicht Form, ich übrigens
ein Vierteljahr Zeit und Kraft verwendet habe, entspricht.

Meinen Brief vom 2. März d[ieses] J[ahre]s wirst Du hoffentlich erhalten haben. Bald nach der Ankunft H[erwegh]s, mit dem
ich übrigens nie speziell über s[eine] Geldangelegenheiten gesprochen habe, wollte ich Dir schreiben und meine seinetwegen an

Dich gestellte Bitte revozieren [zurücknehmen]. Ich unterließ es aber im Vertrauen, daß Du, wenn anders Du auf dieselbe eingehen könntest und wolltest, die Sache auf für H[erwegh]s ehrenvolle Weise ins Werk setzen würdest. H[erwegh]s poetische Ader ist
70 noch voll arteriellen, hochspringenden Blutes, wie seine neusten vortrefflichen politischen Gedichte – in hiesigen Zeitungen erschienen – beweisen.

Lebe wohl samt den Deinen! Dein alter L. F. /

/ P[ost]skr[iptum]. Die „Argonaut[ica] Gustaviana" ist schwer
75 bei Antiquaren zu finden. Sie befindet sich aber auf der Münchner Bibliothek. Ich habe sie selbst daraus gehabt. Wegen Pastorius' „Pennsylv[ania]" habe ich mich an einen Win[d]sheimer D[o]ktor gewandt, aber bei dem allgemeinen Trubel noch immer nicht erfahren, ob er dort und vielleicht selbst in mehren Exemplaren – auf der dortigen Stadtbibliothek – vorhanden ist oder nicht. /

1104

An Konrad Deubler

10. Juli 1866

Rechenberg, den 10. Juli 1866
Mein lieber Freund!
5 [...] Wer kann jetzt an eine Vergnügungsreise denken, vollends an eine Reise in das unglückliche, von einer so schrecklichen Niederlage betroffene Österreich? Wer hat jetzt überhaupt andere Gedanken als sich auf die politischen Ereignisse und die Abscheu und Ingrimm erregenden Zustände Deutschlands beziehende? Wir
10 sind plötzlich um ein ganzes Jahrhundert zurückversetzt, in die Zeit des Siebenjährigen Krieges, in die Zeit der Barbarei eines Bürger- oder Bruderkrieges. Es sind dieselben Fragen auf dem Tapete und auf dem Schlachtfelde, die damals nicht gelöst, sondern nur abgebrochen wurden, vielleicht auch diesmal nicht gelöst,
15 sondern nur um ein Stück weiter ihrer endlichen, der Zukunft aufbehaltenen Lösung entgegengeführt werden. Es ist dieselbe überraschende und vordringende Kühnheit und Neuheit einerseits, derselbe Schlendrian, dieselbe Misere und Zerfahrenheit andererseits, wie damals in der Reichsarmee lächerlich-schändlichen

Andenkens. Wer kann jetzt an sein Vergnügen denken, wo Tausende seiner Mitmenschen elendiglich um ihr Leben oder ihre Glieder kommen. Wenn ich aber die Hoffnung aufgebe, Sie noch dieses Jahr zu sehen, so gebe ich damit nicht die Hoffnung auf, Sie doch noch einmal zu besuchen. Freilich bin ich schon so alt, daß meine Anweisungen auf die Zukunft keinen großen Kredit verdienen, aber doch noch gesund und rüstig – nicht nur zum Federhandwerke, sondern auch zum Fußwerke, zum Reisen.

Damit Sie unter dem Regimente des gegenwärtigen Pariser Teufels ein Zeugnis wenigstens von meinem geistigen und herzlichen Bei-Ihnen-Sein haben, schicke ich sie Ihnen, meine neueste Schrift. Ich bitte Sie aber, nur zu lesen, was Ihnen Vergnügen macht, also zu überschlagen die Nummern, die sich nur auf die Geschichte der Philosophie beziehen. Meine Frau und Tochter und ich grüßen Sie und die Ihrigen, Fräulein L. Döhler und H. Steinbrecher herzlichst.

In der Hoffnung einstigen irdischen Wiedersehens Ihr
L. Feuerbach

1105

Von Friedrich Kapp

10. August 1866

New York, den 10. August 1866
Lieber Feuerbach!
Dein Brief vom 9. Juli nebst Einlagen über Zinzendorf ist mir erst zu Anfang voriger Woche, aber völlig erhalten, zugekommen. Ich danke Dir erst heute für Deine mir so wertvolle Gabe, weil ich einige Tage in Geschäften abwesend war. Die Charakteristik Zinzendorfs [und] die beigefügten reichen Belegstellen sind gerade, was ich brauche. Die näheren Ausführungen der einzelnen Punkte getraue ich mir schon zu. Überhaupt ist es meine Absicht und meine Aufgabe nicht, das Wesen der Herrnhuter erschöpfend darzustellen, sondern ihre hiesigen Niederlassungen und Eroberungen im richtigen Lichte zu beschreiben, die Erfolge auf das ihnen zugrunde liegende Prinzip zurückzuführen. Dazu bin ich jetzt durch Deine freundliche Mitwirkung in den Stand gesetzt. Ich würde nicht gewagt haben, Dir die Zumutung einer solchen Arbeit

zu stellen, wenn ich gewußt hätte, daß sie Dir drei volle Monate in Anspruch nehmen [würde]. Wenn ich in irgendeiner Weise Dir durch die Tat für diesen Freundschaftsdienst danken kann, so bitte ich Dich, über mich zu verfügen und vor allem diese meine Bitte nicht als eine gewöhnliche landläufige Redensart betrachten zu wollen.

Ich habe diesen Sommer so gut wie nichts getan. Wochenlang hatten wir eine Gluthitze bei Tag und Nacht, so daß man froh war, wenn man nur vegetierte: An einem Tage starben hier mehr als 300 Personen am Sonnenstich. Und dann erhielten mich die europäischen Nachrichten in solcher Spannung, so daß ich meine Gedanken nur auf das geschäftliche Notwendige beschränken konnte.

So gering auch die Früchte der preußischen Siege bei dem bevorstehenden faulen Frieden sein werden, so halte ich diesen kurzen Krieg doch für ein großes Glück für Deutschland, er ist der erste Schritt zur Gründung einer deutschen Groß- und Weltmacht; er hat uns von der Phrase befreit, die namentlich in Süddeutschland allmächtig zu werden drohte, und hat so manchen Humbug, so manche Illusion gestört, Österreich und Bayern nebst Fröbelscher Trias obenan. Wenn jetzt das deutsche Volk sein Interesse versteht, wenn es über den Nebendingen die Hauptsache nicht vergißt oder übersieht, so kann es noch ein Stück Kabinettsniedertracht vereiteln und trotz Bismarck seine Einheit erlangen. Nieder mit den Raubstaaten! Das scheint mir die erste unerläßliche Bedingung, heiße dieser Raubstaat nun Bayern oder Lippe-Schaumburg. Wir können, wie mir scheint, nur mittels Preußens zur Einheit gelangen, jedenfalls Preußen nicht umgehen. Der südwestdeutsche Republikanismus hat sich blamiert und ist ausgespielt, es war doch nicht viel mehr als wüstes Wirtshausgeschrei und höhere und niedere Bummelei. Was man auch sonst mit Recht oder Unrecht gegen Preußen sagen mag, es ist Zucht und Kraft in dem Volk und nur, wenn Süddeutschland diese Eigenschaften in gleichem Grade entwickelt, können wir auf den endlichen Sieg hoffen. Es wird noch schwerer politischer Arbeit bedürfen, aber das Ziel ist jetzt klarer und wird alle Tage klarer werden. Ich denke mich an dieser Arbeit zu beteiligen, sobald ich nach Deutschland zurückkehren kann, was freilich vor 1870 nicht der Fall sein wird. Wir haben hier in Amerika den Vorteil, daß wir die Entwicklung in Deutschland unbefangener ansehen, daß uns die Persönlichkeiten nicht anfechten, daß wir nur 2 Mal in der Woche die Resultate und

Tatsachen aus ganz Deutschland auf einmal hören. Deshalb wird uns hier auch ein ruhigeres Urteil möglich. Dazu kommt, daß wir mitten in einem wirklichen bewegten politischen Treiben stehen, daß wir bon gré, mal gré [wohl oder übel] an der hiesigen Bewegung teilnehmen und lernen und gefördert werden.

Meine älteste Tochter ist mit einer Freundin nach Deutschland gereist und habe ich ihr ein paar Zeilen an Dich gegeben. Sie war unter anderem in Kissingen, als dort die Schlacht stattfand und hat die Verwundeten pflegen helfen. Empfiehl mich den Deinigen und sei herzlich gegrüßt von Deinem dankbaren

Friedr[ich] Kapp

1106

Von Emma Herwegh

26. August 1866

/ Zürich, d[en] 26. Aug[ust] 66

Lieber Ludwig!

Um Dir handgreiflich zu beweisen, daß eine Freundschaft, die ein halbes Menschenalter gewährt hat und auf wahrhafter Übereinstimmung der Denk- und Gefühlsweise beruht, sich nicht durch eine kurze Dissonanz irreleiten oder gar schwächen läßt, komme ich, Dir meinen Gruß zu Deinem Geburtstag zu bringen und Dir zu sagen, daß ich, vor vielen, mich Deines Daseins freue. Möchte es mir vergönnt sein, einmal in guten Tagen einige Zeit mit Euch zu verleben. Bis jetzt hatte ich zwar nicht die Rolle der // weißen Dame, die sich stets *vor* dem Unglück zeigt, aber ich kam stets kurz nachdem der Blitz eingetroffen, und so muß ich fast aus Liebe zu Euch wünschen, Ihr sähet mich niemals wieder. –

Kannst Du oder Bertha oder Lorchen einen Moment finden, um mir zu sagen, *wie* es Euch geht, so werdet Ihr mir einen Herzensdienst erweisen. Bei mir kann ich sagen: Lest, *wo* ich bin, daß ich noch immer hier in Zürich als verlorener Posten sitze, weil noch kein Mittel war, mich zu befreien, und unsere Sache *noch* nicht entschieden ist – während Georg und Ada in Lichtenthal sind – und Ihr wißt mehr, als Euch lieb sein wird zu hören, // fast mehr, als ich wirklich und länger zu ertragen mich gewachsen fühle. Alles „Sinnlose" greift den anständigen Menschen namenlos an,

25 und so geht es mir, die vorderhand nur durch materiellen Zwang
hieher gebannt ist, ohne Nutzen für mich und die Meinigen, nur
ein armselig Werkzeug eines harten Geschicks. Sag' Lorchen und
Elisen mit meinen besten Grüßen, daß ich wiederholt Briefe vom
jungen Imbriani erhalten habe, der nach dem unglücklichen italie-
30 nischen Feldzug *unverwundet* mit 999 seiner Landsleute in österreichische Gefangenschaft geraten ist, von der er jetzt bald erlöst
sein wird, und sich sofort an mich gewandt hat, um sich durch
mich in direkte Beziehung zu // seinen Eltern zu setzen. Natürlich
wurde ihm sofort der verlangte Beistand geleistet, und so erwarte
35 ich nächstens einen Brief aus Italien von ihm. – Für jeden *guten*
Italiener muß der Ausgang dieses Krieges, trotz dem Wiederbesitz
Venetiens, furchtbar beschämend sein. Welcher rechte Mann läßt
sich ohne Erröten sein gutes Recht *schenken*? Aber ich will mich
nicht auf dieses Gebiet verirren, sondern Dir nur sagen, daß ich
40 Dich aufrichtig und unwandelbar liebhabe und verehre und daß
ich, nicht nur für die Deinen, nicht nur für Deine Freunde, an
deren Spitze ich mich ohne jede falsche Bescheidenheit mit stelle,
sondern zum Besten aller gut- und hochgesinnten Menschen
wünsche, daß Du, wenn möglich, ewig lebst.
45 Leb wohl!

                                          Deine Freundin Emma /

1107

An Unbekannt

8. September 1866

                                    Rechenberg, 8. November 1866
[...] Ich bin gegenwärtig so sehr beschäftigt, weil eine neue Schrift
von mir unter der Presse ist. [...]

1108

Von Konrad Deubler

4. Oktober 1866

4. Oktober 1866

Lieber, guter Freund Ludwig!
Noch einmal meinen herzlichsten Dank für die gute und freundliche Aufnahme. Dieser Tag, den ich an Deiner Seite in Nürnberg verlebt habe, war zu schön – ich hätte im Goethes Faust dem Augenblick zurufen mögen: „Verweile doch, du bist so schön"! Der Mensch braucht aber auch von Zeit zu Zeit eine solche Erfrischung und Stärkung, um nicht in dem Schlamme des alltäglichen Lebens unterzugehen. Ich war kaum von meiner Wallfahrt von Dir in meine Berge wieder zurückgekehrt, als ich einen Brief von einem Jugendfreunde aus Virginien in Nordamerika erhielt, mit der dringenden Bitte, ich möchte seine Tochter (die er vor 12 Jahren, da er mit seiner übrigen Familie auswanderte, hier zurückgelassen hatte) mit ihren 5 kleinen Kindern und ihrem zwar braven und fleißigen, aber sehr an Verstandeskräften zurückgebliebenen Mann nach Hamburg begleiten und sie ihm auf einem Dampfschiffe hinüberschicken. Meine Auslagen auf dieser Reise würde er mir gewiß vergüten usw. Eingedenk des Gesetzes, das Du der Menschheit zugerufen hast: „Heilig sei dir die Freundschaft", kann ich wohl nicht anders und muß künftigen Samstag, d. i. den 6. Oktober, von hier abreisen.

Ja, in unseren gesunden Alpentälern halten sich jetzt Tausende von Choraflüchtigen auf; denn in dieser warmen Herbstzeit macht diese Krankheit in Wien, Prag, Pest, ja in ganz Deutschland riesige Fortschritte, und ich soll mich jetzt wieder hinauswagen – diese Leute können nicht länger warten – und ich muß fort mit ihnen. Auf meiner Rückreise werde ich wohl ein paar Stunden Zeit erübrigen können, um Dich noch einmal und Deine Lieben sehen zu können. Die Ansichten von unserem Gebirgsdorfe, die ich Friedrich und Elisa versprochen habe, werde ich vom Eisenbahnhofe aus Dir zuschicken. Sollten sich Friedrich und Elisa des mir gegebenen Versprechens erinnern, so bitte ich sie, mir die Photographien bereitzuhalten bis zu meiner Rückkunft von Hamburg, wo ich mir dieselben selbst abholen werde, das heißt, wenn mich nicht unterdessen ein Choraspital verschlingt. Nun so sei es immerhin! Alles Unglück, das ich während meines Lebens erduldet habe, war immer die Folge meiner Grundsätze; ich konnte nie anders handeln. Niemand, sagt Goethe, kann ungestraft unter Palmen wandeln, ebenso auch nie ungestraft unter seinem Kopfe. Selbst der alte G[eorg] Forster stimmt mir bei, wenn er sagt: „Ich weiß, daß man ungestraft nicht glücklich sein kann, und Glück ist doch für den Menschen, der gewisse Fortschritte gemacht hat, nur das Bewußtsein, nach seiner besten Überzeugung gehandelt zu haben."

Und so ziehe ich mit meiner Auswandererfamilie noch einmal hinaus, um sie in Hamburg sicher auf ein Dampfschiff zu bringen; dort angekommen, wird mein Freund sie schon erwarten, um sie an den Ort ihrer Bestimmung zu bringen. Viele herzliche Grüße von mir, meinem Weibe und von unserem Freunde Steinbrecher an Dich, an Deine Frau und Friedrich, Eleonora und Elisa. Behaltet mich lieb, Ihr herrlichen, guten Menschen! Und künftigen Sommer ein frohes Wiedersehen in Goisern.

Dein Freund Konrad

N[ota]b[ene]: G[ustav] Struve schreibt wörtlich in seiner „Weltgeschichte" im 9. Bande, 1. Auflage, Seite 899: „Noch umfassender und zerstörender als Strauß und Bruno Bauer trat um dieselbe Zeit (1841) der große Philosoph Ludwig Feuerbach auf; in seinen Schriften führt er einfach und klar aus, daß das göttliche Wesen nichts anderes sei als das Wesen des Menschen, die Gottheit nur die Summe der menschlichen Eigenschaften, die Religion daher nur Selbstvergötterung oder Selbstvergöttlichung." An einer anderen Stelle heißt es: „Ludwig Feuerbach kann mit Recht als der Bannerträger der durch ihre Geisteskraft mächtigen Partei aufgeklärter Männer betrachtet werden usw."

Hast Du nun noch ein Recht zu sagen: „Ich werde totgeschwiegen"?

1109

Von Julius Duboc

21. Oktober 1866

/ Verehrter Herr und Freund!
Lange Zeit habe ich mich von der Philosophie ferngehalten, da meine Zeit fast ausschließlich den politischen Arbeiten gehört. Erst Ihr letztes Buch, das ich im Lauf dieses Sommers las, veranlaßte mich, wieder einigen philosophischen Betrachtungen nachzuhängen. Ich habe über Ihr Buch schon vor einigen Wochen in einer Nummer des Prutzschen „Museum" referiert, resp[ektive] einige Bemerkungen an Ihre darin gegebene „Kritik des Idealismus" geknüpft. Eine längere Besprechung, auch bereits vor mehreren Monaten geschrieben, aber erst heute gedruckt, finden Sie in den Beilagen zur „Allg[emeinen] Z[ei]t[un]g", in den laufenden Nummern. Dieselbe beschränkt sich übrigens auch auf eine Reproduktion Ihrer Sätze über die Moral und auf eine Darlegung dessen, was ich teils in Übereinstimmung mit Ihnen, teils in einzelnen Punkten abweichend über diese Materie dachte.

Ob diese Abweichungen einen Wert haben, ob sie vor einer philosophischen Prüfung bestehen, das unterbreite ich am besten Ihrem eignen kritischen Urteil, und ich hoffe, Sie machen mir die Freude, mir zu sagen, wo und wie die Ausstellungen, die ich machen // zu müssen glaubte, Ihnen unzulänglich oder unmotiviert erscheinen. Ich selbst bin weit davon entfernt, mir einzureden, daß ich überall das Richtige getroffen. Ich fühlte nur, je lebhafter mich das Thema anregte, um so mehr das Bedürfnis, dasselbe selbständig zu verarbeiten, und je mehr ich im ganzen mich mit Ihnen auf einem Weg fand, desto wünschenswerter erschien es mir andererseits auch, die Punkte, an denen ich abwich, genau zu bezeichnen. Daraus sind dann die Aufzeichnungen hervorgegangen, denen die „Allg[emeine] Z[eitung]" ihre Spalten geöffnet hat und denen, wie schülerhaft sie sein mögen, Sie hoffentlich ansehen werden, wie lebhaft mich der Gegenstand interessiert und angezogen hat.

Wie mag Ihnen und Ihrer Familie dieser unruhige Sommer bekommen sein? Auch darüber hoffe ich ein Näheres von Ihnen zu hören. Mir selbst ist es trotz der erschütternden Kriegsereignis-

se vorwiegend häuslich ergangen, da mir die Freude der Geburt eines ersten Töchterchens zuteil wurde.
Mit herzlichem Gruß in aufrichtiger Verehrung
Ihr
C[arl] J[ulius] Duboc
Berlin, 21. Okt[ober 1866]
En[c]keplatz 3, 1 Tr[eppe] /

1110

Von Edouard Vaillant

27. Oktober 1866

/ Heidelberg, 27 *octobre* 1866
Monsieur,
Je serais bien honteux si j'étais aussi coupable que mon long silence peut vous le faire supposer. Quand j'eus recu votre dernière lettre, j'écrivis à mon ami Roy alors en Bourgogne et qui était parti de Paris avec le projet de vous l'écrire. Je lui envoyais une lettre pour vous afin qu'il vous l'envoyât avec la sienne. Il a du le faire et alors la poste serait la coupable, ou peut-être, ce qui lui arrive souvent, il n'a pas écrit et plus tard a cru l'avoir fait. En tout cas je regrette beaucoup une négligence que vous avez pu attribuer à l'indifférence, mais dont j'ai été puni bien agréablement ce matin par votre aimable lettre qui dément bien nettement ce que vous me disiez autrefois que lisant bien le français vous ne le parliez ni ne l'écriviez.

Peut-être serez-vous un peu étonné en voyant cette lettre datée d'Heidelberg, j'y suis en effet depuis 8 jours à la suite d'une résolution qui fera époque dans ma vie. Sur le point d'entrer dans l'industrie et d'y faire, comme on dit, ma fortune, j'ai réflechi qu'une fois entré dans cet ordre de choses il me faudrait toute ma vie vivre sur le capital intellectuel accumulé pendant ma jeunesse. J'ai cru que ce capital était insuffisant, et je viens passer quelques années dans les // universités allemandes pour y faire ma médecine et les autres études que je pourrai y joindre.

Ce qui m'a fait tout d'abord choisir Heidelberg est la présence de quelques Français de ma connaissance et en particulier de M. Rogeard dont je vous envoyai antrefois les propos de Labienus et dont je vous envoie aujourd'hui une autre brochure. Il se fut fait un plaisir d'y joindre 2 autres qu'il a publié, mais il n'en a plus et on n'en trouve pas à Heidelberg.

J'espère que personnellement vous n'avez pas eu à souffrir de la guerre, c'était du reste bien assez de voir à la suite du 2 décembre Bismarckien la révolution enragée en Allemagne, comme elle l'a été en [18]51 en France par un coup d'état si non plus détestable du moins plus criminel. Il faut se consoler en se disant que c'est en arrivant au pis que les choses engendrent des crises salutaires et que M. M. Bismarck et Napoléon ne font que prouver au peuple qu'il n'y a qu'hypocrisie dans les compromis et que dans la Révolution seule est le salut.

Dans quelques jours j'écrirai à mon ami Roy. Je lui ferai part de votre lettre, je sais qu'une des choses qu'il désirait le plus savoir c'était: si vous n'aviez pas l'intention de publier quelque nouvel ouvrage, lui avait le désir de publier une traduction plus complète que sa 1ère et naturellement de la confier à un autre éditeur que le 1er – qui du reste vous a édifié sur sa délicatesse par la façon sans gêne dont il a disposé de votre autorisation non demandée –, éditeur qui n'a rien fait pour la vente de cette traduction qu'il aurait pu en l'exposant vendre en très peu de temps et que néanmoins je crois à peu près vendue, mais on peut le dire malgré lui. /

/ J'espère pouvoir profiter de mon séjour en Allgemagne pour vous aller voir quelquefois. Si de votre côté, comme vous semblez en avoir l'intention, vous pensez aller à Paris qu moment de l'exposition veuillez me prévenir, à défaut de moi j'ai des parents qui pourraient vous être utiles. J'espère d'ailleurs vous voir d'ici-là, mais quoique n'étant pas à Paris si vous avez besoin soit des livres, soit de renseignements, je pourrai vous y aider tout comme si j'y étais.

N'ayant pas encore de demeure fixe à Heidelberg, je vous prierai, quand vous aurez la bonté de me donner de vos nouvelles de vouloir bien m'adresser vos lettres en France à la même adresse que par le passé.

J'espère que Madame et Mademoiselle Feuerbach se portent bien, veuillez, je vous prie, leur présenter mes compliments respectueux et recevez, Monsieur, l'assurance de l'affection respectueuse

de votre tout dévoué
Ed[ouard] Vaillant /

[Heidelberg, 27. Oktober 1866

Sehr geehrter Herr!
Ich müßte mich wohl schämen, wenn ich so schuldig wäre, wie mein langes Schweigen Sie vermuten lassen könnte. Als ich Ihren letzten Brief erhalten hatte, schrieb ich meinem Freund Roy, der sich in Burgund aufhielt und der mit dem Vorhaben, Ihnen zu schreiben, aus Paris abgefahren war. Ich sandte ihm einen Brief für Sie, damit er ihn Ihnen mit dem seinigen schickt. Er hat es wohl getan, und dann wäre die Post schuld, oder vielleicht hat er, was ihm oft passiert, gar nicht geschrieben und später geglaubt, er hätte es getan. In jedem Fall bedaure ich sehr eine Nachlässigkeit, die Sie der Gleichgültigkeit zuschreiben könnten, für die ich jedoch diesen Morgen aufs angenehmste durch Ihren liebenswürdigen Brief bestraft worden bin, der ganz klar widerlegt, was Sie mir früher sagten, daß Sie wohl Französisch lesen, aber nicht sprechen noch schreiben würden.

Vielleicht sind Sie ein wenig verwundert, diesen Brief aus Heidelberg datiert zu sehen, ich bin tatsächlich seit 8 Tagen hier infolge eines Entschlusses, der in meinem Leben von großer Bedeutung ist. Schon im Begriff, in die Industrie zu gehen und hier, wie man so sagt, mein Glück zu machen, habe ich mir überlegt, daß, wenn ich einmal in diese geordneten Bahnen eingetreten bin, ich mein ganzes Leben lang von dem in meiner Jugend akkumulierten geistigen Kapital leben muß. Ich bin zu der Überzeugung gelangt, daß dieses Kapital nicht ausreichend ist, und so will ich noch einige Jahre auf deutschen Universitäten verbringen, um dort meine medizinischen und anderweitigen Studien, die ich noch anschließen werde, zu betreiben.

Was mich vor allem veranlaßt hat, Heidelberg zu wählen, ist die Anwesenheit einiger mir bekannter Franzosen, besonders Herrn Rogeards, von dem ich Ihnen damals die Reden von Labienus geschickt habe und von dem ich Ihnen heute eine andere Broschüre sende. Es wäre ihm ein Vergnügen gewesen, noch 2 weitere Broschüren beizufügen, die er publiziert hat, aber er hat keine mehr, und es gibt sie nicht in Heidelberg.

Ich hoffe, daß Sie persönlich nicht unter dem Krieg zu leiden hatten; es reichte übrigens zu sehen, wie in Deutschland nach dem Bismarckischen 2. Dezember die Revolution tollwütiger wurde, wie in Frankreich ⟨18⟩51 durch einen Staatsstreich, der, wenn nicht verabscheuungswürdiger, so doch verbrecherischer gewesen ist. Man muß sich damit trösten zu sagen, daß, wenn es zum schlimmsten gekommen ist, die Dinge heilsame Krisen hervorbringen und daß die Herren Bismarck und Napoleon dem Volk nur bewiesen haben, daß Kompromisse nichts als Heuchelei sind und daß allein in der Revolution das Heil liegt.

In einigen Tagen werde ich meinem Freund Roy schreiben. Ich werde ihm Ihren Brief mitteilen, ich weiß, daß er am meisten folgendes zu wissen wünscht: Wenn Sie nicht die Absicht haben, ein neues Werk zu veröffentlichen, hätte er den Wunsch, eine vollständigere Übersetzung als seine erste zu veröffentlichen und sie natürlich einem anderen Verleger anzuvertrauen als dem ersten – der übrigens Ihnen einen Eindruck von seinem Feingefühl vermittelte durch die Schamlosigkeit, mit der er über die von Ihnen nicht erbetene Autorisation verfügte –, ein Verleger, der nichts für den Verkauf dieser Übersetzung getan hat und der sie in sehr kurzer Zeit hätte verkaufen können, wenn er sie annonciert hätte, und die nichtsdestoweniger, wie ich glaube, so gut wie verkauft ist, aber man kann sagen, ohne sein Zutun.

Ich hoffe von meinem Aufenthalt in Deutschland dahingehend profitieren zu können, daß ich Sie manchmal besuche. Wenn Sie Ihrerseits, wie Sie die Absicht zu haben scheinen, daran denken, nach Paris zur Zeit der Ausstellung zu fahren, so wollen Sie es mich bitte wissen lassen, da – statt meiner – Verwandte von mir Ihnen nützlich sein könnten. Ich hoffe übrigens, Sie binnen kurzem zu sehen, aber wenn ich auch nicht in Paris bin, so könnte ich Ihnen doch, falls Sie Bücher oder Auskünfte brauchen, so helfen, als ob ich dort wäre.

Da ich noch keine feste Unterkunft in Heidelberg habe, bitte ich Sie, Ihre Briefe – wenn Sie die Güte haben werden, mir zu schreiben, an die gleiche Adresse in Frankreich zu adressieren wie früher.

Ich hoffe, daß sich Ihre Frau Gemahlin und Ihr Fräulein Tochter wohl befinden, wollen Sie bitte meine ehrerbietigen Empfehlungen übermitteln und empfangen Sie, geehrter Herr, die Versicherung der ehrerbietigen Zuneigung

Ihres ganz ergebenen
Ed⟨ouard⟩ Vaillant]

/111/

Von Henry Conrad Brokmeyer

und William Torrey Harris

30. Oktober 1866

/ St. Louis, Missouri, USA,
30ᵗʰ October 1866
Ludwig Feuerbach Esq.
Sir,
At the regular meeting of the St. Louis Philosophical Society in October, You were elected an „Auxiliary".
(Constitution, Art. III, § 4: „For the purpose of promoting an interchange of thoughts with thinkers at a distance, the Society may confer the [title] (distinction) of Auxiliary upon all such as will correspond at times upon questions respecting which a comparison of views is desired.")
An acknowledgment of the reception of this notification is respectfully requested.
     Henry C[onrad] Brokmeyer, President

   W[illia]m T[orrey] Harris, Sec[re]t[ar]y /

[St. Louis, Missouri, USA
30. Oktober 1866
Ludwig Feuerbach
Herr, auf der ordentlichen Tagung der St. Louis Philosophical Society im Oktober wurden Sie als ein Korrespondierendes Mitglied gewählt. (Verfassung, Artikel III, § 4: „Für den Zweck des Förderns eines Gedankenaustauschs mit entfernt lebenden Denkern kann die Gesellschaft die Auszeichnung eines Korrespondierenden Mitglieds all jenen verleihen, welche zeitweise über einschlägige Fragen korrespondieren wollen, wobei ein Vergleich der Betrachtungsweisen erwünscht ist.")
Um eine Bestätigung des Empfangs dieser Anzeige wird hochachtungsvoll ersucht.
     Henry C⟨onrad⟩ Brokmeyer, Präsident

   W⟨illia⟩m T⟨orrey⟩ Harris, Sekretär]

1112

An Julius Duboc

[Ende Oktober / Anfang November 1866]

1866
[...] Die Pointe Ihres Einwurfes ist der Schlußsatz: „F[euerbach] hat recht, daß die Moral nicht von der Glückseligkeit abstrahieren kann; aber man muß hinzusetzen, daß sie auch nicht von dem Rechtsbewußtsein abstrahieren kann." Aber was ist denn dieses Rechtsbewußtsein anders als das Bewußtsein von dem Recht des Glückseligkeitstriebes des andern; denn unter der Glückseligkeit in Ihrem Satze können Sie nichts anderes verstehen als die eigene Glückseligkeit, denn nur dieser steht die Pflicht oder das Bewußtsein von dem Recht des Glückseligkeitstriebes auch des andern gegenüber. Oder kennen Sie ein vom Glückseligkeitstrieb unterschiedenes Recht, ein Recht an sich, gleich dem Kantischen Ding an sich, ein Recht, das nicht die Befriedigung jenes Triebes zum Grund und Gegenstande hätte? Ich verweise übrigens hierüber auf meine „Theogonie": „Das Gewissen und das Recht".

Doch abstrahieren wir vom Glückseligkeitstriebe, so heißt Ihr Satz nichts anderes als: „Die Moral kann nicht vom lieben Ich abstrahieren, aber sie kann auch nicht von dem unlieben Anderen abstrahieren." Nun ist aber grade mein charakteristischer Ausgangspunkt der Satz, daß die Moral nicht, wie bei Kant, Schopenhauer usw. aus dem Ich allein, sondern nur aus dem Ich und Du abgeleitet werden kann, und zwar nicht nur aus dem in Gedanken existierenden Du, das jeder im Kopfe hat und haben muß, weil sonst auch der Gedanke an eine Moral und Pflicht wegfiele, sondern aus dem sinnlichen, leiblichen, außer meinem Kopfe existierenden, mir persönlich gegenüberstehenden Du, welches eben deswegen, wenn keine gütlichen Ermahnungen und Vorstellungen helfen, selbst durch körperliche Demonstrationen die Anerkennung seines Rechts auf Leben, Eigentum, Ehre, kurz, seines Glückseligkeitstriebes mir aufdringt. Sie fragen: Wie kommt der Mensch zum Pflichtbewußtsein? Was bewegt ihn, sich Pflichten aufzulegen? Ich antworte: So wenig der Mensch aus apriorischer, den aposterioren Grobheiten der Natur zuvorkommender Höflichkeit und Freiwilligkeit, die unmittelbaren physiologischen und pathologischen Einschränkungen seiner an sich unbeschränkten grenzenlo-

sen Selbstliebe [sich] auferlegt, so wenig legt er sich selbst die
Pflichten, die moralischen Einschränkungen derselben auf; sie
werden ihm von der Macht, der Autorität der andern auferlegt,
selbst wenn auch diese Pflichten in die Klasse der von der alten,
auch noch Kantischen Moral, anerkannten *Pflichten gegen sich
selbst* gehören, die offenbar nur die eigene Wohlfahrt zu ihrem
Grund und Gegenstand haben, wie z. B. die Pflichten der Reinlichkeit, Sparsamkeit, Mäßigkeit. Denn wer macht dem Unreinlichen
die Reinlichkeit, dem Unmäßigen die Mäßigkeit zuerst oder ursprünglich zum Gesetz, zum Mäßigseinsollen? Der Mäßige. Was
ich bin, das sollst Du sein, wenn ich auch, was ich bin, von Natur
bin, aus Neigung oder infolge von in frühester Kindheit, ohne
Wissen und Wollen, empfangener Eindrücke. *Sunt semina virtutis
nobis innata* [Es gibt Samenkörner der Tugend, die uns eingeboren sind]. Aber es gilt auch hier die unendliche Verschiedenheit
der menschlichen Individuen und Tugenden. Was für den einen
Tugend ist, die sich für ihn von selbst versteht, die ihn gar keine
Anstrengung und Opfer kostet, die eins mit seiner Individualität,
mit seiner Organisation ist, ist für den andern eine Pflicht, die er
nicht erfüllt oder nur mit der größten Anstrengung und Peinlichkeit, folglich nur mit knapper Not erfüllt.

Es gibt keine Pflicht und keine Tugend – welche nichts anderes
als eine habituelle oder auch angeborne Pflichterfüllung ist – die
nicht aus einem Triebe der menschlichen Natur und folglich, da
jeder Trieb ein Glückseligkeitstrieb, weil nur in der Befriedigung
desselben der Mensch glücklich ist, aus diesem hervorgegangen
wäre. Das Gebot, für sein Vaterland zu leben und zu sterben, ist
nur von denen gegeben und gehalten worden, bei welchen die
Erfüllung desselben kein Produkt eines theoretischen Vernunftzwanges, der auch nur theoretische Anerkennung, aber keine
Handlung hervorbringt, sondern Produkt der Vaterlandsliebe,
Produkt herzlicher, sinnlicher Notwendigkeit, kraft welcher sie so
handeln mußten, wie sie handelten, Produkt des Glückseligkeitstriebes war, aber *des* Glückseligkeitstriebes, der das Glück des
Vaterlandes als eigenes Glück, das Unglück desselben als eigenes
Unglück empfindet und erkennt. Kurz, die Pflichten gegen andere,
die mit Opfern verbunden sind, erfüllen, trotz aller Vernunft- und
Religionsgebote, *nur die* Menschen, die sich unglücklich fühlen,
wenn sie sie nicht erfüllen, bei denen also diese Opfer nicht im
Widerspruch stehen mit ihrem Glückseligkeitstriebe.

Übrigens stehen Opfer, Verneinungen, Einschränkungen, welche die Pflicht dem Glückseligkeitstrieb auferlegt, nicht im Widerspruch mit diesem Triebe, selbst im gewöhnlichen Sinne. Welche Versagungen, welche Verneinungen legen sich z. B. die Menschen auf, die keinen andern Zweck haben, als sich durch Sparsamkeit und Arbeitsamkeit ein Vermögen zu erwerben! Selbst zur Erhaltung unserer Gesundheit, sage ich in den Anmerkungen zur „Unsterblichkeit vom Standpunkt der Anthropologie", gehört ein gewisser Heroismus.

Sie haben den Glückseligkeitstrieb nur erfaßt und festgehalten, wie ihn Kant feststellt, nicht beachtet, was ich dagegen sage. Die Pflicht ist bei Kant das apriorisch Allgemeine und Notwendige seines theoretischen Idealismus, die Glückseligkeit das Sinnliche der Empirie. Der Glückseligkeitstrieb geht aber auch auf das Allgemeine und Notwendige. Jeder hat seine eigene Glückseligkeit, d. h. jeder hat seine eigenen Leckerbissen; aber gleichwohl will keiner hungern, jeder essen und ist glücklich, wenn er nur den Hunger – der Hunger ist auch ein Glückseligkeitstrieb –, wenn auch nicht gerade mit besondern Leckerbissen – stillen kann.

Sie haben ferner nicht beachtet, daß nicht der Eigensinn, wenn auch philosophischer Eigensinn, sondern der volkstümliche, wenn auch aus unserm Volke verschwindende oder vielmehr menschheitliche *Gemeinsinn* die Basis meines Denkens ist, daß ich mich überall auf Tatsachen, Äußerungen, Offenbarungen der Menschheit, nicht dieses oder jenes Philosophen stütze, daß folglich auch mein Moralprinzip nur die Analyse der uralten, nicht nur alt- und neutestamentlichen, sondern menschheitlichen Aussprüche ist. Liebe Deinen Nächsten *wie* Dich selbst, und was Ihr nicht wollt etc., d. h. was Ihr nicht vom andern erleiden wollt, das tut ihnen auch nicht – mit andern Worten: Der Wille, der kein Übel tut, weil er etc., ist der positive sittliche Wille.

Ich bedaure daher, daß trotz Ihrer sonstigen wohlwollenden Anerkennung, trotz Ihres übrigen richtigen Verständnisses von mir, ich doch Ihre Kritik meiner Moral in die Klasse der verfehlten Kritiken, die bisher über meine neueste Schrift erschienen, versetzen muß, in die Klasse der Kritiken, die nicht das, was ich sage, wenn auch mit deutlichsten Worten, sondern was sie sich selbst von mir in den Kopf setzen, was sie von mir denken, zum Gegenstand ihrer Ausstellungen machen.

L. F.

1113

Von Ludwig Pfau

10. November 1866

/ Göppingen, den 10. Nov[ember] 66
Mein lieber Feuerbach!
Es hat etwas lange gedauert, bis ich meinem Versprechen nachkomme, aber wie Sie aus der Überschrift ersehen, befinde ich mich dermalen in Göppingen, und so mußte ich vorher einen Abstecher nach Stuttgart machen, um Ihnen die Bücher schicken zu können.
Ich habe es sehr bedauert, daß bei meinem Besuche in Nürnberg jenes verdammte Kopfweh mich hinderte, Sie und Ihre liebe Familie so zu genießen, wie ich es gerne gemocht hätte; ich werde übrigens wieder nach Nürnberg kommen, und dann hoffe ich das Versäumte nachzuholen. Auf meiner Heimreise konnte ich nur bis Nördlingen in einer Tour fahren; ich nahm aber noch einige Dosen Chinin und bin seit der Zeit von allem Kopfweh befreit.
Ihr Buch habe ich mit großer Freude gelesen. Das ist alles echt und gesund und steht auf festem Boden. // Auch die ironischen und humoristischen Spitzen, die da und dort zutage treten, tun wohl. Es ist eine Schande für Deutschland, daß solche Arbeiten, welche die wichtigsten Fragen von einer neuen und faktischen Seite anpacken und auf die allein fruchtbringende Weise behandeln, eine so geringe Anerkennung finden. Es wäre kein Wunder, man bekäme alle geistige Arbeit satt. Glücklicherweise trägt man doch die Zuversicht in sich, daß eine solche Tätigkeit nicht verloren ist, wenn sie auch im Augenblick ihre Wirkung nicht tut; und dann hat die gute Natur dafür gesorgt, daß der Apfelbaum nicht anders kann und doch wieder Äpfel trägt, wenn ihm auch der Lenzfrost die besten Blumen versengte.
Sie sollten auch auf andere Weise zu wirken suchen als in Büchern; Journale und Zeitschriften sind einmal an der Tagesordnung und dringen hin, wo Bücher nicht hinkommen. Wie wär's, wenn Sie hie und da etwas für die Beilage der „Allgemeinen Zeitung" schrieben? Ich weiß wohl, was sich gegen dieselbe sagen läßt, aber es ist doch noch das einzige Organ, das ernstere Arbeiten // zur Kenntnis eines größeren Publikums bringt. Ich würde mit Vergnügen den Vermittler machen, da ich sowohl mit der Redaktion als mit den Eigentümern bekannt bin. Seit dem Tode des alten

Cotta und des verbissenen Kolb ist auch manches anders geworden.

Ich hätte große Lust, etwas über Ihr neustes Buch in die „Allgemeine [Zeitung]" zu schreiben; nur müßte man Ihre ganze philosophische Persönlichkeit dabei ins rechte Licht stellen und auf Ihre älteren Schriften dabei zurückgreifen. Dazu müßte ich denn freilich Ihr ganzes Werk wieder durchstudieren, und dazu fehlt mir's im Augenblick an Zeit – Sie selber könnten freilich Ihren Standpunkt im Gegensatz zu unsrer ganzen phantasierenden Philosophie am besten hervorheben; und wenn Sie eine falsche Bescheidenheit unterdrücken und mir eine Anzahl Notizen an die Hand geben wollten, welche mir meine Arbeit erleichtern könnten, so würde ich dieselbe wohl unternehmen. Von Nutzen nicht nur für Ihre Person, woran Ihnen weniger liegt, aber für die Sache, wäre eine Besprechung gerade in der „Allg[emeinen] Z[ei]t[un]g" jedenfalls. Es ist schade, daß man nicht von seinen Renten leben und nur das mit Muße und Fleiß ausarbeiten kann, was einem am Herzen liegt. /

/ Wenn Sie z. B. eine tüchtige Kritik des Kuno Fischerschen Unsinns schreiben wollten, so wäre dies eine gute Tat. Es wäre überhaupt heilsam, wenn man in den Sumpf unsrer Philosophie einige tüchtige Schläge führte, um die quakenden Frösche aufzuscheuchen. Das wäre ein Geschäft, das Ihnen gar wohl anstünde. Es ist freilich kein ganz angenehmes, sich mit längst Überwundenem wieder herumzubeißen, aber es wird doch durch die Aussicht auf eine sichere und unmittelbare Wirkung versüßt.

Ich schicke Ihnen meine Bücher, weil es mir Vergnügen macht, sie in Ihren Händen zu wissen, entbinde Sie jedoch der Verpflichtung, sie zu lesen, da Sie vielleicht Besseres zu tun haben. Wenn Sie mir gelegentlich schreiben wollen, so adressieren Sie Ihren Brief am besten an meinen Buchhändler Emil Ebner, da ich nicht mehr allzu lange hierbleibe. Mit der Bitte, mich Ihren werten Damen zu empfehlen, grüße ich Sie.

Hochachtungsvoll
Ihr L[udwig] Pfau /

1114

An Friedrich Kapp

2. Dezember 1866

/ Rechenberg bei N[ürn]b[er]g, 2. Dez[ember] 66
Lieber Kapp!
Endlich habe ich, aber nicht durch meinen ersten Mittelsmann, der mich im Stiche gelassen, sondern durch meinen Neveu [Neffen] weibl[icher] Seite, Assessor Westermann in Neustadt a. d. A[isch], einem nur 2 Stunden v[on] Windsheim entfernten Städtchen, erfahren, daß selbst auch in seiner Vaterstadt auf der dortigen Stadtbibliothek des Pastorius „Pennsylv[ania]" nicht vorhanden ist. Auch in den Antiquariatsanzeigen aus fast allen Städten Deutschlands, die mir von meinem hiesigen Buchhändler in Masse regelmäßig geschickt werden, habe ich vergeblich nach dieser Schrift mich umgesehen. Soeben liegt mir unter andern vor: „Antiquar[iats-]Katal[og] von F. A. Brockhaus", Sortim[ent] v[om] Antiquar[iat] in L[ei]pz[ig] „Geschichte und deren Hülfswiss[enschaften]" III., L[ei]pz[ig] 1866, worin der Artikel Amerika sich von S. 283–353 erstreckt, aber unter allen diesen von der ersten Zeit der Entwicklung A[merika]s bis herab auf die neusten Zeiten laufenden Nummern und Büchern steht nicht // Pastorius' „Pens[ylvania]". Gleichwohl kann ich Dir eine Dich weiterer Nachsuchungen überhebende Notiz mitteilen. In S[igmund] J[acob] Baumgartens „Allgemeine Geschichte der Länder und Völker von Amerika", Halle 1753, wird in der Vorrede zum II. T[eil], wo er die Fortsetzung der bereits in der Vorr[ede] zum I. T[eil] begonnenen Anzeige seiner Quellen angibt, auch des Pastorius gedacht. „P[astorius'] Beschreibung der Provinz Pennsylv[anien]": „Diese Beschreibung ist *sonderlich aus Penn[sylvanien]s Nachrichten und derselben Fortsetzungen gemacht worden* und 1700 in 8° herausgekommen." Unmittelbar vorher w[ird] angeführt: „W. Penns Nachricht v[on] P[enn]syl[vanien]" und in der Anmerkung hierzu das Detail derselben in englischer Sprache. Freilich kann, wie mir eben einfällt, die Schrift des Past[orius], obgleich sie an sich untergeordneten Rangs, doch vielleicht wegen Beziehungen auf die deutschen Auswanderer für Dich von Interesse und folglich diese meine Notiz, die Dir überdies auch schon bekannt sein kann, ohne Nutzen und Wert sein. Aber ultra posse nemo

obligatur [über sein Können hinaus ist niemand verpflichtet]. Vielleicht ist diese Schrift eher als in Deutschl[and] in Pennsylv[anien] in der Rumpelkammer der Nachkommen ehemaliger schwäb[ischer] oder fränk[ischer] Bauern aufzutreiben. Es gibt übrigens zwei Past[orius]. Der // andere hat geschrieben „Franconia rediviva", eine Beschreibung von Franken. Diese Schrift ist hier auf der Stadtbiblioth[ek], ich habe sie aber noch nicht angesehen, werde es aber doch noch tun, weil doch vielleicht irgendein Zusammenhang mit dem andern P[astorius], wenn auch nur in der Vorrede, enthalten ist. Da habe ich in den „Nova literaria circuli Franconici", die freilich erst mit 1725 beginnen, vergeblich nach ihm mich umgesehn. Sollte ich noch etwas über ihn finden, so werde ich es Dir mitteilen.

Deinem Urteil über unsre deutschen Händel und Vorgänge, insbesondre preuß[ischer] Heldentaten und Erfolge, kann ich keineswegs unbedingt beipflichten. Unsere Verhältnisse sind so verworren, so sich selbst Widersprechendes, daß die alte solonische Weisheit und Parteinahme leider hier nicht Platz hat. Unsre Politik befindet sich jetzt im Stadium der Hegelschen Dialektik, die im Widerspruch mit der alten Logik jedes Ding sich selbst entgegensetzt und damit alles, selbst Kopf und Herz in Verwirrung bringt. // Man muß allerdings für Preußen sein, weil man nicht dagegen sein kann, ohne für Österr[eich] zu sein. Man kann aber nicht für Preußen sein, d. h. das Preußen Friedrichs II., der Stein und Scharnhorste usw., ohne zugleich gegen das gegenwärtige, ja seit fast 50 Jahren reaktionäre gouvernementale Preußen zu sein. Man muß sich freuen, daß die Kleinstaaterei[n] zum Teil wenigstens aufgehoben sind, aber sich ärgern über diese Freude, wenn man bedenkt, daß die preuß[ische] Großtat dasselbe Prinzip wie diese, nur im Großen verfolgt usw. Aber es ist doch ein Schritt zur Einheit; ja, aber auch zur Unterwerfung unter eine Dynastie, die sich nicht von den anderen unterworfnen wesentlich unterscheidet. Ich gebe aber keinen Schuß Pulver für die Einheit, wenn sie sich nicht auf die Freiheit gründet, nicht diese zum Zweck hat. Doch genug von der Politik.

Deine Tochter hat uns nicht mit ihrem Besuche erfreut, dagegen Deine Schwester, [Frau] von der Leyen, mit ihrer Tochter. Auch ein Freund von Dir, weilend in Amer[ika], Dr. Wiß, jetzt in Berlin, hat mich im August besucht, vor kurzem auch mein Neveu [Neffe] von Rom, den ich seit 17 Jahren nicht gesehen. Die gute Ida haben

wir wegen ihres auch als Opfer des Kriegs gefallnen Mannes tief beklagt.
Indem ich Dir und den Deinigen Glück zum neuen Jahre wünsche, Dein treu ergebener

L. Feuerbach /

1115

Von Wilhelm Bolin

17. Dezember 1866

/ St. Pet[ers]b[ur]g, d[en] 17. Dez[em]b[e]r 66
Länger als irgend sonst, mein teurer Freund, sind Sie diesmal ohne Nachrichten von mir geblieben. Der Grund hievon ist einfach der, daß ich erst jetzt ein wenig aufatme nach meiner Tätigkeit, die mich vom Sommer an ununterbrochen in Anspruch genommen. Ich habe in dem nun beschlossenen Semester – oder Termin, wie sie bei uns heißen – Psychologie gelesen. In meinen Vorträgen wollte ich, wie Sie wissen, durchaus „naturforschend" zuwegegehen und mich an Ihre Grundsätze halten. Sie selbst wissen am besten, wie schwierig eine solche Aufgabe ist. Nicht nur, daß man hinsichtlich der Hülfsquellen sehr wenig Vorteile hat; der Stoff selbst ist von der ungünstigsten Beschaffenheit. In letzterer Beziehung hat man den doppelten Kampf gegen die Unzugänglichkeit und Flüchtigkeit des Gegenstandes und gegen die zweideutigen und aberwitzigen Vorstellungen und Ausdrücke, welche durch die bisherige Psychologie in Umlauf gesetzt worden, zu bestehen. Ich glaube diese Schwierigkeit dadurch nicht ohne Erfolg bewältigt zu haben, daß ich mich nicht in die alberne Spaltung von „Leib und Seele" einließ, sondern mich nur an die psychischen Erscheinungen beim lebendigen Menschen hielt. Ich faßte mein Problem als Forscher, hatte nur die psychischen Prozesse vor mir und suchte dieselben aus den zugänglichen und nachweisbaren Bedingungen zu erklären. Natürlich mußten so eine Menge Fragen offen, eine Menge Punkte unberührt bleiben. Doch habe ich von vornherein erklärt, daß es sich bei exakter Wissenschaft nie um ein Alleswissen handeln könne, sondern nur um ein Darlegen dessen, was man wahrhaft wisse und nachweisen könne. Meinen Ausgangspunkt nahm ich beim Menschen, wie // er durch die Natur gege-

ben, und zwar zunächst, wie derselbe als somatisches Ganze[s] weder von sich noch von der Welt etwas wisse, da seine Sinne, die einzigen Vermittler zwischen ihm und seiner Umgebung, noch ebensowenig benutzbar sind wie seine Arme und Beine. An den einzelnen Sinnen und deren natürlicher Entfaltung zeigte ich dann das Erfassen und Wissen von einem Gegenständlichen, wobei ich allemal den größten Nachdruck darauf legte, wie die einzelnen Qualitäten der Dinge in genauer Korrespondenz mit gewissen Bedingungen bei den Sinnenfunktionen stehen. Ich hielt mich hiebei, aus leicht ersichtlichen Gründen, vorzugsweise ans Getast und Gesicht, für welche Auffassungstätigkeiten ich in W[ilhelm] Wundts „Vorlesungen über Tier- und Menschenseele" (L[ei]pz[ig] [18]63, 2 Bde.) wichtige und reichhaltige Aufschlüsse fand. Nachdem ich die Sinne erklärt und ihre Beziehungen zu räumlichen Gegenständen und Verhältnissen nachgewiesen, suchte ich ihren Zusammenhang beim lebendigen Wesen darzulegen in derjenigen Äußerungsform, die man Verstand nennt. Hierin schloß ich mich der Grundrichtung nach an den Schopenhauer an, dessen Bestimmung des Verstandes, als eines nicht mit Begriffen, sondern intuitiv wirkenden Auffassungsvermögens, mir sehr treffend scheint. Natürlich gilt mir dies hier keineswegs, wie bei ihm, als ein weltkonstruierendes Erkennen a priori, sondern einfach als die notwendige Bedingung zur selbständigen Existenz, wie die Natur sie dem Individuum auferlegt, und wie solche in der Sinnesverwirrung (momentan oder total) von der Natur selbst wieder unmöglich gemacht wird. In dieser meiner Auffassung ist die Verstandestätigkeit nicht ein „Setzen" oder „Schaffen" – sondern ein Entdecken der Welt. Mit den „Idealisten" halte ich dafür, daß ein Wissen von den Gegenständen durchaus von einer gewissen Tätigkeit des Individuums bedingt [ist], die nicht in den Sinnesorganen als solchen liegt, aber der entgegengesetzten Rich-//tung stimme ich darin bei, daß diese Tätigkeit an die Sinne gebunden und das Vorhandensein der Objekte durchaus voraussetze. Diese erkennende oder entdeckende Tätigkeit, die vorläufig nicht als eine somatische nachzuweisen ist, bezeichne ich als Denken; und zwar nenne ich dies Denken unbewußt, soweit es eine bloße Naturgabe, die der Mensch bis zu einem gewissen Grade mit den übrigen lebendigen Geschöpfen gemein hat. Der Mensch allein hat außerdem ein nicht unmittelbar an Sinnenfunktion und Sinnenobjekt geknüpftes Denken, welches das bewußte, das in Sprache und Begriff sich äußernde ist. Vermittelst dieser Denktätigkeit erfaßt und manifestiert sich der Mensch in seiner Menschlichkeit und erhebt sich dadurch zum geschichtlichen Dasein. Diesen zweiten Teil meiner Psychologie werde ich im nächsten Termin (Januar – Mai) entwickeln. Vorläufig sind hiefür nur Skizzen und kurze Andeutungen vorhanden. In zwei Wochen bin ich wieder in meiner nordischen Behausung und werde mich sofort an die Ausarbeitung meiner bevorstehenden Vorträge machen. Hoffentlich wird es mir gelingen, dabei mit gleicher Klarheit und Herrschaft über den Gegenstand verfahren zu können. Sobald ich diese Wegstrecke zurückgelegt, werde ich Ihnen abermals einen kleinen Bericht meiner Darstellung zusenden. So flüchtig ich mich dabei fasse, hoffe ich dennoch, Ihnen genügenden Aufschluß erteilt zu haben und Ihnen wenigstens gezeigt zu haben, daß ich auf dem Boden stehe, den Sie der Forschung geebnet. Ich brauche nicht besonders hervorzuheben, wie unendlich viel ich Ihnen dabei zu danken habe, wie förderliche Aufschlüsse ich aus Ihren Schriften gezogen. Dagegen will ich nicht versäumen, zu bemerken, wie vorteilhaft mir die Beschäftigung mit der Psychologie behufs einer Orientierung bei den Denkern, namentlich aus der klassischen Periode der Psychologie, war. Man kann sich schwerlich von der Haltlosigkeit und Schiefheit // der philosophischen Probleme von Descartes an schlagender überzeugen, als wenn man dieselben vom Gesichtspunkte der Psychologie prüft. Die Bodenlosigkeit eines Zwiespaltes zwischen dem supranaturalistischen Geiste und den Objekten fällt weniger auf, solange man, wie bei allen diesen Denkern geschieht, nur vom „Geiste" überhaupt handelt; kommt man aber dahin, den „Leib" auch als einen äußeren Gegenstand zu bestimmen, welcher der „Seele" ursprünglich ganz und gar fremd ist, da darf man, wenn anders ein besonnenes Denken möglich, nicht zögern sich einzugestehen, daß die „moderne" Philosophie noch ebenso tief in der Scholastik steckt wie die europäische Gesellschaft in den Fesseln des Feudalismus.

Ihren 10. Band habe ich wiederholt mit großer Befriedigung gelesen und hoffe, daß Sie, wenn anders die Ereignisse des Sommers und Herbstes nicht störend in Ihre „circuli" eingriffen, demselben eine Fortsetzung haben angedeihen lassen. Meiner Berechnung nach treffen diese Zeilen Sie bei der Weihnachtsfeier, welcher ich mich denn im Geiste hiemit anschließe, um wenigstens so im Kreise der lieben Ihrigen, denen ich alles Gute wünsche, nicht zu fehlen. Im Laufe der Feiertage finden Sie wohl Zeit, mir

einiges von Ihnen und den Ihrigen zu berichten, und erwarte ich
diese Zeilen, unfrankiert wie immer, in Helsingfors, wo ich in den
ersten Tagen Jan[ua]r [18]67 eintreffe. – Beim Jahreswechsel
wünsche ich Ihnen allen einen angenehmen Winter, dem sich die
übrigen Monate in erwünschter Beschaffenheit anschließen mögen, bis es mir der Sommer gestattet, mich persönlich von Ihrem
Wohlbefinden zu überzeugen. Dies ist vorläufig nur Projekt, doch
gewißlich ein mit besonderer Vorliebe gehegtes. Indessen gehaben
Sie sich wohl und empfehlen Sie mich den lieben Ihrigen.
Mit herzl[ichem] Gruß in alter Freundschaft
W[ilhel]m Bolin /

1116

An Ludwig Pfau

23. Dezember 1866

Rechenberg, den 23. Dezember 1866
Lieber Pfau!
Mehrere Wochen war ich infolge von Schnupfen und Katarrh
so körperlich und geistig verstimmt, daß ich nicht fähig war, auch
nur eine Zeile zustande zu bringen. Jetzt geht es mir etwas besser,
und ich ergreife daher die Feder, um vor allem Ihnen zu danken
für die Fülle von Belehrung und Erheiterung, Bestätigungen und
Berichtigungen, die mir Ihre großartige, universelle, reformatorische Auffassung und Behandlung der Kunst gewährt hat. Was mir
fast nie während der Lektüre begegnet, daß ich dem Verfasser
gleich auf der Stelle mündlich, persönlich meine Freude und
Dankbarkeit ausdrücken möchte, das ist mir unzählige Male beim
Lesen Ihrer „freien", nicht nur dem Namen, sondern auch der Tat
nach *Freien Studien* begegnet. Aber auch fragen hätte ich Sie
oftmals mögen, namentlich da, wo Sie von der Baukunst handeln
und ich begriffliche Ausdrücke nicht immer durch entsprechende
Anschauung versinnlichen und mir folglich erklären konnte. Doch
Sie kommen ja wieder, hoffentlich bald, hieher und dann kann ich
diese meine ungeduldigen *apriorischen* sensualistischen Gelüste
auf allein zureichende, raum- und zeitgemäße Weise befriedigen.
Ihren *„Onkel"* habe ich noch nicht gelesen, meine Tochter ist
aber so entzückt davon, daß sie mir deshalb schon förmliche

Vorwürfe gemacht. Aber es lag mir vor allem daran, Sie selbst, Ihr eigenes produzierendes Wesen näher kennenzulernen. Ich habe aus dieser näheren Bekanntschaft die freudige, ermutigende Überzeugung gewonnen, daß Ihre Tätigkeit die wesentliche und adäquate Ergänzung meiner eigenen ist, daß Sie auf dem Gebiete der Kunst sind und leisten, was ich auf dem Gebiete der Religion und Philosophie im engeren Sinn.

Was übrigens meine noch zukünftige Tätigkeit betrifft, so kann ich sie in keine neuen Bahnen mehr einlenken, also auch nicht den Weg betreten, den Sie mir, wenn auch in wohlwollendster Absicht, vorschlagen. Ich muß in dem alten Geleise, bei der alten Firma „Sämmtliche Werke" so und sovielster Band bleiben; ich kann mich auf nichts Weiteres mehr einlassen, als auf weitere Entwicklungen, Ausführungen, Bestätigungen bereits – wenn auch nur ganz kurz und nebenbei – ausgesprochener Gedanken, und zwar in bisheriger Weise. Vielleicht benutze ich zum nächsten Ausgangspunkt für die Fortsetzung meiner Willensuntersuchungen die bisher über meine neueste Schrift mir von meinem Verleger zugeschickten, grenzenlos oberflächlichen und liederlichen Beurteilungen, wovon die eine sogar meine mit der ehrlichen alten Logik im besten Einklang stehende[n] Identifikationen von der Erhaltung des Lebens solange und wiefern es ein Gut und die Vernichtung desselben, wenn es ein Übel, auf die Hegelsche Dialektik von der Einheit des Seins und Nichtseins zurückführt.

Weil ich gerade bei mir stehe, so bemerke ich, daß der Ausdruck: „der Pantheismus ist ein verschämter Atheismus", den Sie in Ihrem trefflichen Artikel über *Proudhon* anführen, nicht von mir ist, sondern wahrscheinlich, wie Sie selber vermuten, von *Heine*, jedenfalls von einem Poeten. In meinen *„Grundsätzen der Philosophie"* von 1843 heißt es vom Pantheismus: er ist der *theologische* Atheismus, die Negation der Theologie selbst auf dem Standpunkte der Theologie. Ob ich freilich irgendwo anders ihn einen verhüllten, verschleierten Atheismus – von der Verhüllung ist aber nicht weit bis zur Scham – oder dergleichen nenne, darüber habe ich mir selbst noch nicht Gewißheit verschafft.

Meine Frau und Tochter lassen sich bestens empfehlen. Vor einigen Wochen, fast gleichzeitig mit Ihren Werken, überraschte mich und die Meinigen zu unserer größten Freude mein Neveu [Neffe] *Anselm*, aus Rom kommend, den ich seit siebzehn Jahren nicht mehr gesehen. Er will das nächste Frühjahr Rom mit Berlin, wenigstens für einige Zeit, vertauschen.

In der Hoffnung, Sie bald wieder zu sehen, und zwar dann in bester Gesundheit,
Ihr hochachtungsvoll ergebener
L. Feuerbach

1117

Von Friedrich Kapp

29. Dezember 1866

New York, den 29. Dezember 1866

Lieber Feuerbach!

Besten Dank für Deinen Brief vom 2. d[es] M[onats]. Ich hätte Dir auch ohne sein Eintreffen geschrieben, freue mich jetzt aber, daß ich ihn zugleich beantworten kann.

Beifolgend sende ich Dir einen kleinen Beitrag zu den Kriegskosten des abgelaufenen Jahres. Der Beitrag ist diesmal größer als das vorige Mal, weil der Wechselkurs niedriger ist, das Papiergeld jetzt dem Gold näher steht. Ich werde zur größeren Sicherheit die Secunda [den zweiten Wechselbrief] mit einem der nächsten Dampfer schicken.

Mir geht es soweit ganz gut. Ich bin in der letzten Zeit auch wieder fleißig gewesen und hoffe übers Jahr den ersten Band meiner „Geschichte der deutschen Einwanderung" zu veröffentlichen.

Ich bedaure, daß wir, glaube ich, zum ersten Mal in unserer Auffassung der politischen Dinge nicht übereinstimmen. Allerdings wäre es besser, wenn wir Einheit und Freiheit zusammen erhalten könnten; allein die Politik ist keine Speisekarte, auf der man sich das Beste aussuchen kann, im Gegenteil muß man oft sogar Schuhnägel verschlucken und darf keine Miene dabei verziehen. Es ist am Volke, sich seine Freiheit zu sichern, eine geschenkte Freiheit ist keine. Wir haben jetzt wenigstens einen Boden gewonnen, auf dem sich die Mühe sehr verlohnt, weiter zu arbeiten. Deutschland muß politisch da wieder anfangen, wo es mit der Reformation aufgehört hat. Der Glaube ohne die Werke tut's auch in der Politik nicht. Wir sind seit 3 Jahrhunderten nichts in der Politik gewesen. Das Volk hatte keine Initiative mehr. Jetzt kann Deutschland wieder eine weltgebietende Macht werden. Es ist allerdings unangenehm, daß Bismarck und nicht die Demokratie diesen kolossalen Umschwung bewirkt hat, daß überhaupt dieses süffisante freche Junker- und Bürokratenpack, wie es das alte Preußen erzeugte, an der Spitze steht; aber sind die Resultate nicht da und ist es nicht einerlei und eine verhältnismäßig untergeordnete Frage, wer es bewirkt hat, wenn es sich um so große Errungenschaften handelt? Unsere nächste Zukunft wird sehr ungemütlich sein, die Phrase hat ihr Recht verloren, die harte Arbeit beginnt; aber was jetzt gearbeitet wird, kommt hoffentlich nicht dem Roi de Prusse [König von Preußen] zugute. Die Franzosen sagen nämlich, wenn sie etwas umsonst tun müssen, es ist pour le roi de Prusse [für den König von Preußen]. Der Quell all unserer politischen Übel, die Kleinstaaterei, ist jetzt wenigstens in der Wurzel angegriffen. Wir brauchen im Norden die Freiheit, im Süden die Einheit und die Freiheit, es ist also für alle viel zu tun. Ich bedaure, daß ich von weitem zusehen muß und tröste mich mit dem Gedanken, daß nach 1870 noch Arbeit genug vorhanden sein wird.

Ich bitte mich den Deinen zu empfehlen. Prost Neujahr!
Dein
Friedrich Kapp

1867

1118

An Jacob Moleschott

27. Januar 1867

/ Rechenberg bei Nürnberg,
27. Jan[uar] 1867

Verehrter Freund!
Was nicht zur rechten Zeit geschieht, geschieht entweder gar nicht mehr oder, wenn ja, doch ohne rechten Sinn und Geist. Die Wahrheit dieser Erfahrung bestätigt sich zu meinem Leidwesen auch jetzt, wo ich Ihnen endlich ein Exemplar meiner letzten Schrift übersende. Es geschieht daher auch nur mit dem größten Widerstreben, es geschieht nur, um Ihnen zu sagen, daß es längst hätte geschehen sollen, und dieses Wort durch das Werk selbst gleich zu bestätigen. Warum ist es denn aber nicht längst geschehen? Weil damals, wo ich die Schrift der Post übergeben wollte, April 1866, also noch vor Ausbruch des Kriegs, schon der Postverkehr mit Italien wenigstens von bayerischer Seite aus, unterbrochen war. Die Eindrücke der darauf folgenden kriegerischen und politischen Ereignisse in Italien und Deutschland verdrängten aber aus mir // alle Gedanken an meine Schrift, und ihre Gegenstände bürdeten mir die psychologische Notwendigkeit auf, mich nur mit Geschichte und Politik der neuern und neusten Zeit, wenn auch nur im Kopfe, nicht mit der Feder auf dem Papier, zu beschäftigen. Erst jetzt bin ich wieder zu mir selbst und meiner Schrift zurückgekehrt mit dem Gedanken ihrer Fortsetzung, d. h. der Begründung und Bestätigung so manches darin ausgesprochnen Paradoxons und in der Absicht, die Resultate meiner bisherigen Lektüre zu ihrem Besten zu verwenden. Erst jetzt, freilich sehr spät, fast nach Ablauf eines Jahres, komme ich daher auch dazu, das Ihnen zugedachte Exemplar der Post zu übergeben. Hoffentlich werden Sie in der sichern Erwartung, daß ich Sie nicht vergessen werde, sich meine Schrift nicht bereits angeschafft haben. Seit langer Zeit // habe ich nichts mehr von Ihnen gehört. Es sollte mich innig freuen, wenn diese Sendung wenigstens den guten Erfolg hätte, Sie zu veranlassen, mich von Ihrem Befinden und Behagen in Turin zu benachrichtigen. Was mich selbst betrifft, so merke ich namentlich seit 1864, wo ich mein sechzigstes Jahr erreichte, daß ich bereits unter das alte, verrostete Eisen gehöre. Ich bin oft, be-

sonders infolge von Appetitlosigkeit, so elend, daß ich gar nichts tun, nicht einmal einen Brief schreiben kann. Freilich habe ich seit
40 dieser Zeit auch keine Reise mehr gemacht, und nichts ist nachteiliger, ja verderblicher, namentlich für eine Natur, wie ich bin, als der ewige Status quo, noch dazu an einem Orte, an dem man sich nur aus negativen Gründen befindet. Doch dieses Jahr mache ich bestimmt eine Reise, hoffentlich auch dieses Mal wieder die
45 Erfahrung von den wohltätigen Wirkungen des Reisens.

In der Hoffnung, daß diese Zeilen Sie und die Ihrigen im besten Befinden treffen, bin ich mit unveränderter Gesinnung Ihr ergebenster

L. Feuerbach /

1119

Von Hugo Wigand

31. Januar 1867

/ Leipzig, 31. Januar 1867

Hochgeehrter Herr!
5 Verzeihen Sie, daß ich Ihr Wertes vom 30. v[origen] M[onats] so spät beantworte und unser aller Dank für Ihre freundlichen Wünsche erst jetzt ausspreche, auch letztere ebenso erwidere.

Wohl war das vergangene Jahr geschäftlich ein schreckliches, aber trotz Krieg und Pestilenz sind gerade Ihre beiden Bände recht
10 hübsch verlangt worden. Freilich haben Sie Ihr Publikum fast mehr bei den Deutschen im Ausland und vielleicht bei den Ausländern selbst, als daheim, namentlich zeichnet sich Rußland aus. Das Manöver mit dem 9. B[an]d ist von entschieden günstiger Wirkung gewesen, ich hoffe, mit dem deutschen Titel in dem einen
15 Jahr mehr abgesetzt zu haben als mit dem griechischen die ganze Zeit vorher, was auch sehr not tat. Der Band war bisher am schwächsten gegangen, dann 6. und 5., am besten 7. und 3., 8., 1., 4. und 2. /

/ Unser Vater hat kürzlich das 50jährige Bestehen seiner Firma
20 gefeiert und dabei vielfache Beweise der Teilnahme erhalten, obwohl die Tatsache außerhalb des Leipziger Buchhändlerkreises unbekannt war, er liebt dergl[eichen] Spektakel nicht. Hintendrein

kann man das schon sagen. Er erfreut sich noch immer einer seltenen Rüstigkeit.
Mit den schönsten Grüßen Ihr aufrichtig ergebener
Hugo Wigand /

1126

An Friedrich Kapp

15. Februar 1867

/ Rechenberg bei N[ürn]b[erg], 15. Febr[uar] 67
Lieber Kapp!
Längeres Übelbefinden, endlich, obwohl nur infolge von Ekel und Appetitlosigkeit, wirkliche, mehre[re] Tage mich sogar an das Bett fesselnde Erkrankung – ein, soweit mein Bewußtsein reicht, noch nicht in meinem Leben vorgekommner Fall – ist der Grund, daß ich so spät erst Dir den Empfang Deines Briefes und Wechsels dankbar anzeige. Du kannst sicher sein, daß ich dieses Mal den Inhalt desselben nur zu meinem eignen Besten verwende. Allerdings hat auch mir der Krieg Unkosten gemacht. Ich hatte Einquartierung, zuerst drei Tage lang acht pommersche Landwehrgrenadiere, die mir von den Bauern im Hof in ihrer ersten Bestürzung über die Masse von Soldaten, die sie zu beherbergen hatten, aufgebürdet worden waren, die ich aber, weil sie mir und meinen Frauenzimmern gleich bei ihrem ersten Auftreten wohl gefielen, aus freien Stücken // behielt und aufs beste, wie sich von selbst versteht, bewirtete. Dann hatte ich fünf Tage lang einen Hauptmann nebst Bedienten, einen gleichfalls äußerst anspruchslosen und anziehenden Mann, den ich aber eben deswegen auch mit dem Besten, was nur aufzutreiben war, bewirtete. Ob ich gleich auch damals leider! sehr unwohl war, ging ich doch selbst in die Stadt, um die feinsten Zigarren – fein war ein Lieblingswort der derben Pommern, „so fein wie bei Ihnen waren wir noch nicht einquartiert" – für meinen Hauptmann, mit dem übrigens, trotzdem daß er ganz Soldat und begeistert für s[einen] König war, doch ein vernünftiges politisches Gespräch zu führen war – auszusuchen. Mehr als diese Ausgaben, die mir selbst zugute kamen, denn das gute Essen und Trinken restaurierte mich völlig noch während der kurzen Dauer der Einquartierung, kostete mir der Krieg dadurch,

daß er mich um eine Reise brachte, deren Versäumnis ich mein Übelbefinden schon im Herbste und diesen Winter hauptsächlich zuschreibe. Aber was 1866 versäumt w[orden], soll 1867 ge-
35 schehen. Ich muß absolut, wenn // ich nicht zugrunde gehen soll – ohnedem sind 62 Jahre passées [vergangene Jahre] keine Kleinigkeit – zwar auf längere Zeit heraus aus dieser hiesigen verkommenen Natur und Stadt. Zu diesem Zwecke den Inhalt Deines Briefes zu verwenden, betrachte ich selbst als Pflicht der Dankbar-
40 keit. Übrigens habe ich gegenwärtig mich wieder erholt, habe den besten Appetit und Schlaf. Trotzdem wird sich das Bedürfnis einer Erholungsreise bald einstellen, wenn es gleich vielleicht erst befriedigt werden wird, nachdem ich ein geistiges Bedürfnis, das Bedürfnis der Fortsetzung meiner letzten Schrift, befriedigt haben
45 werde – eine Fortsetzung, die auch nur durch den Krieg unterbrochen worden ist. Sowie ich den guten, lammfrommen Zinzendorf, der mir eben deswegen so viel Zeit kostete, weil Geist und Herz ganz woanders hin gerichtet waren, vom Halse hatte, warf ich mich auf die politische Geschichte der neuren und neusten Zeit,
50 die ich mit dem 7jährigen Kriege begann, und beschäftigte mich, nur ein paar unpolitische, ästhetische Schriften ausgenommen, ausschließlich mit ihr, und zwar bis vor wenigen Wochen, wo ich mit dem „Krieg von 1866" von Rüstow schloß. Aus dieser meiner Anknüpfung der neusten Ereignisse an Friedrich II. wirst Du
55 ersehen, daß ich zur Würdigung derselben // den einzig richtigen Ausgangs- und Standpunkt gewählt habe. Mein letztes Urteil war weniger ein Urteil als bloß Ausdruck einer Stimmung oder vielmehr Mißstimmung, wenn auch nicht zufälligen und unberechtigten, nämlich der Mißstimmung über den Widerspruch der innern
60 und äußern Politik Preußens, den Widerspruch, *physische* Eroberungen [zu] machen, ohne sie durch *moralische* Eroberungen zu beseelen und zu rechtfertigen – ein Verstoß, der den Bismarck als einen Politiker alten Schlags kennzeichnet und sich daher auch bereits schwer gerächt hat, denn ohne denselben hätte er nicht vor
65 Wien und an der Maingrenze Halt zu machen nötig gehabt. Eine Folge des Kriegs ist auch, daß ich Dir kein Exemplar meiner Schrift geschickt habe. Deines und das [für] Moleschott bestimmte konnte ich nicht wegen Unsicherheit oder gänzlicher Unterbrechung des Postverkehrs, wie nach Italien, zur rechten Zeit ab-
70 schicken. Nach meinem, bis aufs äußerste getriebnen Prinzip der Selbsttätigkeit besorge ich aber nichts durch Dritte, also auch nicht durch Buchhändler. Das Moleschottsche ist endlich vor einigen

Wochen abgegangen. Deines habe ich einem jungen Franzosen, der mich Neujahr besuchte, geschenkt. Mein Buchhändler schreibt mir aber, daß mein Buch besonders ins Ausland gut geht. Ich hoffe, Dir ein Exemplar der zweiten, verbesserten Ausgabe schikken zu können. Gegen die Aufnahme in die amerik[anische] Gesellschaft habe ich nichts, obwohl Gegenstand und Umfang des Gedankenaustausches unbestimmt ist. Doch meine Erklärung hierüber ein andermal. Dieser Brief ist nur für Dich bestimmt, soll nichts als den Empfang bestätigen. Herzliche Grüße von mir und den Meinigen an Dich und die Deinen. Dein dankbarer
L. F[euer]bach /

1121

An Wilhelm Bolin

5. März 1867

/ Rechenberg bei N[ürn]b[er]g, 5. März 67
Mein lieber Bolin!
Seit ich Ihnen meine Schrift gesendet und zum letzten Mal bei dieser Gelegenheit geschrieben habe, denn beides fällt zusammen, wenn ich mich recht erinnere, haben wir in Deutschland so viel erlebt und ich so viel gelesen und studiert, aber so wenig oder vielmehr außer unerläßlichen Briefen gar nichts geschrieben, so daß ich nur mit Widerstreben zu dem entwöhnten Handwerkzeug, der Feder, greife. Schon seit gewiß 14 Tagen bin ich wieder ganz hergestellt, aber ich konnte mich nicht von der Lektüre losreißen, deren letzter Gegenstand Rousseaus „Confessions" waren – eine Schrift, die schon im Sommer gelesen werden sollte, aber von andern Schriften politischen und weltgeschichtlichen Inhalts verdrängt worden war, und welche ich seit meiner Jugend, wo ich einen flüchtigen Blick in sie warf, sie aber mit Verachtung von mir stieß, nicht mehr angesehen hatte. So pflanzen sich die Eindrücke der unverständigen // Jugend als Vorurteile selbst bis in das reife Alter fort. Und doch, wie viele Ähnlichkeiten zwischen seinen Gedanken, Neigungen und Empfindungen und den meinigen habe ich in ihm gefunden! Wie vieles aus der Seele Gesprochne, wie vieles selbst mit denselben Worten von mir, wenn auch nicht Gesagte, doch Gedachte! So unter anderm der Gedanke einer

„sinnlichen oder materiellen Moral", den er aber nicht ausführte, so wenig als ich meinen von der Moralität der Sinnlichkeit oder umgekehrt der Sinnlichkeit der Moral ausführen werde, so auch seine Liebe zum Landleben, zum Obskurantismus und seine Abneigung gegen das „unglückselige métier [Gewerbe]" der Schriftstellerei, der er für immer entsagt hätte, wenn er nicht wider seine Neigung durch äußere Veranlassungen stets wieder zu ihr zurückgeführt worden wäre, gerade wie auch ich. Diese „Confessions" waren also bei mir nichts weniger als geeignet, den Griff zur Feder zu ermutigen und [zu] beschleunigen. Gleichwohl stehe ich gegenwärtig aus dem psychologischen Bedürfnis der Abwechslung, der Tätigkeitsveränderung, auf dem Punkte, indem ich die Feder des Briefstellers ergreife, auch die des Schriftstellers wieder zu /
/ ergreifen, die durch die Kriegsereignisse und Staatsveränderungen, die, um ihnen nahe zu bleiben und zugleich gewachsen zu sein, mir die Beschäftigung mit der politischen Geschichte der neuern Zeit zu einer dringenden Angelegenheit machte, unterbrochne Fortsetzung, d. h. Entwicklung und Begründung meiner letzten Schrift da, wo sie deren bedarf, vorzunehmen, jedoch nur in dem Falle, daß gute Laune, guter, souveräner Humor mich anwandelt, denn einer forcierten Willens- und Geistesanstrengung, wie mir meine unter den widrigsten Verhältnissen begonnene und mehrmals gewaltsam unterbrochne Arbeit über Spir[itualismus] und Mat[erialismus] gekostet hat, überhebt mich mein hohes Alter bereits selbst als Schriftsteller und das Bewußtsein von der Nutz- und Erfolglosigkeit meiner Schriftstellerei, denn trotz meines liter[arischen] Veteranentums bin ich noch immer nicht nur eine persona ingrata [nicht gern gesehene Person], sondern auch incognita [eine unerkannte Person], wie die über meine letzte Schrift mir zu Gesichte gekommenen, wenngleich teilweise günstigen Urteile beweisen. Es freut mich, daß Sie sich in Ihrer akademischen Tätigkeit heimisch und behaglich fühlen. Auch // stimme [ich] ganz dem bei, was Sie mir von dem Gedankengang Ihrer Vorlesungen mitgeteilt, selbst auch damit bin ich einverstanden, im Widerspruch mit meiner mündlich einmal ausgesprochnen Meinung, daß Sie Ihre akadem[ische] Tätigkeit noch länger fortsetzen oder sogar bleibend in Hels[ingfors] festsetzen, weil sich bei Ihnen damit ein patriotischer Zweck verbindet, was bei meiner akad[emischen] Laufbahn nicht der Fall war, denn in welchem Zusammenhang stand von jeher und steht noch jetzt meine Richtung und Tätigkeit mit der bayrischen Regierung und „Nation"?

Nicht nur „was", sondern auch „wo" ist des Deutschen Vaterland? Sie haben obendrein an einer oder Ihrer Universitätsstadt gefunden, was ich nur auf dem Lande – eine Braut, wozu ich Ihnen von Herzen gratuliere. Es ist daher natürlich und vernünftig, daß, wie ich mich auf dem Lande, so Sie sich auf der Universitätsstadt fixieren und habilitieren. Wäre mir dasselbe passiert, wie ganz anders wäre mein Lebenslauf und vielleicht auch selbst mein Gedankenlauf ausgefallen! Ich bereue übrigens auch jetzt noch nicht den Schritt, der meinen Lebenslauf entschied, so wenig er auch ein Schritt zu einer glänzenden Karriere war. Möge dasselbe auch bei Ihrem Schritte der Fall sein. Mit diesem Wunsche Ihr alter Freund

L. Feuerbach /

1122

Von Wilhelm Bolin

8. April 1867

/ Helsingfors, d[en] 8. April 67
Die bevorstehende kürzere Rast, die mir die herannahende Osterzeit zusichert, gestattet mir, Ihnen, mein teurer Freund, für das liebevolle Schreiben zu danken, womit Sie mich vor etwa einem Monat so freudig überraschten. Es bedarf keiner Erwähnung, mit welchen Gefühlen ich dies ersehnte Lebenszeichen von Ihnen begrüßt, da es mich von den Besorgnissen erlöste, die das kurz zuvor angelangte Schreiben Ihrer Frau Gemahlin in mir angeregt. Mit wiedererlangter Gesundheit sehe ich Sie abermals in voller Tätigkeit und hoffe, bei unsrem, diesen Sommer voraussichtlich statthabenden Zusammentreffen, mich von der Erfreulichkeit beider Umstände sinnfällig zu überzeugen. Vorläufig kann ich den Termin meines Aufbruchs nicht näher angeben, da das Eis unsere Häfen noch sperrt und ich bis über Mitte Mai durch meine akademische Tätigkeit hier gefesselt bin. Vor Anfang Juni dürfte ich schwerlich in Deutschland sein können.

Meine Absicht mit der anberaumten Reise ist, mich auf einige Monate in die Zurückgezogenheit einer kleineren Universitätsstadt, beispielsweise Jena, zu flüchten, um mit Hülfe dort zugänglicher literarischer Schätze meine vor zwei Jahren in den flüchtigsten Umrissen angelegten Untersuchungen über die Willensfreiheit auszuarbeiten. Mit dieser Arbeit, die ich während des Sommers bis zur ersten Redaktion zu vollenden hoffe, gedenke ich mich im Frühling [18]68 um die Professur in der Philosophie zu bewerben. Um eben die Zeit dürfte der bisher vakant gebliebene und seit dem Herbst [18]65 von mir bestrittene Posten ordinater besetzt werden. Die inzwischen auf dem // Katheder erworbene Gewandtheit in der mündlichen Darstellung und die dabei erlangte Vertrautheit mit der Wissenschaft selbst dürften hinlänglich für Erfolg bürgen können, wenn anders meine Leistung als des Lehrstuhls würdig befunden werden wird. Allerdings stehen mir, dem absoluten Emporkömmling – sowohl in sozialer als wissenschaftlicher Hinsicht –, manche Vorurteile entgegen. Diesen aber entgegenzuarbeiten ist seit [18]65 mein unablässiges Bemühen gewesen, so daß ich mein Ansehen, das ich durch Schrift und Wort erworben, sowie auf meine inzwischen angeknüpften vielseitigen Verbindungen gleichfalls in einen für mein ernstes Vorhaben günstigen Anschlag bringen kann. – Obschon ich durch mein Wirken für das Katheder höchlichst angestrengt war, konnte ich doch meinen bevorstehenden Untersuchungen über Willensfreiheit einige Aufmerksamkeit schenken. Freilich sind die stofflichen Aufzeichnungen, die ich so hin und wieder einheimste, von minder großem Belang; dagegen habe ich um so vorteilhafter Quellen nachgehen können und bin so vielem Brauchbaren auf die Spur gekommen. Es bedarf wohl kaum der Zusage, daß ich meine Aufgabe in Ihrem Geiste auffassen und lösen werde.

Überhaupt ist meine ganze wissenschaftliche Tätigkeit eine beständige Entfaltung und Anwendung dessen, was ich aus meinem vor 13 Jahren begonnenen Verkehr mit Ihnen geschöpft. Jeder Tag, kann ich sagen, knüpft mich inniger und fester an Ihr Wirken, denn jede Einsicht, jede Leistung, jedes Bemühen um die Wahrheit bestätigt mir zugleich die Richtigkeit der Überzeugungen, die der strebsame Jüngling sehnlich ergriff und die der Reife des Mannes die entscheidende Richtung gegeben. Bin ich das letzte runde Jahr über, bis zur Ankunft Ihrer jüngsten Zeilen, außer direkter freundschaftlicher Verbindung mit Ihnen gestanden, so habe ich diese Zeit hindurch um so mehr mit Ihnen als Forscher verkehrt. Meine jetzt bald // zum Abschluß neigende Darstellung der Psychologie, die mein gegenwärtiges Vorlesungsthema bildet, stammt ganz und gar aus meinen umfassenden Beziehungen zu Ihnen. Meine ganze Arbeit kann als eine nähere Entwicklung dessen bezeichnet werden, was Sie in Anm[er]k[ung] 67 Ihres „Leibniz" („Sämmtl[iche] Werke" V, p. 249) niedergelegt. Von hier aus läßt sich das ganze psychische Leben herleiten. In einem früheren Brief, der Ihnen wohl im vorigen Dezember zu Händen gekommen sein wird, obschon Sie dessen nicht erwähnen, habe ich Ihnen mein Verfahren, die psychischen Erscheinungen zu erklären, in einigen Grundstrichen angegeben. Die Fortsetzung, wenn anders solche Ihnen erwünscht sein sollte, behalte ich mir auf ein anderes Mal vor, indem es mir gegenwärtig an Zeit und Stimmung gebricht, mich mit gehöriger Kürze und Anschaulichkeit über meine Behandlung des schwierigen Stoffes zu fassen. Nur soviel kann ich nicht umhin, Ihnen zu sagen, daß mich diese Tätigkeit in meiner Abneigung gegen Spekulation, Metaphysik und anderen Wortkram dermaßen gefestigt, daß es mir nunmehr durchaus unmöglich ist einzusehen, wie Leute, die noch bei Verstande sind, derlei Plunder zur Hand nehmen können, in dem Wahn, aus solchen Büchern etwas zu lernen. Ihren Widerwillen gegen den Idealismus weiß ich nun erst vollkommen zu würdigen. Wenn man aber acht gibt auf die Werke, so da unter dem Namen Philosophie noch heutzutage zu Markte getragen werden, da kommt es einem beinah so vor, wie wenn der alte Kant mit der Vernunft faktisch das Kunststück fertiggebracht hätte, das die Widersacher Galileis dem Josua hinsichtlich der Sonne zuschreiben. Was sich die Leute an Herleitungen aus Begriffen vordreschen lassen, geht wirklich ans Unglaubliche. Da habe ich kürzlich mit dem Fichte jr. nähere Bekanntschaft anknüpfen müssen, um einem Anfänger dieses hier im Norden und in Schottland goutierten Spekulanten die Gefälligkeit zu erweisen, ihn in Fichtes „System" // behufs der Erlangung der Kandidatenwürde zu examinieren. Der von Mephistopheles weiland gerühmte Kirchenmagen ist mit dem Magen ganz und gar nicht zu vergleichen, der so viel Widersprüche und Aberwitz, wie Fichtes Sohn auftischt, verdauen kann. Der gute Mann verdient es, aus seiner bisherigen Verborgenheit gezogen zu werden, damit unsre Widerspruchs-Periode sich sattsam an diesem Ausbund von Widersprüchen spiegele. Obschon er, namentlich im Gebiete der Ethik, nicht ohne beachtenswerte Einsichten ist, ekelt er doch ganz unbändig an durch seine niederträchtige Kirchlichkeit, der zuliebe er einen neuen Unsterblichkeitsbeweis herausgeklaubt. Dieser hat freilich mit des alten Leibniz' Monadologie eine frappante Ähnlichkeit, nimmt sich aber in F[ichte]s Ausstaffierung mit materialistischen Floskeln gar zu spaßig aus. Nach F[ich]te sind wir ursprünglich ein geistiger Kraftleib, der durch seine eigene, obwohl vom Schöpfer ihm verliehene, Individualitätsenergie sich einen somatischen und räumlich-organischen Leib schafft ... Und das wird dem heranwachsenden Geschlecht öffentlich als Wissenschaft ausgeboten ... .

Man muß sich damit trösten, daß kein Fortschritt eher möglich, bevor das Vorhandene ganz ausgelebt. Die Kunststücke eines Schelling und Baader, und wie die übrigen Neoscholastiker alle heißen mögen, scheinen an Unsinnigkeit durchaus überboten werden zu müssen, bevor man von der seit Descartes betretenen, mit Kant nicht abgelenkten Bahn wieder abläßt. Vergessen wir nicht, wie viele Jahrhunderte unter anderem einem Luther vorgearbeitet und wieviel noch von seinem Vorhaben auszuführen bleibt. In diesem Gedanken, mein Freund, müssen wir leben und unser Wirken in dessen Erfolgen bemessen. Wer in den Bestrebungen seiner Zeit vornan steht, darf sich nicht wundern, daß so unabsehbar viele hinter ihm zurückbleiben.

Mit diesem herzlichen Wort Ihr alter treuer

Wilhelm Bolin /

1123

Von Gustav Bäuerle

15. April 1867

/ Hochgeschätzter Herr!

Entschuldigen Sie gütigst, daß ich mir erlaube, mich mit folgenden Zeilen an Sie zu wenden. – Schon seit Jahren habe ich mich mit besonderer Vorliebe religiösen Dingen zugewandt, und war dabei mein Sinn stets ein dem Zweifel zugekehrter. In den letzten Jahren erschienen bekanntlich mehrere Werke über das Leben Jesu, so z. B. von Strauß, Rénan, Schenkel, Keim u. a., welche mehr oder weniger bestrebt waren, das Übermenschliche aus Jesu Leben zu entfernen. Es waren diese Schriften von großem Einfluß auf mich, obwohl ich sie vorerst nur durch Kritiken, die ich in den verschiedensten Blättern darüber las, kennenlernte. Anfangs kam mir die Behauptung, daß Jesus nur menschlicher und nicht auch göttlicher Natur gewesen sei, als eine ganz entsetzliche vor; ich las aber im Laufe der Zeit immer mehr darüber, besprach mit Freunden diesen so wichtigen Punkt und dachte aufs eifrigste darüber nach, bis es mir allmählich zur Gewißheit wurde, daß Jesus nur Mensch und nicht auch Gott gewesen sein könne. Damit war ein großer Schritt getan; in Bälde verlor ich nun den Glauben an verschiedene andere christliche Dogmen. Ich ahnte manchmal, wohin der eingeschlagene Weg noch führen werde, fing an, an dem Dasein eines Gottes, an der Wirksamkeit des Gebetes zu zweifeln, und doch wagte ich nicht, mich entschieden von beiden loszusagen. Ich war der Meinung, ich würde es ohne den Glauben an einen Gott nicht ertragen können, ohne den Glauben, daß ich mir vermittelst eines Gebetes mein Leben erleichtern könne; auch fehlte // es mir noch an völlig überzeugenden Beweisen, um vom Zweifel zur Gewißheit gelangen zu können. Im Sommer und Herbst vorigen Jahr[e]s las ich mehrere Werke von Auerbach und dem Ästhetiker Vischer mit großer Aufmerksamkeit. Von dem durch beide ausgesprochenen Gedanken, daß das Göttliche nicht außer uns, sondern in uns sei, fand ich mich mächtig angeregt; die Folge davon war, daß ich vom atheistischen auf den pantheistischen Standpunkt kam. Es konnte mich jedoch der Pantheismus nicht recht befriedigen; daß das Göttliche in mir sei, sagte mir zu, indem ich mir unter diesem Göttlichen meinen Geist, das, was mein Höchstes ist, vorstellte; daß aber das Göttliche auch in der unbelebten Natur zu finden sei, wollte mir nicht einleuchten. Durch einen Zufall wurde ich hierauf mit 2 Schriften Joh[annes] Scherrs bekannt, mit seiner allgemeinen Literaturgeschichte und „Deutschen Kultur- und Sittengeschichte". Da ich schon lange ein Freund d[er] schönen Literatur bin, las ich diese Bücher mit großem Interesse. Meine Aufmerksamkeit wurde in hohem Grade durch das erregt, was Scherr in denselben über Sie, geehrter Herr, sagte. Worte, wie die in seiner „Deutschen Kultur- und Sittengeschichte" ausgesprochenen, daß durch Sie erst der Schleier, mit dem die spekulative Vernunft das wahre Wesen der Religion zu verhüllen gesucht habe, gelüftet worden sei, daß Sie die spiritualistische Negation der Schönheit und der Natur aufgehoben hätten, daß Sie dargetan hätten, daß es an der Zeit sei, daß das religiöse Bewußtsein in das humane übergehe, wirkten zündend auf mich. Meine Wißbegierde, die dadurch mächtig angeregt war, ließ mir keine Ruhe. Ich verschaffte mir durch die hiesige öffentliche Staatsbibliothek Ihr von Scherr erwähntes Werk „Das Wesen des Christentums". Dieses Buch machte einen ungeheuern Eindruck

auf mich, wie auch Ihre weiteren Werke, mit deren Studium ich
seit Anfang dieses Jahrs beschäftigt bin. Ich kann in der Tat nicht
umhin, Ihnen *meinen tiefsten Dank* für die mir durch Ihre Schriften
zuteil gewordene Erkenntnis auszu-//sprechen. Sie haben mir die
Binde von den Augen genommen und mich erkennen lassen, daß
nicht der Mensch nach Gottes Bilde, sondern Gott nach des Menschen Bilde gemacht ist und daß das Wesen der Gottheit und des
Wunsches ein und dasselbe ist. –

Wie sehr jedoch Ihr Name und Ihre Werke hier verpönt sind,
mag Ihnen der Umstand beweisen, daß der Bibliothekar der Staatsbibliothek meinem Vater, welcher mir die Bücher holt, da ich
selbst dazu keine Zeit habe, schon mehrmals sagte, er warne mich
aufs dringendste vor Ihren Werken, da dieselben zu den schlimmsten gehören, die irgend existieren. Selbstverständlich haben
solche Warnungen keinen Einfluß auf mich; ich bin froh, daß ich
die Bücher habe, und kümmere mich um ein solches Geschwätz
nicht. Meine Eltern dagegen werden dadurch besorgt um mich;
mein Vater ist Katholik und meine Mutter Protestantin, in welch'
letzterem Glauben auch ich erzogen bin; beide sind zwar glücklicherweise keine bigotten, aber doch gute, fromme Christen, und
ich habe manchmal einen harten Stand mit ihnen, wenn ich ihnen
meinen Unglauben offen bekenne. Aber ein Argument von meiner
Seite beruhigt sie immer wieder, daß ich mit Recht sagen kann,
daß ich trotz meines radikalen Unglaubens ein sittlich tüchtiger
Mensch, ein guter Sohn noch bin, wie früher, da ich noch ein
gläubiger Christ war. –

Verzeihen Sie diese lange Abschweifung und daß ich erst jetzt
mit dem eigentlichen Zweck meines Briefes komme. Zwar kein
Student, sondern nur ein junger 21jähriger Kaufmann, dem alles
gelehrte Wissen abgeht, fühlte ich mich doch durch das, was ich
von Ihnen gelesen, veranlaßt, mir Ihr neuestes Werk „Gottheit,
Freiheit, Unsterblichkeit" zu kaufen. Gegenwärtig mit dem Studium desselben beschäftigt, finde ich, daß ich mir manches darin
noch nicht recht verständlich machen kann, und möchte ich mir
deshalb erlauben, Ihre Güte in Anspruch zu nehmen. Sie definieren
in den Abhandlungen über die Willensfreiheit das Gewissen als
das an die Stelle des Du sich setzende Ich, als den Stellvertreter
der Glückseligkeit des andern, auf Grund und Geheiß des eigenen
Glückseligkeitstriebes. Wenn ich dies aber recht bedenke, so /
/ drängt sich mir die Frage auf, ob nicht mein eigener Glückseligkeitstrieb, der die andern in mir (den mein Gewissen vertritt)

verdrängt, ob es nicht nötig ist, Ihrer, im übrigen nach meinem Dafürhalten so richtigen Definition des Gewissens noch beizufügen, daß der Stellvertreter der Glückseligkeit des andern, das Gewissen, nur durch die Vernunft zur Anerkennung gelangen kann. Wenn also ein Mensch seine Vernunft nur in geringem Grade ausbildet, so wird die Folge davon sein, daß auch sein Gewissen nicht ausgebildet wird, daß er die Rechte der anderen nicht anerkennt, daß er, mit einem Wort, nur sich selber etwas gelten läßt und nicht auch den anderen. Zwar ist man versucht, die Vernunft mancher Fürsten und Minister, wenigstens in gewisser Beziehung, eine sehr ausgebildete zu nennen, die Erfahrung, die Geschichte hat uns aber schon oft bestätigt, daß solche Menschen unzählige Mal nur ihren eigenen Egoismus anerkennen, aber auch nicht im mindesten den ebenso berechtigten anderer. Ich wäre Ihnen nun sehr zu Dank verbunden, wenn Sie mir hierüber einigen Aufschluß geben wollten. Auch ist mir das Wesen der Willensfreiheit noch nicht recht klar geworden. Dies ist mir klar: Der Mensch hat keinen absolut freien Willen; wie weit aber hat der Mensch einen freien Willen? Was sagen Sie z. B. zu der Ansicht Vogts, daß man Verbrecher nicht in Zuchthäuser, sondern in Irrenhäuser sperren solle?

Was ist für ein Unterschied zwischen dem Atheismus, den Sie lehren und den ich ganz vernünftig und richtig finde, und dem Materialismus, den ein Vogt, ein Moleschott, Büchner u. a. vertreten?

Wenn Sie sich die Mühe nehmen wollten, mir obige Fragen zu meiner Belehrung zu beantworten, so würden Sie mir eine große Freude damit bereiten, und bitte ich Sie, überzeugt zu sein, daß mir *unendlich viel daran* liegt, mein Wissen, meine Erkenntnis, besonders in Sachen der Religion, zu vermehren, zu bereichern.

In der angenehmen Hoffnung, in Bälde eine Antwort von Ihnen zu erhalten, grüße ich Sie mit vorzüglicher Hochachtung

Gustav Bäuerle

Stuttgart, 15. April 1867

N[ota] b[ene]. Meine Adresse ist: H[err] Gustav Bäuerle, Bebenhäuserstraße 5, 3 Treppen, Stuttgart (Württemberg) /

1124

Von Edouard Vaillant

15. Mai 1867

/ Heidelberg, 15 mai 1867

Monsieur,

Depuis longtemps déjà j'aurais voulu vous écrire, n'ayant pu comme je l'espérais aller vous voir, mais j'attendais une réponse d'un libraire de Paris à qui j'avais écrit de chercher le livre de Bailly sur Mme de Staël dont vous nous aviez parlé. Je viens de recevoir sa réponse, il me dit ne pas connaitre cet ouvrage et l'avoir cherché sans parvenir à le trouver. Je le regrette d'autant plus que la chose me parait vraisemblable, car mon ami Rey qui m'avait accompagné en janvier à Nuremberg a eu occassion d'aller à Paris et s'était occupé lui-même sans succès de trouver ce livre. Nous espérions tous deux vous revoir au mois d'avril, comme nous vous l'avions dit en vous quittant et nous pensions que M. Rogeard qui en a tant le désir nous accompagnerait. Déjà j'étais parti pour Stuttgart où au bout d'un mois Rey devait me venir prendre, quand je recus une lettre qui // me rappellait immédiatement à Heidelberg, et il me fallut renoncer au plaisir que je m'étais promis de vous revoir encore une fois cette année. Ce sera, je l'espère, partie remise à l'année prochaine et cette fois, je l'espère, mon ami Roy pour qui ce serait un si grand bonheur de vous voir pourra avec moi.

J'espère bien que la guerre qui vient de faillir éclater ne nous en empèchera pas, je sais que sous le régime du despotisme on ne peut espérer de paix sérieuse, mais le délai actuel me fait espérer que Napoléon, sentant de plus en plus l'affaiblissement de sa position en France, n'osera pas jouer le tout pour le tout et risquer une guerre dont le premier échec serait le signal certain de sa chute. Toutes les nouvelles que je reçois de Paris s'accordent non seulement pour constater le continuation du mouvement libéral repris en 1859, mais ce qui est autrement sérieux et intéresse bien plus sérieusement la révolution, la reprise de plus en plus accusée du mouvement socialiste interrompu par le coup d'état de 1851, et je le crois d'autant plus qu'avant mon départ de France j'avais pu moi-même voir la renaissance de ce mouvement et la ferme intention des ouvriers // de ne se laisser troubler par aucun obstacle. Je ne sais combien de temps les choses dureront encore, la réaction de la peur et de la sottise est sans doute plus forte qu'on ne croit, mais nous sommes sans contredit à la naissance d'une révolution plus sérieuse que ses ainées et qui, éclairée par leur histoire, ne commettra pas, je pense, leurs fautes et n'aura pas leur déplorable fin d'autant plus que d'après tout ce que j'entends dire ici, mais surtout d'après ce que j'ai entendu à Stuttgart, l'Allemagne entrerait dans le mouvement, ce qui en serait le succès assuré.

Je ne sais si ma lettre vous trouvera à Nuremberg, car vous aviez l'intention, je crois, de faire un voyage dans le Tyrol pour lequel je vous souhaite la continuation du beau temps et beaucoup de plaisir.

Veuillez, je vous prie, présenter mes compliments à Madame et Mademoiselle Feuerbach près de qui mon ami Rey me prie de ne pas l'oublier ainsi qu'auprès de vous. Et veuillez recevoir l'assurance de l'affection profonde et respectueuse de votre tout dévoué

Ed[ouard] Vaillant

Quand nous étions à Nuremberg nous vous avions parlé de Rabelais que vous n'aviez pas encore lu, je souhaite que // la lecture de ce Francais un peu vieux ne gâte pas pour vous le mérite du plus grand peut-être de nos auteurs français. Vous recevez, je pense, ce volume en même temps que la lettre. J'ai tout à fait oublié, à Stuttgart, de demander à M. Rogeard s'il avait encore un exemplaire de Kinglake, je lui écris pour le lui demander s'il en a encore ce lui sera un grand plaisir de pouvoir vous l'envoyer. Il a été bien sensible aux éloges que vous avez bien voulu donner à sa brochure sur la morale et le 1 décembre, aucun témoignage ne pouvait lui être aussi sensible que le votre.

J'habite en ce moment à Heidelberg à l'adresse suivante: bei Frau Goetzenberger, Lauerstraße No. 1, que je ne quitterai qu'en août pour aller passer les vacances en France où vous avez mon adresse qui reste toujours définitive. Je vous donne mon adresse ici, car vous nous avez promis de vous adresser à nous quand pour quelque livre ou tout autre commission nous vous pourrions être utiles. /

75 [Heidelberg, 15. Mai 1867
Sehr geehrter Herr!
Seit langem schon habe ich Ihnen schreiben wollen, habe es aber nicht getan, da ich hoffte, Sie zu besuchen, aber ich erwartete die Antwort eines Buchhändlers aus Paris, dem ich geschrieben hatte, daß er sich nach dem Buch von Bailly über Madame de Staël umsehen solle, von dem Sie uns gesprochen hatten. Ich habe soeben seine Antwort erhalten, er teilt mir mit, daß er dieses Werk nicht kennt und daß er es gesucht hat, aber ohne Erfolg. Ich bedauere das um so mehr, als die Sache tatsächlich so zu sein scheint, denn mein Freund Rey, der mich im Januar nach Nürnberg begleitete, hatte Gelegenheit, nach Paris zu fahren, und hat sich selbst ohne Erfolg bemüht, das Buch zu finden. Wir hofften alle beide, Sie im Monat April wiederzusehen, wie wir es Ihnen gesagt haben, als wir Sie verließen und dachten, daß Herr Rogeard, was er so sehr wünschte, uns begleiten würde. Ich war schon nach Stuttgart abgefahren, wo mich Rey nach Ende eines Monats abholen sollte, als ich einen Brief erhielt, der mich sofort nach Heidelberg zurückrief, und ich mußte auf das Vergnügen verzichten, das ich mir versprochen hatte, Sie noch einmal in diesem Jahr zu sehen. Dies wird, so hoffe ich, für das nächste Jahr aufgeschoben, und dieses Mal hoffe ich, wird mein Freund Roy mit mir kommen, für den es eine so große Freude wäre, Sie zu sehen.

Ich hoffe wohl, daß der Krieg, der soeben beinahe ausgebrochen wäre, uns nicht daran hindern wird, ich weiß, daß unter der Herrschaft des Despotismus kein ernsthafter Frieden zu erwarten ist, aber die gegenwärtige Verzögerung läßt mich hoffen, daß Napoléon, der mehr und mehr die Schwächung seiner Position in Frankreich spürt, es nicht wagen wird, alles aufs Spiel zu setzen und einen Krieg zu riskieren, dessen erste Niederlage das unfehlbare Signal seines Sturzes wäre. Alle Nachrichten, die ich aus Paris erhalte, stimmen nicht nur darin überein, daß sie die Fortsetzung der Freiheitsbewegung von 1859 feststellen, sondern auch, was von weit größerer Wichtigkeit ist und die Revolution wesentlich mehr betrifft, die immer klarer zutage tretende Wiederbelebung der durch den Staatsstreich von 1851 unterbrochenen sozialistischen Bewegung, und ich glaube es um so mehr, als ich vor meiner Abreise aus Frankreich selbst das Wiederaufleben dieser Bewegung und die feste Absicht der Arbeiter, sich von keinem Hindernis stören zu lassen, habe sehen können. Ich weiß nicht, wie lange die Dinge noch dauern werden, die Reaktion der Angst und der Dummheit ist zweifellos stärker, als man glaubt, aber wir stehen unstreitig vor der Entstehung einer Revolution, die ernsthafter sein wird als ihre Vorläufer und die, klüger geworden durch deren Geschichte, wohl nicht dieselben Fehler begehen und auch nicht so beklagenswert enden wird, zumal nach allem, was ich hier höre, und vor allem in Stuttgart gehört habe, Deutschland sich der Bewegung anschließen wird, was soviel wie der sichere Erfolg wäre.

Ich weiß nicht, ob mein Brief Sie in Nürnberg erreicht, da Sie, wie ich glaube, die Absicht hatten, eine Reise nach Tirol zu unternehmen, wofür ich Ihnen die Fortdauer des schönen Wetters und viel Vergnügen wünsche.

Wollen Sie bitte Ihrer Frau Gemahlin und Ihrem Fräulein Tochter meine Empfehlungen übermitteln, ebenso wie die meines Freundes Rey. Und wollen Sie die Versicherung der tiefen und respektvollen Zuneigung entgegennehmen

von Ihrem ganz ergebenen
Ed⟨ouard⟩ Vaillant

Als wir in Nürnberg waren, haben wir Ihnen von Rabelais gesprochen, den Sie noch nicht gelesen hatten, ich wünsche, daß die Lektüre dieses schon ein wenig alten Franzosen bei Ihnen nicht das Verdienst des vielleicht größten unserer französischen Autoren schmälert. Sie empfangen, denke ich, diesen Band gleichzeitig mit diesem Brief. Ich habe vollkommen vergessen, in Stuttgart Herrn Rogeard zu fragen, ob er noch ein Exemplar von Kinglake hat, ich schreibe ihm, um es von ihm zu erbitten. Wenn er noch eins hat, wäre es ihm ein großes Vergnügen, es Ihnen zu schicken. Er ist sehr empfänglich für das Lob gewesen, das Sie ihm für seine Broschüre über die Moral gespendet haben, und am 1. Dezember konnte ihn kein Zeugnis tiefer berühren als das Ihrige.

Ich wohne im Augenblick in Heidelberg unter der folgenden Adresse: bei Frau Goetzenberger, Lauerstr. No. 1, die ich erst im August wieder verlassen werde, um die Ferien in Frankreich zu verbringen, wo Sie meine Adresse haben, die immer gültig bleibt. Ich gebe Ihnen meine Adresse hier, denn Sie haben uns versprochen, sich an uns zu wenden, wenn wir Ihnen für ein Buch oder irgendeinen anderen Auftrag nützlich sein könnten.]

1125

An Gustav Bäuerle

31. Mai 1867

Rechenberg, bei Nürnberg, den 31. Mai 1867
Mein Herr!
... Ohne Vernunft gibt es kein Gewissen, wie sich übrigens von selbst versteht, aber trotzdem kann bei, namentlich „in gewisser Beziehung sehr ausgebildeter Vernunft" vollkommene Gewissenlosigkeit, Nichtanerkennung der wohlbegründeten Rechte anderer stattfinden und findet wirklich statt. Dieser Widerspruch reduziert sich aber auf den allgemeinen Widerspruch zwischen Erkennen und Handeln, zwischen Theorie und Praxis, zwischen Gescheitsein und Gutsein, zwischen Politik und Moral. Diesen Widerspruch zu lösen, das ist eben die Aufgabe der *Erziehung*, im einzelnen wie im ganzen, der Individuen und der Völker, die Aufgabe der Geschichte. Bisher haben ihn nur einzelne, seltene, glückliche, vollendete Menschen gelöst. So wenig aber das Paradies je auf Erden stattfinden, wenn es auch hoffentlich besser auf ihr werden wird, so wenig wird auch die Aufhebung dieses Widerspruchs je allgemein und vollständig wirklich werden, weil er in der Natur der Sache und des Menschen begründet ist.

Was ich zu der Ansicht Vogts sage? Unstreitig gehören sehr viele Verbrecher, die von unsern beschränkten Juristen ins Zuchthaus verurteilt werden, ins Irrenhaus, aber gleichwohl kann man so unbedingt, so allgemeinhin den Unterschied zwischen Verbrecher und Irren nicht aufheben, ohne daß man deswegen mit dem Bestehenlassen dieses Unterschiedes die alten Strafrechts- und Freiheitstheorien anerkennt. Ein Verbrechen kann mit Notwendigkeit begangen worden sein, ohne daß es deswegen aus Narrheit, aus Manie, kurz, irgendeiner psychologischen oder physiologischen Ursache, welche *jetzt* den Täter statt ins Zuchthaus ins Narrenhaus bringt, hervorgegangen ist. Aber solange die Menschen in Gesellschaft leben, also unter Gesetzen und Regeln ihres Verhaltens zueinander, werden sie festhalten an dem Unterschied zwischen unzurechnungsfähigen und zurechnungsfähigen Tätern, obgleich auch die Taten dieser, wenn auch nicht aus pathologischer, doch psychologischer Notwendigkeit hervorgehen, aber diese Notwendigkeit geht über die Schranken des gesellschaftlichen Lebens, gehört nur vor das Forum des Naturforschers, des Philosophen, nicht des Richters.

Was für ein Unterschied zwischen dem „Atheismus", den ich lehre, und dem „Materialismus" Vogts, Moleschotts und Büchners ist? Es ist lediglich der Unterschied zwischen Zeit und Raum oder zwischen Menschheitsgeschichte und Naturgeschichte. Die Anatomie, die Physiologie, die Medizin, die Chemie weiß nichts von der Seele, nichts von Gott usw.; wir wissen davon nur aus der Geschichte. Der Mensch ist mir wie ihnen ein Naturwesen, entsprungen aus der Natur, aber mein Hauptgegenstand sind die aus dem Menschen entsprungenen Gedanken und Phantasiewesen, die in der Meinung und Überlieferung der Menschen für wirkliche Wesen gelten. [...]

1126

Von Ludwig Pfau

11. Juni 1867

/ Paris, den 11. Juni 1867
64, Boulevard de Strasbourg

Mein lieber Feuerbach!

Wie Sie aus der Überschrift ersehen, befinde ich mich zur Zeit in Paris, um die große Ausstellung zu sehen und auch einigermaßen in der „Allg[emeinen] Zeitung" zu beschreiben. Dieser Umstand dient mir vielleicht auch zu einiger Entschuldigung, daß ich Ihnen so lange nicht schrieb, was um so schändlicher von mir ist, als Ihr Brief mir große Freude machte. Die Art und Weise, wie Sie meine Bestrebungen auf dem Felde der Ästhetik beurteilen, hat mehr Wert für mich als alle Anerkennungen des großen Haufens; und wenn Sie mich als einen Ihrer nicht unwürdigen Jünger betrachten, so ist das alles, was ich verlangen kann, und mehr, als ich zu hoffen wagte. Es ist ja doch der einzige Lohn, den man am Ende von // seinem Streben davonträgt, daß man da und dort die Hand eines Mitstrebenden drückt oder eines Voranstrebenden, den man ehrt und dessen Aufmunterung einem Mut macht fortzufahren.

Ich war so frei, inzwischen Ihrem Fräulein Tochter meine Gedichte zu schicken; sie gingen von Stuttgart aus ab, während ich hier war, so daß ich dieselben mit keinem Schreiben begleiten konnte. Ich ersuche also nachträglich um freundliche Aufnahmen. Hoffentlich sind dieselben angekommen und haben Ihnen indessen ein Lebenszeichen von mir gegeben.

Konrad Deubler hat mir auch vor einigen Monaten geschrieben; ich kam aber schändlicherweise auch jetzt erst dazu, ihm zu antworten. Ich bin sehr nachlässig im Briefschreiben, dafür aber auch nachsichtig gegen andere, denn ich // weiß aus Erfahrung, daß es fast unmöglich ist, eine regelmäßige Korrespondenz mit seinen Freunden zu führen, wenn man so vielerlei anderes zu lesen und zu schreiben hat.

Deubler sagte mir, daß Sie ihn diesen Sommer mit Ihrem Besuche erfreuen werden, und er lud mich zu gleicher Zeit zu sich ein. Mein Pariser Aufenthalt wird aber wohl ein solches Zusammentreffen untunlich machen, so sehr es mich gefreut hätte, gerade in Ihrer Gesellschaft dort zu sein. Vielleicht gehen Sie wieder einmal hin, und wir können es dann auf *eine* Zeit richten.

Die hiesige Ausstellung ist großartiger, als ich erwartet hatte, da mir aus der Ferne das Ganze als ein Barnumartiger Schwindel erschienen war. Es ist dem aber nicht so, sondern die Masse der Tüchtigen und Interessenten ist so groß, daß man derselben gar nicht Herr wird. Schöne Kunstwerke sind da, // auch Ihr Neffe Anselm hält sich wacker unter der Menge, was keine Kleinigkeit ist; im Kunstgewerbe sind gleichfalls ausgezeichnete Arbeiten in großer Anzahl vorhanden, und die Maschinen etc. sind von einer Menge, Tüchtigkeit und Scharfsinnigkeit, die Staunen erweckt.

Ist es nicht sonderbar! auf der einen Seite so großartige Beweise der menschlichen Intelligenz und auf der andern Seite Finsternis, Charakterlosigkeit und Servilismus? Dieser Potentatenschwindel ist eine üble Illustration zu jenem Völkerfeste der Kultur. Es hat auch einmal dazwischen hineingeknallt, um den hohen Herrn bemerklich zu machen, daß die Politik persönlicher Willkür gelegentlich auch von andern Leuten ausgeübt werden könnte. Es wird mich recht freuen, wenn ich wieder einmal etwas von Ihnen höre.

Empfehlen Sie mich Ihrer werten Familie und lassen Sie sich herzlich grüßen von

Ihrem L[udwig] Pfau /

1127
Von Wilhelm Bolin
20. Juni 1867

/ Berlin, Donnerstag, d[en] 20. Juni 67
Meinem Versprechen gemäß, mein teurer Freund, melde ich
Ihnen hiemit, daß ich abermals auf deutschem Boden weile. Ich
langte gestern hier an. Da ich keinen Brief, weder von Ihnen noch
Ihrer Frau Gemahlin, vorfand, nehme ich an, daß Sie z[ur] Z[eit]
noch am Rechenberge residieren. Zugleich mit diesen Zeilen
schicke ich Ihnen ein Bücherpaket zu, enthaltend: eine philosophische Abhandlung über die Unsterblichkeit (! – anno [18]64 herausgegeben) und ein Heft finnischer Dichtungen in deutschem
Gewande für Ihre Frl. Tochter. Beides bitte ich als freundschaftliches Angebinde von meiner Hand zu empfangen. Die finnischen
Dichtungen sende ich als Probe nordischen Poetentums; das andere Buch, das ich nicht kenne, fand ich hier vor und halte ich seinem Gegenstande nach für geeignet für Sie, da ich annehme, daß
selbiges Ihnen vermutlich bisher nicht zu Gesichte gekommen ist.

Ich bin nun im Begriff, nach Jena aufzubrechen, wohin ich
morgen früh meine Schritte lenke, um etwa 2 Monate – also bis
zum Schluß des Sommersemesters – zu verweilen. Wie Sie aus
meinem Brief vom April (vielleicht Ende März) bereits wissen –
ich nehme an, daß selbiger Ihnen richtig zu // Händen gekommen –, will ich in Jena in aller Stille arbeiten an meinen vor
2 Jahren aufgenommenen Untersuchungen über die Willensfreiheit, dabei aber auch von den Vorträgen Kuno Fischers in technischer Beziehung profitieren. Sobald ich Jena verlasse, breche ich
auf, um Sie zu treffen, sei es in Nürnberg oder sonstwo, falls Sie
irgendwo eine bleibende Stätte für den Sommer aufgesucht und
dem alten Freunde erlauben wollen, Sie auf einige Tage zu besuchen. Ich erwarte Bescheid von Ihnen in Jena, wohin Sie Ihre
Briefe ohne weitres adressieren. Meine Wohnung werde ich am
Postamte daselbst aufgeben, so daß es keiner weiteren Adresse
bedarf.

Hier habe ich heute eine recht interessante Bekanntschaft gemacht in der Person des Dozenten Dr. E[ugen] Dühring, über den
wir einmal vor 2 Jahren ganz flüchtig miteinander gesprochen. Ich
soll Ihnen eine Empfehlung von ihm bestellen und Ihnen mitteilen,

daß er Sie sehr hoch verehre. In seinem [18]65 erschienenen „Wert des Lebens" hat er, wie Sie wissen, sich sehr warm über Sie ausgesprochen. Im vorigen Jahr hat er Ihres Xten Bandes gedacht in den hier erscheinenden „Ergänzungsblättern" zu Meyers Konv[e]rs[ations]-Lexikon. Wir haben viel von Ihnen gesprochen. Gegenwärtig ist der Mann von der Philosophie so ziemlich abgekommen und hat sich fast ausschließlich auf die Nationalökonomie geworfen, worin er es sich zur Aufgabe gemacht, den genialen Amerikaner Carey zur Geltung zu bringen, dessen hohe Bedeu-/
/tung die Engländer durch Ignorierung und die Franzosen durch unverschämtes, aber ungeschicktes Plagiat zu verdunkeln gesucht. Er hat sich um die Förderung Careys durch sowohl direkte Darstellung seiner Lehre, als auch durch selbständige Abhandlungen („Kapital und Arbeit", „Kritische Grundlegung der Volkswirtschaft") in wahlverwandtem Anschluß verdient gemacht. Seine Kräfte hat er dieser Branche gewidmet, weil darin auf Publikum heutzutage zu rechnen und daher also fruchtbar zu wirken ist. Die Philosophie hat er, seit seiner „Natürlichen Dialektik" und „Wert des Lebens" vorläufig an den Nagel gehängt. An dieser Haltung mag ein Umstand den wesentlichsten Anteil haben: das Unglück, von dem Dr. Dühring seit etwa 4 Jahren befallen ist: Er ist völlig erblindet. In dieser traurigen Lage hat er sich und seine Familie durch die Schriftstellerei zu ernähren ... Kein Wunder also, daß er in dieser für stilles Denken abgeneigten Zeit sich mehr dem Praktischen zugewendet; darin kann man heutzutage mit Vorteil arbeiten. Er ist auch außerordentlich fleißig. Seine Liebe zur Philosophie – worin er, meines Erachtens, nicht Unbedeutendes aufgestellt, obschon das darin Veröffentlichte sich vorläufig nur auf Andeutungen und Vorbereitungen beschränkt – hat er also den äußeren Verhältnissen zum Opfer bringen müssen. Die auf den Kathedern repräsentierte Philosophie schlägt er nicht hoch an, teils weil man dort nur Verjährtes und Abgestandenes durchdrischt, teils auch, // weil gegenwärtig „die Nachfrage" so gering ist: ein dünngesäteres und gemischteres, blasierteres und undankbareres Publikum als das philosophische, zumal in Deutschland, könne man sich nicht denken. – Im ganzen hat mich die Bekanntschaft als solche ziemlich interessiert, doch werde ich selbige schwerlich kultivieren. Es liegt etwas Unheimliches an einem so verstümmelten Menschen – mir fehlt das Gemütliche, das Voll-Sinnliche. Von dieser „Farblosigkeit" sind auch seine Schriften teilweise infiziert: Der „Natürlichen Dialektik" haftet ein je ne sais quoi [ich weiß

nicht was] von Unfertigem an, wobei man abermals daran erinnert wird, wie langsam die Reife des Neuen vor sich geht.

Im Vorbeigehen berührte ich auch mein zunächst in Angriff zu nehmendes Thema. Im ganzen ist Dr. Dühring der Frage ziemlich entfremdet; sowohl hinsichtlich älterer als neuerer Literatur war ich, aus ultima Thule kommend, weit mehr bewandert. Es war mir auch nicht um Förderung von ihm aus zu tun; „selbst ist der Mann", gilt auch in der Forschungstätigkeit. In Jena will ich mich über meinen Gegenstand nur im allgemeinen orientieren. Komme ich soweit, die Hauptsache des Problems scharf zu fixieren und einen dementsprechenden Plan zur Darstellung zu entwerfen, so will ich zufrieden sein.

Empfehlen Sie mich den lieben Ihrigen und behalten Sie lieb Ihren alten treuen

W[ilhel]m Bolin /

1128

An Wilhelm Bolin

1./11. und 14. Juli 1867

/ Rechenberg, 1. Juli 67

Mein lieber Freund!

Alle Ihre Briefe sind richtig angekommen. Schließen Sie nicht aus einer Nichterwähnung eines Briefes auf Nicht-erhalten-haben. Ich bin gewohnt, mehr zu verschlucken, als von mir zu geben. Ja, schon in frühern Jahren habe ich selbst jahrelang nur gelernt und studiert, simpler gesprochen: gelesen, ohne auch nur eine Zeile schriftlich aus mir herauszubringen, wieviel mehr jetzt, wo das Leben immer näher seinem endlichen Abschluß rückt, die noch kurze Zeit immer kostbarer wird. Aus diesem Grunde bedauere ich, um gleich mit der Tür ins Haus zu fallen, daß Sie sich wegen der Anschaffung und Übersendung der philosoph[ischen] Schrift in Kosten versetzt haben. Es ist dies eine Schrift, die für mich, wenigstens ihrem ganzen Standpunkt nach, in ein längst abgetanes Gebiet gehört, in das Gebiet der deutschen über „den Schatten des Esels, aber ohne den Esel" spekulierenden Philosophie; eine Schrift, welche – soviel habe ich gleich beim Empfang derselben daraus gelesen und ersehen – die U[nsterblichkeit] zu einer metaphysischen Frage macht, ohne von derselben „vom Standpunkt der Anthropologie", vom psychol[ogischen] oder anthrop[ologischen] Ursprung und Wesen derselben etwas zu wissen oder vielleicht absichtlich aus hyperphysischem und hyper-// humanem Dünkel etwas wissen zu wollen, eine Schrift, welche zu den unzähligen Verkehrtheiten und Albernheiten, welche die deutschen Philosophen von Kant inklus[ive] an bis auf den heutigen Tag ausgeheckt haben, eine neue spekulat[ive] oder meinetwegen philos[ophische], doch jedenfalls afterphilos[ophische] Schrulle gesellt, nämlich die, daß wir unsterblich sind, aber ohne etwas davon zu wissen; eine Schrift endlich, welche den Inhalt des Wissenswürdigsten, was die moderne Welt hervorgebracht, die moderne Naturwissenschaft à la Hegelscher Scholastik, obgleich in specie der Verf[asser] gegen Hegel ist, auf den Widerspruch der leeren Worte von Kraft und Stoff reduziert und mit dieser Logomachie [diesem Wortstreit] etwas gesagt zu haben glaubt. Dagegen sage ich Ihnen in meiner Tochter Namen, auch in dem meinigen, obgleich ich noch nicht Zeit hatte, die Schrift zu lesen, Dank für das finnische Gedicht. Dieses interessiert mich mehr als das Werk deutschen spekulativen Schattenspiels, wenn es anders etwas Originales ist. Der Poet steht mir überhaupt näher der Wahrheit, wenn die Wahrheit zuletzt doch nur, für den Menschen wenigstens, der lebendige Mensch selbst ist, als der Philosoph. Darum habe ich auch in meiner „Theogonie" aufs engste und innigste mich an Homer angeschlossen, // ob ich gleich fern davon bin, im Griechen den vollen, wahren, ganzen Menschen zu finden.

Bei diesen Worten bin ich am Donnerstag der vergangnen Woche infolge der damaligen großen Hitze stehengeblieben und seitdem nicht mehr zu Ihnen gekommen, weil sich stets zwischen Sie und mich unwillkürlich das mich tief verstimmende Bild der Misere der deutschen Philosophie in Gedanken hinstellte. Unmittelbar von dem erhebenden Gedanken an die Homerische Poesie führte mich ja die Fortsetzung meines unterbrochnen Briefes zu einem deutschen philosoph[ischen] oder jetzt nationalökonom[ischen] Dozenten und Schriftsteller, einem Rezensenten meiner letzten Schrift. Diese von meinem Buchhändler, nebst zwei andern, mir zugeschickte Rezension ist aber nur ein neuer Beweis, daß die deutsche Philosophie vor Altersschwäche kindisch geworden ist. Kleinliches Wortgeklaube, vermischt mit Sophismen erbärmlichster Art! Es tut mir leid, dieses Urteil über Herrn Dühring aussprechen zu müssen, da vielleicht nur sein körperliches

Unglück seine eines, noch dazu abgelebten Hegelianers würdige Rezension zu verantworten hat. Übrigens sind auch die andern mir zu Gesicht // gekommenen Rezensionen trotz ihrer teilweisen Elogen, die ich übrigens gar nicht verlange, nicht besserer Art, durchaus verfehlt. Vielleicht komme ich, wenn ich gesund und bei Humor bleibe und das Lernen mit dem Lehren vertauschen kann, denn mein Spruch ist mit Solon: „Lernend altere ich", diesen Winter dazu, endlich einmal über mich selbst – mein Leben und Schreiben – zu schreiben, um den Leuten die Augen zu öffnen, denn das Gebiet, das ich eigentlich schon seit 30 Jahren bearbeite, ist ihnen noch immer eine terra incognita. Sie sehen noch immer nicht ein, daß ich keine andere Philosophie habe als die unvermeidliche, *die* Philosophie, die man nicht aufgeben kann, ohne aufzuhören, Mensch zu sein, daß aber mit dieser Philosophie die bisherige, Kant mit eingeschlossen, gar nichts gemein hat, daß die Basis derselben die Naturwissenschaft, daß diese allein Vergangenheit, Gegenwart und Zukunft für sich hat, während die Philosophie, wenigstens die allein diesen Namen sich anmaßende, nur die Vergangenheit für sich hat, zu den peracti labores [getanen Arbeiten] oder vielmehr errores [Irrtümern] der Menschheit gehört.

Noch immer bin ich nicht von hier weggekommen. Ich habe Sie schon Anfang Junis hier erwartet. Es ist anders gekommen, als ich dachte. Gegen Ende des Sommersemesters erfahren Sie, wo ich zu treffen bin. Bis dahin in schriftlicher Freundschaft Ihr

L. F. /

1129

An Konrad Deubler

6. Juli 1867

Rechenberg, 6. Juli 1867
Mein lieber Deubler!
... Da kommt meine Tochter und bringt mir Deinen sorgenvollen Brief, und ich ärgere mich über meinen in trübseliger, durch die damalige plötzliche erste noch ungewohnte Sommerhitze niedergedrückte Stimmung geschriebenen Brief (vom 17. Mai), der Dir so sorgenvolle Gedanken in betreff meines Befindens

beigebracht hat. Schon in Deinem vorletzten Brief hast Du Dir meinen Zustand ärger gedacht, als er in der Ferne durch das Medium der Schrift vergrößert, wie nur in der Nähe, nur im sinnlichen Lichte die Dinge und Verhältnisse sich in Wahrheit zeigen. Ich wollte daher schon vor einiger Zeit entweder selbst oder durch meine Tochter Dir sagen, daß ich wieder vollständig derselbe bin, der ich zur Zeit wenigstens, wo Du mich gesehen, gewesen bin, daß ich der besten Gesundheit mich erfreue, daß ich von Morgen bis Abend in ungehemmter geistiger, wenn auch nicht schreibender, doch lesender und denkender Tätigkeit begriffen bin. Aber um vom Willen zur Tat zu kommen, um aus dem Geleise der alltäglichen Gewohnheit herausgerissen zu werden, dazu bedurfte es noch eines Briefes von Dir. Gut ist nur, daß Du nicht gar selbst meinetwegen hierhergekommen bist. Es ist doch sehr weit, von Dir zu mir und umgekehrt. Dies ist auch der Grund, daß ich noch immer nicht mich zu einer Reise zu Dir entschließen kann. Aber sehen werden wir uns doch noch heuer hoffentlich – vielleicht in Passau oder sonst einem Dir näher gelegenen Ort; nur in betreff der Zeit, ob ich noch in diesem mutmaßlich heißesten Monat oder erst Mitte August, wo gewöhnlich die Gewitter verschwinden, von hier fort soll, bin ich noch nicht entschieden.

Bald wirst Du jedoch von mir oder meiner Tochter, die sich bei Dir entschuldigt, daß sie Dir noch nicht geantwortet, hierüber das Nähere erfahren. Für jetzt wollte ich mit diesen eiligen Zeilen nichts weiter, als auf der Stelle Deine irrigen Vorstellungen von meinem Befinden widerlegen. Nur gedenke ich noch trauervoll des uns entrissenen trefflichen Roßmäßler. ...

L. Feuerbach

1130

Von Wilhelm Bolin

11. Juli 1867

/ Jena, Donnerstag, d[en] 11. Juli 67
Ihre freundlichen Zeilen vom 1. d[ie]s[es] [Monats], mein teurer Freund, habe ich nachgerade lange genug in der Tasche herumgetragen, um endlich dem Aufschieben in der Beantwortung ein Ziel zu setzen. Besondere Abhaltungen, Ihnen meinen Dank schon

früher zukommen zu lassen, habe ich eigentlich nicht gehabt. Bei einem überaus einförmigen Leben verstreicht einem die Zeit jedoch so rasch, daß man sich zu allem, was außerhalb der nächsten Sehweite liegt, besonders aufraffen muß. Von meinem für hier bestimmten Aufenthalt sind nun beinah 3 Wochen verstrichen, und bleibe ich, diese Woche abgerechnet, noch volle 5 Wochen dahier, bis denn am 16. August das Semester geschlossen und mein Koffer geschnallt wird. Dann geht's südwärts: Außer Ihnen habe ich eine alte Freundin meiner Mutter im Württembergischen zu besuchen. Es hängt nun ganz davon ab, wo diese Dame und wo Sie, mein Freund, um die zweite Hälfte August zu treffen stehen; danach richte ich meine Pfade von hier aus ein. Lieb wäre es mir daher, bis spätestens den 10. August zu wissen, wie ich hinsichtlich unsres Wiedersehens mit Ihnen dran bin. Besagte Frist dürften Sie wohl bequem einhalten können?

Es ist gar lieb von Ihnen, mich schon Anfang vorigen Monats bei sich erwartet zu haben. Hätte ich gekonnt, wie ich gern wollte, würde es leicht so gekommen sein. Unser Wiedersehen habe ich aber auf das Ende // meiner diesmaligen Reise verlegen müssen, weil ich auch meine Kathederpflichten und anderes damit Zusammenhängende im Auge behalten mußte. In Hinsicht hierauf habe ich Jena für meist geeignet gehalten. Ich höre hier den Kuno Fischer zehnmal wöchentlich, arbeite gemächlich in meiner netten und stillen Wohnung und erfreue mich, mit freundlichen und gemütlichen Leuten verkehrend, an den hübschen Umgebungen dieses Hauptortes Thüringens. Wie groß der Ertrag von alledem sein wird, vermag ich nicht anzugeben. Am einträglichsten und behaglichsten ist allerdings das Lustwandeln in der Natur und der zwanglose Verkehr mit lieben Menschen. Was meine Hausarbeiten betrifft, so betreffen selbige, wie Sie wissen, die Literatur über Willensfreiheit, wobei ich bisher mit einem unabweislichen Ekel zu kämpfen habe; denn so unklar, albern und faselhaft ist wohl im allgemeinen kaum über einen Gegenstand in der Philosophie geschrieben worden. Da es sich bei mir zunächst um Kenntnisnahme des Vorhandenen handelt, will ich zufrieden sein, einen Posten Abhandlungen durchgenommen zu haben und wenigstens zu wissen, wie ich mit ihnen dran bin. Was schließlich den Prof. K[uno] Fischer anbelangt, so bin ich in der eigentümlichen Lage ihm gegenüber, daß ich ihn als Historiker der Philosophie unbedingt bewundere, daß ich seine Gewandtheit und Anschaulichkeit der Darstellung auf dem Katheder nicht genug anerkennen kann,

dagegen sehe ich mit jedem Tage, wo ich ihn seine Logik entwik-
keln höre, die absolute Unmöglichkeit ein, dieser Richtung und
Auffassung der Philosophie eine andere Bedeutung zu geben als
die: ein letzter Versuch der abgelebten Spekulation zu sein, sich
ihr Dasein durch Anlehnung an die Tradition zu fristen. Natürlich
betrachtet Fischer seine (Ihnen sattsam bekannte) Logik, die er
nun, trotz ihres Vorhanden-//seins im Druck, zum 15. Male mündlich vorträgt, für das beste seiner Leistungen – was man in gewissem Sinn freilich könnte gelten lassen, indem die Virtuosität des
Herausklaubens aus dem Begriff hier sicherlich auf den Höhepunkt der Sicherheit und möglichster Klarheit gebracht ist. Dennoch dürfte man sich ohne Schwierigkeit eingestehen können, daß
diese Art des Philosophierens ausgelebt hat wie die Religion und
die Staatsform, mit denen zusammen sie Ausdruck einer im Grunde bereits vergangenen Epoche der menschlichen Entfaltung ist.
Die Einsicht über diesen Sachverhalt drängt sich unabweislich
auch denen auf, die noch in dem Gedankenkreise der Richtung
selbst befangen sind. Ich habe von Leuten, die der Hegelei einst
gehuldigt und ein Gepräge davon behalten, das einmütige Geständnis erhalten, daß die Logik des K[uno] Fischer nicht dem
Geiste der Identitätsphilosophie entspreche – d. h. man hat genau
dasselbe gesagt, was Sie mir im April vorigen Jahres darüber
schrieben. Ich leite diese Abweichung davon her, daß K[uno]
F[ischer] unwillkürliche Konzessionen an das Bewußtsein der
Gegenwart macht, aber dabei doch noch die abgelebte Richtung
festhalten möchte; so genügt er natürlich keinem von den beiden.
Ich habe ihn selbst bei einem merkwürdigen Zwiespalte überrascht, den ich für sehr bezeichnend halte: „Die Philosophie",
sagte er, „muß entweder die ihr in meiner Logik gegebene Richtung annehmen, oder sie wird, weil andere Interessen und Fragen
sich in den Vordergrund drängen, brachgelegt." – Mich hat dies
Geständnis in hohem Grade frappiert. Wir stehen in der Tat vor
einem Wendepunkte dieser Wissenschaft, die in dem, was sie
heutzutage in der Regel zu Markte trägt, nur ihren, nun ihr selbst
allmählich einleuchtenden Verfall bemerkbar macht. Dies muß
aber vor allem eingesehen und deut-//lich gemacht werden. Eben
diese Gewißheit habe ich nirgend so sicher ausgesprochen gefunden als in den zwei größeren Schriften Dührings, denen ich jedoch
nicht unbedingte Anerkennung zollen kann. Hinsichtlich seiner
Rezensionen bin ich ganz und gar Ihrer Meinung: Selbige kommen
mir beispiellos gehaltlos vor. Wenn man sie durchgelesen, ist man

gerade so weit, wie man zu Anfang war. Was er auf 5 bis 6 Spalten zusammengeschrieben, geht nicht auf die Sache selbst ein, sondern ist nur ein Apropos. Voraussichtlich wird er nicht mehr zur Philosophie zurückkehren. So bleiben seine Schriften in diesem Gebiete nur Merkzeichen einer Krisis, bei der er, durch Verhältnisse gezwungen, sich einer für ihn vorteilhafteren Tätigkeit zugewendet hat. Wäre dieser Umschwung nur aus Überdruß an der Philosophie erfolgt, so hätte ich D[ü]h[ri]ng nicht aufgesucht. Da ihn ein schweres Unglück betroffen, glaubte ich, ihm für das Anerkennenswerte seiner Bücher eine Aufmerksamkeit erweisen zu dürfen. Haben Sie seine 2 philos[ophischen] Schriften gelesen? Wenn nicht, möchte ich selbige Ihnen zustellen. Ich habe sie eben unter der Hand; eben jetzt den „Wert des Lebens", das Ihrer Tätigkeit vielfach wahlverwandt ist.

In etwa 6 Wochen könnte ich also bei Ihnen sein. Es soll mir lieb sein, Ihnen einige Tage zu widmen. Wer weiß, wie bald ich Sie wieder besuchen kann. Im Herbste, etwa November, halte ich Hochzeit. Wie es dann mit einem geht, ist nicht im voraus zu berechnen.

Hoffentlich treffen diese Zeilen Sie und die lieben Ihrigen im besten Wohlsein. Bisher haben wir hier wenig schöne Tage gehabt. Seit einer Woche ist es beständig trübe und bewölkt, regnerisch und kalt.

In steter Freundschaft Ihr
Wilhelm Bolin /

1131

An Wilhelm Bolin

6. August 1867

/ Regensburg, 6. August 67

Auch jetzt noch, mein lieber Herr Bolin, kann ich, trotzdem ich Sie so lange habe warten lassen, nicht genau angeben, wo ich in nächster Zukunft zu treffen sein werde. Gegenwärtig bin ich, wie Sie aus der Überschrift ersehen, hier, und zwar nebst Frau und Tochter, die schon seit 3 Wochen bei ihrer jetzt hier wohnenden Nichte Elise Heigl (geborene Feuerb[ach]) verweilt. Wohin ich aber mit meiner Tochter, denn meine Frau reist schon morgen oder

übermorgen spätestens nach Nürnberg zurück, mich begeben werde, darüber bin ich selbst jetzt noch in Zweifel. Soll ich nach München und Umgegend oder nach Goisern bei Ischl im österreich[ischen] Salzkammergut, wohin mich ein Freund eingeladen? Meine Unentschlossenheit hängt // großenteils auch ab von der meteorologischen Ungewißheit und Unbeständigkeit dieses Sommers. Gegenwärtig ist es schön, aber wie lange? Nach welcher Richtung ich aber auch mich entscheide, jedenfalls liegt der Ort meiner Wahl gänzlich Ihnen aus dem Wege, und ich sehe daher zu meinem Bedauern nicht ein, wo und wie wir uns dieses Jahr noch sehen können. Doch wenn wir auch nicht leiblich zusammen kommen, hoffentlich sind und bleiben wir uns geistig nahe und befreundet. Meine Frau und Tochter, die Sie freundlichst grüßen, sind schon auf meiner Stube – wir wohnen nämlich nicht zusammen – in der Erwartung, daß ich mit dem Spazierstock die Feder vertausche. Nur noch dies. Wenn Ihr Weg Sie über Nürnberg führt, besuchen Sie auf alle Fälle meine Frau, von der Sie dann das Bestimmtere über meinen Aufenthaltsort erfahren werden.
Mit alter treuer Freundschaft Ihr

L. F. /

1132

Von Wilhelm Bolin

29. August 1867

/ Hamburg, d[en] 29. August 67
Mein lieber väterlicher Freund!

Vor genau einer Woche verabschiedete ich mich von Ihnen in Ihrem herrlichen Asyl, und schon bin ich hier oben, im Begriff, nach einigen Tagen Deutschland auf ein paar Jahre abermals zu verlassen. Ich kann es Ihnen nicht sagen, wie sehr es mich erfreut hat, Ihnen nahekommen zu dürfen, obschon Sie so weit von Haus und Herd gerückt waren. Die schöne Luft und die herrliche Gegend, in der Sie nun leben, die Stille und Ruhe, sowie namentlich die anregende und erhebende Gesellschaft Ihres liebenswürdigen Wirten – in dem auch ich stolz bin, mir einen wackeren Freund erworben zu haben –, dies alles wird wohltätig auf Sie wirken. Mit frischen Kräften werden Sie an jenes Werk schreiten, an dessen

Vollführung uns und unserer Sache so sehr viel gelegen ist, zumal seit uns die Kunde gekommen, daß Ihr Zeitgenosse D[avid Friedrich] S[trauß] in einem gleichartigen Vorhaben begriffen ist. Meinerseits brauche ich Ihnen Ihr Unternehmen nicht // besonders ans Herz zu legen; denn ich bin der Ausführung desselben gewiß, wenn Kräfte und Stimmung Sie begünstigen wollen. Hierauf eben richte ich meinen innigsten Wunsch.

Meine Rückfahrt bis München ging ungestört vor sich. Darf ich Ihnen einen guten Rat erteilen, so möchte ich Ihnen vorschlagen, zu Ihrer Reise in der nämlichen Richtung eine andere Route zu wählen. Da Ihnen die Strecke Gmunden – Lambach bekannt und es Ihnen nicht um eiliges Fortkommen zu tun ist, wäre es unbedingt vorzuziehen, den Weg nach Salzburg von Ihnen aus in der Richtung nach Golling, Hallein, Berchtesgaden und Königssee (dieses letzteres zumal) zu nehmen. Die Fahrt von Gmunden bis Salzburg ist weder hübsch noch angenehm. Dagegen ist die Eisenbahnstrecke von Salzburg bis München sehr zu empfehlen. Ich bin überzeugt, daß, wenn Sie sich über diesen Punkt mit dem Deubler beraten, er meinem Vorschlage beistimmen wird. Ihre Fahrt nach München betreffend, möchte ich Sie auf noch einen Umstand aufmerksam machen, worin mir jedoch Freund Schreitmüller vielleicht schon zuvorgekommen sein könnte. In dem Hause, das er bewohnt, Elisenstr. 5, befindet sich ein eventuell bis 1. Oktober leerstehen-//des Logis, wo Sie gewiß für die Dauer Ihres Münchner Aufenthaltes einige Stuben gegen ein mäßiges Honorar gemietet bekommen können. Schreitmüller versprach, in dieser Sache brieflich mit Ihnen selbst zu verkehren.

Freitag in der Früh verließ ich München, das ich am Abend vorher ziemlich spät erreichte. Am Nachmittag war ich bei meiner Freundin in Teufen bei St. Gallen. Kaum hatte ich meinen Fuß auf schweizerischen Boden gesetzt, als mein altes Ungemach, ungünstige Witterung, sich sofort einstellte. Ich ließ mich davon nicht verdrießen, zumal ich viele Lücken in meiner während beinah einer Woche brachliegenden Korrespondenz auszufüllen hatte. Die Zeit ging rasch dahin und fast ebenso rasch meine Reise. Am Montag abend war ich schon in Stuttgart, am Dienstag in Kassel und gestern früh, am Mittwoch, hier. Geschäfte und Besorgungen in Hülle und Fülle nehmen mich reichlich in Anspruch. Abends und zu Tisch werden nötige Besuche erledigt, denn in Hamburg bin ich seit 10 Jahren gut bekannt und habe außerdem nahe Verwandte hier. In früher Morgenstunde, wie sie der Kleinstädter

allezeit sich zu sichern weiß, werden Briefe geschrieben. Bei alledem hoffe ich doch morgen, spätestens übermorgen von hier aufzubrechen, um meinen schließ-//lichen Heimweg über Berlin –
60 Petersburg anzutreten. Nachrichten von Ihnen erwarte ich also in Helsingfors, via St. Petersburg – wie gewöhnlich unfrankiert, das unbedingt zuverlässiger ist. Ohne Sie gerade antreiben zu wollen oder an der Zuverlässigkeit Ihres Versprechens irgend zu zweifeln, erlaube ich mir, Sie abermals an die mir gegebene Zusage zu
65 erinnern, einen Plan für die zwischen uns verabredete Bearbeitung zu skizzieren. Unter dieser von mir aufgestellten Bedingung wird die Schrift weit sicherer aus einem Guß ausfallen, als es sonst statthaben könnte, wenn die Anordnung des Stoffes von meiner Hand ausginge. Da ich überzeugt bin, daß diese Darstellung Ihnen
70 am Herzen liegt, und ich auch fest darauf rechne, daß Sie mir dies Unterpfand Ihres Zutrauens nicht vorenthalten werden, gilt meine Bitte nur der für alle menschlichen Unternehmungen so wichtigen Zeitgewinnung. In Anbetracht hierauf wünschte ich sehr, daß Sie die nächsten Momente einer günstigen Disposition ja nicht unbe-
75 nutzt verstreichen lassen sollten.

Anbei eine Karte für Freund Deubler, den sowie Ihr Frl. Tochter ich hiemit herzlichst zu grüßen bitte.

In steter treuer und aufrichtiger Anhänglichkeit Ihr

Wilhelm B[oli]n

Den Radenhausen hier zu besuchen, ist mir absolut unmöglich. /

1133

An Konrad Deubler

19. September 1867

Nürnberg, den 19. September 1867

Mein lieber Deubler!

5 Nur einen herzlichen eigenhändigen Gruß, nichts weiter, will ich für heute Dir schicken, mit der Bitte, denselben zu vervielfältigen und Deiner lieben Frau, Deinen übrigen mit mir in Berührung gekommenen Hausgenossen und unsern gemeinschaftlichen Freunden Goiserns und der Umgebung mitzuteilen, und mit der Ver-
10 sicherung, daß, so schön, so sehr vom Glücke begünstigt unsere

Reise vom Anfang bis zum Ende war, doch der Glanzpunkt derselben unser Aufenthalt in dem lieben Goisern bleibt, daß die Erinnerung an die dort, namentlich in Deinem reizenden Alpenhäuschen verlebten Tage nur mit meinem Erinnerungsvermögen erlöschen wird, wenn anders eine Erneuerung derselben außer dem Bereiche der Möglichkeit liegen sollte. Mit dieser Versicherung Dein dankbarer Freund
L. Feuerbach

1134

An Conrad Beyer

26. September 1867

[...] Wie Sie aus meinen Schriften wissen, schreibe ich grundsätzlich nur über Dinge, über die andere nicht schreiben oder wenigstens nicht so geschrieben haben, wie sie nach meiner Meinung hätten schreiben *sollen*. Ich schweige, wo ich in der Aussprache anderer meine eigenen Gedanken und Absichten ausgesprochen finde. Ich bin kein Freund unnötigen Schreibens und Sprechens: Unnötig aber ist es, Gelobtes zu loben oder bereits Getadeltes zu tadeln. Dies gilt auch von *Ihrer trefflichen, ebenso unterhaltenden als unterrichtenden Schrift über Rückert*. Ich habe Ihnen über sie nicht geschrieben, weil ich dem günstigen Urteil, das über sie gefällt wurde, *nur beistimmen kann*. Was ich an ihr zu tadeln hätte, d. h. was mir daran nicht zusagt (S. 83 der Passus über die *wahre Liebe*), kommt nicht sowohl auf Ihre Rechnung, als vielmehr auf Rechnung des Dichters und der Dichtkunst, wenigstens *der* aus Rückerts unseren gegenwärtigen Bestrebungen und Anschauungen so fern liegenden Zeit. Obgleich Rückerts Poesie keine Poesie nach meinem Sinn und Herzen ist, so stimme ich doch darin Ihnen bei, daß er wirklich *Dichter* war. Auch die Verehrung seiner Persönlichkeit teile ich mit Ihnen, ob ich gleich nur einmal in Erlangen die Gelegenheit hatte, mit ihm zusammenzukommen. Auch Ihre Festrede auf ihn, die Sie meiner Tochter, die Ihnen dafür ihren Dank aussprechen wird, gütigst geschickt, habe ich mit Wohlgefallen gelesen, dagegen mit erneuter Trauer über den so früh Dahingeschiedenen die beigefügte Photographie Ihres teuren Bruders empfangen und beschaut.

Mit aufrichtigster Hochachtung

Ihr ergebenster
L. Feuerbach

1135

An Wilhelm Bolin

30. September/1. Oktober 1867

/ Nürnberg
Mein lieber jugendlicher Freund!
Schon der 14te Tag wird es heute abend, daß ich wieder hier in N[ürn]berg bin, aber so schön, so sehr vom Himmel begünstigt meine Reise vom Anfang bis zu Ende war, so häßlich, so widerlich war das Wetter seit meiner Ankunft bis hieher. Wochenlang in der schönsten, meine innigsten Wünsche und Vorstellungen von Natur und Landleben verkörpernden Gegend, bei dem schönsten Wetter und nun in der schlechtesten, verwahrlosesten Natur, bei dem erdenklich schlechtesten Wetter – bei erstickenden Staubwolken statt Berggipfel bekränzenden Luftgebilden, empfindlicher Kälte statt wohltuender Wärme, heftigem Ost- oder gar Nordostwind statt fast ununterbrochner Windstille in dem auch in dieser Beziehung so ruhigen und geschätzten Goisern – Sie können sich denken, wie meine Gemütsstimmung bei diesem Kontrast zeither beschaffen war. Sie werden es begreiflich finden, wenn ich Ihnen sage, daß es mir unmöglich war, Briefe zu schreiben, wenigstens solche, // die man nicht aus „Pflicht", sondern gerne, aus Lust und Neigung schreibt. Am 9. Sept[em]ber habe ich mit schwerem Herzen Goisern verlassen, so frühe nur deswegen, weil ich hoffte, in meinem schönen Saale noch einige Wochen verweilen zu können und mir dadurch den Übergang von dem dortigen Leben in das hiesige zu erleichtern. Aber ich habe die Rechnung ohne den Wirt gemacht: ich bin längst schon aus dem Saal in mein Winterstudierstübchen vertrieben, das vor meinem Saal nur diesen Vorzug voraus hat, daß es geheizt werden kann. Licht und Wärme, durch die ich bei der Wiederkunft meinen Aufenthalt hier erträglich machen wollte, sind so von außen nach innen geschwunden; nur die Hoffnung, daß der kommende Winter der letzte ist, den ich hier verlebe, ist es, die mich erleuchtet und erwärmt.

Gestern, Montag, den 30. Sept[em]ber, wurde ich im Briefschreiben an Sie unterbrochen. Ich fahre daher erst heute fort. Von Goisern sind wir über Ischl, St. Gilgen, Hof nach Salzburg in einem Einspänner – demselben, der Sie nach Ischl brachte – gefahren und haben diesen Weg, namentlich den St. Wolfgangsee, freilich beim allerschönsten // Wetter – post nubila phoebus [nach Wolken folgt Sonnenschein] – ebenso reizend, ja noch interessanter gefunden als den Weg von Salzb[urg] nach München. In Salzburg habe ich mich nur einen Tag aufgehalten, ob ich gleich die Lage der Stadt und die Umgegend wundervoll schön fand. Aber es waren doch nur meine Augen, die entzückt waren; mein Sinn, mein Herz war zurückgeblieben im Salzkammergut, in Hallstatt mit seinem See und Rudolphsturm (beim Salzbergwerk), in Goisern namentlich mit seinen lieben, guten Menschen. Ich *wollte* eigentlich nichts mehr schön finden außer dem eben genannten Orte und s[einer] Umgegend, ich betrachtete jedes Übermaß von Wohlgefallen als eine Untreue gegen meine Geliebte. In München hielten wir uns zwei und einen halben Tag auf. Ich hatte mit diesem Aufenthalt für meine Person nur den Zweck, die Bilder meines Neveus [Neffen] zu sehen und zugleich meiner Tochter die Glyptothek und Neue Pinakothek, d. h. nur einige vorzügliche Bilder derselben wie die Rottmannschen – denn ich hasse das oberflächliche Vielerlei-Sehen – zu zeigen. Ich habe die Bilder meines Neffen, besonders seine letzten, schön gefunden, auch die andern neuern Künst-//ler, sowohl in der Neuen Pinakothek als in der Gemäldesammlung des [Adolf] F[riedrich von] Schack, aber offen gestanden, ich hatte, abgesehen von der großen Hitze, nicht die rechte Stimmung für Bilder in eingeschloßnen Räumen, mein Kopf war übervoll von den erlebten Naturschönheiten. Schreitmüller, der mir eben bei München einfällt, war für uns so viel wie ein Nichtdaseiender. Er hatte das Unglück, s[ich] den Fuß zu verstauchen, so daß er unfähig zum Arbeiten und Ausgehen war. Hoffentlich wird der Unfall keine bedenklichen Folgen haben. Wir haben seitdem noch keine Nachricht von ihm, ebensowenig von unserm guten Deubler. Wir schmeicheln uns jedoch mit der Hoffnung, daß, weil kein Brief kommt, er vielleicht selbst noch kommen wird; er hat nämlich, freilich nur halb und halb, den Vorsatz gehabt, noch diesen Herbst einen Freund in Dresden zu besuchen. Über Deubler, um es nicht zu vergessen, habe ich noch in Goisern in dem „Österreich[ischen] Seebuch" von Noë ein recht schlechtes, in jeder Beziehung schlechtes, aber so recht unsre oberfläch-

lichen, schwatzhaften Literaten charakterisierendes Urteil gelesen.
75 Ich kann mir dieses dumme und zugleich boshafte, schon durch den ersten Eindruck von Deublers Persönlichkeit widerlegte Urteil nur erklären aus seinem und seiner Kollegen Hasse gegen mich und meine Richtung, weil er diese bei Deubler vertreten fand. Der Tropf vergleicht ihn – einen Märtyrer spontaner Volksbildung in
80 Östreich – mit einem bedächtigen, die Gäste prellenden Schweizer Wirte. – Geistiges kann ich – für jetzt wenigstens – nicht versprechen, so wenig ich von heute auf morgen Licht und Wärme versprechen kann.

Mit Frau und Tochter herzlich Sie und Ihre Braut grüßend
Ihr L. Feuerbach /

1136

Von Ildephons Müller

11. Oktober 1867

/ Verehrtester Herr!
Wenn ich die Feder ergreife, um auf Ihr liebes Schreiben vom
5 10. März 1866 zu antworten, so wird es Sie kaum befremden, daß die Versuchung mich anwandelt, die Feder wieder bei Seite zu legen, indem ja die Zeit zu einer Antwort längst verpaßt sei. Allein der Gedanke, daß Sie wohl durch Selbsterfahrung schon wissen, wie schwer es oft hält, zu dergl[eichen] Briefen zu kommen,
10 ermutigt mich wieder, die wenigen Freistunden, die sich mir eben jetzt darbieten, auch zu dieser Antwort zu benutzen.

Wenn Sie mir schreiben: „Sie könnten mein Interesse an Ihnen nur meinem Interesse an Ihrer Schwester Magdalena oder an Ihrer Familie überhaupt zuschreiben", so ist diese Meinung irrig; denn
15 bevor ich von Ihrer Schwester etwas wußte, hatte ich an Ihnen großes Interesse – größeres als an irgend einem andren Manne Deutschlands, den Professor Görres in München und einige andere kathol[ische] Notabilitäten ausgenommen. Ihre Schwester Magdalena dürfte wohl so etwas bemerkt haben bei dem ersten Be-
20 suche, den sie mir im September 1846 gemacht hatte. Als ich nämlich ihren Namen notiert und sie gefragt, ob derselbe richtig geschrieben sei (ich hatte „Feierbach" geschrieben), korrigierte sie mich und sagte, ich müßte „Feuerbach" schreiben. Wie sie

dann meine weitere Frage: „ob sie vielleicht mit dem Philosophen Feuerbach verwandt sei", bejahend beantwortet und gesagt hatte, daß sie dessen Schwester, so // hüpfte mir vor Freude das Herz und ich schätzte mich glücklich, wenn nicht mit Ihnen selbst, so doch wenigstens mit einer so nahen Verwandten von Ihnen in nähere Berührung zu kommen. Woher dies? werden Sie fragen. Ich pflegte in meinen früheren Jahren ungemein viel zu lesen, mehr jedenfalls als bei meinen vielen sonstigen Geschäften und bei meiner schwächlichen Gesundheit mir gut und ersprießlich war. Teils in periodischen Zeitschriften, teils in anderen Werken las ich manche Zitate aus Ihren Schriften und ich muß Ihnen offen gestehen, daß dieselben, auch abgesehen von ihr[er] anziehenden Form, mich immer sehr angesprochen, obschon Ihre Ansichten meinen religiösen Überzeugungen diametral entgegen standen, was Sie leicht begreifen werden, wenn ich Ihnen sage, daß ich von *ganzem* Herzen katholischer Priester bin. Warum aber, werden Sie weiter fragen, hatte ich an Ihren Zitaten besonderes Wohlgefallen? Weil ich darin einen Mann von Charakter, der seine persönliche Überzeugung frei und frank auszusprechen pflegt, kennen gelernt. Vor solchen Charakteren hatte ich von jeher alle Achtung, während diejenigen, die ihre wahren Gesinnungen, so oder anders, je nachdem das Interesse des Augenblicks es erheischt, zu bemänteln pflegen, immer im höchsten Grade mich anekeln. Dieser offene, gerade Sinn scheint ein Erbteil Ihrer Familie zu sein, denn ich bemerkte ihn seit 21 Jahren an Ihrer Schwester von Dobeneck und auch an den Schwestern Elise und Leonore, obschon ich mit letzteren bis dahin nur selten in schriftlichem Verkehr gestanden. Sie werden es, verehrtester Herr! begreiflich und auch verzeihlich finden, wenn eben dieser gerade Sinn, verbunden mit so vielen anderen Vorzügen des Geistes und Herzens, schon oft den Wunsch in mir rege gemacht: Utinam, cum sis talis, noster esses! [O wenn Du doch, da Du derart bist, der Unsrige wärest!]. Dieser Wunsch erwachte aufs Neue in mir und wiederholt sich täglich in gesteigertem Maße, seitdem ich Ihr photographisches Bild be-//sitze, das ich schon öfter mit Wärme an mein Herz gedrückt. Ich habe übrigens die festeste Überzeugung, daß, hätten Sie in Ihrer Jugend dem Studium der *katholischen* Theologie sich gewidmet, unsere Kirche Sie zu ihren größten Apologeten der Neuzeit zählen würde. Daß der Protestantismus – das sog[enannte] protestantische Christentum – Ihnen nicht zusagen, Ihren Durst nach Wahrheit nicht stillen konnte, begreife ich wohl, und man müßte es als ein Wunder ansehen, wenn *Sie* in demselben Befriedigung gefunden hätten. Wie Sie aber im Pantheismus, Materialismus oder in irgend einem andern rein philosophischen Systeme volle Befriedigung finden können, ist und bleibt mir auch ein Rätsel, hat doch das menschliche Herz unleugbar Bedürfnisse, für welche diese Erde stets ein Brachfeld bleiben wird. Diese Bedürfnisse können nur durch das Christentum, wie es in der katholischen Kirche fortlebt und Leben spendend fortwirkt, allseitig gestillt werden. – Doch ich überschreite unvermerkt das Ziel, so ich mir, als ich die Feder zu diesem Briefe ergriff[en], gesteckt hatte. Mögen Sie mir diese Ausschreitung zu gute halten und selbe keineswegs in dem Sinne deuten, als wollte ich „Proselytenmacherei" [Bekehrungssucht] treiben, was nie meine Sache war und auch nicht sein wird, obschon ich in Bezug auf Sie den Wunsch: *utinam noster esses!* nochmal zu äußern wage.

Ich komme nun auf einen Gegenstand, über den ich Ihnen schon vor längerer Zeit habe schreiben wollen. Ich hatte nämlich vor etlichen Jahren neben anderen Schriften von Prof. Daumer auch die über *Caspar Hauser* gelesen. Ich glaubte bis dahin C[aspar] Hauser sei der Sohn der Großherzogin Stephanie gewesen und somit der legitime Thronerbe von Baden, aber als Opfer einer politischen Kabale gefallen, damit nämlich kein katholischer Prinz den großherzoglichen Thron bestiege. // Nach Daumer wäre dies aber der Fall nicht gewesen und die Geschichte bliebe somit noch ferner in tiefes Dunkel gehüllt. Ihr sel[iger] Vater war bekanntlich mit der Untersuchung in dieser Sache betraut und, soviel ich mich erinnere, ward sein frühzeitiger Tod von vielen eben auch als Folge einer politischen Intrige angesehen, weil man seine Gewandtheit und Rechtlichkeit gefürchtet. Es wäre für mich interessant zu vernehmen, ob die bezüglichen nach Wien gewanderten Schriften Ihres sel[igen] Vaters gänzlich supprimiert worden oder verloren gegangen. Überhaupt würde es mich freuen, in fragl[icher] Sache etwas Bestimmtes durch Sie zu erfahren. Nur ist mir leid, daß ich Ihnen so viele Mühe mache.

Bitte Sie, das Beiliegende zu freundschaftlicher Erinnerung gefälligst akzeptieren zu wollen! Abt Leo Stöckling zählt zu den ersten Organisten der Schweiz. Er hat auch sehr viele Kirchenmusik[en] komponiert nebst einigen anderen Piecen, wovon bereits die Hälfte im Druck erschienen ist.

Unter Anwünschung alles Wohlergehens verharre ich mit aller
Achtung nebst herzlichem Gruß
     Ew. Wohlgeboren
     ergebenster Diener
     P[ater] Ildephons Müller,
     O[rdinis] S[ancti] B[enedicti]
     p[ro] t[empore] [zur Zeit] Subprior.
Mariastein, den 11. Oktober 1867.

1137

Von Gustav Bäuerle

13. Oktober 1867

/ Hochgeehrter Herr!
Ich gebe mich der angenehmen Hoffnung hin, daß mein Brief vom 15. August Ihnen richtig zugekommen ist. Nochmals sage ich Ihnen meinen herzlichsten Dank für die Beantwortung meines ersten Briefs und möchte Sie hiermit höflichst ersuchen, einer solchen auch meinen zweiten würdigen zu wollen.

Es wäre mir besonders von großem Interesse, Ihre Ansicht über Schopenhauer und seine Philosophie zu hören, und würden Sie mir eine große Freude bereiten, wenn Sie die Güte hätten, Ihrem Brief eine Photographie von Ihnen beizulegen.

In der „Augsb[urger] Allgemeinen" und in der „Wiener Presse" las ich eine Besprechung des im vorigen Jahr erschienenen Werks von Lange „Geschichte des Materialismus und Kritik seiner Bedeutung für die Gegenwart". Da die Kritiker auf der Seite des Kritisierten standen, der bekanntlich ein Idealist vom reinsten Wasser ist, erhielt das // Buch eine sehr günstige Beurteilung. Ich vermute, daß Sie es kennen, und möchte Sie deshalb um Ihr Urteil darüber bitten. Durch Ihre Schriften bin ich, hochgeschätzter Herr, ein begeisterter Anhänger des Materialismus und Atheismus geworden. Es wäre mir deshalb von großem Interesse, eine geistreiche Polemik gegen den Materialismus zu lesen, da ich die Überzeugung habe, daß sich aus einer solchen vieles lernen ließe, manch ein denkender Materialist gezwungen wäre, beim Studium eines derartigen Werks dasselbe innerlich zu widerlegen, oder seinen Materialismus als einen Irrtum einzusehen. – Wenn das

Langesche Buch ein geistreiches, wenn auch durchaus einseitiges, idealistisches Werk ist, so werde ich mir dasselbe anschaffen. – Ich bitte angelegentlichst um Entschuldigung, daß ich mich aufs neue ohne Ihre spezielle Erlaubnis an Sie wende. Glauben Sie mir, daß ich mich nicht aus oberflächlicher Neugierde mit der Philosophie beschäftige; sondern es ist ein innerer Drang, eine Notwendigkeit, die mich dazu treibt. Zu meinen glücklichsten Stunden gehören die, welche ich mit dem Studium Ihrer Werke zu-//gebracht. Leider gestatten meine Verhältnisse nicht, mich recht gründlich mit dem Studium der Philosophie zu beschäftigen. Doch bleibt mir immerhin noch manche Stunde zu diesem Zweck übrig.

In der Erwartung, daß Sie mich bald mit einer Antwort zu beehren die Güte haben werden, bitte ich Sie, die Versicherung meiner vorzüglichen Hochachtung zu genehmigen.

Ihr Sie hochverehrender
Gustav Bäuerle
Bebenhäuserstr. 5

Stuttgart, 13. Okt[ober] 1867 /

1138

Von Konrad Deubler

17. Oktober 1867

Dorf Goisern, den 17. Oktober 1867
Lieber, guter Feuerbach!
Verzeihe mir meine Saumseligkeit im Schreiben an Dich und rechne es mir ja nicht als eine Gleichgültigkeit gegen Dich an, obwohl es den Anschein hat und alles gegen mich spricht – um so mehr, da ich Deinen und Eleonorens Brief richtig erhalten hatte. Du warst kaum fort, hatte ich vollauf zu tun, um mich auf den bevorstehenden Kirchtag zusammenzurichten. Montags darauf reiste ich zur Landwirtschaftsausstellung nach Linz, wo ich mich 2 Tage aufhielt; dann ging es auf der Eisenbahn nach Dresden, wo ich Donnerstag mittag um 12 Uhr bei meinem Freunde Robert Kummer anlangte. Sonntags darauf um 2 Uhr nachmittags reiste ich mit dem Zuge nach Leipzig, wo eben die Messe war; Montag abends ging's wieder über Eger und Passau nach meinen Bergen zurück. Die andere Woche darauf reiste ich nach Krems, nach

Unterösterreich, um für den Winter meine Weine einzukaufen; das nahm wieder 14 Tage Zeit weg. Zu Hause angekommen, fing die Obsternte an, Mostpressen, Obstdörren usw. Alle Tage wollte ich Dir schreiben, aber ich kam nie dazu. Noch einmal, Ihr lieben, guten Menschen, verzeihet mir und seid mir nicht böse! Ich werde im Laufe dieses Winters mein Versäumnis gewiß nachholen. Ich bin, seit Ihr von Euerem Häuschen fortgegangen seid, nur einmal dort gewesen – habe aber nichts weggeräumt; es bleibt alles, wie es liegt und steht, bis Ihr im Frühjahre wiederkommt! Oder ist es Dir in Lasern lieber? Ihr habt die Auswahl! Kaum waret Ihr von Goisern fort, so kamen zwei Geognosten, die noch bei mir sind; der eine ist Prof. *Suess*, der andere Edmund Moisitschowitsch; beide sind von der geognostischen Reichsanstalt in Wien, beide sind Protestanten und kennen Dich aus Deinen Schriften ganz gut; sie ärgern sich unendlich, Dich nicht mehr getroffen zu haben. Sollte uns auch künftigen Sommer Ludwig *Pfau* während Deiner Anwesenheit in Goisern besuchen, dann würde für Dich der Aufenthalt noch viel interessanter sein, dann würden Aussee und Hütteneck in Angriff genommen. Von unseren Freunden, Bürgermeister Elssenwenger, dem Hallstätter Astronomen Pilz, von meinem Weibe usw. viele herzliche Grüße an Dich und Eleonora!

Noch einmal Verzeihung, lieber, guter Freund, und behalte mich lieb. Auch die gute Eleonora möge auf mich nicht böse sein und möge sich für mich bei der Tante Elisa bedanken für die mir geschickte Photographie. Nächstens werde ich Euch genau alles schreiben, was sich alles in Goisern, seit Ihr fortgezogen seid, ereignet hat. Lebe wohl und verzeihe mir meinen schlecht geschriebenen Brief, denn ich wurde öfters unterbrochen. Ein andermal mehreres! Dein dankbarer Freund
Konrad Deubler

N[ota]b[ene]: Wir haben prachtvolle Herbsttage. Alle Tage denken wir an Dich. Bald hätte ich noch vergessen, einen Gruß von Soukop, dem Schulmeister, und von H. Fillak. Von meinem Weibe, Nandl, den zwei Theresle, dem alten Toni extra einen herzlichen Gruß!

1139

Von Wilhelm Bolin

18. Oktober 1867

/ Helsingfors, d[en] 18. Okt[o]b[e]r 67
Sie können sich's denken, mein teurer Freund, wieviel Freude
Sie mir mit Ihren vor 10 Tagen hier eingetroffenen Zeilen bereitet.
Obschon dieselben reichlichen Mißmut über das böse Wetter und
das Unbehagen in N[ü]r[n]b[er]g zu erkennen gaben, verrieten sie
doch zugleich etwas, das ich lange, lange an Ihnen vermißt, aber
eben deshalb Ihnen von Herzen gewünscht. Ich meine, Zufriedenheit und Sehnsucht nach einem tatsächlich vorhandenen und mit
völliger Gedankenbestimmtheit fixierbaren Zustand. Bei meinem
Besuche in Goisern dämmerte mir, unter der Masse buntester und
mannigfaltigster Eindrücke, der Gedanke auf, daß Sie dort bleiben
und Ihre Frau sich nachkommen lassen sollten. Je weiter ich mich,
nach unserem Abschied, von Ihnen entfernte, desto festere Gestalt
nahm dieser Gedanke an, bis endlich Ihr Brief mir Zeugnis zu
geben scheint, als könne mein Gedanke, ohne daß er sogar brauchte geäußert zu werden, sich zur Wirklichkeit emporheben. Wenigstens kann ich nur im angegebenen Sinne Ihre Andeutung lesen,
Sie ertrügen Ihre gegenwärtige Behausung und Umgebung nur im
Gedanken daran, bloß den bevorstehenden Winter darin noch
zubringen zu müssen. Denn wo sollten Sie sich hinbegeben als
zum Deubler? – In die Städte passen Sie nun einmal nicht; und wo
finden Sie eine Ihnen angemessenere Natur und Umgebung? Ich
nahm daher mit völliger Bestimmtheit an, daß Freund Deubler
Winter und Frühling einsichtsvoll und sorgsam benutzt, um das
allerliebste Berghäuschen ganz und gar für Sie und die Ihrigen
wohn-//lich herrichten zu lassen, so daß mein nächster Besuch
abermals in dem herrlichen Salzkammergut stattfindet. Ich komme
dann voraussichtlich in Gesellschaft meiner Ehehälfte, der ich
einmal die lieben Leute zeigen möchte, die mir Deutschland zu
einer zweiten Heimat gemacht. Die freudige Aussicht, einem so
schönen ruhigen und Ihrem ganzen Wesen so durchaus entsprechenden Leben entgegenzugehen, wird Sie guten und getrosten
Mutes erhalten und dadurch Ihrer Gesundheit Förderung angedeihen lassen.

Mein Leben hier ist gegenwärtig in der Mauserung vom Hagestolzen zum Ehemann begriffen und trägt das Unbehagen jeglichen Übergangszustandes. Gleich nach meiner Ankunft am 14. S[e]pt[em]b[e]r besorgte ich den Umzug in meine neue Wohnung, in der ich seit dem 17. S[e]p[tember] residiere; bisher ganz allein, da unsre Hochzeit auf die erste Hälfte D[e]z[em]b[e]r anberaumt ist. So peinlich es ist, noch so lange das Los des Tantalos ertragen zu müssen, bin ich andrerseits zufrieden, in den Ehestand erst bei erlangter Kathederfreiheit, d. h. während der kurzen Weihnachtspause, zu kommen. Meine Vorlesungen habe ich Ende S[e]pt[em]b[e]r begonnen. Wie Ihnen bekannt, trage ich Geschichte d[er] Philos[ophie] vor. Ich habe den Versuch gewagt, auf meine während zwei Jahren erworbene Kathedergewandtheit hin, nunmehr ohne Leitung eines zuvor verfaßten und alsdann schematisch memorierten Manuskripts vorzutragen. Der Versuch ist mit erwünschtem Erfolge gekrönt. Ich fixiere den für jedes Mal erforderlichen Text auf ein Programm, das ich in seinen Hauptpunkten dem Gedächtnis einpräge, wonach der Vortrag ohne alle Beihülfe des Papiers statthaben kann. In den beiden früheren Jahren habe ich niemals // abgelesen, sondern mich zu freiem Vortrag gezwungen, obschon ich, für meine eigene Ruhe und Sicherheit, mein Manuskript bei mir hatte. Während dieser Tätigkeit habe ich gegenwärtig wieder einmal die Erfahrung gemacht, wie verludert und verkommen die Philosophie an den deutschen Universitäten ist, wenn anders die von den ordentlichen und außerordentlichen Herren Professoren herausgegebenen Handbücher d[er] Philos[ophie] als ein Zeugnis dafür angesehen werden dürfen. Von seiten der Hegelei wird immer nur der alte Kohl aufgewärmt. Da wird die Philosophie als „Weltweisheit", d. h. als das Sich-Wissen der Welt, als die Entwicklung des absoluten Selbstbewußtseins im Bewußtsein der Menschheit – und wie das sonst noch heißen mag – hingestellt. Andre schreiben Geschichte der Philosophie, indem sämtliche Lehren vom Standpunkte eines mit Vorliebe erfaßten Systems dargestellt und kritisiert werden, wonach das allerliebste Kunststück herauskommt, als hätten die Genien der Vergangenheit keine andere Aufgabe gehabt, als zum Systembau irgendeines Katheder-Philosophen die Bausteine herbeizuschleppen. Doch all dieser Blödsinn der Behandlung wäre noch zu ertragen, wenn die Referate selbst treu und vollständig und die zur Orientierung und Förderung des Studierenden herbeigezogene Bibliographie zuverlässig wäre. Da bringt Ihnen aber so ein Mosjö Erdmann eine Darstellung der Sophisten, daß man unwillkürlich fragt „was ist der langen Rede kurzer Sinn" –; nebenbei erfährt man die Neuigkeit, daß Platon in seinem „Protagoras" die dem Prodikos zugeschriebene Allegorie vom Herakles am Scheidewege (die wir anderen bisher immer nur beim bescheidenen Xenophon gelesen haben) der Nachwelt aufbewahrt habe. H[er]r Ueberweg, ehemals Herbart-, dann Beneke-Anhänger, teilt die Geschichte der Philosophie // in eine vorchristliche und christliche (warum nicht ebensogut in eine mit und ohne Tinte und Buchdruck propagierte?) und zählte beim Abälard – das Buch erschien 1864! – unter der diesen Mann betreffenden Literatur auch unter anderem L[udwig] F[euer]b[ach] „Abälard und Heloise" auf. – Solche Liederlichkeit ist nur von H[er]r[n] Rosenkranz in dessen Gesamtausgabe von Kants Werken übertroffen, wo die alten Ausgabe[n] Zeile für Zeile abgedruckt werden, so daß Kants eigne Berufungen auf Stellen in verschiedenen seiner Schriften in den Seitenzahlen stehenbleiben, die *nur* für die älteren Ausgaben Gültigkeit haben, welche ja – als vergriffen – durch die neue Gesamtausgabe ersetzt werden sollen.

Meine Vormittage sind fast ausschließlich dem Ihnen bekannten Thema gewidmet. Für Ihren Wink hinsichtlich Goethes Rezension sage ich Ihnen wiederholt Dank. Ich habe den Hobbes und Priestley mit Wonne gelesen und bin zur Überzeugung gelangt, daß der Indeterminismus nicht die Antinomie zum Determinismus bildet, sondern barer gedankenloser Unsinn ist, der nie wissenschaftlich begründet werden kann. An den hieher gehörigen Briefen des erzphiliströsen Herbart, den Sie deshalb so gründlich zurechtgewiesen, habe ich recht meinen Ärger gehabt. Der Unsinn, die Ethik des Spinoza so lesen zu wollen, als sei sie eine Theorie der Moral oder ein Stück sog[e]n[annter] praktischer Philosophie (beiläufig, meines Erachtens, ein Nonplusultra [Unübertreffbares] des Spekulationsschwindels) wäre hinreichend, über die Kompetenz d[es] H[er]r[n] H[e]rb[art] zu entscheiden. – Einmal beim Kapitel Unsinn, kann ich nicht unterlassen, Ihnen zu melden, daß infolge der heurigen Mißernte, wovon unser Land nun zum dritten Mal in 5 Jahren betroffen worden, auf Agitation der Priesterschaft (Protestanten) ein außerordentlicher Buß- und Bettag ist ausgeschrieben worden, um den Zorn des Allmächtigen abzuwenden.

Mit herzl[ichen] Grüßen an die lieben Ihrigen und Empfehlung von meiner Braut

Ihr stets ergebner W[ilhel]m Bolin /

1140

An Gustav Bäuerle

21. Oktober 1867

21. Oktober 1867
... Es gibt nur eine Wahrheit, es ist das unendlich reiche und
vielfältige Leben der Natur und Menschheit. Alle philosophischen
Systeme samt und sonders sind geistige Zellengefängnisse. Schon
der Gedanke an sie, wenn man auch nicht in sie eingesperrt ist,
beklemmt und verstimmt aufs tiefste, namentlich wenn man, wie
es dieses Jahr bei mir der Fall war, in der großen, herrlichen
Alpennatur gelebt hat. Mit aller Achtung vor Ihrem Geist und
Streben Ihr ergebener

L. Feuerbach

1141

Von Edouard Vaillant

22. Dezember 1867

/ Tübingen, 22 décembre 1867
Monsieur,
Arrivé depuis près de deux mois ici, ce n'est que par hasard que
j'ai entendu dire que vous aviez été souffrant dans ces derniers
temps. Comme je ne sais si la personne qui disait cela vous connait, j'espère que la nouvelle est fausse et que votre santé qui nous
est si précieuse, n'a recu aucune atteinte. Je serais dans tous les cas
bien heureux que mon espoir fut confirmé et qu'au lieu d'etre
retenu chez vous par la souffrance vous ayez pu avec votre famille,
comme vous le pensiez, faire un agréable voyage dans le Tyrol. –
Comme vous le voyez, je suis en ce moment à Tübingen et
j'espère que mon séjour dans cette ville bien plus allemande
qu'Heidelberg me servira plus à connaitre l'Allemagne. En outre
je suis près de Stuttgart où M. Rogeard habite toujours et nous
nous faisons de temps en temps de petites visites en attendant que
nous puissions mettre à exécution le projet que nous // avons
formé d'aller vous voir en printemps. Mes amis Rey et Roy nous

ont promis d'etre de la partie et les uns et les autres voudrions déjà etre à cet heureux moment.

Je vous envoie en meme temps que cette lettre une petite brochure qui, il est vrai, ne mérite guère la peine de vous etre envoyée – outre quelques fautes que l'imprimeur allemand a commises – ce n'était qu'un article écrit à la hate pour un journal suisse et ce n'est que sur l'incitation de M. Rogeard que cela a été imprimé comme brochure.

Il est certain que l'état des choses et des esprits est bien changé en France. Il n'y a que deux mois j'étais encore à Paris et le mécontentement du peuple était tel contre le gouvernement qui parlait déjà d'intervenir à Rome qu'un instant j'ai failli renoncer à retourner en Allemagne, croyant que votre parole allait s'accomplir et que „les chatiments allaient devenir politiques et matériels". Mais les précautions stratégiques administratives du gouvernement sont telles qu'on ne peut s'attendre à une de ces chutes brusques comme pour les gouvernements antérieures, mais ce qu'il y a de certain c'est que le réveil de la France commence ou ce qui revient au meme // la mort de l'Empire. Tous les jours de nombreuses arrestations se font, mais ce qu'on ne peut empecher, c'est le peuple sente la misère très forte de cette année, ne souffre des désastres financiers qui éclatent de toutes parts et surtout ne sort furieux de Mentana. Car à Paris surtout Garibaldi est l'homme le plus populaire, il est regardé comme le plus grand ennemi des pretres et cela suffit au peu religieux peuple parisien pour l'aimer au plus haut point. Je finirais par vous ennuyer si je vous énumérais tous les signes qui m'ont paru indiquer la prochaine venue de la révolution, aussi je m'arrête.

J'ai cherché pendant mon séjour à Paris avoir quelques renseignements sur l'ouvrage de Bailly dont vous m'aviez parlé, je pense que quand vous m'avez donné le titre vous ne vous êtes peut-être pas rappelé exactement le nom de l'auteur qui ne se trouve dans aucun dictionnaire bibliographique.

Veuillez, je vous prie, présenter mes compliments à Madame et à Mademoiselle Feuerbach et recevoir l'assurance de la haute considération

de votre tout dévoué
Ed[ouard] Vaillant

Gartenstraße, Tübingen (Württemberg). /

[Tübingen, 22. Dezember 1867
Sehr geehrter Herr!
Vor fast zwei Monaten hier angekommen, habe ich durch Zufall gehört, Sie seien in der letzten Zeit leidend gewesen. Da ich nicht weiß, ob die Person, die dies sagte, Sie kennt, hoffe ich, daß die Nachricht falsch ist und Ihre Gesundheit, die uns so kostbar ist, keinen Schaden genommen hat. Ich wäre in jedem Fall sehr glücklich, wenn meine Hoffnung bestätigt würde und Sie, anstatt durch körperliches Leiden zu Hause gehalten, mit Ihrer Familie, wie Sie es vorhatten, eine angenehme Reise nach Tirol machen konnten. – Wie Sie sehen, bin ich in diesem Augenblick in Tübingen, und ich hoffe, daß mein Aufenthalt in dieser Stadt, die viel deutscher ist als Heidelberg, mir besser dazu dienen wird, Deutschland kennenzulernen. Außerdem bin ich in der Nähe von Stuttgart, wo Herr Rogeard nach wie vor wohnt, und wir machen uns von Zeit zu Zeit kurze Besuche, in der Hoffnung, daß wir ausführen können, was wir beschlossen haben, nämlich Sie im Frühling zu besuchen. Meine Freunde Rey und Roy haben uns versprochen, mit von der Partie zu sein, und die einen wie die anderen sehen schon diesen glücklichen Augenblick herbei.

Ich schicke Ihnen gleichzeitig mit diesem Brief eine kleine Broschüre, die zwar kaum die Mühe wert ist, Ihnen geschickt zu werden – obendrein noch einige Fehler enthält, verursacht durch den deutschen Drucker – es war nur ein eilig hingeschriebener Artikel für eine schweizerische Zeitschrift, und es ist nur auf die Anregung von Herrn Rogeard zurückzuführen, daß er als Broschüre gedruckt worden ist.

Daß sich in Frankreich die Umstände geistig und materiell stark verändert haben, ist eindeutig. Vor zwei Monaten war ich noch in Paris, und die Unzufriedenheit des Volkes war solcherart gegen die Regierung, die schon davon sprach, in Rom zu intervenieren, daß ich beinahe darauf verzichtet hätte, nach Deutschland zurückzukehren, und glaubte, daß Ihr Wort sich erfüllen wird und daß „die Strafen politisch und materiell werden". Aber die administrativen strategischen Vorsichtsmaßregeln der Regierung sind solcherart, daß man nicht auf einen dieser plötzlichen Stürze hoffen kann wie bei früheren Regierungen, sicher ist hingegen, daß Frankreich zu erwachen beginnt oder, was auf dasselbe hinausläuft, das Empire am Ende ist. Jeden Tag gibt es zahlreiche Verhaftungen, doch es läßt sich nicht verhindern, daß das Volk dieses Jahr das Elend sehr stark empfindet, unter den allenthalben ein-

100 tretenden finanziellen Zusammenbrüchen leidet und seine Wut
insbesondere auf Mentana richtet. Denn in Paris vor allem ist
Garibaldi der beliebteste Mann, er gilt als der größte Feind der
Priester, und das genügt dem nicht besonders frommen Volk in
Paris, um ihn in höchstem Maße zu lieben. Aber ich werde Sie
105 noch langweilen mit meiner Aufzählung sämtlicher Anzeichen, die
mir auf das nahe Bevorstehen der Revolution hinzudeuten schienen, also höre ich auf damit.

Ich habe während meines Aufenthalts in Paris nach einigen
Auskünften über das Werk von Bailly geforscht, von dem Sie mir
110 gesprochen haben. Ich glaube, daß Sie, als Sie mir den Titel gaben, sich vielleicht nicht mehr genau an den Namen des Verfassers erinnerten, der sich in keinem bibliographischen Nachschlagewerk findet.

Wollen Sie bitte Ihrer Frau Gemahlin und Ihrem Fräulein Toch-
115 ter meine Empfehlungen übermitteln und empfangen Sie die
Versicherung der hohen Wertschätzung Ihres ganz ergebenen
Ed⟨ouard⟩ Vaillant
Gartenstraße, Tübingen (Württemberg).]

1142

Von Konrad Deubler

27. Dezember 1867

Dorf Goisern, den 27. Dezember 1867
Lieber, guter Freund!
5 Ich glaubte in meinem letzten Briefe an Dich, es wäre in diesem
alten Jahre das letzte Schreiben an Dich; allein ein Buch, das ich
diese Weihnachtsfeiertage gelesen, hat mich veranlaßt, Dich gleich
davon zu benachrichtigen. Es ist der 25. Band der Bibliothek der
deutschen Klassiker, die Denker und Forscher der Neuzeit ent-
10 haltend, Hildburghausen 1864ger Ausgabe. Seite 265 heißt eine
prachtvoll geschriebene Abhandlung „Feuerbach": „Einer der
kühnsten und tiefsten Denker, einer der glänzendsten, lebensvollsten und phantasiereichsten Darsteller, einer der humansten und
großherzigsten Charaktere der Zeit" usw. Am Schlusse heißt es:
15 „Deutschlands kühnster, freiester, tiefster Denker zog nach Ameri-

ka!" Diese so treffliche, herrlich geschriebene Biographie ist von Arnold Schloenbach.

Ich glaubte Dir gleich über einen so störenden Irrtum schreiben zu müssen! Ja, mein lieber, guter Doktor, seit ich Deine Schriften immer wiederholt durchlese und überdenke, lerne ich Dich erst recht verstehen und hochschätzen!

Du solltest uns einmal disputieren hören, wie ich und Elßenwenger, Steinbrecher, die langen Winterabende um den warmen Ofen sitzen und bald dieser oder der andere aus Deinem „Wesen des Christentums" oder aus Deinen „Gedanken über Tod und Unsterblichkeit" uns gegenseitig vorlesen, und wie wir uns auf den künftigen Sommer freuen, wenn Du wieder, wie wir fest hoffen, in Goisern einziehen wirst.

Auch unsere Zeitungen werden immer interessanter; auch bei uns in Österreich fängt der uralte tausendjährige Streit an, immer heftiger zu werden; wir haben jetzt eine ziemlich freie Presse-, Glaubens- und Gewissensfreiheit. Nur die Schulen lassen noch vieles zu wünschen übrig. Solange unsere Schulen nicht von der Kirche getrennt sind, wird und kann es nie besser werden!

Wenn wir in Österreich gute Volksredner hätten, die wären dazu bestimmt, die Bildung und Belehrung der unteren größeren Massen außerhalb der Schule zu leiten; sie würden dieses bewerkstelligen durch Reden in den allsonntäglich stattfindenden Volksversammlungen. Ihre Reden müßten die politischen und gesellschaftlichen Fragen der Gegenwart, Geschichte, Gesundheits- und Naturkunde behandeln; theologische Sachen müßten streng ausgeschlossen bleiben. Solche Volksredner würden bei uns wahre Wunder wirken und zur wahren Wohlfahrt der menschlichen Gesellschaft viel beitragen. Solche Volksredner würden mit der Zeit unsere Pastoren ersetzen. Wer weiß, was wir noch alles erleben werden? Nur mutig vorwärts – und dabei die Aufklärung und Besserung unseres eigenen Ichs nicht versäumen! Ich wollte, ich könnte nochmals auf ein paar Stunden mit Dir gemütlich meine Gedanken austauschen; aber so bin ich genötigt, Dich mit schlechtem Geschreibsel in meiner knorrigen, unbeholfenen Holzknechtsprache zu belästigen.

Sei mir darob nicht böse, lieber, guter Ludwig, und behalte auch im künftigen neuen Jahre mich lieb. Und wenn Du in diesem Winter einmal Zeit hast und bei guter Laune bist, so schreibe mir wieder einen langen Brief, wie es Dir geht, samt Deinen lieben Angehörigen, was Du für Arbeiten wieder unternommen hast.

Grüße und küsse mir Deine liebe Frau und Eleonora; sage dieser, daß ihr Brief mit ihrer Photographie bei Steinbrechers eine ungeheuere Freude gemacht hat. Ein großer Verehrer Deiner Schriften, Eduard Reich aus Gotha (Du hast bei mir seine Werke gesehen), hat mir sein Porträt geschickt, nebst einem Brief, worin er den Wunsch äußert, er möchte Dich und Radenhausen gerne persönlich kennenlernen. Er beneidet mich um meine Bekanntschaft mit Dir.

Lebe wohl und glücklich und bewahre auch im neuen Jahre Deine mir so kostbare Freundschaft Deinem treuen Freund
Konrad Deubler

1868

1143

Von Friedrich Kapp

4. Januar 1868

New York, den 4. Januar 1868

Lieber Feuerbach!
Es ist vier Wochen später geworden, als ich beabsichtigt hatte, Dir zu schreiben und zugleich ein redendes Zeugnis persönlicher und wissenschaftlicher Hochachtung einzusenden. Hoffentlich ist es trotz seines verspäteten Eintreffens noch willkommen und hoffentlich trägt es, wenn auch in geringem Grade, dazu bei, Dir eine oder andere Bequemlichkeit für das laufende neue Jahr zu schaffen.
Mir ist es seit der Zeit, daß ich nichts von mir hören ließ, ganz gut gegangen. Meine letzte Arbeit habe ich mir vor zwei Monaten vom Halse geschüttelt. Ich habe Dir durch den deutschen Verleger ein Exemplar meiner „Geschichte der deutschen Einwanderung" zusenden lassen. Einen 2. Band werde ich wahrscheinlich nicht schreiben. Es kam mir mehr darauf an, die Gesichtspunkte festzustellen, unter denen ein solcher Gegenstand behandelt werden soll; eine weitere Detailmalerei ist für denkende Beobachter überflüssig; die politischen Gesichtspunkte sind in jedem Staate der Union dieselben, geradeso wie sie in der alten Heimat für die Auswandernden dieselben waren und teils noch sind. Es wird Dich interessieren zu hören, daß der Druckfehler am Ende der deutschen Ausgabe durch die Verleger verursacht ist, welche in Leipzig nicht den Mut hatten, die anstößige Stelle über den Raubstaat im Text zu bringen. Ich zwang sie aber dazu, sie wenigstens als Druckfehler aufzunehmen. Diese polizeiwidrige Furcht ist an sich schon Grund genug, daß die Raubstaaten, Bayern an der Spitze, endlich aufhören.
Ich finde die Entwicklung der Dinge in Deutschland recht gesund und ihren Verlauf vielversprechend. Der Fortschritt ist so unverkennbar, daß der verbissenste Doktrinarismus dazu gehört, sich gegen die jetzige Entwicklung zu sträuben oder sie sogar als Rückschritt zu bezeichnen. Die Gläubigen der demokratischen alleinseligmachenden Kirche und die Ultramontanen ziehen an einem Strang: Da hört alles auf. Das Unglück ist, daß wir Deutschen alles auf dem Präsentierteller vorgesetzt haben wollen und

dann noch nach Belieben aussuchen zu dürfen glauben. Im Verhältnis zum alten Bundestagsschlendrian ist die jetzige preußische Politik eine revolutionäre; es gilt also, sie nach besten Kräften zu unterstützen, wenn wir etwas erreichen wollen. Wäre das Volk so tätig und eifrig, als es jetzt mit allem Besserwissen und Bessermachenwollen faul und passiv ist, so wäre die Einheit Deutschlands schon eine vollendete Tatsache, an welcher niemand mehr zu rütteln wagte.

Ich beabsichtige immer noch, im J[ahre] 1870 mit meiner Familie nach Deutschland zurückzukehren und, wenn meine Mittel[es] erlauben, in Berlin zu wohnen, schlimmstenfalls aber in eine größere, schön gelegene Provinzialstadt Norddeutschlands, wie z. B. Kassel, zu ziehen. Obgleich Süddeutschland billiger ist, so bietet es doch in politischer Hinsicht zu wenig; für die Stürme im Teetopf habe ich durch den längeren Aufenthalt in großen Städten, Staaten und Verhältnissen allen Sinn und Verständnis verloren.

Hier habe ich zwar eine außerordentlich angenehme und geachtete Stellung; allein sie behagt mir nicht, da ich keinen festen Boden unter den Füßen fühle. Seit einem Jahre bekleide ich ein sehr einflußreiches Ehrenamt als Commissioner of Immigration und habe als solcher alle die Einwanderer betreffenden Angelegenheiten zu leiten und zu entscheiden. Da im letzten Jahre ca. 240 000 Einwanderer in N[ew] Y[ork] ankamen und jeder von ihnen Pfund 2,50 Kopfgeld zahlte, was eine Summe von 600 000 Dollar ergibt, und da wir alle zum Schutz der Einwanderer eingerichteten Anstalten wie Hospitäler, Landungsplätze, Arbeitsnachweisungsbüros etc. etc. unterhalten müssen, so ist der Kreis unserer Tätigkeit ein sehr ausgedehnter und vielseitiger. Ich komme meinen Pflichten mit Liebe und Genuß nach, da sich unendlich viel Gutes tun und noch mehr lernen läßt. Das hiesige Leben hat seine großartigen und imponierenden Züge; allein wenn man einmal erst in seinen Malstrom geschleudert ist, so gibt es keine Ruhe und keine Ausspannung mehr. Die einzige Erholung ist der Sonntag, wo man ausruht; ohne den puritanischen Sabbat hielte man es hier keine zehn Jahre aus und wenn es von mir abhinge, so würde ich den Donnerstag oder Mittwoch zum 2. Sabbat erheben. Dieses ewige Rennen, Jagen und Treiben stumpft ab, lähmt den Geist und macht zuletzt gegen alle idealen Bestrebungen gleichgültig. Darum werden die Menschen hier auch so schnell alt, mit 40 Jahren haben die Männer schon graue Haare und ähneln unseren Sechzigern. Geschäft und nichts als Geschäft muß selbst den bestangelegten Menschen zuletzt gemein machen.

Es würde mich sehr freuen, bald wieder von Dir zu hören. Was arbeitest und treibst Du jetzt hauptsächlich? Ich bitte Dich, Deine Frau und Tochter bestens von mir zu grüßen.

Mit alter Freundschaft Dein

Friedrich Kapp

1144

An Konrad Deubler

9. Januar 1868

Rechenberg, 9. Januar 1868

Lieber Deubler!

... Ich bin so wenig in mich und meine Schriften verliebt, daß ich noch keinen Blick in sie geworfen, noch keine Zeile aus ihnen oder über sie zu Papier gebracht habe, so fleißig ich auch bin in der Aneignung von Schriften anderer, namentlich naturwissenschaftlichen und historischen Inhaltes. Du fragst mich in Deinem früheren Brief nach *Vogt*. Ich weiß aber nichts von ihm, außer was auch Du aus den Zeitungen weißt. Nur hat er mir – das war aber noch *während meines Aufenthaltes in Goisern* – durch seinen Verleger seine große, interessante Abhandlung „*Über die Mikrocephalen oder Affen-Menschen*" geschickt. Ich habe aber so viel anderes zu lesen gehabt, daß ich bis jetzt noch nicht zur Lektüre derselben gekommen bin.

Was Du in Deinem letzten Brief über belehrende, die Pastoren ersetzende Volksredner schreibst, dem stimme ich vollkommen bei. Mir war von jeher – im Kopfe natürlich, nicht in der traurigen Wirklichkeit – die Kanzel der Volks-Katheder. Hoffen wir und bestreben wir uns, daß sie dies in Wirklichkeit endlich werde! Herrn *E[duard] Reich* habe ich aus den bei Dir gelesenen Schriften, die ein wichtiger Beitrag zur Verwirklichung dieser Hoffnung sind, hoch schätzen gelernt.

Mit herzlichen Grüßen von den Meinen und mir

Dein treuer
L. Feuerbach

1145

An Jakob Herz

9. März 1868

/ Rechenberg bei Nürnberg, 9. März 1868,
Vormittag
Hochzuverehrender Herr Professor,
Ihr eben empfangenes gütiges Schreiben hat mich und die Meinigen aufs innigste erfreut und gerührt. Nur Ihrer unerschöpflichen edlen Menschenliebe, Ihrer unermüdlichen Geduld u[nd] [Ihrem] Langmut verdanken wir dieses erfreuliche Resultat, daß ohne Anwendung gewaltsamer Maßregeln Anselm in die Heilanstalt gebracht wurde, verdanken wir, daß wir ohne Sorge und Unruhe, ja mit guter Hoffnung schon jetzt seiner Zukunft entgegensehen. Ein solcher Eingang verspricht auch einen entsprechenden Ausgang. Diese Zeilen sollen daher auch nichts weiter enthalten als einen Ausdruck meiner innigsten, tiefsten Dankbarkeit und Verehrung, mit der ich stets im Stillen war, bin und sein werde
Ihr ergebenster L. Feuerbach /

1146

Von Wilhelm Bolin

19. März 1868

/ Helsingfors, d[en] 19. März 68
Mein teurer Freund!
Der Frühling naht mit raschen Schritten, und somit rückt auch der Zeitpunkt Ihrer Befreiung aus den Staubwolken und der trostlosen Einöde des Rechenbergs – trostlos, weil Sie dort Ihrer besten Freundin, der Natur, entzogen sind – heran. Ich muß also mit meinem Wunsch auf eine glückliche Übersiedelung eilen, wenn anders diese Zeilen Sie im „gesegneten" Bayer[n]lande antreffen sollen. Die Eile ist mir um so unerläßlicher, als mein langes Schweigen Sie leicht dahin bringen könnte, mir ganz und gar, wenigstens auf lange Zeit, unerreichbar zu werden. So wenig ich irgend Ansprüche auf briefliche Mitteilungen von Ihnen geltend

machen will, werden Sie es doch einem so alten und stets treuanhänglichen Freunde verzeihen, wenn er darauf bedacht ist, sich Mittel und Wege zu sichern, wodurch er Ihnen aus der Ferne geistig und bei abermaliger Reise auch persönlich nahe sein kann. Mit meinem heutigen Gruß, der Sie mit herzlichster Teilnahme in Ihre neue – mir unbekannte – Wohnstätte begleiten soll, will ich mich Ihrem Angedenken vergegenwärtigen, so daß Sie, unter einem derartigen frischen Impuls, mir die Freude eines frischen Lebenszeichens zukommen lassen, sobald Sie in Ihren neuen Verhältnissen heimisch geworden und einen freien Augenblick mir zu widmen Lust und Gele-//genheit haben. Mich erreichen Sie ganz ohne alle Hindernisse im Laufe des ganzen Sommers, den ich fast ausnahmslos hier zubringen muß. Im Sept[em]b[e]r veröffentliche ich meine Abhandlung über die Willensfreiheit, womit ich mir die Professur hier zu erwerben hoffe. Während des Sommers will ich die Durchsicht und Nachfeile meiner Arbeit vornehmen. Mit Beginn dieses Monats habe ich die schriftliche Ausarbeitung meines Thema[s] in Angriff genommen. Langsam geht es, denn ich lasse es mir sauer werden und schreibe nur bei günstiger Stimmung. Doch bin ich schon ziemlich am Ende des ersten Kapitels, welches eine summarische und urkundlich-getreue Darstellung des Determinismus bietet. Im 2. K[a]p[i]t[el] werde ich diese Richtung und ihre Angreifer würdigen. Das folgende K[a]p[i]tel gibt die Kantische Fr[ei]h[ei]tslehre nebst (mutmaßlichen) Blicken auf die daraus hervorgegangenen Ausläufe. Mein 4tes Kapitel ist einer Kritik des Kantischen Blödsinns (denn nur so kann ich die Schrulle des intelligibeln Charakters bezeichnen) gewidmet. Das fünfte und letzte Kapitel wird auf Grundlage des vorhin Erörterten den Sinn und die tatsächliche Bedeutung dessen, was mit Recht Freiheit heißen kann, festzustellen suchen. – Ich finde den Plan einfach und übersichtlich; wenigstens habe ich keinen bessern entwerfen können. Sie werden unschwer, schon aus obigen Andeutungen, ersehen, daß ich es mit dem Determinismus halte. Den Frevel, so man an dieser einzig richtigen Bestimmung des Willens begangen, kann man nicht energisch genug zu-//rückweisen. Ich habe meine Darstellung mit meinem besten Herzblut geschrieben, und *wenn* es mir gelungen, hier mich glücklicher zurechtzufinden als die gewöhnlichen Anwalte der Freiheit, so habe ich das vor allem der Richtung und Grundlage des Denkverfahrens zu danken, die ich durch Ihr Wirken erlangt. Es ist gar nicht zu glauben, wie dumm und ungenau die Ansichten des Determinismus in der Regel dargestellt – geschweige denn beurteilt werden. Ich habe es mir daher zur Aufgabe gemacht, durch vollständiges Beleuchten dieser zur vollsten Evidenz gebrachten Wahrheit (worin sich die verschiedensten Denker der 2 vorhergehenden Jahrhunderte ergänzend begegnen) die Grund- und Haltlosigkeit des Indeterminismus aufzudecken. Wie dieser Aberwitz und Ungedanke jemals als eine Antithese zum Determinismus hat aufgestellt werden können, ist mir ein absolutes Rätsel. Was der Indeterminismus behauptet, ist zum Teil (sofern es tatsächlich) nie in Abrede gestellt worden, zum Teil ein Unsinn, dessen Möglichkeit der Determinismus mit einer Sorgfalt und Gewissenhaftigkeit erklärt hat, wie sie wahrlich einem besseren Gegenstande hätten zukommen sollen.

Im Laufe des Winters habe ich in meinen Kollegien Geschichte d[er] Philos[ophie] gelesen. Augenblicklich bin ich beim Leibniz, der nach einer Betrachtung des Berkeley und Hume von Kant abgelöst werden soll; diesem widme ich möglichste Sorgfalt, um mit den Epigonen um so rascher fertig werden zu können. Ich mag // der modernen Scholastik nicht mehr Aufmerksamkeit widmen, als sie Wert hat; denn wie man die hier betriebene theologisierende Reaktion übersehen kann, ist mir fast ein Rätsel, das sich mir nur wenig dadurch löst, daß ich die Geneigtheit der Leute kenne, sich von ihrem Wunschdenken leiten und daher mit Worten abspeisen zu lassen. Mit besonderer Vorliebe habe ich diesmal meine Bekanntschaft mit Bacon, Descartes und Hobbes erneuert, sowie zumal mit Vorteil mich im Spinoza umgesehen. Die Wahrhaftigkeit und die Gedankenfrische dieser Leute ist so wohltuend wie das Geschwätz und Begriffsgewürge der Neoscholastiker widerwärtig ist.

Bevor ich diese Zeilen schließe, muß ich Ihnen noch anzeigen, daß ich seit 3 Monaten verheiratet bin. Obschon ich diese Zeit über mit Arbeit reichlich bedacht gewesen, habe ich doch den Segen eines solchen vollen und ganzen Lebens aus tiefstem Herzen gespürt und genossen, damit die Wahrheit Ihres Satzes bestätigend, daß Mann und Weib zusammen nur den ganzen Menschen ausmachen. Bei dieser Gelegenheit habe ich gar manches Mal bedacht, ob solcher Unsinn, wie ihn die Spekulation ausgeheckt, jemals zutage gefördert wäre, wenn die Bekenner der Weisheit in ihrem Leben nicht so vorwiegend dem Zölibat ihrer götterhauptentsprossenen Schutzpatronin gehuldigt hätten. Ich gehe von dieser Vermutung nicht ab, trotzdem spätere Beförderer der Spekulation im Ehestande lebten und z. B. H[err] Hofrat

Kuno Fischer mittendrinnen ist; ich bleibe bei meiner Vermutung, weil nicht alle Spekulanten *Selbstdenker* sind. Mit bestem Gruß von meiner Frau an Sie und die Ihrigen, denen ich mich zu empfehlen bitte

                Ihr treuer W[i]l[hel]m Bolin /

Grüßen Sie gefälligst den Deubler. Meinen Brief im Spätherbst haben Sie wohl erhalten? /

1147
Von Edouard Vaillant
22. März 1868

/ Tübingen, 22 mars 1868

Monsieur,

Votre bonne lettre, vraiment bien trop bonne pour moi, m'a fait le plus vif plaisir, non seulement par les paroles si obligeantes que votre indulgence et votre bonté m'adressent, mais surtout parce qu'elle me donne l'assurance de votre bonne santé.

J'aurais désiré vous répondre plus tôt, mais j'attendais toujours que je pu[i]sse vous dire l'époque où nous pourrions, mes amis et moi, vous aller voir. Je vois qu'il me faudrait attendre trop longtemps, car s'il est facile de résoudre pour soi, il n'en est plus de meme, quand il s'agit de plusieurs. Ni M. Rogeard, ni Rey ne voudraient me laisser partir sans m'accompagner, mais l'un et l'autre sont retenus en ce moment par tant d'embarras et d'occupations que malgré leur vif désir ils ne peuvent répondre à mes pressantes demandes de fixer une époque. J'espère néanmoins que nous aurons tous ce plaisir dont nous avons parlé si souvent d'aller ensemble nous faire notre visite ce printemps. Mais ce dont nous serions désolés, c'est que cela retardat d'un seul jour votre départ // pour le Tyrol, quelque grande que serait notre peur de ne pouvoir vous voir, notre égoisme n'est pas assez grand pour ne pas désirer avant tout votre santé si utile à tous et qui nous est à nous doublement chère.

Je vous envoie en meme temps que cette lettre une protestation des ouvriers francais exilés à Londres contre la seconde expédition romaine. Les ouvriers l'ont signé, mais elle a été écrite par Félix

Pyat qui vient de me l'envoyer et que vous connaissez sans doute de nom. C'est un des meilleurs républicains que en ce moment vivent à l'étranger, exilé depuis 1849 par la réaction. C'est un de ceux qui ont fait la plus rude guerre à l'empire et sous toutes les formes. D'ailleurs l'importance de cette protestation vient surtout de ce qu'elle est une oeuvre collective et vraiment la voix de la vraie France opposée à celle des bandits des Tuileries et des assassins pontificaux et bonapartistes de Mentana.

Adieu, Monsieur, ou plutot, je l'espère, à bientot. Veuillez, je vous prie, présenter mes compliments à Madame et Mademoiselle Feuerbach et recevoir l'assurance de la haute estime et de l'affection respectueuse

de votre tout dévoué
Ed[ouard] Vaillant /

[Tübingen, 22. März 1868
Sehr geehrter Herr!

Ihr gütiger, für mich wahrlich zu gütiger Brief hat mir das lebhafteste Vergnügen bereitet, nicht allein wegen der so wohlwollenden Worte, die Ihre Nachricht und Güte an mich richteten, sondern vor allem, weil er mir die Gewißheit Ihrer guten Gesundheit gibt.

Ich hätte gewünscht, Ihnen eher zu antworten, aber ich wartete immer darauf, Ihnen die Zeit mitteilen zu können, in der wir, meine Freunde und ich, Sie besuchen könnten. Ich sehe, daß ich zu lange warten muß, denn es ist leicht, für sich zu entscheiden, wenn es sich um mehrere handelt. Weder Herr Rogeard noch Rey würden mich fahren lassen, ohne mich zu begleiten, aber der eine wie der andere werden im Augenblick durch so viel Hindernisse und Beschäftigungen zurückgehalten, daß sie trotz ihres lebhaften Wunsches meiner Bitte, eine Zeit festzusetzen, nicht entsprechen können. Nichtsdestoweniger hoffe ich, daß wir alle das Vergnügen haben werden, von dem wir so oft gesprochen haben, gemeinsam unseren Besuch in diesem Frühling zu machen. Aber wir wären untröstlich, wenn das nur einen einzigen Tag Ihre Abreise nach Tirol verzögerte, so groß auch unsere Angst wäre, Sie nicht zu sehen, so ist doch unser Egoismus nicht groß genug, um nicht vor allem Ihre, uns allen so nützliche Gesundheit zu wünschen, die uns doppelt teuer ist.

Ich schicke Ihnen gleichzeitig mit diesem Brief einen Protest nach London verbannter französischer Arbeiter gegen die zweite römische Expedition. Die Arbeiter haben ihn unterzeichnet, aber

er ist von Felix Pyat geschrieben worden, der ihn mir geschickt hat
und den Sie zweifellos dem Namen nach kennen. Er ist einer der
besten Republikaner, die zu diesem Zeitpunkt im Ausland leben,
seit 1849 von der Reaktion verbannt. Er ist einer derjenigen, die
den heftigsten Krieg gegen das Empire geführt haben und dies in
jeder Form. Übrigens rührt die Wichtigkeit dieses Protests daher,
daß er ein Gemeinschaftswerk und wirklich die Stimme des wahren Frankreich, im Gegensatz zu den Tuilerien-Verbrechern und
den päpstlichen und bonapartistischen Mördern von Mentana ist.

Leben Sie wohl, verehrter Herr, oder vielmehr, so hoffe ich, auf
bald. Wollen Sie bitte meine Empfehlungen Ihrer Frau Gemahlin
und Ihrem Fräulein Tochter übermitteln und empfangen Sie die
Versicherung der hohen Wertschätzung und respektvollen Zuneigung

Ihres ganz ergebenen
Ed⟨ouard⟩ Vaillant]

1148

An Friedrich Kapp

11. April 1868

/ Rechenberg, 11. Apr[il] 68
Lieber Kapp!
Mit Staunen habe ich soeben aus meinem Kalender ersehen, daß
ich schon am 29. Jan[uar] Deinen Brief nebst der schätzbaren,
dankenswerten Beilage erhalten habe. Aber so ist es nun einmal
bei mir: Vor lauter Denken komme ich nicht zum Danken, vor
lauter Lesen nicht zum Schreiben, vor lauter Inmichhinein-Verschlingen nicht zum Von-mir-Geben. Und dies gilt nicht nur vom
Brief-, sondern auch vom Bücherschreiben. Freilich ist auch mit
Ausnahme einiger Jahre, wo ich ebenso viele feindliche als freundliche Anregung und Aufforderung von außen erhielt, mein literärisches – auch sonstiges – Curriculum vitae [Lebenslauf] ein solches gewesen, daß mir alle Lust zum Schriftstellern vergehen
mußte. Erst dieser Tage bin ich durch eine eben erschienene
Streitschrift wider den Papismus oder Ultramontanismus, „Der
heilige Rock" – eine empfehlenswerte, mit beißender Schärfe das
römische Scheusal zerlegende Schrift – veranlaßt worden, in

meinen schon vor 30 Jahren geschriebenen „P[ierre] Bayle" einen Blick zu werfen. Was ich schon damals in jener durch und durch obskuren Zeit sagte, ist heute noch brauchbar. Aber wer liest jetzt etwas, was schon vor 30 Jahren geschrieben worden ist? Und wie ist zur Zeit ihrer Erscheinung die Schrift gegangen? Die „Hallischen Jahrbücher", das damals freisinnigste // Journal, haben nicht einmal auch nur ihre Erscheinung angezeigt. Wozu ist sie also geschrieben? Doch genug von der Misere eines deutschen Schriftstellers. Ich habe ja doch auch viele erfreuliche Beweise tätiger Anerkennung erhalten, wie ja erst Du mir wieder einen solchen gegeben hast. Ich denke daher auch noch keineswegs meine Feder in Ruhestand zu versetzen, ich denke vielmehr noch eine Schrift über meine Schriften, über mein geistiges Curriculum vitae überhaupt zu schreiben, obwohl mein Wahlspruch der solonische ist: Lernend, also nicht schreibend, lehrend – altere ich. Meine Gesundheit ist wieder die alte, d. h. mir fehlt gar nichts. Die äußere Ursache hievon ist wohl hauptsächlich die großartige, geist[-] und körpererhebende Alpennatur, welche ich voriges Jahr genossen habe. Ich war nämlich vier Wochen mit meiner Tochter im Salzkammergut: „wo des Sarsteins Höh' die Wolken küßt, wo Oberösterreich den Steierer grüßt", wo aber nicht nur die Natur, sondern auch der Mensch, was so selten zusammentrifft, interessant ist, wo sich durch alle Verfolgungen naher und ferner Zeiten hindurch ein protestantischer Kern erhalten hat, wo der Mensch nicht nur auf zoologischer, sondern auch anthropologischer Höhe, nicht nur auf der Höhe des Raumes, sondern auch der Zeit [sich] befindet, wo es schlichte Bauern, Bergleute und Handwerker gibt, die sich mit Naturwissenschaft, selbst Astronomie und Philosophie, d. h. Anthropologie, beschäftigen, wie // mein dortiger Freund Deubler, Wirt und Bäckermeister im Dorfe Goisern bei Ischl, dessen dringende Einladung und Gastfreundschaft mich allein zu dieser Reise bestimmt hatte. Einen traurigen Gegensatz zu diesem Kern und besonders den einzelnen, darin hervorragenden Menschen bildet freilich die bisherige österreichische Pfaffenherrschaft und Finanznot, die auf dem Volk im ganzen lastet, so daß selbst die Nationalvergnügungen, Gesang, Tanz, Scheibenschießen verschwunden sind. Alles ist besteuert. Selbst das Erdbeersammeln in den Wäldern hat man besteuern wollen, wie mir der Ortsvorstand von Goisern, ein gleichfalls sehr intelligenter und freisinniger Mann, erzählt hat. Und doch ist das Volk auch im ganzen von guten Anlagen, lechzt nach Freiheit, nach Bildung, nach Besserung in jeder Beziehung. Welch ein Gegensatz zwischen Volk und Regierung! Leider nicht nur an der Donau, sondern auch an der Isar, auch an der Spree. Ihr Amerikaner seht freilich unsre deutschen Verhältnisse, schon vermöge Eures sinnlichen, räumlichen Standpunkts, der von größerm Einfluß, als man gewöhnlich denkt, mit andern Augen an als wir Inländer. Ihr habt vor Euren Augen nur den Rock; der Rock, namentlich wenn er eine Uniform, imponiert nach außen, aber uns liegt das Hemd näher als der Rock, und wir stecken leider noch immer in dem alten, schmutzigen, zerrissenen, die Haut schindenden Kasernenhemde. Was kann überhaupt nach allen Erfahrungen der neuern Geschichte aus // einer dynastischen Regierung allgemein Gutes hervorgehen? Mit Recht verhöhnst Du die Raubstaaten. Ich habe mit dankbarem Wohlgefallen und Beifall die von buchhändler[i-scher] Feigheit unterdrückte Stelle gelesen. Es gibt nichts Erbärmlicheres als die Souveränität der deutschen Bagatellstaaten. Aber sind denn wir die kleinen, nach innen noch immer souveränen Fürsten los? Hat Preußen den Willen, den Mut, die Macht gehabt, Deutschland zu einigen? Mitnichten, es hat nur sich, nur seine Vergrößerung gewollt und erreicht. Mehr erreicht es auch nicht, solange es ein fürstl[iches], ein königliches Preußen bleibt oder erreicht es die deutsche Universalherrschaft – wir werden Franzosen, wenn wir gleich dem Namen nach Deutsche sind. Ich bleibe fest bei dem Satze der alten französisch[en] Revolution stehen: Es wird nicht [eher] besser, als bis an dem letzten Pfaffendarm der letzte König hängt.

Deine „Geschichte d[er] d[eutschen] E[inwanderung]" habe ich längst durch Vermittlung des hiesigen Germ[anischen] Museums erhalten. Ich habe aber zeither so vieles, so Verschiedenes, darunter auch so Schweres, wie z. B. die grandiose „Kritik der politischen Ökonomie" von K[arl] Marx, gelesen und studiert, daß ich mit Ausnahme des ersten Kapitels und der bewußten Stelle ihre Lektüre absichtlich zurückgestellt habe, um nicht, woran ich so schon beinahe bin, über dem Lesen und Studieren vollends das Schreiben zu vergessen und zu verlernen. A prop[os], kennst Du den Lüdeking in St. Louis? Er schreibt mir schon vom 3. Nov[ember] [18]67 von mehrern Aufsätzen, die er an mich abgesandt habe, die ich aber nicht erhalten habe. Ich kenne nicht seine nähere Adresse, um ihm für s[einen] guten Willen danken zu können. Stehst Du vielleicht mit ihm in Verbindung? Die Meinigen befinden sich sämtlich wohl und gedenken Deiner freundlichst. Mögen die Deinigen sich ebenso befinden. Mit diesem Wunsch und Dank Dein alter Freund

L. Feuerbach /

1149

An Wilhelm Bolin

30. Mai 1868

/ Mein lieber Herr Bolin!
Pfingsten ist vor der Türe, damit die Zeit erschienen, die ich für Sie bestimmt habe, aber nur, um Ihnen zu schreiben, daß und warum ich nicht Ihnen schreibe, damit Sie wenigstens wissen, woran Sie sind, nicht umsonst warten, was immer eine unangenehme Empfindung macht, wenn auch das Erwartete nur ein Brief ist. Es ist nämlich nach einem gesund und glücklich, aber nicht mit der Feder, nur in leichter und schwerer Lektüre verschiedenster Art verlebten Winter in diesem bei uns in Deutschland unvergleichlich ununterbrochen schönen, aber auch ungewöhnlich heißen und trocknen Mai eine Revolution in mir vorgegangen: Ich bin wieder Schriftsteller geworden, und zwar Schriftsteller wie in meinen besten Jahren, Schriftsteller, der mit Lust und Liebe arbeitet, der aber eben deswegen auch nur Zeit und Sinn für das Thema seiner Schrift hat. Was ist denn aber dieses Thema? Ich kann und mag es jetzt noch nicht mit platten Worten sagen, weil ich noch nicht weiß, wie es sich noch weiter gestaltet. Ich sage nur, was sich von selbst versteht: Es ist nur das Thema meiner Schrift oder eigentlich das Thema dieses Themas, aber das nicht mehr im Inkognito für Freund und Feind, nicht mehr, wenn auch nur scheinbar, für die traurigen Herrn Philosophen, sondern für die // leid- und freudempfängliche Menschheit, nicht mehr in rigorosen Selbstbeschränkungen und historischen Beengungen, sondern frank und frei ausgesprochne Thema meiner alten bekannten, aber unerkannten Schriften. So wenig und doch so viel! Ist ja für jetzt bei mir keine Rede selbst von dem mir unvergeßlich lieben Goisern. Leben Sie wohl selbander.
Rechenberg, 30. Mai [18]68

Ihr L. Feuerbach

Die Meinigen sind wohl und grüßen Sie. /

1150

Von Gustav Weilshauser

18. Juli 1868

/ Oppeln, d[en] 18. 7. 68

Sehr geehrter Herr! Wenn ich mir erlaube, Ihnen einige Gedanken von praktisch allergrößter Bedeutung zur gef[älligen] Begutachtung vorzulegen, so geschieht es, weil ich unter den geistig mir verwandten Autoren keinen kenne, der mit größerer und kühnerer Denkschärfe, namentlich in der Abhandlung über die Freiheit, *jene* sehr naheliegende Untersuchungen angestellt hätte. Ich meine die staatsketzerische Frage, ob wirklich, in der Tat und Wahrheit, bei begangenen Verbrechen, namentlich Morden, wie das Krim[inal]recht annimmt, auch nur in einem Falle die Möglichkeit vorlag, jene Tat zu unterlassen und also Zurechnungsfähigkeit mit ihrem Gefolge der langjährigsten Martern angenommen werden darf? Bisher ist wohl noch jeder Autor, der das Gebiet der Freiheit auf noch so enge Grenzen beschränkte, erschrocken stillgestanden, wenn die Frage nach der rechtlichen Verantwortlichkeit ihm sich aufdrängte, und selbst J[ohann] C[hristian] Fischer in seiner „Willensfreiheit" nimmt die Androhung der Strafe als ein hinlänglich starkes Motiv zur Unterlassung einer Missetat. Freilich gehört ein seltner Mut dazu, ein Prinzip durchzuführen, das nicht nur eine ganze vergangne Weltanschauung, sondern darauf basierende mehrtausendjährige Staatseinrichtungen auf den Kopf stellen und vor den Kopf stoßen muß. Die öffentliche Publikation könnte den Autor eines solchen Buchs mindestens ins Irrenhaus bringen. Doch zur Sache. Ich bin Autodidakt, habe nicht das Glück, eine gediegne philosophische Grundlage zu empfangen, gehabt; mein heißes Streben nach Klarwerdung hat mich in den verschiedensten Büchern mich umschauen lassen und mir darin meist ebensoviel sich widersprechende Meinungen gezeigt, daß ich Sie eben bitten möchte, bei der geistigen Entbindung und Entwickelung dieser Gedanken Mäeutik [Geburtshilfe] nach Sokrates zu üben und bewährt Gefundnes weiter zu zerlegen, Irriges zu widerlegen.

Ich meine nämlich: Die Willensfreiheit kann bei Verbrechen nie in bereits erfolgten, sondern nur in allen den Fällen ange-//nommen werden (als *Möglichkeit* der Unterlassung), wo dasselbe eben

in der Entwicklung begriffen, doch nicht zur Ausführung gelangte,
die also eben unbekannt geblieben sind. Sei das Hindernis ein
äußerlich dazwischentretendes, welches dadurch aber auch für die
spätere Zeit die Grundlage der Gemütsstimmung ändert, nicht bloß
momentan hemmt, sei es, daß die Auffassung des Bildes des
Gehaßten eine mildere würde, sei es endlich, daß dieser selbst,
statt der früheren Gegenwirkung eine freundliche entgegenkom-
mende Stellung zu dem Gereizten einnahm. Hier unterblieb die
beabsichtigte Tat, weil die Möglichkeit dazu da war. Dagegen ist
mir wahrscheinlich: Wo die Tat aber wirklich eingetreten ist, da
geschah dies mit derselben Notwendigkeit wie bei jedem andern
Naturereignis. Der Täter muß in seinen wesentlichsten Lebens-
bedingungen gehemmt sein (wobei physische Nervenüberreizung
so gut wie arge Verletzungen des Selbst- und Ehrgefühls eine
wichtige Rolle spielen). Es muß, wenn der Betr[effende] in hohem
Grade jener erstgenannten entbehrt, mindestens *Aussicht* sein, daß
in einer erträglich langen Zeit die Hemmungen aufhören oder doch
nachlassen werden, um die Ausführung hinzuschieben. So bei
Personen, die durch eheliche, familiäre oder geschäftliche Bande
auf die engste persönliche Berührung angewiesen sind und doch
durch die gerade tatsächlich stattfindenden Kollisionen (wozu oft
selbst persönlicher Widerwillen gehört) es einer dieser Personen
aufs dringendste wünschenswert ist, wenn nicht ganz das Verhältnis, so doch die *un*mittelbare Nähe aufzugeben. In so vielen Fällen
stehen dem nun Kirchen- und Staatsgesetze wie gesellschaftliche
Vorurteile entgegen, der Gehaßte steigert nun vielleicht seinerseits
das Peinliche der Lage absichtlich, um durch empfindliche Gegen-
überstellung sein Selbstgefühl recht zu erhöhen – und nun bricht
die Kraft des Widerstandes, und die unselige Tat ist geschehen.
Die noch viel traurigere Lage und noch viel mehr entschuldbare
Tat der Kindsmörderinnen, die gerade am grausamsten zu Tode
gemartert wurden, darf ich *Ihnen* gegenüber nur andeuten. /
/ Eine Hauptrolle bei der Beurteilung der Tat spielt im Krim[i-
nal]recht die Frage nach dem etwa plötzlichen Übermanntwerden
durch eine heftige Leidenschaft oder der längere Zeit in Anspruch
nehmenden Erwägung der Absicht, in welch letzterem Falle die
Verurteilung gewiß ist. Zunächst ist es doch ganz falsch von den
Richtern ex officio [von Amts wegen] oder andern, wenn sie ihr
eignes Ich, ihre liebwerte Person in der ganz affektlosen und
behaglichen Lage ihres Befindens dem zu Beurteilenden vor seiner
Tat unterschieben und dabei unwillkürlich denken: Hätte *ich* es

denn (ich, der ich z. B. für Fällung eines Todesurteils meinen guten Sonntagsbraten bezahlt bekommen) getan? So gut *ich*, mußte es auch jener lassen können. Es gehört Gemüt und rege Phantasie, tiefes Mitgefühl, was freilich bei eignem leidenvollen Leben am feinsten mit andern empfindet, um die Seele des Verbrechers ohne Voreingenommenheit betrachten zu können. Das Motiv, was den Unglücklichen zur bald selbst bereuten Tat treibt, wirkt mit derselben Notwendigkeit durch Wochen und Monate, als bei plötzlichem Übermanntwerden durch Erbitterung (wie dies Ideler in seiner Seelenheilkunde öfter darlegt), und nur der Gewinn andrer Gesichtspunkte, selbst größere Gesundung mit Herabstimmung der Nervenreizbarkeit oder veränderte Äußerlichkeiten ändern hier etwas. Das Leben des Täters leidet irgendwie im tiefsten Grunde und muß reagieren, so oder so. So viel für heut' als Embryo einer Überzeugung, deren Begründung andern gegenüber *Bücher* erfordert. Diese andern werden nun natürlich Zeter schreien: wie denn das ohne sittlichen Zerfall in der Welt durchzuführen ginge? Nun einfach, indem die Strafen immer mehr gemildert, die Verbrecher immer mehr als Gemütskranke, ihre Taten als Verirrungen und zu heilende Verstimmungen aufgefaßt würden; dagegen aber das unablässige Forschen der Menschenfreunde sich regte und die ungesäumte Verwirklichung in den Staatseinrichtungen stattfände. Wo in den äußerlichen Herkömmlichkeiten *solche* Schranken sich befinden, die den Menschen aufs tiefste in seiner natürlichen und geistigen Selbstentwicklung hemmen, dies muß mit warmer Menschenliebe ergründet und deren Gegenteil verwirklicht werden; jeder einzelne Kriminalfall gibt ja die handgreiflichsten Fingerzeige. Sodann aber die Verbrei-//tung jener warmen Menschenliebe in den jetzt meist so eisig kalten Herzen durch die höchst versittlichte Religionsauffassung und lebendige Mustergebung, die da auch das gefallene Mädchen und den bisher verachteten Verbrecher mit dem Auge jener Rührung betrachtet und behandelt, mit der wir im Geiste den Abstand zwischen der Kraft des einzelnen und den so vielfachen Fallgruben unserer Weltzustände messen.

Erlaubt es Ihre Zeit noch (für deren längere Inanspruchnahme mein ernstes Wahrheitsstreben mir wohl bei Ihnen Verzeihung bewirken wird), so möchte ich noch 2 Worte über meine Auffassung des vielbesagenden einen Wortes: *Gott* hinzufügen, dessen Täuschungen zu zerstören ja eine Hauptaufgabe Ihres unermüdlichen Denkens war. Nach Ebel (in der mir leider nicht zugänglichen Zeitschrift Kuhns für vergl[eichende] Sprachf[orschung] V., [S.] 235 f.) besagt das deutsche Wort Gott nichts andres als das Verborgene, Geheimnisvolle, Namenlose, „secretum illud" [jenes Verborgene], Tac[itus] „Germ[ania]". Erweist nun dies der Philologe jedenfalls auf sprachgeschichtlichem Wege, so arbeiten vereinzelte Philosophen dieser Auffassung auf *ihren* Wegen in die Hände. Sie wissen, was Blasche sehr Verwandtes an manchen Stellen seiner „Philosophie der Offenbarung" darüber sagt, z. B. S. 6, [1)] daß das Wesen der Offenbarung die Erkenntnis sei, daß 2) nur das Unbekannte, Verborgene, das Geheimnis offenbar werden kann, setzt zu Anfang des § 11 Gott identisch mit dem ewigen Geheimnis usw. Vergleichen Sie damit die so äußerst lichtvolle Auseinandersetzung Kuno Fischers in seinem „Spinoza", erste Auflage, S. 543 ff., deren Kern in dem Satze gipfelt: Nicht der Gott wird zum Terminus (der Erkenntnis), sondern der Terminus wird zum Gott, so schließt sich wohl hierin ungezwungen die Folgerung, daß Gott nur die sprachliche Bezeichnung für alles bisher von uns Unbegriffene, wie erst später zu entdeckende Weltgesetze, uns alles erst in der Zukunft in die Erscheinung Tretende, also uns noch // zur Lebenserfahrung Gewordene, welches beides bisher uns noch unbekannt ist, also gleich verborgen. Gehen wir der Welt und nur der Welt auf den Grund, erforschen wir sie immer *gründlicher,* dann erkennt die bisherige Metaphysik immer klarer darin Gott, der freie Denker aber immer tiefer die *Welt.* Wozu noch länger jenes nichts erklärende und nur die stete Grenze unsres Wissens bezeichnende Wort? Noch eine andre Seite der Auffassung. Wenn der Gewissenhafte die Wahrheit seiner Aussage bekräftigt durch ein „Bei Gott!", so deute ich dies hier so: Im tiefsten ihm selbst verborgensten Seelenwinkel lebt ihm der Trieb der *Wahrheits*äußerung als wesensgemäßer Selbstbezeugung, der mit dem Gefühl der Gerechtigkeit gegen seinesgleichen eng verbunden ist. Da diese Regungen ihrem Ursprung nach dem Nichtforscher so verborgen, so wird ihre Urheberschaft ja schon von dem Richter der bei uns herrschenden Religion auf Gott als Vater zurückbezogen und besagt dies doch nur, daß das *verborgne* Lebensgesetz sich mit heiliger Notwendigkeit hierin durchführt, aus dem Verborgnen zutagetritt. Bestätigt wird diese Auffassung dadurch, daß gleichbedeutend mit dem Schwur: „Bei Gott", der: „Bei meiner Seele" geleistet wird, der ebenso stark bekräftigt und also hier das Zusammentreffen des *Verborgensten* in unserm Innenleben, mit dem ebendieses besagende Wort dokumentiert.

Genug für heut'! Ihr reger Wahrheitsdrang und warmes Herz für Menschenwohl wird gewiß nicht ohne *einiges* Interesse auf obigen Zeilen geruht haben, und meine gleichartigen Gefühle werden eine // auf wissenschaftliche Gründe gestützte Widerlegung dankbar entgegennehmen.
Mit Hochachtung zeichne ich als

      Ihr
      freundlich ergebener
      Gustav Weilshauser /

1151

Von Jacob Moleschott

11./12. September 1868

      / Turin, 11. Sept[ember] 1868
Lieber, hochverehrter Freund!
Hätte ich nicht im Herzensgrunde ein so gutes Gewissen gegen Sie, und wären Sie nicht Feuerbach, der unmöglich Regelmäßigkeit mit Treue oder herkömmliche Höflichkeit mit Freundschaft verwechselt, dann würde ich kaum den Mut haben, Ihnen zu schreiben. Aber mir hat infolge des Verlustes eines innig geliebten Töchterchens, das bereits, obwohl es nur wenig über fünf Jahre alt war, die süßesten Hoffnungen erfüllte und die strahlendsten erweckte, der Mut zum Schreiben überhaupt gefehlt, und so mußte ich es bitter entgelten, daß ich schwieg, indem ich von den verehrtesten Freunden nichts hörte. Möge es Ihnen, wenn Sie dieses Blatt erhalten, ähnlich gehen wie mir, als ich Ihren hochwillkommnen // Brief und das vortreffliche Buch erhielt. Solche Gaben kommen freilich nie zu früh, dachte ich, aber sie kommen auch nie zu spät. Und so möge der herzliche Dank, den ich Ihnen heute darbringe, wenigstens beweisen, daß er nicht einer Stimmung entsproß, die rasch wie ein pflichtschuldigst abgetaner Brief verrauscht, ohne eine bessere Spur zurückzulassen. Mich sehnt es gewaltig darnach, wieder etwas Erfreuliches von Ihrem Befinden, von Ihrem Wirken und Ihrer Erholung zu hören. Als Sie mir im vorigen Jahre schrieben, hofften Sie, daß eine zu unternehmende Reise Ihnen volle Erfrischung bringen würde. Ist das seitdem geschehen? Und sinnen Sie jetzt vielleicht auf eine zweite? Und

ist keine Aussicht vorhanden, daß // Sie Ihre Schritte einmal nach Italien lenken? Freilich träfen Sie das Land eben nicht in blühender Stimmung. Was man ihm so lange nachrühmen konnte, was unter Cavour eine Wahrheit war, daß die Regierung nichts Höheres anstrebte, als der Ausdruck des Volkswillens zu sein und diesem gerecht zu werden, ihn zur Geltung zu bringen, ist leider in diesem Augenblicke zur Lüge geworden. Die Regierung hat sich durch Frankreich die Hände binden lassen, das Volk aber ist über die zahllosen Demütigungen von dem Quacksalber auf Frankreichs Thron so empört, daß ihm ein französisches Bündnis als der Greuel aller Greuel erscheint. Der König, der eigentlich mit dem Volke gehen möchte, der wohl weiß, // daß er ein König von Volkes Gnaden ist, vielleicht auch eine Ahnung davon hat, daß die Könige um der Völker willen da sind, daß die königliche Würde im Staatsdienst wurzelt, ist von ehrgeizigen Ministern umgarnt, und daher könnte ein jetzt ausbrechender Krieg für Italien die verhängnisvollsten Konflikte heraufbeschwören. Und doch, welch anderes Mittel soll der schamlosen Diktatur, die auch nach Preußens Machtvergrößerung Frankreich seine Einheit, wenn auch nicht seine Einigkeit verdankt, ein Ende machen als der Krieg? Wird der Krieg ganz Deutschland einigen? Oder ist Möglichkeit vorhanden, daß Östreich einen großen Teil vom Süden Deutschlands an sich fesselt und noch einmal das Korsarenhaus den deutschen Dualismus als Amboß für deutsche Freiheit benützt? Es wäre mir // unendlich interessant, wenn ich Sie über diese Dinge hören könnte. Ich gestehe, daß ich der nächsten Zukunft nicht ohne Zagen entgegensehe. Das bißchen Macht, was Italien haben könnte, wird von seinen hadernden Generälen und von dem Zwist zwischen Regierungssucht und Volksinstinkt verscherzt. Läge ein einiges Deutschland uns gegenüber, so zweifle ich nicht, daß der Volksinstinkt über die Ränke des Ehrgeizes siegen würde. Gelingt es aber Napoleon, auch nur einen kleinen Streifen Süddeutschlands als Keil zwischen den Norddeutschen Bund und Italien vorzuschieben, dann weiß ich nicht, was aus uns werden soll. Denn die Nation kann nicht begeistert mit Frankreich gehen, und ein Krieg ohne Begeisterung wäre ja ein Unglück, selbst // wenn er siegreich wäre.

So ist denn die Politik eben kein erquicklich Feld und die Stimmung hier im ganzen eine gedrückte. Mir ist's wohltätig, daß ich so viel zu arbeiten habe, daß es mir beinahe zugut' kommt, wenn der Völkerpuls ein wenig ruhig geht. Ich brauche Ihnen nicht zu sagen, wie sehr ich dies selbst als einen leidigen und leidenden Trost ansehe. Aber praktische Philosophie ist es eben doch, gute Miene zum bösen Spiel zu machen, und daher benütze ich alle Zeit, die meine Tätigkeit als Arzt und Lehrer mir übrig läßt, um rüstig an meiner Anthropologie zu arbeiten, an der ich in diesen Ferien nach langer Zeit wieder einmal einen ordentlichen Ruck machte. /

/ Meiner Familie geht es gut. Ich habe schon eine Tochter, die in Ihren Schriften liest und deren gerader, entschiedener Sinn zu den besten Hoffnungen berechtigt.

Wenn Sie mir wieder einmal schreiben, würde ich gar gern auch etwas von der Witwe Ihres Bruders Anselm erfahren. Ich war kürzlich in Heidelberg, aber nur auf 2 Stunden (ich reiste zu meiner kranken Schwester und alten Mutter nach Godesberg und Kleve); es war mir unmöglich, sie zu besuchen.

Mit den herzlichsten Wünschen und der wärmsten Verehrung Ihr

Jac[ob] Moleschott

Turin, via Burdin 6
12. Sept[ember] 1868 /

1152

Von Wilhelm Bolin

17. September 1868

/ Helsingfors, d[en] 17. Sept[em]b[e]r 1868
Mein teurer Freund!
Die lange Zeitspanne, die zwischen dem Empfang und der hiemit bewerkstelligten Beantwortung Ihrer lieben Zeilen vom Ende Mai d[ieses] J[a]hr[e]s liegt, ist ausgefüllt durch die Ausarbeitung und Vollendung meiner *kritischen und logischen Untersuchung über das Problem der Willensfreiheit,* das vor 6 Tagen in schwedischer Sprache an die Öffentlichkeit trat. Ende dieser Woche findet die öffentliche Disputation statt – eine alberne Prozedur, die leider noch beibehalten [wird] und bisweilen viel gilt. Ich hoffe, diese letzte und langweiligste, peinlichste und verächtlichste Prüfung mit Erfolg zu bestehen, zumal mir dreijährige Kathedererfahrung zu Gebote steht. Ich glaube, mir einen

erwünschten Ausgang um so eher versprechen zu dürfen, als ich mit meiner Arbeit selbst zufrieden bin. Meine Aufgabe, den Anlaß und die Möglichkeit des Streites über Freiheit und Notwendigkeit hinsichtlich des Willens zu erklären, glaube ich vollständig gelöst zu haben. Getreu Ihren Winken und Ihrem eigenen Verfahren, habe ich meine Darstellung auf die zwei Fragen gegründet: 1) Was bedeutet Notwendigkeit? – 2) Was bedeutet Freiheit? Um diese Begriffe in ihrem reinen Sinn zu fassen, habe ich mich für den ersten derselben an die Deterministen gehalten, um durch ihre treffenden, wohlbewiesenen und einleuchtenden Behauptungen zu zeigen, was man denkbarerweise mit dem Worte Notwendigkeit ausdrücken wolle. Zum Belege hiefür // gehe ich in einem folgenden Abschnitt die gegen den Determinismus gemachten Einwendungen durch und zeige das Unbefugte derselben auf, indem die Gegner entweder genau das sagen, was die Angegriffenen behauptet, oder aber die Lehren dieser letzteren in einem Sinne bekämpfen, der niemals in den Urkunden vorkommt; dies gilt namentlich dem sogenannten „Fatalismus", an den nur das ungenaue und oft gedankenlos schwatzende *„Système de la nature"* anklingt, wogegen Spinoza, Hobbes, Hume, Priestley, Bardili ausdrücklich nur *die* Notwendigkeit behaupten, daß Willensäußerungen sich genau nach gewissen Bedingungen richten und daß die menschliche Intelligenz bis zu einem gewissen Grade so kultiviert werden könne, um das Walten der augenblicklichen Triebe nicht beständig werden zu lassen. Das Ganze des Determinismus geht darauf aus, zu zeigen, daß der menschliche Wille keine Ausnahme von der allgemeinen Gesetzmäßigkeit des Weltverlaufs bilde; und daß diese Lehre hiemit den Nagel auf den Kopf getroffen, ergibt sich aus den Resultaten der exakten Forschung über den Menschen. Aber die Deterministen haben gleichfalls daran gedacht, dem Freiheitsbegriff, den sie als Phantasma [Trugbild] einer absoluten Willkür nicht gelten lassen wollen, einen verständigen Sinn zu geben. Die meisten genügen sich, die Freiheit als das Wirken und Geltendmachen im Einklange mit dem eigenen Wesen des betreffenden Individuums hinzustellen. Freiheit ist dann soviel wie Zwanglosigkeit, ungehinderte Eigenwilligkeit. Neben diesem negativen Sinn findet sich beim Spinoza bereits ein Bemühen, dem Freiheitsbegriff einen positiven Sinn zu vindizieren [zuzuerkennen], und zwar handelt es sich da um vorteilhaftes, allseitiges Erreichen des menschlichen Wohlseins durch Vernunft im Gegensatz zum einseitigen, prekären „Wohlsein" unter dem

Einflusse der vorübergehenden und wechselnden Leidenschaften. Um die Haltbarkeit dieser Bestimmung zu prüfen, wird // die als besonders vorzüglich gepriesene Kantische Freiheitslehre ausführlich dargestellt und genau geprüft, wonach, sobald deren bodenlose Unsinnigkeit nachgewiesen, die Rückkehr zur Erklärung der Freiheit im Sinne Spinozas sich von selbst ergibt. Die Bedeutung der Willensfreiheit setze ich dann näher auseinander und zeige selbige als stets auf gewisse Bedingungen – also auf eine bestimmte Form der Notwendigkeit – basiert, wonach denn das Resultat der ganzen Untersuchung darauf hinauskömmt: daß die beiden Begriffe sich nicht in Wirklichkeit ausschließen, sondern nur dann, wenn man unter Freiheit eine gottähnliche Willkür oder unter Notwendigkeit das Walten einer blind zwingenden Macht versteht, welcher gegenüber der Mensch so hülflos gedacht wird wie die Motte vor den Strahlen einer brennenden Kerze.

Ich brauche Ihnen nicht zu sagen, wieviel ich für diese meine Arbeit von Ihren Schriften Nutzen gehabt. Aus den ältern derselben habe ich gelernt, die betreffenden Punkte mit Unbefangenheit zu prüfen; Ihre jüngst erschienene Abhandlung über Freiheit ist mir ein wahrer Leitstern gewesen. Es soll mir eine ganz besondere Freude sein, Ihnen den Beweis hiefür baldigst dadurch zu liefern, daß ich eine deutsche Bearbeitung meiner Abhandlung vornehme und veröffentliche. Sobald ich freier bin, sehe ich mich nach einem Verleger um. Interessiert es Sie, meine Arbeit etwa zum künftigen Frühling im deutschen Buchhandel zu sehen, so könnten Sie mir vielleicht einen Wink wegen eines Verlegers zukommen lassen. Es versteht sich von selbst, daß ich meinerseits auch vielfache Schritte dafür tue. Bei Gelegenheit meiner abermaligen Studien in Ihrem 10. Bande kam ich darauf, die Rezension des Dühring in den sog[e]n[annten] // „Ergänzungsblättern" zu lesen. Ich wollte kaum meinen Augen trauen, als ich solche Erbärmlichkeiten las. Man muß wirklich bezweifeln, ob der Mann Ihr Buch sich hat *vollständig* vorlesen lassen. Wer seine fünf Sinne beisammen hat – dies aber ist leider *nicht* die Lage des Doktor Dühring – kann unmöglich solchen Blödsinn darüber sagen. Soviel ist sicher: Der Mann hat blutwenig von Ihnen gelernt. All seine Achtung für Sie, wie er mir solche wiederholentlich im Gespräch bekundet und auch wohl darin zeigen mag, daß er in seinen „Kollegien über Geschichte der Philosophie Ihnen einen würdigen Platz anweist" (wie er mir sagte) – dürfte mithin nur negativer Art sein, indem es sich um das Frontmachen gegen den „modernen Tychonismus"

(Fichte, Schelling, Herbart, Hegel) handelt. Aber Dühring ist mit seinem „blinden" Anschluß an Kant selbst in diesem Tychonismus steckengeblieben. Denn wie man die genannten Epigonen von Kant absondern und an die Herstellung eines „*reinen*" Kant – der also über die Fehler jener Herren erhaben wäre – denken kann, ist mir ein wahres Rätsel. Es ist ein albernes Vorurteil, den Kant für besser zu halten als „die Kärrner", die in seinem Sold gestanden. Das Positive an Kant ist der von den Epigonen kolportierte, alte theologisch-scholastische Quark, den Descartes teilweise beibehielt und Leibniz vollständig wieder einführte. Dies eingesehen zu haben, danke ich auch Ihnen.

Mögen diese Zeilen Sie im besten Wohlsein treffen, so daß Ihre neue Arbeit, über deren Zustandekommen ich mich inniglich gefreut, rüstig fortschreiten möge und wir bald die Veröffentlichung derselben erleben. Den lieben Ihrigen einen herzlichen Gruß von mir und meiner Frau. In steter treuer Anhänglichkeit
Ihr
W[ilhel]m Bolin /

1153

Von der Deutschen Schillerstiftung

16. November 1868

/ Wien, 16. Nov[ember] 1868
Sehr verehrter Herr!

Es ist glücklicherweise ein Irrtum, der in Ihrem Kreise waltet, daß Ihr Pensions-Triennium [die Dreijahrespension] schon konsumiert sei; Sie haben auf derselben noch eine Rate von 150 Talern zu empfangen. Wollen Sie so freundlich sein, umgehend die Quittung über den Betrag einzusenden, und die genannte Summe wird Ihnen sofort übermittelt werden.

Ohne Zweifel wird eine weitere Fortsetzung Ihrer Pension nötig sein. Ergreifen Sie gefälligst die Gelegenheit, der Stiftung darüber eine einfache Notiz mitzuteilen. Ich sage: *eine einfache Notiz,* denn mehr bedarf es ja nicht. Wenn eine Pension zu Ende läuft und eine erneuerte anheben soll, so ist es immer wünschenswert, daß die Stiftung offiziell eine // Anzeige erhalte, ob die Erneuerung dem Bedürfnisse des Pensionärs auch entspreche. Der letztere könnte ja eine Erbschaft gemacht oder ein großes Los gewonnen oder einen Schatz gefunden haben, kurz, durch irgendeine märchenhafte Laune des Glücks auf den ewig wechselnden Waagschalen des Menschenschicksals seine Lage zu seinen Gunsten verändert haben.

Lassen Sie also die Stiftung wissen, quod sit in votis [was gewünscht ist]. Es ist eine notwendige amtliche Form, die Sie erfüllen sollen, nichts mehr. Die Stiftung ist ja dazu da, um ihre großen National-Schriftsteller zu ehren und verlangt nichts, was einem Gentleman unbequem sein könnte.

Es scheint mir keinem Zweifel zu unterliegen, daß die Erneuerung der Pension auf weitere drei Jahre ohne Anstand bewilligt wird. Das Beste wäre freilich die Lebenslänglichkeit der Pension, doch hat sich nach den neueren Statuten der Verwaltungsrat der Schiller-//stiftung des Rechtes, solche Pensionen zu beschließen, begeben und dieses Recht der Generalversammlung der Stiftung übertragen. Ich brauche Ihnen aber, hochverehrter Herr, wohl nicht erst zu versichern, daß Vorort [amtierender Vorstand] und Verwaltungsrat die Lebenslänglichkeit Ihrer Pension der Generalversammlung wärmstens ans Herz legen werden, und da die letztere über die heiligen Pflichten der Stiftung und über die Größe Ihrer Verdienste nicht wohl einer abweichenden Meinung folgen dürfte, so scheint mir die Lebenslänglichkeit Ihrer Pension nicht in Frage zu stehen.

Die nächste Generalversammlung tritt im Herbste des folgenden Jahres zusammen. Genehmigen Sie, hochverehrter Herr, mit diesen Mitteilungen den Ausdruck meiner vollkommensten Hochachtung, womit ich mich zeichne

      Ergebenst
      Ferdinand Kürnberger
      Generalsekretär der Schillerstiftung /

1154

An Otto Wigand

17. November 1868

17. Nov[ember] 1868 („der Erinnerung zufolge")
Es ist traurig, im Alter – glückliche Fälle ausgenommen – nicht
nur sich selbst, sondern auch anderen zur Last zu fallen. Diese
traurige Wahrheit war das erste, was gestern in den Sinn und über
die Lippen mir kam, als ich zu meiner größten Überraschung von
dem ehrenwerten Freunde Herrn Hektor erfuhr, daß Sie, wie schon
vor mehreren Jahren, auch dieses Jahr wieder lästige Schritte,
Gänge und selbst eine Eisenbahnfahrt nach Wien gemacht haben.
„Wollen Sie denn ewig leben?" haben Sie mir schon einmal, und
zwar auch schon vor mehreren Jahren zugerufen. Wie ist dieser
Ruf erst jetzt an der Zeit! Wie oft werden Sie während dieser
lästigen Gänge diese Frage in Gedanken an mich gestellt haben,
wie oft mich aus der Ewigkeit des Lebens in die Ewigkeit des
Todes gewünscht haben! Aber was kann ich dafür? Und ich kann
in dieser Angelegenheit schlechterdings nichts für mich tun, durch
keine eigenen Schritte irgendwelcher Art meine Freunde ihrer
ohnedem mir unbewußten Schritte überheben. Dankbar habe ich
das mir zuerkannte Honorar der Schillerstiftung angenommen und
genossen, dankbar, ohne Murren, es dieses Jahr aufhören zu sehen.
Ich kann nichts weiter tun, als was sich ohnedem von selbst versteht, von Zeit zu Zeit ein Zeichen von meinem nicht nur physischen, sondern auch geistigen Leben von mir zu geben –, schreiben. Aber zum Schreiben gehört nicht nur Wissen und Willen,
sondern auch, wenigstens bei mir, was nicht in der Macht des
Willens steht – heiterer Himmel, heiterer Kopf, gute Laune, olympische Stimmung – ich habe kein anderes Wort, Lust und Liebe.
Aber in dem alten Europa, in dem alten jammervollen Deutschland, olympische Stimmung! Wie paßt das zusammen? Allerdings
war der Mai und Frühsommer dieses Jahres auch bei uns göttlich
schön. Ich habe auch diese herrliche Zeit nicht unbenutzt verstreichen lassen, sondern fast bis Ende Juli ununterbrochen glücklich,
tätig an einem neuen, sich über das Wesen meiner ganzen schriftstellerischen Laufbahn erstreckenden, zunächst aber an meine
Abhandlung über den Willen und Glückseligkeitstrieb sich anschließenden Schrift gearbeitet. Aber auf diese glückliche Zeit

folgte infolge der fortwährenden unerträglichen Hitze eine ebenso
unglückliche Zeit, eine Zeit der Tatlosigkeit, der tiefsten Verstimmung, der Melancholie, der Verstoßung aus der Klasse der
warmblütigen Tiere in die der Reptilien. Und noch bin ich nicht
an die Wiederaufnahme dieser so schmählich unterbrochenen
Arbeit gekommen. Leben Sie wohl und grüßen Sie mir Ihre Söhne.
Ihr dankbarer alter

L. Feuerbach

1155

An die Deutsche Schillerstiftung

22. November 1868

/ Hochzuverehrender Herr!
Schon im Frühling dieses Jahres glaubte ich die „letzte Rate der
mir von der Schillerstiftung auf 3 Jahre bewilligten Pension"
erhalten zu haben, und habe ich daher in diesem Glauben und ohne
Ansprüche auf eine Fortsetzung derselben zu machen, dieses mir
allerdings empfindliche Defizit nicht nach der Manier der modernen Staatsheilkünstler à la Dr. Eisenbart, sondern durch antike
republikanische Sparsamkeit und Enthaltsamkeit in Gedanken zu
decken gesucht. Groß war daher – und ich gestehe es freudiger Art
– meine Überraschung, als ich gestern durch Ihre teilnehmende
Güte erfuhr, daß ich die letzte Rate des letzten Triennium noch
nicht empfangen, sondern erst zu empfangen hätte und daß es
sogar nichts weiter bedürfe als einer einfachen Notiz meinerseits
an den // Hochverehrlichen Verwaltungsrat der Schillerstiftung,
um eine Erneuerung meiner bisherigen Pension zu bewerkstelligen. Empfangen Sie, hochzuverehrender Herr, für diese freundlichen und erfreulichen Aufklärungen meinen innigen, verbindlichsten Dank nebst der Versicherung aufrichtiger Hochachtung, mit
der ich die Ehre habe zu sein

Euer Wohlgeboren
ergebenster
Ludwig Feuerbach

Rechenberg bei Nürnberg, 22. Nov[ember] 1868

N[a]chschr[i]ft. Ein Quittungsformular habe ich bis jetzt – sonntags kommen übrigens hier keine Postboten aufs Land – noch nicht erhalten. Ich erlaube mir daher, eine eigenhändig geschriebene Quittung beizulegen. /

1156

Von A. Heinsius

2. Dezember 1868

/ Coburg, 2. Dez[em]ber 1868
Hochgeehrter Herr!
Sehr dankbar bin ich Ihnen für Ihre mir mit Ihrem Geehrten vom 12. v[origen] M[onats] gütigst mitgeteilte Beurteilung meines Ihnen bekannten Schriftchens.

Wenn ich Sie heute trotz Ihrer freundlichen Schlußworte: Simus[?] faciles in verbis [in Worten laßt uns nachgiebig sein] wiederum mit einigen Entgegnungen belästige, welche Ihr Nichteinverstandensein mit meinen Glaubenssätzen betreffen, so wollen Sie mir das verzeihen und mir das Vergnügen gestatten, welches es mir gewährt, über Fragen, welche mein ganzes Selbst beschäftigen, meine innersten Gedanken gerade mit Ihnen austauschen zu dürfen.

Indem Sie mich in Ihrem geehrten Schreiben auf die Nicht-Identität der Begriffe Unbekanntheit und Abhängigkeit sowie Bekanntheit und Unabhängigkeit verweisen, scheinen Sie *entweder* den Abhängigkeitsbegriff anders zu verstehen als ich, wovon alsdann die Schuld auf mich fallen würde, da ich leider übersehen habe, diesen Begriff in meinem Schriftchen näher zu bestimmen, *oder* den von mir aufgestellten Glauben als ein von mir aufgestelltes Wissen zu // behandeln, während ich doch unsere Abhängigkeit von dem uns Unbekannten nicht behaupte zu *wissen*, sondern nur daran *glaube*. Indem ich mir nämlich sage, daß wir Menschen in sehr vielen Beziehungen unfreie, abhängige Wesen und nur insoweit dies *nicht* sind, als wir die Dinge erkannt haben und infolgedessen imstande sind, denselben gegenüber einen freien Gebrauch von unseren Kräften zu machen und sie dadurch in ein unterwürfiges Verhältnis zu uns zu bringen oder, was dasselbe sagen soll, von uns abhängig zu machen, gelange ich zu dem Glauben, daß wir, insoweit wir die Dinge noch nicht erkannt haben und infolgedessen denselben gegenüber keinen freien Gebrauch von unseren Kräften zu machen imstande sind, von den Dingen selbst abhängig sind oder zu ihnen selbst in einem unterwürfigen Verhältnis stehen. Und wenn ich ferner auf Grund des Glaubens, daß der menschliche Geist unbegrenzt, unerschöpflich ist, zu dem Glauben gelange, daß wir Menschen befähigt sind, alle Dinge vollständig zu erkennen und infolgedessen auch begrenzt sind, uns vollkommen unabhängig zu machen, indem wir unser unterwürfiges Verhältnis // zu den Dingen dadurch aufheben, daß wir denselben gegenüber, nachdem wir sie vollständig erkannt, einen freien Gebrauch von unseren Kräften, und wäre dies auch nur von unserer Willenskraft der Fall, machen, und Sie in bezug hierauf mir erwidern: „Je mehr wir die Natur erkennen, je mehr erkennen wir zugleich, wie *gänzlich* abhängig wir von ihr sind," so kann ich diesen Ihren Ausspruch allerdings nur bestätigen, möchte mir aber doch erlauben, Sie auf den Unterschied aufmerksam zu machen, welcher zwischen unfreiwilliger und freiwilliger Abhängigkeit unsererseits von der Natur besteht: daß nur jene *wirkliche,* diese aber nur *scheinbare* Abhängigkeit und identisch mit Unabhängigkeit ist. Denn setzt freiwilliges Abhängigsein nicht notwendig ursprüngliches Unabhängigsein voraus?

Weiter sagen Sie: „Allerdings ist ein sehr erheblicher, sehr entscheidender und folgenreicher Unterschied zwischen der Abhängigkeit der Wissenschaft und der Abhängigkeit der Unwissenheit." Damit sprechen Sie doch wohl nur von einem Unterschied unserer Abhängigkeit *dem Grade nach.* Müssen wir nun aber nicht stets, sobald wir von einem Gegen-//stand weniger abhängig geworden sind, von demselben um ebensoviel unabhängig geworden sein? Denn würden wir von demselben, wenn unsere Abhängigkeit von ihm ganz aufgehört hätte, nicht ganz unabhängig geworden sein? Machen Sie daher, indem Sie von einer gradeweisen Abhängigkeit unsererseits von der Natur sprechen, uns das stillschweigende Zugeständnis, daß wir in einem gewissen Grade von der Natur unabhängig und folglich von der Natur unabhängig überhaupt sein können, nicht auch selbst?

Daß wir Menschen nun freilich in *endlicher Zeit* es niemals dahin bringen werden, uns vollkommen unabhängig und damit zu Herren der ganzen Welt, zu Göttern zu machen, sondern mit dieser Aufgabe, weil dieselbe eine unendliche ist und somit auch mit unserm dieser Aufgabe gewidmeten Streben auf eine *unendliche*

Zeit verwiesen sind und daß *wir* folglich als *endliche Einzelwesen* jene Ziele *niemals* erreichen werden, ist ebenso unumstößlich wahr als dieses, daß ein unbegrenzter, unendlicher Geist, wie nach meinem Glauben der unsrige ist, uns befähigen muß, eine unendliche Welt zu erkennen, uns von derselben unabhängig zu // machen und dieselbe zu beherrschen. Gewähren uns aber nicht sowohl die eine als die andere dieser Wahrheiten gerade eben jene Befriedigung, welche wir in der Religion suchen und von Rechts wegen auch finden müssen? Denn ist nicht sowohl das Bewußtsein unserer unbegrenzten Befähigung als auch das Bewußtsein, niemals in unserm, weil an sich uns schon beglückenden, Streben nach jenen höchsten Zielen unterbrochen werden zu können, geeignet, uns nur zu beglücken, wogegen das Bewußtsein einer begrenzten Befähigung sowohl als auch das Bewußtsein, daß jenes uns beglückende Streben dermaleinst ein Ende nehmen werde, nur geeignet sein würden, auf unser Gemüt niederdrückend, auf unser Glück beeinträchtigend zu wirken? Ich bedaure nur, auf diesen Punkt den Leser meines Schriftchens nicht aufmerksam gemacht zu haben, und bedaure es um so mehr, als ich gerade darin die vollständige Lösung jener der Religion eigensten und hauptsächlichsten Aufgabe erblicke: uns Menschen einen uns in jeder Beziehung befriedigenden Abschluß unsers Gedankenkreises zu gewähren. // Wie ich hoffe, wird mir jedoch wohl noch die Gelegenheit werden, dies später tun zu können. Vorläufig warte ich noch darauf, daß seitens der Presse etwas geschehe, das Publikum auf mein Schriftchen überhaupt aufmerksam zu machen.

Mit der vorzüglichsten Hochachtung

ergebenst

A. Heinsius /

1157

An Jacob Moleschott

2./31. Dezember 1868

/ Rechenberg bei Nürnberg, 2. Dez[ember] 68

Lieber, hochverehrter Freund!

Es ist unverzeihlich, daß ich Ihren Brief vom 11. Sept[ember], der für mich eine so erfreuliche und überraschende Erscheinung

war, weil ich keinen mehr von Ihnen erwartete, wenigstens einen
solchen, der auf meine längst verloren geglaubte Schrift Bezug
nahm, nicht sofort beantwortet habe. Es ist um so unverzeihlicher,
als nicht lange nach Ihrem Brief meine Schwägerin von Heidelberg, nach der Sie sich so teilnehmend erkundigt hatten, uns mit
ihrem zwar längst versprochenen, aber immer hinausgeschobenen
Besuche erfreute. Aber wir unglückselige Deutsche kommen eben
nicht vor lauter Denken zum Handeln, wir glauben, was wir in
Gedanken abgemacht haben, das sei nun auch schon in der gefühl-
und gedankenlosen Wirklichkeit abgemacht. Die göttliche Identität
von Denken und Sein haben wir zwar aus dem Kopfe, aber sie
liegt uns eben doch noch in den Gliedern. Wir beschämen nur in
dieser Beziehung die Italiener! Wo sind unsere Garibaldi? // und
Mazzini? Nur um ihre Regierung, ihre Minister, ihren König
haben wir nicht sie zu beneiden, wir haben ja selbst dergleichen
Stücke in Hülle und Fülle. Aber gleichwohl teile ich nicht Ihre
Besorgnisse. Es liegt etwas in der Luft, die die obwohl alten und
unterdrückten Völker Europas einatmen, was allen diplomatischen,
kaiserlichen und königlichen Ränken und Plänen einen höchst
unwillkommnen Strich durch die Rechnung machen wird – es ist
die antimonarchische Luftströmung. Und diese Luftströmung, die
sich bereits selbst über einen großen Teil Spaniens erstreckt hat,
findet vor allem in Italien ein offnes, breites Bett. So urteile ich
wenigstens nach den Berichten aus Italien, die ich in dem neuen
französischen gediegenen Journal: „La Démocratie" gelesen habe.
Was Sie selbst über die Volksstimmung in Italien schreiben,
stimmt ja damit vollkommen überein. Und wie lange wird denn
noch Napoleon, diese letzte scheußliche Inkarnation des monarchischen Prinzips, sein diabolisches Spiel treiben? Hoffen // wir
das Beste, wir haben wahrlich lange genug das Schlechteste geduldig ertragen. Was wird aber wohl Deutschland bei einer neuen
großartigen Erhebung der romanischen Völker für eine Rolle
spielen? Ich fürchte: eine traurige; vielleicht dieselbe oder doch
ähnliche, wie bereits im vorigen Jahrhundert gegen die Revolution
von 1789. Doch vergessen wir nicht über dem keineswegs „erquicklichen Gebiete der Politik" die Anthropologie. Ich brauche
Sie nicht zu versichern, daß ich an allem, was Sie und die Ihrigen
betrifft, es sei Trauriges oder Erfreuliches, den innigsten Anteil
nehme und ich daher alles, was Sie mir in dieser Beziehung mitgeteilt, in diesem Sinne aufgenommen habe und noch in mir bewahre. Ich gehöre nun einmal zu den *mit*fühlenden und *mit*leidenden

Naturen. Sie werden nun aber auch Ihre teilnehmende Wißbegierde befriedigt haben wollen, und es freut mich, daß ich Ihnen meinerseits keinen Stoff zum *Mit*leiden mitzuteilen habe. Zwar war ich eine gute Zeitlang infolge der anhaltenden unerträglichen Hitze, die wir dieses Jahr // in Deutschland hatten, ein wahres Muster von körperlicher und geistiger Erbärmlichkeit, aber ich habe mich doch wieder erholt, und zwar ohne eine Reise, wie im vorigen Jahr 1867, wo ich vier Wochen lang in dem herrlichen Salzkammergut die erfrischende Alpenluft eingeschlürft hatte. Welch ein Gegensatz gegen diese Luft die hiesige, gegen die dortige Natur überhaupt die hiesige! Leider haben mich die unfreiwilligen Ferien, die mir mein erbärmlicher Zustand während und unmittelbar nach der Sommerhitze aufnötigte, um den Genuß einer Ferienreise gebracht! Ich wollte nämlich die verlorne Zeit durch fleißiges Arbeiten wieder einbringen, eine in diesem Frühjahr glücklich begonnene, aber durch mein Unwohlsein unterbrochne Arbeit – abermals über den Willen und Glückseligkeitstrieb wieder aufnehmen und wo möglich vollenden. Aber ich brachte doch nichts Gescheites zustande und verlor gleichwohl darüber den Genuß einer Reise. Doch war glücklicherweise der Herbst auch hier herrlich, und diese Naturschönheit für uns Rechenberger, d. h. mich, meine Frau und Tochter noch insbesondre durch menschliche Liebenswürdigkeiten erhöht. Dazu gehörte vor allen andern der mehrwöchentliche Besuch meiner Heidelberger Schwägerin, welche liebenswürdiger, heiterer, frischer, vielseitig tätiger als je ist. Doch ich habe während des Schreibens alle Lust zum Schreiben verloren. Ich lege daher meine unausstehliche Feder beiseite, aber verbleibe mit inniger Teilnahme und Verehrung Ihr

Ludwig Feuerbach /

/ 31. Dez[ember 1868]
Verehrter Freund!
Am 2. Dez[ember] schrieb ich vorstehenden Brief, und heute noch liegt er bei mir. Was ist der Grund davon? Einfach dieser: Wie fast alles, so besorge ich auch Briefe selbst, wenn es sich auch um weiter nichts handelt, als sie markiert in irgendeine Postbüchse zu werfen. Diesen Brief, weil ich nicht den Betrag des Portos nach Italien wußte, mußte ich auf die Post selbst tragen und sie erst um das Porto erfragen. Weit ist aber der Weg für mich auf die Post, und ich komme äußerst selten in die Stadt. So blieb der Brief

liegen, und wider meine Gewohnheit, die darin besteht, Briefe zu schreiben und ungelesen sie fortzuschicken, kam er mir wieder zu Gesichte und unter das Messer kritischer Prüfung. Er kam mir miserabel vor, nicht würdig des Fortschickens. Und jetzt, am Schlusse des Jahres, der doch immer einen Stich ins Herz macht und die Köpfe und damit auch die kritischen Augen benebelt, schicke ich ihn doch fort, damit Sie doch wenigstens daraus meinen guten Willen, meine alte freundschaftliche Gesinnung ersehen. Was sind auch Briefe für wissenschaftliche Männer? Sie sollen ja auch nichts weiter sein als Zeichen, daß man sich auch persönlich schätzt und gut ist. Indem ich Ihnen und Ihrer werten Familie Gutes zum neuen Jahr wünsche, Ihr

L. F. /

Nachträge

1158 (46)
An Georg Wilhelm Friedrich Hegel
22. November 1828

1159 (89 a)
An Georg Friedrich Daumer
18. Dezember [1833]

18. Dezember [1833]
[...] Du wirst schon vor Ankunft dieses Briefes die Nachricht erhalten haben, daß *Hauser* gestern nachts vor 10 Uhr infolge der Wunde, die er am vergangenen Samstag hier im Schloßgarten erhielt, gestorben ist. Gestern abends bis 1/2 7 Uhr war noch der Schullehrer *Meyer* bei uns und versicherte uns, daß H[auser] ganz außer Gefahr sei und nur die Gelbsucht habe, eine gewöhnliche Folge heftigen Schreckens. Da der erste Mordversuch mißglückt war, der zweite auch keine bedenklichen Folgen zu haben schien, ja seine Wunde für einen leichten Ritzer erklärt wurde, so war es nicht zu verwundern, wenn auch ein Skeptiker wie ich, der bisher immer nur die Widersprüche gegeneinanderhält, die sowohl bei der einen als bei der anderen Erklärung herauskamen, sich, ohne ein bestimmtes Urteil zu fällen, zu der gegnerischen Ansicht hinneigte. Bloß das sinnliche Faktum der Körperverletzung konnte hier einen festen Grund gewähren; und da dies so unwichtig erschien, so konnte man frank und frei im Gebiete der Konjekturen umherschweifen, die alle zu *Hausers* Nachteile ausfielen. Daß der große Haufe, der zu allem blindlings Ja oder Nein sagt und der schon vorher gegen H[auser] von allerlei Vorurteilen eingenommen war, kurzweg den Stab über ihn, als einen Betrüger, brach, versteht sich von selbst. Gegen das Urteil der Menge, solange es Urteil bleibt, kann man gleichgültig sein, aber nicht, wenn es bestimmenden Einfluß auf Handlungen hat. Und dies scheint hier der Fall zu sein. Das Untersuchungsgericht ging bei *Hausers* Vernehmung offenbar von der Prävention aus, daß er selbst der Täter sei. Wie tragisch ist das Ende des armen *Hauser*! Mit seinem

30 Tode muß er es dem rohen Volke besiegeln, daß er kein Betrüger war [...]

1160 (105 a)
An das Präsidium des Erziehungsrates in Bern

26. Mai 1834

/ Hohes Präsidium des Erziehungs-Rates in Bern!
Einem Hohen Präsidium des Berner Erziehungs-Rates habe ich
5 die Ehre, in Folge des von Hochdemselben erlassenen Ausschreibens vom 3ten Mai l[aufenden] J[ahre]s, unter den Bewerbern um die philosophische Professur auch mich vorzustellen und zur Unterstützung meines Gesuchs folgende der Wahrheit gemäße Data und Zeugnisse zu überreichen.
10 Meine Studien begann ich auf der Universität zu Heidelberg, wo ich an *Daubs* und *Creuzers* Vorlesungen das größte Interesse nahm, setzte sie fort in Berlin, wo ich zwei Jahre verweilte und den vollständigen philosophischen Cursus unter *Hegel* absolvierte, und vollendete sie in Erlangen, wo ich nur naturwissenschaftliche
15 Collegien bei *Koch* und *Fleischmann* hörte. Den Grad eines Doktors der Philosophie erhielt ich auf Grund einer lateinischen Dis-//sertation: De Ratione Una, Universali, Infinita, worin ich eine schwierige, von den Aristotelikern besonders zur Sprache gebrachte Materie, betreffend das Verhältnis der Vernunft zum
20 Individuum, behandelte und zwar zur Zufriedenheit aller derer, die für solche abstrakte Forschungen ein Interesse haben. Im Wintersemester des Jahres 1828/29 trat ich in Erlangen als Lehrer der Philosophie auf, und ich las daselbst bereits zu wiederholten Malen – was ich auf Verlangen durch ein Attest der philosophi-
25 schen Fakultät in Erlangen beweisen kann – über *Logik* und *Metaphysik, Psychologie* und *Geschichte der Philosophie*. Meine Zuhörer lobten die Klarheit und Lebendigkeit meiner Vorträge.

Daß ich aber auch mit nicht geringem Eifer die Wissenschaft auf dem Wege der Schrift zu fördern mich bestrebte, beweist mein im
30 verfloßnen Sommer erschienenes Buch: „Die Geschichte der neuern Philosophie von Baco von Verulam bis Spinoza", das ich hiemit einem Hohen Präsidium ehrfurchtsvoll überreiche, und die günstige Aufnahme, die es in der gelehrten Welt gefunden hat, wie

aus folgenden Urteilen verschiedener Zeitungen erhellt. Der Rezensent in den Jahrbüchern für wissenschaftliche Kritik in Berlin macht zwar von vornherein mehrere Ausstellungen, nimmt aber am Ende seinen Tadel wieder zurück, indem er sich wegen desselben mit der Äußerung entschuldigt, „daß, wo so viel Vortreffliches geleistet sei, auch die Forderungen der Kritik um so strenger sein dürften", und sagt, „meine Darstellungen des Jacob Böhm, vor allem // des Cartesius, des Spinozas seien klassisch, die schwierigsten Knoten mit geschickter Hand gelöst", ferner, „was treue und geistreiche Darstellung, gründliches Quellenstudium betreffe, so finde sich in diesem Buche mehr, als in allen andern Handbüchern über den nämlichen Gegenstand". Die Leipziger Literaturzeitung nennt meine Schrift mit gesperrrten Lettern „ein gutes Buch". Das Probeblatt der literarischen Zeitung (Berlin, im November 1833) enthält folgendes Urteil: „das ganze Werk, mit spekulativem Geiste und doch treuer und ausdauernder Empirie geschrieben, was sich selten in *einem* Manne vereinigt findet –, ist ein wesentlicher Fortschritt zur Erkenntnis der neuern Philosophie, sowie ein beachtungswertes Hülfsmittel zum Studium derselben." Einen neuen Beweis ehrender Anerkennung erhielt ich dieser Tage dadurch, daß die Sozietät für wissenschaftliche Kritik in Berlin mich von freien Stücken einlud, als tätiges Mitglied ihr beizutreten.

Seit 1833 privatisiere ich hier im elterlichen Hause. Da in Bayern mein Fach über[be]setzt ist – so in Erlangen durch Köppen, Mehmel, und den nur temporär quieszierten Professor K[app] und ich folglich auf eine baldige Anstellung keine Aussicht habe, so hielt ich es für besser, den Privatdozentenstand, zunächst wenigstens, aufzugeben, um ausschließlich nur der Schriftstellerei und meiner eignen weitern Ausbildung zu leben. Hiezu kam, daß der so unerwartet erfolgte Tod meines unvergeßlichen Vaters, des Staatsrat und Präsident A[nselm] von Feuerbach meine persönliche Anwesenheit den Meinigen nötig machte.

Beiliegende kleine Schrift, die ich eben aus der Presse erhalte, trage ich kein Bedenken, als meine neuste literärische Arbeit, zugleich mit meiner Geschichte einem Hohen Präsi-//dium zu übersenden. Zwar hat sie kein gelehrtes oder philosophisches Aussehn, aber dennoch wird der tiefer Schauende über der ästhetischen Form nicht ihre philosophische Tendenz, über dem Scherze des Humors nicht den Ernst der Erkenntniß aus dem Gesichte verlieren.

75 Bemerken muß ich noch, daß mein liebstes Collegium die Geschichte der Philosophie ist, und daß ich noch über andre Zweige der Philosophie, als die oben genannten, zu lesen im Stande bin, namentlich über allgemeine Kulturgeschichte oder Philosophie der Geschichte, über Geschichte der deutschen und französischen
80 Literatur, mit der ich mich sehr angelegentlich beschäftigt habe, endlich mit der Zeit auch über Naturrecht.

Mögen die überreichten Data und Zeugnisse meiner Kenntnisse und Fähigkeiten einem Hohen Präsidium mich als einen berücksichtigungswerten Bewerber darstellen! Ich würde mich glücklich
85 preisen, wenn Hochdasselbe mit seinem Vertrauen mich beehren sollte; mit Freuden würde ich dem Gedeihen dieser neuen, zu so schönen Hoffnungen berechtigenden Universität meine Kräfte widmen, mein ernstlichstes Bestreben sollte es sein, mich fortwährend durch Wort, Schrift und Handlung des geschenkten Ver-
90 trauens würdig zu beweisen!

Mit tiefster Ehrfurcht bin ich
    eines Hohen Präsidiums
    ganz gehorsamster
    Dr. Ludwig Andreas Feuerbach
95   (Privatdozent der Philosophie in Erlangen)
Ansbach
den 26sten Mai 1834 /

1161 (123 b)

Von Christian Karl Glück

15. Mai 1835

/ Euer Hochwohlgeboren
haben mir durch das Geschenk mit dem Bilde Ihres seligen Herrn
5 Vaters eine unaussprechliche Freude bereitet und ich habe den schon an sich hohen Wert dieses Geschenkes um so dankbarer zu verehren, weil Sie selbst nur noch dieses einzige Exemplar besaßen, dessen Sie sich nun beraubt haben, um einen längst von mir genährten Herzenswunsch zu erfüllen. Ich statte Ihnen für diesen
10 großen Beweis Ihres freundschaftlichen Wohlwollens meinen gerührtesten und herzlichsten Dank ab. Dieses mir über alles teuere Bild ziert bereits mein Zimmer, wo es, wie in dem Ihrigen,

bei dem Bilde meines seligen Vaters aufgemacht ist, so daß ich
nun mit jedem Aufblicke von meinem Arbeitstische die teuern und
treuen Züge // zweier Männer vor Augen habe, deren Andenken
mir heilig und unvergeßlich ist.
    Das Verweilen vor diesen Bildern weckt Empfindungen, für
deren Schilderung die Feder zu schwach ist.
    Möchte es mir vergönnt sein, Ihnen auf irgendeine Weise meine
innige Dankbarkeit bestätigen zu können.
    Genehmigen Sie die Versicherung der ausgezeichnetsten Hochachtung und aufrichtigsten Freundschaft, womit ich die Ehre habe
zu verharren
                              Ihr ganz ergebenster
                              Glück
Ansbach, am 15. Mai 1835 /

1162 (180 a)

An Julius Merz

18. September 1838

/ Euer Wohlgeboren
haben mich zur Teilnahme an Ihrer neuen Zeitschrift „Athenæum" eingeladen. Ich trage kein Bedenken, Ihnen meine Teilnahme
zuzusichern, aber ich bemerke auch sogleich, daß ich – beschäftigt – mit mannigfaltigen Studien und größern wissenschaftlichen
Planen – überdem, mehr aus Rücksicht als aus Neigung bereits
Mitarbeiter an zwei wissenschaftl[ichen] Zeitschriften – *nur
höchst selten* Ihnen Beiträge werde liefern können. Wenn Sie unter
dieser, die vollkommenste Freiheit und Ungestörtheit meiner
gegen Unterbrechungen höchst empfindlichen wissenschaftlichen
Muse garantierenden Bedingung mich den Mitarbeitern Ihrer
Zeitschrift beizählen wollen, so steht meinerseits nichts im Wege.
    Indem ich Ihnen schließlich für das übersandte Probeheft danke
und Ihrem Unternehmen den besten Erfolg wünsche, bin ich
                Mit vollkommner Hochachtung
                Euer Wohlgeboren
                      ergebenster Dr. Ludw. Feuerbach
Bruckberg, den 18. Sept[ember] 1838 /

1163 (280 a)

An Arnold Ruge

11. Januar 1842

/ Lieber Freund!
Ich schicke Ihnen hier etwas zur Beurteilung meiner Schrift und zugleich zur Orientierung über die Wendung, die Richtung, die von nun an die Philosophie überhaupt zu nehmen hat – in Beziehung auf die „Posaune", die Korresp[ondenz] in der „A[llgemeinen] Z[eitung]" und den seichten Bruder in der Leipziger „Deutschen Monatsschrift". Non multa, sed multum [Nicht vielerlei, sondern viel]. Hoffentlich werde ich doch endlich den Leuten den Deckel vom Hafen heruntergetan haben. Es ist unglaublich, welche Illusionen, welche alberne und verkehrte Vorstellungen die Leute insgesamt von mir haben. Hoffentlich geht ihnen endlich ein Licht auf. Sie haben ganz richtig den Unterschied hervorgehoben und eingesehen zwischen meiner Polemik in betreff des Gefühl[s] gegen Schl[eiermacher] und der Hegelschen. Und dieser eine Punkt leitet alle weitern Differenzen zwischen H[egel] und mir ein, die keine ander[n] als wesentliche sind. Ich berühre diese Materie auch hier. Für Sie wird sie überflüssig sein. Aber doch können Sie vielleicht die andern berührten Punkte zu Ihrer Kritik brauchen. Ohne Ihnen, wie sich von selbst versteht, vorgreifen zu wollen, hielt ich es für gut, nicht nur das Negative, sondern auch das Positive hervorzuheben. Das Wort negativ ist jetzt die Illusion, wodurch man sich alle Wahrheiten vom Halse schafft. Ich habe einen Freund, der alle Gespenster der Theologie, wie sie ihm dies[elben] repräsentiert, negiert [?], eben vermittelst der Besorgnis, ja nicht zu negativ zu werden, alle diese und noch schlechtere Gespenster // wieder sich einschwärzt [...]
[...] Es ist unglaublich, wie auch gute Köpfe gegenwärtig eingeschüchtert, verführt, getäuscht sind durch Vorstellungen und Schlagwörter, die die Schurken hauptsächl[ich] vermittelst der elenden Augsb[urger] Zeit[ung] dem allgemeinen Publikum in den Kopf setzen [...]

1164 (434 a)

An Friedrich

23. August 1844

[An Medizinalrat Dr. Friedrich in Ansbach, dem Ludwig Feuerbach für] mitgeteilte Notizen *[dankt]*. [...] Von den mir angebotenen Büchern werde ich mir mit der Zeit mehrere ausbitten [...]

1165 (490 a)

An Otto Wigand

19. Mai 1845

1166 (572 a)

Von Otto Wigand

Dezember 1847

Mein lieber Freund!
Ich widme Ihnen diesen Band meiner Epigonen, da ich keinen andern Dolmetscher habe, um der Welt zu sagen: wie sehr ich Sie bewundere und wie hoch ichs zu würdigen weiß, das Organ zu sein, durch welches Ihre Geisteswerke der gebildeten Welt zugeführt werden.
Wenn auch in diesem Augenblick nur ein kleiner Teil des deutschen Volkes sich zu Ihrer Fahne bekennt; ja, wenn auch das ganze und große Heer der Theologen Ihr „Wesen des Christentums" kaum dem Titel nach kennt, so ist sicher *die Zeit* nicht fern, wo jeder Gebildete Ihre Schriften lesen und die großen Wahrheiten erkennen wird, mit denen Sie schon jetzt so klar und siegend in die Herzen der Freien einziehen. Mag unser erster und größter Dichter noch so begeisternd und schön singen, seine Worte:
– Es gab schön're Zeiten
Als die unsern – das ist nicht zu streiten!
Und ein edler Volk hat einst gelebt.

sind dem Sinne nach nicht wahr! Nie gab es schönre Zeiten, als eben jetzt, wo wir die Lüge entlarven – in das Reich der Freiheit einziehen und den Menschen zum Menschen werden sehen! –
Fahren Sie fort, mein edler Freund, für die große Sache der Wahrheit, für die Emanzipation der ganzen Menschheit zu wirken; lassen Sie sich keinen Augenblick aufhalten und wenn auch alle Lizentiaten der Theologie ihre Weisheit auskramten, es ist doch nur eitel Sisyphus-Arbeit! –
„Manche gingen nach Licht und stürzten in tiefere Nacht nur; Sicher im Dämmerschein wandelt die Kindheit dahin."
Leipzig, im Dezember 1847.

Otto Wigand

1167 (624 a)

An Christian Kapp

14. Oktober 1849

1168 (625 a)

An Georg Christian Weigelt

13. November 1849

/ Verehrter Herr!
Ich kann nicht umhin, den Zeilen meines Schwagers auch einige Zeilen von mir beizulegen, um Ihnen für die wertvollen Beiträge zu danken, die Sie mir durch die Übersendung Ihrer Hamburger Zigarren zu meiner Philosophie geliefert haben. Sooft ich nämlich eine dieser köstlichen Zigarren rauche, so nehme ich mit Freuden wahr, daß diese Wohlgerüche keineswegs nur meine Nase, sondern auch mich selbst auf eine sehr angenehme Weise berühren, und schließe daraus, daß die Geruchsnerven einen sehr gewichtigen Teil von mir selbst bilden, daß ich, wenn ich einst den Geruchssinn und mit ihm den Geschmack an Hamburger Zigarren verlieren sollte, ein schadhaftes Wesen wäre, daß also das Ding, das man Ich oder Seele nennt, keineswegs ein einfaches und immaterielles, sondern ein höchst materielles, mit tausend und

abermal tausen Nervenfäden an die sinnliche Welt gebundenes, kompliziertes Ding ist. Emp-//fangen Sie daher meinen Dank für die zugleich lehr- und genußreichen Materialien, die Sie mir zur Bestätigung meiner gott- und gemütlosen Lehre geliefert haben und erfreuen Sie uns bald wieder, aber auf längere Zeit mit Ihrem Besuche.
L. Feuerbach
Bruckberg den 13. Nov[ember] 1849 /

1169 (721 a)
An Henriette Feuerbach
21. März 1852

Bruckberg, 21. März 1852
[An die Witwe seines Bruders, Anselm Feuerbach, Henriette geb. Heidenreich, der Ludwig Feuerbach bei der Suche nach einem Verleger für dessen Nachlaß half. Er habe an Otto Wigand gedacht:] – Doch der Vater kam dem Sohn zuvor [...] Du kannst Dich aber darauf verlassen, daß, so wie sich nur ein Funken erfreulicher Aussicht zeigt, ich Deine Sache wie meine eigne betreiben werde [...] Vielleicht kommt nächstens W[igand] sogar persönlich hieher, denn er war Willens, eine Reise nach Amerika zu machen und mich zu dieser einzuladen u[nd] abzuholen [...].

1170 (734 a)
An August Maier
30. Juli 1852

/ Bruckberg, den 30. Juli 1852
O Sie verschmitzter Proselytenmacher. Unter dem Scheine eines Glückwunsches wollen Sie mir an meinem 48jährigen Geburtstag die alte Judenscharteke einschmuggeln! Aber es ist umsonst, mein allerverehrtester Herr Kantor!
An meinem Ohr und Sinn scheitern alle Pfeifen und Harfen, Saiten und Zimbeln des biblischen Psalters. Schaffen Sie mir

10 lieber die heidnischen Dichter, die Sänger des Ba[c]chus und [der] Venus, [des] Tibull und Properz [herbei]. Ich habe und kenne sie längst, aber bloß dem dürren Text nach. Vielleicht ist in A[nsbach] eine gute alte Ausgabe mit Kommentar oder doch wenigstens eine Übersetzung vorhanden. Doch diese Bitte erfüllen Sie mir nur
15 ganz con amore [verschwiegen] und sub rosa [unter Anweisung]. Die nächste Woche komme ich wahrscheinlich selbst hinauf. Unveränderlich, aber auch unverbesserlich
L. Feuerbach /

1171 (745 a)

Von Friedrich Feuerbach

16. Oktober 1852

/ Sei so gut, die Kataloge, nachdem Du sie mit Muße durch-
5 gelesen, mir gelegentlich wieder zu schicken. Gib mir auch entweder selbst oder durch Bertha Nachricht, wie es mit Westermanns Karl geht.
Dein Br[uder] Fritz
N[ürn]b[er]g, d[en] 16. Okt[ober] [18]52. /

1172 (814 a)

An Jakob Herz

27. November 1855

/ Hochzuverehrender Herr!
So ungern ich sonst die Feder, sei's zum Brief-, sei's zum
5 Schriftstellern, ergreife, so gern ergreife ich sie doch jetzt, weil sie mich mit Ihnen, einem von mir innig verehrten Mann, in, wenn auch nur geistige, Berührung bringt, geschieht es gleich nicht aus eigenem Antrieb. Ein junger Mann, ein Bruder des hier seit einigen Jahren ansässigen und mir befreundeten Dr. Bayer, welcher
10 ersterer zwar nicht auf mein Anstiften, doch nicht ohne meine ermunternden Versprechungen, daß ich Ihnen und Herrn Prof. Dittrich ihn empfehlen würde, den beklemmenden Schulzwang der

christlichen Theo-Philologie mit dem naturoffnen, liberalen Studium der Medizin vertauscht hat – dieser medizinische Embryo also, der vierte Sohn eines Schullehrers in Pommersfelden, welcher in den Erziehungs- und Unterstützungskosten 1) eines ausstudierten freigemeindlichen Theologen, 2) eines Schullehrers höhrer Ordnung, 3) eines Malers bereits seinen mühsam gefüllten Beutel oder wenigstens guten Willen erschöpft hat – dieser also, um es endlich kurz abzumachen, hat mich ersucht, ein Wort zu seinen Gunsten an Sie zu richten, Sie zu ersuchen, ob Sie ihm nicht vielleicht zur Erlangung der Kollegienfreiheit behülflich sein wollten. Ich glaubte, dem jungen, nach meiner Meinung und Kenntnis von ihm, der Unterstützung würdigen Manne diese seine Bitte erfüllen zu können, ohne die Grenzen meines Verhältnisses zu Ihnen zu überschreiten. Ich trage Ihnen ja nur seinen Wunsch vor, aber überlasse es vollkommen Ihrem eignen Willen und Urteil, ob Sie ihn erfüllen wollen oder nicht. Ich weiß im Voraus, was Sie tun, ist das Rechte.

Empfehlen Sie mich Ihrem abendlichen Freundeskreise und empfangen Sie nochmals die Versicherung, daß ich nur deswegen ohne Widerstreben die Feder zu diesen Zeilen ergriff, weil sie mir die Gelegenheit geben, endlich einmal schriftlich Ihnen meine innige Verehrung aussprechen zu können. Mit dieser Gesinnung
L. Feuerbach
Bruckberg, 27. Nov[ember] 1855 /

1173 (834 a)

An Ida Zimmermann

4. Mai 1857

/ Hochverehrte Frau!
Ihre sogleich freundliche, noch dazu von Ihrem Herrn Gemahl eigenhändig unterstützte und bestärkte Einladung hat mich in einen solchen Kampf zwischen Geist und Fleisch, zwischen Gesetz und Neigung versetzt, daß ich, obwohl schon fast 8 Tage im Besitz Ihres lieben Briefes, die Entscheidung bis jetzt verschob. Sie bedauern, daß Ihnen keine Überredungskünste zu Gebote stehen; aber was bedarf es der Überredung, wo der Gegenstand für sich selbst spricht? Wie sollte ich mich nicht von der verehelichten „Gens Kappia" [Familie Kapp] mit und ohne diesen Namen ange-

zogen fühlen? Wie nicht wünschen, ein wenigstens immanentes Mitglied der Familie zu werden, deren bleibendes Glied meine Tochter, mein einziges Kind werden soll? Wie würde es mich freuen, Sie und Ihren Herrn Vater nach dem Tumult des Jahres 1848 im // friedlichen Familienkreise wiederzusehen? Und wie sollte Westfalen, das Land, das ich schon als Student von Heidelberg aus bereiste, keine Anziehungskraft für mich haben? Was geht über die Macht der Erinnerung, namentlich der Jugendzeit? Und wie sollte ich endlich nicht von Herzen gern mit Otto und den Meinigen die Freude der Reise teilen? So spricht alles außer mir für Ihre freundliche Einladung; aber gleichwohl steht sie leider! im größten Widerspruch mit meinem Kopfe, meinem für dieses Jahr festgesetzten Studienplan, meinen Grundsätzen und Lebensgesetzen, die mich zur tiefsten Zurückgezogenheit bestimmen und mir jede Vergnügungsreise verbieten. Und so sehe ich mich denn genötigt, so wehe es mir tut, zu Ihrer verführerischen Einladung Nein zu sagen; bin aber doch überzeugt, daß Ihnen und Ihrem // Gemahl ein in Einigkeit mit sich Nein-sagender Mann auch in der Ferne lieber ist, als ein im Zwiespalt und Widerspruch mit sich Ja-sagender Mann in der Nähe. In dieser tröstlichen Überzeugung versichere ich Sie und Ihren Herrn Gemahl meiner aufrichtigen Verehrung, mit dem Bedauern, sie nicht persönlich aussprechen zu können.

L. Feuerbach

Bruckberg 4. Mai 1857.

Den Zeilen meines Lorchens füge ich noch bei, daß auch meine Frau und mich Ihre Blumenkränze innig erfreut und gerührt haben, daß aber auch wir nur einen Veilchenkranz als dem Wesen unrer Tochter entsprechend anerkennen und uns daher noch heute nicht genug darüber verwundern können, wie das große, weltgeräuschvolle New York, dem Blumen aus allen Weltteilen zu Gebote stehen, mit dem stillen, abgelegnen Dorf oder vielmehr Weiler Bruckberg sich zusammenreimt. /

1174 (850 a)
An Heinrich Benecke
[1857/1858]

/ An Dr. H[einrich Benecke]
Statt Ihnen „böse" zu sein, wie Sie meinen, fühle ich mich vielmehr Ihnen höchst verbunden für die „Vor- und Einwürfe", die Sie mir in Betreff meiner Schrift vom Ursprung der Götter gemacht haben; denn Sie geben mir dadurch die so notwendige, so erwünschte Anregung – Sie wissen ja, wie schwer ich zum Schreiben komme –, den Inhalt meiner Schrift in ein neues, ich hoffe vollständig klares Licht zu setzen; aber ich kann Ihre Einwürfe nicht beantworten, ohne aus einem Briefe eine Abhandlung zu machen.

Sie geben mir zu, daß ich in meiner „Theogonie" gründlich bewiesen habe, daß die Götter aus den menschlichen Wünschen entsprungen seien, daß das Wesen jener nichts andres ausdrücke, als das Wesen dieser, aber Sie behaupten, daß diese Erscheinung eben nur von den heidnischen Göttern, den Göttern des Polytheismus gelte, nicht aber von dem Einen wahren Gott, dem Gotte der jüdischen // und christlichen Theologie und Philosophie; dieser sei seiner Grundlage nach ein metaphysisches Wesen, d. h. ein Wesen an sich, ein absolut selbständiges, „nur durch sich selbst seiendes, durch sich selbst zu denkendes Wesen – ein Wesen also, das mit dem menschlichen Wesen, geschweige den menschlichen Wünschen in gar keinem Zusammenhang stehe, also auch nicht aus ihnen erklärt werden könne". Wer aber zugibt, daß die Götter den angegebnen Ursprung haben, der muß denselben auch von dem Gott in der Einzahl gelten lassen; denn so viele Götter es auch geben mag, so sehr verschieden sie auch untereinander an Rang und Macht sein mögen, sie müssen doch alle das miteinander gemein haben, was sie zu Göttern macht, was ihren sie von allen andern nicht göttlichen Wesen unterscheidenden Gattungsbegriff bildet. Und gerade das, was die Gottheit zu vielen und verschiednen Göttern macht, das entspringt nicht aus dem Menschen, sondern aus der Natur, aus den Sinnen; das aber, wodurch ein Gott *Gott* ist, wodurch er trotz seiner Besonderheit und Verschiedenheit von andern den Rang und Namen eines Gottes erhält, das wesentliche Merkmal der Gottheit also – das stammt aus den menschlichen

Wesen und Wünschen. // Was ist denn nun aber das wesentliche, entscheidende Merkmal eines Gottes? Oder, was denken sich die Menschen unter einem Gotte oder Gott überhaupt? Das Vorzüglichste, das Beste, das Höchste, das Vollkommenste, was sie sich nur immer – je nach Beschaffenheit ihrer Lebens- und Sinnenweise – denken können. Was ist denn nun aber wieder dieses Vollkommenste, dieses Höchste, dieses Beste? Das Vermögen, zu *können, was man will*. Jupiter ist der Himmel, aber er ist nur deswegen nicht der natürliche, nicht der physikalische oder meteorologische Himmel, sondern ein Gott, weil er donnern und blitzen, regnen und schneien, Wolken versammeln und wieder zerstreuen kann, wenn und wann er will. So beschränkt das Machtgebiet eines Gottes sein mag, er ist nur Gott, weil er innerhalb dieses seines Gebietes kann, was er will. Der Eine Gott unterscheidet sich nur dadurch von den vielen Göttern, daß sein Machtgebiet nicht auf bestimmte Gegenstände eingeschränkt ist, sondern sich auf alles erstreckt, daß er also alles kann, was er will. „Alles", heißt es in den Psalmen, „was er will, das tut er, im Himmel, auf Erden, im Menschen und in allen Tiefen".

Gott tut oder kann, was er will, das heißt aber in Wahrheit und ursprünglich, G[ott] kann, was der Mensch will, aber nicht kann. Denn nur aus diesem peinlichen Zwiespalt zwischen Können und Wollen entspringt die Vorstellung eines Wesens, das kann, was ich will und eben deshalb ein unendlich höheres vollkommneres Wesen als ich ist, die Vorstellung // eines Gottes. Ein Wesen, welches das kann, was ich selbst nicht zu können begehre oder versuche, kann ich unmöglich als ein über mir stehendes fassen und schätzen; nur gleiches Wollen bei ungleichem Vermögen gibt einen Maßstab zu Wertschätzung, zu Über- und Unterordnung. Der Ausspruch der Bibel: „Bei Gott ist kein Ding unmöglich", findet daher seine Erklärung erst in *dem* Ausspruch derselben: „was bei den *Menschen* unmöglich ist, das ist bei Gott möglich". [...]

[Nachschrift von Benecke zu J. Hittells Werk:] „The evidences against Christianity" *[aus dem Jahr 1857]*. – [...] eine Schrift, die Alles, was von früheren und jetzigen Deutschen, Franzosen und Engländern gegen das Christent[um] vorgebracht worden ist, zusammenträgt und bis ins Einzelne ausspinnt, in der Weise der früheren Freidenker, aber reifer, gediegener, entschiedener, ruhiger, weil bereichert mit den Resultaten der freien rational[istischen], theologischen und naturwissenschaftlichen Forschungen,

obwohl absolut schonungslos [...]. Auf alle Fälle ist es eine für Amerika merkwürdige und wichtige Erscheinung.

1175 (865 a)

An Otto Meißner

27. Juli 1858

[...] Nur um das Gastrecht nicht zu mißbrauchen, [...] habe ich mich so kurz gefaßt und so vieles im Kopf zurückbehalten, was hierüber noch zu sagen gewesen wäre. [...].

1176 (869 a)

An Unbekannt

27. November 1858

/ Hochzuverehrender Herr!
Sie haben mich durch Ihren Wunsch, mein Urteil über das mir von Ihnen gefälligst übersandte Werk Ihres Freundes: „Das Volks-Rechtsbewußtsein" zu vernehmen, so ehrenvoll er auch an und für sich für mich ist, doch in nicht geringe Verlegenheit versetzt, weil ich seit längerer Zeit mich mit Gegenständen angelegentlichst beschäftige, welche der Rechtswissenschaft sehr fern liegen und ich die unglückliche Eigenschaft besitze, mich nicht zugleich, sondern nur zu verschiedenen Zeiten auf verschiedene Gegenstände verlegen zu können. Nur mit Widerstreben, nur aus Humanitätspflichten nahm ich daher die Schrift zur Hand, aber ich hatte sie kaum zu lesen begonnen, so war ich auch schon so freudig überrascht, so eingenommen, so gefesselt von ihr, daß ich schon während der Lektüre Ihnen in meinem Geiste den lebhaftesten Dank für die Mitteilung dieser mir außerdem wahrscheinlich entgangenen Schrift abstattete. Der Grund dieses freudigen Eindrucks ist aber keineswegs mein Egoismus, das liebe und eitle „Autors"-Ich, was mich nie geplagt und verfolgt hat, nein! es ist die Klarheit und Wahrheit der Sache selbst, die // mich so angesprochen hat. Allerdings ist das Alpha und Omega, das Prinzip,

Endziel und Maß des Rechts, so auch des Strafrechts beim Verfasser, wie bei mir der Mensch, respektive der Kommun- oder Kollektiv-Mensch, das Volk, allerdings eine Widerlegung des absolutistischen Machtbegriffs, seine Ausgleichung des unscheinbaren Widerspruchs zwischen Gerechtigkeit und Nützlichkeit, seine Zurückführung von Strafe und Gnade auf Zorn, Haß, Furcht und Mitleid, seine bedingte Verteidigung und Nachweisung von der trotz des abgeänderten Worts noch heute gültigen Bestimmung der Strafe als Abschreckungsmittel ganz im Einklang mit meinen eigenen teils ausgesprochenen teils unausgesprochenen Gedanken – aber der Verfasser ist ein selbständiger selbstleuchtender Kopf. Und ich verdanke daher ihm nicht nur die Freude, mein anthropologisches Rechtsprinzip von einem Manne von juristischem Wissen und Scharfsinn bestätigt zu sehn, sondern // auch Belehrung, Berichtigung und Erweiterung meiner Gedanken, kurz – „mehr Licht". Ihnen aber, der diesen juristischen Phosphor meinem Hirn mitgeteilt hat, bezeuge ich meinen verbindlichsten, zwar schon im Lauf der Lectüre empfundenen und erwähnten, aber jetzt erst am Schluße desselben vollgültgen Dank unter der Versicherung meiner Hochachtung und Ergebenheit

L. Feuerbach

Bruckberg, 27. Nov[ember] [18]58 /

1177 (880 a)

An Theodor von Cramer-Klett

10./18. März 1859

Als ich bei meiner letzten Rückkunft von Nürnberg zu den Meinigen in die Stube trat, war mein erstes Wort: Freut Euch! Ich bringe glückliche Botschaft; Herr von Cramer-Klett übernimmt die Bauernschulden. Und ebenso sollte mein erstes Geschäft sein, die Feder zu ergreifen, um Ihnen von hier aus dem mir durch Ihre Güte noch für uns wohnlichen und heimlichen Orte, meinen und der Meinigen freudigsten und innigsten Dank auszusprechen. Allein seit der letzten traurigen Katastrophe der hiesigen Fabrik bin ich so sehr in die Teilnahme an allen Angelegenheiten hineingezogen worden, daß ich selbst meine Studierstube ihr zur Schreibstube einräumte und daher ebensowenig außer als in einem

Raum zur Ausführung meiner eignen Gedanken und Vorhaben fand. Es geschieht daher erst heute, wo ich längere Zeit zum ersten // Male wieder vollständig mein eigner Herr bin, aber ebendeswegen nun um so tiefer empfinde, wie sehr ich Ihnen verbunden bin, wie ich es nur Ihnen zu verdanken habe, daß mir das Bruckberger Schloß aus einem qualvollen Schuldturm wieder zu einem auch nur momentanen Musentempel geworden ist. Ich vergesse übrigens über diesem poetischen Bilde und Gefühle nicht die prosaische Verpflichtung, für die nur aus Rücksicht gegen mich der Fabrik gewährten Vorschüsse auf den möglichen oder gar wahrscheinlichen Fall ihres Unvermögens, Sie zu entschädigen, mich nicht nur als Ihren moralischen, sondern auch eigentlichen und wirklichen Schuldner zu betrachten – auf keinen Fall wenigstens mich durch eine bloße mündliche oder briefliche Danksagung meiner Verbindlichkeit gegen Sie überhoben zu glauben.

Auch Ihrer verehrungswürdigen Frau Gemahlin muß ich nochmals meinen begeisterten, aber jetzt erst vollwichtigen Dank für ihre kostbaren Geschenke aussprechen, denn wenn ich gleichschon in Nürnberg begeistert war, so wurde auch diese erst nach meiner letzten Rückkunft Gegenstand der Empfindung und Erfahrung. Wie leer ist aber ein Dank, der nicht vom Inhalt seines Gegenstands erfüllt ist?

Schon vor acht Tagen habe ich diesen Brief geschrieben, aber infolge eingetretener Unpässlichkeit und Verstimmung liegen lassen. Da sich aber unterdessen nur die Zeit, nicht die Gesinnung geändert hat, so übersende ich Ihnen nun doch denselben als ein Zeichen meiner innigen Verehrung und Dankbarkeit.
L. Feuerbach
Bruckberg, 18. März 1859 /

1178 (904 a)

Von Johann Erdmann Ludwig Ulsch

28. Juli 1860

/ Nürnberg den 28. Juli 1860
Hochverehrter Herr!
Herr Baron v[on] B[ehaim] wäre bereit, das Herrenhaus zu Rechenberg so einrichten zu lassen, daß es auch für den Winter

bewohnbar wäre, wenn Sie sich dazu verstünden:
1.) 100 f[l]. zu den erwachsenden hohen Kosten beizutragen,
2.) 100 f[l]. jährl[ichen] Mietzins zu zahlen,
3.) 100 f[l]. Entschädigung zu entrichten, wenn die Wohnung von Ihnen durch welch immer einen Umstand im ersten Jahre verlassen werden sollte,
4.) 75 f[l]. im 2ten und
5.) 50 f[l]. im 3ten Jahre.

Nach Ablauf von 3 Jahren fiele eine solche Entschädigung ganz weg.

Es würden die äußern Wände der zwei Zimmer am nördlichen Teil des Hauses 3 Zoll stark vorgemauert, die Decke im großen Zimmer stukkatort [stukatiert], Lamberi[e]n [Täfelungen] //daselbst in Brusthöhe angebracht, der halbe Fußboden neu gemacht, neue Brettenhölzer eingelegt, 8 Stück Winterfenster angeschafft und ein Kamin gemauert sowie ausgetüncht werden.

Ich soll um Ihre Ansicht hierüber bitten und ob Sie gesonnen sind, diese Bedingungen oder welche sonst einzugehen, und bemerke noch, daß binnen 4 Wochen die Arbeit beendigt sein könnte.

Ich benutze diese Gelegenheit, mich Ihnen hochachtungsvoll zu empfehlen.

Euer ergebenster U[lsch] /

1179 (904 b)

Von Johann Erdmann Ludwig Ulsch

10. August 1860

/ N[ürn]b[er]g, d[en] 10. Aug[ust] 1860
Hochgeschätzter Herr!

In Bezug auf die Vermietung des Wohnhauses zu Rechenberg soll ich noch nachträglich bemerken, daß H[er]r Baron v[on] B[ehaim] das auf der südlichen Seite befindliche Sommerhäuschen zu seiner Benützung ausgenommen zu wissen wünscht, damit ihm doch ein kleiner Raum für einige Stunden Aufenthalt auf seinem Gute bleibt.

Seinem mitbeteiligten H[er]rn Bruder habe ich auch von der Sache mitgeteilt, jedoch noch keine genügende Antwort erhalten,

wenn dessen Zustimmung zur Vermietung und zum Bau erfolgt
ist, soll der Vertrag gar vollends abgeschlossen werden.
Mit aller Hochachtung empfiehlt sich 15
Euer etc.
ergebenster
U[lsch] /

1180 (905 a)
Von Johann Erdmann Ludwig Ulsch
20. August 1860

/ Nürnberg, den 20. Aug[ust] 1860
Hochverehrter Herr!
Im Auftrag des H[errn] B[aron] v[on] B[ehaim] sende ich Euer 5
p. den Entwurf des Mietvertrags mit der Bitte, solchen gefälligst
zu prüfen und sich möglichst bald zu äußern, ob Sie damit einverstanden sind, worauf sodann ungesäumt mit den Bau-Einrichtungen begonnen werden wird.
Hochachtungsvoll zeichnet 10
U[lsch] /

1181 (905 b)
An Johann Erdmann Ludwig Ulsch
23. August 1860

/ Bruckberg, 23. Aug[ust] 1860
Euer Wohlgeboren übersende ich hiemit den mit meinem Namen
unterzeichneten Mietvertrag mit dem Herrn Baron von Behaim. 5
Ich habe denselben reiflich geprüft und außer einer Kleinigkeit
nichts dagegen zu bemerken gefunden. Diese Kleinigkeit betrifft
die § II sub lit[era] [unter dem Buchstaben] e) begriffene hintere
Kammer, welche wohl auch wie die beiden Zimmer sub lit[er]a
des Austünchens bedarf. Wenn übrigens das Austünchen dieser 10
Kammer nicht schon selbstverständlich mit dem Kaminführen und
Ofen-Setzen in derselben verbunden ist, so will ich gerne die

Kosten dafür auf mich nehmen, um es bei dem einmal Niedergeschriebenen und Unterzeichneten bewenden zu lassen.
Das für mich abgeschriebene Duplikat des Mietvertrags werde ich selbst bei meiner nächsten Ankunft in Nürnberg mitbringen, um es dem Herrn Baron von Behaim zur gefälligen Namensunterzeichnung zu überreichen.
Mit vollkommner Hochachtung zeichne ich Euer Wohlgeboren
ergebenster Dr. Ludwig Feuerbach /

[Mietvertrag]
Zwischen dem Herrn Stiftungsadministrator S. F. K. Freiherr von Behaim dahier für sich und als Bevollmächtigter seines Herrn Bruders, des k[öniglichen] Majors Ch. K. F. Freiherr von Behaim in München einerseits und dem H[errn] Dr. Feuerbach, zur Zeit in Bruckberg, ist nachstehender Miet-Vertrag abgeschlossen worden.

I.
Die Freiherren von Behaim vermieten nämlich an H[err]n Dr. Feuerbach vom s[o] g[enannten] Herrenhause zu Rechenberg die im I. Stocke befindlichen Lokalitäten und die vorhandenen Dachkammern zur Bewohnung für Sommer und Winter, mit Ausnahme des auf der südlichen Seite befindlichen Sommer-Sälchens.

II.
Die Vermieter lassen sofort folgende Reparaturen vornehmen:
a) in den beiden Zimmern im nördlichen Teil des Gebäudes die Wände innen mit gestellten Backsteinen 3" dick vormauern,
b) die Decke im großen Zimmer einfach stukkatieren,
c) in demselben ein Lambries in Brusthöhe mit Oelfarbanstrich anbringen und den Fußboden zur Hälfte neu machen,
d) die beiden Zimmer sub lit[er]a nur aus-//tünchen
e) in der hintern Kammer einen Kamin führen und ein Oefchen setzten,
f) acht Stücke Winterfenster anschaffen

III.
Der H[er]r Mieter will sich mit dem im großen Zimmer befindlichen Ofen begnügen, oder selbst einen solchen für sich anschaffen.

IV.
Zu den Bau-Kosten fortan zahlt H[er]r Dr. Feuerbach vor Bezug der Wohnung einen Beitrag von 50 fl. (m. W.) ohne irgend einen nachträglichen Anspruch.

V.
Der Mietzins beträgt jährlich 100 fl. (m. W.) in 1/4jährigen Raten zahlbar, und beginnt die Miete von Vollendung der Reparaturen längstens von Allerheiligen d[es] J[ahre]s an.

VI.
Die freistehende Kündigung ist 1/4 jährig und verpflichtet sich der H[er]r Mieter beim Abzug alle Lokalitäten in gutem, brauchbaren Stande zu verlassen, sowie außerdem als Entschädigung zu zahlen:
a) 100 fl. (m. W.) wenn die Miete vor oder mit Ablauf eines Jahres
b) 75 fl. (m. W.) wenn die Miete nach dem ersten vor oder mit Ablauf des zweiten // Jahres –
c) 50 fl. (m. W.) wenn die Miete nach dem zweiten, vor oder mit Ablauf des dritten Jahres verlassen werden wollte.
Ein Todesfall auf Seite des H[err]n Mieters oder seiner Frau Gemahlin, oder die Kündigung von Seite der Vermieter entbinden von dieser Entschädigung.

VII.
Die durch die Bewohnung für Sommer und Winter erwachsenden Schlotfegerlöhne hat der Herr Mieter zu bezahlen.

VIII.
Die H[erre]n Vermieter verwahren sich gegen die Verpflichtung weitere Verbesserungen oder Einrichtungen machen zu lassen, falls die Wohnung im Winter gegen Vermuten nicht vollkommen entsprechen sollte, tragen auch die Kosten jener Reparaturen nicht, die durch die Benützung der Wohnung entstehen.

IX.
Vorstehender Vertrag wurde in duplo ausgefertigt und von jedem Teile ein Exemplar zu Händen genommen.

Nürnberg den 20. Aug[ust] 1860
Friedrich Freiherr von Behaim

Bruckberg bei Ansbach den 23. Aug[ust] 1860
85 Dr. Ludwig Feuerbach
Privatgelehrter /

1182 (905 c)

Von Johann Erdmann Ludwig Ulsch

13. September 1860

/ Nürnberg den 13. Sept[ember] 1860
Hochgelehrter Herr!
5 Die Reparaturen zu Rechenberg sind nun bald so weit, daß es nötig ist zu wissen, ob und welcher Ofen Euer [...?] mitbringen oder ob Sie sich vom Hafner [Ofensetzer] einen neuen zweckmäßigen Ofen setzen lassen wollen. Ich bitte daher um gefällige Entschließung.
10 H[er]r Baron v[on] B[ehaim] läßt auf gemachten Vorschlag die beiden Zimmer einfach tapezieren, dagegen wurde für zweckmäßig gefunden, von der hintern Kammer nur ein blechenes Rohr in den Schlot zu führen, es unterbleibt daher die Führung eines neuen Kamins.
15 Diese Kammer muß natürlich auch getüncht werden, nebenbei wird auch der Vorplatz ganz sauber und dauerhaft an Wänden und Decken verputzt und die obere Kammer getüncht; es erwachsen daher viel mehr Kosten, als ich dachte, die Wohnung wird aber daher auch sehr schön und in das große Zimmer kommt dazu noch
20 ein ganz neuer Fußboden.
Fenster und Türen werden gegen den // neuen Lambris-Anstrich nicht gut aussehen, wenn sie nicht auch angestrichen werden, es fragt sich daher, ob sich Euer begnügen oder vielleicht doch noch diese Kleinigkeit mit dem Austünchen der Kammer und Küche auf
25 eigne Rechnung übernehmen wollen.
An der vordern Wand in der hintern Kammer wird auch noch bis zur Fensterhöhe vertäfelt, an die Bodentreppe kommt noch eine Tür, daß es wärmer hält; überhaupt wird alles so gut und zweckmäßig, daß H[er]r Doktor gewiß recht zufrieden sein können.
30 Mit aller Hochachtung und Verehrung empfiehlt sich
Euer p.
U[lsch] /

1183 (906 a)
An Johann Erdmann Ludwig Ulsch
21. September 1860

/ Bruckberg, den 21. Sept[em]b[er] 1860
Euer Wohlgeboren
wertes Schreiben vom 13. Sept[ember] ist mir leider infolge
unverzeihlicher Nachlässigkeit der hiesigen Bötin erst gestern zu
Händen gekommen. Glücklicherweise war jedoch zu Anfang
dieser Woche meine Frau nach Nürnberg gereist, um bei dem
Hafner einen neuen Ofen zu bestellen, und so werden Sie hoffentlich unterdes[sen] bereits durch H[errn] Eberlein mündlich die
genügende Antwort auf die erste Frage Ihres Schreibens erhalten
haben. Was die zweite Frage wegen des Anstreichens der Fenster
und Türen betrifft, so hoffe ich gleichfalls, daß Sie im Vertrauen
auf die [meinerseits] ausgesprochene Gesinnung, zur Minderung
der [großen Kosten, welche die] Herstellung des Quartiers dem
Herrn Baron von [Behaim] verursacht, von meiner Seite aufs
bereitwilligste beizutragen, nicht erst auf diese Zeilen gewartet
haben werden, um auf meine Rechnung // hin dieses Anstreichen
vornehmen zu lassen. Ich habe daher auch trotz der Verzögerung
dieser Erklärung den bereits auf nächsten Mittwoch bestellten
Fuhrmann nicht abbestellt, sondern werde getrost an diesem Tage
mit Sack und Pack von hier abreisen, um tags darauf meinen
Einzug auf dem Rechenberg zu machen, auf alle Fälle wenigstens
meine Sachen auf demselben einstweilen einzustellen. Füglich
werde ich eben denselben Tag, in der Frühe oder nachmittags, bei
Ihnen auf der Amtsstube erscheinen, um die Bedingungen meines
Mietvertrags zu erfüllen.
Mit vollkommenster Hochachtung

                                          Euer Wohlgeboren
                                          ergebenster
                                          Dr. L. Feuerbach /

1184 (931)

An Eduard Löwenthal

23. Februar 1861

[Abgesandter Brief:]

/ Rechenberg bei Nürnberg
23. Feb[ruar] [18]61.
Verehrter Herr!
Ihr „System des Naturalismus" verdient als ein kühner Versuch, die Gesamtheit der natürlichen und menschlichen Dinge aus einer nicht metaphysischen oder mystischen, sondern materiellen und zwar offenbar fühlbar materiellen Kraft genetisch und systematisch zu begreifen, in meinen Augen alle Achtung. Auch haben die materiellen Erklärungen, die Sie im I. K[apitel], §[§] 9, 10, 11, 23, 25 an die Stelle der Gedanken-Nichtse setzen, auf welche man bisher das Weltgebäude gegründet hat, mich durch ihre Originalität überrascht und erfreut. Um so mehr Kopf[zer]brechen haben mir aber die folgenden, ins Individuelle und Spezielle eingehenden Kapitel, ja auch schon mehrere Paragraphen im I. K[apitel] gekostet, ohne daß ich doch trotz der redlichsten Absichten und Bemühungen irgendeinen positiven Ausschluß, irgendeine befriedigende Erklärung, ja selbst auch nur einen bestimmten Gedanken herausgebracht hätte, so z. B. § 12, § 15. Manche Ihrer Bestimmungen kann ich nicht mit meinen physikalischen Begriffen zusammen-//reimen, so §[§] 28, 26, selbst auch schon §[§] 18–21, auch schon zum Teil die beiden vorhergehenden §§ 27 und 26, ja auch schon die §§ 18–21, da ich mir keine Expansion zur flüssigen oder Gasform ohne die von den Physikern sogenannte latente Wärme denken kann. Ihre Erklärung des Selbstbewußtwerdens, der Denkentstehung, hat mich nicht befriedigt, schon aus dem Grunde, weil Sie hier zu einseitig nur auf das Sehen reflektieren, das Auge allein zum factotum [Mittelpunkt] machen, §[§] 52, 53, 58, 63 und schon § 48. Trefflich finde ich dagegen Ihre Erklärung des „apriorischen Denkens" – besonders in dem von Ihnen zitierten, dieser Tage von mir wieder gelesenen Aufsatz im „Jahrh[undert]" – und was Sie § 88 bis zum Schlusse sagen. Im ganzen hat mich Ihr System sowohl der Sache als Sprache nach oft an die frühere Naturphilosophie erinnert. Trotz der stofflichen Grundlage

so viel Unstoffliches, Abstraktes, Dunkles, Unbestimmtes. Wer aber das Licht der Natur zum Licht der Vernunft macht, der sei auch so schlicht, so klar und bestimmt wie das Licht! Übrigens bin ich überzeugt, daß Sie bei einer *ausführlicheren* Darstellung Ihres Systems sich diesem Ziele nähern werden, und [ich bin Ihnen] dafür verbunden, daß Sie mir die Gelegenheit Ihrer nähern Bekanntschaft gegeben haben.

Sind Sie mit H[errn] Dr. Weinland, dem Herausgeber des „Zoologischen Garten[s]", befreundet? Und darf ich in diesem Falle durch Sie auch ihm meinen verbindlichsten Dank sagen für die Mitteilung seiner „Gedanken über die Thierseele"? Ich habe sie mit größtem Interesse und Vergnügen gelesen.

Mit aufrichtiger Hochachtung
Ihr ergebenster L. Feuerbach /

1185 (950 a)
An Gustav Julius Junghann

31. Juli 1861

/ Rechenberg bei Nürnberg, 31. Juli [1861]
Hochgeehrter Herr,

das große deutsche Sängerfest, dessen begeisternder Feier auch ich Ohren, Auge, Herz und Hand nicht verschließen konnte und mochte, dessen unvermeidliche Zeitverschwendung man aber hernach durch umso größern Zeitgeiz wieder zu ersetzen suchte, ist allein schuld, daß ich erst heute Ihre Anfrage beantworte. Die Kiste mit den Skripturen meines unglücklichen Bruders Karl, nach welchem Sie sich erkundigen, existiert zwar nicht mehr. Ein feindseliges Geschick hat mich voriges Jahr expropriiert, beraubt meines ländlichen Asyls, wo ich 24 Jahre den Musen gelebt und Raum genug gehabt habe zur Aufbewahrung der hinterlassnen, mehrere Kisten füllenden Papiere meiner verstorbenen Blutsverwandten und einst auch die Zeit zu finden hoffte, wie bereits bei meinem Vater, so auch meine[n] Brüder[n], insbesondere aber meinem Bruder Karl ein kleines biographisches Denkmal zu setzen und zu diesem Zwecke das Studium der Mathematik, das ich bisher nicht weiter treiben konnte, als es zum Verständnis der Physik unentbehrlich ist, bis auf dessen Werke zurückzuführen. An den Toten,

die keine Sorgen und Bedürfnisse mehr haben, kann und soll aber der Lebende nur denken, wenn ihn selbst keine Sorgen drücken. Um die // Kisten und Lasten des Hieherzugs zu verringern, habe ich daher den erwähnten Nachlaß, der freilich größtenteils nur den Wert von Familienandenken hatte, bis auf ein Minimum reduziert, so auch den meines Bruders Karl. Aber, ob man gleich nicht in seinem Eifer zu weit geht und sich vergreift, wenn man einmal ins Kritisieren und Negieren hineinkommt, namentlich wenn man einen ermüdenden Wust durchzustöbern hat, ich glaube nicht mich zu täuschen, wenn ich steif und fest behaupte, dieses erhaltene Minimum ist das Maximum, was mein Bruder hinterlassen, es ist das von Ihnen gesuchte Manuskript und ist das Original, das ausführliche Werk, wovon im Grundriß nur ein kurzer, jedoch, wie es mir scheint, wenigstens der Diktion nach, zugleich kritischer Auszug ist. Das Manuskript – Quart, daumendick, geheftet, fein und rein geschrieben, nur hie und da korrigiert und beschmutzt, aber nicht von meiner Hand, nicht numeriert durch Seitenzahl, sondern nach §[§] in sich auf 127 belaufen bis zum Schluß des II. Teils, während der III. „noch unvollendete Teil" nach lateinischen, sich auf XV laufende Nummern fortläuft – das Manuskript beginnt mit der Überschrift: „Einleitung", deren Anfang verbotenus [wörtlich] mit dem Anfang des Grundrisses übereinstimmt und 7 1/2 geschriebene Seiten umfaßt. /
Hierauf folgt das Inhaltsverzeichnis:

Inhalt.
Erster Teil.
Analyse der dreieckigen Pyramide nach der Methode der Koordinaten und Projektionen.
1) *Abschnitt.* Die Relationen zwischen dem Inhalte der dreieckigen Pyramide, den zwölf rechtwinkligen Koordinaten ihrer Ecken und den Projektionen ihrer Kanten und Seitenflächen auf ihre Achsen und Ebenen eines rechtwinkligen Koordinatensystems. §[§]1 bis §[§] (Zahl ist nicht angegeben).
2) *Abschnitt.* Berechnung der Dimensionen an der dreieckigen Pyramide aus den zwölf rechtwinkligen Koordinaten ihrer Ecken und Eliminaten der Koordinaten. § 27.
Zweiter Teil.
Die Theorie der koordinierten Koeffizienten, eine neue Methode, welche die Raumgrößen in Beziehung auf eine Urpyramide betrachtet.

1) *Abschnitt.* Vom Punkte im Raume in Beziehung auf eine Urpyramide und von den vornehmsten Relationen zwischen den koordinierten Koeffizienten vierer Punkte im Raume. § 81.
2) *Abschnitt.* Die gerade Linie, das ebene Dreieck und die Pyramide in Beziehung auf eine Pyramide. § 89.
3) *Abschnitt.* Berechnung einiger der vornehmsten Dimensionen, welche drei beliebige, auf eine Urpyramide bezogene Punkte mit derselben bestimmt. § 106.

Dritter Teil.

Eigenschaften einiger merkwürdiger Punkte der dreieckigen Pyramide und mehrere durch sie bestimmte Linien und Figuren.
I. *Abschnitt.* Von der Relation zwischen den 10 Abständen zwischen beliebigen Punkten im Raume voneinander. /
/ II. *Abschnitt.* Von den Perpendikeln der Pyramide.
III. *Abschnitt.* Von der Kugel, welche um die Pyramide beschrieben ist.
IV. — Von den Kugeln, welche die vier Seitenflächen der Pyramide berühren.
V. — Von den Kugeln, welche je vier Kanten der Pyramide berühren.
VI. — Von den Kugeln, welche die Seitenflächen und Kanten der Pyramide berühren.
VII a. —Vom Schwerpunkt des körperlichen Raums der Pyramide.
VIII. — Von den merkwürdigen Punkten der Seitenflächen der Pyramide.
IX. — Bestimmung der gegenseitigen Lage der Seitenflächen der Pyramide.
X. — Untersuchung einiger besondern Pyramiden.
XI. — Klassische, die Pyramiden betreffende Probleme.

Ich habe absichtlich dieses Inhaltsverzeichnis in seiner ganzen Ausführlichkeit abgeschrieben, weil Sie schon hieraus die Richtigkeit oder Unrichtigkeit meiner Behauptung werden ersehen können. Zum Beweise, daß dieses aus der Zerstörung meines Jerusalems als heiliges Andenken an die wissenschaftl[iche] Tätigkeit und Fähigkeit meines Bruders gerettete Manuskript wirklich das von Ihnen zur Ansicht gewünschte und meiner Sorgfalt und Obhut anempfohlen ist, dient mir übrigens schließlich ein historischer chronologischer Umstand, auf den ich erst diesen Augenblick bin aufmerksam geworden. Auf dem Deckel des Manusk[riptes] steht: „Eich[en]b[ach] bei Ansb[ach], 7. Juli 1826." Das größere, bereits im Nachtrag vollendete Werk, welches

ich 1826 in Ok[ens] Isis angekündigt (Vorwort von 1827 im „Grundriß") kann also kein andres sein als dieses, was auch schon
105 daraus hervorgeht, dass die Ankündigung oder Einleitung in d[er] Isis wörtlich und zwar nicht nur im Anfang, mit der dieses M[anu-]skr[ipts] übereinstimmt. Auch bemerke ich noch, daß das Jahr 1826, das Jahr des Schlusses dieses Werks, auch der Schluß der geistigen Blütezeit meines Bruders war, ob er gleich erst 1834
110 gestorben ist.

Mit dem Wunsche, daß diese Zeilen und Notizen zu Ihrer Beruhigung, von der auch die meinige abhängt, hinreichend sein werden – bin ich hochachtungsvoll ergebenst

L. Feuerbach /

Untersuchungen und Erläuterungen

968

Originalhandschrift: UB München, Sign. 4° Cod. ms. 935 b/18. 11.
Erläuterungen: 4 Nachricht von Ihnen: Der letzte, vorangegangene Brief an J. Duboc trägt das Datum vom 6. April 1861 (GW 20, Brief 932, S. 339–340). **6** das beifolgende Schriftchen: J. Duboc, Die Propaganda des Rauhen Hauses und das Johannes-Stift in Berlin (Leipzig 1862). Vgl. Erl. zu Brief 970, Z. 8–9. Das Rauhe Haus ging auf J. H. Wichern zurück, der 1833 in Hamburg-Horn eine Anstalt der Inneren Mission, einer Gründungsstätte der Diakonie, zur Betreuung gefährdeter männlicher Jugendlicher eingerichtet hatte. Als Wichern 1856 Oberkonsistorialrat und Vortragender Rat im Ministerium des Innern in Berlin mit der Gefängnisreform betraut wurde, gründete er 1858 ebenda das Evangelische Johannesstift. **12** einer Zeitung: J. Duboc war von 1861 bis 1863 in Dortmund Redakteur der „Westphälischen Zeitung" und hatte bereits zuvor an der „Deutschen Zeitung" in Berlin mitgearbeitet. **14** das „System des Naturalismus": Gemeint ist E. Löwenthals kleine Schrift „System und Geschichte des Naturalismus, oder: Neuste Forschungsresultate", deren erste Abteilung das „System des Naturalismus" enthält. Die Arbeit erschien 1861 in Leipzig. L. Feuerbach hatte sich bereits im Frühjahr 1861 über deren Inhalt mit dem Autor ausgetauscht (vgl. GW 20, Brief 931, S. 338–339).

969

Randbemerkung *(Erste Briefseite):* Verzeih, daß ich nicht frankiere; es fehlt mir an Marken und die Post ist weit. Drum lasse ich es auch darauf ankommen und deklariere die 30 Rtlr. nicht.
Originalhandschrift: UB München, Sign. 4° Cod. ms. 935 b/49. 7. – Paginiert von L. Feuerbach.
Streichung: 27 und wenn *gestr.:* es.
Korrektur: 70–71 v[on] Bockum-Dolffs: v. Bokum-Dolffs *Manuskript.*
Erstveröffentlichung: Bw II, S. 278–280.
Textvergleich: 4 *Kanonierstr. 9*, 2 Tr[eppen] *Fehlt in Bw* **14** Verwandelung: Verwendung *Bw* **16–18** la fin couronne les œuvres ... traf *Fehlt in Bw* **20** debütieren: debutiren *Bw* **21** heftig: eifrig *Bw* **23** denen: worauf *Bw* **27** Zaghaftigkeit: Verzagtheit *Bw* **31** wie: als *Bw* **36** so *Fehlt in Bw* **47** rigoroser: rigoröser *Bw* **63** Hohe: Grosse *Bw* **66** das Milit[är]budget: den Militarismus *Bw* **68** blödsinniger: unbedachter *Bw* **80** Einflusse: Einfluss *Bw* **82** diese: jene *Bw* **91** freiheitsdurstigerer: freiheitsdurstiger *Bw* **96–100** und dabei ... Einsenden *Fehlt in Bw*.
Erläuterungen: 16 la fin couronne les œuvres: „Das Ende krönt die Werke." – nach Ovid, Heroides, 2,85. **18–20** Wahl in Berlin ... Abgeordneter der Hauptstadt: Im September 1861 wurde O. Lüning in das „Central-Wahl-Comitte" der Deutschen Fortschrittspartei für die preußi-

schen Landtagswahlen berufen. Als Mitglied des preußischen Abgeordnetenhauses – in das er am 4. Januar 1862 und am 6. Mai 1862 gewählt wurde – stand er im Briefverkehr mit der Coburger Geschäftsstelle. Siehe J. Sänger, Die Arbeiterbewegung in Rheda und Wiedenbrück – vom Rhedaer Kreis zur SPD heute, Gütersloh 1987, S. 81. Vgl. auch Erl. zum vorliegenden Brief, Z. 53. – Zur Beziehung zwischen L. Feuerbach und O. Lüning vgl. GW 20, S. 501–502, Erl. zu Brief 913. **22–25** „[Westphälischen] Dampfboot" ... „Neuen Deutsch[en] Z[ei]t[un]g": Man versuchte O. Lüning mit Zitaten aus früheren Publikationen zu desavouieren, denn er war Herausgeber und Redakteur der Monatsschrift „Das Westphälische Dampfboot" (1845–1848) und der linksdemokratischen Tageszeitung „Neuen Deutschen Zeitung. Organ der Demokratie" (1848–1850). Das zuletzt genannte Blatt erschien vom 1. Juli 1848 bis zum 1. April 1849 in Darmstadt und kam danach bis 14. Dezember 1850 in Frankfurt am Main heraus. Es wurde zunächst von O. Lüning allein redigiert, bis später dessen Schwager, Joseph Weydemeyer, und auch J. Georg Günther an der Redaktion mitwirkten. Infolge der Ausweisung der Redakteure mußte das Erscheinen des Blattes eingestellt werden. **31** „Ein Hundsfott tut mehr, wie er kann": Sinngemäß W. Scott, Ivanhoe, 13. Kapitel (siehe Berlin 1952, S. 185). **32** „Ivanhoe": Titelgestalt eines in der Zeit von Richard Löwenherz spielenden historischen Romans von Sir Walter Scott. **36** die Königsberger und Letzlinger Reden: Bezieht sich auf das Gottesgnaden-Königtum, welches Wilhelm I. trotz Verfassung hervorgehoben wissen wollte. Vgl. Kaiser Wilhelms des Großen Briefe, Reden und Schriften. Ausgewählt und erläutert von E. Berner, II. Bd.: 1861–1888, Berlin 1906, bes. Dok. 301, 302 wie auch Dok. 441. **39** des Königs: Wilhelm I.; er hatte bereits seit Oktober 1858 die Regentschaft für seinen unheilbar kranken Bruder Friedrich Wilhelm IV. übernommen, der am 2. Januar 1861 starb. Seit dieser Zeit König, bestand er, trotz des Abratens mehrerer Minister, auf einer feierlichen Krönung, die am 18. Oktober 1861 in Königsberg vollzogen worden war. Hierzu heißt es: „An die Stelle der früher üblichen Erbhuldigung, für die seit Erlaß der Verfassungen die Voraussetzungen fehlten, setzte der König, um seinem königlichen Beruf die innere und äußere Weihe zu geben, die ihm Bedürfnis war, die Krönung, die seit 1701 außer Übung gekommen war. Am 3. Juli erklärte er dem Staatsministerium, daß er sich zur Krönung als dem ‚höheren Akt' entschlossen habe. Die Bedenken der rechtsstehenden Parteien, die die alte Erbhuldigung wollten, konnte der König mit dem Hinweis auf die Verfassung, der die linksstehenden, die die Krönung, als nicht in der Verfassung geboten, nicht wollten, mit dem Hinweis darauf ablehnen, daß sie ihr in keiner Weise widerspreche, und schlug auch die letzten Zweifel der Minister dadurch nieder, daß er die Kosten aus seinen Privatmitteln bestritt ...". Kaiser Wilhelms des Großen Briefe, Reden und Schriften. Ausgewählt und erläutert von E. Berner, a. a. O., Fußnote, S. 19–20. **53** „Deutsche Fortschrittspartei": Sie wurde im preußischen

Abgeordnetenhaus aus dem linken Flügel der altliberalen „Fraktion Vincke" und aus den radikalen Demokraten von 1848 (F. L. B. Waldeck, J. Jacoby, H. Schulze-Delitzsch) gebildet und erstrebte Demokratie und Parlamentarismus für Preußen sowie die Einigung Deutschlands unter der preußischen Zentralgewalt. Zur Entstehungsgeschichte dieser Partei siehe H. A. Winkler, Preußischer Liberalismus und deutscher Nationalstaat. Studien zur Geschichte der Deutschen Fortschrittspartei 1861–1866, Tübingen 1964, S. 1–15. Vgl. auch G. Eisfeld, Die Entstehung der liberalen Parteien in Deutschland 1858–1870, Hannover 1969, S. 59–122; zur Tätigkeit O. Lünings siehe bes. S. 32–33, 100–103, 106–107, 180, 187 und S. 191. **70–71** Wenn Du Grabow, Behrend und v[on] Bockum-Dolffs... gewählt findest: Es handelt sich um den Politiker W. Grabow, der in der vierten Sitzung am 20. Januar 1862 zum Präsidenten des preußischen Abgeordnetenhauses gewählt und für die übrige Dauer der Session am 17. Februar 1862 wiedergewählt wurde. Grabow hatte dieses Amt bis 1866 inne. Gleichzeitig wurde H. T. Behrend zum ersten Vizepräsidenten gewählt. Zweiter Vizepräsident der preußischen Kammer wurde F. H. G. von Bockum-Dolffs. **86–87** daß der russischen Jugend Deine Werke zugänglich gemacht werden: Willy Birkenmeyer, Das russische Heidelberg, Heidelberg 1995, hat auf die russische Kolonie im Heidelberg der 60er Jahre des 19. Jahrhunderts als eines Zentrums russischer revolutionär orientierter Studenten und Exilanten aufmerksam gemacht und darauf verwiesen, daß sich Jakob von Khanikoff in Heidelberg um Übersetzungen Feuerbachscher Werke ins Russische bemühte. Stephan Walter (Das Wesen der Religion: Übersetzungsgeschichte und Übersetzungskritik der russischen Feuerbach-Übersetzung von 1862 aus Heidelberg, Heidelberg – Moskau 2003) hat diese Thematik in seiner Dissertation aufgegriffen und weitergeführt.

Eine erste russische Übersetzung war dem „Wesen des Christentums" gewidmet. Möglicherweise noch in Moskau entstanden, war sie dem Verleger Trübner in London zugeleitet worden: СУЩНОСТЬ ХРИ-СТIАНСТВА. СОЧИНЕНИЕ ЛЮД. ФЕЙЕРБАХА. ПЕРЕВОДЪ СДЕЛАН-НЫЙ СО ВТОРОГО ИСПРАВЛЕНАГО ИЗДАНIЯ ФИЛАДЕЛЬФОМЪ ФЕОМАХОВЫМЬ. LONDON: TRÜBNER & CO. 60. PATERNOSTER ROW, 1861. (Vgl. Evgenija L. Rudnickaja, „Ja. Chanykov – Gercenu." In: Literaturnoe nasledstvo, 62, Moskau 1955, S. 702–709). Die Ausgabe enthält ein Vorwort von A. I. Herzen: „Die Werke Büchners, Moleschotts und Vogts werden von der russischen Jugend gierig gelesen. Alle Schriftsteller sind Schüler Feuerbachs, des ersten Denkers unserer Zeit. Deshalb ist zu erwarten, dass eine Übersetzung seines Hauptwerkes von der russischen Jugend mit der Sympathie aufgenommen wird, die es aufgrund seiner großartigen wissenschaftlichen Leistung verdient. Da wir aber denken, der Übersetzer verdiene Anerkennung in der jungen Generation Russlands, so wird das jetzt herauszugebende Buch natürlich Interesse bei der russischen Jugend wecken, die in den geistlichen Lehranstalten

Russlands studiert. Dieser Gegenstand ist ihnen näher als alles andere. Die überwältigende Mehrheit dieser jungen Leute giert geradezu nach Wahrheit, aber nur sehr wenige können fremdsprachige Bücher im Original lesen. Und auf Russisch konnten sie bisher fast nichts finden, was ihrem Streben danach genügt, das Wesen des Christentums kennen zu lernen. Deswegen sei ihnen diese Übersetzung gewidmet, die wir herausgeben." (St. Walter, Das Wesen der Religion ..., a. a. O., S. 92).

Als zweite russische Feuerbach-Übersetzung erschien das „Wesen der Religion": СУЩНОСТЬ РЕЛИГІИ ЛЮДВИГА ФЕЙЕРБАХА ПЕРЕВОДЪ ѲЕДОРОВСКАГО, Heidelberg 1862, nach der für die Hörer der Heidelberger Vorlesungen bestimmten Fassung von 1849 (dritte Fassung mit dem Untertitel „Zweite Auflage") in Heidelberg bei Bangel und Schmitt, möglicherweise da Trübner sich in den Verhandlungen über weitere Feuerbach-Ausgaben sehr zögerlich zeigte. Als Übersetzer werden verschiedene Studenten benannt, während Jakob von Khanikoff nur eine vermittelnde Rolle zukam. Khanikoff (geb. 1837) war ehemaliger Moskauer Jurastudent und stand verschiedenen radikalen Zirkeln russischer Studenten nahe; er hatte „den unleidlichen Verhältnissen in seiner Heimat ein freiwilliges Exil in Europa vorgezogen" (Bw I, S. 165), Russland im Mai 1861 verlassen, war nach Heidelberg gegangen, wohnte mit seiner Familie dann in Erlangen und Berlin, um schließlich seine Verbindungen nach Italien auszudehnen. **94** welche größere Arbeit Dich jetzt beschäftigt: L. Feuerbach befaßte sich bis Mitte Dezember 1861 mit einem Nachtrag zu seiner um 1846 entstandenen Abhandlung „Die Unsterblichkeitsfrage vom Standpunkt der Anthropologie" (GW 10, S. 192–284), der unter dem Titel erschien: „Zur Unsterblichkeitsfrage vom Standpunkte der Anthropologie. Oder Kritik der gewöhnlichen Erklärung von den, insbesondere volks- und altertümlichen, Unsterblichkeitsvorstellungen" (GW 11, S. 187–218). Der Erstdruck des Nachtrages erfolgte im zehnten Band der „Sämmtlichen Werke", Leipzig 1866, S. 205–244. **97–98** ein kleiner Beitrag: O. Lüning leistete selbst und vermittelte Geldspenden für den auf Grund des Zusammenbruchs der Bruckberger Porzellanmanufaktur von dort nach dem Rechenberg bei Nürnberg verzogenen L. Feuerbach. So spendete beispielsweise J. Meyer, mit dem O. Lüning seit Mitte der vierziger Jahre im Kontakt stand und dem Feuerbach Anfang August 1845 einen Brief geschickt hatte (GW 19, Brief 499, S. 33–34), und auch L. Bamberger (vgl. im vorliegenden Band Brief 1002, Z. 25–31 und Brief 1021, Z. 4–5) für den Philosophen. Auch ein Kreis Nürnberger Freunde, darunter E. Baierlacher, C. Crämer, E. Hektor, J. Kohn, Kreitmair, Rauhenzahner, A. Reuss und W. Schmit, hatten im Februar 1863 zu Unterstützungszahlungen für Feuerbach aufgerufen.

970

Originalhandschrift: Der Verbleib ist nicht bekannt. Die Veröffentlichung erfolgt nach dem Erstdruck.
Erstveröffentlichung: Deutsche Warte, S. 589.
Erläuterungen: 6–7 Krankheitserscheinung unserer Zeit ... kennenzulernen: Vgl. Erl. zu Brief 968, Z. 6. **8–9** Ihren Vorschlag ... entgegengesetzten Vereine: J. Duboc schlägt in seiner kleinen Schrift „Die Propaganda des Rauhen Hauses ..." (a. a. O., S. V) die Gründung eines Antimissionsvereins anstelle des „Johannes-Stifts" in Berlin vor. **17** das „System der Natur" (?!) des Herrn **: Vgl. Erl. zu Brief 968, Z. 14. **19–22** mein auf sein Ersuchen gefälltes, in einem Briefe niedergelegtes Urteil ... nur einige Sätze gelobt: L. Feuerbach, der bereits 1861 das „System des Naturalismus" von E. Löwenthal zur Kenntnis genommen hatte, nannte diese Schrift einen kühnen „Versuch, das Universum der natürlichen und menschlichen Dinge mit den fünf Fingern zu umspannen". „Auch haben die materiellen Erklärungen, die Sie im I. K[apitel], §§ 9, 10, 11, 23, 25 an die Stelle der Gedankennichtse setzen, ... mich durch ihre Originalität überrascht und erfreut." (GW 20, S. 338. – Vgl. E. Löwenthal, System und Geschichte des Naturalismus, Leipzig 1861, S. 4–5 und S. 7–8.) „Sehr gefallen", so Feuerbach weiter, „hat mir Ihre Erklärung des „apriorischen Denkens" ... und was Sie § 88 bis zum Schlusse sagen." (Ebenda, S. 339. – Vgl. E. Löwenthal, System und Geschichte des Naturalismus, a. a. O., S. 25.) Nicht einverstanden erklärte sich L. Feuerbach hingegen mit dem zweiten Kapitel, das die Überschrift „Lehre von dem individuellen Sein, (oder den Einzelformen)" trägt, weil er hier keinen „positiven Ausschluß", keine „befriedigende Erklärung über die betreffende Materie" fand (ebenda, S. 338). Im einzelnen nannte er die §§ 18–21, 26–28 sowie die §§ 48, 52, 53, 58 und 63 (vgl. E. Löwenthal, System und Geschichte des Naturalismus, a. a. O., S. 6, 9–10 sowie S. 16–19). – Die Veröffentlichung des Urteils von L. Feuerbach durch E. Löwenthal konnte nicht ermittelt werden. **26** Mitteilung Ihrer Schrift: Vgl. Erl. zu Brief 968, Z. 6.

971

Originalhandschrift: UB München, Sign. 4° Cod. ms. 935 a/21. 2.
Erstveröffentlichung: Nord und Süd, S. 493–494.
Textvergleich: 8 nur *Fehlt in Nord und Süd* **11** quasi *Fehlt in Nord und Süd* **14** Aussichten: Absichten *Nord und Süd.*
Erläuterungen: 5–7 Du hast einmal den Wunsch geäußert ... können: Siehe E. Herweghs Brief an L. Feuerbach vom 7. Januar 1861 (GW 20, Brief 924, Z. 37–46). **12** Berufung nach Neapel: Dem Dichter G. Herwegh wurde 1861 der Lehrstuhl für vergleichende Literaturgeschichte an der Universität von Neapel, auf Vorschlag des Unterrichts-

ministers Francesco de Sanctis, angetragen. Feuerbach, dem diese Berufung „unter den gegenwärtigen Umständen" für „nicht realisierbar" erschien, schätzte die Situation realistisch ein. Herwegh konnte die Stelle tatsächlich nicht antreten, weil die Regierungen in Italien, Frankreich und Deutschland gegen diese Ernennung protestierten. Vgl. W. Büttner, Georg Herwegh – Ein Sänger des Proletariats. Der Weg eines bürgerlich-demokratischen Poeten zum Streiter für die Arbeiterbewegung, 2. überarb. Aufl., Berlin 1976, S. 116–117.

972

Originalhandschrift: UB Helsinki. – *Der Brief enthält auf der ersten Seite den Vermerk:* 3. H[elsing]fors, Mittw[och], d[en] 26. Febr[uar], Freitag d[en] 4. April 62.
Erstveröffentlichung: BwN II, S. 148–151.
Textvergleich: 6 seltnen und heiklen: seltenen und heikeln *BwN* **10** Diese: Die *BwN* **13** obenerwähnten: eben erwähnten *BwN* **17** Dezembers: Dezember *BwN* **25** als bis ich *In BwN folgt Zusatz:* auch **29** Unangemessenheit: Unverträglichkeit *BwN* **35** und: als *BwN* **51** geheime „Liebe": „geheime Liebe" *BwN* **51** einer: meiner *BwN* **63–64** Philosophie und Poesie: Poesie und Philosophie *BwN* **74** Selbstbewußtseins: Bewußtseins *BwN*.
Randbemerkung: *Zweite und dritte Briefseite (vgl. BwN, S. 149).* Entschuldigung. Wie die Menschen gewöhnlich Bücher lesen und rezensieren *[In BwN folgt: so]*, habe ich *[In BwN folgt: auch]* diesmals *[BwN: diesmal]* Ihren Brief nicht nach dem Original, sondern nach der Übersetzung und Gestalt auch in *[BwN: Gestaltung in]* meinem Kopfe beantwortet. Jetzt, nachdem ich das // Original wieder gelesen, erkenne ich meine Expektoration nur als ein Produkt der Vernunft, der Subjektivität, nicht der Objektivität *[BwN: Produkt der Vermischung des Subjektiven mit dem Objektiven]*. Gleichwohl schicke ich den Brief fort, weil er nun einmal geschrieben ist und doch, wie ich glaube, eine allgemeine zeitgemäße Wahrheit ausspricht. Auf alle Fälle entschädigt Sie für den Brief die Photographie *[Folgt Zusatz von K. Grün in eckigen Klammern:* es war seine eigene Karte, ganze Figur, sitzend*]*, die ich beinahe vergessen hätte *[Folgt Zusatz von K. Grün: (Nachträgliche Einschaltung F. 's).]*. – Die W. Bolin gewidmete Photographie Feuerbachs befindet sich in der Universitätsbibliothek Helsinki und wurde von W. Schuffenhauer 1963 erstveröffentlicht (Bw Recl, S. II). Siehe auch J. Manninen/G. Gimpl: Kuka oli Wilhelm Bolin? Helsinki 1991, S. 29.
Erläuterungen: 8 während Ihrer Anwesenheit: W. Bolin besuchte Feuerbach bereits 1857. Er kam damals auf Anraten von O. Wigand – der Bolins „erstes (verlorengegangenes) schriftstellerisches Elaborat, das die Geistesverwandtschaft mit dem Verfasser der *Theogonie* gar nicht verleugnen wollte" – nach Bruckberg. Siehe J. Manninen/G. Gimpl: Kuka

oli Wilhelm Bolin?, a. a. O., S. 60. Vgl. ebenso den ersten Brief Bolins an Feuerbach vom 11. September 1857, GW 20, Brief 844. Im Laufe der Jahre folgten weitere Besuche; so war W. Bolin beispielsweise auch Anfang Oktober 1861 auf dem Rechenberg (GW 20, Brief 964). **9** Totenbeschwörung: Auf die Bedeutung der Nekromantie geht Feuerbach in seiner kleinen Abhandlung „Zur Unsterblichkeitsfrage vom Standpunkt der Anthropologie" ein (siehe GW 11, besonders S. 191–192, S. 210–212), der intensive Studien zu Werken von Albius Tibullus, Sextus Prospertius, Ovid, Gajus Plinius Secundus dem Älteren, Johann Matthias Gesner, Publius Virgilius Maro und Lukan vorausgegangen waren, wovon seine Anmerkungen und Belegstellen zeugen. **34** Ihr letzter Brief: Brief 964, GW 20, S. 394–396; vgl. besonders Z. 29–63. **37–38** ob Sie zur Philosophie oder zur Poesie bestimmt sind: W. Bolin schwankte 1862/1863 – den einzig zu vergebenden Lehrstuhl für Philosophie an der Universität Helsinki hatte seit 1856 J. V. Snellman inne – zwischen einer Karriere als Schriftsteller und seiner Vorliebe für das Theater. Für das Schwedische Theater in Helsinki hatte er Schauspielmanuskripte verfaßt und auch zwei Dramen: ‚Ett förloradt Paradis' (‚Das verlorene Paradies') und ‚Kungens Guddotter' (‚Des Königs Patenkind') geschrieben, die in dem genannten Theater aufgeführt wurden. **66–67** „Willst Du immer weiter schweifen? ... usw.": Aus dem Vierzeiler „Erinnerung" (1789) von J. W. v. Goethe, wo es heißt: Willst du immer weiter schweifen? / Sieh; das Gute liegt so nah. / Lerne nur das Glück ergreifen, / Denn das Glück ist immer da. Goethes Werke, 1. Bd., [1. Abth.], Weimar 1887, S. 67. **70–72** Die Schrift Schopenh[auers] ... Vergleichung des Willens mit dem allvermögenden Wasser: A. Schopenhauer, Preissschrift über die Freiheit des Willens, in: Ders., Die beiden Grundprobleme der Ethik, behandelt in zwei akademischen Preisschriften, 2., verb. und verm. Aufl., Leipzig 1860, S. 1–102; siehe bes. S. 41–43. Feuerbach hatte diese Ausgabe im Sommer 1861 von W. Bolin erhalten (vgl. GW 20, S. 371–372). **77–80** mein Vater ... gesagt: P. J. A. Ritter von Feuerbach: Revision der Grundsätze und Grundbegriffe des positiven peinlichen Rechts, 2 Thle., Erfurt und Chemnitz 1799–1800. Vgl. insbesondere die Kapitel 7 und 9 im zweiten Teil. **80–81** meiner Abhandlung: Feuerbach war mit der Arbeit „Über Spiritualismus und Materialismus, besonders in Beziehung auf die Willensfreiheit" befaßt (SW 10, S. 37–204; GW 11, S. 53–186). **81–82** von der anderen beigedruckten Schrift: A. Schopenhauer, Preissschrift über die Grundlage der Moral, in: A. Schopenhauer, Die beiden Grundprobleme der Ethik, a. a. O., S. 103–275.

973

Originalhandschrift: UB München, Sign. 4° Cod. ms. 935 b/37. 10.
Streichungen: 26 Zürich *gestr.:* sich niederzulassen **37** festsetzen wird *gestr.:* doch **51–52** disponibel haben *gestr.:* sollten.

Erläuterungen: 6 angezeigte Angelegenheit: F. F. Kampe hatte bereits im Dezember 1861 angeregt, eine finanzielle Beihilfe für Feuerbach bei der Deutschen Schillerstiftung zu beantragen. Er trug auch selbst zur finanziellen Unterstützung bei und übermittelte Feuerbach die Nachricht, daß mit einem Betrag in Höhe von 350 fl. Ende Januar 1862 zu rechnen sei. Vgl. GW 20, Brief 967, bes. S. 398–399 und Erl. zu Brief 988, Z. 4–5. **13** Herrn B[ayer]: Es handelt sich hier um L. Feuerbachs Freund Karl Bayer (Beyer), der bis 1857 auf Schloß Bruckberg lebte und später als freireligiöser Prediger und Landwirt tätig war. Er wurde im Briefwechsel von F. Kampe bereits früher erwähnt (GW 20, Brief 865, S. 195). Vgl. auch Brief 1172 (814 a) im vorliegenden Band.

974

Originalhandschrift: UB München, Sign. 4° Cod. ms. 935 b/49. 8.
Streichung: 11 väterlich *gestr.:* väterlichst **29** als *gestr.:* wenn.
Erläuterungen: 7–8 montags an der großen Versammlung des Nat[ional]ver[eins]: Die Ausschußsitzung der Mitglieder des Deutschen Nationalvereins fand vom 2. bis zum 4. März 1862 in Berlin statt. O. Lüning nahm an allen drei Sitzungen teil. Vgl. Gedrucktes Protokoll, in: A. Biefang, Der Deutsche Nationalverein 1859–1867, Düsseldorf 1995, S. 168–178. **10** Reuß: O. Lüning hatte den Nürnberger Redakteur des „Fränkischen Kurier" Andreas Reuß bereits Anfang 1861 in den Ausschußsitzungen des Deutschen Nationalvereins in Eisenach kennengelernt. **14** der König: Wilhelm I., ab 1858 Prinzregent, von 1861 bis 1888 König von Preußen und von 1871 bis 1888 deutscher Kaiser. **19** Ansprache des Nat[ional]ver[eins]: Vgl. die Debatten in der „Sechszehnten Sitzung am Donnerstag, den 6. März 1862", in: Stenographische Berichte über die Verhandlungen der durch die Allerhöchste Verordnung vom 21. Dezember 1861 einberufenen beiden Häuser des Landtags. Haus der Abgeordneten, 1. Bd., Berlin 1862, S. 273–300. **26–27** nächste Woche... zu sprechen: Die Protokolle der Sitzungen des Preußischen Abgeordnetenhauses weisen O. Lüning für die Woche vom 10. bis zum 16. März 1862 nicht als Sprecher aus. **36–37** Ich erhielt gestern für Dich 60 Rtl. aus Königsberg: O. Lüning vermittelte auch über die Adresse des Nationalvereins private Zuwendungen an L. Feuerbach. Siehe GW 20, Briefe 913, 936, 951 und 963. Vgl. auch Erl. zu Brief 969, Z. 97–98.

975

Originalhandschrift: UB München, Sign. 4° Cod. ms. 935 b/7. 20.
Korrektur: 108 überwältigen*:* bewältigen *Manuskript.*
Streichung: 98–99 ziemlich *gestr.:* sicher.
Erläuterungen: 6 Brief: Siehe Brief 972. **8** Bild: Vgl. Randbemerkung zu Brief 972. **13–14** eines 10. Bandes Ihrer Werke: Er erschien vier Jahre

später, 1866, unter dem Titel: „Gottheit, Freiheit und Unsterblichkeit vom Standpunkte der Anthropologie". **18** Knapp in seiner „geschichtlichen Mechanik": Bezieht sich auf L. Knapps „System der Rechtsphilosophie", Erlangen 1857; Aalen 1963 (= Neudruck der Ausgabe Erlangen 1857), in dem er sich mit den Themen: Vorstellung, Ich und Selbstbewußtsein, Verlauf des Denkens, Willkür, Gefühl, Lust und Unlust sowie dem Verlauf des Begehrens als sogenannten anthropologischen Grundlagen des Rechts befaßt hatte. Zum von W. Bolin erwähnten Abschnitt vgl. das zweite Buch „Die geschichtliche Mechanik", ebenda, S. 44–129. Vgl. darüber hinaus auch L. Feuerbachs Besprechung: „Spiritualismus und Sensualismus. ‚System der Rechtsphilosophie', von Ludwig Knapp, Erlangen 1857" (GW 11, S. 11–16). **29** Gruppe: Siehe O. F. Gruppe, Antäus. Ein Briefwechsel über speculative Philosophie in ihrem Conflict mit Wissenschaft und Sprache (Berlin 1831) und ders., Wendepunkt der Philosophie im 19. Jahrhundert (Berlin 1834). **30–49** Beneke ... Apelt: Vgl. E. Benekes Arbeit „Die neue Psychologie: erläuternde Aufsätze zur zweiten Auflage meines Lehrbuches der Psychologie als Naturwissenschaft" (Berlin 1845), in der er auf sein Verhältnis zur Herbartschen Psychologie ausführlich eingeht. Siehe insbesondere sein neu bearbeitetes „Lehrbuch der Psychologie als Naturwissenschaft" (Berlin 1861), welches eine Kurzcharakteristik sämtlicher Werke Benekes von J. G. Dreßler enthält (vgl. ebenda, S. 285–312). Von den Werken E. F. Apelts bezieht sich W. Bolin wahrscheinlich auf „Johann Kepplers astronomische Weltanschauung" (Leipzig 1849); „Die Reformation der Sternkunde. Ein Beitrag zur deutschen Culturgeschichte", dessen erster Teil „Die Geschichte der Sternkunde von Nicolaus von Cusa bis auf Keppler in ihrem Zusammenhange mit dem Leben und der Cultur der deutschen Nation" und dessen zweiter Teil „Johann Keppler und David Fabricius" beinhaltet, (Jena 1852) sowie auf Apelts „Metaphysik" (Leipzig 1857). **31** Stewart und Brown: Dugald Stewart und Thomas Brown. **71–72** das „Tier auf dürrer Heide": [J. W. v.] Goethe, Faust. Eine Tragödie. Beide Theile in einem Band, Stuttgart – Tübingen 1838, 1. Thl., S. 91. **104** meinen Eltern: Carl Eduard Bolin, finnischer Herkunft, und Ernestine Bolin, geb. Römpler, die deutscher Abstammung war. **107** mein letzter Brief: Siehe GW 20, Brief 964, S. 394–396. **109** Abschieds von Deutschland und aus Ihrer Nähe: Im Oktober 1861 hatte W. Bolin L. Feuerbach auf dem Rechenberg bei Nürnberg besucht.

976

Originalhandschrift: UB München, Sign. 4° Cod. ms. 935 b/37. 11.
Korrektur: 8 sind: ist *Manuskript.*
Erläuterungen: 6–7 Ihres ... Briefes: Ein Brief an F. F. Kampe nach dem 28. Februar 1862 (vgl. Brief 973) ist nicht nachweisbar. **18** Schillerstiftung: Vgl. Erl. zu Brief 973, Z. 6. **48** Rupps: Zu Julius Rupp, dem

Mitbegründer der Freien evangelischen Gemeinde in Königsberg, siehe
F. F. Kampe, Geschichte der religiösen Bewegung der neuern Zeit,
4. Bd., Leipzig 1860, bes. S. 338–340. **49** Schlußkapitel meines letzten
B[an]des: Der vierte und letzte Band von Kampes „Geschichte der
religiösen Bewegung der neuern Zeit. Geschichte des Deutschkatholicismus und freien Protestantismus in Deutschland und Nordamerika
von 1848–1858" (Leipzig 1860) enthält als abschließendes Kapitel:
„Die Lage als Erzeugniß staatlicher Verfolgung" (ebenda, S. 369 bis
375). **56–57** Die Dame ... Briefchen geschrieben: Emilie Wüstenfeld
hatte sich für Feuerbach bei der Deutschen Schillerstiftung verwandt.
Vgl. Archiv DS, S. 10–12. **70** Dame: Vgl. Erl. zu Z. 56–57.

977

Originalhandschrift: UB München, Sign. 4° Cod. ms. 935 b/36. 2.
Erläuterungen: 6 frühere Korrespondenz: Siehe GW 20, Brief 952,
S. 375–377 und die entsprechenden Erl. dazu auf S. 519, vgl. auch die
Erl. zu Z. 19 des vorliegenden Briefes. **6–7** des ... ersten Teils meiner
„Tetraedrometrie": „Die Goniometrie dreier Dimensionen" erschien 1862
in Gotha. G. J. Junghann sprach darin den Wunsch aus, daß das „(noch
vorhandene) Manuscript" von Karl Feuerbach „der Wissenschaft durch
den Druck übergeben" werden sollte (S. XIII). – Siehe auch Brief 982.
8–9 das treffliche Werk ... Ihres verstorbenen Bruders: K. Feuerbach,
Grundriß zu analytischen Untersuchungen der dreieckigen Pyramide,
Nürnberg 1827. **10–11** dieselbe Not des Vaterlandes ... ins Unglück
gestürzt hat: Junghann war ab 1835 als Oberlehrer für Mathematik und
Physik am Gymnasium zu Luckau tätig. Als er 1851 vom Disziplinarhof
in Berlin wegen politischer Opposition aus diesem Amt abgesetzt worden
war, zog er sich ins Privatleben zurück. Erst 1862 konnte Junghann
wieder ins „Schulamt" eintreten (vgl. im vorliegenden Band Brief 986,
Z. 14–16). **14–15** „Ich habe ... das Ihre": Schlußworte des Königs von
Spanien, Philipp II., aus F. Schillers Gedicht „Don Carlos": „Kardinal!
Ich habe das Meinige getan. Tun Sie das Ihre." In: Friedrich Schiller.
Gesammelte Werke ..., Berlin 1959, Bd. 3, S. 237. **19** Brief vom 31. Juli
61: Der Verbleib des Briefes ist nicht bekannt.

978

Originalhandschrift: UB München, Sign. 4° Cod. ms. 935 b/49. 9.
Erstveröffentlichung: Bw II, S. 283–284.
Textvergleich: 11 6–11: 6 bis 11 *Bw* **15** Große: Gruss *Bw* **16** vorstellen:
denken *Bw* **32–33** wie Ziegler *Fehlt in Bw* **33–34** die an sich tüchtige,
gescheite Menschen sind: worunter tüchtige und gescheite Menschen sind
Bw **34** wie: als *Bw* **37** diese: die *Bw* **40** [und]: und *Bw* **42–43** und daß
von einer solchen keine Rede ist, wirst Du mir zugeben *Fehlt in Bw* **48**

[es]: es *Bw* 56 speziell: so namentlich *Bw* 56 und Martiny *Fehlt in Bw 59* Kanonierstr. 9 *Fehlt in Bw* 61–63 Von Hammacher ... Die Arme!–: *Fehlt in Bw*.
Korrektur: 32–33 Ziegler: Zingster *Manuskript*.
Erläuterungen: 8 Wochenblatt: Im März 1861 hatte O. Lüning die Redaktion des „Wochen-Blatts für den Kreis Wiedenbrück" übernommen. Vgl. GW 20, S. 513–514, Erl. zu Brief 936. **8** Wochenschrift: Siehe Wochenschrift des Deutschen Nationalvereins, hrsg. von A. L. v. Rochau, Coburg – Heidelberg 1860–1865. **9–10** die amerikanische Presse: O. Lüning schrieb Beiträge über die Ereignisse in Deutschland für den wöchentlich erscheinenden „Anzeiger des Westens" (St. Louis) und den „New-Yorker Demokrat" (New York). **32–33** Ziegler: Franz Wilhelm Ziegler gehörte mit L. Waldeck und F. Duncker zur linken Fraktion der Deutschen Fortschrittspartei im preußischen Landtag. **38** Jacoby: Seit 1859 gehörte der ehemalige Arzt Johann Jacoby aus Königsberg dem Deutschen Nationalverein an. 1861 wurde er Mitglied der Deutschen Fortschrittspartei. **40** dem Könige: Vgl. Erl. zu Brief 974, Z. 14. **56** Martiny: Der Jurist Friedrich Martiny war Mitglied der Deutschen Fortschrittspartei. **61** Hammacher: Gemeint ist der preußische Nationalliberale Friedrich Hammacher, der auch mit F. Kapp, dem Bruder von Ida Zimmermann, geb. Kapp, im Briefwechsel stand und von daher sicher über die familiären Verhältnisse unterrichtet war.

979

Originalhandschrift: UB München, Sign. 4° Cod. ms. 935 b/18. 12.
Erläuterungen: 5 ein Aufsatz von mir: J. Duboc, Wider die Grundanschauung des philosophischen Idealismus. In: Deutsche Jahrbücher für Politik und Literatur, Berlin 1862, S. 118–138. **13** Kritik Julian Schmidts: Vgl. Erl. zu Brief 980, Z. 13. **16–18** Worte ... in jenem Aufsatz wörtlich zitiert habe: J. Duboc zitierte – ohne Nennung des Briefdatums und mit geringfügigen Änderungen, ebenda, S. 134, Anm. 1. – in seinem Aufsatz (siehe Erl. zu Z. 5) eine längere Passage aus Feuerbachs Schreiben vom 27. November 1860. Vgl. GW 20, Brief 919, S. 311, Z. 86–114. – Feuerbach gab ihm hierfür im nachhinein seine Zustimmung (Brief 980). **19** Redaktionsgeschäft: Vgl. Erl. zu Brief 968, Z. 12. **25–26** wie vor 9 Jahren ... Weltumse[g]lungs-Reise: Bevor J. Duboc im Herbst 1853 nach Australien reiste, hatte er Feuerbach auf Schloß Bruckberg besucht. 1857 kehrte er wieder nach Deutschland zurück (vgl. GW 20, Briefe 778, 779 und 780). **27** Zeilen: Siehe Brief 970.

980

Originalhandschrift: Der Verbleib ist nicht bekannt. Die Veröffentlichung erfolgt nach dem Erstdruck.

Erstveröffentlichung: Deutsche Warte, S. 589–590.
Erläuterungen: 7 zu dem Gebrauche: Vgl. Erl. zu Brief 979, Z. 5 und ebenda, Z. 16–18. **13** der furchtbare literarische Jupiter-Stygius: Der Leipziger Literaturhistoriker J. Schmidt, den Feuerbach den furchtbaren Gott der Unterwelt nennt, widmete in seiner „Geschichte der Deutschen Literatur im neunzehnten Jahrhundert" Feuerbach einen längeren Abschnitt. Schmidt setzte sich darin mit dem „Wesen des Christentums" auseinander und warf Feuerbach Unhistorizität vor: „es ist nicht wahr, daß der Ursprung der Religion aus dem Trieb des Menschen nach Idealen hervorgeht, daß also die Existenz Gottes gleichgültig gegen seine Wesensbestimmungen ist. Feuerbach hat einseitig den ontologischen Beweis im Auge gehabt, und das macht ihm insofern Ehre, als dieser sogenannte Beweis, d. h. dieser Proceß unserer Seele, zum Bewußtsein Gottes zu gelangen, der allergeistigste ist; aber es ist nicht der ursprüngliche, nicht der natürliche; das erste Gefühl Gottes ist das Gefühl einer Macht, die über den Menschen hinausgeht, die ihm absolut fremd ist, deren Einfluß er jeden Augenblick fühlt, und die er doch nicht faßt, vor der er sich daher in Furcht und Grauen niederwirft. So ist das ursprüngliche Bewußtsein Gottes im Menschen, und alle weitern Wesensbestimmungen treten erst später in dasselbe ein, bei heidnischen Religionen, wie bei der griechischen, in der Form einer irreligiösen, deistischen Philosophie, in einer entwickelungsfähigen Religion aber, die wie das Christenthum mit dem Wesen des Geistes anfängt, sich also auf einen vorhergehenden sehr weitläufigen Religionsproceß bezieht, in der Form der Theologie, der weitern Explication des göttlichen Wesens. Das ist die schwache Seite Feuerbach's, er ist durch und durch unhistorisch, er hat keinen Begriff von den Unterschieden der Zeit. Feuerbach schwebt ein unterschiedsloses Ideal der Menschheit vor, und dieses Ideal schiebt er der religionsschaffenden Substanz unter." (J. Schmidt, Geschichte der Deutschen Literatur im neunzehnten Jahrhundert, 3., wesentl. verb. Aufl., Bd. 3, Leipzig 1856, S. 332). – Vgl. auch eine auf J. Schmidt bezügliche Bemerkung in Feuerbachs „Nachgelassenen Aphorismen" (BwN II, S. 322) sowie F. Lassalles zeitgleiche Auseinandersetzung mit J. Schmidt in der politischen Streitschrift: Herr Julian Schmidt, der Literarhistoriker mit Setzer-Scholien, Berlin 1862. **13** Jupiter-Stygius: Vgl. Vergil, Aeneis, 4. Buch, 638, der zum Styx, einem Strom im Totenreich, gehörende Iuppiter, der Herr der Unterwelt. **16** das Werk, das ich jetzt unter der Feder habe: Vgl. Erl. zu Brief 972, Z. 80–81. **27** Psychologie Hegels: Siehe ausführlich den Abschnitt 13: „Der Spiritualismus oder Kritik der Hegelschen Psychologie", in: L. Feuerbach, Über Spiritualismus und Materialismus, besonders in Beziehung auf die Willensfreiheit (GW 11, S. 144–163). **34–35** „Nur die Gottheit ... entscheidet das Schicksal der Psyche, der Seele": Vgl. sinngemäß L. Feuerbach „Über Spiritualismus und Materialismus besonders in Beziehung auf die Willensfreiheit", wo es heißt: „Gott nur entscheidet über das Schicksal der Seele, er nur ist der in voller

Klarheit ausgesprochene, dargestellte, verwirklichte Begriff der Seele; er nur ist die aus den dunklen und verworrenen Vorstellungen, welche aus ihrem Zusammenhang mit dem Leibe entspringen, ans Licht hervorgezogene Seele." (GW 11, S. 133).

981

Originalhandschrift: UB München, Sign. 4° Cod. ms. 935 a/22. 1.
Erläuterungen: 7–8 der zweite Brief ... ihr erster angekommen: Die genannten Briefe – vermutlich Antwortbriefe zum Schreiben B. Feuerbachs an E. Herwegh vom 1. Juli 1862 (vgl. GW 22) – sind nicht bekannt. **9–10** „Württemberger Hof": Hotel in unmittelbarer Nähe des Nürnberger Bahnhofs. **17** Ausweisung aus Öst[e]r[reich]: Vgl. die beiden Briefe von G. Herwegh an Gottfried Keller vom 19. Juli 1862 (Zürich, Zentralbibliothek, Ms G. K. 79c, Blatt 154) und an E. Herwegh vom 26. Juli 1862 (Dichtermuseum Liestal, Schweiz, Herwegh-Archiv). **23** nicht eine Zeile ... zugekommen ist: Zwischen dem 8. Juli 1861 (GW 20, Brief 945) und dem 21. Juli 1862 sind keine Korrespondenzen bekannt. Vgl. darüber hinaus auch Erl. zu Brief 983, Z. 10.

982

Originalhandschrift: UB München, Sign. 4° Cod. ms. 935 b/36. 3.
Streichungen: 24 kompetentes *gestr.*: erstes **71** nun *gestr.*: diese Theorie.
Erläuterungen: 5 Brief: Der Verbleib des Briefes vom 11. Juni 1862 ist nicht bekannt. **9–10** das wertvolle Manuskript Ihres ... Bruders: Betraf ein noch unveröffentlichtes Manuskript zu trigonometrischen Fragestellungen, worüber Karl Feuerbach am 22. Oktober 1827 selbst bemerkt hatte: „In diesen Bogen habe ich einige der vorzüglichsten Resultate meiner, über die dreieckige Pyramide geführten Untersuchungen gesammelt. Sie sind aus einem größeren, bereits im Manuscript vollendeten, Werke ausgezogen, welches ich schon im Jahr 1826 in Okens Isis, VI. Heft, S. 563 unter dem Titel: Analysis der dreieckigen Pyramide angekündigt habe. Da die Herausgabe dieses Werkes bis jetzt noch Hindernissen unterliegt, seine Ergebnisse aber, meines Erachtens, von nicht geringem Interesse sein dürften, so glaube ich, keiner unverdienstlichen Arbeit mich unterzogen zu haben, vor der Hand diesen Auszug zu liefern" (Grundriß zu analytischen Untersuchungen der dreieckigen Pyramide, Nürnberg 1827, Vorwort, unpaginiert) **28** meine Äußerungen: G. J. Junghann gibt in der Einleitung zu seiner „Tetraedrometrie", a. a. O., S. XIII–XIV, eine kurze Darlegung von K. Feuerbachs „Grundriß zu analytischen Untersuchungen der dreieckigen Pyramide". **38** Jugendfreund: Zu F. Gensler vgl. Brief 13 (GW 17, S. 19) und im vorliegenden Band den Brief 986, Z. 28–51. **40–41** Trendelenburg ... Akademie: F. A. Trendelenburg wurde 1846 zum ordentlichen Mitglied der Königli-

chen Akademie der Wissenschaften zu Berlin gewählt. Bereits ein Jahr darauf übertrug man ihm das „Secretariat der philosophisch-historischen Classe", dem er fast ein Vierteljahrhundert vorstand. H. Bonitz, Zur Erinnerung an Friedrich Adolf Trendelenburg, Berlin 1872, S. 27. **68–71** Dr. Gensler ... weitere naturphilosophische und metaphysische Folgerungen knüpfen: F. Gensler hatte in jungen Jahren die Schrift zu Newtons Gravitationstheorie „Beiträge zur Einleitung in die Newtonsche oder mathematische Naturphilosophie" (Bern 1840) veröffentlicht. **72–76** studierte er ... der alten Ägypter zu übersetzen: Vgl. F. Gensler, Die thebanischen Tafeln stündlicher Sternaufgänge. Aus den Gräbern der Könige Ramses VI. und Ramses IX. Für die 24 halbmonatlichen Epochen des Jahres 1262/61 v. Chr. Nach inductiver Methode erklärt, Leipzig 1872. **94** des Verstorbenen: Karl Feuerbach.

983

Originalhandschrift: Dichtermuseum Liestal (Schweiz), Herwegh-Archiv, Sign. BRH 900.
Streichungen: 16 mir *gestr.:* dir **26** fortan *gestr.:* seine Depesch-
Korrektur: 26 fortan *Im Manuskript folgt:* an.
Erläuterungen: 6 Zeilen: Siehe den Brief Feuerbachs an G. Herwegh vom 21. Juli 1862 (Brief 981). **10** der meinige: Über den Verbleib des Schreibens vom 2. Juli 1862 von E. Herwegh ist nichts bekannt. **12** Zeilen v[on] Deiner Bertha: Vermutlich handelt es sich um B. Feuerbachs Brief an E. Herwegh vom 1. Juli 1862 (vgl. GW 22). **15** eine lange Erzähl[ung] der ital[ienischen] Angelegenheit: Die Familie Herwegh hatte den italienischen Freiheitskampf in besonderer Weise unterstützt. Ihre Züricher Wohnung wurde zum Treffpunkt zahlreicher Exilanten aus ganz Europa. Bei ihnen verkehrten R. Wagner, G. Keller, W. Rüstow, G. Semper, J. Moleschott, F. Liszt, C. von Sayn-Wittgenstein, F. Lassalle, S. von Hatzfeld und L. Assing, um nur einige zu nennen. Darüber hinaus erteilte E. Herwegh Italienischunterricht und gründete einen Literaturzirkel an dem sich solch namhafte Freiheitskämpfer, Schriftsteller und Politiker wie beispielsweise F. De Boni, V. Imbriani, F. De Sanctis und P. Cironi beteiligten. Vgl. M. Krausnick: Nicht Magd mit den Knechten. Emma Herwegh eine biographische Skizze, in: Marbacher Magazin, Sonderheft 83, Marbach 1998, S. 86–94. **23** Ada: E. Herweghs Tochter. **29** Donnerstag: 24. Juli 1862.

984

Originalhandschrift: Privatarchiv, Familienbesitz.
Erläuterungen: 5–6 22. Juli, dem Datum Ihres Briefes: Vgl. Brief 982. **12** Ihrem Werke: Vgl. J. G. Junghann: Tetraedrometrie, 2 Thle., Gotha 1862–1863. **16** das erwünschte Manuskript: Vgl. Erl. zu Brief 1185

(950 a), Z. 33. **36–37** meines Bruders: Karl Feuerbach. **38–39** Nachrichten von ... Gensler: Vgl. Brief 982, Z. 36–86.

985

Originalhandschrift: UB München, Sign. 4° Cod. ms. 935 b/7. 21.
Erläuterungen: 16 im Frühling ... geschrieben: Siehe Brief 975. **17** Ihr Letztes vom Februar: Siehe Brief 972. **28–29** Beiträgen für Hearing-Vollerts „Neuen Pitaval": „Der neue Pitaval, eine Sammlung der interessantesten Kriminalgeschichten aller Länder aus älterer und neuerer Zeit", wurde seit 1842 in Gemeinschaft von J. E. Hitzig und W. Häring (W. Alexis) in Leipzig herausgegeben; ab Bd. 31 zeichneten W. Häring und A. Vollert für die Herausgabe. W. Bolin veröffentlichte 1862 zwei Beiträge in dieser Sammlung: Eine Walpurgisnacht in Finnland, 1852, (ebenda, S. 180–196) und Elias Nygrén (Familienmord. Finnland.) 1852, (ebenda, S. 357–368). **30** an einem recht guten Blatt: Gemeint ist das „Helsingfors Dagblad". W. Bolin hatte darin im Mai 1862 eine Rezension zu D. F. Strauß' „Ulrich von Hutten" veröffentlicht: En betydande bok ur sednaste decenniet (siehe ebenda, 3. Mai 1862) und den Beitrag: Jesu lefnad af Ernest Renan. Efter orignalets 4: de upplaga öfversall af N. Ignell 1: sta Häftet (siehe ebenda, 20. und 21. August 1863). **34–35** eine Biographie ... Schopenhauer: W. Gwinner, Arthur Schopenhauer aus persönlichem Umgang dargestellt. Ein Blick auf sein Leben, seinen Charakter und seine Lehre, Leipzig 1862. **47–48** Vorrede ... auf seine Laufbahn wirft: Siehe D. F. Strauß, Ulrich von Hutten, 3. Thl., Leipzig 1860, S. V–LVI; zum Rückblick auf „Das Leben Jesu" (1835/1836) vgl. ebenda besonders S. XXX–XXXIV und S. LIV–LVI. **59–60** „Märtyrer des Schweigens": Siehe D. F. Strauß, Hermann Samuel Reimarus und seine Schutzschrift für die vernünftigen Verehrer Gottes, Leipzig 1862, S. VI. **92–93** kürzlich gefeierten Geburtstag: L. Feuerbach war am 28. Juli 1862 achtundfünfzig Jahre geworden.

986

Originalhandschrift: UB München, Sign. 4° Cod. ms. 935 b/36. 4.
Erläuterungen: 4 Manuskript: Vgl. Erl. zu Brief 982, Z. 9–10. **12–13** Bearbeitung ... meiner eignen Schrift: J. G. Junghann: Tetraedrometrie, 2. Theil: Die Eckfunctionen in Verbindung mit Längen-, Flächen- und Körpergrössen, Gotha 1863. **15–16** welches mir ... genommen wurde: Vgl. Erl. zu Brief 977, Z. 10–11. **28** Dr. Gensler: Vgl. Erl. zu Brief 982, Z. 38. **29** meinen früheren Notizen: Siehe Brief 982, Z. 36–86. **30** in Bern Lehrer: F. Gensler war als Lehrer für Mathematik und Physik tätig. Siehe E. Müller, Die Hochschule Bern in den Jahren 1834–1884, Bern 1884, S. 56 und R. Feller, Die Universität Bern 1834–1934, Bern – Leipzig 1935, S. 129.

987

Originalhandschrift: Stadtarchiv Fürth, Nachlaß Hermann Glockner, Autographensammlung.
Erläuterungen: 4 Jegel: Ludwig Jegel war anfangs Redakteur des „Fränkischen Kuriers". 1849 heiratete er Sophie Michel, die Tochter von B. Feuerbachs Freundin Katharina Michel, mit der er dann nach den USA ging. In New York war er eng mit F. Kapp befreundet und als Restaurantbesitzer tätig. Als Jegels Frau mit seiner fünfjährigen Tochter nach einer Besuchsreise bei der Mutter in Bamberg beim Brand des Postdampfschiffes „Austria" 1858 ums Leben kamen, kehrte Jegel alsbald nach Deutschland zurück und führte in Rupprechtstegen ein „Sommerhotel" (vgl. Fränkischer Kurier vom 29. Juli 1864, S. 1). Später wurde er Buchdruckereibesitzer und Eigentümer der „Nürnberger Presse", deren Redakteur er zuvor war. Jegel starb 1884. – Vgl. u. a. GW 19, S. 369, 382, 534–535 und GW 20, S. 9 und S. 205. **14** Rupprechtstegen: Kleiner, an der Pegnitz liegender Ort, bei Hersbruck in der Nähe Nürnbergs.

988

Originalhandschrift: Stiftung Weimarer Klassik, Goethe- und Schiller-Archiv, GSA 134/20,1. – *Der Brief trägt die Notate:* exped. am 14ten de justi [des selben Monats] B., *die Anschrift:* Herrn Dr. Ludwig Feuerbach / im Dorf Rechenberg / bei Nürnberg *sowie den Vermerk:* beif[olgend] 150 Tlr. / frei.
Erstveröffentlichung: Archiv DS, S. 13.
Streichung: 6–7 Zeitraum *gestr.:* Zeitraume *Archiv DS.*
Erläuterungen: 4–5 die erste Rate einer Ehrengabe: Unter anderen war F. F. Kampe Mitinitiator für eine Ehrengabe der Deutschen Schillerstiftung an L. Feuerbach. Vgl. GW 20, Brief 967, Z. 5–34 und im vorliegenden Band, Brief 976, Z. 18–23. – Am 24. Mai 1862 hatte der Generalsekretär des Verwaltungsrats dieser Stiftung, K. Gutzkow, in Weimar folgendes „Gutachten" erstellt: „Ludwig Feuerbach im Dorfe Rechenberg bei Nürnberg. – Wiederum kann der Verwaltungsrath in die für ihn so angenehme Lage kommen, die Wohlthaten der Schillerstiftung einem Namen ersten Ranges zuzuwenden: Ludwig Feuerbach, einer der vielen Söhne des berühmten Criminalisten, nähert sich bereits dem 60. Lebensjahre und soll sich, wie durch die anliegenden Zeugnisse bestätigt wird, in drückenden Verhältnissen befinden.
Daß die Philosophie zu den von der Schillerstiftung bedachten schriftstellerischen Kategorieen gehört, unterliegt wo[h]l keinem Zweifel und Ludwig Feuerbach hat sie gerade auch in seinem Buche über ‚Bayle', in seinem ‚Abälard und Heloise' nach *ästhetischen* Anforderungen kultiviert. Sein Styl ist von einer interessanten Einfachheit und Klarheit.
Würde es sich um den Vorschlag handeln, ihm eine Professur oder

akademische Pfründe zu geben, so würde das Verhältniß, in welches sich derselbe zum Christenthum gestellt hat, in den desfallsigen Erwägungen manchen Orts wo[h]l maßgebend sein. Schwerlich aber bei einer Auszeichnung durch die Schillerstiftung! Hier ist Feuerbach kein ‚Atheist‘, kein ‚Antichrist‘, sondern der geistvolle Denker, welcher einer ganzen Epoche unsres Culturlebens in den dreißiger und vierziger Jahren eine bedeutungsvolle, tief nachhaltige Anregung gegeben hat.

Ich würde, wenn wir am 1. October in den Besitz der Nationallotteriegelder kämen (Siehe meinen Bericht über dieselbe!), keinen Anstand nehmen, mit der dann vielleicht durch Satzungsänderung möglichen *öffentlichen* Nennung diesem Mann ein einmaliges Geschenk von Rtlr 500 oder eine lebenslängliche Pension von Rtlr 300 zu gewähren, wenn nicht 1) seine beiden Fürsprecher seine große Empfindlichkeit erwähnten und 2) doch zu befürchten stünde, daß ein öffentliches Hervortreten gerade mit diesem Namen bei Gelegenheit der ersten bedeutendern Anwendung unsres Fonds der Schillerstiftung den Schein geben könnte, als wollte sie nun den bestehenden Rücksichtsnahmen unsrer Culturministerien gerade recht den Fehdehandschuh hinwerfen!

Doch sollte der bedrängte Mann unter Vorschriften, die uns nothwendigerweise hier die Klugheit auferlegt, nicht leiden und bitte ich daher in Erwägung ziehen zu wollen, mit wieviel und in welcher Form hier zu helfen ist.

Ich wäre dafür, daß man dem Verleger Feuerbachs, dem wackern Otto Wigand in Leipzig, schriebe, man hätte von Verlusten gehört, welche die Sicherheit der Existenz des berühmten Philosophen L. Feuerbach bedrohten, und bäte Herrn Wigand, demselben anzuzeigen, daß von dem Tage an, wo dem V. R. [Verwaltungsrat] die Disposition über die Erträgnisse der Nationallotterie freistehn würde, was hoffentlich vom 1. Oktober an einträfe, derselbe sehr gern bereit wäre, als ehrende Anerkennung eminenter Verdienste ihm Eintausend Thaler, d. h. auf drei Jahre jährlich 333 1/3 zur Verfügung zu stellen, ihm zugleich die Entscheidung überlassend, ob davon eine öffentliche Erwähnung geschehen dürfe. Entspräche indessen diese Form der Anerkennung seinen Wünschen nicht, so bäten wir durch Herrn Wigand's Vermittlung um seine eigne Angabe, in welcher Weise ihm die Deutsche Schillerstiftung nützlich sein könne." (Archiv DS, S. 3–4; vgl. auszugsweise R. Goehler: Geschichte der Deutschen Schillerstiftung, Bd. 2, Berlin 1909, S. 34 bis 35). K. Gutzkows vorstehendes Gutachten, die turnusmäßigen Beratungen darüber und die Vermittlerrolle, die O. Wigand in der Folgezeit zum Verwaltungsrat der Deutschen Schillerstiftung übernommen hatte (vgl. Archiv DS, S. 9), führten schließlich – zunächst für drei Jahre – zur Bewilligung einer Pension in Höhe von jeweils 300 Reichstalern.

989

Originalhandschrift: UB München, Sign. 4° Cod. ms. 935 b/7. 22.
Erläuterungen: 8 Glückwunsch zur Silberhochzeit: Die Ehe zwischen Bertha Löw und L. Feuerbach war am Sonntag, den 12. November 1837 auf Schloß Bruckberg geschlossen worden. Siehe das Trauungsregister der Pfarrei Großhaßlach für das Jahr 1837, S. 147, Nr. 17. **17** Brief: Siehe Brief 972. **19** Seitdem schrieb ich Ihnen zweimal: Vgl. Brief 975 und Brief 985. **29** Abhandlung über Sie: E. Rénan: M. Feuerbach et la Nouvelle École Hégélienne, in: Œuvres complètes de Ernest Renan. Édition définitive établie par H. Psichari, Paris [1955], tome VII, (Études d'histoire réligieuse, 1857) S. 286–295. **38–39** Jehovah am 6. Schöpfungsabend ... Es ist alles gut, weil es ist: A. T., 1. Mos. 1,31. **50–51** Sie hätten es durch dies Buch mit Gott und Menschen verdorben: Siehe sinngemäß L. Feuerbach, Das Wesen des Christentums, GW 5, S. 10, Anm. 1. **81** Irrlichtelieren: Gemeint Irrlichtern. **106–107** „die einfachen Wahrheiten sind's gerade, auf die der Mensch am spätesten kommt": Zitat aus L. Feuerbach, Zur Beurteilung der Schrift „Das Wesen des Christentums" (GW 9, S. 242).

990

Originalhandschrift: UB München, Sign. 4° Cod. ms. 935 b/71. 1.
Korrektur: 44 werde: werden *Manuskript*.
Erläuterungen: 5 „Orion": Der „Orion. Monatsschrift für Literatur und Kunst", herausgegeben von A. Strodtmann, erschien in monatlichen Heften beim Hamburger Verlag Hoffmann & Campe 1863 und 1864. Dem Herausgeber kam es mit dieser „literarisch-kritischen Monatsschrift" darauf an, die „Resultate der Philosophie und Wissenschaft, welche früher das Eigenthum einer kleinen Minderzahl, einer Aristokratie von Gebildeten waren, zum Gemeingut der Menge zu machen". Seit dem „Auftreten Heinrich Heine's" ringen „unsere Schriftsteller nach einer populären Form", „um die großen Ideen unserer Denker in das Bewusstsein und Leben des Volkes hinüberzuführen. Die praktische Verwirklichung dieser Ideen war der ausgespochene Zweck solches Bemühens, und es entspann sich in Folge Dessen ein leidenschaftlicher Kampf, der nicht immer der Kunst, aber desto wirksamer der politischen Entwicklung unseres Volkes zu Statten kam". Der „Orion" stellt sich die Aufgabe: „der Kunst- und Literaturkritik eine geachtete, würdige Stellung zu erkämpfen und den ... Schriftstellern ... einen Vereinigungspunkt zu gewähren", um „eine Brücke der Vermittlung zwischen ihnen und dem gebildeten Theile des Publikums zu schlagen." (A. Strodtmann: Ankündigung des „Orion", Hamburg 1863, S. 1 und S. 4). **7–8** unter Mitwirkung der namhaftesten Kräfte: Im „Orion" veröffentlichten u. a. G. Blöde, F. Dörr, J. J. Eggers, K. Grün, M. Hartmann, F. Hebbel, W. Hertz,

G. Herwegh, H. Köstlin, L. Nohl, E. Rittershausen, H. Th. Rötscher, R. Solger, F. Spielhagen, A. Stern, R. H. Stoddard, T. Ullrich, C. Volckhausen, M. Westland und L. Wienbarg. – Feuerbach kam der Aufforderung Strodtmanns zur Mitwirkung an diesem Organ nicht nach. **20–21** *Friedrich Kapp*: Unter den Bedingungen der „Neuen Ära" unternahm Kapp eine Reise durch Deutschland, wobei er sich nach Rückkehrmöglichkeiten umsah und viele seiner Freunde, darunter auch L. Feuerbach, besuchte. Vgl. Kapps Brief an L. Bamberger vom 23. Oktober 1862, in: Kapp Bw, S. 77–78. Vgl. auch Erl. zu Brief 1006, Z. 25. **26–27** (Oppenheimschen) ... Jahrbücher: Vgl. Erl. zu Brief 998, Z. 33. **41–42** *kritische* Gesamtausgabe ... bemüht bin: A. Strodtmann, der bereits 1857 „Heinrich Heine's Wirken und Streben" an seinen Werken dargestellt hatte, war der Herausgeber der ersten rechtmäßigen Original-Ausgabe der Werke H. Heines in 21 Bänden. Die zuletzt genannte Arbeit kam von 1861–1867 in Hamburg heraus.

991

Originalhandschrift: Der Verbleib ist nicht bekannt. Die Veröffentlichung erfolgt nach dem Erstdruck.
Erstveröffentlichung: BwN II, S. 215–216.
Korrektur: 57 Lumpe: Lumpen *BwN.*
Erläuterungen: 19 das in Zukunft erscheinende Buch: Vgl. Erl. zu Brief 975, Z. 13–14. Den zehnten Band der „Sämmtlichen Werke" L. Feuerbachs erhielt K. Deubler unmittelbar nach dem Erscheinen; außerdem besaß er in seiner Bibliothek die zweite Auflage vom „Wesen des Christenthums" (vgl. Z. 22–23 des vorliegenden Briefes). **22–23** Meine Bücher ... alle konfisziert: K. Deubler, der in vierwöchigen Verhandlungen u. a. zu seiner Bibliothek und den konfiszierten Büchern Auskunft geben mußte, vermerkte in seinem Tagebuch: „Am meisten Aufsehen machten die kleinen Volksschriften, wie ‚*Jesus der Essäer*', Friedrich *Feuerbach's* ‚Religion der Zukunft', ‚Die Ruinen' von *Volney*, ‚Der Kampf für Völkerfreiheit' von *Dulon*, das ‚*System der Natur*', von Baron Holbach, die Schriften von *Thomas Paine*, das ‚Schatzkästlein' von *Benjamin Franklin*" (Deubler Bw I, S. 125). Zu näheren bibliographischen Angaben siehe das Literaturverzeichnis des vorliegenden Bandes. **24–25** Vogt, Ule, Moleschott, Buckles „Geschichte ... angeschafft: Von K. Vogt besaß K. Deubler zahlreiche Veröffentlichungen, darunter den „Blick auf die Urzeit des Menschengeschlechtes" – mit einer eigenhändigen Dedikation des Verfassers –, die „Vorlesungen über den Menschen", „Bilder aus dem Tierleben" und die Streitschrift gegen den Physiologen Rudolph Wagner: „Köhlerglaube und Wissenschaft". Von Ule waren es zahlreiche Bände der „Natur", die dieser gemeinsam mit K. Müller herausgegeben hat, und die Biographie „Alexander von Humboldt". Auch Moleschotts „Kreislauf des Lebens" sowie Buckles „Geschichte

der Civilisation in England" – ein Werk, das Deubler mit zahlreichen Randbemerkungen versehen hat – sind in seiner Bibliothek zu finden. Zu den Beständen dieser Bibliothek vgl. Deubler Bw I, S. 382–393).
32–34 *zweijährige Kerkerhaft in Brünn ... Verbannung in Olmütz*: Wegen Anklage des Hochverrats und der Religionsstörung saß K. Deubler „vom 7. December 1854 bis November 1856 ... im Zuchthaus zu Brünn; von da wurde er auf ‚unbestimmte Zeit' nach Olmütz internirt, wo er endlich am 24. März 1857 durch Begnadigung in Freiheit gesetzt und nach vierjähriger Haft den Seinen wiedergegeben wurde", heißt es bei Dodel-Port (Deubler Bw I, S. 114). Zu den Geschehnissen um Deublers Gefangenschaft, die Dodel-Port unter Verwendung authentischer Quellen veröffentlicht hat, vgl. ausführlich den Abschnitt: „Die Kriminalisirung des Freidenkers", in: ebenda, S. 111–188. **34–35** Weib und Kind: Am 18. Januar 1833 im Alter von 18 Jahren hatte K. Deubler seine um ein Jahr ältere erste Frau Eleonora, geb. Gamsjäger geheiratet. Die Ehe blieb kinderlos (vgl. Deublers Tagebucheintrag vom 3. Dezember 1845, Deubler Bw I, S. 84–85). An Kindesstatt wurde ein 1849 geborenes Mädchen genannt Nandl, deren wirklicher Name Anna war, angenommen. Als Eleonora Deubler 1875 starb, heiratete Deubler erneut.
39–44 „daß noch nie eine Wahrheit ... ergriffene werden": K. Deubler gibt dieses Zitat gekürzt wieder, vgl. L. Feuerbach, Das Wesen des Christentums, GW 5, S. 26. **57** „Nur Lumpe sind bescheiden!": Aus den „Geselligen Liedern": „Rechenschaft" (1810) von J. W. v. Goethe. Die zusammenhängenden Verse lauten wörtlich: „Nur die Lumpe sind bescheiden, / Brave freuen sich der Tat." (Johann Wolfgang Goethe. Sämtliche Werke. Briefe, Tagebücher und Gespräche, 40 Bde., I. Abt., SW 2: Gedichte 1800–1832, hrsg. von K. Eibl, Frankfurt am Main 1988, S. 94).

992

Originalhandschrift: Der Verbleib ist nicht bekannt. Die Veröffentlichung erfolgt nach dem Erstdruck.
Erstveröffentlichung: BwN II, S. 216–217.
Erläuterungen: 6–8 bis ich Ihren Besuch ... erwidert habe: Im September 1862 wollte K. Deubler L. Feuerbach auf dem Rechenberg bei Nürnberg besuchen. Angetroffen hatte er damals aber nur Feuerbachs Frau und dessen Tochter, da sich Feuerbach zur Verabschiedung F. Kapps in Bamberg aufhielt. Nach einer Angabe von Bertha Feuerbach (vgl. ihren Brief an Emma Herwegh vom 23. Januar 1868, GW 22), reiste L. Feuerbach gemeinsam mit seiner Tochter bereits Ende Juli 1867 zu K. Deubler nach Goisern, was keine Bestätigung fand, da sich die Familie Feuerbach zu dritt zunächst in Regensburg aufhielt (vgl. Brief 1131). Erst von dort fuhr L. Feuerbach – der einer Einladung K. Deublers folgte – gemeinsam mit seiner Tochter nach Goisern weiter, während B. Feuer-

bach nach Nürnberg zurückkehrte. In GW 1 (2., durchges. Aufl., Berlin 2000, S. LX) wurde Feuerbachs Aufenthalt in Goisern auf 15. August bis 9. September 1867 datiert. **14–17** [nicht] ohne Schriften ... vielleicht unbekannt geblieben sind: Vgl. Erl. zu Brief 991, Z. 19. **18** *volkstümlichen Auszug*: Eine Volksausgabe der Werke L. Feuerbachs bzw. ein volkstümlicher Auszug ist nicht zustande gekommen. Vgl. hierüber den Gedankenaustausch aus dem Jahr 1865 zwischen Feuerbach, O. Wigand und H. Wigand (Briefe 1069, 1071, 1072, 1074 und 1078).

993

Randbemerkung: 4. H[elsin]fors, Freitag 21. Nov[ember] [18]62 / Dienstag, 24. März [18]63.
Originalhandschrift: UB Helsinki.
Korrektur: 60–61 gebildeten: gebildetem *Manuskript*.
Streichung: 69 angeschlossen *gestr.:* ist.
Erstveröffentlichung: BwN II, S. 151–153.
Textvergleich: 3 Rechenberg *In BwN folgt Zusatz:* den **12** innre: innere *BwN* **12** eignen: eigenen *BwN* **13** auch *Fehlt in BwN* **15** geschriebner: geschriebener *BwN* **15** vergeßner: vergessener *BwN* **16** geschriebnen: geschriebenen *BwN* **20** erschallte: erschollene *BwN* **28** frühern: früheren *BwN* **28** unterbrochnen: unterbrochenen *BwN* **37** viel: viele *BwN* **42–43** Gegenstand: Gegenstande *BwN* **44** sinnlich toten: sinnlich-todten *BwN* **49** System: Systeme *BwN* **55** vorgestern: gestern *BwN* **63** neusten: neuesten *BwN* **64** geratnen: gerathenen *BwN* **68** Livländerin: Liefländerin *BwN* **79** in meine wiederbezogne: in meiner wieder bezogenen *BwN*.
Erläuterungen: 6 Brief aus Norderney: Vom 16. August 1862 (Brief 985). **18** Wortspiels: Der Ausspruch „Der Mensch ist, was er ißt" findet sich wörtlich in Feuerbachs Rezension der „Lehre der Nahrungsmittel. Für das Volk" (Erlangen 1850) von J. Moleschott, die unter dem Titel „Die Naturwissenschaft und die Revolution" 1850 in den „Blättern für literarische Unterhaltung" erschien (vgl. das Literaturverzeichnis des vorliegenden Bandes und das Zitat in GW 10, S. 367). Sinngemäß ist dieser Ausspruch bereits in der um 1846 entstandenen Abhandlung „Die Unsterblichkeitsfrage vom Standpunkt der Anthropologie" enthalten (vgl. GW 10, S. 230). **19–20** neuerdings bei der Fichtefeier: Unter zahlreichen Festschriften zum 100. Geburtstag des Philosophen J. G. Fichte fand sich die Anspielung auf L. Feuerbach bei H. Ahrens: Fichte's politische Lehre in ihrer wissenschaftlichen, culturgeschichtlichen und allgemeinen nationalen Bedeutung. Festrede zur Fichtefeier an der Universität Leipzig, Leipzig 1862, S. 36, Fußn. *). **23** kurze Abhandlung: L. Feuerbach, Das Geheimniß des Opfers oder Der Mensch ist, was er ißt. Siehe SW 10, S. 1–35; GW 11, S. 26–52. **24–25** „Gott ist, was der Mensch wünscht zu sein": Vgl. besonders den Abschnitt: Der theogonische Wunsch, in L. Feuerbachs „Theogonie ..." (GW 7, S. 54–55). **35** Loto-

phagen: Aus dem griechischen Mythos: Ein Volk, welches sich von Lotos, einem Teichrosengewächs ernährte, dessen Genuß die Heimkehr vergessen ließ. Odysseus mußte seine Gefährten, die davon gegessen hatten, deshalb zur Weiterfahrt nötigen. **57–60** russischen Staatsrat ... Kenner der orientalischen Sprachen, Länder und Völker: Feuerbach bezieht sich auf Nikolai von Khanikhoff; vgl. dessen „Mémoire sur la partie méridionale de l'asie centrale" (Paris 1861) und „Mémoire sur l'ethnographie de la perse" (Paris 1866). **61** jungen Russen: Jakob von Khanikhoff. Zu dessen Besuch bei Feuerbach im Herbst 1861 vgl. GW 20, S. 396–397 sowie ebenda, Erl. zu Brief 965, Z. 4–11. **64–65** Übersetzung meiner Schriften ins Russische: Vgl. Erl. zu Brief 969, Z. 86–87. **76–77** Mit der gastrotheistischen Arbeit bin ich fertig: Vgl. Erl. zum vorliegenden Brief, Z. 23.

994

Originalhandschrift: UB München, Sign. 4° Cod. ms. 935 b/18. 13.
Erläuterungen: 5–6 Gener[al]-V[er]s[amm]l[un]g des National-Vereins in Coburg: Vermutlich bezieht sich J. Duboc auf die Generalversammlung vom 7. Oktober 1862. Siehe dazu T. Offermann: Arbeiterbewegung und liberales Bürgertum in Deutschland 1850–1863, Bonn 1979, S. 386–393, bes. S. 388. **12** in meinem Aufsatz: Vgl. Erl. zu Brief 979, Z. 5 und Brief 997, Z. 7–18). **26–27** an Ihrem längst versprochenen Werke: Vgl. Erl. zu Brief 972, Z. 80–81.

995

Originalhandschrift: UB München, Sign. 4° Cod. ms. 935 b/71. 2.
Streichung: 19 gegenüber *gestr.:* recht.
Erläuterungen: 5–6 Mitwirkung ... vorläufig ablehnend geantwortet: Der Verbleib des Briefes an A. Strodtmann ist nicht bekannt. Auch später zählte Feuerbach nicht zu den Mitarbeitern des „Orion". **7** das erste Heft: Es erschien im Januar 1863 und beinhaltete u. a. Beiträge von H. Heine, M. Hartmann, H. Th. Rötscher, L. Goldhann, C. Volckhausen, F. Dörr und A. Strodtmann. **20–21** den übrigen Mitarbeitern: Vgl. Erl. zu Brief 990, Z. 7–8.

996

Originalhandschrift: UB München, Sign. 4° Cod. ms. 935 b/5. 1.
Streichung: 193 Eiterbeule *gestr.:* der Menschheit.
Erläuterungen: 15–16 Fischchen ... Lepto- : Vermutlich Anaethalion (Syn. Leptolepis) sprattiformis, zu den Ganoidfischen, der Gruppe der Glanzschuppenfische gehörend. Vgl. G. Krumbiegel/B. Krumbiegel: Fossilien der Erdgeschichte, Stuttgart 1981, S. 265–267. **19–20** Bibras

oder ... Gemmings[s] Sammlungen: Der fränkische Naturforscher E. v. Bibra stand 1861 der Naturhistorischen Gesellschaft zu Nürnberg als Direktor vor. Ihr gehörten ebenfalls C. von Gemming und ab 1861 auch L. Feuerbach als Mitglieder an. Vgl. hierzu die „Abhandlungen der Naturhistorischen Gesellschaft zu Nürnberg" für 1861, 1864 und 1868. Vgl. weiter GW 20, Brief 929. **40–41** Naturforscherlieder: Nicht nachweisbar. **53** den jungen Aufseß: Vermutlich ist hier Hans Aufseß, der fünfte Sohn von Hans Freiherr von und zu Aufseß, dem Gründer des Germanischen Museums in Nürnberg, gemeint. Hans Aufseß wurde am 21. Februar 1848 geboren, besuchte in Nürnberg die Lateinschule und trat als Kadett in den bayrischen Militärdienst ein. Im Frühjahr 1866 wurde er Lieutenant im 1. Bayrischen Jägerbataillon. Über ihn und seinen Vater siehe O. Freiherr von und zu Aufseß, Geschichte des uradelichen Aufseß'schen Geschlechtes in Franken, Berlin 1888, S. 322–329 und S. 336–337. **60–61** Ausgabe Ihrer Werke, ins Russische: Vgl. Erl. zu Brief 969, Z. 86–87. **73** der junge v[on] Herder: Ferdinand Theobald Maximilian Gottfried von Herder, der Sohn von Feuerbachs Freund Emil Ernst Gottfried von Herder. **82–83** einer Ihrer Bekannten: Nicht nachweisbar. **101–102** „Ehe der Hahn zweimal krähen wird, wird er Sie dreimal verleugnet haben.": N. T., Mark. 14,13. **141–142** „Wir müssen entschieden erklären, daß wir nicht mehr Christen sind": J. Moleschott nahm dieses Zitat nicht in die „Vorrede zur zweiten Auflage" seines „Georg Forster, der Naturforscher des Volks" (Berlin 1862) auf. **152** Brief von I[mmanuel] Kant: Ob B. Bleyer tatsächlich einen Originalbrief Kants erhielt und diesen später an Feuerbach übergeben hat, ist nicht bekannt. **158** seines Schwagers: Ferdinand von Herder (vgl. Z. 72), der Bruder Adele von Herders. **164** Zeltner: Johannes Zeltner. Der Nürnberger Unternehmer errichtete 1838 die erste Ultramarinfabrik in Bayern. Vgl. Stadtlexikon Nürnberg. Hrsg. von M. Diefenbacher/R. Endres, 2., verb. Aufl., Nürnberg 2000, S. 1209. **169** durch ... Siebold angeregt: Zu den wichtigsten Werken des 1853 nach München berufenen Anatom und Zoologen gehören zweifelsohne das „Lehrbuch der vergleichenden Anatomie der wirbellosen Thiere" (Berlin 1846 und 1848), welches auch ins Englische und Französische übersetzt wurde, und das „Handbuch der Zootomie" (Berlin 1854). Beide Werke gab Siebold gemeinsam mit dem Arzt und Zoologen Hermann Friedrich Stannius heraus. 1849 gründete er mit Rudolf Albert Koelliker die „Zeitschrift für wissenschaftliche Zoologie", die in Leipzig herausgebracht wurde. **188–190** Vegetabilische Einschlüsse ... Goeppert in Breslau: Heinrich Robert Göppert, Arzt, Botaniker und Begründer der Paläobotanik, war seit 1851 Direktor des Botanischen Gartens in Breslau. Zu seinem schriftstellerischen Werk siehe H. Conwentz: Heinrich Robert Goeppert, sein Leben und Wirken. Gedächtnissrede, gehalten in der allgemeinen Sitzung der Naturforschenden Gesellschaft zu Danzig am 5. November 1884, Danzig 1885, bes. S. 23–35. Vgl. auch „Verzeichniss der Schriften über Bernstein und dessen Einschlüsse von Goeppert und Menge", in: H. R. Goeppert/A. Menge: Die Flora des Bernsteins und ihre Beziehungen zur Flora der Tertiärformation und der Gegenwart. Mit Unterstützung des Westpreussischen Provinzial-Landtags, hrsg. von der Naturforschenden Gesellschaft zu Danzig, Danzig 1883, S. 63. **192** Bernsteinsammlung, die Kleinsche: Bezieht sich auf die Sammlung des Mineraloge Karl Klein (1842–1907). **192–193** Erlangen ... Franken: A. Ruge, Zwei Jahre in Paris, 1. Thl., Leipzig 1846, S. 14. **194–195** Berendt ... Loew: Zu den Werken von G. C. Berendt und H. Loew siehe das Literaturverzeichnis.

997

Originalhandschrift: Der Verbleib ist nicht bekannt. Die Veröffentlichung erfolgt nach dem Erstdruck.
Erstveröffentlichung: Deutsche Warte, S. 590–591.
Korrektur: 21 esu *In der Erstveröffentlichung irrtümlich:* usu.
Erläuterungen: 7–15 Ihren Aufsatz ... Urteil über mich: Vgl. Erl. zu Brief 979, Z. 5 und ebenda, Z. 16–18. **23–24** den vielberüchtigten Satz von mir ... zum Gegenstande meiner Feder gemacht: Vgl. Erl. zu Brief 993, Z. 18 und Z. 23. **32** zu Papier gebracht: Einige der über Kant niedergelegten Gedanken finden sich in der Abhandlung „Über Spititualismus und Materialismus, besonders in Beziehung auf die Willensfreiheit", vgl. GW 11, S. 53–186, zu I. Kant siehe bes. S. 64, 66, 68, 69, 76, 78–81, 98, 99, 101 und 129. **41–42** Ihre Redaktionsgeschäfte: Vgl. Erl. zu Brief 968, Z. 12.

998

Originalhandschrift: UB München, Sign. 4° Cod. ms. 935 b/18. 14.
Erläuterungen: 5 Schreiben: Siehe Feuerbachs Brief an J. Duboc vom 13. Dezember 1862 (Brief 997). **12–14** für den täglichen Bedarf einer Zeitung ... tätig zu sein: J. Duboc war Redakteur der „Westfälischen Zeitung". Vgl. Erl. zu Brief 968, Z. 12. **16** jener Aufsatz: Vgl. Erl. zu Brief 979, Z. 5 und Z. 16–18. Siehe auch Brief 997, Z. 7–15. **33** „Jahrbücher": Die „Deutschen Jahrbücher für Politik und Literatur", mit denen sich der Herausgeber H. B. Oppenheim das Ziel gestellt hatte, eine wissenschaftliche, volkswirtschaftliche und soziale Kontroverse in Deutschland zu führen, erschienen von 1861 bis 1864 in Berlin. Feuerbach beteiligte sich nicht an dem Unternehmen. – Über die Schwierigkeiten und Hindernisse, die der Redaktion entgegentraten und die vergeblichen Versuche zur Gewinnung von namhaften Mitarbeitern, vgl. H. B. Oppenheim „Zum Abschied" (ebenda, Jg. 1864, Bd. 13, S. 385–392).

999

Originalhandschrift: Stadtbibliothek Nürnberg, Autogr. 1576.
Erstveröffentlichung, Auszug: Katalog 517 der Autographenhandlung J. A. Stargardt, Berlin (Auktion vom 3. November 1954) unter Nr. 165.
Erläuterung: 4–5 Meine Tochter ... kommen: Ob der vorgesehene Besuch Feuerbachs mit seiner Tochter Leonore bei den Khanikoffs, die zu dieser Zeit in Erlangen lebten, am 6. Januar 1863 stattfand, ist nicht belegt.

1000

Originalhandschrift: Dichtermuseum Liestal (Schweiz), Herwegh-Archiv, Sign. BRH 901.
Erstveröffentlichung, gekürzt: Nord und Süd, S. 494–496.
Textvergleich: 7 deren: davon *Nord und Süd* **8** deren *Fehlt in Nord und Süd* **10** eine: mich *Nord und Süd* **10** schick': schicke *Nord und Süd* **13** etwa: etwas *Nord und Süd* **26** irgend *Fehlt in Nord und Süd* **38** angegeben: eingegeben *Nord und Süd* **39** wollte: wolle *Nord und Süd* **41** echt: recht *Nord und Süd* **48** *post festum*: post factum *Nord und Süd* **48** nachdem die *In Nord und Süd folgt Zusatz:* ganze **50** schon *Fehlt in Nord und Süd* **57–73** Von Euch ... wieder geheilt *Fehlt in Nord und Süd* **75** möchte: möcht' *Nord und Süd* **78** Zürich: zu uns *Nord und Süd* **85** und *Fehlt in Nord und Süd* **87** und *Fehlt in Nord und Süd*.
Streichungen: 10 lassen *gestr.:* nachholen **29** „Tag von Aspromonte" *gest.:* ja **30** übertrug und *gestr.:* zu.
Erläuterungen: 5 schrieb mir Deine ... Frau: Vgl. Bertha Feuerbach an Emma Herwegh, 1. Juli 1862 (GW 22). **29** „Tag von Aspromonte": Am 29. August 1862 wurde Garibaldi bei seinem Vorstoß auf Rom von Truppen der italienischen Regierung bei Aspromonte zum Halt gebracht und schwer verwundet. Der Tag von Aspromonte war Anlaß der Berichterstattung durch Augenzeugen und E. Herwegh übersetzte eine kleine italienische Schrift ins Deutsche, die jedoch erst ein viertel Jahr darauf in Deutschland erschien, zu einer Zeit, als die Ereignisse in Vergessenheit gerieten. Vgl. Z. 45–50 des vorliegenden Briefes. **31** *Vorwort*: Im Vorwort der erwähnten Schrift (siehe Z. 29) ging G. Herwegh auf die italienische Monarchie, als einen Staat ein, den er mit seiner frankreichfreundlichen Politik als „eine Succursale des französischen Despotismus" und seinen König als „nur ein[en] kaiserlicher Präfekt[en]" kennzeichnete. Siehe B. Kaiser (Hrsg.), Der Freiheit eine Gasse, Berlin 1948, S. 316–318, bes. S. 317. **31** *Schlußgedicht*: G. Herwegh, „Εσσεται ημαρ" [der Tag wird kommen]. Herwegh hatte den Versuch der italienischen Demokraten, die Einheit Italiens auf demokratischer Basis herbeizuführen, im September 1862 literarisch aufgegriffen. Er huldigte dem Kampf Garibaldis und erhob zugleich Anklage gegen die Politik der

italienischen Regierung. Siehe G. Herwegh, Neue Gedichte. Herausgegeben nach seinem Tode, Zürich 1877, S. 98–101. **34** H[errn] Streit: Fedor Streit. Er hatte im Frühjahr 1862 auch die Familie Feuerbach besucht. Vgl. den unter Z. 5 angegebenen Brief. **36–37** des Verlegers: Vgl. vorhergehende Erläuterung. **49** des Helden: Guiseppe Garibaldi. **60–61** die beiden [...] Frauen: Gemeint sind Friederike Blind, geb. Ettlinger, und vermutlich ihre älteste Tocher, die Schriftstellerin Mathilde Cohen-Blind. **69** Schweigert: Ludwig Schweigert, ein ehemaliger österreichischer Hauptmann, hatte 1860 gemeinsam mit Garibaldi und Friedrich Wilhelm Rüstow in Italien gekämpft, war aber bei einem Kampf verwundet worden. 1862 siedelte er als Vertrauter F. W. Rüstows nach Coburg über, wo er die Wehrvereine der kleineren deutschen Staaten organisieren wollte, um im entscheidenden Moment der Armee eine Bürgerwehr entgegensetzen zu können. Bis 1865 war Schweigert auch als Sekretär des Nationalvereins tätig. L. Feuerbach kannte ihn persönlich (vgl. den unter Z. 5 angegebenen Brief). **77–78** in diesem Frühling bis Zürich kommst: Dieser Einladung konnte Feuerbach nicht nachkommen. **95–96** dies Jahr ... zusammenführen: Vermutlich kam es zwischen 1863 und Sommer 1864 zu einem Wiedersehen mit der Familie Herwegh. Vgl. Brief 1030, Z. 5. – Zu einem für August 1864 vorgesehenen Zusammentreffen kam es indes nicht, da Feuerbach mit seiner Tochter nach Berlin fuhr (vgl. Briefe 1030 und 1031). **106** Bruder ... Schwestern: Die in Nürnberg lebenden Geschwister Feuerbachs, sein Bruder Friedrich sowie seine Schwestern Leonore und Elise.

1001

Originalhandschrift: Dichtermuseum Liestal (Schweiz), Herwegh-Archiv, Sign. BRH 902.
Erstveröffentlichung: Bw II, S. 290–291.
Textvergleich: 3 bei N[ürnberg] *Fehlt in Bw* **4** Liebe Emma! *Fehlt in Bw* **6** und *In Bw folgt Zusatz:* Dir **11** erst *Fehlt in Bw* **15** eines: eins *Bw* **18** grippartigen: grippenartigen *Bw* **29** muß: will *Bw* **32** Wilhelm von Preußen *Fehlt in Bw* **32–33** zur Ergreifung: zum Ergreifen *Bw* **35** die: diese *Bw* **36** Stoff: Stoffe *Bw* **41** mich: auch *Bw* **43** inbegriffen: einbegriffen *Bw* **45–46** Doch ich ... daß *Fehlt in Bw* **46** daß: Möge *Bw* **49** aber nicht in Deinen Leib, sondern: *Fehlt in Bw* **49** Deine: in Euere *Bw* **50** möge *Fehlt in Bw* **51** profanen *Fehlt in Bw* **52** L. F.: L. Feuerbach *Bw*.
Erläuterungen: 5–9 „Tag von Aspromonte" ... ausgesprochen hat: Vgl. Erl. zu Brief 1000, Z. 29. **31. 11** mit einer Arbeit: Vgl. Erl. zu Brief 972, Z. 80 bis 81. **22–23** eines widerlichen Briefes: Empfänger sowie Inhalt des Schreibens sind nicht bekannt. **30–31** den neusten poetischen Ergüssen Georgs: G. Herwegh, Herr Wilhelm. Preußische Conflictspoesieen, in: G. Herwegh, Neue Gedichte, a. a. O., S. 105–116. Das Gedicht entstand im Januar 1863. **32** Wilhelm von Preußen: Vgl. Erl.

zu Brief 974, Z. 14. **37–40** Ich ... halte: Die im 1. Heft der Zeitschrift „Orion" 1863 abgedruckten „Neue Satiren von einem *alten Bekannten*. 1. An einen fürstlichen Mäcen" (ebenda, S. 9–13) stammen nicht von G. Herwegh. Erst das 4. Heft brachte drei Gedichte von ihm: „Zweckessen", „Heinrich Heine" und „Einem Andern" (ebenda, S. 243–244, S. 244–246 und S. 246). **43** Schwestern und Bruder: Vgl. Erl. zu Brief 1000, Z. 106. **46–50** der Vater der Götter ... belohnen möge: Nach der griechischen Mythologie Anspielung auf Zeus, der sich in einen Goldregen verwandelte und Danaë, die Tochter des Königs Akrisios von Argos und der Eurydike, schwängerte, worauf sie Perseus gebar. Diese Verwandlung wurde später in allegorischer Weise als himmlicher Reichtum ironisiert.

1002

Originalhandschrift: UB München, Sign. 4° Cod. ms. 935 b/49. 10.
Korrektur: 13–14 Konzentration: Konfusion *Manuskript*.
Erstveröffentlichung, gekürzt: Bw II, S. 291–292.
Textvergleich: 4 und *Fehlt in Bw* **20–31** Du wirst Dich ... Fritz Kapp *Fehlt in Bw* **33** in der Polenfrage *Fehlt in Bw* **36** neue *Fehlt in Bw* **55** Krausenstraße 18 *Fehlt in Bw*.
Erläuterungen: 4 Niemand ... preisen: Vgl. Ovid, Metamorphosen III, Actaeon, 136–137. **5–11** „möblierten Wohnung" ... herauftönt: Bezieht sich auf den Umzug O. Lünings von der Kanonierstraße 9 in Berlin nach der Krausenstraße 18. **17** Justizminister: 1863 war Leopold Graf zur Lippe Justizminister im Preußischen Herrenhaus. **18–19** Heine ... Venedey: Zu dieser Auseinandersetzung siehe F. Mende: Heine und Venedey. In: Heine-Jahrbuch 1986, 25. Jg., Hamburg 1986, S. 61–94. **20–25** Einlage ... ablehnen müsse: Bereits 1862 hatte O. Lüning an die Familie Feuerbach Geldspenden von Anhängern und Freunden übersandt, die diese zur Verfügung gestellt hatten. Vgl. Erl. zu Brief 974, Z. 36–37. **25–26** Ludwig Bamberger aus Mainz: Journalist; nach Beteiligung an Reichsverfassungskämpfen lebte er im Exil in London und Paris, wo er sich als Bankier betätigte. Nach seiner Rückkehr nach Deutschland, war er Mitglied des Zollparlaments und von 1871 bis 1893 Mitglied des Reichstags. Vgl. hierzu B. Koehler, Ludwig Bamberger. Revolutionär und Bankier, Stuttgart 1999. **31** Fritz Kapp: Friedrich Alexander Kapp. **34–35** dem Könige: Vgl. Erl. zu Brief 974, Z. 14. **42** Mein Blättchen: Wochen-Blatt für den Kreis Wiedenbrück, hrsg. und verl. von H. Lange. Vgl. GW 20, Briefe 936 und 951.

1003

Originalhandschrift: Der Verbleib ist nicht bekannt. Die Veröffentlichung erfolgt nach dem Erstdruck.

Erstveröffentlichung: Bw II, S. 292.
Erläuterung: 5–6 das zweite Heft des „*Orion*": Es wurde im Februar 1863 veröffentlicht, umfaßt im 1. Bd., bei fortlaufender Bindung, die Seiten 81 bis 160 und enthält Beiträge von F. Hebbel, M. Hartmann, A. Stern, F. Dörr, A. Schöll, L. Nohl und A. Strodtmann. **7–8** Reste Ihres Manuskriptes ... Aufsatz Nr. 5: Nicht nachweisbar. **20–21** den Brief Ihrer ... Frau: Der Verbleib ist nicht bekannt.

1004

Originalhandschrift: UB München, Sign. 4° Cod. ms. 935 a/28. 3. – Die zweite Briefseite ist unvollständig; vermutlich sind die letzten Zeilen ab „keine Erwartungen..." (Z. 34–36) von Leonore Feuerbach geschrieben worden.
Erstveröffentlichung: Bw II, S. 293.
Textvergleich: 3 bei N[ürn]b[erg] *Fehlt in Bw* **10** Landmacht: Landnacht *Bw* **22** Pendel: Buckel *Bw* **27** Seit *In Bw folgt Zusatz:* etwa **27-28** 10 oder *Fehlt in Bw* **36** finde *In Bw folgt Zusatz:* Dein alter Freund L. Feuerbach.
Erläuterungen: 7–8 Du schriebst an meine Frau: Über den Verbleib des Schreibens ist nichts bekannt. **16–19** Deinem Briefe ... „wüst und wirr ist": Vgl. Brief 1002, Z. 16. **31** Abhandlung über den Willen: Vgl. Erl. zu Brief 972, Z. 80–81. **35** Parturiunt montes: Horaz, Ars poetica, 139: Parturiunt montes, nascetur ridiculus mus. [Die Berge kreißen, geboren wird eine lächerliche Maus.]

1005

Originalhandschrift: UB München, Sign. 4° Cod. ms. 935 b/7. 23.
Korrektur: 35 savoyardischen: savoyischen *Manuskript.*
Erläuterungen: 5 Ihrer ... Zeilen: Vgl. Brief 993. **7** Schreiben ... zu Ihrer Silberhochzeit: Vgl. Erl. zu Brief 989, Z. 8. **12** Ihre Arbeit: Vgl. Erl. zu Brief 1004, Z. 31. **16–17** Seit Ihrer „Theogonie" und ... Knapps unvergeßlichen Rechtsphilosophie, die gleichzeitig ans Tageslicht traten: L. Feuerbachs „Theogonie nach den Quellen des classischen, hebräischen und christlichen Alterthums" (GW 7) und L. Knapps „System der Rechtsphilosophie" erschienen 1857. **23–24** Kuno Fischer ... Sie würden der deutsche Rousseau geworden sein: Siehe K. Fischer, Logik und Metaphysik oder Wissenschaftslehre. Lehrbuch für akademische Vorlesungen, Stuttgart 1852, S. X; vgl. auch GW 20, S. 418. **35–36** Glaubensbekenntnis des savoyardischen Vikars: Siehe J.-J. Rousseau's sämmtliche Werke, 3. Bd., Deutsch bearbeitet von K. Große und J. G. Hanschmann, Leipzig 1841, S. 15–208. **36** Jacobi: Friedrich Heinrich Jacobi. **37** dem Weisen von Montmorency: J.-J. Rousseau. **43–46** „Emile" ... Alle Moral hänge in der Luft, wenn sie nicht auf einem *Bedürfnis* des Ge-

müts gegründet sei: Vgl. Emile, oder über die Erziehung, in, J. J. Rousseau's sämmtliche Werke, 2. Bd., Deutsch bearbeitete von K. Große und J. G. Hanschmann, Leipzig 1840, S. 156, wo es heißt: „ ... ich würde zeigen, daß man durch die Vernunft allein und ohne das Bewußtsein (Gewissen) kein naturgemäßes Gesetz aufstellen kann; daß alles Naturrecht nur ein Hirngespinnst ist, wenn es nicht auf ein dem menschlichen Herzen natürliches Bedürfniß gegründet ist". **92** Lope: Vermutlich hatte sich W. Bolin mit dem spanischen Dichter Lope Félix de Vega Carpio beschäftigt. **96−97** „Neuen Pitaval": W. Bolins Beiträge in der Zeitschrift „Der neue Pitaval. Eine Sammlung der interessantesten Criminalgeschichten aller Länder aus älterer und neuerer Zeit" werden im Literaturverzeichnis angegeben. **97−98** finnischen Halunken: Gustav Luóranen. Vgl. W. Bolin, Eine Walpurgisnacht in Finnland (1852). In: Der neue Pitaval, 31. Thl., 2. Aufl., Leipzig 1871, S. 180−196. Die Erstauflage von 1863 war nicht verfügbar. Dieser Beitrag − es war Bolins vierter für die genannte Zeitschrift − wurde als erster gedruckt; zum freien Schalten der Redaktion und dem Umgang mit den Manuskripten vgl. auch Brief 1009, Z. 25−30.

1006

Originalhandschrift: Der Verbleib ist nicht bekannt. Die Veröffentlichung erfolgt nach Exzerpten von E. Lenel, Manuscript Division (Sammlung Kapp), Library of Congress, Washington D. C., An Ludwig Feuerbach, 10. März/10. April 1863. Die Zusammenfassung unter 10. April entspricht W. Bolin.
Erstveröffentlichung, gekürzt: Bolin WuZ, S. 204−205.
Erste vollständige Veröffentlichung: Bw II, S. 293−295.
Textvergleich mit Bolin WuZ: **3−24** New York ... heilsam *Fehlt in Bolin WuZ* **26** bürgerlichen: körperlichen *Bolin WuZ* **28** für mich *Fehlt in Bolin WuZ* **30** im: am *Bolin WuZ* **31** so: und *Bolin WuZ* **31** oft: sogar *Bolin WuZ* **31** dieses auch sein mag: dies auch oft sein mag *Bolin WuZ* **33** Rheinprovinz *In Bolin WuZ folgt Zusatz:* und **35** zahlende: passende *Bolin WuZ* **35−36** Meine Umschau: Mein Umsehen *Bolin WuZ* **36** Bemühungen: Anknüpfungen *Bolin WuZ* **37** ganz *Fehlt in Bolin WuZ* **42** vollständig: völlig *Bolin WuZ* **43** gemeines *Fehlt in Bolin WuZ* **43** das: welches *Bolin WuZ* **44** um *Fehlt in Bolin WuZ* **48−49** Da ist es leicht möglich, daß ich immer hier bleiben muß: und so dürfte ich denn auch immer hier bleiben *Bolin WuZ* **50−79** Übrigens ist Danzig ... Friedrich Kapp *Fehlt in Bolin WuZ.*
Textvergleich mit Bw: **26** bürgerlichen: körperlichen *Bw* **27** waren: wirken *Bw* **28** für mich: hier nach *Bw* **29** erschien der: erschienen die *Bw* **30** im: am *Bw* **30−31** so mangelhaft, so einseitig: so mangelhaft und einseitig *Bw* **33** Rheinprovinz *In Bw folgt:* und **35−36** Meine Umschau: Mein Umsehen *Bw* **36** Bemühungen: Anknüpfungen *Bw* **37** ganz *Fehlt*

in Bw **38** hier *Fehlt in Bw* **42** reinen: einen *Bw* **42** vollständig: völlig *Bw* **46** vorn: vorne *Bw* **58** noch *Fehlt in Bw* **61** kriegt: wird *Bw* **63** unter: unterkriegen *Bw* **66–67** einen Witz: eine Marotte *Bw* **71–72** scheint mir: dünkt mich *Bw* **74** gegen ihn: dagegen *Bw*.
Erläuterungen: 5–6 in Bamberg ... Abschied nahmen: Im November 1862 besuchte F. Kapp während seiner Deutschlandreise auch Feuerbach, den er 1848 zum letzten Mal gesehen hatte (vgl. GW 20, Brief 873). **9** meinen „Kalb": F. Kapp, Leben des amerikanischen Generals Johann Kalb, Stuttgart 1862. **10–12** Ansbacher Markgrafen ... des Prinzen: Carl Wilhelm Friedrich, Markgraf Friedrich IV., der sogenannte „wilde Markgraf". **13** jenen Passus: Über den Ansbacher Markgrafen hatte sich Feuerbach mit F. Kapp bereits Ende 1858 brieflich ausgetauscht (vgl. GW 20, Brief 873). Unter Berufung auf eine mündliche Mitteilung eines Bewohners auf Schloß Bruckberg nahm F. Kapp das genannte Beispiel in seine Biographie „Leben des amerikanischen Generals Johann Kalb", a. a. O., S. 236 auf. – Feuerbach hat Kapp später dahingehend berichtigt, daß es sich nicht um den letzten Markgrafen von Ansbach, Christian Friedrich Carl Alexander (1757–1791), handelt, sondern um den vorletzten Markgrafen Carl Wilhelm Friedrich (1729–1757). Vgl. Brief 1007, Z. 18. **18–19** Arbeit ... Soldaten: F. Kapp, Der Soldatenhandel deutscher Fürsten nach Amerika. Ein Beitrag zur Culturgeschichte, Berlin 1864. **20** Landesvater von Ansbach: Vgl. im vorliegenden Brief Erl. zu Z. 10–12. **25** Reise nach Deutschland: Nach vierzehnjähriger Abwesenheit von seiner Heimat, F. Kapp war 1849 über die Schweiz nach Amerika gegangen, bereiste er während eines viermonatigen Aufenthalts 1862 die Städte Köln, Kassel, Frankfurt am Main, Stuttgart, Karlsruhe, Heidelberg, Weimar, Meiningen, Coburg, Bamberg, Nürnberg, Mainz, Darmstadt, Bonn, Berlin, Danzig, Leipzig, Hamburg und die Provinz Westfalen, um Freunde und Bekannte wiederzusehen und das Feld für eine Rückkehr nach Deutschland zu sondieren. **58** den Krieg: Die Bestrebungen der Südstaaten Amerikas, aus der Union auszutreten und eine eigene Konförderation zu bilden, führten zum Sezessionskrieg (1861–1865), der mit dem Sieg der Nordstaaten über den Süden endete. **62** Lincoln: Der Republikaner Abraham Lincoln war vom 4. März 1861 bis zum 14. April 1865 Präsident der Vereinigten Staaten von Amerika. Über seine Präsidentschaft siehe J. Kuczynski, Abraham Lincoln. Eine Biographie, Köln 1985, bes. S. 95–172. **77** Schwestern ... Bruder: Vgl. Erl. zu Brief 1000, Z. 106.

1007

Originalhandschrift: UB München, Sign. 4° Cod. ms. 935 a/26. 9.
Erstveröffentlichung, stark gekürzt: Bolin WuZ, S. 168.
Erweiterte Veröffentlichung: Bw II, S. 295–297.
Datierung: Bei Bolin WuZ: „Mitte Mai 1863".

Textvergleich mit Bolin WuZ: 3–**47** Rechenberg ... antworten kann *Fehlt in Bolin WuZ* **53** Kräfte, wenigstens: Kraft namentlich *Bolin WuZ* **55**–**147** Und so ... Dedekind? *Fehlt in Bolin WuZ.*
Textvergleich mit Bw: 3 Rechenberg *In Bw folgt Zusatz:* Mitte **7** Durchlesung: Durchsicht *Bw* **11** gewünschte: erforderliche *Bw* **13** nur *Fehlt in Bw* **14** diese: jene *Bw* **18** muß übrigens: hätte bei Dir *Bw* **18** „letzter" *In Bw folgt Zusatz:* vielmehr **18** heißen *In Bw folgt Zusatz:* müssen **24**–**30** Der alte Mann ... seinem Wissen nach glaubwürdiger Mann *Fehlt in Bw* **30** Doch Du sollst selbst: Du sollst *Bw* **36** aber: ob es *Bw* **43** endgültiger: endgiltiger *Bw* **51** der: am *Bw* **52** ist es: ist's *Bw* **59** und: und und *Bw* **63**–**64** wie über Willensfreiheit ... Materialis[mus] *Fehlt in Bw* **64** mir *In Bw folgt Zusatz:* nur **66** hier ist der beste Ort dazu *Fehlt in Bw* **66** Bauern: Bauernsohn *Bw* **72** gerade *Fehlt in Bw* **78**–**141** Über meine Schuldforderung ... zuschicken möge *Fehlt in Bw* **142** als: wie *Bw* **143** an: vor *Bw* **144** sei's: sei es *Bw* **147** Noch eine Frage ... Dedekind? *Fehlt in Bw.*
Streichungen: 8 desselben *gest.:* gefunden **17** Plaisir *gest.:* zum **25** [**7**]**2** *gestr.:* 47 **32** Deinen *gestr.:* G[eneral] **33** allgemeinen *gestr.:* dem **35** besondern *gestr.:* dem **100** man *gestr.:* sogleich **132** Dich *gestr.:* durch mich.
Erläuterungen: 5 Deinen Brief: Siehe Brief 1006. **8** die Berichtigung: Vgl. im vorliegenden Brief Erl. zu Z. 18. **10** der Sekretär: Enno Hektor; er war seit 1859 Bibliothekar am Germanischen Nationalmuseum in Nürnberg. **14**–**15** dem Markgrafen: Vgl. Erl. zu Brief 1006, Z. 10–12. **16**–**18** „Ob mich ... totschlägt?": Feuerbach zitiert sinngemäß aus seinen „Vorlesungen über das Wesen der Religion" (GW 6, S. 348). **18** „letzter" *vor*letzter: Zur Berichtigung der Aussage Kapps über den letzten Markgrafen vgl. Erl. zu Brief 1006, Z. 13. **24** Der alte Mann, auf den Du Dich berufst: Siehe F. Kapp, Leben des amerikanischen Generals Johann Kalb, a. a. O., S. 257, Anm. 133. **27** den Sohn des berüchtigten: Markgraf Christian Friedrich Carl Alexander, der Sohn von Carl Wilhelm Friedrich. **35** des Landsmanns und Nachbarn: Johann Kalb, der sich selbst den Titel eines Barons zugelegt hatte, wurde am 29. Juni 1721 in Hüttendorf bei Bayreuth als Sohn eines Bauern geboren. **40** des Generals, unter dem Kalb fiel: Horation Gates; unter seinem Oberbefehl über die südliche Armee wurde J. Kalb in der Schlacht bei Camden (16. August 1780) verwundet und erlag diesen Verletzungen am 19. August 1780. **44** im letzten Kapitel: Siehe F. Kapp, Leben des amerikanischen Generals Johann Kalb, a. a. O., S. 222–244. **62**–**63** „Der Mensch ist, was er ißt": Zu einer Vorveröffentlichung der bereits im Mai 1863 fertiggestellten Abhandlung „Das Geheimnis des Opfers oder Der Mensch ist, was er ißt" kam es nicht; Feuerbach brachte sie erst 1866 im zehnten Band seiner „Sämmtlichen Werke" heraus. (SW 10, S. 1–35; GW 11, S. 26–52). **65**–**67** in einer hiesigen Zeitung ... machen: Ob Feuerbach die Rezension zu Kapps „Leben des amerikanischen

Generals Johann Kalb" geschrieben hat, ist bisher nicht bekannt. **72–73** Deine Sklavereischrift: F. Kapp, Die Sklavenfrage in den Vereinigten Staaten. Geschichtlich entwickelt, Göttingen 1854. **78–90** Schuldforderung an Solger .. Wigand: Vgl. die auf Reinhold Solger bezüglichen Briefe Feuerbachs an O. Wigand vom 28. September 1848 und vom 21. Dezember 1849 (GW 19, Briefe 602 und 628). **86** meinen Schwager: Johann Adam Stadler; er war seit 1818 mit der ältesten Schwester von Bertha Feuerbach, Caroline Theresie Christiane Louise Stadler, geb. Löw, verheiratet. **113–114** Otto ... Summe: Friedrich Kapps jüngerer Bruder Otto, der 1857 kurze Zeit mit Feuerbachs Tochter Leonore verlobt war, hatte Feuerbach 1860 einen Wechsel in Höhe von 500 fl. zukommen lassen. (GW 20, Brief 914, S. 298, Z. 15–17). **121** des Sekretärs: Vgl. im vorliegenden Brief Erl. zu Z. 10. **129–133** Dr. Schmidt ... Erziehungsanstalt: L. Feuerbach bezieht sich auf August Ludwig Immanuel Schmidt, den Direktor des Victoria-Instituts zu Falkenberg in der Nähe Berlins, mit dem er verwandt war. Zur Geschichte des genannten Instituts vgl. die Festschrift zum 50jährigen Bestehen des Victoria-Instituts zu Falkenberg (Mark), Berlin 1909. **130–131** einer Tochter meines Schwagers Stadler: Emerentia Maria Kunigunde Stadler (1831 geb.). **140** werde ich ihm schreiben: Über eine Korrespondenz zwischen Feuerbach und A. Schmidt gibt es keine Hinweise. **147** Dedekind: Seit August 1860 hatte Feuerbach von seinem Jugendfreund Eduard Dedekind, der ihn 1847 auf Schloß Bruckberg besucht hatte und nach der Revolution von 1848/49 nach Amerika emigriert war, keine Nachrichten mehr erhalten. Meist gelangten die Korrespondenzen Dedekinds, der schon zu dieser Zeit schwer erkrankt war, über F. Kapp in New York an Feuerbach. Vgl. GW 19, Brief 669 sowie GW 20, Briefe 867, 888 und 905. Die Korrespondenz brach 1860 ab.

1008

Originalhandschrift: UB Helsinki. – *Der Brief enthält auf der ersten Seite den Vermerk:* 15. H[elsing]fors. Freitag, d[en] 29. Mai – d[en] 12. Juni [18]63.
Korrektur: 66 Lumpe: Lumpen *Manuskript.*
Erstveröffentlichung: BwN II, S. 153–155.
Textvergleich: 3 Rechenberg *In BwN folgt Zusatz:* den **3** 63: 1863 *BwN* **10–11** auch sogleich: sogleich auch *BwN* **22** würde: wurde *BwN* **22** wo *Fehlt in BwN* **27** enge: eng *BwN* **30** [wird]: wird *BwN* **34** willen: halber *BwN* **37** nur *Fehlt in BwN* **50** Göttergeschichte „Zur Theogonie" gehörig: „zur Theogonie" gehörige Göttergeschichte *BwN* **51** den *Fehlt in BwN* **52** ebensowohl: sowohl *BwN* **62–63** von meinen: meiner *BwN* **66** die *Fehlt in BwN* **85** freundlich: freundlichst *BwN*.
Streichung: 34 zufällig *gestr.:* widerwillig 42 versuchte *gestr.:* oder vollzogene.

Erläuterungen: 9–10 viertelhundertjährigen Verehelichung: Vgl. Brief 1005, Z. 7. **13–14** Theorie des Willen ... beschäftigte: Vgl. Brief 1004, Z. 30–33. **25–27** Arbeit über Material[ismus] und Spiritualismus ... vollendet: Feuerbach hat die ursprünglich als zwei Abhandlungen konzipierten Arbeiten zu einer vereinigt, die 1866 unter dem Titel „Über Spiritualismus und Materialismus, besonders in Beziehung auf die Willensfreiheit" erschien. Vgl. Erl. zu Brief 972, Z. 80–81. **40–41** „*ich will* heißt... ich will *glücklich sein*": L. Feuerbach, Über Spiritualismus und Materialismus, besonders in Beziehung auf die Willensfreiheit (GW 11, S. 73–74). **50–52** Göttergeschichte „Zur Theogonie" gehörig ... Schriftstellern: Die kleine Abhandlung „Zur Theogonie oder Beweise, daß der Götter Ursprung, Wesen und Schicksal der Menschen Wünsche und Bedürfnisse sind. Nach den lateinischen Schriftstellern" hatte Feuerbach noch in Bruckberg, im Anschluß an seine „Theogonie ..." (GW 7) entworfen. Er veröffentlichte im zehnten Band seiner „Sämmtlichen Werke" (Leipzig 1866) einen Teil davon. Sieben weitere Passagen dieser Ausarbeitungen teilte K. Grün aus dem handschriftlichen Nachlaß mit, vgl. BwN II, S. 92–96; vgl. auch GW 16. **55** „Der Mensch ist, was er ißt": Vgl. Erl. zu Brief 1007, Z. 62–63. **63** Parturiunt montes: Vgl. Erl. zu Brief 1004, Z. 35. **66** „Nur die Lumpe sind bescheiden": Vgl. Erl. zu Brief 991, Z. 57. **79** Ausgabe: Vermutlich sind die 1855–1856 herausgegebenen „Oeuvres complètes" von J.-J. Rousseau gemeint. **82–83** Ihre Hinweisungen: Sie beziehen sich auf J.-J. Rousseau, vgl. Brief 1005, bes. Z. 18–72. **83–84** Ihre Kriminalgeschichten: Vgl. Erl. zu Brief 1005, Z. 96–97.

1009

Originalhandschrift: UB München, Sign. 4° Cod. ms. 935 b/7. 24.
Erläuterung: 4 Zeilen vom 19. Mai: Vgl. Brief 1008. **16–17** eine Reihe trefflicher Artikel ... in der „Revue des deux mondes": Die Pariser Zeitschrift veröffentlichte von 1852 bis 1856 eine fünfzehnteilige Artikelserie von Saint-Marc Girardin: Jean-Jacques Rousseau. Sa vie et ses ouvrages (siehe Literaturverzeichnis). **26–32** Beitrag für den „Pitaval" fertig gemacht ... Zeitungsartikel: Zu den Arbeiten Bolins, die er über Rechtsfälle und staatsrechtliche Probleme für „Der neue Pitaval" (Leipzig), die politische Tageszeitung „Helsingfors Dagblad" und die „Revalsche Zeitung" schrieb, vgl. das Literaturverzeichnis. **40–41** Studien über die Familie: W. Bolin, Familjen. Studier, Hersingfors 1864. **41–42** die einseitige Darstellung ... Riehl: Siehe den dritten Band von W. H. Riehls „Die Naturgeschichte des Volkes als Grundlage einer deutschen Social-Politik" (Stuttgart 1862), der sich mit der Familie befaßt. **66** Ihre Schriften: Siehe besonders L. Feuerbach, Geschichte der neuern Philosophie. Darstellung, Entwicklung und Kritik der Leibnizschen Philosophie (SW 5; GW 3). **67** „Leibniz als Vorläufer Kants": Siehe W. Bolin,

Leibnitz ett förebud till Kant. Akademisk afhandling, som med den vidtberömda Filosofiska Fakultetens vid Kejserliga Alexanders-Universitetet i Finland tillstånd till offentlig granskning framställes. Uti hist.-filol. lärosalen, lördagen den 10 December 1864, Helsingfors 1864. **68–69** der ... lange verschollen gewesenen „Nouveaux Essais": Leibniz' gegen Locke gerichtete Schrift „Nouveaux essais sur l'entendement humain par l'auteur de l'harmonie préétablie", 1705 abgeschlossen, wurde erst 1765 publiziert. **87** Noumena und Phaenomena: Zu Kants begrifflicher Unterscheidung von Noumena (Verstandeswesen) und Phänomena (Sinneswesen) vgl. I. Kant, Prolegomena zu einer jeden künftigen Metaphysik die als Wissenschaft wird auftreten können, Riga 1783, bes. § 32, S. 104–105 und dessen Critik der reinen Vernunft, 2., hin und wieder verb. Aufl., Riga 1787, S. 327–336. **95** binnen eines Jahres ... einer Broschüre: Wie vorgesehen, erschien die unter Z. 67 genannte Arbeit, mit der sich W. Bolin um eine Dozentur bewarb, 1864.

1010

Originalhandschrift: UB München, Sign. 4° Cod. ms. 935 b/38. 1. – *Am Ende der ersten Briefseite:* À Monsieur de Feuerbach [An Herrn von Feuerbach].
Erstveröffentlichung: BwN II, S. 160–162.
Datierung: Sie geht auf K. Grüns Erstveröffentlichung zurück.
Textvergleich: 9 j'ai: jai *BwN* **23–30** J' espère .... recherches *Fehlt in BwN* **52** ces: les *BwN* **64** que *Fehlt in BwN* **84** Ainsi: Aussi *BwN* **89–138** La croyance ... les conduit *Fehlt in BwN*.
Erläuterungen: 147 Denkschrift: Die „Mémoire sur la partie méridionale de l'Asie centrale" erschienen 1861 in Paris. **173–174** „Der Wunsch ... der Götter": L. Feuerbach, Theogonie nach den Quellen des klassischen, hebräischen und christlichen Altertums (GW 7, S. 33; SW 9, S. 38). **175–177** „Die Gottheit ... Erwünschtes ist": Siehe GW 7, S. 41; SW 9, S. 48. **185–188** „Die Gottheit ... keine Philosophen gab": Siehe GW 7, S. 40; SW 9, S. 48. **201–205** Quatrefages ... zu unterscheiden: Der französische Anthropologe Jean Louis Armand de Quatrefages de Bréau brachte 1861 die Schrift „Unité de l'espèce humaine" heraus, auf die sich N. von Khanikoff vermutlich bezieht. **250** meines Vetters: Jakob von Khanikoff. **253** das „Leben Jesu" von Ernest Rénan: Dieses Werk erschien erstmals 1863 in Paris und wurde noch im gleichen Jahr ins Deutsche übersetzt. Es erlebte mehrere Auflagen und zählte zu den meistgelesenen, aber auch umstrittenen Werken des 19. Jahrhunderts, da Rénan vom Standpunkt eines positivistischen Historikers die Person Jesu ästhetisch nachempfinden läßt. Feuerbach wurde sowohl von N. W. von Khanikoff wie auch von K. Deubler (vgl. Brief 1017) auf Rénan hingewiesen. **265–284** ‚Es ist vollbracht!' ... Jahrhunderte Dir folgen werden: Übersetzung nach: E. Rénan, Das Leben Jesu, Berlin 1863, S. 415–416.

Die beigefügten Zeilen (Z. 272–275: Zum Preis ... huldigen) fehlen in der deutschen Übersetzung von 1863. – In der französischen Ausgabe „Vie de Jésus" (septième édition, Paris 1863) findet sich das Zitat auf S. 426. **289–290** so offen anzugreifen wie Strauß: Bezieht sich auf dessen Schrift „Das Leben Jesu, kritisch bearbeitet", 2 Bde., Tübingen 1835–1836.

1011

Originalhandschrift: RZ Moskau, F. 172.
Streichung: 17–18 Feder *gestr.:* [unleserlich].
Erläuterungen: 17 Kohn: Anton Kohn, Bankier und Gründer des „Bankhaus Kohn" in Nürnberg. Vgl. Stadtlexikon Nürnberg ..., a. a. O., S. 555.
20 Imperialstücken: Vermutlich russische Goldmünzen. **23–24** Hiobspost: Der Verbleib des Schreibens von J. von Khanikoff an Feuerbach ist nicht bekannt. **30** Ihren Freund: Nicht bekannt.

1012

Originalhandschrift: UB München, Sign. 4° Cod. ms. 935 b/45. 1.
Erstveröffentlichung in Auszügen: [E.] Schmidt-Weißenfels: Aus dem Copirbuch eines Agitators. In: Die Gartenlaube, Illustrirtes Familienblatt, hrsg. von E. Keil, Leipzig 1865, Nr. 51, S. 815. – Das Schreiben von F. Lassalle wird von Schmidt-Weißenfels in der „Gartenlaube" „einem Theologen" zugeschrieben. Das Briefdatum (21. Oktober 1863) wird in der „Gartenlaube" nicht genannt.
Weitere Veröffentlichung, gekürzt: BwN II, S. 162–163.
Erste vollständige Veröffentlichung: Bw Recl, S. 316–320.
Textvergleich mit Gartenlaube: 3 Geehrter Herr! *Fehlt in Gartenlaube* **5** Mme.: Frau *Gartenlaube* **5** übersende ... beifolgend *Fehlt in Gartenlaube* **6–12** die ich ... Verfolgung rechtfertigt *Fehlt in Gartenlaube* **13** 1.) *Fehlt in Gartenlaube* **15–16** wie Ihrem Auge: wie Ihnen *Gartenlaube* **23** 2.) *Fehlt in Gartenlaube* **29–45** Diese latenten ... erschien *Fehlt in Gartenlaube* **46** 5.) *Fehlt in Gartenlaube* **46** Allianz festhaltend: Allianz mit der Bourgeoisie festhaltend *Gartenlaube* **48** offnen: offenen *Gartenlaube* **49** Komplizen: Mitschuldigen *Gartenlaube* **53–82** Ebenso ... zu dieser Bitte! *Fehlt in Gartenlaube* **83** vielleicht *Fehlt in Gartenlaube* **83–84** („Philosophie Herakleitos ... 2 Bde.) *Fehlt in Gartenlaube* **97–130** Aber in streng philosophischer Weise ... gleich beizufügen *Fehlt in Gartenlaube*.
Textvergleich mit BwN: 9–73 Die Schriften wollen genau in derselben Reihenfolge gelesen sein ... die Presse verlassen hat *Fehlt in BwN* **77** wenn: wann *BwN* **93** würde: wird *BwN* **110–115** Es wird ... durchgelesen haben *Fehlt in BwN* **117** F. *Fehlt in BwN* **118–119** Potsdamer Str. ... 1863] *Fehlt in BwN* **128** D. O. *Fehlt in BwN*.

Streichungen: 30 scharf *gestr.:* entwickelt **36** festgehalten *gestr.:* Inzwischen entwickelten sich die Ereignisse weiter. Der vollständige **46** festhaltend *gestr.:* und **48** offnen *gestr.:* Brauch **49** Regierung *gestr.:* macht **90** leid tun *gestr.:* der **94** In *gestr.:* ph. **103** erst nach *gestr.:* g. **105** meiner *gestr.:* sämtl[ichen].
Erläuterungen: 13 Julian Schmidt: F. Lassalle veröffentlichte im März 1862 gemeinsam mit Lothar Buchner ein Pamphlet, welches sich gegen die oberflächliche Literaturgeschichte des Berliner Literaturhistorikers J. Schmidt richtete. Schmidt wurde darin als Schwätzer und Scharlatan entlarvt, doch sollte auch die liberale Partei getroffen werden, deren Programm J. Schmidt mitunterzeichnet hatte und deren Organ, die „Berliner Allgemeine Zeitung", von ihm herausgegeben wurde. **23** „Über Verfassungswesen": F. Lassalle hielt diesen Vortrag erstmalig am 16. April 1862 in einem Bürger-Bezirks-Verein der Friedrichstadt und wiederholte ihn später in anderen Vereinen. Inhaltlich setzte er sich mit der Verfassung an sich, als geschriebenes Dokument und der wirklichen Verfassung, den realen Machtverhältnissen auseinander. Er ging dabei davon aus, daß Verfassungsfragen im Grunde nicht Rechts-, sondern Machtfragen sind und kam in diesem Zusammenhang auf die Fehler der Revolution von 1848/49 zurück. **32–33** „Arbeiterprogramm", welches zu einem Kriminalprozeß Veranlassung gab: Es erschien im Juni 1862 und wurde bis auf wenige vereinzelte Exemplare polizeilich beschlagnahmt. F. Lassalles Arbeit hat – trotz der darin enthaltenen Verherrlichung des Staates und der „Staatsidee" – insgesamt eine positive Rolle, hinsichtlich der Kritik am Dreiklassenwahlrecht in Preußen und dem bereits von K. Marx und F. Engels im „Manifest der Kommunistischen Partei" orientierten Zusammenschluß der Arbeiter, gespielt. – Zum Kriminalprozeß vgl. den Brief Lassalles an seinen Vater Heyman Lassal von Anfang Juli 1862 (F. Lassalle: Intime Briefe an Eltern und Schwester, Berlin 1905, S. 131). **34 und 38** 4.): F. Lassalle vergab die Nummer 4, bedingt durch den Seitenwechsel, doppelt. **38** Gedenkrede: Am 19. Mai 1862 hielt F. Lassalle anläßlich des 100. Geburtstages von J. G. Fichte vor der Berliner Philosophischen Gesellschaft die Festrede „Die Philosophie Fichtes und die Bedeutung des deutschen Volksgeistes". **46** „Was nun?": F. Lassalles zweiter Vortrag über Verfassungswesen, den er in einem Berliner Bürgerverein im November 1862 gehalten hat. **58–59** Leipziger Central-Comités ... Anfrage: Lassalles „Arbeiterprogramm" hatte L. Löwe an O. Dammer nach Leipzig geschickt, worauf es in zwei Versammlungen des „Vorwärts" verlesen wurde und große Zustimmung unter den Leipziger Arbeitern fand. Die Mitglieder des Zentralkomitees zur Berufung eines Allgemeinen Deutschen Arbeitertages – speziell O. Dammer, F. W. Fritzsche und J. Vahlteich – baten Lassalle daraufhin, sich an die Spitze der wiedererwachenden Arbeiterbewegung zu stellen: „ ... wir finden in Deutschland nur *Einen* Mann, den wir an der Spitze einer so bedeutenden Bewegung sehen

möchten ..., nur *Einen* Mann, dem wir so vollkommenes Vertrauen schenken, ... und dieser *Eine* Mann sind Sie." (F. Lassalle, Nachgelassene Briefe und Schriften, 5. Bd., Stuttgart – Berlin 1925, S. 60). Vgl. auch Lassalles Antwortbrief vom 13. Dezember 1862, in: Archiv für die Geschichte des Sozialismus und der Arbeiterbewegung, hrsg. von C. Grünberg, 2. Bd., Leipzig 1912, S. 382–385). **61** „Antwortschreiben": Siehe F. Lassalle, Offenes Antwortschreiben an das Centralcomiteé zur Berufung eines Allgemeinen Deutschen Arbeitercongresses zu Leipzig, Zürich 1863. **68** „Arbeiterlesebuch": F. Lassalles Frankfurter Rede, die den Weg zur Gründung des „Allgemeinen Deutschen Arbeitervereins", der am 23. Mai 1863 zu seiner konstituierenden Sitzung in Leipzig zusammengetreten war, ebnen sollte. Siehe Reden Lassalles zu Frankfurt am Main am 17. und am 19. Mai 1863 nach dem stenographischen Bericht, Frankfurt am Main 1863. **71** Rheinische Rede: Bezieht sich auf die Ansprache F. Lassalles vom 20., 27. und 28. September 1863, die unter dem Titel: „Die Feste, die Presse und der Frankfurter Abgeordnetentag. Drei Symptome des öffentlichen Geistes, eine Rede gehalten in den Versammlungen, des Allgemeinen Deutschen Arbeitervereins zu Barmen, Solingen und Düsseldorf" (Düsseldorf 1863) erschien. **72** „Ansprache an die Berl[iner] Arbeiter": F. Lassalles, An die Arbeiter Berlins. Eine Ansprache im Namen der Arbeiter des Allgemeinen Deutschen Arbeitervereins, Berlin 1863. **79–80** seit meiner Kindheit, *Ihre* Schriften verfolgt... für Sie fortbewahrt habe: Siehe G. Mayer: Ferdinand Lassalle und die jüdische Reformbewegung, in: Der Jude, hrsg. von M. Buber, 5. Jg., Berlin 1920, S. 26–31; vgl. auch die auf Feuerbach bezüglichen Stellen in Lassalles „Geschichte der sozialen Entwicklung" (ca. 1850), in: G. Mayer (Hrsg.), Ferdinand Lassalle, Nachgelassene Briefe und Schriften, 6. Bd., Stuttgart – Berlin 1925, S. 92–155, bes. S. 94 und S. 95. **86** Fortschrittler: Bezieht sich auf die Mitglieder der „Deutschen Fortschrittspartei", vgl. Erl. zu Brief 969, Z. 53.

1013

Originalhandschrift: Der Verbleib ist nicht bekannt. Die Veröffentlichung erfolgt nach dem Erstdruck.
Erstveröffentlichung: Bw I, S. 174.
Erläuterungen: 3 dieser Schrift: A. N. Böhner, Naturforschung und Kulturleben in ihren neuesten Ergebnissen, zur Beleuchtung der grossen Frage der Gegenwart über Christenthum und Materialismus, Geist und Stoff, Hannover 1859. Feuerbach wurde bereits im Oktober 1861 durch K. Haag auf diese Arbeit Böhners aufmerksam gemacht (vgl. GW 20, Brief 961, S. 390). – Die Kenntnis der vorliegenden brieflichen Notiz geht auf W. Bolin zurück, der von der Begegnung Böhners mit Feuerbach im Herbst 1863 wußte. Bolin gab – allerdings nicht wortgetreu – den Hauptangriff Böhners gegen Feuerbach wieder. „Der Hauptzugführer des

neuesten Stoffglaubens ist Ludwig Feuerbach. In seiner Schrift ‚das Wesen des Christenthums' kündigt er nicht blos dem Christenthum, sondern überhaupt aller Religion den Dienst auf. Er behauptet: Der Mensch ist das ‚allersinnlichste' Wesen. Alles was er denkt, ist und hat, verdankt er seinen leiblichen Sinnen. Religion ohne Unterschied ist das Verhalten des Menschen zu seinem eigenen Wesen als zu einem anderen – die thörichte Selbsttäuschung, mittels welcher der Mensch sein eigenes Wesen aus sich selbst herausdenkt (objectivirt) und als ein anderes Wesen verehrt. Namentlich erscheint ihm das Christenthum als ein Unsinn und eine Geißel der Menschheit. – Gott ist ihm der idealisirte Mensch, von dem alle Schranken verneint werden. Die Erhörung des Gebets ist ein Echo des Betenden selbst. ‚Was ich liebe', sagt er, ‚ist mein eigenes Wesen. Mein Herz ist mein Gott; es kennt kein trefflicheres Wesen als sich selbst. Die Liebe Gottes zu mir ist meine vergötterte Selbstliebe.' – In der Voraussetzung, daß sich der Glaube an dieses Hirngespinnst ganz von selbst verstehe, hat Feuerbach nicht im entferntesten versucht, einen Beweis dafür aufzustellen; nur kecke Behauptungen und absprechende Machtworte setzt er an die Stelle der wissenschaftlichen Entwickelung. Von einer tiefern Begründung seiner Behauptungen findet man bei ihm keine Spur. Er kleidet die alten materialistischen Phrasen: ‚Der Leib producirt den Geist; Jeder ist sich selbst sein Gott', in neue, blendende Floskeln. Er hat nichts anderes bewiesen, als daß er ein Egoist ist, der blindlings glaubt an seinen Wahn, und daß der Mensch ohne die schöpferische Erlösungsthat Gottes auch Egoist bleibt. Auflösung des Menschen in die Naturnothwendigkeit, Genuß des vergänglichen Daseins, so viel nur immer möglich: das ist ihm der höchste Zweck des menschlichen Lebens." (Zitiert nach Böhner, ebenda, S. 130–131).
W. Bolin beschließt diesen Auszug mit der Bemerkung: „Auf welche Unkenntniss vom Wirken Feuerbachs muss man rechnen können, um darüber in so verlogener und willkürlicher Weise referiren und urtheilen zu dürfen?!" (Bw I, S. 173, Anm. *).

1014

Originalhandschrift: UB München, Sign. 4° Cod. ms. 935 a/47. 1. – *Beiliegender Umschlag mit der Aufschrift:* Herrn/Herrn Chr[istian] Steinicken/Kupferstecher/München/Augustenstraße 34., 2. Et[a]g[e] /frei.
Erstveröffentlichung, Auszug: Autographenkatalog Hartung & Hartung, München – Auktion 95, 6. Mai 1999 – Autographen. Sammlung Adalbert Freiherr von Lanna, Nr. 4479.
Textvergleich: 3 Rechenberg *Fehlt im Katalog* **5–9** Lieber ... erst sage *Fehlt im Katalog* **10** rückständigen: ausständigen *Katalog* **11** sollen: solle *Katalog* **12** Ihrem: Ihnen *Katalog* **12** guten Willen und Kassabestand *Fehlt im Katalog* **13–20** daß ich Sie ... Feuerbach *Fehlt im Katalog*.

Streichung: 10 mich *gestr.:* sich.
Erläuterung: 5–6 Steinicken ... auf Ihren ersten Brief: L. Feuerbach hatte dem Münchener Kupferstecher Christian Steinicken finanzielle Mittel zukommen lassen. Über den Verbleib des erwähnten ersten Briefes von Steinicken ist nichts bekannt.

1015

Originalhandschrift: Der Verbleib ist nicht bekannt. Die Veröffentlichung erfolgt nach dem Erstdruck.
Erstveröffentlichung: G. Mayer (Hrsg.), Ferdinand Lassalle, Nachgelassene Briefe und Schriften, 5. Bd., Stuttgart – Berlin 1925, S. 244–246.
Datierung: Das Datum vom 3. Dezember 1863 ergibt sich aus der Erstveröffentlichung (ebenda, S. 244).
Erläuterungen: 8 höchst schwieriges philosophisches Thema: Vgl. Erl. zu Brief 972, Z. 80–81. **16–19** Ihre Bitte ... begründet und gerechtfertigt: F. Lassalle hatte die Bitte ausgesprochen, seine mitgeschickten Schriften nur in der von ihm angegebenen chronologischen Reihenfolge zu lesen, um den „genetischen Prozeß" nachvollziehen zu können (vgl. Brief 1012, Z. 11). **40** Nummer 1 bis 11: Vgl. Brief 1012, Z. 13–73, siehe auch Erl. zu Brief 1012, Z. 34 und 38. **43** „Ansprache": Vgl. Erl. zu Brief 1012, Z. 72. **50–51** Anwendung dieser Prinzipien in Beziehung auf die Fortschrittspartei: Vgl. Brief 1012, Z. 86–93. **65** oder [?] wann [?]: In Erstveröffentlichung nicht sicher entziffert (vgl. ebenda, S. 246, Anm. 2). **73** Ihre großen gelehrten Werke: Siehe F. Lassalle „Die Philosophie Herakleitos des Dunklen von Ephesos" (2 Bde., Berlin 1858) und „Das System der erworbenen Rechte. Eine Versöhnung des positiven Rechts und der Rechtsphilosophie" (2 Thle., Leipzig 1861).

1016

Originalhandschrift: The Historical Society of Pennsylvania, Philadelphia, USA – Ferdinand J. *Dean* Autograph Collection, German Prozes Authors, Vol. I, p. 63.
Erläuterungen: 8 letzten ... in Deinen Händen befindlichen Briefe: Vom 11./19. Mai 1863; vgl. Brief 1007. **10–12** in Ansbach angestellten Nachforschungen ... von Lang zu überschicken: Feuerbach recherchierte nochmals über den vorletzten Markgrafen von Ansbach und konnte F. Kapp daraufhin das Buch von K. H. Ritter von Lang: Geschichte des vorletzten Markgrafen von Brandenburg-Ansbach (Ansbach 1848) zusenden. Vgl. Brief 1006 und die entsprechende Erl. zu diesem Brief, Z. 13.

1017

Originalhandschrift: Der Verbleib ist nicht bekannt. Die Veröffentlichung erfolgt nach dem Erstdruck.
Erstveröffentlichung: BwN II, S. 217–218.
Erläuterungen: 6–8 Es ist schon über ein Jahr, ... daß Sie mich auf meinen Bergen besuchen wollen: Feuerbach versprach K. Deubler im Salzkammergut zu besuchen (vgl. Brief 992, Z. 6–8). Die geplante Reise erfolgte 1863 nicht (vgl. Brief 1018, Z. 5–17). **12–13** einen volkstümlichen populären Auszug Ihrer sämtlichen Schriften: Zur Veröffentlichung einer Volksausgabe kam es nicht. **15–16** die große Verbreitung des „Leben Jesu" von Rénan: Vgl. Brief 1010, Z. 253–254 und die entsprechende Erl. zu Z. 253. **20–21** „Geschichte der englischen Zivilisation" ... Buckle: H. Th. Buckles „Geschichte der Civilisation in England" erschien „mit Bewilligung des Verfassers" übersetzt von A. Ruge in zwei Bänden 1860–1661. In K. Deublers Bibliothek, die Feuerbach während seines Besuchs nutzen konnte, sind beide Bände nachweisbar (vgl. DB, Nr. 362 und 363). **25** „Geist, Seele, Stoff": Ob sich Feuerbach zu dieser handschriftlich beim Verleger Mohr in Heidelberg gedruckten Arbeit Bruggers von 1863 geäußert hat, ist zumindest was den Briefwechsel anbelangt, nicht bekannt. Als Autor kannte Feuerbach Brugger allerdings bereits durch eine andere Schrift (vgl. Brief 1018, Z. 54–56). **26** Dr. Brugger: Josef Dominik Carl Brugger war seit seinen 1847 veröffentlichten Vorträgen in den Deutsch-katholischen Gemeinden Heidelberg, Mannheim, Frankfurt, Worms, Constanz, Stokkach und Hülfingen bekannt geworden. 1862 hatte er eine Geschichte der Deutsch-katholischen Gemeinde zu Heidelberg verfaßt, für die er urkundliche Quellen und amtliche Schriftstücke herangezogen hatte. Siehe Literaturverzeichnis. **43** meiner vierjährigen Kerkerhaft: Wegen Hochverrats und Religionsstörung mußte K. Deubler vom 7. Dezember 1854 bis zum November 1856 in Brünn und Olmütz eine vierjährige Haft über sich ergehen lassen.

1018

Originalhandschrift: Der Verbleib ist nicht bekannt. Die Veröffentlichung erfolgt nach dem Erstdruck.
Erstveröffentlichung: BwN II, S. 218–220.
Erläuterungen: 11 zur Miete wohne: Zum Mietvertrag zwischen Friedrich von Behaim und L. Feuerbach vom August 1860 vgl. Brief 1181 (905 b) im vorliegenden Band. **26** 24 Jahre habe ich auf dem Land gewohnt: Feuerbach wohnte von 1837 bis 1861 in Bruckberg. **27–28** den Archimedes für sich verlangte, um die Erde in Bewegung zu versetzen: Anspielung auf den Archimedischen Punkt. **35** eine Arbeit: Vgl. Erl. zu Brief 972, Z. 80–81. **49–50** die Schrift Ihres Freundes Dr. Brugger: Vgl.

Erl. zu Brief 1017, Z. 25. **56–57** Einen populären Auszug aus meinen Schriften: Vgl. Erl. zu Brief 992, Z. 18 und Erl. zu Brief 1017, Z. 12–13.

1019

Originalhandschrift: Der Verbleib ist nicht bekannt. Die Veröffentlichung erfolgt nach dem Erstdruck.
Erstveröffentlichung: Die Deutsche Bibliothek, Deutsches Buch- und Schriftmuseum Leipzig, Bibliothek der Deutschen Buchhändler zu Leipzig, Sammlung der Geschäftsrundschreiben.
Erläuterung: 4 P[raemissis] P[raemittendis]: Man nehme an, der gebührende Titel sei vorausgeschickt.

1020

Originalhandschrift: Der Verbleib ist nicht bekannt. Die Veröffentlichung erfolgt nach dem Erstdruck.
Erstveröffentlichung: Die Deutsche Bibliothek, Deutsches Buch- und Schriftmuseum Leipzig, Bibliothek der Deutschen Buchhändler zu Leipzig, Sammlung der Geschäftsrundschreiben.
Erläuterungen: 4 P[raemissis] P[raemittendis]: Vgl. Erl. zu Brief 1019, Z. 4. **5–12** Wie Sie aus vorstehender Mitteilung meines Vaters ersehen ... ebenfalls dieselbe: Zur Herausgabe des letzten, des zehnten Bandes der „Sämmtlichen Werke" korrespondierte L. Feuerbach mit Hugo Wigand, dem Sohn seines langjährigen Verlegers O. Wigand in Leipzig, vgl. im vorliegenden Band die Briefe 1071, 1072, 1074, 1078, 1085, 1090, 1094, 1098 und 1119.

1021

Originalhandschrift: UB München, Sign. 4° Cod. ms. 935 b/49. 11.
Korrektur: 19 Eppur: E pur *Manuskript*.
Erläuterungen: 4 Bamberger ... Wechsel: Wie viele andere Freunde unterstützte auch L. Bamberger Feuerbach mit Geldspenden. Vgl. Erl. zu Brief 969, Z. 97–98 und Erl. zu Brief 974, Z. 36–37. **14** meine kleine Ida: Otto Lünings Tochter. **19** Trias: Anspielung auf die Fröbelsche Trias. Vgl. J. Fröbel, Theorie der Politik. Als Ergebnis einer erneuten Prüfung demokratischer Lehrmeinungen, 2 Bde., Wien 1861 und 1864. **19** Eppur si muove: „Und sie [die Erde] bewegt sich doch", Ausspruch von G. Galilei.

1022

Originalhandschrift: UB München, Sign. 4° Cod. ms. 935 b/7. 25.
Korrektur: 109 verlangen: verlangt *Manuskript*.

Erläuterungen: 4–5 Als ich Ihnen ... vergangenen Sommers schrieb: Vgl. Brief 1009 vom 12. Juni 1863. **5** Buch über „Die Familie": Vgl. Erl. zu Brief 1009, Z. 40–41. **29** Animosität: Gereiztheit, feindselige Einstellung. **30** Milton („On divorce"): Vgl. J. Miltons Arbeit über Ehescheidung (The Doctrine and Discipline of Divorce, London 1643). In deutscher Sprache erschien sie unter dem Titel: Abhandlung über Lehre und Wesen der Ehescheidung mit der Zueignung an das Parlament vom Jahre 1644. Nach der abgekürzten Form des G. Burnett. Deutsch von F. v. Holtzendorff, Berlin 1855. **40–41** „Aufforderung zum Tanz": Anspielung auf das gleichnamige Musikstück (op. 65) von Carl Maria von Weber. **58** Studien: W. Bolins Arbeit über die Familie von 1864 beinhaltet neben Einleitung und Zusammenfassung sechs Studien: Studie I. Familjens vedersakare; Studie II. Charles Fourier; Studie III. Historisk öfverblick af läran om Familjen; Studie IV. Familjen ogh dess uppgift; Studie V. Qvinnans emangipation und schließlich Studie VI. Familjen ogh förmögenheten. **61–62** seinen Vorgängern ... erste Studie: Vgl. Erl. zu Z. 58. W. Bolin geht in dieser Studie besonders auf Platon, J. R. Milton, D. Diderot, Brissot, Rousseau, A. Morelly, G. Bonnet de Mably, Saint-Simon, Fourier, Cabet, L. Blanc sowie Pierre Leroux ein. **62–66** Fourier ... schreibt 1809: Bolin bezieht sich auf den französischen Sozialphilosophen Fourier, der 1808 in Paris seine „Théorie des quartre mouvements et des destinées générales" publiziert hatte. – Vgl. dazu auch die deutsche Übersetzung: Charles Fourier. Theorie der vier Bewegungen und der allgemeinen Bestimmungen, hrsg. von Th. W. Adorno, Frankfurt am Main 1966, bes. den zweiten Teil „Beschreibung der verschiedenen Seiten des privaten oder häuslichen Lebens", ebenda S. 159–256. **78** in der dritten Studie: Vgl. Erl. zu Z. 58. **83–84** „Staatslehre oder das Verhältnis des Urstaates zum Vernunftreiche": Vgl. J. G. Fichtes gleichnamige Schrift von 1820, in der er seine im Sommer 1813 an der Universität zu Berlin gehaltenen Vorträge veröffentlichte. **85–86** Erst Hegel bietet 1820 eine vollständige Auffassung der Ehe und Familie: Siehe G. W. F. Hegel: Grundlinien der Philosophie des Rechts, oder Naturrecht und Staatswissenschaft im Grundrisse, hrsg. von E. Gans, Berlin 1833, S. 225–227 (§ 163) und S. 238–239 (§ 176). **92–93** Hippel ... über die Ehe sagt: Vgl. Th. von Hippel, Über die Ehe, Berlin 1774. **96–98** 4te Studie ... die fünfte: Vgl. Erl. zu Z. 58. **99–100** An Hippels verschollenem Buch: Es erschien anonym unter dem Titel „Über die bürgerl[iche] Verbesserung der Weiber" (Berlin 1792).

1023

Originalhandschrift: UB Helsinki. – *Der Brief enthält auf der ersten Seite den Vermerk:* 16. H[elsing]fors. Dienstag, d[en] 16. F[e]br[uar], Sonnab[en]d, d[en] 26. März [18]64.
Erstveröffentlichung: BwN II, S. 155–157.

Textvergleich: 3 bei: den *BwN* **10** auch *Fehlt in BwN* **20** habe ich: ich habe *BwN* **20–21** um nach ... zurückzukommen *Fehlt in BwN* **27** von: an *BwN* **31** des: von *BwN* **63** den Abhandlungen: der Abhandlung *BwN* **69** wie Sie wissen: wie Ihnen bekannt *BwN* **69** K[ant]s *In BwN folgt:* Schrift **72** Wünschen *In BwN folgt:* Ihr.
Streichungen: 33 Wesenheit *gestr.:* Wesentlichkeit **34** Frage *gestr.:* zuletzt.
Erläuterungen: 22–24 Kapitel ... Raum: Feuerbach hat sich zur Problematik von Raum und Zeit mehrfach in seiner Abhandlung „Über Spiritualismus und Materialismus, besonders in Beziehung auf die Willensfreiheit" geäußert, vgl. GW 11, bes. S. 150, 158 und S. 171. **37–42** zu einem neuen, dem zehnten Band ... Heften herausgeben: Der zehnte Band der „Sämmtlichen Werke" Feuerbachs, herausgegeben unter der Hauptüberschrift „Gottheit, Freiheit und Unsterblichkeit" enthält folgende Aufsätze: „Das Geheimniß des Opfers. Oder der Mensch ist, was er ißt", „Ueber Spiritualismus und Materialismus, besonders in Beziehung auf die Willensfreiheit", „Zur Unsterblichkeitsfrage vom Standpunkte der Anthropologie", „Zur Theogonie. Oder Beweise, daß der Götter Ursprung, Wesen und Schicksal der Menschen Wünsche und Bedürfnisse sind" und einen „Epilog" zur Werkausgabe. **43** Dies docebit: Abgeleiteter Spruch von Publilius Syrus: Dies diem docet (ein Tag lehrt den anderen). **44** Zu Rousseau ... nicht gekommen: Vgl. Brief 1008, Z. 77–83. **49–50** Stadtbibliothek ... Beiträge geliefert hat: Zu den ausgeliehenen Werken Feuerbachs aus der Nürnberger Stadtbibliothek vgl. das dortige Ausleihverzeichnis. **55–56** „Pitaval" ... darin „Die finnische Walpurgisnacht": Vgl. Erl. zu Brief 985, S. 28–29. **61** Den „frommen Schafpelz": Vgl. Brief 1024, Z. 120. **65–68** Deduktion Kants als Leibniz ... Ob Kant die „Nouv[eaux] Essais" gekannt?: Feuerbach geht auf W. Bolins Auffassung aus dessen Brief vom 12. Juni 1863 ein (vgl. ebenda, Z. 66–92).

1024

Originalhandschrift: UB München, Sign. 4° Cod. ms. 935 b/7. 26.
Erläuterungen: 4 Ihr jüngster Brief: Vgl. Brief 1023. **12** Tode meines Vaters: W. Bolins Vater, Carl Eduard Bolin, starb 1864. **32–33** mein bescheidenes Denken ... eingewirkt hatte: L. Feuerbach sah sich durch W. Bolin veranlaßt, in seiner Arbei „Über Spiritualismus und Materialismus ..." auf Raum und Zeit einzugehen. Vgl. Brief 1023, Z. 20–35. **39–40** „Anschwellen lassen": Vgl. Erl. Brief 1023, Z. 37–42. **43–44** in verschiedenen Zeitschriften und Tagblättern: Um welche anonymen Veröffentlichungen Feuerbachs es sich dabei handelt, konnte nicht ermittelt werden. **49** zu einem Bande ausreichen: Zu den Themen, die inhaltlich in den 10. Band der „Sämmtlichen Werke" aufgenommen worden waren, vgl. Erl. zu Brief 1023, Z. 37–42. **56–58** Ed[uard] Beneke ... ich Ihnen schon einige Andeutungen gegeben: Vgl. Briefe 975

und 1005. **81–82** Abhandlung über Kant und Leibniz: W. Bolin, Leibnitz ett förebud till Kant, Hersingfors 1864. Diese Arbeit, ursprünglich deutsch verfaßt, wurde in schwedischer Sprache herausgegeben und diente der Bewerbung Bolins um die philosophische Professur zu Helsingfors. **85** „Studien über die Familie": Vgl. Brief 1022, Erl. zu Z. 58. **97** Abhandlung ... deutsch niederzuschreiben: Vermutlich bezieht sich W. Bolin hier nicht auf die „Abhandlung über Kant und Leibniz" (vgl. Z. 81–82) sondern auf seine gerade in Arbeit befindlichen Studie über die Familie. Beide Arbeiten erschienen nicht in deutscher Sprache. **121–123** des jetzigen Herausgebers ... H[aering]: Der „Neue Pitaval" wurde von 1842 bis 1865 gemeinsam von Julius Eduard Hitzig und Georg Wilhelm Heinrich Haering (Willibald Alexis) herausgegeben.

1025

Originalhandschrift: UB München, Sign. 4° Cod. ms. 935 b/75. 1.
Erstveröffentlichung, gekürzt: BwN II, S. 163–164.
Textvergleich: 5–10 Venu en ... le sien *Fehlt in BwN* **12** Aussi: Ainsi *BwN* **19** je m'y: je me *BwN* **20** de le: à le *BwN* **23** Aussi: Ainsi *BwN* **25** quelques: quelque *BwN* **26** après *In BwN folgt:* il **30–36** Car avant ... seulement *Fehlt in BwN* **39–46** Je ne ... le moins *Fehlt in BwN*.
Erläuterungen: 55 mein Freund: Joseph Roy, vgl. Z. 92–94 des vorliegenden Briefes. **59–61** Ich glaubte mich Ihrer Adresse sicher ... in Bruckberg wohnten: E. Vaillant verwechselte Bruckberg bei Ansbach mit Bruckberg bei Moosburg nahe Landshut. **66** ein Sonntag: 21. April 1864. **67** den Pfarrer: Max Aumayer; vgl. J. B. Prechtl, Das Wissenswertheste vom Schlosse und der Pfarrei Bruckberg zwischen Moosburg und Landshut, Freising 1876, S. 54. **92–93** Übersetzungsarbeit ... die mein Freund unternommen hat: Vgl. Erl. zu Brief 1027, Z. 64.

1026

Originalhandschrift: UB Helsinki. – *Der Brief enthält auf der ersten Seite den Vermerk:* 17 H[elsin]fors. Sonntag, d[en] 5. Juni – 3. Juli [18]64.
Erstveröffentlichung: BwN II, S. 157.
Textvergleich: 6 zu verleben: zuzubringen *BwN*.
Streichung: 12 Haus *gestr.:* ist.
Erläuterungen: 12 Projekt einer Herbstreise: Nach seinem 60. Geburtstag fuhr Feuerbach gemeinsam mit seiner Tochter und seinem Hausarzt Dr. med. E. Baierlacher nach Berlin. **14** zu Ihrem Empfange bereit: W. Bolin besuchte Feuerbach im Juli 1864, vgl. Brief 1028, Z. 5–12. **18–19** den Empfang Benekes: Vgl. Brief 1024, Z. 49–62. Von W. Bolin erhielt Feuerbach Ed. Benekes „System der Metaphysik und Religionsphilosophie, aus den natürlichen Grundverhältnissen von menschlichen

Geistes abgeleitet" (Berlin 1840). Vgl. auch BwN II, S. 157, Fußnote.
20 Bestätigung meiner „Todesgedanken": L. Feuerbach bezieht sich auf
den Tod von Bolins Vater (Brief 1024, Z. 12) und seine 1830 anonym
veröffentlichten „Gedanken über Tod und Unsterblichkeit" (GW 1,
S. 175–515) sowie seine Abhandlung „Über meine Gedanken über Tod
und Unsterblichkeit" (GW 10, S. 284–308).

1027

Originalhandschrift: UB München, Sign. 4° Cod. ms. 935 b/75. 2.
Streichung: 50 besoin *gestr.:* que[lque].
Korrektur: 23 Courier: Courrier *Manuskript.*
Erläuterung: 63 Brief meines Freundes: Das Schreiben J. Roys hat
Feuerbach nicht erhalten. Vgl. Brief 1032, Z. 81. **64** Übersetzung Ihrer
Werke: Siehe L. Feuerbach, Essence du Christianisme, trad. par J. Roy,
und La religion – Mort – Immortalité, trad. par J. Roy. Beide Übersetzungen erschienen 1864 in Paris. **72–73** 2 Werke von Malebranche und
von Fénelon: L. Feuerbach arbeitete bereits an seiner Abhandlung
„Über Spiritualismus und Materialismus in Beziehung auf die Willensfreiheit", in der das Hauptwerk von Malebranche „De la recherche de
la vérité...", (Paris 1678–1679) [Von der Erforschung der Wahrheit]
sowie die Abhandlungen „Traidé de l'amour de dieu" und die „Méditations" aus den „Oeuvres" erwähnt werden (GW 11, bes. S. 130, 136, 142
und S. 144). Von Fénelon wird die Schrift „Traité de l' existence du
Dieu", in der Edition von M. Danton (Paris 1860) angegeben. – Auch im
„Epilog" zum 10. Band der „Sämmtlichen Werke" (1866) finden Malebranche und Fénelon Erwähnung (GW 11, S. 255). **77–78** Darlegung des
Positivismus von Littré: 1863 waren von E. Littré in Paris erschienen
„Auguste Comte et la philosophie positive" und die zweite Auflage
seiner „Paroles du philosophie positive". **82–83** Paul Louis Courier ...
seine Werke: Vgl. die nachfolgende Erl. **85** „Daphnis und Chloe": Den
gleichnamigen Hirtenroman schrieb der griechische Sophist Longus.
P. L. Courier veröffentlichte ihn in seinen „Pastorales de Longus" (Paris
1863). **111** Ihren Neffen: Anselm Johann Ludwig Feuerbach, der Sohn
von Eduard August Feuerbach; er war königlich-baierischer Generaloberarzt.

1028

Originalhandschrift: UB München, Sign. 4° Cod. ms. 935 b/7. 27.
Erläuterungen: 4–5 Zuschrift vom 21. Mai: Vgl. Brief 1026. **14** Ihre
beabsichtigte Herbstreise: W. Bolin begleitete Feuerbach bis Berlin. Vgl.
Brief 1039, Z. 48. **19** Mit meiner Arbeit: Hier ist die in Z. 41 erwähnte
Schrift W. Bolins „Leibniz als Vorbote Kants" gemeint. Vgl. Erl. zu
Brief 1024, Z. 81–82.

1029

Originalhandschrift: Staatsbibliothek zu Berlin – Preußischer Kulturbesitz, Handschriftenabteilung, Dokumentensammlung, Darmstaedter, Sign. 2a 1832 (5).
Erstveröffentlichung: Bw II, S. 408–409.
Korrektur: 48 dies: dies dies *Manuskript*.
Textvergleich: 9 Rupprechtstegen: Rupprechtsstegen *Bw* **27** Grunde: Grund *Bw* **57** fortkann: fortkomme *Bw*.
Streichungen: 38 Bin ich *gestr.*: Fühle mich **48** dies *gestr.*: be[merken] **48** ich *gestr.*: sich.
Erläuterungen: 6 Glückwunschschreiben: Über den Verbleib des Briefes der Familie Khanikoff zu Feuerbachs 60. Geburtstag ist nichts bekannt. **16–17** Fries aus München ... den ich seit zwölf Jahren nicht mehr gesehen: Den Maler Bernhard Fries hatte Feuerbach im Sommer 1845 in Heidelberg kennengelernt und war seitdem freundschaftlich mit ihm verbunden. 1849 fertigte Fries ein Portrait von Feuerbach an und 1850 reisten beide nach Norditalien. Vgl. die Lithographie von V. Schertle nach einem Gemälde von B. Fries aus der Sammlung W. Kapp (Essen) in: G. Biedermann, Ludwig Andreas Feuerbach, Leipzig – Jena – Berlin 1986, S. 96 und GW 19, Randbemerkung zu Brief 614, S. 493 sowie ebenda, Erl. zu Brief 647, Z. 13. – Über das erwähnte Zusammentreffen von 1852 ist nichts bekannt. **49** Herrn Baierlachers: Feuerbachs Nürnberger Hausarzt, Dr. med. Eduard Baierlacher. **59** am Sonntag: 7. August 1864.

1030

Originalhandschrift: Dichtermuseum Liestal (Schweiz), Herwegh-Archiv, Sign. BRH 903.
Streichung: 20 mich *gest.*: schon.
Erläuterung: 17 auf 6–8 Tage heimsuchten: Zu einem Besuch der Familie Herwegh im August 1864 kam es nicht, da Feuerbach gemeinsam mit seiner Tochter und Dr. E. Baierlacher für drei Wochen, bis zum 7. September 1864, nach Berlin und Falkenberg reiste. Vgl. Brief 1031, Z. 11–23 und Erl. zu Brief 1035, Z. 5–6. **30** die Schwestern: Vgl. Erl. zu Brief 1000, Z. 106.

1031

Originalhandschrift: Dichtermuseum Liestal (Schweiz), Herwegh-Archiv, Sign. BRH 904.
Erstveröffentlichung: Nord und Süd, S. 500.
Textvergleich: 7 einen: ein *Nord und Süd* **18** ausdehe: auszudehnen *Nord und Süd* **25** werden: sein *Nord und Süd* **26–27** meiner Frau in der

Küche und Haushaltung überhaupt *Fehlt in Nord und Süd* **29** sich *Fehlt in Nord und Süd.*
Erläuterungen: 7–8 Dein Brief: Brief 1030. **9** der Stadt: Nürnberg. **11** am Samstag: 13. August 1864. **11–12** der bekannten russischen Familie: Familie Jakob von Khanikhoff. **14–15** zu meinem sechzigsten Geburtstag: 28. Juli 1864. **28** meine Nichte Erneste: Erneste Friederice Stadler. **32** einen jungen Schweden: W. Bolin. **33** ein Manuskript: Gemeint werden W. Bolins Ausarbeitungen für „Leibniz als Vorbote Kants", vgl. Erl. zu Brief 1024, Z. 81–82.

1032

Originalhandschrift: UB München, Sign. 4° Cod. ms. 935 b/75. 3.
Erläuterungen: 51 Ihren Brief: Der Verbleib ist nicht bekannt. **56–57** den Büchern, die ich Ihnen geschickt habe: Vgl. Brief 1027, Z. 71–87. **74–75** die zwei ersten Bände Ihrer Übersetzung: Vgl. Erl. zu Brief 1027, Z. 64. **75** mein Freund: Joseph Roy. **76** der Verleger: A. Lacroix aus Belgien. **79–80** einige Zeilen meines Freundes: Siehe Brief 1033. **85–86** Ihren Neffen: Vgl. Erl. zu Brief 1027, Z. 111. **96–97** um sich hier mit Ihrer Familie niederzulassen: Der Einladung, nach Paris zu kommen, vermochte Feuerbach nicht zu folgen.

1033

Originalhandschrift: UB München, Sign. 4° Cod. ms. 935 b/64. 1.
Erstveröffentlichung: BwN II, S. 164–165.
Textvergleich: 11–18 Si je ne vous ai pas écrit depuis longtemps ... au niveau de mes désirs et des vôtres *Fehlt in BwN* **34** lui: leur *BwN* **35–36** omissions: emissions *BwN* **54–59** J'aurais ... Gironde, France *Fehlt in BwN.*
Erläuterungen: 68 Sie ... zu besuchen: Zum Besuch E. Vaillants kam es im Juni 1864, vgl. Brief 1027, Z. 65–66 und Z. 88. **69** von einer Übersetzung: Vgl. Erl. zu Brief 1027, Z. 64. Zum Inhalt der Bände vgl. im vorliegenden Brief Z. 96–101 und Z. 111–113. **103–104** die zweite Auflage: Nicht bekannt. **123** in einem nachfolgen Brief: Feuerbach erhielt nach dem 13. August 1864 erst am 8. Januar 1865 wieder Post von J. Roy. Vgl. Brief 1045. **131–134** Der Verleger ... geschickt: Von A. Lacroix ist bezüglich der „vom Verfasser autorisierten Übersetzung" kein Schreiben an Feuerbach nachweisbar. – Vgl. auch Brief 1038, Z. 86–94.

1034

Originalhandschrift: UB München, Sign. 4° Cod. ms. 935 b/7. 28.
Korrektur: 23 werden: wird *Manuskript.*
Streichung: 74 Sie *gestr.:* gewiß.

Erläuterungen: 9–10 Köstliche Tage habe ich in Ihrer Nähe verlebt: Zum Besuch W. Bolins bei Feuerbach und zu ihrer gemeinsamen Reise bis Berlin vgl. Brief 1031, Z. 32–34. **17–18** Umgestaltung meiner Dissertation: W. Bolin hat mit seiner neuen Arbeit über die Familie (vgl. Erl. zu Brief 1009, Z. 40–41 und zu Brief 1022, Z. 58) das Thema seiner Dissertation „Familjebegreppets utveckling ända till reformationen" (Helsingfors 1860) erneut aufgegriffen. **23** das Manuskript und die Hauptstellen bei Leibniz: Feuerbach hat W. Bolins Arbeit kritisch durchgesehen (vgl. Z. 58–59 des vorliegenden Briefes und Brief 1031, Z. 32–34). **63–64** „Wer sich ... als er glaubt": Aus Goethes Maximen und Reflexionen über Literatur und Ethik, in: J. W. v. Goethes Werke, 1. Abth., 42. Bd., 2. Abth., Weimar 1907, S. 124. **70–73** Ihre Reise ... gewiß angenehmen Abwechslungen: Vgl. Erl. zu Brief 1030, Z. 18.

1035

Originalhandschrift: UB München, Sign. 4° Cod. ms. 935 a/13. 13.
Streichungen: 22 liebliche *gestr.:* [unleserlich]. **25** ganz *gestr.:* guter **26** Mathematiker *gestr.:* ist **32** um so mehr *Im Original gestr. und mit Punkten versehen* **53** Katalog *gestr.:* für.
Erläuterungen: 5–6 8 Tage ... Falkenberg verlassen: Am 7. September 1864. **13** der Stadt: Nürnberg. **16** Emerentia: Bezieht sich auf E. Schmidt, geb. Stadtler, deren Mutter in Nürnberg wohnte. Vgl. Z. 33 des vorliegenden Briefes. **20** Schultheiß: Wolfgang Konrad Schultheiß; er war Mitbegründer des Nürnberger Lehrervereins (1821) und von 1821 bis 1865 als Lehrer an der Volksschule im Sebalder Sprengel tätig. **33** Emerentia und ihr Mann ... ihres Instituts: Emerentia und August Ludwig Immanuel Schmidt. Vgl. Erl. zu Brief 1006, Z. 129–133. **53** Katalog des Museums: L. Feuerbach bezieht sich auf ein Verzeichnis, welches der Direktor der Königlichen Gemälde-Galerie und Prof. an der Berliner Universität, Gustav Friedrich Waagen, herausgegeben hatte. Siehe ders., Königliche Museen. Verzeichnis der Gemälde-Sammlung, 9. Aufl., Berlin 1847. **62** Maria mit dem Stieglitz: Siehe das unter der Erl. zu Z. 53 des vorliegenden Briefes angegebene Verzeichnis, S. 44, Nr. 141. Das Gemälde stammt von Raphael Sanzio. **67** die Lehrer: Zu ihnen gehörten neben Direktor August Ludwig Immanuel Schmidt u. a. Carl August Sommermeyer, Jean Alexis Dérobert, Martin Joseph Sterroz, Theodor Schmidt, Hermann Eggers und Witte. Vgl. Festschrift zum 50jährigen Bestehen des Victoria-Instituts zu Falkenberg (Mark), a. a. O., S. 6–8.

1036

Originalhandschrift: UB Helsinki. – *Der Brief enthält auf der ersten Seite den Vermerk:* **18**. H[elsing]fors, Dienstag d[en] 4. Oktober – Montag d[en] 7. No[vem]ber [18]64.

Erstveröffentlichung: BwN II, S. 157–160.
Textvergleich: 3 Rechenberg *In BwN folgt:* den 11 B[erlin]: B. *BwN* 34 B[erlin]: B. *BwN* 43 aufhielt *In BwN folgt:* und 47 gesehnen: gesehenen *BwN* 50 drei: dreie *BwN* 51 Eins *Fehlt in BwN* 55 livländischen: liefländischen *BwN* 58 von mir: an mir *BwN* 78 andern bedeutenden: andere bedeutende *BwN* 84–85 Abwesenheit: Abschied *BwN* 90–91 Die Adresse Schreitmüllers in München ... 4 Stiegen rechts *Fehlt in BwN* 100 Übrigens: Es *BwN*.
Streichung: 21 herumwandeln *gestr.:* [unleserlich]. 92 Sie *gestr.:* sich.
Erläuterungen: 5 Brief: Vgl. Brief 1034. 52 Pietà in Potsdam: Die Pietà wurde vom Bildhauer Ernst Rietschel geschaffen und ist im Mausoleum bei der Friedenskirche zu Potsdam zu sehen. 77 Bildergalerie: Feuerbach bezieht sich auf die Königlichen Gemälde-Galerie, heute Alte Nationalgalerie, zu Berlin. 79–80 Museumskatalog: Vgl. Erl. zu Brief 1035, Z. 53. 92–93 Meine Frau ... schreiben: Siehe Bertha Feuerbach an Wilhelm Bolin, 20./23. Oktober 1864 (GW 22). 94–96 Urteil französischer Ignoranz und Arroganz ... 18. Sept[ember]: Siehe G. Landrol, Essence du christianisme. Par L. Feuerbach. Traduit par J. Roy, 2 vol in 8°, in: Le Constitutionnel, Journal politique, littéraire, universel, Paris, Nr. 262, 18. Septembre 1864. 97 der Übersetzer: Joseph Roy. 100 kein Exemplar der Übersetzung: Vgl. Erl. zu Brief 1027, Z. 64.

1037

Originalhandschrift: Germanisches Nationalmuseum Nürnberg, Sign. ZR Nr. 6509.
Streichungen: 6–7 Geburtstag *gestr.:* geschickt 10 Briefe *gestr.:* sind 22 bin aber *gestr.:* doch.
Erläuterungen: 19 meiner Büste: Johann Schreitmüller hatte sie gefertigt. Sie ging später, veranlaßt durch eine Schenkung der Tochter Feuerbachs, in den Besitz von Konrad Deubler über, wo sie auch heute noch im Heimatmuseum Goisern zu sehen ist. Vgl. die beiden Briefe Konrad Deublers an Leonore Feuerbach vom 13. Februar 1874 (Deubler Bw II, S. 54–55) und an Karl Grün vom 21. Februar 1874 (BwN II, S. 235). 28 meines Bruders „Tatsachen und Gedanken": F. Feuerbach, Gedanken und Thatsachen. Ein Beitrag zur Verständigung über die wichtigsten Bedingungen des Menschenwohles, Hamburg 1862. – Vgl. W. Schuffenhauer: Ludwig Feuerbach stellt des Bruders Schrift „Gedanken und Thatsachen", 1862, vor. In: Aufklärung und Kritik ..., Sonderheft 3/1999, S. 99–109. 36 Elise: Vgl. Erl. zu Brief 1106, Z. 27–28.

1038

Originalhandschrift: UB München, Sign. 4° Cod. ms. 935 b/75. 4.
Streichungen: 11 chez *gestr.:* cette.

Erläuterungen: 67–68 des Verlegers: Der belgische Verleger in Brüssel, A. Lacroix, hatte in Paris eine Vertretung. **69** der Ausgabe: Vgl. Erl. zu Brief 1025, Z. 92–93. **80** Verlagshaus: A. Locroix, Verboeckhoven und Cie. **90–92** Herr Lacroix ... Erlaubnis erhalten habe: Über den Briefwechsel zwischen A. Lacroix und Feuerbach ist nichts bekannt. **101–102** Artikel im „Constitutionnel": Vgl. Erl. zu Brief 1036, Z. 94–96. **123** Ihren Neffen: Vgl. Erl. zu Brief 1027, Z. 111.

1039

Originalhandschrift: UB München, Sign. 4° Cod. ms. 935 b/7. 29.
Erläuterungen: 5 Ihrer ... Zeilen: Siehe Brief 1036. **9** Brief Ihrer Frau: Vgl. Erl. zu Brief 1036, Z. 92–93. **26** unter Bismarcks Regiment: Wilhelm I. hatte Otto von Bismarck am 8. Oktober 1862 zum preußischen Ministerpräsidenten seiner Regierung ernannt. Bismarck verteidigte die Rechte der Krone hinsichtlich des Militärhaushalts besonders gegen die der liberalen Mehrheit im Parlament, wodurch sich der Heeres- zum Verfassungskonflikt ausdehnte. Durch außenpolitische Aktionen – Unterstützung Rußlands im Polen-Aufstand (Alvenslebensche Konvention) und den gemeinsam mit Österreich geführten Krieg gegen Dänemark 1864 wegen Schleswig-Holstein –, wurden, zumindest teilweise, die inneren Konflikte überspielt. **26–27** der Ihnen in Leipzig widerfahrene polizeiliche Blödsinn: L. Feuerbach wurde Anfang 1851 aus Leipzig ausgewiesen. Er wollte die Drucklegung des achten Bandes seiner „Sämmtlichen Werke" überwachen und Nachforschungen zum Verbleib einiger Briefe seines Vaters vornehmen. Vgl. GW 19, bes. Briefe 659 bis 662, 665 sowie 678. **28** Doktor Friedländer: Feuerbachs Freund, der Berliner Arzt Georg Friedländer, vgl. Brief 1063. **34** Fragen über den Leibnizschen und Kantschen Idealismus: Vgl. Erl. zu Brief 1034, Z. 17–18 und ebenda, Z. 23. **39–40** meiner Arbeit: Vgl. Erl. zu Brief 1024, Z. 81–82. **71** Nihil est in intellectu usf.: G. W. Leibniz, Neue Abhandlungen über den menschlichen Verstand. Übers., mit Einleitung und Anmerkungen versehen von E. Cassirer (= Philosophische Werke in vier Bänden in der Zusammenstellung von E. Cassirer, Bd. 3), Hamburg 1996, S. 77. **98–99** Rez[en]s[ion] im „Constitutionnel": Vgl. Erl. zu Brief 1036, Z. 94–96. **100–101** Die französischen Übersetzer: A. H. Ewerbeck und Joseph Roy; vgl. Literaturverzeichnis.

1040

Originalhandschrift: Der Verbleib ist nicht bekannt. Die Veröffentlichung erfolgt nach Exzerpten von E. Lenel, die sich in der Manuscript Division der Library of Congress, Washington, D. C., befinden. – *Die Passage von Z. 37–46 (Ich habe mich ... zum Teufel zu gehen) steht bei W. Bolin am Ende des Briefes.*

Erstveröffentlichung: Bw II, S. 306–308.
Textvergleich: 3 vom: von *Bw* **5** mich *Fehlt in Bw* **6** bedanken: danken *Bw* **10** einzige: einzigste *Bw* **19–20** kleinstaatlichen: kleinstaatigen *Bw* **22–58** Sei doch so gut ... Mitteldeutschland? *Fehlt in Bw* **60** Jahr: Jahre *Bw* **63** werden *Fehlt in Bw* **67** den deutschen Kollegen: dem deutschen Volke *Bw* **69** stehen *In Bw folgt:* übrigens **70** Hülfsmittel: Hilfsmittel *Bw* **72** Hülfe: Hilfe *Bw* **73** dringenden: dringende *Bw* **78–79** hier nennt man sie ... Moravianbrothers *Fehlt in Bw* **82–83** Schneckenstube: Schneckenhaus *Bw* **83** Lebens *In Bw folgt:* zurück **85** nur: nun *Bw* **86** wiedererwachten: wiedererwachenden *Bw* **89** zwischen: zu sehr *Bw* **90** nur: und *Bw* **97** und ihres: in ihrem *Bw* **98** Fortschritts: Fortschritt *Bw* **104–105** Benützung: Benutzung *Bw* **105** als deren Kenntnis *Fehlt in Bw* **108–117** Beifolgend ... können *Fehlt in Bw* **119–126** so ersuche ich Dich ... ankommt *Fehlt in Bw* **126–127** Ich wiederhole ... zwingen: so will ich Dich keineswegs dazu nöthigen *Bw* **129** tue: thu' *Bw* **132** Grüße: Grüss *Bw*.
Erläuterungen: 3 Dein letzter Brief: Siehe Brief 1016. **3–4** Broschüre vom Ritter Lang: Vgl. Erl. zu Brief 1016, Z. 10–12. – Irrtümlich vermutete W. Bolin, daß es sich hierbei um K. H. v. Langs „Annalen des Fürstenthums Ansbach unter der preussischen Regierung 1792–1806" (Leipzig 1806) handelt. Vgl. Bw II, S. 306, Anm. **. **12** erschienenen „Soldatenhandel": Vgl. Erl. zu Brief 1006, Z. 18–19. **16–17** das Versäumte ... nachholen: Die zweite Auflage der unter Z. 12 genannten Schrift erschien 1874; über den Markgrafen von Ansbach vgl. ebenda bes. S. 107–131. **23–25** Stelle ... Landesvater anspielt: Vgl. Brief 1044 und Erl. zu diesem Brief, Z. 14–17. **28** Die Kinder: Vgl. das Namenverzeichnis. **29–30** der Junge: Wolfgang Kapp; er schlug später eine politische Laufbahn ein, wurde ostpreußischer Generallandschaftsdirektor und war im März 1920 am Kapp-Putsch, dem rechtsradikalen Umsturzversuch gegen die Weimarer Republik, beteiligt. **34** nach Deutschland zurückzukehren: Dieses Bestreben brachte F. Kapp auch gegenüber seinem Freund E. Cohen zum Ausdruck (Brief vom 2. Juli 1864, in: Kapp Bw, S. 80–81). Im April 1870 kehrte Kapp aus New York nach Berlin zurück. **63–65** meinen alten Plan ... wieder aufgenommen: Siehe F. Kapp, Die Geschichte der deutschen Einwanderung in Amerika ..., New York 1867. **65–66** in der Einleitung ... ausgeführt habe: Vgl. F. Kapp, Standpunkt der Beurtheilung und Quellen, in: ders., Der Soldatenhandel deutscher Fürsten nach Amerika (1775 bis 1783), Berlin 1864, S. XIII–XIX. **74** Aufsatz ... Herrnhuter: L. Feuerbach, Zinzendorf und die Herrnhuter; er wurde aus dem handschriftlichen Nachlaß von K. Grün mitgeteilt (BwN II, S. 236–252; GW 16). Vgl. auch F. Kapp, Die Herrnhuter in Schekomenko, in: ders., Geschichte der deutschen Einwanderung in Amerika, a. a. O., S. 199–228. **108–109** Ansicht meines Freundes und Associé C[harles] Goepp: Sie lag dem Brief nicht bei. **124** des Krieges: Vgl. Erl. zu Brief 1006, Z. 58.

1041

Originalhandschrift: Der Verbleib ist nicht bekannt. Die Veröffentlichung erfolgt nach Exzerpten von E. Lenel, die sich in der Manuscript Division der Library of Congress, Washington, D. C., befinden.
Erläuterungen: 3–4 Schreibe doch, falls Du Lust dazu hast, ein anerkennendes Wort über den hiesigen Krieg: Ob Feuerbach dieser Aufforderung nachkam, ist nicht bekannt.

1042

Originalhandschrift: UB München, Sign. 4° Cod. ms. 935 b/6. 1.
Streichungen: 26 *Heinzen* und *gestr.:* [unleserlich] **44** Honorar gestr.: für **57** Worte *gestr.:* [unleserlich].
Korrektur: 36 mir unter meiner: mir unter unter meiner *Manuskript*.
Erläuterungen: 8 meiner Frau: K. Blinds Frau Friederike war eine ausgesprochene Feuerbach-Anhängerin. Vgl. Brief von K. Marx an F. Engels, 13. Oktober 1851 (Karl Marx. Friedrich Engels. Werke, Berlin 1963, Bd. 27, bes. S. 357–358). **8** unserer Tochter: Ottilie Blind. **10** Sendungen *Flugschriften*: Auf der Rückseite des Titelblattes der ersten Nummer des Vereins für „Deutsche Freiheit und Einheit. Der deutsche Eidgenosse" (London – Hamburg 1865) werden die hauptsächlichsten Broschüren und Flugblätter seit dem vierjährigen Vereinsbestehens angegeben. Vgl. weiter Vereins-Bericht vom Mai 1867, ebenda, S. 369–371. **16–17** regelmäßiges Organ: Die unter Z. 10 der Erläuterungen genannte Zeitschrift erschien aller zwei Monate vom 15. März 1865 bis zum Mai 1867. **18–19** ein F*reiligrath*sches entsprechendes Motto: „Wir sagen kurz: Wir oder Du! Volk heißt es oder Krone!" Siehe F. Freiligrath: Berlin (Lied der „Amnestierten" im Auslande). In: F. Freiligrath: Wer hält die Räder Dir im Takt. Revolutionsgedichte, Berlin [1948], S. 124–127. Zitat auf S. 127. – Vgl. Der Verwaltungsrath: Was wir wollen. In: Der deutsche Eidgenosse, 15. März 1865, a. a. O., S. 1. **20–28** Freunden ... und sonstigen meiner persönlichen und politischen Freunde in Amerika mit Sicherheit erwartet ist: Zu den nachweisbaren Beiträgen von K. Blind, L. Büchner, F. Hecker, G. Rasch, F. Sigel und G. Struve siehe das Literaturverzeichnis. **22–23** den Maigefangenen: August Röckel mußte nach dem Dresdner Maiaufstand (1849) eine elfjährige Haft antreten, vgl. ders., Sachsens Erhebung und das Zuchthaus zu Waldheim, Frankfurt am Main 1865. Siehe auch den Beitrag von G. Rasch, Der letzte politische Gefangene des Zuchthauses zu Waldheim, in: Der deutsche Eidgenosse, 15. September 1865, a. a. O., S. 113–120. **26** Fr[iedrich Jacob] Schütz: Über ihn siehe H. Best/ W. Weege: Biographisches Handbuch der Abgeordneten der Frankfurter Nationalversammlung 1848/49, Düsseldorf 1996, S. 310. **39** Nennung eines Namens: Gemäß seiner Bereitschaftserklärung (vgl. Brief 1051)

wurde L. Feuerbach auf dem Titelblatt des „Deutschen Eidgenossen"
genannt. In der ersten Ausgabe zählten neben ihm auch K. Blind,
L. Büchner, F. Freiligrath, M. Gritzner d. A., E. Haug, Th. Mögling,
K. Nauwerck, Th. Olshausen, G. Rasch, E. Rittershaus, G. Struve und
J. D. H. Temme zu den Mitwirkenden.

1043

Originalhandschrift: UB München, Sign. 4° Cod. ms. 935 b/7. 30.
Streichung: 92 Richtung *gestr.:* [unleserlich].
Korrektur: 8 anfällt: ausfällt *Manuskript.*
Erläuterungen: 10 neue Arbeit: Vermutlich ist hier W. Bolins Arbeit
„Undersökning af lärän om viljans frihet, med särskildt afseente à Kants
behandling af problemet" [Untersuchung von der Lehre über die
Willensfreiheit, mit besonderer Berücksichtigung der Behandlung des
Kantischen Problems] gemeint, die jedoch erst 1868 erschien. **14–15**
meine... Arbeit: Vgl. Erl. zu Brief 1024, Z. 81–82. **28** Abhandlung: Die
unter Erl. zu Z. 14–15 genannte Arbeit verteidigte W. Bolin am
10. Dezember 1864. **61–63** diese Schrift ... ins Deutsche zu übertragen:
Vgl. Erl. zu Brief 1024, Z. 97. **72–73** Aufzeichnungen über diesen Punkt:
Feuerbachs Vorarbeiten, eine Untersuchung zur Willensfreiheit, fand
Aufnahme in seine Abhandlung „Über Spiritualismus und Materialismus,
besonders in Beziehung auf die Willensfreiheit" (GW 11, 53–186).

1044

Randbemerkung: *Auf der ersten Seite:* Die A[ugsburger] A[llgemeine]
Zeitung soll, wie ich gestern vom Redakteur des Fränk[ischen] Kurier
Dr. Lommel hörte, soll die Sache der N. R. Union tapfer verfochten
[haben] in *diesem* Punkte ganz korrekt demokratisch. Es müssen also
diese Artikel Dir entgangen sein.
Originalhandschrift: UB München, Sign. 4° Cod. ms. 935 a/26. 10.
Erstveröffentlichung, gekürzt: BwN II, S. 167–168.
Textvergleich: 3 N[ürn]b[er]g *In BwN folgt:* den **3 5.** Jan[uar]:
9. Jan[uar] *BwN* **5–42** Es war ... vervollständigen *Fehlt in BwN* **43** an
Fehlt in BwN **49** vorhandenen: vorhandenen *BwN* **52** eben angeführte
Fehlt in BwN **55** seinen Ursprung: seinem Ursprunge *BwN* **62** schriftli-
chen: schriftstellerischen *BwN* **62** so *Fehlt in BwN* **62** aber *Fehlt in BwN*
64–69 Wie viele Themata ... gemacht *Fehlt in BwN* **71** Herbst *In BwN*
folgt: mich **71** um Dir ... mitzuteilen *Fehlt in BwN* **72** mich *Fehlt in*
BwN **73** trotz Bismarck und Konsorten *Fehlt in BwN* **76** mich dort *Fehlt*
in BwN **76** dortige *Fehlt in BwN* **77–82** Den armen ... wissen *Fehlt in*
BwN **84–85** Dir auch ... dankverbunden *Fehlt in BwN* **87–88** Deinen
Vater habe ich leider! nicht ... wollen *Fehlt in BwN – Randbemerkung*
fehlt in BwN.

Erläuterungen: 5–6 die Langsche Schrift: Vgl. Erl. zu Brief 1016, Z. 10–12. **14–17** „es ist dem Resultate nach ... vom Dache herunterschießt": L. Feuerbach, Vorlesungen über das Wesen der Religion (GW 6, S. 238). **18–19** Schrift über den Soldatenhandel: Vgl. Erl. zu Brief 1006, Z. 18–19. – Die Augsburger „Allgemeine Zeitung" veröffentlichte über diese Arbeit von F. Kapp anonym eine Besprechung (Nr. 338, 3. Dezember 1864, S. 5493–5494 und Nr. 339, 4. Dezember 1864, S. 5509–5510). **20** Deines ersten Briefes: Vgl. Brief 1040. **20** Auszug: Der Menschenhandel deutscher Fürsten. In: Fränkischer Kurier (Mittelfränkische Zeitung), Nr. 363 vom 30. Dezember 1864 und Nr. 364 vom 31. Dezember 1864. **26–27** neuen Werke über die Einwanderung in A[merika]: F. Kapp, Geschichte der Deutschen Einwanderung in Amerika, New York 1867; 2. Aufl., Leipzig 1869; 3., verm. Aufl., New York 1869. **36** Deines Freundes: Charles Goepp, vgl. Erl. zu Brief 1040, Z. 108–109. **43** ein Thema vollendet: Betraf L. Feuerbachs Abhandlung „Zur Unsterblichkeitsfrage vom Standpunkte der Anthropologie. Oder Kritik der gewöhnlichen Erklärung von den, insbesondere volks- und altertümlichen Unsterblichkeitsvorstellungen". (SW 10, S. 205–244; GW 11, S. 187–218). **81** für Euer Unternehmen: Vgl. Brief 1040, Z. 47–58. **82–83** Brief meines Vaters: Ein entsprechender Brief von P. J. A. von Feuerbach konnte nicht ermittelt werden. **87** Deinen Vater: Friedrich Christian Georg Kapp. **87–88** Deinen Schwager: Alfred von der Leyen.

1045

Originalhandschrift: UB München, Sign. 4° Cod. ms. 935 b/64. 2.
Erstveröffentlichung, gekürzt: BwN II, S. 166–167.
Textvergleich: 5–20 Vous devez trouver au moins ... penser *Fehlt in BwN* **28–30** Vous raconter ... trop longue histoire *Fehlt in BwN* **40** livrés: livrées *BwN* **56–62** Comme vous le voyez ... de bonne volonté *Fehlt in BwN* **73** d'ouvrir: d'avoir *BwN* **76–79** Dans quelques ... attendant *Fehlt in BwN.*
Erläuterungen: 84 den Brief: Das Anschreiben L. Feuerbachs an J. Roy vom November 1864 ist nicht nachweisbar. **102** meiner Übersetzung: Vgl. Erl. zu Brief 1027, Z. 64. **116** eine andere gäbe: Vgl. A. H. Ewerbeck: Qu'est-ce la religion, d'après la nouvelle philosophie allemande, Paris 1850. **128** einen dritten Band: Er erschien nicht, obwohl das Vorhaben in Angriff genommen wurde (vgl. Brief 1048, Z. 161–165).

1046

Originalhandschrift: UB Helsinki. – *Der Brief enthält auf der ersten Seite den Vermerk:* 19. H[elsing]fors, d[en] 31. Jan[ua]r – d[en] 10. April 65.

Erstveröffentlichung: BwN II, S. 169–170.
Textvergleich: 3 Rechenberg *In BwN folgt:* den 21 Gegenstand: Gegenstande *BwN* 22 Brief: Briefe *BwN* 30 neusten: neuesten *BwN* 34 dem: den *BwN* 35 Werke: Werken *BwN* 49–50 vielgepriesnen: vielgepriesenen *BwN* 54 neure: neuere *BwN* 57 Vermittlung: Vermittelung *BwN* 58 Also: Alles *BwN* 61 L. Feuerbach: L. Fb. *BwN*.
Erläuterungen: 5 vom 30. Dezember: Vgl. Brief 1043. 10–12 das alte Thema ... vollendet hatte: Vgl. Erl. zu Brief 1044, Z. 43. 14–15 Abhandlung: Vgl. Erl. zu Brief 1024, Z. 81–82 und Erl. zu Brief 1043, Z. 28. 22 Ihrem ersten Brief: Bezieht sich auf den vorliegenden, den ersten Brief aus dem Jahr 1865. 31 Larroque, die teilweise dieselben Themata behandeln: Vermutlich handelt es sich um P. Larroques „Examen critique des doctrines de la religion chrétienne" (2ème édition, Paris und Bruxelles 1860). 35 Werke Laurents: F. Laurent, Le Christianisme, 2ème édition corrigée, Paris 1863 (Histoire du droit des gens et des relations internationles par F. Laurent; Tom 4) und ders., Les barbares et le catholicisme, 2ème édition corrigée, Paris 1864 (Histoire du droit des gens et des relations internationles par F. Laurent; Tom 5).

1047

Originalhandschrift: Der Verbleib ist nicht bekannt. Die Veröffentlichung erfolgt nach dem Erstdruck.
Erstveröffentlichung: BwN II, S. 220–221.
Erläuterungen: 8 in den Kerkern von Brünn und Olmütz: Vgl. Erl. zu Brief 991, Z. 32–34 und Erl. zu Brief 1017, Z. 43. 9 Weib: Vgl. Erl. zu Brief 991, Z. 34–35. 9 Eltern: Leopold Deubler und Anna Deubler, geb. Schenner. 15 „Weltgeschichte" von Struve: Gustav Struve's Weltgeschichte in neun Büchern, Coburg 1863–1867. 15–16 „Bibel"... Wislicenus: Von G. A. Wislicenus sind unter diesem Titel zwei Schriften nachweisbar: Die Bibel im Lichte der Bildung unserer Zeit. Eine Reihe von Betrachtungen der Hauptstücke derselben (Magdeburg 1853) und Die Bibel. Für denkende Leser betrachtet (2 Bde., Leipzig 1863–1864). Welches der beiden Werke Deubler besaß, ist nicht bekannt. 16–17 Feuerbachs „Wesen des Christenthums": K. Deubler besaß die Ausgabe von 1849, die er, um sie vor erneuten Konfiszierungen zu schützen, unter dem Maskentitel: Die deutschen Alpen. Ein Handbuch für Reisende durch Tyrol, Oesterreich, Steyermark, Illyrien, Oberbayern und die anstoßenden Gebiete, geschildert von dem Meininger Lehrer Adolph Schaubach, verborgen hatte. (Vgl. DB, Nr. 1403). 17 „Kreislauf des Lebens": J. Moleschott: Der Kreislauf des Lebens. Physiologische Antworten auf Liebig's Chemische Briefe, Mainz 1852. (Vgl. DB, Nr. 533). 18 Ules Naturzeitung: Die Natur. Zeitung zur Verbreitung naturwissenschaftlicher Kenntniß und Naturanschauung für Leser aller Stände. Hrsg. von O. Ule und K. Müller in Verbindung mit E. A. Roß-

mäßler und andern Freunden, Halle 1852–1902. – K. Deubler besaß hiervon die Jahrgänge 1852–1869 sowie 1875–1877 (vgl. DB, Nr. 232 bis 252). **18** „Gartenlaube": Die Gartenlaube. Illustrirtes Familienblatt, hrsg. von E. Keil, Leipzig 1853 bis 1937. Hiervon waren in Deublers Bibliothek die Jahrgänge von 1853–1883 vorhanden (vgl. DB, Nr. 110 bis 140). **18–19** Vogts „Altes und Neues": C. Vogt: Altes und Neues aus Thier- und Menschenleben, 2 Bde., Frankfurt am Main 1859. (DB, Nr. 396). **19** „Isis": C. Radenhausen, Isis. Der Mensch und die Welt, 4 Bde., Hamburg 1863. (DB, Nr. 333–336). **21** Buckles „Geschichte der Zivilisation von England": H. T. Buckle, Geschichte der Civilisation in England. Mit Bewilligung des Verfassers übersetzt von A. Ruge, 2 Bde., Leipzig–Heidelberg 1860–1861. (Vgl. DB, Nr. 362, 363). **21–22** „Kraft und Stoff": L. Büchner, Kraft und Stoff. Empirisch-naturphilosophische Studien, 5. Aufl., Frankfurt am Main 1858. (Vgl. DB, Nr. 636). **22** „Geist und Stoff" ... Brugger: [Joseph Dominik] B[rugger]: Geist, Seele, Stoff. Als Handschrift gedruckt, Heidelberg 1863. **23** „Über den freien Willen": J. C. Fischer: Über die Freiheit des menschlichen Willens, Leipzig 1858. **30–31** wie Sie mir versprochen haben: Vgl. Brief 992, Z. 6–17 und Erl. dazu Z. 6–8.

1048

Originalhandschrift: UB München, Sign. 4° Cod. ms. 935 b/75. 5.
Erstveröffentlichung, gekürzt: BwN II, S. 168–169.
Textvergleich: 4–11 Depuis ... de bonté *Fehlt in BwN* **25** disaitil: disait il *BwN* **26–27** Ewerbeck: E... *BwN* **29** excellement: excellentement *BwN* **32** avais: avait *BwN* **35–76** Je suis ... commission *Fehlt in BwN* **81–84** Veuillez ... égard *Fehlt in BwN*.
Erläuterungen: 92–93 Ihren Brief ... Tochter: Beide Briefe sind nicht nachgewiesen. **95** Ableben von Charras: Der französische Militärschriftsteller Jean Baptiste Adolphe Charras starb am 23. Januar 1865 in Basel. 1848 war er als Unterstaatssekretär im Kriegsministerium tätig und Generalstabschef bei der Niederwerfung des Juniaufstandes. Nach dem Staatsreich auf Napoleon III. (2. Dezember 1851) wurde er verhaftet und verbannt. **96** Proudhon: Er starb am 19. Januar 1865 in Passy (Paris). **114** Übersetzung ... Ewerbeck: Vgl. Erl. zu Brief 1045, Z. 116. **123** Verleger Ihrer Übersetzung: Lacroix, vgl. Brief 1045, Z. 119–124. **141** „La Rive gauche": Dieses „Journal international de la jeune République" kam von 1864 bis 1866 in Genf heraus. **162** den dritten Band: Vgl. Erl. zu Brief 1045, Z. 128.

1049

Originalhandschrift: UB München, Sign. 4° Cod. ms. 935 b/56. 1.
Streichungen: 36 bilden *gestr.:* will **42** Erkenntnis *gestr.:* nicht.

Erläuterung: 44–45 ob ich zu Ihnen kommen darf: Es handelt sich bei vorliegendem Brief um das einzige Schreiben von A. Passover an Feuerbach. Antwortbriefe sind nicht bekannt.

1050

Originalhandschrift: Der Verbleib ist nicht bekannt. Die Veröffentlichung erfolgt nach dem Erstdruck.
Erstveröffentlichung: BwN II, S. 221–222.
Erläuterungen: 6 Schweizerhäuschen: Zur Illustration von K. Deublers Alpenhaus auf dem Primesberge bei Goisern vgl.: K. Grün, Eine Sommerfrische der freien Wissenschaft. In: Die Gartenlaube. Illustrirtes Familienblatt, hrsg. von E. Keil, Leipzig 1875, Nr. 24, S. 401. **9–10** diese Gedankenreise zu einer wirklichen, körperlichen wird: Vgl. Erl. zu Brief 991. **17–18** schon ... gegangen: L. Feuerbach war Anfang Februar 1851 von der Polizei aus Leipzig ausgewiesen worden, als er dort den Druck seiner „Vorlesungen über das Wesen der Religion" (GW 6) überwachen wollte und nach Briefen seines Vaters für die Herausgabe von dessen Nachlaß (vgl. GW 12) fahndete. Vgl. GW 19, Brief 659, S. 267–268 und Erl. zu diesem Brief, Z. 9–10, S. 508–509. **26** zu besitzen scheinen: Vgl. Erl. zu Brief 1047, Z. 16–17. **32** Schrift von Brugger: Vgl. Erl. zu Brief 1047, Z. 22 und Erl. zu Brief 1017, Z. 25. **35–36** Meine Schrift: SW 10; vgl. Erl. zu Brief 1023, Z. 37–42.

1051

Originalhandschrift: Der Verbleib ist nicht bekannt. Die Veröffentlichung erfolgt nach dem Erstdruck.
Erstveröffentlichung: BwN II, S. 169.
Erläuterung: 5–7 die Bereitwilligkeit ... der andern Freunde des „deutschen Eidgenossen" setzen: Vgl. Erl. zu Brief 1042, Z. 16–17 und Z. 39. – Zum kurzzeitigen Bestehen dieser Zeitschrift siehe M. Cherno, „Der deutsche Eidgenosse" and its Collapse, 1865–1867. The Attempt to Stimulate a German Revolution through Emigré Propaganda, in: German Life and Letters a Quarterly review 35, Oxford 1981–1982, S. 138–149.

1052

Originalhandschrift: UB München, Sign. 4° Cod. ms. 935 b/7. 31.
Erläuterungen: 5 Zuschrift vom 21. Jan[ua]r: Siehe Brief 1046. **6** Brief an Ihre Frau Gemahlin: Nicht bekannt. **13–14** Kants beide ... Schriften: I. Kants Critik der reinen Vernunft (2. hin und wieder verb. Aufl., Riga 1787) und seine Kritik der praktischen Vernunft (Riga 1797). **15** Knapps Rechtsphilosophie: L. Knapp, System der Rechtsphilosophie, Erlangen

1857. Vgl. auch Feuerbachs Rezension darüber (siehe Erl. zu Brief 975, Z. 18). **16–19** Bastians „Psychologie als Naturwissenschaft" ... Buch: Die dreibändige Ausgabe von A. Bastian „Der Mensch in der Geschichte. Zur Begründung einer psychologischen Weltanschauung", Leipzig 1860 beinhaltet im ersten Band „Die Psychologie als Naturwissenschaft", der in den darauffolgenden Bänden die „Psychologie und Mythologie" sowie die „Politische Psychologie" folgten. **109** beifolgenden Brief: Siehe Z. 6 des vorliegenden Briefes. – W. Bolin beabsichtigte einen Besuch bei Feuerbach.

1053

Originalhandschrift: Germanisches Nationalmuseum Nürnberg, Sign. ZR Nr. 6242. – *Papierausriß auf den Zeilen 26–27.*
Erläuterungen: 9 Herren Kohn, Cramer: Die Nürnberger Bankiersfamilie Anton Kohn und Theodor von Cramer-Klett. **30** Brief an meine Frau: Vgl. Erl. zu Brief 1052, Z. 6. **37** Fries: Über den Freund und Maler Bernhard Fries, der Feuerbach in der Revolutionszeit porträtiert hatte, vgl. neben dem vorliegenden Band auch GW 19, Briefe 617, 652, 677, 713 und Randbemerkung zu Brief 614 sowie ebenda Erl. zu Brief 646, Z. 34–35, Erl. zu Brief 647, Z. 13 und Erl. zu Brief 691, Z. 83.

1054

Originalhandschrift: UB München, Sign. 4° Cod. ms. 935 b/7. 32.
Streichungen: 90 Restitution *gestr.:* früherer **106** Ausflug *gestr.:* gemacht.
Erläuterungen: 6–8 Jena und wohne in der Johannesgasse ... dem Hause schräg gegenüber, wo Ihr verstorbener Vater zwei Jahre logierte: Feuerbachs Vater wohnte von 1792, da er am 3. Dezember an der Universität immatrikuliert worden war, bis 1802 in Jena, „wohl in dem Haus Marktbezirk 239 an der Ecke der Greif- und der Oberlauengasse". (G. Radbruch, Paul Johann Anselm Feuerbach. Ein Juristenleben, 3. Aufl., hrsg. von E. Wolf, Göttingen 1934, S. 11). **12** den Mann: Kuno Fischer. **15** Vortrag: Der Neukantianer K. Fischer las zum Sommersemester 1864 in Jena „System und Geschichte der Kant'ischen Philosophie". **75–76** Gegenwärtig ist er im Begriff ... Hegel zu veröffentlichen: W. Bolin meint vermutlich die erst später erschienene Arbeit von K. Fischer „Hegels Leben, Werk und Lehre" (siehe Geschichte der neuern Philosophie, Jubiläumsausg., 8. Bd., Heidelberg 1901). **78** der alte Königsberger: Immanuel Kant. **80–81** Logik und Metaphysik ... gänzlich neue Auflage: K. Fischer, System der Logik und Metaphysik oder Wissenschaftlehre, 2. völlig umgearb. Aufl., Heidelberg 1865. – Am 11. September 1865 unterschrieb Fischer hierfür das Vorwort. Bolin sandte Feuerbach das Werk nach Erscheinen zu (vgl. Brief 1064,

Z. 92–99). **81** des ehemaligen kleinen Leitfadens: K. Fischer, Logik und Metaphysik oder Wissenschaftslehre. Lehrbuch für akademische Vorlesungen, Stuttgart 1852.

1055

Originalhandschrift: UB Helsinki. – *Der Brief enthält auf der ersten Seite den Vermerk:* 20., Helgoland, den 23. Juli 65 – Hamburg, d[en] 3. [August 1865].
Datierung: Sowohl K. Grün (BwN II, S. 170) als auch W. Bolin (Bw II, S. 313), an den dieser Brief gerichtet ist, datieren ihn auf den 5. Juli 1865.
Erstveröffentlichung: BwN II, S. 170–171.
Textvergleich: 26 Fremdenbesuche: fremde Besuche *BwN* **31–34** Den Inhalt ... der Zeit *Fehlt in BwN* **36** also *Fehlt in BwN* **38–39** Da ich nicht weiß ... Hamb[urg] *Fehlt in BwN*.
Erläuterungen: 7 ihres letzten Schreibens: Vgl. Brief 1054. **8** längst öffentlich ausgesprochen: Vgl. beispielsweise L. Feuerbach, Vorlesungen über das Wesen der Religion (GW 6, S. 79) und ders., Theogonie nach den Quellen des klassischen, hebräischen und christlichen Altertums (GW 7, S. 69). **31** Ihres vorletzten Schreibens: Vgl. Brief 1052.

1056

Originalhandschrift: Dichtermuseum Liestal (Schweiz) Herwegh-Archiv, Sign. BRH 905.
Streichungen: 24 Magdeburg *gestr.:* wo **26** von dort aus *gestr.:* muß.
Erläuterungen: 7–8 Tod meines ... Vaters: E. Herweghs Vater, Johann Gottfried Siegmund, war am 25. Juni 1865 in Berlin gestorben. **19** Abreise ... Samstag: E. Herwegh wollte am 8. Juli 1865 von Berlin aus die Heimreise nach Zürich antreten und besuchte zuvor noch die Familie Feuerbach. Vgl. Brief 1060, Z. 11. **25** schrecklichen Testamentsangelegenheit: Hinsichtlich einer Unterstützungszahlung durch die Deutsche Schillerstiftung hatte sich E. Herwegh Anfang Mai 1867 brieflich an Franz Dingelstedt gewandt. Ihm offenbarte sie „*intime* Mitteilungen" über das Testament ihrer Eltern: „Ich bin nämlich zu Gunsten meiner Kinder *enterbt* worden – die Motive gehören nicht hieher, liegen aber auf der Hand. So lange ich lebe steht uns der für eine Familie von der zwei Personen noch der Erziehung bedürfen, sehr kleine Zins des Capitals von 4000 frcs jährlich zur Verfügung – sterbe ich vor Georg und ich gestehe, daß ich egoistisch genug bin, dies zu wünschen, so habe ich nicht die Macht (auch dafür ist gesorgt) ihm das Geringste zu vermachen und Georg bleibt buchstäblich mittellos." Siehe B. Kaiser (Hrsg.), Die Akten Ferdinand Freiligrath und Georg Herwegh. Veröffentlichungen aus dem Archiv der Deutschen Schillerstiftung, H. 5/6, Weimar [1964], S. 39–40.

1057

Originalhandschrift: Der Verbleib ist nicht bekannt. Die Veröffentlichung erfolgt nach dem Erstdruck.
Erstveröffentlichung: BwN II, S. 222–223.
Korrektur: 33 Die Monate August und September sind: Der Monat August und September ist *BwN*.
Erläuterungen: 5–6 Brief vom ... März: Siehe Brief 1050. **7–8** Schreiben Ihrer Tochter: Nicht bekannt. Vgl. K. Deublers Antwortschreiben an Leonore Feuerbach von 1865 (GW 22). **10–11** mich ... besuchen würden: Vgl. Brief 1050. **14–15** Robert Kummer ... geschrieben: Mit dem Dresdener Landschaftsmaler war K. Deubler bereits seit Mitte der 30er Jahre eng befreundet. Über ihr Kennenlernen vgl. den Brief R. Kummers an A. Dodel-Port, in: Konrad Deubler's Lebens- und Entwickelungsgang und handschriftlicher Nachlaß, hrsg. von A. Dodel-Port, Leipzig 1886, S. 71. Vgl. auch die beiderseitige Korrespondenz zwischen Deubler und Kummer (Deubler Bw II, S. 1–14); A. Dodel-Port hat von den insgesamt 300 Briefen, die bei den Kriminaluntersuchungen K. Deublers teilweise vernichtet oder konfisziert wurden, wodurch ihm nur ganze 120 Schriftstücke vorlagen, nur einige wenige Briefe zwischen 1858 bis 1879 veröffentlicht. Der erwähnte Brief von R. Kummer ist in Deubler Bw nicht enthalten. **19–20** Roßmäßler: Auch er gehörte zu K. Deublers engem Freundeskreis, vgl. Deubler Bw II, S. 18–19. **26** Polizeischereien bei uns in Österreich: Feuerbach befürchtete, wie 1851 in Leipzig, polizeilichen Überwachungen oder gar einer Ausweisung ausgesetzt zu sein. Vgl. Brief 1050, Z. 17–18.

1058

Originalhandschrift: Der Verbleib ist nicht bekannt. Die Veröffentlichung erfolgt nach dem Erstdruck.
Erstveröffentlichung: Deubler Bw II, S. 35.
Erläuterungen: 7 Ihren ... Besuch: Vgl. Brief 1057, Z. 21–22.

1059

Originalhandschrift: UB München, Sign. 4° Cod. ms. 935 b/7. 33.
Korrektur: 83 Pläne: Plane *Manuskript*.
Erläuterungen: 4 Ihr ... Schreiben: Siehe Brief 1052. **17** eines ... Mannes: Kuno Fischer. **20–21** seine Überzeugung entfaltete: Vgl. Erl. zu Brief 1054, Z. 15. **38** mein damaliger Brief: Brief 1054. **62–63** zu meinem vorigen Briefe: Wie Erl. zu Z. 38. **75–76** Gegen den 13. ... zu sein: W. Bolin besuchte Feuerbach im Sommer 1865 auf dem Rechenberg. Vgl. Brief 1064, Z. 5. **94** Ihres Geburtstages: 28. Juli.

1060

Originalhandschrift: Dichtermuseum Liestal (Schweiz) Herwegh-Archiv, Sign. BRH 906.
Streichungen: 30 und *gestr.:* mit 30 Unterleib *gestr.:* zu seinem.
Erläuterungen: 5–6 Da ich mich am 28. Juli nicht ... begeben kann: E. Herwegh bezieht sich auf Feuerbachs 61. Geburtstag. **21–22** Zwischen dem Kelch ... ein Unglück: „Zwischen Lipp' und Kelchesrand schwebt der finstern Mächte Hand": Verse aus dem Gedicht „König Ankäos" von Johann Friedrich Kind. Vgl. F. Kind: Gedichte, Leipzig 1808, S. 5–8; Zitat auf S. 7. **31** Tarasp: Gemeinde im Kanton Graubünden, Schweiz; bildet heute mit Schuls den Kurort Bad Schuls – Tarasp – Vulpera. **50** Schwarzenberg: Vermutlich Philipp Schwarzenberg. **54** Bertha schreibe ich nächstens: Nicht bekannt. Vermutlich wollte E. Herwegh auf B. Feuerbachs Brief vom 8. Juli 1865 antworten (vgl. GW 22). **61** eine kleine brochure von mir: E. Herwegh, Zur Geschichte der deutschen demokratischen Legion aus Paris. Von einer Hochverrätherin, Grünberg 1849. Vgl. hierzu auch die Neuveröffentlichung dieser Schrift: Im Interesse der Wahrheit. Zur Geschichte der deutschen demokratischen Legion aus Paris, von einer Hochverräterin. Emma Herwegh. Nach dem unzensierten Handexemplar der Autorin, hrsg. und mit einem Nachwort versehen von H. Brandstätter, Lengwil 1998. **70** Georgs Vater: Der Stuttgarter Gastwirt Ludwig Ernst Herwegh.

1061

Originalhandschrift: Stadtbibliothek Nürnberg, Autographensammlung 1565.
Erwähnung: J. A. Stargardt Autographenhandlung, Katalog 524, Nr. 267, Auktion vom 28. Oktober 1955.
Erläuterungen: 5 Schriften: Vgl. Z. 13–25 des vorliegenden Briefes. **10** Fremdenbesuch: W. Bolin, vgl. Brief 1059, Z. 75–76 und Brief 1064, Z. 5. **27–29** Fremdenbesuch ... nicht sicher vor einem solchen: Ein weiterer Besucher war K. Deubler, vgl. Brief 1062, Z. 31–32.

1062

Originalhandschrift: Dichtermuseum Liestal (Schweiz) Herwegh-Archiv, Sign. BRH 907.
Erstveröffentlichung: Nord und Süd, S. 146–147.
Textvergleich: 3 65 *Nord und Süd* 1865 **8** andern *Nord und Süd* andren **17** Aber wie *In Nord und Süd folgt Zusatz:* kann **18** nur *Fehlt in Nord und Süd* **21–24** Teile mir ... offen Dir sagen. *Fehlt in Nord und Süd* **26** Deine: Eure *Nord und Süd* **31** Tiroler: Tyroler *Nord und Süd.*
Erläuterungen: 5–6 briefliche Erscheinung ... Geburtstag: Siehe

E. Herwegh an L. Feuerbach, 26. Juli 1865 (Brief 1060). **11** den Schwestern: Leonore und Elise Feuerbach. **19** einen Ort: Rechenberg bei Nürnberg. **27** meinen Bruder: Friedrich Feuerbach. **31–32** Tiroler Freigeist ... hier war: Bezieht sich auf K. Deubler aus Goisern, der Feuerbach 1862 bei seinem Besuch am Rechenberg nicht angetroffen hatte. Vgl. Brief 991.

1063

Originalhandschrift: Germanisches Nationalmuseum Nürnberg, Archiv Autographen, 2. August 1865.
Streichungen: 14 Sinne *gestr.*: oder **66** nur *gestr.*: noch einmal.
Erläuterungen: 21–22 die Ihrige ... erfreute: Der Brief des in Berlin wirkenden praktischen Arztes, Georg Friedländer, an Feuerbach scheint nicht erhalten geblieben zu sein. **52** über Khanikoff: Gemeint Jakob von Khanikoff, dessen Familie anfangs in Heidelberg, dann sowohl in Erlangen als auch in Berlin wohnte. Zu J. von Khanikoff vgl. GW 20, Erl. zu Brief 965, Z. 4–10; Khanikoff hat, wie dort noch irrtümlich angenommen wurde, Feuerbachs Abhandlung von 1845 „Das Wesen der Religion" nicht selbst ins Russische übersetzt, sondern diese Arbeiten nur begleitend überwacht. Vgl. auch Erl. zu Brief 969, Z. 86–87. **73** Ihres frühern Briefes: Über den Verbleib auch dieses Briefes (vgl. Erl. zu Z. 22–23) ist nichts bekannt. **73** Ihrer neuen Wohnung: Dr. Friedländer wohnte in Berlin in der Leipziger Straße.

1064

Originalhandschrift: UB München, Sign. 4° Cod. ms. 935 b/7. 34.
Erläuterungen: 5 nach unsrem Scheiden: Vgl. Brief 1059, Z. 75–76. **18–19** Bericht ... an Ihre Frau: Das Schreiben lag dem vorliegenden Brief nicht bei. **47–48** Hinweisung ... Machiavel [li]: Feuerbach wies W. Bolin auf Fichtes Abhandlung „Ueber Machiavell, als Schriftsteller, und Stellen aus seinen Schriften" hin, die Bolin noch nicht gekannt hatte und die erstmals 1807 in Königsberg zur Veröffentlichung kam (siehe Vesta. Für Freunde der Wissenschaft und Kunst, hrsg. von Ferdinand Frh. von Schrötter und Max von Schenkendorf, 1. Bd., Junius, Königsberg 1807, S. 17–81). Später wurde diese Arbeit auch in „Die Musen" aufgenommen (vgl. ebenda, hrsg. von Friedrich Baron de la Motte Fouqué und Wilhelm Neumann, Jg. 1813, zweites Stück, März, April, Berlin, S. 133–224). **51–53** die betreffende Bemerkung ... habe: Siehe J. G. Fichte, Ueber Machiavell, als Schriftsteller, und Stellen aus seinen Schriften. In: Vesta. Für Freunde der Wissenschaft und Kunst, hrsg. von F. von Schrötter und M. von Schenkendorf, 1. Bd., Junius, Königsberg 1807, S. 28. **55** Macaulay: Vgl. den von Th. Macaulay 1827 geschriebenen Aufsatz „Macchiavelli", in: Th. B. Macaulay's ausgewählte Schriften geschichtlichen

und literarischen Inhalts. Deutsch von F. Steger, A. Schmidt und J. Althaus, 4. Stereotyp-Aufl., 1. Bd., Braunschweig 1861, S. 275–325. **56–57** Gervinus ... dargestellt: Vgl. zu Machiavelli G. G. Gervinus, Historische Schriften..., neue Ausg., Wien 1860, S. 86–218. **73** Bekanntschaft mit Lassalle: Feuerbach hat W. Bolin während seines Besuches im Sommer 1865, auf Schriften von Ferdinand Lassalle aufmerksam gemacht, die ihm der Autor 1863 selbst zugesandt hatte (vgl. Brief 1012). **75–76** In dem Manne ist ein eminentes Talent der Welt vorzeitig entrissen worden: F. Lassalle starb in Folge eines Duells (28. August 1864) am 31. August 1864 in Genf. **92–93** die ... Hegel-Fischersche „Logik und Metaphysik" zugesandt bekommen: K. Fischer hatte sein Werk „Logik und Metaphysik oder Wissenschaftslehre. Lehrbuch für akademische Vorlesungen" von 1852 vollständig umgearbeitet, so daß davon 1865 eine zweite Auflage erscheinen konnte, das „System der Logik und Metaphysik oder Wissenschaftslehre". Die neuste Auflage hat W. Bolin Feuerbach zugesandt (vgl. Brief 1092, Z. 74–79). **99** Schriftsteller: Kuno Fischer.

1065

Originalhandschrift: Dichtermuseum Liestal (Schweiz) Herwegh-Archiv, Sign. BRH 908.
Streichungen: 6 ich *gestr.:* nicht **15** geht *gestr.:* sind **31** solchen *gestr.:* Atmosphäre **36** befreien *gestr.:* könnte **43** beiläufig *gestr.:* f[ür] [?] **49** es mir *gestr.:* von niemandem so natürlich **79** hatte *gestr.:* machte.
Erstveröffentlichung: B. Kaiser, Die Schicksale der Bibliothek Georg Herweghs. Entdeckungen in der Zürcher Zentralbibliothek. Mit ungedruckten Briefen von Emma Herwegh und Ludwig Feuerbach. In: Vereinigung schweizerischer Bibliothekare, Nachrichten, Liestal, 20. Jg., Nr. 7 vom 10. Dezember 1944, S. 91–94.
Textvergleich: 14 tu': tue *Kaiser* **15** nur: nun *Kaiser* **20** Geld: Gold *Kaiser* **26** unserm: unserem *Kaiser* **27** Hülfe: Hilfe *Kaiser* **38–39** in einer *stillen, schicklichen* Art: in einem *stillen,* schicklichen Akt *Kaiser* **44** 7000 [s]fr. taxiert: Fr. 7000. – taxiert, d. h. *Kaiser* **49** es mir: mir es *Kaiser* **68** auch: noch *Kaiser* **86** noch: auch *Kaiser.*
Erläuterungen: 10–13 „Teile mir ... sagen.": Vgl. Brief 1062, Z. 21–24. **20–29** die Hände voll Geld ... und versteigert zu werden drohte: E. Herweghs Vater, J. G. Siegmund, war am 25. Juni 1865 in Berlin gestorben und hatte ein Testament hinterlassen, mit dem ihr in vielem die Hände gebunden waren. Vgl. darüber ihre vertrauliche Äußerung gegenüber F. Dingelstedt (Erl. zu Brief 1056, Z. 25). Da die eigenen pekuniären Mittel der Familie Herwegh nicht ausreichten, konnte der spätere Verkauf der umfangreichen Herwegh-Bibliothek nicht verhindert werden. **68** Horace: Der älteste Sohn von Georg und Emma Herwegh. **72** ein gewisser Bernays: G. Herweghs langjähriger Freund Karl Ludwig Ber-

nays; er war nach der 48er Revolution über Wien nach Nordamerika emigriert und arbeitete dort als Journalist. Als Freund von A. Lincoln wurde Bernays 1861 als Konsul in Zürich eingesetzt.

1066

Originalhandschrift: Der Verbleib ist nicht bekannt. Der Briefauszug erfolgt nach Brief 1073, Z. 37–45.
Datierung: Ergibt sich aus dem Brief 1069, Z. 6.

1067

Originalhandschrift: Dichtermuseum Liestal (Schweiz) Herwegh-Archiv, Sign. BRH 909.
Erstveröffentlichung: B. Kaiser, Die Schicksale der Bibliothek Georg Herweghs. Entdeckungen in der Zürcher Zentralbibliothek. Mit ungedruckten Briefen von Emma Herwegh und Ludwig Feuerbach. In: Vereinigung schweizerischer Bibliothekare, Nachrichten, Liestal, 20. Jg., Nr. 7 vom 10. Dezember 1944, S. 94–96.
Streichung: 28 allgemeinen *gestr.:* oder.
Textvergleich: 13 vergangnen: vergangenen *Kaiser* 16 gewendet: gewandt *Kaiser* 22 einige kopf[zer]brechende: einiger kopfbrechender *Kaiser* 28 allgemeinen *In Kaiser folgt:* oder 37 konnte: will [?] *Kaiser* 40 eigne: eigene *Kaiser* 40 andern: anderen *Kaiser* 43 bedauere: bedaure *Kaiser* 45 andern: anderen *Kaiser*.
Erläuterungen: 5 Deinen erschütternden Brief: Vgl. Brief 1062. 6 an ... Wigand: Der Verbleib des Briefes von Feuerbach an O. Wigand ist nicht bekannt, jedoch das entsprechende Antwortschreiben vom 27. Oktober 1865 (vgl. Brief 1069). 13 Freunde von mir: Zu ihnen gehörte u. a. auch K. Gutzkow, vgl. bes. dessen „Gutachten": „Ludwig Feuerbach im Dorfe Rechenberg bei Nürnberg" und O. Wigands Schreiben an K. Gutzkow vom 14. Mai 1862. In: Archiv DS, S. 3–4 und S. 9. 15–16 Wigand, der ich weiß nicht, in welcher Rolle, bei jener Stiftung beteiligt ist: O. Wigand hatte sich persönlich bei der Deutschen Schillerstiftung für Feuerbachs Ehrengabe eingesetzt, er reiste hierzu sogar nach Wien. Vgl. seine Briefe vom 27. Oktober und 15. November 1865 (Briefe 1069 und 1075) und das Schreiben Feuerbachs an ihn vom 17. November 1868 (Brief 1154). 23 Manuskript zum Drucke und Verlage: Bezieht sich auf den 10. Band der „Sämmtlichen Werke" Feuerbachs. 31–32 befreundeten Mann: Otto Lüning.

1068

Originalhandschrift: Dichtermuseum Liestal (Schweiz) Herwegh-Archiv, Sign. BRH 910. – Die Randbemerkung auf der ersten Seite des

Briefes findet sich im Text auf Z. 64–66.
Erstveröffentlichung: Nord und Süd, S. 147–149.
Textvergleich: 3 Okt[obe]r [18]65: Oktober 1865 *Nord und Süd* **8** gehört: gebürt *Nord und Süd* **12** man ihn: man ihr ihn *Nord und Süd* **17** und auf Bitten *Fehlt in Nord und Süd* **17** bewilligte: bewilligt *Nord und Süd* **24** Herzenstakt: Herztakt *Nord und Süd* **29–30** zurückzulassen: zu hinterlassen *Nord und Süd* **31** mageren: magern *Nord und Süd* **32** zugunsten Georgs entzogen *Fehlt in Nord und Süd* **32** entzogen hätte: gegeben hätte *Nord und Süd* **34** in diesen delikaten Punkt: in dieser delikaten Sache *Nord und Süd* **35** empfehlen: anempfehlen *Nord und Süd* **38** umsonst *In Nord und Süd folgt:* und **40** von der Du schreibst: an die Du schreibst *Nord und Süd* **40–41** an die Du ... gewandt *Fehlt in Nord und Süd* **42** Da hätte ich ... unnütz wäre *Fehlt in Nord und Süd* **46** Neid: Neide *Nord und Süd* **47** müsse: müßte *Nord und Süd* **52** freien: freieren *Nord und Süd* **55** erwerben: erobern *Nord und Süd* **64** und *Fehlt in Nord und Süd* **69** auch *Fehlt in Nord und Süd* **75** so gern *Fehlt in Nord und Süd* **82–83** aber kommt Hülfe: kommt Hülfe aber *Nord und Süd* **87–109** Ada ist gegenwärtig ... zu erneuern *Fehlt in Nord und Süd*.
Streichungen: 31 diesen gestr.: Beweis **44** was *gestr.:* sie **94** *möglicherweise gestr.:* eine Stelle **96** Crowley *gestr.:* der.
Erläuterungen: 14–15 Männer wie Gutzkow, Auerbach, Bodenstedt, Seeger ... ihr Honorar bezogen: Siehe R. Goehler, Die Deutsche Schillerstiftung 1859–1909, 1. Bd., Berlin 1909; zu K. Gutzkow siehe ebenda, S. 150, 152 und S. 396; zu B. Auerbach siehe S. 109–110 und S. 155; zu F. Bodenstedt siehe S. 120 und zu L. Seeger siehe S. 121. **28** meiner Eltern: Henriette Wilhelmine, geb. Krauer und Johann Gottfried Siegmund. **57–58** das berühmte „Spritzleder": Zur Verleumdungskampagne, die sowohl den literarischen wie persönlichen Ruf G. Herweghs in Deutschland in Mißkredit gebracht hat, vgl. GW 19, Erl. zu Brief 592, Z. 94. – Vgl. die Karikatur in: Fliegende Blätter 7, 1848, Nr. 146, S. 16 und den anonym von E. Herwegh zur Richtigstellung verfaßten „Freischärlerbericht", den die „Allgemeine Zeitung", Augsburg vom 11. Mai 1848 (Nr. 132, S. 2108–2109) brachte. Siehe auch I. Fellrath, Georg Herwegh und das Spritzleder. Zur Genese eines Rufmords und seinen Folgen. In: 1848 und der deutsche Vormärz (= Jahrbuch Forum Vormärz Forschung, 1997), Bielefeld 1998, S. 161–175. **59–60** meiner damaligen brochure: Vgl. Erl. zu Brief 1060, Z. 61. **71** Badekur: Im Sommer 1865 war Tarasp als Kurort im Gespräch. Vgl. Brief 1060, Z. 24–32. **93–94** Horace ... noch nicht eingeschifft: Vgl. Brief 1065, Z. 68–85. **116** Schwestern ... *Bruder*: Vgl. Erl. zu Brief 1000, Z. 106.

1069

Originalhandschrift: UB München, Sign. 4° Cod. ms. 935 b/80. 46.
Erläuterungen: 5 ins 70. Jahr eintritt: Otto Friedrich Wigand wurde

am 10. August 1795 in Göttingen geboren. **6** Ihres Briefes: Vgl. Brief 1066. **11** Ihres Wunsches wegen Herwegh: Feuerbach wollte auf sein eigenes Honorar von der Deutschen Schillerstifung zu Gunsten von G. Herwegh verzichten. **17** Wien: In Wien war der Vorstand der Deutschen Schillerstiftung ansässig, der 1865 von dem Vorsitzenden Münch-Bellinghausen vertreten wurde. Am 5. Dezember 1865 tagte dort eine Verwaltungsratskonferenz, auf der weitere Ehrengaben für Feuerbach auf drei Jahre beschlossen wurden. **20** M[anu]s[kript]: Der zehnte Band von L. Feuerbachs „Sämmtlichen Werken". **27** vor 7 Jahren ... Vorschlag: Vgl. Otto Wigands Brief vom 13. März 1858 (GW 20, Brief 855). **33–34** wo Rénan ... gelesen wird: E. Rénan, Le vie de Jesus, Paris 1863. Vgl. Brief 1010, Z. 253–254. **39** Miniaturausgabe: Sie kam nicht zustande. **54** Ihre treue Gefährtin: Bertha Feuerbach.

1070

Originalhandschrift: Dichtermuseum Liestal (Schweiz) Herwegh-Archiv, Sign. BRH 911.
Erstveröffentlichung: Nord und Süd, S. 149–151.
Textvergleich: 4 Abends. *Fehlt in Nord und Süd* **6** wichtiger *Nord und Süd* wichtigen **6** ernster *Nord und Süd* ernsten **8** der Freunde *Nord und Süd* des Freundes **11** fast *Nord und Süd* jetzt **13** was Lorchen *Fehlt in Nord und Süd* **14–34** Sehr wohl erinnere ich mich ... Zweck *Fehlt in Nord und Süd* **35** soweit es die Anständigkeit *Nord und Süd* wo weit sie sich auf die Anständigkeit **35** betrifft *Nord und Süd* bezieht **36** L[üning] *Nord und Süd* Lüning **39** eben *Nord und Süd* aber **41–67** Auch drängt alles ... es zu tun *Fehlt in Nord und Süd* **67** Wohl sagst Du recht *Nord und Süd* Wohl hast Du recht **67** oft *Nord und Süd* oft **69** die *Fehlt in Nord und Süd* **70** was *Nord und Süd* etwas **72** der Lebendigen *Nord und Süd* eines Lebendigen **75** schönes, reiches *Nord und Süd* schöneres, reicheres **80** noch *Fehlt in Nord und Süd* **81–83** Möge ein gütiges Geschick ... machen *Fehlt in Nord und Süd* **83** selbst entbehren *Nord und Süd* sollst entsagen **90** nichts *In Nord und Süd folgt:* so sehr **91** verlachst *Nord und Süd* verletzest **92** dies *Nord und Süd* das **93** L[üning] *Nord und Süd* Lüning **97** Großmanns-Stadtmannssucht *Nord und Süd* Großmanns- und Staatsmannssucht **100** anders *Nord und Süd* anderer **101** begabterer *Nord und Süd* begabten **103** denn glaube nicht *Nord und Süd* dann glaube ich **107** den Besten *Nord und Süd* dem Besten.
Streichung: 75 sich *gestr.*: [unleserlich].
Erläuterungen: 12–14 dem frohen Ereignis ... des jungen Mannes: Feuerbachs Tochter Leonore hatte sich im November 1865 mit einem ehemaligen Ingenieur aus der Schweiz, namens Rudolf Hirzel, verlobt, der als Publizist wirkte. Vgl. Feuerbachs Brief an Friedrich Kapp vom 1./2. März 1866 (Brief 1091). Es war Leonores zweite Verlobung, die aber bereits im Mai 1866 wieder gelöst wurde (siehe den Brief von

B. Feuerbach an W. Bolin, 8./9. Februar 1867, in: GW 22). – Zu
R. Hirzel vgl. im vorliegenden Band auch Briefe 1079, 1091 und 1102.
34 Lüning ... Ansicht: Vgl. Brief 1067, Z. 24–36 und Brief 1073,
Z. 19–51. **50** Dingelstedt: Franz von Dingelstedt, ein Jugendfreund Georg
Herweghs, war zu dieser Zeit Vorsitzender des Zweigvereins der Deutschen Schillerstiftung in Weimar. **71–73** der erste Band der „Gedichte
der Lebendigen" ... zweiter: G. Herwegh, Gedichte eines Lebendigen,
Zürich – Winterthur 1841. Der zweite Band erschien 1843. 1845 wurden
beide Teile in einer neuen Ausgabe vereint. **82** sie ... auserwählt: Vgl.
Erl. zu Z. 12–14. **83–84** „Entbehren ... klingt": [J. W. v.] Goethe,
Faust. Eine Tragödie. Beide Theile in einem Band, a. a. O., 1. Thl., S. 80.
86–89 Also Schlechtes ... zu ziehen: Vgl. E. Herweghs Worte aus ihrem
Brief vom 17. Oktober 1865: „Freilich hat das deutsche Vaterland für
seine besten Söhne selten bei Lebzeiten, mehr zu bieten, als Elend,
Verfolgung oder freie Wohnung im Kerker." (Brief 1065, Z. 89–91).

1071

Originalhandschrift: UB München, Sign. 4° Cod. ms. 935 b/79. 1. –
Der Brief wurde auf Geschäftspapier des Verlages „Otto Wigand, Verlagsbuchhänder in Leipzig" geschrieben. Er enthält mehrere Verlagsanzeigen, so auch die bis dahin erschienenen neun Bände der „Sämmtlichen Werke" L. Feuerbachs.
Erläuterungen: 5 Ihr Wertes: Der Verbleib des Briefes von
L. Feuerbach an O. Wigand vom 31. Oktober 1865 ist nicht bekannt.
19–20 den Inhalt des 3. und 7. B[an]d[e]s: Der 3. Band der „Sämmtlichen Werke" L. Feuerbachs, der den Titel „Gedanken über Tod und
Unsterblichkeit" trägt, enthält neben einem „Vorwort" folgende Abhandlungen: „Todesgedanken. 1830", „Die ethische Bedeutung des Todes",
„Der speculative oder metaphysische Grund des Todes", „Der physische
Grund des Todes", „Der geistige oder psychologische Grund des Todes",
„Die Nichtigkeit von Tod und Unsterblichkeit", „Reimverse auf den Tod.
1830", „Satyrisch theologische Distichen. 1830", „Der Schriftsteller und
der Mensch. Eine Reihe humoristisch-philosophischer Aphorismen.
1834", „Die Unsterblichkeitsfrage vom Standpunkt der Anthropologie.
1846", „Die subjektive Nothwendigkeit des Unsterblichkeitsglaubens",
„Der kritische Unsterblichkeitglaube", „Der rationalistische oder ungläubige Unsterblichkeitsslaube", „Ueber meine Gedanken über Tod und
Unsterblichkeit" und schließlich „Nachträgliche Bemerkungen". Der
7. Band der „Sämmtlichen Werke" Feuerbachs beinhaltet „Das Wesen
des Christenthums". **30** „Volksausgabe": Es ist nicht zur Realisierung
dieses Vorhabens gekommen, vgl. Erl. zu Brief 992, Z. 18. **39–40**
Aufnahme ... Aphorismen aus dem 10. B[an]d: Gemeint werden
L. Feuerbachs im 10. Band seiner „Sämmtlichen Werke" „Zur Theogonie" gehörenden Abschnitte: „Der himmlische oder natürliche Jupiter",

„Der irdische oder bürgerliche Jupiter", „Juno", „Minerva", „Die besondern Götter" und abschließend „Die letzten Götter". (SW 10, S. 247–270; GW 11, S. 219–237).

1072

Originalhandschrift: UB München, Sign. 4° Cod. ms. 935 a/39. 1.
Streichungen: 31–32 Abhandlungen *gest.:* [unleserlich] **48** macht *gestr.:* geltend **67** leicht *gestr.:* zum.
Erstveröffentlichung, gekürzt: BwN II, S. 171–172.
Textvergleich: 3 Herrn Hugo Wigand ... Leipzig *Fehlt in BwN* **4** bei N[ürn]b[erg] *Fehlt in BwN* **21** Licht: Lichte *BwN* **31–62** Allerdings ... zu beantworten *Fehlt in BwN* **69–74** Im Falle ... Exemplare *Fehlt in BwN*.
Erläuterungen: 12 die Idee einer Volksausgabe: Vgl. Erl. zu Brief 1071, Z. 30. **16** in meinem ersten Briefe: Vermutlich handelt es sich um den Brief vom 31. Oktober 1865 (vgl. Erl. zu Brief 1071, Z. 5). **27–28** den neuen Most ... fassen: Matth. 9,17. **65** Abhandl[ung] von der Unsterblichkeit: L. Feuerbach, Zur Unsterblichkeitsfrage vom Standpunkte der Anthropologie. Oder Kritik der gewöhnlichen Erklärungen von den, insbesondere volks- und alterthümlichen Unsterblichkeitsvorstellungen. (SW 10, S. 205–244; GW 11, S. 187–218). **73** Ihren ... Vater: Otto Wigand.

1073

Originalhandschrift: UB München, Sign. 4° Cod. ms. 935 a / 21. 3.
Streichung: 40 verwenden *gestr.:* wollten.
Erläuterungen: 6–7 mit meinem M[anu]skript: Vgl. Erl. zu Brief 1067, Z. 23. **19–20** L[üning] nicht mehr geschrieben: Der vorhergehende Brief Feuerbachs an Otto Lüning trägt das Datum vom 16. März 1863 (vgl. Brief 1004). Lüning antwortete am 3. Januar 1864 (Brief 1021). **35–45** meine Verwendung bei O. W[igand] ... von sich weisen würden: Vgl. Brief 1066 und Brief 1069, Z. 10–19. **46** politische Differenz zwischen H[erwegh] und L[üning]: E. Herwegh ging auf diese in ihrem Brief vom 2. November 1865 (Brief 1070) ausführlich ein. **54** Schriftchen: Vgl. Erl. zu Brief 1060, Z. 61.

1074

Originalhandschrift: UB München, Sign. 4° Cod. ms. 935 b/79. 2.
Streichung: 14 einige *gestr.:* Angelegenheiten [?].
Erläuterungen: 7 meines Vaters: Otto Wigand. **15** Volksausgabe: Vgl. Erl. zu Brief 1069, Z. 39. **22–23** des 7. und ... des 3. B[an]d[e]s: Zum Inhalt beider Bände vgl. Erl. zu Brief 1071, Z. 19–20. **32** Dann nennen

Sie die Gesamtausgabe „altfränkisch": Vermutlich Zitat aus einem Brief vom 11. November 1865 (vgl. vorliegenden Brief, Z. 5), dessen Verbleib nicht bekannt ist. **33** neuen Wein in alte Schläuche fassen: Vgl. Erl. zu Brief 1072, Z. 27–28. **48–49** Band ... Titel: Der 10. Band der „Sämmtlichen Werke" Feuerbachs erhielt den Titel: „Gottheit, Freiheit und Unsterblichkeit vom Standpunkte der Anthropologie" (Leipzig 1866).

1075

Originalhandschrift: UB München, Sign. 4° Cod. ms. 935 b/80. 47. – Die Korrespondenz wurde auf Geschäftspapier des Verlages „Otto Wigand, Verlagsbuchhändler in Leipzig" geschrieben.
Erläuterungen: 5 Mein Sohn: Hugo Wigand. **5** Ihren Brief: Vgl. Erl. zu Brief 1074, Z. 32. **10** Geldfrage: Vgl. Brief 1074, Z. 62–64. **13** Titel: Vgl. Erl. zu Brief 1074, Z. 48–49. **17** Titel der 5 Abhandlungen: Im 10. Band der „Sämmtlichen Werke" (Leipzig 1866) L. Feuerbachs fanden folgende Abhandlungen Aufnahme: „Das Geheimniß des Opfers oder Der Mensch ist, was er ißt" (SW 10, S. 1–35; GW 11, S. 26–52), „Über Spiritualismus und Materialismus, besonders in Beziehung auf die Willensfreiheit" (SW 10, S. 37–204; GW 11, S. 53–186), „Zur Unsterblichkeitsfrage vom Standpunkte der Anthropologie" (SW 10, S. 205–244; GW 11, S. 187–218), „Zur Theogonie" (SW 10, S. 245–274; GW 11, S. 219–243) und der „Epilog" (SW 10, S. 275–293; GW 11, S. 244–257). **25–27** Von Weimar ... erlaubt: Vgl. Otto Wigands Brief an den Weimarer Verlagsbuchhändler Karl Voigt vom 3. November 1865 (Archiv DS, S. 17). Die Unterstützungszahlung in Höhe von 300 Rtl. wurde Feuerbach für weitere drei Jahre gewährt (Archiv DS, S. 18; vgl. auch Brief 1081). **27** Wegen Herwegh ... geschrieben: Vgl. Brief 1076, Z. 6–9.

1076

Originalhandschrift: UB München, Sign. 4° Cod. ms. 935 a/21. 4.
Streichung: 11 O[tto] W[igand] *gestr.:* nicht.
Erläuterungen: 6 Vater und Sohn: Otto und Hugo Wigand. **7–9** „Wegen Herwegh ... unterstützen soll": Brief 1075, Z. 27–28. **16–18** „gegen die Fortsetzung ... erlaubt habe": Vgl. sinngemäß Brief 1075, Z. 25–27.

1077

Originalhandschrift: Dichtermuseum Liestal (Schweiz) Herwegh-Archiv, Sign. BRH 912.
Erstveröffentlichung: Nord und Süd, S. 151–153.
Textvergleich: 6 fürchte: fürcht' *Nord und Süd* **6–8** wird eine Hülfe ... und *Fehlt in Nord und Süd* **17** gekommen: geboren *Nord und Süd*

18 verketzern *In Nord und Süd folgt:* und **19** direkt: duck *Nord und Süd* **19** hält *Fehlt in Nord und Süd* **33** nichts geben *In Nord und Süd folgt:* und **34** ersten: Ersteren *Nord und Süd* **35** einst ungebeten: nicht ungebeten *Nord und Süd* **37** da *Fehlt in Nord und Süd* **44** noch *Fehlt in Nord und Süd* **50** eigene: eigne *Nord und Süd* **52** und: ja *Nord und Süd* **52** imponiert: imponirte *Nord und Süd* **54–63** Ada ist ... verdienen *Fehlt in Nord und Süd* **67** wir *Fehlt in Nord und Süd* **74** par distance: à distance *Nord und Süd* **81** offner: offener *Nord und Süd* **82** Leb wohl! *In Nord und Süd folgt:* und **Randbemerkung 86–88** *Fehlt in Nord und Süd.*
Streichungen: 27 und *gestr.:* wenn **38** gesagt *gestr.:* ein **39** dem *gestr.:* wenigsten **40** verlangen *gestr.:* frei **44** wohl *gestr.:* Kraft **67** daß wir *gestr.:* ihr warten.
Erläuterungen: 8–9 „Was hilft dem Fink die Sonnennähe, den tot ein Adler trägt hinan": Siehe G. Herwegh, Schlechter Trost, in: Gedichte eines Lebendigen ..., Zürich – Winterthur 1841, S. 97. **51** Dein letzter Brief: L. Feuerbach an E. Herwegh, 17. November 1865 (Brief 1076). **75** meine kleine Schrift: Vgl. Erl. zu Brief 1060, Z. 61.

1078

Originalhandschrift: UB München, Sign. 4° Cod. ms. 935 a/ 39. 2.
Erstveröffentlichung: BwN II, S. 172–173.
Textvergleich: 3 bei N[ürn]b[er]g *Fehlt in BwN* **26** und *Fehlt in BwN* **28** [eine]: eine *BwN* **32** muß *In BwN folgt:* das **33–47** Das M[anu]-skript ... freundlichst grüße *Fehlt in BwN* **62–68** Da derselbe ... L. F. *Fehlt in BwN.*
Erläuterungen: 5 Vater: Otto Wigand. **6** meine Abhandlungen: Vgl. Erl. zu Brief 1075, Z. 17. **18–19** „Theogonie"... Unpopularität des Titels: „Die Theogonie nach den Quellen des klassischen, hebräischen und christlichen Altertums" sollte anfangs den Titel „Belegstellen zum ,Wesen der Religion'" tragen (GW 20, Brief 800, Z. 39–42). **36** auf die „Zur Theogonie ... folgen: Auf die Abhandlung „Zur Theogonie" folgte im 10. Band der „Sämmtlichen Werke" nur noch der „Epilog". Vgl. Erl. zu Brief 1075, Z. 17. **45** Ihrem ... Vater: Otto Wigand. **64** Titel: Vgl. Erl. zu Brief 1074, Z. 48–49.

1079

Originalhandschrift: Dichtermuseum Liestal (Schweiz) Herwegh-Archiv, Sign. BRH 913.
Streichungen: 7–8 mit meinem *gestr.:* [unleserlich] **21** hören *gestr.:* [unleserlich].
Erläuterungen: 5 Herrn Hirzel: Vgl. Erl. zu Brief 1070, Z. 12–14. **6–7** des mir übersandten Wechsels: L. Feuerbach hatte über R. Hirzel der Familie Herwegh 500 Francs zukommen lassen, wodurch zumindest

vorübergehend deren finanzielle Notlage gemildert werden konnte. Darüber hinaus vermittelte Feuerbach u. a. über seinen Leipziger Verleger weitere Hilfeleistungen. O. Wigand hatte sich persönlich an einen Freund nach Zürich gewandt (vgl. Briefe 1075 bis 1077). Um wen es sich dabei handelt, konnte nicht ermittelt werden. Im „Schweizer Handels-Courier" erschien am 18. Februar 1866 folgende Meldung, die sich auf die unbesetzte Stelle eines Professors für Kunstgeschichte am Eidgenössischen Polytechnikum bezog: „Allgemein ist es hier aufgefallen, daß man nicht ganz von selbst sich an die für diese Stelle passendste und tüchtigste Kraft gewendet hat, nämlich an den berühmten Dichter Dr. Georg Herwegh, dessen großartige und umfassende Kenntnisse auf diesem Gebiet schwerlich von jemand übertroffen werden dürften. Georg Herwegh lebt seit Jahren dem Privatstudium und seiner dichterischen Muse gewidmet in Zürich ist naturalisierter Schweizer (Bürger von Basel-Augst) und würde gewiß einen ehrenvollen Ruf, der ihm übrigens *vor* allen anderen längst gebührt hätte, nicht ablehnend beantwortet haben. Wir hoffen, daß der Erziehungsrat diesen Wink beobachten und demgemäß handeln werde, zumal der Glanz eines so berühmten Mannes wie Dr. Herwegh der Anstalt neues Ansehen überall verschaffen würde." Zitiert nach B. Kaiser, Der Freiheit eine Gasse, a. a. O., S. 70. Die Stelle bekam jedoch Gottfried Kinkel. G. Herwegh verließ Zürich Anfang 1866 und ließ sich in Baden-Baden nieder, wohin auch seine Frau später folgte.
9 Deinen Brief: Der Verbleib ist nicht bekannt; vgl. jedoch Brief 1080, Z. 8–34. **27–28** Deinem einstigen Schwiegersohn: E. Herwegh meint Leonore Feuerbachs zweiten Verlobten R. Hirzel (vgl. im vorliegenden Brief Erl. zu Z. 5).

1080

Originalhandschrift: UB München, Sign. 4° Cod. ms. 935 a/21. 5.
Erläuterung: 4 das Geld: Vgl. Erl. zu Brief 1079, Z. 6–7.

1081

Originalhandschrift: Stiftung Weimarer Klassik, Goethe- und Schiller-Archiv, GSA 134/20,1. – *Die Korrespondenz trägt auf der oberen Seite folgenden Vermerk:* Ludw[ig] Feuerbach. Nach mündlicher Verhandlung in der V[erwaltungs]-R[ats]-C[onferenz] vom 5. XII. 65 zu Wien / per majora / je dreihundert Thlr. für drei Jahre. – *Die Unterschrift,* von Münch, *steht am linken Blattrand und wurde von fremder Hand hinzugefügt.*
Streichung: 15 Rate *gestr.:* von.
Erstveröffentlichung: Archiv DS, S. 18.
Erläuterungen: 9 auf *weitere drei Jahre*: Seit 1862 hatte L. Feuerbach von der Deutschen Schillerstiftung eine jährliche Pension in Höhe von

300 Rtlr. erhalten. Die Zahlung, anfangs begrenzt auf drei Jahre (Brief 988, Z. 4-8), wurde 1865 um weitere drei Jahre verlängert. **14** beifolgende Quittung: Vgl. Brief 1083, Z. 6. **20** [von Münch]: Elegius Freiherr von Münch-Bellinghausen. Vgl. Erl. zu Brief 1083, Z. 4.

1082

Originalhandschrift: UB München, Sign. 4° Cod. ms. 935 b/49. 12.
Streichungen: 61 Aussichten *gestr.:* auf [?] **77** Übereilung zu *gestr.:* [unleserlich].
Korrektur: 81 mehr // *Auf der neuen Seite folgt erneut:* mehr.
Erläuterungen: 21-22 hämischen Illustrationen ... seiner unglücklichen Heerführer-Rolle: Siehe Fliegende Blätter 7, 1848, Nr. 146, S. 16. Vgl. auch Erl. zu Brief 1068, Z. 57-58. **25-26** Zusammenleben mit der Familie Herzen: Vgl. GW 20, Erl. zu Brief 756, Z. 224. **32** 2 kleine Bändchen lyrischer Gedichte: Vgl. Erl. zu Brief 1070, Z. 71-73. **45-46** ein Mäzen ... für Richard Wagner: Ludwig II., der junge König von Bayern, berief unmittelbar nach seiner Thronbesteigung R. Wagner 1864 nach München und förderte ihn und sein Musiktheater in großzügiger Weise. **51** Künstlerstaate an der Isar: München. **71** des Augustenburgers oder seiner Frau: Gemeint werden Friedrich Christian August, Herzog von Schleswig-Holstein-Sonderburg-Augustenburg und seine Frau, Adelheid zu Hohenlohe-Langenburg, mit der er seit 1865 verheiratet war. O. Lünings Bemerkung bezieht sich auf die Schleswig-Holsteinsche Frage nach dem Sieg der Bundestruppen über Dänemark und die Gasteiner Konvention 1865, die festlegte, daß Schleswig unter preußische und Holstein unter österreichische Verwaltung kommen sollte. Österreich war davon nicht angetan und unterstützte die schleswig-holsteinschen Stände, die die Einsetzung Friedrichs von Augustenburg als Herzog anstrebten; dies kam auch auf den Abgeordnetentag in Frankfurt am Main am 21. Dezember zum Ausdruck, worauf sich Lüning offenbar bezog. **73-74** Crämer von Doos ... schnöden Übertritt: Karl Crämer, der ab 1834 in Doos als Arbeiter, später als Werkmeister und Fabrikteilhaber tätig war, war seit 1859 Nürnberger Abgeordneter und Mitbegründer der Nürnberger Fortschrittspartei. Von 1867 bis 1871 gehörte er als Mitglied dem deutschen Zollparlament an. **96** Reuß: Andreas Reuß starb am 10. August 1863. Er war Mitredakteur des Fränkischen Kuriers, letzter Präsident des aus den achtundvierziger Jahren bekannten Zentralkomitees der deutschen Arbeiterverbrüderung und Ehrenmitglied des Arbeitervereins Nürnberg. Vgl. den von P. Staudinger unterzeichneten Nachruf in: Allgemeine deutsche Arbeiter-Zeitung (Coburg) vom 23. August 1863, S. 196. **97-100** Fritz Kapp ... Rückkehr: Friedrich Kapp, der für mehrere Jahre mit seiner Familie in New York gelebt hatte, kehrte 1870 nach Deutschland zurück. Vgl. Erl. zu Brief 1040, Z. 34. **110-111** mein Schwager Hans Weydemeyer: Otto Lüning bezieht sich auf Joseph

Weydemeyer, der unter Freunden „Hans" genannt wurde. Vgl. beispielsweise den Brief von K. Marx an J. Weydemeyer vom 27. Juni 1851 (MEGA² III/4, S. 138). **116** „Mit einem heiteren, einem nassen Auge": Ausspruch des König Claudius von Dänemark in W. Shakespeares „Hamlet" (Shak[e]speare's dramatische Werke, übers. von A. W. von Schlegel und L. Tieck. 6. Ausg., Bd. 6, Berlin 1864, S. 13. **123** einen Pariser Wechsel: Vgl. Erl. zu Brief 974, Z. 36–37. **126–127** Verlobung Deiner Tochter: Vgl. Erl. zu Brief 1070, Z. 12–14.

1083

Originalhandschrift: Stiftung Weimarer Klassik, Goethe- und Schiller-Archiv, GSA 134/ 20,1. – *Die Korrespondenz wurde auf der zweiten Seite unterzeichnet mit:* vidit: E[rnst] Förster / [Theodor] Löhlein / W[olfgang M. von Königswinter] Müller 14.1.66 / [Karl] Bormann 16.1.66 / E[legius] F[reiherr] v[on] M[ünch-Bellinghausen] 18.1.66.
Streichung: 16 Hochwohlgeboren *gestr.:* dankbeflissener.
Erstveröffentlichung, gekürzt: R. Goehler: Die Deutsche Schillerstiftung 1859–1909, Bd. 1, Berlin 1909, S. 94.
Textvergleich: 3–4 Hochwohlgeborner ... Herr *Fehlt bei Goehler* **14–19** Mit dieser Versicherung ... 1865 *Fehlt bei Goehler.*
Erläuterungen: 4 Herr: Feuerbach richtete sein Dankschreiben an Elegius Freiherr von Münch-Bellinghausen, den Vorsitzenden des Verwaltungsrats der Deutschen Schillerstiftung. **8–9** bewilligte Pension: Vgl. Erl. zu Brief 1081, Z. 9.

1084

Originalhandschrift: Der Verbleib ist nicht bekannt. Die Veröffentlichung erfolgt nach dem Erstdruck.
Erstveröffentlichung: Solothurner Wochenblatt, Nr. 16 vom 22. April 1922, S. 121.
Erläuterung: 10–14 eine alte Bibel Ihres Urgroßvaters ... ich sie Ihnen senden soll: Vgl. L. Feuerbachs Antwortbrief (Brief 1087) und die entsprechenden Erläuterungen dazu.

1085

Originalhandschrift: UB München, Sign. 4° Cod. ms. 935 b/79. 3. – *Der Brief wurde auf Geschäftspapier des Verlages „Otto Wigand, Verlagsbuchhändler in Leipzig" geschrieben.*
Erläuterungen: 5 v[om] 4. d[iese]s [Monats]: Der Verbleib des Briefes ist nicht bekannt. **8** Druckfehlerverzeichnis: SW 10 enthält kein Druckfehlerverzeichnis. **12** Vater: Otto Wigand.

1086

Originalhandschrift: Der Verbleib ist nicht bekannt. Die Veröffentlichung erfolgt nach Exzerpten von E. Lenel, die sich in der Manuscript Division der Library of Congress, Washington, D. C., befinden.
Erstveröffentlichung: Bw II, S. 316.
Textvergleich: 8 Tag: Tage *Bw* **14** Jahr: Jahre *Bw* **18** liegt: steht *Bw* **22** es ist *Fehlt in Bw* **33** Jahre: Jahr *Bw*.
Erläuterungen: 5 Dein Brief: Ludwig Feuerbach an Friedrich Alexander Kapp, 5. Januar 1865 (vgl. Brief 1044). **15** Kinder: Vgl. Namenverzeichnis im vorliegenden Band. **17–19** Mein alter Plan liegt nach wie vor fest: ich denke 1870 nach Deutschland zurückzukehren: Vgl. Erl. zu Brief 1040, Z. 34. **26–27** Mit meiner Arbeit ... langsam vorwärts: Vgl. Erl. zu Brief 1044, Z. 26–27. **29** einen kleinen Essay: Vgl. Erl. zu Brief 1040, Z. 74. **31** pennsylvanische Einwanderung: Vgl. das Kapitel „Die Herrnhuter in Schekomenko", in: F. Kapp, Geschichte der deutschen Einwanderung in Amerika ..., a. a. O., S. 199–228. **32–33** meinen ... Wunsch: F. Kapp hat Feuerbach um die Ausarbeitung eines Essay über die Herrnhuter gebeten, vgl. Brief 1040, Z. 71–118. **33–34** „Soldatenhandel": Vgl. Erl. zu Brief 1006, Z. 18–19. **35** Verleger: Franz Duncker in Berlin. **37** Jegel: Ludwig Jegel, vgl. Erl. zu Brief 987, Z. 4 sowie Bw II, S. 316 und S. 230.

1087

Originalhandschrift: Zentralbibliothek Solothurn (Schweiz), Sign. S 690/42, 1.
Streichung: 18 Helene *Folgt gestr.:* Ihnen.
Erstveröffentlichung: Solothurner Wochenblatt, Nr. 15 vom 15. April 1922, S. 113.
Textvergleich: 5 Helene *Im Wochenblatt folgt:* (ihr dritter Name!) **10** eignen: eigenen *Wochenblatt* **27** Rechenberg, 15. Jan[uar] 1866: Rechenberg (bei Nürnberg), 15. Jan[uar] 1866 *In Wochenblatt am Briefanfang.*
Erläuterungen: 5 Helene ... v[on] Dobeneck: Feuerbachs älteste Schwester Rebekka Magdalena Helene von Dobeneck (1808–1888). Vgl. GW 20, Erl. zu Brief 858, Z. 54–55. **6** urgroßväterliche Bibel: Vermutlich Feuerbachs Urgroßvater väterlicherseits, Johann Anselm Feuerbach (1755–1827), Dr. utr. Jur.; Advokat in Frankfurt am Main. Vgl. Auszüge aus den Kirchenbüchern zu Frankfurt am Main betreffend die Familie Feuerbach. In: J. Allgeyer, Anselm Feuerbach, 2. Aufl., hrsg. von C. Neumann, Berlin–Stuttgart 1904, 1. Bd., S. 522. **10–11** von Ihrer ... Hand: Siehe Brief 1084. **15** Weiler: Aus wenigen Gehöften bestehende Ansiedlung. **18–19** meines ... Vaters: Paul Johann Anselm, Ritter von Feuerbach.

1088

Originalhandschrift: Der Verbleib ist nicht bekannt. Der Hinweis geht auf die Exzerpte von E. Lenel zurück, die sich in der Manuscript Division der Library of Congress, Washington, D. C., befinden.

1089

Originalhandschrift: UB München, Sign. 4° Cod. ms. 935 b/75. 6.
Erläuterungen: 33 Ihrer beiden gütigen Briefe: Deren Verbleib ist nicht bekannt. **46** Sie ... wiederzusehen: Vgl. Erl. zu Brief 1033, Z. 68.

1090

Originalhandschrift: UB München, Sign. 4° Cod. ms. 935 b/79. 4.
Erläuterungen: 6–7 den letzten Aufsatz: L. Feuerbach, Epilog (SW 10, S. 275–293; GW 11, S. 244–257). **8** einen Titel: Vgl. Erl. zu Brief 1074, Z. 48–49. Zum Inhalt des 10. Bandes der SW vgl. Erl. zu Brief 1075, Z. 17. **8** Vater: Otto Wigand. **11–15** die „Gartenlaube" ... Prof. Bock: Der angekündigte Beitrag des Mediziners C. E. Bock, der zwar mehrfach in der Leipziger Zeitschrift „Die Gartenlaube" publizierte (siehe O. Bessinger: Carl Ernst Bock als Mitarbeiter der Gartenlaube, Frankfurt am Main 1956), ist zu diesem Zeitpunkt nicht erschienen. Auch zwei Jahre später wurde noch kein Beitrag über Feuerbach veröffentlicht, obwohl die Unterlagen dafür schon in der Leipziger Redaktion lagen. Friedrich Hofmann informierte K. Deubler am 22. März 1868: „Ich beantworte nun Ihren indes angelangten Brief von hinten her, weil dort Ihr Herzenswunsch steht. Artikel und Bild unseres Ludwig Feuerbach liegen längst zum Abdruck fertig da, nur hat Herr Keil bis jetzt nicht den rechten Platz dazu gefunden. Er läßt Sie herzlich grüßen und Ihnen sagen, daß Sie nun nicht lange mehr auf die Erfüllung Ihres Wunsches warten sollen." (A. Dodel-Port, Konrad Deubler, der monistische Philosoph im Bauernkittel, Stuttgart 1909, S. 155). – Erst im Frühjahr 1872 wurde in der „Gartenlaube" ein anonymer Beitrag: „Für einen deutschen Geisteskämpfer" (Nr. 1, S. 17–19) mit dem Bild L. Feuerbachs veröffentlicht.

1091

Randbemerkung: *Seite 5, linker Rand:* In den Anmerkungen der Vorlesungen üb[er] d[as] Wes[en] d[er] R[eligion] kommt der Ansb[acher] M[ar]kgraf nur unter dem allgemeinen Titel „mein allergnädigster Landesvater" vor. – Vgl. GW 6, S. 348.
Originalhandschrift: UB München, Sign. 4° Cod. ms. 935 a/26. 11.
Streichung: 114 verschaffen zu können *gest.:* daß ich.

Erstveröffentlichung, gekürzt: Bw II, S. 317–318. – *W. Bolin beginnt diesen Brief unbegründet mit Auslassungszeichen.*
Textvergleich: 3 Rechenberg *In Bw folgt:* den **4** Lieber Kapp! *Fehlt in Bw* **6** ersten *Fehlt in Bw* **7** und Wechsel: nebst Einlage *Bw* **12** eignen: eigenen *Bw* **19–62** Dein Wechsel ist mir ... noch einmal *Fehlt in Bw* **62** Dein Wechsel: Deine gütige Einlage *Bw* **63** ich *In Bw folgt:* nun **67** aber freilich: freilich aber *Bw* **69** mir *In Bw folgt:* nur **70** auf dem: am *Bw* **74** neure: neuere *Bw* **75–76** die Varnhagenschen: Varnhagen's *Bw* **76** V. B[and], wo: **5.** Band eine *Bw* **77** Zinzendorfs *In Bw folgt:* enthält **79** schon *Fehlt in Bw* **80** wollte: hatte *Bw* **81** machen *In Bw folgt:* wollten **83–84** Universitätsbiblioth[ek] E[rlangen]: Erlanger Universitätsbibliothek *Bw* **86** Salomon: Solon *Bw* **93** eignen: eigenen *Bw* **94** Hülfe: Hilfe *Bw* **98** Herrnhutianismus: Herrnhuterthums *Bw* **100–101** des „Wesens des Christenthums", II. und III. A[uflage]: der Erläuterungen zu den späteren Auflagen vom Wesen des Christenthums *Bw* **101** der: meiner *Bw* **102** wo ich sage: Dort sage ich *Bw* **103** die *Fehlt in Bw* **103** nichts als *Fehlt in Bw* **105** Endzweck: Endziel *Bw* **105** im Sinne Luthers: in Sinnliches *Bw* **107** kastrierten *Fehlt in Bw* **107** phantast[ischen] *In Bw folgt:* entleibten **110** Herrnhutianismus *In Bw folgt:* nun **118** überschicken kann: zu liefern *Bw* **122** von dem: vom *Bw* **122** Vaters *In Bw folgt:* dann von dem noch traurigeren Loose des Max Kapp in Heidelberg **122–141** denn er hatte mir ... verletzt hat *Fehlt in Bw* **142** als ... Hause *Fehlt in Bw* **143** engern: engeren *Bw* **146** Gaunerpolitik: Gewaltpolitik *Bw* **147** in dem ... Deutschl[and] *Fehlt in Bw* **155** eine: meine *Bw* **156–164** Das ... anderes *Fehlt in Bw.* – Randbemerkung *Fehlt in Bw.*
Erläuterungen: 6–7 Deinen ersten Brief und Wechsel: Vgl. Brief 1086, Z. 10. **8** Epilog: Vgl. Erl. zu Brief 1090, Z. 6–7. **19–33** Dein Wechsel ... schicken: Trotz Feuerbachs finanzieller Unterstützung ließ sich der Verkauf der Herwegh-Bibliothek nicht verhindern. Zur Versteigerung kam es am 24. April 1867 in Zürich. Vgl. Brief 1065, Z. 4–67 und B. Kaiser, Die Schicksale der Bibliothek Georg Herweghs. Entdeckungen in der Zürcher Zentralbibliothek. Mit ungedruckten Briefen von Emma Herwegh und Ludwig Feuerbach. In: Vereinigung schweizerischer Bibliothekare, Nachrichten, Liestal, 20. Jg., Nr. 7 vom 10. Dezember 1944, S. 89–98 und 21. Jg., Nr. 1 vom 10. Januar 1845, S. 1–16. **44–47** an O[tto] Wigand ... Lüning gewandt: Vgl. Brief 1068, Z. 4–58. **48–51** L[üning] ... stark: Vgl. Brief 1082, Z. 4–56. **56** die schmählichen Demütigungen: Vgl. Erl. zu Brief 1068, Z. 57–58. **65** Essay über die Herrnhuter: Vgl. Erl. zu Brief 1040, Z. 74. **77** Biographie Zinzendorfs: Feuerbach meint das „Biographische Denkmal" von K. A. Varnhagen von Ense über Graf Ludwig von Zinzendorf, das 1830 und in zweiter vermehrter und verbesserter Auflage 1846 in Berlin veröffentlicht wurde. Trotz anfänglicher Schwierigkeiten bei der Literaturbeschaffung konnte Feuerbach diese Arbeit doch noch für seine Ausarbeitung verwenden. Vgl. GW 16. **82** die beste ... Ausgabe: Es ist nicht bekannt, auf welche Aus-

gabe sich Feuerbach hier bezieht. Eine Darstellung über Epiktet unterblieb. 1866 erschienen aber K. Enks Übertragungen der Unterredungen Epiktetos aus dem Griechischen ins Deutsche und Winnefelds ausführliche Darstellung der Lehre Epiktetus (Zeitschrift für Philosophie und philosophische Kritik, 49. Bd., Halle 1866, S. 1–32 und S. 193–226). **86** Spruch des weisen Salomon ... Zeit: Die Bibel. Der Prediger Salomo, 3, 1–8. **102–104** Der Protestantism[us] ... Anthropologie: Siehe L. Feuerbach, Grundsätze der Philosophie der Zukunft (GW 9, S. 265). **117–118** Abhandlung, überschicken kann: Vgl. Erl. zu Brief 1103, Z. 58–59. **122** Deines ... Vaters: Friedrich Christian Georg Kapp. **124–125** Brief ... Selbstbiographie: Nicht bekannt. **128** Solgers: Reinhold Solger. **128–129** das schreckliche Los des Max: Max Kapp, Bruder von Johanna Kapp und Sohn von Ch. Kapp aus Heidelberg, litt an Hypochondrie. Er wurde 1865 in die Irrenanstalt zu Ilten bei Hildesheim gebracht. Vgl. H. Derwein, Hoffmann von Fallersleben und Johanna Kapp. Begegnung in Heidelberg, 2. Aufl., Fallersleben 1956, S. 34. **130** Vaters: Feuerbach bezieht sich auf seinen langjährigen Freund Johann Georg Christian Kapp. **139** meiner Schwägerin: Henriette Feuerbach, geb. Heidenreich. **140** dem alten Kapp: Vgl. im vorliegenden Brief Erl. zu Z. 130. **150** 1870 nach Deutschl[and] zurück: F. Kapp hat diesen Wunsch mehrfach ausgesprochen, vgl. auch Erl. zu Brief 1040, Z. 34. **153** Partie in den Bayerischen (Böhmischen) Wald: Dort hielt sich Feuerbach 1865 für knapp eine Woche mit Freunden auf. Vgl. Brief 1061, Z. 6–9. **157** Verlobung: Vgl. Erl. zu Brief 1070, Z. 12–14.

1092

Originalhandschrift: UB Helsinki. – *Der Brief enthält auf der ersten Seite den Vermerk:* 21. H[elsing]fors, / Montag d[en] 12. März [18]66 / Donnerstag d[en] 22. März [18]66.
Datierung: *In BwN* Anfang März.
Streichung: 87 unmittelbar *gestr.:* noch.
Erstveröffentlichung: BwN II, S. 174–176.
Textvergleich: 6 noch nicht der Zeitpunkt erschienen: der Zeitpunkt noch nicht erschienen *BwN* **8** nichts mehr: nicht mehr *BwN* **14** gefürchtetsten: gefürchteten *BwN* **22** der tiefsten *Fehlt in BwN* **47** neusten *Fehlt in BwN* **77** Fischer: K. Fischer (Logik, 2. Aufl.) *BwN*.
Erläuterungen: 10 mein Werk unter der Presse: Vgl. Erl. zu Brief 1096, Z. 12. **11** ein passender Schluß: Vgl. Erl. zu Brief 1090, Z. 6–7. **18–19** Ihr ... Brief: Vermutlich Brief 1064. **26–27** den Buchhändler: Hugo Wigand; er hatte die Geschäfte seines Vaters übernommen. Vgl. Briefe 1019 und 1020. **34** nach fast 10jährigem Scheintode: Bezieht sich auf die „Theogonie nach den Quellen des klassischen, hebräischen und christlichen Altertums", die 1857, 9 Jahre vor dem 10. Band der SW erschienen war. **47–49** Behauptung ... Phantom ist: Siehe den Abschnitt „Der

Wille innerhalb der Zeit", in: L. Feuerbach, Über Spiritualismus und Materialismus, besonders in Beziehung auf die Willensfreiheit (SW 10, S. 50–57; GW 11, S. 62–67). **69–71** noch keinen andern Titel ... Anthropologie: Vgl. Erl. zu Brief 1090, Z. 8. **77** Schrift von Fischer: K. Fischer, System der Logik und Metaphysik oder Wissenschaftslehre, 2. Aufl., Heidelberg 1865. Feuerbach hatte dieses Werk von W. Bolin erhalten; vgl. Brief 1064, Z. 92–93. **88–89** einem Freunde in Amerika: Friedrich Kapp. **89** Versprechens: Betraf Feuerbachs Essay „Zinzendorf und die Herrnhuter", vgl. Erl. zu Brief 1040, Z. 74. **95–96** den Bruder des mit dieser verlobten, nicht diesen selbst kennenlernten: Gemeint ist der Bruder von Rudolf Hirzel. Über R. Hirzel vgl. Erl. zu Brief 1070, Z. 12–14.

1093

Originalhandschrift: Dichtermuseum Liestal (Schweiz) Herwegh-Archiv, Sign. BRH 914. – *Der Schluß des Briefes findet sich auf der ersten Briefseite. Am Rand der 2. und 4. Briefseite stehen die Z. 51–54.*
Streichungen: 29 *ich gestr.:* nach **29** allen *gestr.:* Seiten.
Erläuterungen: 26 während der Zeit der Abwicklung: Vgl. Erl. zu Brief 1091, Z. 19–33. **28** nach Nürnberg zu begeben: G. Herwegh war mit seiner Tochter Ada nach Nürnberg gereist und hielt sich dort vom 1. April 1866 bis zum Juni auf. Vgl. Brief 1103, Z. 39–40. **47–48** Bertha ... schreiben: Aus dieser Zeit ist kein Brief von B. Feuerbach an E. Herwegh bekannt.

1094

Originalhandschrift: UB München, Sign. 4° Cod. ms. 935 b/79. 5.
Erläuterungen: 5–7 Ihr Wertes ... zur rechten Zeit: Der Verbleib des Briefes von Feuerbach an H. Wigand vom 28. Februar 1866, dem weitere Manuskriptseiten für den zehnten Band der „Sämmtlichen Werke" beilagen, ist nicht bekannt. **8** Titel: Vgl. Erl. zu Brief 1090, Z. 8. **9** Vater: Otto Wigand. **13–15** In 14 Tagen ... Honorar wünschen: Vgl. Brief 1098, Z. 7–8.

1095

Originalhandschrift: Zentralbibliothek Solothurn (Schweiz), Sign. S 690/42, 2.
Erstveröffentlichung: Solothurner Wochenblatt, Nr. 16 vom 22. April 1922, S. 121.
Textvergleich: 3 N[ürn]berg *Im Wochenblatt folgt:* den **4** Hochehrwürdiger: Hochwürdiger *Wochenblatt* **18–20** sei es unmittelbar selbst oder durch meine Hände. So muß ich denn jetzt doch ganz allein vor

Ihnen erscheinen *Fehlt im Wochenblatt* **28** Hochehrwürden: Hochwürden *Wochenblatt*. **29** hochachtungsvollst: hochachtungsvoll *Wochenblatt*.
Korrektur: 14 Porträts: Porträte *Manuskript*.
Erläuterungen: 6 Übersendung der bewußten Bibel: Vgl. Brief 1084 und Erl. zu Brief 1087, Z. 6. **13** meiner Schwestern: Vgl. Erl. zu Brief 1062, Z. 11. **21** Schwester Magdalena: Vgl. Erl. zu Brief 1087, Z. 5.

1096

Originalhandschrift: UB München, Sign. 4° Cod. ms. 935 b/7. 35.
Erläuterungen: 4–5 Brief ... in meinem Besitz: W. Bolin erhielt den Brief am 12. März 1866. **10** meine Vorlesungen: Vgl. Z. 62–76 und Z. 92–136 des vorliegenden Briefes und Brief 1146, Z. 68–83. **12** Ihr Werk: Vgl. Erl. zu Brief 975, Z. 13–14. **47** „Fortsetzungen" in Aussicht stellen: Vgl. Brief 1092, Z. 85–91 und Erl. zu diesem Brief, Z. 88–89 und ebenda Z. 89.

1097

Originalhandschrift: UB München, Sign. 4° Cod. ms. 935 b/80. 48. – *Die Korrespondenz wurde auf Geschäftspapier des Verlages „Otto Wigand. Verlagsbuchhändler in Leipzig" geschrieben.*
Erläuterungen: 3 Karfreitag 1866: 30. März 1866. **23** Krieg in Deutschland: Bezieht sich auf die kritische Situation zwischen Preußen und Österreich in der Frage zu Schleswig-Holstein und hinsichtlich der Bundesreform, die 1866 zum Krieg führte. Vgl. hierzu u. a. die „Betrachtungen über den Krieg in Deutschland" von F. Engels (Karl Marx. Friedrich Engels. Werke, Berlin 1973, Bd. 16, S. 167–189). Der Ausgang des Krieges führte zur Gründung des Norddeutschen Bundes und zum Ausscheiden Österreichs aus dem Deutschen Bund.

1098

Originalhandschrift: UB München, Sign. 4° Cod. ms. 935 b/79. 6.
Erläuterungen: 5 Ihr neuer Band: Vgl. Erl. zu Brief 975, Z. 13–14. **5** Ursprung der Götter: Um den Absatz zu fördern, hatte H. Wigand in der zweiten Auflage des neunten Bandes der „Sämmtlichen Werke" den ursprünglichen Titel „Theogonie..." durch „Der Ursprung der Götter..." ersetzt. **9** Brief meines Vaters: Vgl. Brief 1097 von O. Wigand im vorliegenden Band.

1099

Briefentwurf
Originalhandschrift: UB München, Sign. 4° Cod. ms. 935 a/1. 1.

Streichungen: 9 so *[im Text unleserlich]* ich **10** Kunde *gestr.:* [unleserlich].
Erläuterungen: 5 auf dem ... Wege: Vgl. Brief 1096, Z. 12–25. **11–12** Bedürfnis der Fortsetzung: Vgl. Erl. zu Brief 1096, Z. 47. **13** einem Freunde: F. Kapp. **13–15** Versprechen ... Beitrag zu liefern: Vgl. Brief 1091, Z. 64–118.

Abgesandter Brief
Originalhandschrift: UB Helsinki. – *Der Brief enthält auf der ersten Seite den Vermerk:* 22. H[elsing]fors, Dienstag, den 1. Mai [18]66. Mittwoch, 5. Mai [18]66.
Korrektur: 33 mit der mir: mir der mit *Manuskript.*
Erstveröffentlichung: BwN II, S. 176.
Textvergleich: 24 Rechenberg *In BwN folgt:* den.
Erläuterungen: 26–27 meine Schrift: Vgl. Erl. zu Brief 975, Z. 13–14. **33** einem Freunde: F. Kapp. **35–36** den Fischer in einem freien Augenblick zur Hand genommen: Vgl. Erl. zu Brief 1092, Z. 77. **36–37** den Anfang der eigentlichen Logik: Siehe K. Fischer, System der Logik und Metaphysik oder Wissenschaftslehre, 2. völlig umgearb. Aufl., Heidelberg 1865, S. 215–236.

1100

Originalhandschrift: Der Verbleib ist nicht bekannt. Die Veröffentlichung erfolgt nach Angaben des Autographenkataloges J. A. Stargardt.
Erstveröffentlichung, Auszug: J. A. Stargardt Autographenhandlung Berlin, Katalog 649, Nr. 587, Auktion vom 4./5. April 1991.
Erläuterungen: 16 Erholungsreise: Feuerbach, der diesen Brief einen Monat vor dem Ausbruch des preußisch-österreichischen Krieges geschrieben hat, plante schon seit längerer Zeit einen Aufenthalt in Goisern (heute Bad Goisern), im österreichischen Salzkammergut. Schon am 23. Oktober 1862 hatte ihn K. Deubler dazu eingeladen. Vgl. Brief 991. **20** Parturiunt montes etc.: Vgl. Erl. zu Brief 1004, Z. 35. **23** Napoleon ... an der Spitze steht: Napoleon III., der Kaiser der Franzosen; den Eingreifen seinerseits kam O. von Bismarck, der auf Waffenstillstand drängte, zuvor. Am 26. Juli 1866 wurde der Vorfriede von Nikolsburg und am 23. August der Friede von Prag geschlossen; weitere Friedensbeschlüsse folgten.

1101

Originalhandschrift: UB München, Sign. 4° Cod. ms. 935 b/7. 36.
Streichung: 14 einer *gestr.:* fast
Korrektur: 40 was: welches *Manuskript. – So auch in BwN.*
Erstveröffentlichung, gekürzt: BwN II, S. 177–178.

Textvergleich: 6 freudigsten: herzlichsten *BwN* **7–30** Die köstliche Gabe ... durchgedacht *Fehlt in BwN* **31** nur: aus *BwN* **35** zumeist: meist *BwN* **44–45** in noch: noch in *BwN* **49–65** Die Schwäche ... im Wege stehen *Fehlt in BwN* **68** hiebei: hierbei *BwN* **73–74** für mich ... bedürftig *Fehlt in BwN* **78** stell[en]weise: stellenweise *BwN* **80** eigentlichen: eigentümlichen *BwN* **82–121** Ferner wäre ... dankend *Fehlt in BwN* **123** W[ilhel]m Bolin: W. Bolin *BwN*.
Erläuterungen: 5 Ihr neuestes Werk: Vgl. Erl. zu Brief 975, Z. 13–14. **33–34** Bedürfnis nach Fortsetzung ... zusammentrifft: Vgl. Erl. zu Brief 1096, Z. 47. **36–37** Abhandlung über Spiritualismus und Materialismus: Vgl. Erl. zu Brief 1075, Z. 17. **82–84** Kant ... Epigonen: Offenbar Anspielung auf O. Liebmanns Schrift „Kant und die Epigonen. Eine kritische Abhandlung" von 1865. **115–116** bei meiner Mutter: Ernestine Bolin, geb. Römpler.

1102

Originalhandschrift: Privatarchiv, Familienbesitz.
Randbemerkung: 35–36 *Der Text* (Herwegh ... Dich herzlich) *steht verkehrt am Kopf der zweiten Seite.*
Erläuterungen: 8–9 eine Reise ... vorhabe: Die angesprochene Reise erfolgte erst ein Jahr darauf 1867 nach Goisern, vgl. Erl. zu Brief 992, Z. 6–8. **25–28** Hirzel ... Braut: Vgl. Erl. zu Brief 1070, Z. 12–14.

1103

Originalhandschrift: UB München, Sign. 4° Cod. ms. 935 a/26. 12.
Erstveröffentlichung, gekürzt: Bw II, S. 325–326.
Textvergleich: 3 bei: den *Bw* **10** Umstand: Umstande *Bw* **15** versetzt, die *In Bw folgt* stoisch gesprochen **15** ἐξ ἡμῖν *Fehlt in Bw* **33** Gedankenlaufs: Gedankenlaufes *Bw* **39–40** die ersten Wochen Junis: die erste Woche Juni *Bw* **44** verbotenus: wörtlich *Bw* **50** hier war: her war *Bw* **53–54** Daher lege ich ... vorbehaltend, und *Fehlt in Bw* **54–55** habe auch dieser Tage eben: Ich habe dieser Tage die *Bw* **56** wenigstens die Kopie ... zu haben *Fehlt in Bw* **56–57** das Original: sie *Bw* **57** Deine *In Bw folgt:* Hände **57** sollte *In Bw folgt:* das Original in den meinen zu haben **57–58** im Falle: falls *Bw* **58** es: die Sendung *Bw* **59** dabei *Fehlt in Bw* **59** Deinem Zweck *Fehlt in Bw* **61** habe *In Bw folgt:* Deinem Zweck **62–72** Meinen Brief ... beweisen *Fehlt in Bw* **74–80** P[ost]-skr[iptum] ... oder nicht *Fehlt in Bw.*
Streichungen: 15 die *gest.:* [unleserlich] **37** liebenswürdigen *gestr.:* liebenswürdigsten **40** diesen *gestr.:* angeführten **79** ob er *gestr.:* nicht.
Erläuterungen: 5 Was ich verspreche, halte ich: Bezieht sich auf den Essay „Zinzendorf und die Herrnhuter", den Feuerbach F. Kapp im März 1866 zugesichert hatte. Vgl. Brief 1091, Z. 62–70 sowie Brief 1044,

Z. 32–42. **11** Quellen oder Materialien: Vgl. BwN II, S. 236–252 und GW 16. **39–40** Herweghs ... aufhielt: Zum Besuch von G. Herwegh mit seiner Tochter Ada vgl. Erl. zu Brief 1093, Z. 28. **58–59** den Empfang zu melden: F. Kapp bestätigte den Empfang von Feuerbachs Abhandlung am 10. August 1866 (Brief 1105). **62** Brief vom 2. März: Brief 1091. **65–66** meine ... Bitte: Vgl. Brief 1091, Z. 33–44. Feuerbach hatte F. Kapp gebeten, für den Dichter Georg Herwegh in Amerika eine Spendenaktion zu organisieren. Die finanzielle Hilfe sollte seiner Familie zukommen und dem Erhalt seiner Bibliothek dienen. **70–71** seine neusten vortrefflichen politischen Gedichte: Siehe G. Herwegh, Neue Gedichte. Herausgegeben nach seinem Tode, Zürich 1877. Der Band enthält G. Herweghs politische Gedichte von 1844 bis 1875; er wurde in Berlin konfisziert und auch in Dresden mit Beschlag belegt. **74** „Argonaut[ica] Gustaviana": Siehe Argonautica Gustaviana, d. i. Nothwendige Nach-Richt von der Newen Seefahrt und Kauffhandlung; so von Gustaw Adolpho M., der Schweden König, durch anrichtung einer General Handelscompagnie in dero Reich zu stifften angefangen, Frankfurt am Main 1633. **76–77** Pastorius' „Pennsylv[ania]": Vgl. F. Kapps spätere Veröffentlichung: Franz Daniel Pastorius Beschreibung von Pennsylvanien. Nachbildung der im Frankfurt am Main im Jahre 1700 erschienenen Original-Ausgabe. Hrsg. vom Crefelder Verein für wissenschaftliche Vorträge; mit einer Einleitung von F. Kapp, Crefeld 1884. **77** Win[d]sheimer Doktor: Nicht nachweisbar.

1104

Originalhandschrift: Der Verbleib ist nicht bekannt. Die Veröffentlichung erfolgt nach dem Erstdruck.
Erstveröffentlichung: BwN II, S. 223–224.
Erläuterungen: 5 Vergnügungsreise: L. Feuerbach verschob seinen Besuch bei K. Deubler auf Sommer 1867. Vgl. hierzu Erl. zu Brief 992, Z. 6–8. **7** Niederlage: Betraf die Niederlage der österreichischen Armee im preußisch-österreichischen Krieg von 1866. Die entscheidenden Kämpfe fanden in Böhmen statt, am 3. Juli 1866 wurde in der Schlacht bei Königgrätz die österreichische Nordarmee entscheidend geschlagen. **28–29** des gegenwärtigen Pariser Teufels: Napoleon III. **31** Schrift: Vgl. Erl. zu Brief 1075, Z. 17.

1105

Originalhandschrift: Der Verbleib ist nicht bekannt. Die Veröffentlichung erfolgt nach Exzerpten von E. Lenel, die sich in der Manuscript Division der Library of Congress, Washington, D. C., befinden.
Erstveröffentlichung: Bw II, S. 327–329.
Textvergleich: 6 zu *Fehlt in Bw* **9** reichen: reicheren *Bw* **11** getraue:

traue *Bw* **12** meine *Fehlt in Bw* **14** im richtigen: in richtigem *Bw* **16** den *Fehlt in Bw* **19** nehmen [würde]: nahm *Bw* **19** Dir *Fehlt in Bw* **22** landläufige *In Bw folgt:* und leere **37–38** Österreich ... obenan *Fehlt in Bw* **40** ein *In Bw folgt:* gutes **41** trotz Bismarck *Fehlt in Bw* **44** mittels Preußens: mittelst Preussen *Bw* **46** ist: hat *Bw* **49** Volk: Volke *Bw* **50** Grade: Maasse *Bw* **53** klarer: klar *Bw* **58** in der Woche: wöchentlich *Bw* **60** auch *Fehlt in Bw* **62** bon gré, mal gré: bongré-malgré *Bw.*
Erläuterungen: 5 Brief vom 9. Juli: Brief 1103. **8–9** Charakteristik Zinzendorfs ... Belegstellen: Vgl. Erl. zu Brief 1040, Z. 74 und Erl. zu Brief 1103, Z. 11. **37–38** Fröbelscher Trias: Julius Fröbel vertrat nach seiner Rückkehr aus der amerikanischen Emigration (1857) in seiner politischen und publizistischen Tätigkeit den Standpunkt der „großdeutschen Partei". Seine konzeptionellen Verfassungspläne, die deutschen Mittel- und Kleinstaaten zu einer dritten Kraft im Deutschen Bund zu machen, wurde namentlich von der österreichischen Regierung aufgegriffen. Die Bildung dieser dritten deutschen Macht sah Fröbel vor allem unter französischem Blickwinkel und betrachtete diesen Plan als „die Wiederholung der Rheinbundspolitik *ohne deren Fehler*" (vgl. J. Fröbel, Theorie der Politik, a. a. O., Bd. 2, S. 222, siehe auch S. 211). **54–55** nach Deutschland zurückkehren ... vor 1870 nicht: Vgl. Erl. zu Brief 1082, Z. 97–100. **64** älteste Tochter: Clara Kapp; sie wurde 1851 geboren. **66** Kissingen ... Schlacht: Sie fand am 10. Juli 1866 statt.

1106

Originalhandschrift: Dichtermuseum Liestal (Schweiz) Herwegh-Archiv, Sign. BRH 915.
Erstveröffentlichung: Nord und Süd, S. 153–154.
Textvergleich: 9 Deinem: Deinen *Nord und Süd* **18** Bei: Von *Nord und Süd* **20** war: vorhanden *Nord und Süd* **23** ertragen: tragen *Nord und Süd* **25** nur *Fehlt in Nord und Süd* **26** hieher: hierher *Nord und Süd* **26** Meinigen: Meinen *Nord und Süd* **31** jetzt *Fehlt in Nord und Süd* **46** Emma *In Nord und Süd folgt:* Herwegh.
Streichungen: 18 sagen *gestr.:* laßt[?]. **20** befreien *gestr.:* was[?].
Erläuterungen: 5–7 Freundschaft ... auf wahrhafter Übereinstimmung der Denk- und Gefühlsweise beruht: Zur Beziehung zwischen G. Herwegh und Feuerbach siehe I. Pepperle, Philosophie und kritische Literatur im deutschen Vormärz: Ludwig Feuerbach und Georg Herwegh. In: Ludwig Feuerbach und die Philosophie der Zukunft, hrsg. von H.-J. Braun, H.-M. Sass, W. Schuffenhauer und F. Tomasoni, Berlin 1990, S. 575–592. **9** zu Deinem Geburtstag: Am 28. Juli 1866 wurde Feuerbach zweiundsechzig Jahre. **12–13** der weißen Dame, die sich stets *vor* dem Unglück zeigt: Sagenumwobene Gestalt, die sich dem Volksglauben nach immer zu bestimmten Gelegenheiten zeigt, um Ereignisse anzukündigen. **27–28** Lorchen und Elisen: Gemeint sind Feuer-

bachs Tochter und deren Cousine Elise (Elisen, Elischen) Feuerbach, die Tochter von Ludwig Feuerbachs Bruder Eduard. **29–37** dem unglücklichen italienischen Feldzug ... Venetiens: Italien hatte sich, als der Ausbruch eines Krieges zwischen Preußen und Österreich unvermeidlich schien, mit Preußen verbündet, um Venetien zu erobern. Mitte Mai 1866 begannen die italienischen Truppenbewegungen an der österreichischen Grenze. Am 20. Juni 1866 erklärte Italien den Krieg, doch der österreichischen Armee gelang es an entscheidenden Kampfplätzen, den weiteren Vormarsch der italienischen Truppen zu verhindern. Nachdem am 20. Juli 1866 die italienische Flotte bei Lissa geschlagen wurde, griff Napoleon III., als Vermittler ein und erreichte eine Waffenruhe. Mittels des Vertrages vom 24. August 1866 wurde Venetien an Frankreich abgetreten, wodurch es wieder an Italien gelangte.

1107

Originalhandschrift: Der Verbleib ist nicht bekannt. Die Veröffentlichung erfolgt nach Angabe des Autographenkataloges J. A. Stargardt.
Erstveröffentlichung, Auszug: J. A. Stargardt Autographenhandlung Berlin, Katalog 554, Autographensammlung Robert Ammann, Nr. 398, Auktion vom 16. November 1961.
Erläuterungen: 1 An Unbekannt: Feuerbach richtete diesen dreiseitigen Brief „an einen Künstler, dem er historische, mythologische und philosophische Werke empfiehlt" (J. A. Stargardt, Katalog 554, S. 98). Der Empfänger des Briefe konnte nicht ermittelt werden. **4–5** eine neue Schrift ... unter der Presse: SW 10, vgl. Erl. zu Brief 1075, Z. 17.

1108

Originalhandschrift: Der Verbleib ist nicht bekannt. Die Veröffentlichung erfolgt nach dem Erstdruck.
Korrektur: 8 doch: noch *BwN* **32, 33 und 52** K. Deubler nennt Feuerbachs jüngeren Bruder Friedrich mehrmals „Friederich".
Erstveröffentlichung: BwN II, S. 224–226.
Erläuterungen: 6 Dieser Tag: Offenbar besuchte K. Deubler die Familie Feuerbach zwischen dem 10. Juli und dem 4. Oktober 1866. Vgl. Erl. zu Brief 992, Z. 6–8 und Brief 1104. **8** „Verweile doch, du bist so schön"!: [J. W. v.] Goethe: Faust. Eine Tragödie. Beide Theile in einem Band, a. a. O., 2. Thl., S. 321. **21–22** „Heilig sei dir die Freundschaft": L. Feuerbach, Das Wesen des Christentums (GW 5, S. 445). **25** Choleraflüchtige: Vgl. Erl. zu Z. 35–37 des vorliegenden Briefes. **32** Friedrich und Elisa: Feuerbachs in Nürnberg lebende Geschwister. **35–37** Hamburg ... ein Choleraspital verschlingt: Vgl. besonders den Abschnitt „Trauma von 1866" in: O. Briese, Angst in den Zeiten der Cholera, Berlin 2003, 1. Bd.: Über kulturelle Ursprünge des Bakteriums. Seuchen-

Cordon I, S. 294–298. **40–41** Niemand ... unter Palmen wandeln: J. W. v. Goethe, Die Wahlverwandtschaften. In: Johann Wolfgang Goethe, Sämtliche Werke nach Epochen seines Schaffens. Münchner Ausgabe. Hrsg. von K. Richter in Zusammenarbeit mit H. G. Göpfert, N. Miller und G. Sauder, Bd. 9, München – Wien 1987, S. 457. Im Original heißt es: „Es wandelt niemand ungestraft unter Palmen, und die Gesinnungen ändern sich gewiß in einem Lande wo Elephanten und Tiger zu Hause sind." **42–46** „Ich weiß, ... gehandelt zu haben": Vgl. den Brief von Georg Forster an Christian Friedrich Voß, 8. November 1793. In: Georg Forsters Werke. Sämtliche Schriften, Tagebücher, Briefe, Bd. 17: Briefe 1792 bis 1794 und Nachträge, hrsg. von der Akademie der Wissenschaften der DDR, Zentralinstitut für Literaturgeschichte, bearb. von K.-G. Popp, Berlin 1989, S. 464, Z. 9–12. K. Deubler zitierte vermutlich aus der Werkausgabe von „Georg Forster's Sämmtlichen Schriften" (Bd. 8, Leipzig 1843, S. 250). **53–54** künftigen Sommer ... Wiedersehen in Goisern: Vgl. Erl. zu Brief 992, Z. 6–8. **56–63** Struve schreibt wörtlich ... Selbstvergöttlichung: K. Deubler zitiert sinngemäß aus Gustav Struve's Weltgeschichte in neun Büchern, 6. Bd.: Revolutions-Zeitalter, 2 Thl.: Von 1815 bis 1848, Coburg 1865, S. 899. **64–66** „Ludwig Feuerbach ... betrachtet werden usw.": Gustav Struve's Weltgeschichte, a. a. O., S. 899. **67–68** „Ich werde totgeschwiegen": Vgl. GW 20, Brief 821 sowie Erl. zu diesem Brief, Z. 8 und Brief 822.

1109

Originalhandschrift: UB München, Sign. 4° Cod. ms. 935 b/18. 15.
Datierung: Die Korrespondenz stammt mit Sicherheit aus dem Jahr 1866, da sich J. Duboc auf seine eigenen Veröffentlichungen bezieht; vgl. besonders Z. 11–14.
Erläuterungen: 6 Ihr letztes Buch: L. Feuerbach, Gott, Freiheit und Unsterblichkeit vom Standpunkte der Anthropologie, Leipzig 1866 (SW 10). **8–9** vor einigen Wochen ... referiert: J. Duboc, Gottheit, Freiheit und Unsterblichkeit vom Standpunkt der Anthropologie. In: Deutsches Museum, Leipzig, Nr. 37 vom 13. September 1866, S. 340 bis 346. **10** „Kritik des Idealismus": Vgl. den gleichlautenden Abschnitt 15 in L. Feuerbachs Abhandlung „Über Spiritualismus und Materialismus, besonders in Beziehung auf die Willensfreiheit" (SW 10, S. 185–200; GW 11, S. 170–182). **11–14** Besprechung ... Nummern: Der dreiteilige Beitrag von J. Duboc „Zur philosophischen Literatur. Ludwig Feuerbach: Gottheit, Freiheit und Unsterblichkeit vom Standpunkt der Anthropologie. Leipzig. Otto Wigand. 1866" erschien im Oktober in der „Allgemeinen Zeitung", Augsburg. Siehe Literaturverzeichnis. **34–37** dieser unruhige Sommer ... erschütternden Kriegsereignisse: Vgl. Erl. zu Brief 1097, Z. 23.

1110

Originalhandschrift: UB München, Sign. 4° Cod. ms. 935 b/75. 7.
Erstveröffentlichung, gekürzt: BwN II, S. 178.
Streichung: 44 de publier une *Folgt gestr.:* éditeur.
Textvergleich: 4–41 Monsieur ... jours j'écrirai à *Fehlt in BwN* **41–44** Je lui ... lui *Fehlt in BwN* **44** avait: avoit *BwN* **51–67** J'espère ... dévoué *Fehlt in BwN.*
Erläuterungen: 72–73 Ihren ... Brief: Nicht bekannt. **99** Rogeards ... Labienus: 1865 erschien in Paris bereits die 4. Auflage der von A. Rogeard herausgegebenen Broschüre „Les propos de Labienus". Der Verfasser benutzte den römischen Redners Labienus, der sich unter Augustus wegen der Heftigkeit seines Auftretens einen Namen gemacht hatte, zu einer Streitschrift gegen Napoleon III. „Histoire de Jules Cäsar" (Paris 1865). **100–102** eine andere Broschüre ... beizufügen: Die Arbeiten A. Rogeards sind in einzelnen Heften nicht nachweisbar. 1869 wurden sie unter dem Titel „Pamphlets" zusammengefaßt; darin enthalten sind von den bis 1866 erschienenen Texten folgende Arbeiten, auf die E. Vaillant vermutlich anspielt: „L'absention" (1863); „Les propos de Labienus" (1865), „Histoire d'une brochure" (1866), „L'échéance de 1869" (1866) und „Le deux décembre et la morale" (1866). **105–106** nach dem Bismarckischen 2. Dezember: Der 2. Dezember 1851, das Datum des Staatsstreichs Napoleons III., wurde zum Synonym für usurpatorische Machtanmaßung bzw. Gefahr eines Staatsstreichs. E. Vaillant spricht die entscheidende Rolle Bismarcks für den Ausbruch des preußisch-österreichischen Krieges von 1866 an sowie dessen maßgeblichen Einfluß bei den Friedensverhandlungen. **115** Ihren Brief: Vgl. Erl. zu Z. 72–73 des vorliegenden Briefes. **118–122** Übersetzung ... Autorisation: J. Roy brachte 1864 in Paris zwei Übersetzungen heraus: „L. Feuerbach. La Religion. Mort – Immortalité – Religion" und „L. Feuerbach. Essence du christianisme", die beide von dem belgischen Verleger A. Lacroix mit dem Zusatz versehen wurden: „Traduction de l'allemand avec autorisation de l'auteur", wozu der Verleger keine Berechtigung hatte. **130** Paris ... Ausstellung: Bezieht sich auf die Weltausstellung in Paris, die vom 1. April bis zum 3. November 1867 stattfand. Vgl. Die Wunder der Pariser Weltausstellung vom Jahre 1867. Schilderungen und Erlebnisse aus einer Weltstadt. In: Bilder aus der Gegenwart. Vierte Sammlung der Welt der Jugend, Leipzig – Berlin 1869, Nr. 17, S. 41–106 und O. M. Mohl, Streifereien durch den Weltausstellungspalast im Jahre 1867. In: Ebenda, Nr. 18, S. 1–106.

1111

Originalhandschrift: UB München, Sign. 4° Cod. ms. 935 b/9. 1.
Erstveröffentlichung: BwN II, S. 178.

Textvergleich: 18 W[illia]m T[orrey] Harris: Wm. J. Harris *BwN*.
Erläuterungen: 10–14 Constitution ... desired: Vgl. K. F. Leidecker, The record book of the St. Louis Philosophical Society, founded February 1866, New York – Ontario 1990, S. 51–52. Zu Feuerbach vgl. ebenda, S. 21 und 59. **22–23** Tagung der St. Louis Philosophical Society im Oktober: Sie fand am 5. Oktober 1866 statt. **32** Henry C⟨onrad⟩ Brokmeyer: Er war seit Gründung der „St. Louis Philosophical Society" im Februar 1866 deren Präsident. **34** W⟨illia⟩m T⟨orrey⟩ Harris: Der amerikanische Pädagoge war Sekretär der Philosophischen Gesellschaft und begründete 1867 „The journal of speculative philosophy", St. Louis.

1112

Originalhandschrift: Der Verbleib ist nicht bekannt. Die Veröffentlichung erfolgt nach dem Erstdruck.
Datierung: Bei W. Bolin irrtümlich mit Juni 1866 angegeben (Bw II, S. 323). Die Korrespondenz stellt aber eine Antwort auf J. Dubocs Brief vom 21. Oktober 1866 dar (vgl. Brief 1109) und muß demzufolge Ende Oktober / Anfang November 1866 geschrieben worden sein.
Erstveröffentlichung: BwN II, S. 180–183.
Erläuterungen: 4–7 „F[euerbach] hat recht ... abstrahieren kann.": Das Zitat von J. Duboc lautete: „Richtig ist es daher wenn Feuerbach mit allem Nachdruck hervorhebt: die Moral könne nicht von dem Glückseligkeitsprincip abstrahiren, richtig aber nur, wenn hinzugefügt wird, daß sie auch nicht von dem Rechtsbewußtseyn abstrahiren kann." Vgl. den Beitrag von Duboc, in: Allgemeine Zeitung, Augsburg (Beilage), Nr. 294 vom 21. Oktober 1866, S. 4832. **17** „Theogonie": „Das Gewissen und das Recht": Vgl. das gleichnamige Kapitel 19 in SW 9, S. 165–179; GW 7, S. 135–147. **51–52** Es gibt Samenkörner ... eingeboren sind: Diese Übersetzung wurde von K. Grün bereits in den Brief eingefügt. BwN II, S. 9. **83–86** Selbst zur Erhaltung unserer Gesundheit ... Heroismus: Vgl. L. Feuerbach, Über meine Gedanken über Tod und Unsterblichkeit (GW 10, S. 292). **105** Liebe Deinen Nächsten *wie* dich selbst: Siehe 3. Mos. 19, 18; Matth. 5, 43; Galaterbrief 5, 14; Lukas 10, 25–37 und 1. Petrusbrief 4, 8. **106–107** was Ihr nicht wollt ... das tut ihnen auch nicht: Seneca, Epistulae morales XCIV, 43. – Matthäus 7, 12; Lukas 6, 31 und Tobias 4, 16. **112** meine neueste Schrift: SW 10; vgl. Erl. zu Brief 1023, Z. 37–42.

1113

Originalhandschrift: UB München, Sign. 4° Cod. ms. 935 b/57. 1.
Streichung: 65 wissen *gestr.:* wer[?].
Erstveröffentlichung: BwN II, S. 178–180.
Textvergleich: 9–15 Ich habe es sehr bedauert ... Kopfweh befreit *Fehlt*

in BwN **68–69** da ich nicht ... hierbleibe *Fehlt in BwN.*
Erläuterungen: 8 die Bücher: Vgl. Erl. zu Z. 64 des vorliegenden Briefes. **16** Ihr Buch: Vgl. Erl. zu Brief 1023, Z. 37–42. **29–36** Sie sollten ... Vermittler machen: Diesem Angebot ist Feuerbach nicht gefolgt. **36** der Redaktion: Nach dem Tod von G. E. Kolb (vgl. Z. 38 des vorliegenden Briefes) hatte August Josef Altenhöfer die Redaktion der Augsburger „Allgemeinen Zeitung" übernommen, die er von 1865 bis 1869 leitete. **37–38** mit den Eigentümern ... des alten Cotta: Johann Georg von Cotta hatte 1832 die J. G. Cottasche Buchhandlung in Stuttgart von seinem Vater – Johann Friedrich Freiherr Cotta von Cottendorf – übernommen und war bis zu seinem Tod 1863 Inhaber dieses Verlages, in dem die Augsburger „Allgemeine Zeitung" herausgegeben wurde. Mitbesitzer und weiterer Geschäftspartner des Verlages war sein Schwager Freiherr H. L. E. A. von Reischach. Vgl. M. Breil, Die Augsburger „Allgemeine Zeitung" und die Pressepolitik Bayerns, Tübingen 1996, S. 14–31. **38** Kolb: Der verantwortliche Chefredakteur der Augsburger „Allgemeinen Zeitung", Gustav Eduard Kolb, starb am 16. März 1865. Vgl. die Anzeige von A. J. Altenhöfer „Augsburg, 16. März", in: Allgemeine Zeitung, Augsburg (Beilage), Nr. 75 vom 16. März 1865, S. 1213 und „Ein Nachruf", in: ebenda, Nr. 82 vom 23. März 1865, S. 1321–1322, anonym. **40–50** Ich hätte große Lust ... unternehmen: Vermutlich ließ L. Pfau von dem Vorhaben ab, da über den 10. Band der Feuerbachschen Werke zwei Rezensionen von J. Duboc erschienen waren. Vgl. Erl. zu Brief 1109, Z. 8–9 und ebenda, Z. 11–14. **56–57** eine tüchtige Kritik des Kuno Fischerschen Unsinns: Schon W. Bolin hatte Feuerbach aufgefordert, eine Kritik über K. Fischer zu schreiben (vgl. Brief 1064, Z. 92–99), was Feuerbach jedoch ablehnte (Brief 1099, Z. 35–43). Vgl. auch Feuerbachs Urteil über K. Fischer im Brief 1055, Z. 18–23. **64** meine Bücher: L. Pfau hatte Feuerbach seine „Freien Studien" und seine Übersetzung „Mein Onkel Benjamin von Claude Tillier" geschickt, die beide 1866 in Stuttgart bei Emil Ebner erstveröffentlicht wurden. Vgl. auch Brief 1116 mit den entsprechenden Erläuterungen.

1114

Originalhandschrift: UB München, Sign. 4° Cod. ms. 935 a/26. 13.
Streichungen: 11 aus *gest.:* den verschiedensten **41** Bauern *gest.:* d[ie] Schrift.
Erstveröffentlichung: BwN II, S. 183.
Textvergleich: 3 bei: den *BwN* **5–50** Endlich habe ich ... Dir mitteilen *Fehlt in BwN* **51** unsre: unsere *BwN* **53–55** Unsere Verhältnisse ... Platz hat *Fehlt in BwN* **62** usw. *Fehlt in BwN* **64** Kleinstaaterei[n]: Kleinstaaten *BwN* **67** usw. *Fehlt in BwN* **68** eine Dynastie, die: Einen, der *BwN* **70–81** Ich gebe ... wünsche *Fehlt in BwN.*

Erläuterungen: 14–15 Antiquar[iats-] Katal[og] von F. A. Brockhaus: Es handelt sich hierbei um den Titel „Bibliotheca historica. Verzeichniss einer Sammlung von Werken aus dem Gebiete der Geschichte und deren Hülfswissenschaften. Vorräthig auf dem Lager von F. A. Brockhaus' Sortiment und Antiquariat in Leipzig", Leipzig 1866. **23–24** Baumgartens „Allgemeine Geschichte der Länder und Völker von Amerika": S. J. Baumgarten war zwar der Verfasser der Vorreden zu beiden Teilen des genannten Werkes, welches selbst jedoch von Johann F. Schröter stammt. **42** zwei Past[orius]: Melchior Adam Pastorius und Franz Daniel Pastorius. **42–43** „Franconia rediviva": Das unter dem Nebentitel „Franconia rediviva" bekannt gewordene Werk von M. A. Pastorius trägt den Titel „Circuli Franconici perbrevis delineatio" und wurde 1702 in Nürnberg publiziert. **47–48** „Nova literaria circuli Franconici": Gemeint wird F. D. Pastorius mit seiner Schrift „Nova literaria circuli Franconici oder fränkische Gelehrten-Historie", Nürnberg 1725. **51–52** Deinem Urteil über unsre deutschen Händel und Vorgänge... Erfolge: Vgl. Brief 1105, Z. 31–60. **61–62** der Stein und Scharnhorste: Heinrich Friedrich Karl von und zum Stein (1757–1831) und Gerhard Johann David von Scharnhorst (1755–1813). **73** Deine Tochter: Vgl. Erl. zu Brief 1105, Z. 64. **74** Deine Schwester... von der Leyen: F. Kapps Schwester Amalie, war mit Alfred von der Leyen (1844–1934) verheiratet. **76** mein Neveu: L. Feuerbach hatte seinen Neffen, den Maler Anselm Feuerbach, 1848, bevor er nach Frankfurt am Main ging, wiedergesehen. Vgl. GW 19, S. 472, Erl. zu Brief 576, Z. 88. **77** Ida: Ida Zimmermann, geb. Kapp, Friedrich Alexander Kapps Schwester. **78** als Opfer des Kriegs gefallenen Mannes: Der preußische Militärarzt, Gustav Heinrich Eduard Zimmermann, fiel 1866 im preußisch-österreichischen Krieg.

1115

Originalhandschrift: UB München, Sign. 4° Cod. ms. 935 b/7. 37.
Streichung: 91 Periode *gestr.* [unleserlich].
Korrektur: 35 natürlicher Entfaltung: natürlichen Entfaltung *Manuskript.*
Erläuterungen: 42–43 Wundts... 2 Bde.: Siehe die Neuveröffentlichung: W. Wundt, Vorlesungen über die Menschen- und Thierseele. Eingeleitet und mit Materialen zur Rezeptionsgeschichte versehen von W. Nitsche, 2 Bde., Repr. der Ausg. Leipzig 1863, Berlin 1990. **77** nordischen Behausung: Helsingfors (Helsinki). **82–83** Bericht meiner Darstellung zusenden: Vgl. Brief 1122. **105–108** Ihren 10. Band habe ich wiederholt mit großer Befriedigung gelesen... eine Fortsetzung haben angedeihen lassen: Ein weiterer Band der „Sämmtlichen Werke" L. Feuerbachs ist nicht erschienen.

1116

Originalhandschrift: Der Verbleib ist nicht bekannt. Der Wortlaut folgt der ersten vollständigen Veröffentlichung. – Im Deutschen Literaturarchiv/Schiller-Nationalmuseum in Marbach am Neckar befindet sich eine Abschrift des Briefes von Unbekannt.
Erstveröffentlichung, gekürzt: Bolin WuZ, S. 273–274.
Erste vollständige Veröffentlichung: Bw II, S. 332–334.
Textvergleich mit Bolin WuZ: 3–8 Rechenberg, den 23. Dezember ... mir etwas besser, und *Fehlt in Bolin WuZ* **8** daher *Fehlt in Bolin WuZ* **14** Male *Bolin WuZ* Mal **15** „freien" *Bolin WuZ* freien **16** *Freien Studien Bolin WuZ freien* Studien **16** Aber auch *Bolin WuZ* Auch **19** mir *Fehlt in Bolin WuZ* **19–25** Doch ... gemacht *Fehlt in Bolin WuZ* **25–26** Aber es lag mir vor allem daran, Sie selbst, Ihr eigenes produzierendes Wesen näher kennenzulernen *Bolin WuZ* Immerhin hat es mich in hohem Grade befriedigt Sie selbst, Ihr eigenes producirendes Wesen näher kennen zu lernen **26** kennenzulernen *In Bolin WuZ folgt* und **28** und *Fehlt in Bolin WuZ* **32–69** Was übrigens ... Feuerbach *Fehlt in Bolin WuZ*.
Textvergleich mit Bw: 16 *Freien*: freien *Bw*.
Erläuterungen: 10–11 Ihre ... Behandlung der Kunst: In den „Freien Studien" (Stuttgart 1866) vereint L. Pfau Aufsätze, die er zwischen 1853 und 1865 geschrieben hat. Zur Behandlung der Kunst, vgl. besonders die Abschnitte „Die Kunst im Staat" (ebenda, S. 1–218); „Die zeitgenössische Kunst in Belgien" (ebenda, S. 219–302); „Französische Maler und Bilder" (ebenda, S. 303–412); „Die Kunst im Gewerbe" (ebenda, S. 413–476) und „Der Louvrebau" (ebenda, S. 477–526). **20** Sie kommen ... hieher: L. Pfau war 1866 mit Feuerbach in Nürnberg zusammengekommen. Vgl. Brief 1113. **23** Ihren „ *Onkel* ": Vgl. Mein Onkel Benjamin von Claude Tillier. Ins Deutsche übertragen und mit einem biographischen Vorwort versehen von L. Pfau, Stuttgart 1866. **32–35** zukünftige Tätigkeit ... vorschlagen: Vgl. Brief 1113, Z. 29–37 und ebenda, Z. 56–60. **42** meine neueste Schrift: SW 10; vgl. Erl. zu Brief 1023, Z. 37–42. **42** Verleger: Vermutlich O. Wigand oder dessen Sohn H. Wigand. **43–44** Beurteilungen: Vgl. beispielsweise die beiden Rezensionen von J. Duboc (Erl. zu Brief 11049 Z. 8–9 und ebenda Z. 11–14). **50** „der Pantheismus ist ein verschämter Atheismus": Vgl. L. Pfau, Freie Studien, a. a. O., S. 589. In der zweiten, umgestalteten Auflage von 1874 hatte Pfau dieses Zitat – ohne bibliographische Angabe (vgl. L. Pfau, Freie Studien, 2., umgest. Aufl., Stuttgart 1874, S. 512) – entsprechend Feuerbachs Vermutung H. Heine zugeschrieben. – Vgl. Heinrich Heine. Historisch-kritische Gesamtausgabe der Werke. In Verbindung mit dem Heinrich-Heine-Institut hrsg. von M. Windfuhr im Auftrag der Landeshauptstadt Düsseldorf, Hamburg 1991, Bd. 3/1, S. 180, wo es heißt: „Ich habe vom Gott der Pantheisten geredet, aber ich kann nicht umhin zu bemerken, daß er im Grunde gar kein Gott ist, sowie

überhaupt die Pantheisten eigentlich nur verschämte Atheisten sind, die sich weniger vor der Sache, als vor dem Schatten, den sie an die Wand wirft, vor dem Namen, fürchten." **51** Artikel über *Proudhon*: Siehe L. Pfau, Proudhon und die Franzosen, In: Freie Studien, a. a. O., S. 577–620. Der Aufsatz entstand 1858 und wurde 1865 durch Zusätze erweitert. **54–56** er ist ... Theologie: Vgl. L. Feuerbach, Grundsätze der Philosophie der Zukunft, GW 9, S. 285. **62–65** mein Neveu ... vertauschen: Mitte Oktober 1866 kam A. Feuerbach nach Deutschland. Nach einem kurzen Aufenthalt in Heidelberg begab er sich am 8. November 1866 über Köln nach Düsseldorf. Wann er seinen Onkel L. Feuerbach – den er zuletzt, nicht wie im vorliegenden Brief angegeben vor siebzehn Jahren, sondern 1848 in Nürnberg gesehen hatte (vgl. GW 19, Brief 576 vom 3. April 1848, S. 149 und Erl. zu diesem Brief, Z. 88.) – 1866 besuchte, konnte nicht ermittelt werden. Während eines Berlin-Aufenthaltes gelang es A. Feuerbach nicht, ein geeignetes Atelier zu finden, so daß er 1867 in Rom, in der Via di San Nicolò di Tolentiono, ein neues großes Atelier belegte. Vgl. J. Allgeyer, Anselm Feuerbach, 2. Aufl., hrsg. von C. Neumann, a. a. O., 2. Bd., S. 74–75 und S. 89, Anm. 1.

1117

Originalhandschrift: Der Verbleib ist nicht bekannt. Die Veröffentlichung erfolgt nach Exzerpten von E. Lenel, die sich in der Manuscript Division der Library of Congress, Washington, D. C., befinden.
Erstveröffentlichung: Bw II, S. 334–335.
Textvergleich: 18 bedaure: bedauere **26** sich die Mühe: es sich der Mühe *Bw* **34** freche: anmassende *Bw* **34** Bürokratenpack: Bureaukratenthum *Bw* **40** hoffentlich *Fehlt in Bw* **41** nicht *In Bw folgt:* nach dem bekannten französischen Ausdruck **41–43** Die Franzosen sagen ... Prusse *Fehlt in Bw* **48** nach: auch *Bw.*
Erläuterungen: 5 Brief vom 2. d[es] M[onats]: Brief 1114. **15–17** hoffe ... zu veröffentlichen: Der erste Band von F. Kapps „Geschichte der deutschen Einwanderung in Amerika" erschien 1867 in New York und 1868 wurde er in Leipzig mit dem Untertitel: „Die Deutschen im Staate New-York bis zum Anfang des neunzehnten Jahrhunderts" herausgegeben. **18–19** zum ersten Mal ... nicht übereinstimmen: Vgl. Brief 1114, Z. 51–72 und Brief 1105, Z. 31–60.

1118

Originalhandschrift: Biblioteca dell'Archiginnasio Bologna, Nachlaß Moleschott.
Erstveröffentlichung: Archiv, S. 73–74.
Textvergleich: 16 bayerischer: baierischer *Archiv* **21** neuern: neuren *Archiv* **24** d. h.: das heißt *Archiv* **24** der *Fehlt in Archiv* **25** manches:

manchen *Archiv* **30** sichern: sicheren *Archiv* **42** Orte: Ort *Archiv.*
Erläuterungen: 9–10 ein Exemplar meiner letzten Schrift: SW 10; vgl. Erl. zu Brief 1023, Z. 37–42. **15** April 1866 ... vor Ausbruch des Kriegs: 1866 erklärte Preußen Österreich den Krieg, in dem Italien und Preußen Verbündete waren. Vgl. auch Erl. zu Brief 1106, Z. 29–37. **20–22** mich nur mit Geschichte und Politik ... zu beschäftigen: Vgl. Brief 1120, Z. 48–53. **31–32** Seit langer Zeit ... nichts mehr von Ihnen gehört: Vgl. J. Moleschotts Brief an Feuerbach vom 8. Januar 1861 (GW 20, Brief 925, S. 329–330). In der Zwischenzeit war J. Moleschott mit seiner Familie nach Turin umgezogen. „Auf Wunsch Francesco De Sanctis, der damals Unterrichtsminister in der Regierung Ricasoli war, siedelte Moleschott 1861 nach Italien über und übernahm den Lehrstuhl für Physiologie an der Universiät Turin. De Sanctis hatte ihn in Zürich kennengelernt. Moleschotts Berufung nach Italien hatte auch politische Gründe: Sie sollte zu der geistigen und wissenschaftlichen Erneuerung Italiens mitbeitragen, die De Sanctis nach der Einigung herbeizuführen hoffte." (Archiv, S. 73, Anm. 74). Siehe auch J. Moleschott, Lebens-Erinnerungen, Gießen 1894, S. 301. **42–43** an einem Orte, an dem man sich nur aus negativen Gründen befindet: L. Feuerbach war – bedingt durch die notwendig gewordene Schließung der Porzellanmanufaktur – von Bruckberg nach Rechenberg bei Nürnberg umgezogen, wovon J. Moleschott durch E. Herwegh Kenntnis erhalten hatte (GW 20, S. 330). **44** eine Reise: Vgl. Erl. zu Brief 992, Z. 6–8.

1119

Originalhandschrift: UB München, Sign. 4° Cod. ms. 935 b/79. 7.
Erläuterungen: 5 Ihr Wertes vom 30. v [origen] M [onats]: Der Verbleib dieses Briefes ist nicht bekannt. **9** Ihre beiden Bände: SW 9 und SW 10. **12–16** Das Manöver ... in dem einen Jahr mehr abgesetzt zu haben als mit den griechischen die ganze Zeit vorher: Bezieht sich auf SW 9, vgl. Erl. zu Brief 1098, Z. 5. **17–18** dann 2. ... und 2.: Gemeint werden Bände der „Sämmtlichen Werke" L. Feuerbachs; vgl. das Literaturverzeichnis. **19–20** Unser Vater ... das 50jährige Bestehen seiner Firma gefeiert: Am 27. Dezember 1816 hatte Otto Friedrich Wigand in Kaschau, heute Košice, die Ellingersche Buchhandlung gekauft und begann 1817 unter dem Firmennamen „Wigand'sche Verlags-Expedition" seine Tätigkeit.

1120

Originalhandschrift: UB München, Sign. 4° Cod. ms. 935 a/26. 14.
Streichungen: 13 zuerst *gestr.:* acht **34** 1866 *gest.:* ges[äumt?] **36–37** Kleinigkeit – *gest.:* [unleserlich].
Erstveröffentlichung: BwN II, S. 184.
Datierung: In BwN 12./15. Februar 1867.

Textvergleich: 3 bei N[ürn]b[erg], 15. Febr[uar] 67: den 12./15. Februar 1867 *BwN* **5–46** Längeres Übelbefinden ... unterbrochen worden ist Fehlt in BwN **49** neuren und neusten: neuern und neuesten *BwN* **54** neusten: neuesten *BwN* **58–59** zufälligen und unberechtigten: zufälliger und unberechtigter *BwN* **59–60** innern und äußern: inneren und äusseren *BwN* **61** [zu]: zu *BwN* **62–64** ein Verstoß ... denselben *Fehlt in BwN* **64** hätte er nicht: sonst hätte man nicht *BwN* **65** Maingrenze: Mainlinie *BwN* **65–81** Eine Folge ... Empfang bestätigen *Fehlt in BwN* **82** dankbarer *Fehlt in BwN*.
Erläuterungen: 9 Empfang Deines Briefes und Wechsels: Vgl. Brief 1117. **12** der Krieg: Vgl. Erl. zu den Briefen 1097, Z. 23; 1104, Z. 7 und 1106, Z. 29–37. **27** König: Wilhelm I.; seit 1861 preußischer König. **32** mich um eine Reise brachte: L. Feuerbach wollte ursprünglich im Sommer 1866 nach Goisern fahren. **46** Zinzendorf: Bezieht sich auf L. Feuerbachs Abhandlung „Zinzendorf und die Herrnhuter", vgl. Erl. zu Brief 1040, Z. 74. **53** „Krieg von 1866" von Rüstow: W. Rüstow hatte 1866 in Zürich ein Buch über die Kriegsereignisse in Deutschland und Italien herausgegeben, in welchem er die Ereignisse, angefangen vom Wiener-Frieden vom 30. Oktober 1864, über die Schlacht von Königgrätz und den Friedensvermittlungen Napoleon III. bis hin zum Ende des Krieges, politisch und militärisch beschrieb. Es erschien unter dem Titel: „Der Krieg von 1866 in Deutschland und Italien, politisch-militärisch beschrieben. Mit Kriegskarten." **66–67** meiner Schrift: SW 10. **72–73** Das Moleschottsche ... abgegangen: Am 27. Januar 1867 hat L. Feuerbach an J. Moleschott den 10. Band seiner „Sämmtlichen Werke" geschickt (vgl. Brief 1118). **73** jungen Franzosen: Vermutlich E. Vaillant, vgl. Brief 1124. **74–75** Mein Buchhändler schreibt mir ... gut geht: Hugo Wigand; vgl. Brief 1119, Z. 9–12. **76** ein Exemplar der zweiten, verbesserten Ausgabe: SW 9; vgl. Erl. zu Brief 1098, Z. 5. **77–78** Aufnahme ... Gesellschaft: L. Feuerbach war 1866 Mitglied der „St. Louis Philosophical Society" geworden; vgl. das Bestätigungsschreiben von H. C. Brokmeyer und W. T. Harris (Brief 1111).

1121

Originalhandschrift: UB Helsinki. – *Der Brief enthält auf der ersten Seite den Vermerk:* 23 Helsingfors, Mittwoch d[en] 23. März / d[en] 10. April 67.
Streichungen: 25 Moral *gestr.:* ich **32** „Confessions" *gestr.:* [w]ä[ren?] **59** ausgesprochnen *gestr.:* [unleserlich].
Erstveröffentlichung: BwN II, S. 184–186.
Korrektur: 56 heimisch: heimlich *Manuskript.*
Textvergleich: 3 bei N[ürn]b[er]g: den *BwN* **6–7** denn beides ... erinnere *Fehlt in BwN* **9** so *Fehlt in BwN* **22** Gesprochne: gesprochen *BwN*

28 und *Fehlt in BwN* **37–38** zu ergreifen: zur Hand zu nehmen *BwN* **41** neuern: neuen *BwN* **41** machte: machten *BwN* **41–42** unterbrochne: unterbrochene *BwN* **47** unterbrochne: unterbrochene *BwN* **57** [ich]: ich *BwN* **58** selbst *Fehlt in BwN* **59** ausgesprochnen: ausgesprochenen *BwN* **78** L. Feuerbach: F. Fb. *BwN*.
Erläuterungen: 5–6 meine Schrift gesendet ... geschrieben habe: Vgl. Brief 1099. **11–12** wieder ganz hergestellt: L. Feuerbach erlitt im Frühjahr 1867 einen ersten Schlaganfall; vgl. BwN II, S. 184, Anm. *. **16** seit meiner Jugend: Auf J. J. Rousseaus „Confessions" war L. Feuerbach bereits in seiner Frühschrift „Abälard und Héloise oder Der Schriftsteller und der Mensch" eingegangen; vgl. GW 1, S. 580, 608 und S. 609. **28** Liebe zum Landleben: Vgl. J.-J. Rousseau, Bekenntnisse. Mit einer Einführung von W. Krauss, Leipzig 1965, S. 46 und 47. **28** Obskurantismus: Bestreben, die Menschen bewußt in Unwissenheit zu halten, ihr selbständiges Denken zu verhindern und sie an Übernatürliches glauben zu lassen. **28–30** seine Abneigung gegen das „unglückselige métier" ... der Schriftstellerei: Vgl. J.-J. Rousseau, Bekenntnisse ..., a. a. O., S. 176–178. **33–34** den Griff zur Feder zu ermutigen und [zu] beschleunigen: Feuerbach arbeitete an einem Manuskript zur „Entwicklung und Begründung" des 10. Bandes seiner „Sämmtlichen Werke", speziell der darin enthaltenen Schrift „Über Spiritualismus und Materialismus, besonders in Beziehung auf die Willensfreiheit". Vgl. hierzug Z. 42–43 des vorliegenden Briefes. **47–48** unterbrochne Arbeit über Spir[itualismus] und Mat[erialismus]: Vgl. M. Köppe, Zur Entstehung von Ludwig Feuerbachs Schrift „Über Spiritualismus und Materialismus, besonders in Beziehung auf die Willensfreiheit", in: A. Arndt / W. Jaeschke (Hrsg.), Materialismus und Spiritualismus. Philosophie und Wissenschaft nach 1848, Hamburg 2000, S. 35–51. **55** Urteile: Vgl. u. a. Erl. zu Brief 1109, Z. 8–9 und Z. 11–14 sowie Erl. zu Brief 1127, Z. 40. **57–58** Gedankengang ... Vorlesungen: Vgl. Erl. zu Brief 1096, Z. 10. **62–63** bei meiner akad[emischen] Laufbahn: Siehe Catalogus Institutionum in academia regia bavarica Friderico-Alexandrina, Erlangae. Zum Inhalt der Vorlesungen, die L. Feuerbach von 1829 bis 1836 als Privatdozent an der Universität Erlangen hielt, vgl. GW 13 bis 15. **68** eine Braut: W. Bolins Frau Thilda, geb. Snellmann. **71** habilitieren: Mit seiner Habilitation, einer Untersuchung von der Lehre über die Willensfreiheit, mit besonderer Berücksichtigung der Behandlung des Kantischen Problems (Undersökning af lärän om viljans frihet, med särskildt afseente å Kants behandling af problemet, Helsingfors 1868), erlangte W. Bolin nicht die angestrebte Professur; denn diese ging an Thiodolf Rein. Vgl. J. Manninen / G. Gimpl, Kuka oli Wilhelm Bolin? Vem var Wilhelm Bolin? Wer war Wilhelm Bolin? Helsinki 1991, S. 68–70. – Siehe auch Brief 1146 und W. Bolins Brief an Feuerbach vom 22. März 1869 (GW 22).

1122

Originalhandschrift: UB München, Sign. 4° Cod. ms. 935 b/7. 38. – Die Auslassungen auf den Zeilen 108 und 110 stammen von W. Bolin.
Erläuterungen: 6 das ... Schreiben: Brief 1116. **10** Schreiben Ihrer Frau: Vgl. den Brief von Bertha Feuerbach an Wilhelm Bolin vom 2. März 1867 (GW 22.1, Anhang). **23–26** Untersuchungen über die Willensfreiheit ... Professur: Vgl. Erl. zu Brief 1116, Z. 71. **64–65** Anm[er]k[ung] 67 Ihres „Leibniz": Siehe GW 3, S. 287–293. Bolin zitiert nach der 3. Aufl. des fünften Bandes der „Sämmtlichen Werke" Ludwig Feuerbachs von 1848. **66–67** In einem früheren Brief: Siehe Brief 1115. **80–81** Ihren Widerwillen ... Idealismus: W. Bolin bezieht sich vermutlich besonders auf den Abschnitt „Kritik des Idealismus" aus L. Feuerbachs Abhandlung „Über Spiritualismus und Materialismus, besonders in Beziehung auf die Willensfreiheit" (GW 11, S. 170–182). **89** Fichte jr.: Immanuel Hermann Fichte. **90–91** Anfänger ... Spekulanten: Nicht bekannt. **91–92** Fichtes „System": I. H. Fichte, System der Ethik, 2 Bde., Leipzig 1850–1853.

1123

Originalhandschrift: UB München, Sign. 4° Cod. ms. 935 b/2. 1.
Streichungen: 7 Zweifel *gestr.:* [zuge]wandter **23** Wirksamkeit *gestr.:* eines[?] **36** mir zu *gestr.:* doch[?] **101** gelangen *gestr.:* können[?] **103** wird *gestr.:* er **110** unzählige Mal *gestr.:* den.
Korrektur: G. Bäuerle verwendet an mehreren Stellen das Kürzel „&", welches zu „und" ergänzt wurde.
Erstveröffentlichung, gekürzt: BwN II, S. 186–187.
Textvergleich: 4–54 Entschuldigen ... Ruhe *Fehlt in BwN* **55** von Scherr erwähntes *Fehlt in BwN* **70–129** Selbstverständlich ... Sie *Fehlt in BwN* **129** Hochachtung *In BwN folgt:* Ihr **131–133** Stuttgart ... (Württemberg) *Fehlt in BwN.*
Erläuterungen: 8–9 mehrere Werke ... so z. B. von Strauß, Rénan, Schenkel, Keim: Siehe Literaturverzeichnis. **12–13** Kritiken ... in den verschiedensten Blättern: Welche Besprechungen und Rezensionen G. Bäuerle herangezogen hat, konnte nicht ermittelt werden, da er keine entsprechenden Periodika angibt. **30** mehrere Werke von Auerbach: Vgl. Berthold Auerbach's gesammelte Schriften. Zweite Gesammtausgabe, Bd. 1–22, Stuttgart 1863–1864. **31** Ästhetiker Vischer: Vgl. hierzu F. Th. Vischer, Ästhetik oder Wissenschaft des Schönen. Zum Gebrauche für Vorlesungen, Reutlingen – Leipzig – Stuttgart 1846 bis 1858. **40–42** Schriften ... Sittengeschichte: Zu den beiden Schriften von J. Scherr vgl. das Literaturverzeichnis. **45–46** was Scherr ... sagte: J. Scherr, Deutsche Kultur- und Sittengeschichte, 2., durchgehends umgearb. und verm. Aufl., Leipzig 1858, S. 529. Vgl. auch ders.,

Deutsche Kultur- und Sittengeschichte, 3., verm. Aufl., Leipzig 1866, S. 559. **54–55** die hiesige öffentliche Staatsbibliothek: Stuttgart. **92** Abhandlung über die Willensfreiheit: L. Feuerbach, Über Spiritualismus und Materialismus, besonders in Beziehung auf die Willensfreiheit (GW 11, S. 53–186). Zum Gewissen vgl. bes. den Abschnitt „Das Prinzip der Sittenlehre", ebenda, S. 74–81. **116–117** zu der Ansicht Vogts: Vgl. Brief 1125, Z. 21–39. **119–122** Was ist für ein Unterschied zwischen dem Atheismus, den Sie lehren ... vertreten: Vgl. Brief 1125, Z. 40–50.

1124

Originalhandschrift: UB München, Sign. 4° Cod. ms. 935 b/75. 8.

Erläuterungen: 80 Buch von Bailly über Madame de Staël: Der Name des Autors ist nicht Bailly, wie Feuerbach fälschlich annahm, sondern Jacques-Charles Bailleul. E. Vaillant konnte durch diesen Irrtum (vgl. auch Brief 1141, Z. 108–113) die gewünschte Publikation nicht ausfindig machen. Bailleul hatte 1818 in Paris das zweibändige Werk „Examen critique de l'ouvrage posthume de Madame la Baronne de Staël, ayant pour titre: Considerations sur les principaux événemens de la Révolution française" herausgegeben. Feuerbachs Irrtum geht wahrscheinlich auf eine Veröffentlichung von E. Bauer: „Bailly und die ersten Tage der französischen Revolution" (1843) zurück, die er gekannt haben mag. **85–88** mein Freund Rey ... wiederzusehen: E. Vaillant und A. Rey waren mit L. Feuerbach im Januar 1867 persönlich bekannt geworden und planten für April 1867 einen erneuten Besuch. **98–99** der Krieg, der soeben beinahe ausgebrochen wäre: Gemeint wird die Luxemburgische Krise vom Frühjahr 1867, die Preußen und Frankreich an den Rand eines Krieges zu bringen schien. **107** Freiheitsbewegung von 1859: Die Nationalfeste anläßlich des 100. Geburtstages von Friedrich Schiller führten zu einem bedeutenden Aufschwung der Freiheitsbewegung. **110** Staatsstreich von 1851: Vgl. Erl. zu Brief 1110, Z. 105–106. **125** Reise nach Tirol: E. Vaillant kannte Feuerbachs Reisepläne, den Besuch bei Konrad Deubler im Sommer 1867. **134–138** Rabelais ... diesen Band: Welche Schrift L. Feuerbach von dem französischen Schriftsteller François Rabelais benutzte, der neben medizinischen Arbeiten auch Übersetzungen von Hippokrates und Galen in lateinischer Sprache veröffentlicht hat, ist nicht bekannt. **140** ein Exemplar von Kinglake: Die Broschüre „L'histoire du deux décembre" von A. W. Kinglake konnte nicht als Einzelveröffentlichung nachgewiesen werden. A. Rogeard hat sie jedoch in seine 1869 in Brüssel erschienene Sammlung verschiedenster Streitschriften aufgenommen. Siehe Literaturverzeichnis. **144** Broschüre über die Moral: Die Abhandlung „Le deux décembre et la morale" ist in der bereits genannten Sammlung „Pamphlets ..." (Erl. zu Z. 140 des vorliegenden Briefes) enthalten. **144** am 1. Dezember: Wahrscheinlich das

Datum von Feuerbachs Brief. Die besondere Erwähnung dieses Tages bezieht sich auf den 2. Dezember 1851, das Datum des Staatsstreichs Napoleons III., vgl. Erl. zu Brief 1110, Z. 105–106.

1125

Originalhandschrift: Der Verbleib ist nicht bekannt. Die Veröffentlichung erfolgt nach dem Erstdruck. – W. Bolin vermutete, daß Feuerbach diesen Brief vom 31. Mai erst am 21. Oktober abgeschickt hat (Bw II, S. 339, Anm. *), was jedoch unwahrscheinlich erscheint.
Erstveröffentlichung: BwN II, S. 187–188.
Erläuterung: 21 Was ich zu der Ansicht Vogts sage?: Vgl. G. Bäuerles Fragestellung im Brief vom 15. April 1867 (Brief 1123, Z. 116–122).

1126

Originalhandschrift: UB München, Sign. 4° Cod. ms. 935 b/57. 2.
Streichung: 56 Ihnen *gestr.:* [unleserlich].
Erstveröffentlichung, gekürzt: BwN II, S. 188–189.
Textvergleich: 4 64, Boulevard de Strasbourg *Fehlt in BwN* 11 mir *In BwN folgt:* eine 21–33 Ich war so frei ... zu schreiben hat *Fehlt in BwN* 40–56 Die hiesige Ausstellung ist großartiger ... von Ihnen höre *Fehlt in BwN*.
Erläuterungen: 7 Ausstellung: Es handelt sich um die Weltausstellung 1867 in Paris. 8 in der „Allg[emeinen] Zeitung" zu beschreiben: L. Pfau hatte über den Zustand von Kunst und Kunstgewerbe mehrere Beiträge in der „Allgemeinen Zeitung" (Stuttgart – Augsburg) veröffentlicht. Sie erschienen unter den Überschriften „Artistische Briefe aus der Pariser Ausstellung" und „Artistische Briefe aus der Pariser Ausstellung. Neue Folge"; siehe Literaturverzeichnis. 11 Ihr Brief: Vgl. Feuerbachs Schreiben vom 23. Dezember 1866 (Brief 1116). 21–22 meine Gedichte: L. Pfau hat mehrere Gedichtbände veröffentlicht (siehe Literaturverzeichnis). Wahrscheinlich sind hier seine 1858 in der Franckhschen Verlagsbuchhandlung (Stuttgart) erschienenen „Gedichte" gemeint, die in zweiter durchgesehener und vermehrte Auflage erschienen waren. 27 Konrad Deubler hat mir auch vor einigen Monaten geschrieben: Der genannte Brief ist nicht nachweisbar. Jedoch geht aus dem Antwortschreiben von L. Pfau an K. Deubler hervor, daß zwar ein Treffen mit Feuerbach in Goisern geplant war, Pfau daran aber nicht teilhaben konnte (Deubler Bw II, S. 83). Vgl. ebenso Z. 34–39 des vorliegenden Briefes. In GW 1 (2., durchges. Aufl., a. a. O., S. LX) wurde noch angenommen, daß L. Pfau mit Feuerbach in Goisern zusammengetroffen wäre. 28–29 ihm zu antworten: Siehe L. Pfau an K. Deubler, 11. Juni 1867 (Deubler Bw II, S. 82–84). 34–35 diesen Sommer mit Ihrem Besuche erfreuen werden: Feuerbach war vom 15. August bis zum 9. September 1867 in

Goisern. **41** ein Barnumartiger Schwindel: Abgeleitet vom Namen des amerikanischen Schaustellers, Phineas Taylor Barnum, der durch spektakuläre Ausstellungen in Amerika und Europa bekannt wurde. **44–45** Ihr Neffe Anselm: Die Bilder von Anselm Feuerbach, die L. Pfau 1867 in Paris gesehen hatte, gehören nach Pfaus Einschätzung „zum besten was die neuere Kunst hervorgebracht hat". Siehe Allgemeine Zeitung, Stuttgart – Augsburg (Beilage), Nr. 146, 26. Mai 1867, S. 2385. **56** etwas ... höre: Weitere Briefe zwischen Feuerbach und L. Pfau sind nicht bekannt.

1127

Originalhandschrift: UB München, Sign. 4° Cod. ms. 935 b/7. 39.
Erläuterungen: 9–10 philosophische Abhandlung ... Unsterblichkeit: Aus dem Jahr 1864 sind mehrere Abhandlungen über die Unsterblichkeit nachweisbar, so von J. Huber, E. R. Pfaff und K. Arnold (siehe Literaturverzeichnis). Vermutlich ist hier wohl J. Huber: Idee der Unsterblichkeit, München 1864 gemeint. **11** Heft finnischer Dichtungen: Nicht bekannt. **21** Brief vom April: Siehe Brief 1122. **27** um Sie zu treffen: In Goisern, bei Konrad Deubler, kam es zu einem Wiedersehen mit L. Feuerbach; vgl. Erl. zu Brief 992, Z. 6–8. **39–40** über Sie ausgesprochen: E. Dühring: Der Werth des Lebens ..., Breslau 1865, S. VIII und S. 187. **40** hat er ... gedacht: E. Dühring, Ludwig Feuerbach, Gottheit, Freiheit und Unsterblichkeit, in: Ergänzungsblätter zur Kenntniß der Gegenwart, hrsg. von H. J. Meyer, redigiert von O. Dammer, 2. Bd., 1. H., Hildburghausen 1867, S. 1–5. **44–45** auf ... geworfen: W. Bolin bezieht sich hier auf die damals gerade erschienenen Werke von E. Dühring „Capital und Arbeit. Neue Antworten auf alte Fragen" (Berlin 1865) und „Kritische Grundlegung der Volkswirthschaftslehre" (Berlin 1866). **84** aus ultima Thule kommend: Nach Vergil, Georgica, I, 30, bezeichnet „ultima Thule" ein weit entlegenes Eiland im Norden Europas. Bolin spielt hier auf seinen Wohnsitz in Helsingfors (Helsinki) an.

1128

Originalhandschrift: UB Helsinki. – *Der Brief enthält auf der ersten Seite den Vermerk:* 24. Jena, Mittwoch den 3., Donnerstag – 11. Juli 67.
Erstveröffentlichung: BwN II, S. 189–191.
Streichung: 83 habe *gestr.:* [unleserlich].
Textvergleich: 3 Rechenberg *In BwN folgt:* den **10** herauszubringen: hervorzubringen *BwN* **13** gleich: sogleich *BwN* **21** von: bezüglich *BwN* **34–35** der leeren Worte von Kraft und Stoff: der Worte Kraft und Stoff *BwN* **38–39** das finnische Gedicht: die „finnischen Dichtungen" *BwN* **53** führte: führt *BwN* **53** unterbrochnen: unterbrochenen *BwN* **57** aber *Fehlt in BwN* **78** hat *In BwN folgt:* und **80** peracti labores: praktischen labores *BwN* **84** Junis: Juni *BwN*.

Erläuterungen: 14 der philosoph[ischen] Schrift: K. Grün, der den Inhalt des vorhergehenden Briefes von W. Bolin (Brief 1127) nicht kannte, vermutete irrtümlich, daß es sich um H. Ritters „Unsterblichkeit" von 1866 handelt (siehe BwN II, S. 189). Gemeint wird jedoch eine Abhandlung von 1864 (vgl. Erl. zu Brief 1127, Z. 9–10). **17–18** „den Schatten des Esels, aber ohne den Esel": Diese griechische Redensart aus Platons „Phaidros", wurde von L. Feuerbach bereits in der „Theogonie" verwendet (GW 7, S. 245). Vgl. Platon Werke, Bd. III/4: Phaidros, Göttingen 1993, S. 46–47. **55–56** einem Rezensenten meiner letzten Schrift: E. Dühring; vgl. Erl. zu Brief 1127, Z. 40. **56–57** zwei andern: Von J. Duboc; vgl. Erl. zu Brief 1109, Z. 8–9 und Z. 11–14. **69–70** über mich selbst ... zu schreiben: Autobiographische Aufzeichnungen von L. Feuerbach sind aus den Jahren von 1846 (GW 19, S. 67–73), von 1847 (GW 10, S. 324–332, bes. S. 330–331) und von 1852 (GW 11, S. 9–10) bekannt.

1129

Originalhandschrift: Der Verbleib ist nicht bekannt. Die Veröffentlichung erfolgt nach dem Erstdruck.
Erstveröffentlichung: Deubler Bw II, S. 39–40.
Erläuterungen: 5–8 sorgenvollen Brief ... niedergedrückte Stimmung geschriebenen Brief (vom 17. Mai): Über den Verbleib beider Briefe ist nichts bekannt. **9** in betreff meines Befindens: Vgl. Erl. zu Brief 1121, Z. 11–12. **10** Deinem vorletzten Brief: Es handelt sich um K. Deublers Brief vom 4. Oktober 1866 (vgl. Brief 1108); da die zwischenzeitlich geschriebene Korrespondenz (vgl. Z. 5–6 des vorliegenden Briefes), fehlt. **25** Reise zu Dir: Die schon lange beabsichtigte Fahrt nach Goisern trat L. Feuerbach im Sommer 1867 doch noch an. Vgl. Erl. zu Brief 992, Z. 6–8. **31–32** Tochter ... nicht geantwortet: Nicht nachweisbar. **35–36** des uns entrissenen ... Roßmäßler: Der Naturforscher E. A. Roßmäßler, der mit K. Deubler im Briefwechsel gestanden hatte (vgl. Deubler Bw II, S. 18–19), war am 8. April 1867 in Leipzig gestorben.

1130

Originalhandschrift: UB München, Sign. 4° Cod. ms. 935 b/7. 40.
Erläuterungen: 4 Ihre ... Zeilen: Brief 1128. **55** ihres Vorhandenseins im Druck: W. Bolin wird sich hier auf die zweite, völlig umgearbeitete Auflage von K. Fischers „System der Logik und Metaphysik oder Wissenschaftslehre" (Heidelberg 1865) bezogen haben. **70–71** was Sie mir im April vorigen Jahres darüber schrieben: Brief 1099. **86** zwei größeren Schriften: Vgl. E. Dühring, Natürliche Dialektik. Neue logische Grundlegungen der Wissenschaft und der Philosophie, Berlin 1865 und ders., Der Wert des Lebens. Eine Denkerbetrachtung im Sinne heroischer Lebens-

auffassung, Breslau 1865. **87–88** seiner Rezensionen: Vgl. Erl. zu Brief 1127, Z. 40. **98** ein schweres Unglück: E. Dühring war nach einem sich steigernden Augenleiden erblindet. **100** seine 2 philos[ophischen] Schriften: Vgl. Erl. zu Z. 86 des vorliegenden Briefes. **106–107** halte ich Hochzeit: W. Bolin heiratete im Dezember 1867 Thilda Snellmann; vgl. Briefe 1139 und 1146.

1131

Originalhandschrift: UB Helsinki. – *Der Brief enthält auf der ersten Seite den Vermerk:* 25. Jena, Donnerstag d[en] 8. Aug[ust] 67
Streichungen: 12 ich *gestr.:* aber **25** Spazierstock *gestr.:* [unleserlich].
Erläuterungen: 9 Nichte Elise Heigl: Sie war die Tochter von Feuerbachs Bruder Eduard August Feuerbach, mit Rechtsanwalt Dr. Ferdinand Heigl verheiratet. Vgl. Th. Spoerri, Genie und Krankheit. Eine psychopathologische Untersuchung der Familie Feuerbach, Basel – New York 1952, S. 114. **14** ein Freund: Konrad Deubler, den L. Feuerbach mit seiner Tochter von Regensburg aus aufsuchte. Vgl. auch Erl. zu Brief 992, Z. 6–8.

1132

Originalhandschrift: UB München, Sign. 4° Cod. ms. 935 b/7. 41.
Erläuterungen: 5–6 Vor genau einer Woche verabschiedete ich mich von Ihnen in Ihrem herrlichen Asyl: Am 22. August 1867 fuhr W. Bolin, der zu einem Kurzaufenthalt in Goisern war, nach Deutschland zurück. **12–13** Ihres liebenswürdigen Wirten: Konrad Deubler. **17–18** Ihr Zeitgenosse D[avid Friedrich] S[trauß] ... Vorhaben begriffen: D. F. Strauß war seit etwa Anfang 1866 mit theologischen und philosophischen Studien beschäftigt, die seine Überzeugungen in abschließender Weise zum Ausdruck bringen sollten. Seine Arbeit „Der alte und der neue Glaube" erschien 1872. **41–42** Schreitmüller versprach ... mit Ihnen selbst zu verkehren: Nicht nachweisbar. **43** Freitag ... verließ ich München: 23. August 1867. **44–45** meiner Freundin: Vermutlich W. Bolins spätere Frau Thilda; vgl. Erl. zu Brief 1130, Z. 106–107. **51** Montag: 26. August 1867. **67** die Schrift: Vgl. Erl. zu Brief 1121, Z. 71. **80** Radenhausen: Gemeint ist der in Altona lebende Christian Radenhausen, der mit K. Deubler im Briefwechsel gestanden hat (vgl. Deubler Bw II, S. 71–75).

1133

Originalhandschrift: Der Verbleib ist nicht bekannt. Die Veröffentlichung erfolgt nach dem Erstdruck.
Erstveröffentlichung: BwN II, S. 226.
Erläuterung: 7 Deiner ... Frau: Vgl. Erl. zu Brief 991, Z. 34–35.

1134

Originalhandschrift: Der Verbleib ist nicht bekannt. Die Veröffentlichung erfolgt nach dem Erstdruck.
Erstveröffentlichung: C. Beyer: Leben und Geist Ludwig Feuerbachs, Leipzig 1873, S. 39. – Vgl. BwN I, S. 78, Fußn. 2.
Erläuterungen: 11 *Schrift über Rückert*: C. Beyer hat mehrere Arbeiten über F. Rückert veröffentlicht. L. Feuerbach bezieht sich hier auf dessen Schrift „Friedrich Rückert's Leben und Dichtungen" (Coburg 1866), was aus den Zeilen 14–15 des vorliegenden Briefes hervorgeht. **12** Urteil: Auf welches Urteil sich L. Feuerbach hier bezogen hat, ist nicht bekannt. Jedoch erschien in den „Blättern für literarische Unterhaltung", Leipzig, eine positive Besprechung von R. Gottschall über C. Beyers Werk (vgl. ebenda, Nr. 48, 29. November 1866, S. 753–758). **14–15** der Passus über die *wahre Liebe*: In der unter Z. 11 genannten Schrift heißt es auf S. 83: „O, wie wenigen ist diese himmlische Liebe verliehen, wie wenigen erblüht das Gefühl, daß die wahre Liebe nicht ein *sinnlicher* Vereinigungstrieb ist, sondern eine *göttliche Sehnsucht* des Herzens nach einer ihm *ebenbürtigen*, es verstehenden Seele." **23** Festrede: C. Beyer, Friedrich Rückert ein deutscher Dichter. Festrede gehalten zu Neuseß [Neuses] bei der Rückertfeier des Coburger Künstlervereins „Stiftshütte" am 29. Mai 1867 (nebst einem Anhange), Coburg 1867. **27** Ihres ... Bruders: Karl Bayer (Beyer). Vgl. GW 20, S. 424; Erl. zu Brief 786, Z. 40.

1135

Originalhandschrift: UB Helsinki. – *Der Brief enthält auf der ersten Seite den Vermerk:* 26 H[elsing]fors, Dienstag, d[en] 8. Oktober [18]67, Freitag, d[en] 18. Oktober [18]67.
Datierung: Sie ergibt sich aus den Angaben des vorliegenden Briefes (vgl. Z. 33). Am 9. September 1867 (vgl. Z. 21) hatte L. Feuerbach seinen Ferienaufenthalt in Goisern beendet und war – nach einem 2 1/2tägigen München-Aufenthalt (vgl. Z. 49–50) – am 16. September 1867 wieder in Nürnberg.
Streichung: 80 bedächtigen *gestr.*: [unleserlich].
Korrektur: 45 Rudolphsturm (beim Salzbergwerk): Rudolfstein (einem Salzbergwerk) *Manuskript*. – So auch BwN. – L. Feuerbach verwechselte den Rudolfstein, einen Granitberg im Fichtelgebirge, mit dem Rudolphsturm in der Nähe von Hallstadt.
Erstveröffentlichung: BwN II, S. 191–193.
Textvergleich: 3 Nürnberg: Rechenberg, Anfang Okt. 1867 *BwN* **7** vom: von *BwN* **8** hieher: heute *BwN* **16** geschätzten: geschützten *BwN* **26** längst schon: schon längst *BwN* **37** den: am *BwN* **44** im Salzkammergut *Fehlt in BwN* **45** und *In BwN folgt:* am **55** Vielerlei-Sehen: Vielerlei *BwN* **58** Gemäldesammlung ... Schack: Gemäldeausstellung des B. Schack *BwN*

63 s[ich] den: seinen *BwN* **66–81** ebensowenig ... Schweizer Wirte *Fehlt in BwN* **84** herzlich *Fehlt in BwN* **85** L. Feuerbach: L. F. *BwN.*
Erläuterungen: 51–52 meines Neveus: Anselm Feuerbach, der Maler.
54 die Rottmannschen: Von Carl Rottmann, dem Hofmaler des Königs Ludwig I., wurden in der Neuen Pinakothek mehrere große Landschaftsbilder ausgestellt, die ursprünglich für die Hofgartenarkaden vorgesehen waren. **58** Gemäldesammlung ... Schack: Die Schack-Galerie in München beherbergt die von Adolf Friedrich von Schack seit 1857 aufgebaute Privatsammlung zeitgenössischer Malerei. Der Hauptbestand enthält neben Werken von A. Feuerbach, auch solche von M. v. Schwind, C. Rottmann, E. N. Neureuther, C. Spitzweg, B. Fries, F. v. Lenbach und von A. Böcklin. **70** einen Freund in Dresden: Robert Kummer. **71–74** über Deubler ... Urteil gelesen: Siehe H. Noë, Oesterreichisches Seebuch. Darstellungen aus dem Leben an den Seeufern des Salzkammergutes, München 1867, S. 20, 215 und 326. **84** Ihre Braut: Vgl. Erl. zu Brief 1130, Z. 106–107.

1136

Originalhandschrift: Der Verbleib ist nicht bekannt. Die Veröffentlichung erfolgt nach einer Abschrift von Pater I. Müller – Zentralbibliothek Solothurn (Schweiz), Sign. S I 472/37.
Erstveröffentlichung: BwN II, S. 193–194.
Erstmals vollständige Veröffentlichung: Solothurner Wochenblatt, Nr. 16 vom 22. April 1922, S. 121–122.
Textvergleich mit BwN: 66 demselben: derselben *BwN.*
Textvergleich mit Wochenblatt: 16 andren *Fehlt im Wochenblatt* **17** München *Im Wochenblatt folgt:* (den bekannten geisstvollen katholischen Publizisten, gest. 1848) **21** ihren: Ihren *Wochenblatt* **40** weiter *Fehlt im Wochenblatt* **48** seit *Im Wochenblatt folgt:* mehr als **51** verehrtester: verehrter *Wochenblatt* **58** schon *Fehlt im Wochenblatt* **61** ihren: den *Wochenblatt* **68** andern: anderen *Wochenblatt* **89** der Fall nicht gewesen: nicht der Fall gewesen *Wochenblatt* **98** durch Sie: von Ihnen *Wochenblatt* **99** viele: viel *Wochenblatt* **103–104** bereits *Fehlt im Wochenblatt.*
Streichungen: 15 Schwester *gestr.:* Magdalena **50** nur *gestr.:* äußerst **89** noch *gestr.:* weiter **93** man *gestr.:* sich von seiner **100** Sie *gest.:* die beifolgenden ... Beilagen **103** einigen *gest.:* [unleserlich].
Erläuterungen: 4–5 Schreiben vom 10. März 1866: Brief 1095. **12–14** „Sie könnten mein Interesse an Ihnen nur meinem Interesse an Ihrer Schwester Magdalena oder an Ihrer Familie überhaupt zuschreiben": Vgl. Brief 1095, Z. 20–22. **17** Görres in München: Johann Joseph von Görres. Er war 1827 Professor der Geschichte in München, galt als Vorkämpfer des politischen Katholizismus und führender Vertreter der katholischen Publizistik. Besonders bekannt wurde seine Schrift „Athanasius" (Regensburg 1838), mit der er anläßlich des Kölner Kirchenstreits die preußi-

sche Politik angriff. K. Gutzkow hatte 1838 mit der Schrift „Die rothe Mütze und die Kapuze" zum „Verständniß des Görres'schen Athanasius" beigetragen. **48–49** Ihrer Schwester von Dobeneck: Vgl. Erl. zu Brief 1087, Z. 5. **62–65** Daß der Protestantismus ... nach Wahrheit nicht stillen konnte: Pater I. Müller bezieht sich hier auf L. Feuerbachs anfängliches Theologiestudium in Heidelberg vom 21. April 1823 bis 1824. **83–84** Schriften ... über *Caspar Hauser*: Zu den Schriften von G. F. Daumer bis zum Jahr 1867, vgl. das Literaturverzeichnis. **85** Großherzogin Stephanie: Stephanie Beauharnais; vgl. im vorliegenden Band die Erl. zu Brief 1159 (89 a), Z. 5. **96–97** Schriften ... verloren gegangen: P. J. A. von Feuerbach veröffentlichte zum Fall Kaspar Hauser: „Kaspar Hauser. Beispiel eines Verbrechens am Seelenleben des Menschen" und „Erkenntnisse über Kaspar Hauser", beide Ansbach 1832. Darüber hinaus machte L. Feuerbach nach dem Tod seines Vaters erstmals eine weitere Aufzeichnung, das „Memoire über Kaspar Hauser", bekannt. Vgl. Anselm Ritter von Feuerbach's ... Leben und Wirken aus seinen ungedruckten Briefen und Tagebüchern, Vorträgen und Denkschriften veröffentlicht von seinem Sohne Ludwig Feuerbach, 2. Bd., Leipzig 1852, S. 319–333. (GW 12, S. 567–578). **100** das Beiliegende: Nicht bekannt. **101–104** Abt Leo Stöckling als den ersten Organisten ... im Druck erschienen ist: Von P. L. Stöcklin konnten zwei Veröffentlichungen ermittelt werden: „Pie Pelicane" (1841) und „Mess-Gesänge für vier Männerstimmen. Zum Gebrauche beim katholischen Gottesdienst im Senimar Wettingen" (Wettingen 1856). **104** Piecen: Ableitung von „Piece", ein musikalisches Zwischenspiel.

1137

Originalhandschrift: UB München, Sign. 4° Cod. ms. 935 b/2. 2.
Erläuterungen: 4–5 mein Brief vom 15. August: Über den Verbleib dieser Korrespondenz ist nichts bekannt. **6–7** die Beantwortung meines ersten Briefs: L. Feuerbach schrieb erstmals am 31. Mai 1867 an Gustav Bäuerle; vgl. Brief 1125. **9–10** Ansicht über Schopenhauer ... Philosophie: Der Antwortbrief von L. Feuerbach (vgl. Erl. zu Z. 39 des vorliegenden Briefes) ist nur im Auszug vorhanden. **39** einer Antwort: Vgl. Brief 1140.

1138

Originalhandschrift: Der Verbleib ist nicht bekannt. Die Veröffentlichung erfolgt nach dem Erstdruck.
Erstveröffentlichung: BwN II, S. 226–227.
Erläuterungen: 8 Deinen und Eleonorens Brief: Vgl. L. Feuerbachs Brief vom 19. September 1867 (Brief 1133); der erwähnte Brief von Tochter Leonore scheint nicht erhalten geblieben zu sein. **13–14** Robert

Kummer: Vgl. Brief 1135, Z. 66–70. **15** die Messe: Leipziger Herbstmesse 1867. **27** Lasern: In Goisern. **29** Prof. *Suess*: Eduard Suess. **33–34** Pfau ... besuchen: L. Pfau mußte seinen Besuch, zu der Zeit, als sich L. Feuerbach in Goisern aufgehalten hatte, absagen. Vgl. Erl. zu Brief 1126, Z. 27. **38** meinem Weibe: Vgl. Erl. zu Brief 991, Z. 34–35. **40** Eleonora: K. Deubler meint Feuerbachs Tochter Leonore. **51** Nandl: Vermutlich ist hier K. Deublers Adoptivtochter Anna, genannt „Nandl", gemeint.

1139

Originalhandschrift: UB München, Sign. 4° Cod. ms. 935 b/7. 43.
Erstveröffentlichung, gekürzt: BwN II, S. 194–195.
Textvergleich: 15 entfernte: entfernt *BwN* **24** angemessenere: angemessene *BwN* **25** nahm: nehme BwN **37–117** Mein Leben ... meiner Braut *Fehlt in BwN* **118** W[ilhel]m: W. *BwN.*
Erläuterungen: 5 Zeilen: Brief 1135. **30** meiner Ehehälfte: Vgl. Erl. zu Brief 1121, Z. 68. **79** „was ist der langen Rede kurzer Sinn": Ausspruch des Kriegsrats Questenberg in „Die Piccolomini". Vgl. Friedrich Schiller. Gesammelte Werke ..., Berlin 1959, Bd. 3, S. 344.) **90–91** Rosenkranz ... Kants Werken: Vgl. Immanuel Kant's Sämmtliche Werke, hrsg. von K. Rosenkranz und F. W. Schubert, Leipzig 1838–1842. **104–105** Herbart ... zurechtgewiesen: GW 3, S. 304–321. Die Auseinandersetzung L. Feuerbachs bezieht sich auf J. F. Herbarts Schrift „Zur Lehre von der Freyheit des menschlichen Willens. Briefe an Herrn Professor Griepenkerl", Göttingen 1836. **117** meiner Braut: Siehe Erl. zum vorliegenden Brief, Z. 30.

1140

Originalhandschrift: Der Verbleib ist nicht bekannt. Die Veröffentlichung erfolgt nach dem Erstdruck. – W. Bolin verknüpfte diesen Brief mit Brief 1125 unserer Ausgabe (Bw II, S. 339; vgl. ebenda, Anm. *).
Erstveröffentlichung: BwN II, S. 188.
Erläuterung: 10 Alpennatur: Vgl. Erl. zu Brief 992, Z. 6–8 und Datierung zum Brief 1134.

1141

Originalhandschrift: UB München, Sign. 4° Cod. ms. 935 b/75. 9.
Erstveröffentlichung, gekürzt: BwN II, S. 195.
Textvergleich: 5–29 Arrivé depuis ... en France *Fehlt in BwN* **33–56** Mais les précautions ... dévoué *Fehlt in BwN* **58** Gartenstraße ... (Württemberg) *Fehlt in BwN.*
Erläuterungen: 68 Tirol: L. Feuerbach war nach Goisern gefahren. Vgl.

Brief 992, Z. 6–8. **109** Werk von Bailly: Vgl. Erl. zu Brief 1124, Z. 80.

1142

Originalhandschrift: Der Verbleib ist nicht bekannt. Die Veröffentlichung erfolgt nach dem Erstdruck.
Erstveröffentlichung: BwN II, S. 228–229.
Erläuterungen: 6–17 ein Buch ... Schloenbach: Ludwig Feuerbach. In: Bibliothek der Deutschen Klassiker, Denker und Forscher der Neuzeit, 25. Bd., 2. Lieferung, 2. Heft, Hildburghausen 1864, S. 265–297. **27–28** Du ... in Goisern einziehen wirst: Während K. Deubler mit einem erneuten Besuch L. Feuerbachs in Goisern rechnete, mutmaßte W. Bolin, daß Feuerbach ganz nach Goisern ziehen würde (vgl. Brief 1139). **57** Eleonore: K. Deubler meint L. Feuerbachs Tochter Leonore. **60** Reich ... seine Werke: Von dem Mediziner E. Reich besaß K. Deubler mehrere Werke. Zu denen, die bis 1867 – dem Briefdatum des vorliegenden Schreibens – erschienen sind, gehören: „Aus meinem Leben" (Gotha 1864), „Die allgemeine Naturlehre des Menschen" (Gießen 1865) und „Die Ursachen der Krankheiten, der physischen und der moralischen" (Leipzig 1867). **61** Brief: Siehe den Brief von Eduard Reich an Konrad Deuber vom 21. Dezember 1867, in: Deubler Bw II, S. 84–86.

1143

Originalhandschrift: Der Verbleib ist nicht bekannt. Die Veröffentlichung erfolgt nach Exzerpten von E. Lenel, die sich in der Manuscript Division der Library of Congress, Washington, D. C., befinden.
Datierung: W. Bolin datierte diesen Brief auf den 14. Januar 1868. – Wir schließen uns E. Lenel an, die in Kenntnis der Familienpapiere den 4. Januar 1868 erwähnt (vgl. Lenel, S. 124, Anm. 2 und S. 125, Anm. 1).
Erstveröffentlichung: Bw II, S. 348–350.
Textvergleich mit Bw: 3 4. Januar: 14. Januar *Bw* **8** es *In Bw folgt:* aber **16** 2. Band: zweiten Band *Bw* **23** daß der *In Bw folgt:* längerer Nachtrag unter den **23** Druckfehler: Druckfehlern *Bw* **34–35** der demokratischen alleinseligmachenden Kirche: der alleinseligmachenden Demokratie *Bw* **36–37** wir Deutschen: die Deutschen *Bw* **38** noch *Fehlt in Bw* **42** eifrig, als: rührig wie *Bw* **46** J[ahre]: Jahre *Bw* **47** [es]: es *Bw* **52** großen: grösseren *Bw* **54** außerordentlich: äusserlich *Bw* **57** als *In Bw folgt:* Vorstand der Emigration **59** Jahre ca.: Jahr beispielsweise *Bw* **61** Pfund 2,50: 2,50 Dollars *Bw* **61** zahlte: zahlt *Bw* **64** etc. etc.: usw. *Bw* **69** Malstrom: Maelstrom *Bw* **72** und *Fehlt in Bw* **73** 2.: zweiten *Bw* **76** so schnell: so früh *Bw*.
Korrektur: 57 Immigration: Emigration *Lenel.*
Erläuterungen: 7 wissenschaftlicher Hochachtung: Bezieht sich auf L. Feuerbachs zehnten Band der „Sämmtlichen Werke". **10–11** Bequem-

lichkeit ... zu schaffen: F. Kapp hat L. Feuerbach finanzielle Unterstützungen zukommen lassen. **13–14** Arbeit ... Verleger: F. Kapps „Geschichte der deutschen Einwanderung in Amerika", dessen Vorwort er am 18. Oktober 1867 unterzeichnet hatte, wurde bei „Quandt & Händel" 1868 in Leipzig verlegt. Den Druck besorgte J. B. Hirschfeld. **16** Einen 2. Band ... schreiben: Hierzu kam es nicht. Nachdem der erste Band von F. Kapps „Geschichte der deutschen Einwanderung in Amerika" 1867 bei E. Steiger in New York erschienen war, folgte ein Jahr darauf in Leipzig eine weitere Ausgabe, mit dem Untertitel „Die Deutschen im Staate im Staate New-York bis zum Anfang des neunzehnten Jahrhunderts". Eine dritte, vermehrte und mit einem neuen Vorwort versehene Auflage wurde 1869 abermals in New York herausgegeben. **23–27** Druckfehler am Ende der deutschen Ausgabe ... aufzunehmen: Es handelt sich um folgende Passage, die in der dritten Auflage von 1869 wieder in den Text aufgenommen worden war: „Raubstaat ist jedes politische Gemeinwesen, welches sich nicht auf die ihm innewohnende Kraft stützt, sondern an eine selbstständige Macht, an einen fremden Willen anlehnt, welches höchstens in friedlichen Zeiten sein Scheinleben fristen kann, aber beim bloßen Gerücht einer Gefahr schmeichelnd und bittend bei einem wirklichen Staate unterkriechen muß, um sein bischen Dasein noch um eine Spanne zu verlängern. Der Staat ist Macht und Ehre, Größe und Selbstständigkeit, Heimath und Vaterland; der Raubstaat bedeutet Ohnmacht und Ehrlosigkeit, Armuth und Abhängigkeit, Kirchthurmpolitik und Polizeipferch. Der Staat ist der Inbegriff aller Bürger, welche in ihm und durch ihn das Feld für die Bethätigung ihrer Kraft finden; der Raubstaat ist eine oft größere, oft kleinere Zahl von Unterthanen, welche gar keinen politischen Gesichtskreis haben können und dürfen. Der Staat ist die souveräne Gesellschaft und als solche unzerstörbar; der Raubstaat ist im günstigsten Falle, wie das englische Recht sagen würde, ein estate at sufferance, d. h. ein bloß geduldeter Grundbesitz, der trotzdem, daß der ursprünglich darauf erworbene gute Rechtstitel längst erloschen ist, sich, so lange der Souverän es erlaubt, noch in der faktischen Gewalt des Erwerbers oder seiner Erben befindet. Der Staat ist das Volk; der Raubstaat ist der vertausendfachte Junker, der potenzirte Stegreifritter und Krippenreiter, der sich beim Volke einlegt und so lange schmarotzt, als die Geduld oder die Vorräthe seiner Opfer vorhalten. Sein Wesen ist Hungerleiderei und Bettelhaftigkeit, Abwesenheit selbst der bescheidensten Einsicht in die ökonomischen Grundgesetze des bürgerlichen Lebens; seine bloße Existenz ist ein Raub, ein Verbrechen an der Nation. Ein Raubfürst aber ist jeder Herrscher über ein solches Gebiet, heiße es nun Königreich oder Landgrafschaft, sei er nun Herzog von Würt[t]emberg, der heute von seiner Maitresse den Goldbrokat stehlen läßt, um morgen darin auf dem Hofball zu glänzen, oder sei er Kurfürst von der Pfalz, der das Geld, welches die Franzosen seinen Bauern für ihre verwüsteten Felder zahlen, als Landesvater in seine Tasche steckt und seinen

Unterthanen das leere Nachsehen läßt, oder sei er ein von Napoleon fabrizirter König, der sich dem Schöpfer seines Glückes nur demüthig mit entblößtem Haupte zu nahen wagt und froh ist, wenn er, wie ihrer Zeit die Könige von Bayern und Sachsen, eines Blickes gewürdigt wird." (F. Kapp: Geschichte der Deutschen im Staate New York bis zum Anfange des neunzehnten Jahrhunderts, 3., verm. Aufl., New York 1869, S. 59–60). Vgl. 1. Aufl., New York 1867, S. 59–60 und 2. Aufl., Leipzig 1868, Druckfehler-Verzeichniß, S. XXIX. **24** Verleger: Vgl. im vorliegenden Brief, Erl. zu Z. 13–14. **46–48** Ich beabsichtige immer noch, im J[ahre] 1870 mit meiner Familie nach Deutschland zurückzukehren, und ..., in Berlin zu wohnen: F. Kapp kehrte im Frühjahr 1870 tatsächlich aus Amerika nach Deutschland zurück und lebte mit seiner Familie in Berlin. Vgl. Lenel, S. 137 und F. Kapps Brief vom 13. Dezember 1870 an E. Cohen, in: Kapp Bw, S. 95.

1144

Originalhandschrift: Der Verbleib ist nicht bekannt. Die Veröffentlichung erfolgt nach dem Erstdruck.
Erstveröffentlichung, Auszug: Deubler Bw II, S. 44–45.
Erläuterungen: 9–10 Du fragst mich ... nach *Vogt*: Der Physiologe C. Vogt hielt 1867 in mehreren Orten Deutschlands Vorträge über die „Urgeschichte des Menschen" und war in der Zeit vom 14. Februar bis zum 2. April 1867 in Nürnberg, wo diese im Saale des Nürnberger Hotel „Goldener Adler" abgehalten wurden. Vgl. Fränkischer Kurier (Mittelfränkische Zeitung. Nürnberger Kurier). Stadt-Ausgabe, Nürnberg, Jg. 1867. **12** *meines Aufenthaltes in Goisern:* Vgl. Brief 992, Z. 6–8. **13–14** Verleger ... Abhandlung „Über die Mikrocephalen oder Affen-Menschen" geschickt: Die genannte Abhandlung von C. Vogt ist nicht nachweisbar; der Verleger konnte deshalb nicht ermittelt werden. **17** letzten Brief: Vgl. Brief 1142, bes. Z. 35–45. **22–23** *Reich ... Schriften:* L. Feuerbach bezieht sich auf die in K. Deublers Privatbibliothek in Goisern vorhandenen Schriften des Mediziners E. Reich; speziell auf dessen Selbstbiographie „Aus meinem Leben" (Gotha 1864) und „Die allgemeine Naturlehre des Menschen" (Gießen 1865). – In einer 1868 in Erlangen veröffentlichten Arbeit „Ueber die Entartung des Menschen, ihre Ursachen und Verhütung", ging der Autor an mehreren Stellen auf Feuerbach ein (vgl. ebenda, S. 4, 9, 43, 134, 177 und S. 197).

1145

Originalhandschrift: UB München, Sign. 4°, Cod. ms. 935a / 48.
Erstveröffentlichung, Auszug: Autographenkatalog, Erasmus-Haus, Haus der Bücher AG, Antiquariat, Basel, Bäumleingasse 18.
Erstmals vollständige Veröffentlichung: W. Schuffenhauer, Ein bisher

unbekannter Brief von Ludwig Feuerbach, in: Ludwig Feuerbach und die Fortsetzung der Aufklärung, hrsg. von H.-J. Braun, Zürich 2004, S. 117–131.
Streichung: 13 entsprechenden *gestr.*: guten.
Erläuterungen: 6 Schreiben: Nicht bekannt. **10** Anselm: Anselm Johann Ludwig Feuerbach (1842–1916), Sohn des 1843 verstorbenen Bruders von L. Feuerbach, Eduard. Vgl. über ihn ausführlich erstmals vollständige Veröffentlichung. **10** die Heilanstalt: Vom 8. März bis zum 5. August 1868 war A. J. L. Feuerbach Patient der „Kreis-Irrenanstalt Erlangen". Vgl. „Grundbuch" (= Patientenverzeichnis der Heilanstalt), Nr. 832 im Klinikum am Europakanal, Klinik für Psychiatrie, Psychotherapie und Psychotherapeutische Medizin, Erlangen.

1146

Originalhandschrift: UB München, Sign. 4° Cod. ms. 935 b/7. 44. – *Zeilen 102–103 finden sich im Original auf der ersten Briefseite.*
Streichung: 19 Mit mein- *gest.*: h[eutigen].
Erläuterungen: 20 neue ... Wohnstätte: Rechenberg bei Nürnberg. **28** Abhandlung über die Willensfreiheit: Vgl. Erl. zu Brief 1121, Z. 71. **85** daß ich ... verheiratet bin: Die Hochzeit W. Bolins sollte im Dezember 1867 stattfinden; vgl. Erl. zu Brief 1130, Z. 106–107. **88–90** die Wahrheit ... ausmachen: Vgl. beispielsweise GW 5, S. 178 und S. 290. **94** Schutzpatronin: Athene. **102** Brief im Spätherbst: Brief 1139.

1147

Originalhandschrift: UB München, Sign. 4° Cod. ms. 935 b/55. 10.
Streichung: 13 Rey *Folgt gestr.:* que [?].
Erläuterungen: 44 Ihr ... Brief: Der Verbleib dieses Briefes ist nicht bekannt. **50** meine Freunde: A. Rogeard und A. Rey (vgl. Z. 52 des vorliegenden Briefes). **60** Ihrer Abreise: L. Feuerbach, der 1867 nach Goisern gefahren war, unternahm 1868 keine Reise. **65–67** Protest nach London verbannter französischer Arbeiter gegen die zweite römische Expedition: Nicht nachgewiesen. **75** Tuilerien: Bezieht sich auf das Palais des Tuileries, ein ehemaliges Schloß der französischen Könige in Paris, welches im Auftrag von Katharina von Medici seit 1564 an der Stelle von Ziegeleien (tuileries) erbaut worden war. **76** der päpstlichen und bonapartistischen Mörder von Mentana: Bei Mentana erlitt G. Garibaldi am 3. November 1867 eine schwere Niederlage durch päpstliche Truppen und eine Abteilung französischer Infantrie.

1148

Originalhandschrift: UB München, Sign. 4° Cod. ms. 935 b/26. 15.

Erstveröffentlichung: BwN II, S. 195–196.
Textvergleich: 5–34 Mit Staunen ... altere ich *Fehlt in BwN* **45** [sich]: sich *BwN* **48** d. h. Anthropologie *Fehlt in BwN* **58** von Goisern *Fehlt in BwN* **64** unsre: unsere *BwN* **71–103** Was kann ... Dank *Fehlt in BwN*.
Erläuterungen: 6 Deinen Brief: Brief 1138. **17–18** „Der heilige Rock": Diese anonym von einem Katholiken herausgegebene „Streitschrift gegen den neumodischen römisch-papistischen Eiferer, die Feinde des Lichtes und der Freiheit" erschien in neuer und vermehrter Auflage 1868 im Leipziger Verlag bei O. Wigand. **20** vor 30 Jahren ... „P. Bayle": L. Feuerbach, Pierre Bayle. Ein Beitrag zur Geschichte der Philosophie und Menschheit, Ansbach 1838 (SW 6; GW 4). **31–33** noch eine Schrift über meine Schriften, über mein geistiges Curriculum vitae: Unter dem Titel „Fragmente zur Charakteristik meines philosophischen curriculum vitae" hatte L. Feuerbach bereits im zweiten Band seiner „Sämmtlichen Werke" 1846 fragmentarische autobiographische Aufzeichnungen aus dem Zeitraum von 1822 bis 1844 veröffentlicht (SW 2, S. 380–414; GW 10, S. 151–180). Dieses Vorhaben, welches er nun fortführen wollte, ist jedoch nicht realisiert worden. **58** Ortsvorstand von Goisern: Bürgermeister Elssenwenger; vgl. Brief 1133, Z. 36–37. **73** Mit Recht verhöhnst Du die Raubstaaten: Vgl. die Briefe 1037, Z. 43–46; 1100, Z. 41–45 und 1138, Z. 22–29. **90–91** die grandiose „Kritik der politischen Ökonomie": K. Marx, Das Kapital. Kritik der politischen Oekonomie, 1. Bd., Hamburg 1867. L. Feuerbach ist auf dieses Werk in seiner „Moralphilosophie" eingegangen. Vgl. ebenda, in: Solidarität oder Egoismus ..., a. a. O., S. 377, Anm. 44 und S. 405. **96–97** Lüdeking ... von mehrern Aufsätzen: Von K. Lüdeking ist bisher nur der Aufsatz „Ludwig Feuerbach. Eine Reiseskizze" bekannt, der im „Anzeiger des Westens" (St. Louis) und in der Zeitschrift „Das Jahrhundert" (Hamburg) zur Veröffentlichung kam (vgl. den vollen Wortlaut der „Reiseskizze" in: GW 20, S. 470–475 und das Literaturverzeichnis im vorliegenden Band). Weitere Beiträge von K. Lüdeking, die vermutlich in Zeitungen erschienen sind, konnten nicht nachgewiesen werden. Der erwähnte Brief vom 3. November 1867 befindet sich nicht im Nachlaß Ludwig Feuerbachs in der Universitätsbibliothek München.

1149

Originalhandschrift: UB Helsinki. – *Der Brief enthält auf der ersten Seite den Vermerk:* 27 H[elsing]fors, Juni [18]68, d[en] 15. S[e]pt[ember] [1868].
Erstveröffentlichung: BwN II, S. 198–199.
Streichung: 21 mehr *gestr.:* der
Textvergleich: 6 nicht Ihnen: Ihnen nicht *BwN* **6–9** damit Sie ... Brief ist *Fehlt in BwN* **9–10** aber nicht mit der Feder *Fehlt in BwN* **11** verlebten: verlebtem *BwN* **13** trocknen: trocknem *BwN* **17** Was ist ... Thema?

Fehlt in BwN **20** Schrift: Schriften *BwN* **21** im *Fehlt in BwN* **24** freudempfängliche: freudenempfängliche *BwN* **25** und historischen Beengungen *Fehlt in BwN* **26** ausgesprochne: ausgesprochene *BwN* **30** Rechenberg, 30. Mai [18]68 *In BwN am Briefanfang:* Rechenberg, den 30. Mai 1868.
Erläuterungen: 13–14 Ich bin wieder Schriftsteller geworden: Vgl. Erl. zu Brief 1121, Z. 33–34). **29** Goisern: In Goisern traf L. Feuerbach mit W. Bolin zusammen. Vgl. Erl. zu Brief 1132, Z. 5–6.

1150

Originalhandschrift: UB München, Sign. 4° Cod. ms. 935 b/78. 1.
Erläuterungen: 9 Abhandlung über die Freiheit: L. Feuerbach, Über Spiritualismus und Materialismus, besonders in Beziehung auf die Willensfreiheit. SW 10, S. 37–204; GW 11, S. 53–186. **19** Fischer ... „Willensfreiheit": Vgl. Erl. zu Brief 1047, Z. 23. **88** Ideler ... Seelenheilkunde: Vgl. den umfangreichen zweiteiligen „Grundriss der Seelenheilkunde" von K. W. Ideler (Berlin 1835–1838). **119–123** Nach Ebel ... Tac[itus] „Germ[ania]": Siehe H. Ebel: Gothisches, in: Zeitschrift für vergleichende Sprachforschung auf dem Gebiete der indogermanischen Sprachen, 5. Bd., Berlin 1856, S. 235–236. **126–130** Blasche ... offenbar werden kann: B. H. Blasche, Philosophie der Offenbarung als Grundlage und Bedingung einer höhern Ausbildung der Theologie, Gotha 1829, S. 6. **130** § 11: Wie Erl. zu Z. 126–130; ebenda S. 17–18. **132–135** Kuno Fischers ... wird zum Gott: Das genannte Zitat ist der „Geschichte der neuern Philosophie" (Mannheim 1854) von K. Fischer entnommen und wurde dort hervorgehoben (siehe ebenda, Bd. 1: Das classische Zeitalter der dogmatischen Philosophie, 29. Vorlesung, S. 544).

1151

Originalhandschrift: UB München, Sign. 4° Cod. ms. 935 b/53. 12.
Erstveröffentlichung: BwN II, S. 196–198.
Streichungen: 46 Ende *gestr.:* gemacht werde **46** als *gestr.:* durch.
Textvergleich: 3 Turin *In BwN folgt:* den **15–16** hochwillkommnen: hochwillkommenen *BwN* **36** Thron: Throne *BwN* **41** Staatsdienst: Staatsdienste *BwN* **44–46** die auch nach Preußens ... Einigkeit verdankt *Fehlt in BwN* **48–49** vom Süden Deutschlands: von Süddeutschland *BwN* **49** Korsarenhaus: Kasernenhaus *BwN* **50** benützt: benutzt *BwN* **70** benütze: benutzte *BwN* **74** machte: mache *BwN* **78** mir *Fehlt in BwN* **78** ich gar gern auch: ich auch gar gerne *BwN* **86–87** Turin ... 1868 *Fehlt in BwN*.
Erläuterungen: 9–10 des Verlustes eines ... Töchterchens: Vermutlich Elsa Moleschott, die nach den Angaben dieses Briefes 1863 geboren sein muß. Vgl. Sophie Moleschott, Elsa. Ein Kinderleben. – Muttertrost, (Gießen, o. J.). – Elsa Moleschott, eine weitere Tochter J. Moleschotts,

die diesen Namen trug und 1894 noch lebte, übersetzte diese Schrift ihrer Mutter ins Italienische. **16** Brief: Brief 1118. **16** Buch: Vgl. Erl. zu Brief 1023, Z. 37–42. **23–24** Als Sie mir ... schrieben: Wie Erl. zu Z. 16. **25** Reise: Vgl. Erl. zu Brief 992, Z. 6–8. **35–36** dem Quacksalber auf Frankreichs Thron: Napoleon III. **37** Der König: Viktor Emanuel II. <1861–1878>; er war von 1849 bis 1861 König von Sardinien. **72** meiner Anthropologie: Vgl. GW 20, Brief 925 und ebenda, Erl. zu Brief 882, Z. 94–96. **75–76** eine Tochter, die in Ihren Schriften liest: Vermutlich Marie Moleschott (1853–1879). **79** der Witwe Ihres Bruders Anselm: Henriette Feuerbach, geb. Heidenreich. **81** meiner ... Schwester: Sophie Moleschott. **81** alten Mutter: Elisabeth Moleschott, geb. van der Monde. Sie wurde am 10. August 1795 geboren.

1152

Originalhandschrift: UB München, Sign. 4° Cod. ms. 935 b/7. 35.
Erläuterungen: 8–10 Vollendung ... an die Öffentlichkeit trat: Vgl. Erl. zu Brief 1121, Z. 71. **34** „*Système de la nature*": Von P. H. D. de Holbach. **75** Abhandlung über Freiheit: Vgl. Erl. zu Brief 1150, Z. 9. **78** eine deutsche Bearbeitung meiner Abhandlung: Von der unter Z. 8–10 genannten Arbeit W. Bolins ist keine deutsche Übersetzung nachweisbar. **85–86** Rezension ... „Ergänzungsblättern": Vgl. Erl. zu Brief 1127, Z. 40. **89** vorlesen lassen: Vgl. Erl. zu Brief 1130, Z. 98. **94–98** Kollegien über Geschichte der Philosophie ... handelt: Vgl. E. Dühring, Kritische Geschichte der Philosophie von ihren Anfängen bis zur Gegenwart, Berlin 1869. Zu Fichte, Schelling, Herbart und Hegel vgl. ebenda, S. 423–446 und zu Feuerbach, ebenda, S. 494–519. **979** Tychonismus: Offenbar meint W. Bolin Tychismus.

1153

Originalhandschrift: UB München, Nachlaß L. Feuerbach. Dedikation Peter Feuerbach, 1986, 2. Fasz. 5.
Streichung: 25 um *gestr.:* Ihre.
Erläuterungen: 9 Quittung ... einzusenden: Vgl. Brief 1155. **28–29** Erneuerung der Pension: Eine weitere, dritte, dreijährige Unterstützungszahlung in Höhe von 300 Thlr. jährlich wurde bereits am 4. April 1868 protokollarisch festgehalten (Archiv DS, S. 19). **35** Vorort: Von 1859 bis 1864 war Weimar, von 1865 bis 1869 Wien der Vorort der Deutschen Schillerstiftung und für 1870 bis 1874 wurde erneut Weimar als solcher bestimmt. **47** Ferdinand Kürnberger: Er war von 1866 bis 1869 Generalsekretär der Deutschen Schillerstiftung in Wien.

1154

Originalhandschrift: Der Verbleib ist nicht bekannt. Die Veröffentlichung erfolgt nach dem Erstdruck.
Erstveröffentlichung: BwN II, S. 203–204.
Erläuterungen: 8 Hektor: Enno Hektor, hatte sich bei der Deutschen Schillerstiftng für die Fortsetzung der Unterstützungszahlung eingesetzt. Vgl. Erl. zu Brief 1153, Z. 28–29. **8–10** daß Sie ... Wien: O. Wigand hatte sich bereits 1865 für Feuerbachs Ehrenpension bei der Deutschen Schillerstiftung eingesetzt. Siehe Briefe 1066, 1069 und 1075 sowie Erl. zu Brief 1067, Z. 15–16. **35–37** an meine Abhandlung ... sich anschließenden Schrift: Vgl. Erl. zu Brief 1121, Z. 33–34. **43** Ihre Söhne: Otto Friedrich Wigand hatte insgesamt zehn Kinder. Von den fünf Söhnen ist nur über Carl Hugo Wigand, Otto Alexander und Walter Wilhelm etwas bekannt; vgl. Namenverzeichnis.

1155

Originalhandschrift: Stiftung Weimarer Klassik, Goethe- und Schiller-Archiv, GSA 134/ 20,1.
Erstveröffentlichung: Archiv DS, S. 20.
Textvergleich: 26 N[a]chschr[i]ft: Nschr. *Archiv DS.*
Erläuterungen: 3 Herr: Der Brief ist an Ferdinand Kürnberger gerichtet, vgl. Erl. zu Brief 1153, Z. 47. **9** Dr. Eisenbart: Bezieht sich auf den Arzt und Heilkünstler Johannes Andreas Eisenbart (1663–1727), der jedoch durch sein marktschreierisches Auftreten als Quacksalber galt. **13** erfuhr: Brief 1153.

1156

Originalhandschrift: UB München, Sign. 4° Cod. ms. 935 b/30. 1.
Erläuterungen: 5–6 vom 12. v[origen] M[onats]: Der Verbleib dieses Briefes ist nicht bekannt. **6–7** und **90** meines ... Schriftchens: Vermutlich A. Heinsius: Meine Religion in ihren Grundzügen, Coburg 1869.

1157

Originalhandschrift: Biblioteca dell'Archiginnasio Bologna, Nachlaß Moleschott.
Erstveröffentlichung: Archiv, S. 74–77.
Textvergleich: 26 unwillkommnen: unwillkommenen *Archiv* **31** französischen gediegenen: französischgediegenen *Archiv* **63–64** unterbrochne: unterbrochene *Archiv* **68** hier *Fehlt in Archiv* **69** d. h.: das heißt *Archiv* **86** erfragen: anfragen *Archiv.*
Erläuterungen: 5 Ihren Brief: Siehe Brief 1151. **8** Schrift: Vgl. Erl. zu Brief 1023, Z. 37–42. **10** meine Schwägerin: Henriette Feuerbach, geb. Heidenreich; sie besuchte die Familie Feuerbach im Herbst 1868 für

mehrere Wochen. **20** ihren König: Vgl. Erl. zu Brief 1151, Z. 37. **31** „La Démocratie": Dieses Journal wurde vom 14. Juni bis zum 6. Dezember 1868 von Chr. Louis Chassin in Paris herausgegeben. **34** Napoleon: Napoleon III. **41–42** keineswegs „erquicklichen Gebiet der Politik": Zitat von J. Moleschott, vgl. Brief 1151, Z. 64. **72–73** Schwägerin ... vielseitig tätiger als je: Henriette Feuerbach war durch mehrere Schriften bekannt geworden. Schon 1839 veröffentlichte sie – damals noch anonym – ihre „Gedanken über die Liebenswürdigkeit der Frauen", einen „kleinen Beitrag zur weiblichen Charakteristik". Mit „Sonntagsmuße" folgte 1846 „Ein Buch für Frauen". 1853 brachte sie gemeinsam mit Hermann Hettner die vierbändige Ausgabe der „Nachgelassenen Schriften" ihres verstorbenen Mannes Anselm Feuerbach heraus, deren ersten Band sie bearbeitet hat. Und 1866 veröffentlichte sie mit „Uz und Cronegk" Porträts zweier fränkischer Dichter aus dem 18. Jahrhunderts. Darüber hinaus sind von ihr mehrere kleinere Beiträge, meist Rezensionen, in Zeitungen bzw. Zeitschriften erschienen (vgl. E. Schippel, Henriette Feuerbach, Jena 1930, S. 70–71). **87** die Stadt: Nürnberg.

1158 (46)

Originalhandschrift: BJ Kraków. – Der Forschung wieder zugänglich gemacht und nachgewiesen durch M. Köppe. Siehe dazu M. Köppe: Karl Theodor Ferdinand Grün (1817–1887). Diss. phil., Freie Universität Berlin, Berlin 2004.
Erstveröffentlichung: BwN I, S. 214–219 (vgl. GW 17, Brief 46).

1159 (89 a)

Originalhandschrift: Der Verbleib ist nicht bekannt. Die Veröffentlichung erfolgt nach dem Erstdruck.
Erstveröffentlichung, Auszug: G. F. Daumer: Enthüllungen über Kaspar Hauser. Mit Hinzufügung neuer Belege und Documente und Mittheilung noch ganz unbekannter Thatsachen, namentlich zu dem Zwecke, die Heimath und Herkunft des Findlings zu bestimmen und die vom Grafen Stanhope gespielte Rolle zu beleuchten. Eine wider Eschricht und Stanhope gerichtete historische, psychologische und physiologische Beweisführung, Frankfurt am Main 1859, S. 104–105.

Neben diesem Briefauszug gibt Daumer folgende „Aufzeichnungen" von L. Feuerbach bekannt: „Als er [K. Hauser] Jemand eine Birne aufschneiden sah, in der sich ein Wurm befand, kam er mit Birne und Wurm zu uns in den Garten hinunter und erzählte mit einem an Abscheu grenzenden Ekel, daß Jemand Etwas habe essen wollen, in welchem so garstige Thiere wären. Als wir ihn den Wurm tödten hießen, weigerte er sich dessen und legte ihn in's Gras hinein." (Ebenda, S. 301). „Er [K. Hauser] sagte einmal, um nicht immer jedem, der zu ihm komme,

sein Bild von *Binder* zeigen zu müssen, was ihm sehr lästig und widerlich ist, wolle er sagen, es befinde sich nicht im Hause. Bald darauf bemerkte er jedoch, daß Lügen nicht recht sei, und daß man die Wahrheit sagen müsse; er wolle mir das Bild nach Ansbach mitgeben, dann lüge er doch nicht, wenn er sage, es sei nicht mehr da." (Ebenda, S. 306–307).
Datierung: Ergibt sich aus dem Hinweis auf K. Hausers Sterbedatum.
Erläuterungen: 5 *Hauser*: Kaspar Hauser, ein Findelkind, dessen Herkunft umstritten ist, wurde angeblich am 30. April 1812 geboren und tauchte Pfingsten 1828 in Nürnberg auf. Hauser galt als Sohn des Großherzogs Karl von Baden und seiner Frau Stephanie Beauharnais. Zunächst von G. F. Daumer ausgebildet, wurde er schließlich dem englischen Earl of Stanhope anvertraut (vgl. Auszug eines Briefs des Grafen Stanhope an den Herrn Schullehrer Meyer in Ansbach, Carlsruhe 1834, bes. S. 4–6) bis er später zu Meyer (vgl. im vorliegenden Brief Erl. zu Z. 8) kam. – Vgl. auch Der Spiegel, Hamburg, Nr. 52 vom 21. Dezember 2002. **6** am vergangenen Samstag: 14. Dezember 1833. **6** Schloßgarten: Von Ansbach. **8** *Meyer*: Feuerbachs Vater, P. J. A. von Feuerbach, dem die Obervormundschaft über K. Hauser oblag, gab Hauser in die Obhut des Ansbacher Volksschullehrers Johann Georg Meyer, wo er am dortigen Appellationsgericht als Aktenkopist arbeitete. **10–11** der erste Mordversuch ... der zweite: K. Hauser unterlag 1829 und 1831 zwei nie aufgeklärten Attentatsversuchen. **19** Konjekturen: Vermutungen. **23** als einen Betrüger: Vgl. z. B. J. F. Merker, Caspar Hauser nicht unwahrscheinlich ein Betrüger, Berlin 1830; Auszug eines Briefs des Grafen Stanhope an den Herrn Schullehrer Meyer in Ansbach, Carlsruhe 1834, S. 11–12 sowie die in späteren Jahren erschienene Schrift von D. F. Eschricht, Unverstand und Erziehung. Vier populäre Vorlesungen über Kaspar Hauser, Berlin 1857.

1160 (105 a)

Originalhandschrift: Universitätsarchiv Bern im Staatsarchiv Bern BB III b 461.
Erstveröffentlichung: M. Köppe, Ein unbekannter Brief Ludwig Feuerbachs aus dem Jahre 1834, in: Philosophisches Jahrbuch. Im Auftrag der Görres-Gesellschaft hrsg. von H. M. Baumgartner, K. Jacobi, H. Ottmann, W. Vossenkuhl, 108. Jg., 2. Halbbd., Freiburg – München 2001, S. 319–331.
Korrektur: 40–41 vor allem: vor allen *Manuskript*.
Erläuterungen: 3 Präsidium des Erziehungs-Rates in Bern: K. Neuhaus, er stand der Universität Bern auf staatsbernerischer Ebene vor. **5–6** Ausschreibens vom 3ten Mai: Reglement über die Organisation der Studien an der Hochschule. Siehe M. Köppe, Ein unbekannter Brief Ludwig Feuerbachs aus dem Jahre 1834, a. a. O., S. 321 und ebenda, Anm. 8. **17** Dissertation: L. Feuerbach, De ratione, una, universali,

infinita. (GW 1, S. 1–173). **25–26** *Logik* und *Metaphysik, Psychologie* und *Geschichte der Philosophie*: Zum Inhalt dieser Vorlesungen vgl. GW 13 bis GW 15. **30–31** „Die Geschichte der neuern Philosophie von Baco von Verluam bis Spinoza": Vgl. GW 2. **34–45** Rezensent ... Gegenstand: E. Erdmann, Geschichte der neuern Philosophie von Bacon von Verulam bis Benedict Spinoza, von Dr. Ludwig Andreas Feuerbach. Ansbach 1833. C. Brüggel. II. 434 S. (Beilagen p. I–LXIV.), in: Jahrbücher für wissenschaftliche Kritik, Berlin 1833, Nr. 106, Sp. 841–848. Vgl. M. Köppe, Ein unbekannter Brief..., a. a. O., S. 322, Anm. 14, 16 und 17. **45–46** Leipziger Literaturzeitung ... „ein gutes Buch": Leipziger Literatur-Zeitung, [Nr.] 41 vom 17. Februar 1834, S. 325–327. Vgl. M. Köppe, Ein unbekannter Brief ..., a. a. O., S. 322, Anm. 18. **47–52** Probeblatt ... zum Studium derselben: Gemeint wird die Literarische Zeitung. Probenummer. Berlin, im November 1833. Vgl. M. Köppe, Ein unbekannter Brief ..., a. a. O., S. 323, Anm. 19. **67** kleine Schrift: L. Feuerbach, Abälard und Héloise oder Der Schriftsteller und der Mensch. Eine Reihe humoristisch-philosophischer Aphorismen. (GW 1, S. 533–638).

1161 (123 b)

Originalhandschrift: UB München, Nachlaß Ludwig Feuerbach. Dedikation Peter Feuerbach, 1986, 1. Fasz., 2.7.
Erläuterungen: 1 Christian Karl Glück: Der mit Feuerbachs Vater bekannte Jurist Ch. K. Glück war am Oberappellationsgericht in München tätig. Glück sammelte leidenschaftlich Porträts von historischen Personen und bedeutenden Zeitgenossen. Sein „Allgemeiner Porträt-Katalog", ein „Verzeichnis einer Sammlung von 30.000 Porträts des 16. bis 19. Jahrhunderts in Holzschnitt, Kupferstich, Schabkunst und Lithographie mit biographischen Notizen" ist im Familienbesitz erhalten geblieben und konnte später veröffentlicht werden. **13** meines seligen Vaters: Der Pandektist Christian Friedrich von Glück (1755–1831).

1162 (180 a)

Originalhandschrift: Privatarchiv Herbert Albrecht, Berlin. – *Umschlag war mit Familienwappen versiegelt.* – Ansbach, 19. Sep[tember] 1838, Nürnberg, 30. Sep[tember] 1838: Sr. Wohlgeboren / d[em] Herrn Buchhändler *Julius Merz* / Frei. / Nürnberg.
Erstveröffentlichung, Auszug: J. A. Stargardt, Marburg, Auktionskatalog 632 (1985) Nr. 465.
Vollständige Veröffentlichung: Brief von Ludwig Feuerbach entdeckt. In: Fränkische Landeszeitung, Ansbach, Nr. 256 vom 4. November 1998.
Textvergleich: 3–5 Euer Wohlgeboren ... eingeladen *Fehlt im Auktionskatalog* **8–9** überdem ... Zeitschriften *Fehlt im Auktionskatalog* **15–20**

Indem ... 1838 *Fehlt im Auktionskatalog.*
Erläuterungen: 4 Ihrer neuen Zeitschrift: Der Nürnberger Buchhändler J. Merz gab ab Juli 1838 im Verlag von Bauer und Raspe das „Athenæum für Wissenschaft, Kunst und Leben. Eine Monatschrift für das gebildete Deutschland" heraus, für die Feuerbach zwei Beiträge verfaßte: den offenen Brief „An Karl Riedel. Zur Berichtigung seiner Skizze" (ebenda, März 1839, S. 50–64; GW 9, S. 3–15) und die Abhandlung „Über das Wunder" (ebenda, Mai 1839, S. 1–55; GW 8, S. 293–340). **9** Mitarbeiter an zwei ... Zeitschriften: L. Feuerbach veröffentlichte seine Beiträge sowohl in den Berliner „Jahrbüchern für wissenschaftliche Kritik" (vgl. die bis zum Zeitpunkt des Briefes an Merz gebrachten Abhandlungen in GW 8, S. 3–13; 14–23; 24–43; 44–61; 128–136 und S. 165–180) als auch in den Leipziger „Hallischen Jahrbüchern für deutsche Wissenschaft und Kunst" (vgl. GW 8, S. 137–148 und S. 149–164). **13** den Mitarbeitern: Bis zum September 1838 hatte J. Merz drei Hefte des „Athenæums ..." veröffentlicht, in denen G. F. Daumer, E. C. J. Lützelberger, W. Stich, Amadeus Ottokar, Karl Riedel, Gustav Bacherer, Leonhard Deifel, Fr. Wilhelm Carové, Prof. Stier in Berlin, Louis Mereau und J. M. Söltl zu den Mitarbeitern zählten. **15** das übersandte Probeheft: Welches von den drei Monatsheften J. Merz an Feuerbach sandte, ist nicht belegt.

1163 (280 a)

Originalhandschrift: Der Verbleib ist nicht bekannt. Die Veröffentlichung erfolgt nach Angaben des Autographenkataloges J. A. Stargardt.
Erstveröffentlichung, Auszug: Autographenkatalog J. A. Stargardt, Katalog 630 (1983), Nr. 509 und Autographenkatalog J. A. Stargardt, Katalog 641 (1988), Nr. 429.
Streichung: 13 geht *gestr.:* Ihnen.
Erläuterungen: 4 meiner Schrift: L. Feuerbach, Zur Beurteilung der Schrift „Das Wesen des Christentums", in: Deutsche Jahrbücher für Wissenschaft und Kunst, Leipzig, Nr. 39 vom 16. Februar 1842, S. 154–155 und Nr. 40 vom 17. Februar 1842, S. 157–159 (SW 1, S. 248–258); GW 9, S. 229–242). **7–8** „Posaune" ... „A[llgemeinen] Z[eitung]": Bezieht sich auf die anonyme Notiz aus Frankfurt am Main, die in der Allgemeinen Zeitung (Augsburg), Nr. 346 vom 11. Dezember 1841, S. 2765 veröffentlicht wurde. Nach A. Ruge (vgl. GW 18, S. 139) war F. W. Carové der Autor dieses anonymen Beitrags, in dem angenommen wurde, Feuerbach wäre der Verfasser der 1841 anonym veröffentlichten Schrift „Die Posaune des jüngsten Gerichts über Hegel, den Atheisten und Antichristen", welche jedoch B. Bauer geschrieben hatte. Vgl. hierzu Feuerbachs Gegenreaktion an die Augsburger „Allgemeine Zeitung" unter der Überschrift: „Höchst bescheidener Wunsch" (siehe BwN I, S. 340 und GW 16). **8–9** Leipziger „Deutschen Monatsschrift":

In der von C. Biedermann 1842 neugegründeten Zeitschrift erschien anonym der Aufsatz: Ludwig Feuerbach: „Das Wesen des Christenthums." Leipzig, Otto Wigand 1841. XII und 450 S. **8.** – David Friedrich Strauß: „Die christliche Glaubenslehre in ihrer geschichtlichen Entwicklung und im Kampfe mit der modernen Wissenschaft." Tübingen bei Osiander und Stuttgart bei Köhler. Erster Band, 1840. XVI u. 717 S., 8. Zweiter Band, 1841. VIII u. 739 S., 8 (vgl. ebenda, S. 18–48), dessen Autor vermutlich der protestantische Theologe K. I. Nitzsch war (vgl. hierzu GW 18, S. 127 und S. 473). **9** Non multa, sed multum: Unter dieses Motto hatte L. Feuerbach 1839 bereits seine Abhandlung „Über das Wunder" gestellt. Vgl. GW 8, S. 293. **14–16** Sie haben ganz richtig den Unterschied hervorgehoben ... Hegelschen: Bezieht sich auf A. Ruges Beitrag „Neue Wendung der deutschen Philosophie", den Feuerbach bereits vor der Veröffentlichung gekannt haben muß. Er kam sowohl in A. Ruges „Anekdota zur neuesten deutschen Philosophie und Publicistik" (Zürich – Winterthur 1843, S. 3–61) zur Veröffentlichung und wurde später in Ruges „Aktenstücke zur Censur, Philosophie und Publicistik aus dem Jahre 1842" (Mannheim 1847, 2. Thl., S. 3–61), nachgedruckt. Bezüglich der von L. Feuerbach erwähnten Passagen zu Hegel und Schleiermacher vgl. ebenda, S. 17–19. **25** einen Freund: Vermutlich handelt es sich um G. F. Daumer.

1164 (434 a)

Originalhandschrift: Der Verbleib ist nicht bekannt. – *Das Schreiben wurde an Dr. Friedrich, einen Medizinalrat in Ansbach, gerichtet.*
Erstveröffentlichung, Auszug: J. A. Stargardt, Marburg Auktionskatalog vom 9.–10. Juni 1970, Nr. 378.

1165 (490 a)

Originalhandschrift: Der Verbleib ist nicht bekannt.
Erstveröffentlichung, Auszug: J. A. Stargardt, Auktionskatalog vom 27. April 1954, Nr. 513. – Der Inhalt der Korrespondenz ist nicht bekannt. Vermutlich handelt es sich um inhaltliche Absprachen zur geplanten Herausgabe der „Sämmtlichen Werke" Feuerbachs. Zunächst war ein Treffen mit O. Wigand in Bruckberg, Heidelberg oder Freiburg vorgesehen, welches aber nicht zustande kam, da Feuerbach, entgegen der ursprünglichen Vereinbarung, frühzeitig nach Thun (Schweiz) weiterreiste. Vgl. GW 19, S. 27 und S. 28.

1166 (572 a)

Erstveröffentlichung: Widmung an L. Feuerbach, in: Die Epigonen, hrsg. von O. Wigand, 5. Bd., Leipzig 1848, S. V und VII–VIII.

Erstveröffentlichung: BwN I, S. 422–423.
Textvergleich: 30 im Dezember 1847: am 1. Januar 1848 *BwN*.
Erläuterungen: 4 diesen Band: Der Verleger O. Wigand widmete den fünften und letzten Band seiner „Epigonen" „Ludwig Feuerbach dem tiefsten und kühnsten Denker der Gegenwart". **6–8** das Organ zu sein, durch welches Ihre Geisteswerke der gebildeten Welt zugeführt werden: In den „Epigonen" erschienen zwei Abhandlungen von Feuerbach: „Das Wesen der Religion. 1845" (ebenda, Bd. 1, Leipzig 1846, S. 117–178) und „Ueber ‚das Wesen der Religion' in Beziehung auf: ‚Feuerbach und die Philosophie. Ein Beitrag zur Kritik Beider von R. Haym 1847.' Ein Bruchstück" (ebenda, Bd. 5, Leipzig 1848, S. 165–177) Vgl. GW 10, S. 3–79 und S. 333–346. **11** „Wesen des Christentums": L. Feuerbach, Das Wesen des Christenthums, Leipzig 1841. (GW 5). **15** unser erster und größter Dichter: Friedrich Schiller. **17–19** Es gab schön're Zeiten / Als die unsern – das ist nicht zu streiten! / Und ein edler Volk hat einst gelebt: F. Schiller, An die Freunde. 1802, in: Gedichte von Friedrich Schiller. 2. Thl., 3. von neuem durchges. Aufl., Leipzig 1808, S. 38. **26** Lizentiaten der Theologie: Inhaber eines akademischen Grades der Theologie, vor allem in der Schweiz. **28–29** „Manche gingen nach Licht und stürzten in tiefere Nacht nur; Sicher im Dämmerschein wandelt die Kindheit dahin": F. Schiller, Einem jungen Freunde als er sich der Weltweisheit widmete. 1795, in: Gedichte von Friedrich Schiller. 2. Thl., 3. von neuem durchges. Aufl., Leipzig 1808, S. 133.

1167 (624 a)

Originalhandschrift: Der Verbleib ist nicht bekannt.
Beschreibung: Lamus Antykwariaty Warszawskie, XII Aukcja Książek i Grafiki, Warszawa 1 Grudnia 2001, Nr. 151. – *Das Schreiben wurde Christian Szargh zugeschrieben; mit großer Wahrscheinlichkeit handelt es sich jedoch um Feuerbachs Freund und Vertrauten Johann Georg Christian Kapp aus Heidelberg. Der Brief erhielt folgende Katalogbeschreibung:* Feuerbach Ludwig Andreas (1804–1872). List prywatny skierowany do Christiana Szargh'a w Heidelbergu wysłany z posiadłości żony koło Ansbach w Bawarii 14 października 1849 roku. Opłatkowa pieczęć heraldyczna Feuerbacha, papier listowy niebieski, 14 x 23 cm. [Feuerbach Ludwig Andreas (1804–1872). Privater Brief gerichtet an Christian Szargh in Heidelberg befördert aus dem Besitz/Landgut Kreis Ansbach aus Bayern, 14. Oktober 1849, gebrochenes Wappensiegel Feuerbachs, Briefpapier bleich, Größe 14 x 23 cm.]

1168 (625 a)

Randbemerkung: *Erste Briefseite* [?] d[en] 20. Nov[ember] 1849 / beantwortet d[en]:

Originalhandschrift: Zentralbibliothek Zürich, Autographensammlung Bebler G 63.1.
Streichungen: 10 berühren *gestr.:* daß **14** sollte *gestr.:* ich.
Erläuterungen: 1 Georg Christian Weigelt: Das Dankschreiben L. Feuerbachs ist an den Prediger der deutschkatholischen Freien Gemeinde in Hamburg G. Chr. Weigelt gerichtet, den Christian Stadler im Sommer 1849 in Hamburg besucht hatte, nachdem Weigelt zuvor in Bruckberg (vgl. Z. 21–22 des vorliegenden Briefes) war. Siehe weiter GW 19, Brief 623, S. 215. **4** meines Schwagers: Johann Adam Stadler.

1169 (721 a)

Originalhandschrift: Der Verbleib ist nicht bekannt. Die Veröffentlichung erfolgt nach dem Erstdruck.
Erstveröffentlichung, Auszug: J. A. Stargardt, Auktionskatalog 631 vom 19./20. Juni 1984, Nr. 553.
Erläuterungen: 6 *für dessen Nachlaß*: Die „Nachgelassenen Schriften" Joseph Anselm Feuerbachs, die H. Feuerbach gemeinsam mit H. Hettner herausgegeben hat, wurden nicht bei O. Wigand in Leipzig, sondern 1853 im Braunschweiger Verlag bei Vieweg & Sohn gedruckt. Während H. Feuerbach den ersten Band „Anselm Feuerbach's Leben, Briefe und Gedichte" herausgegeben hat, zeichnete H. Hettner für die drei weiteren Bände verantwortlich. Die Bände zwei und drei beinhalten die „Geschichte der griechischen Plastik", der vierte befaßt sich mit „Anselm Feuerbach's kunstgeschichtlichen Abhandlungen". **7** der Vater kam dem Sohn zuvor: Siehe Anselm Ritter von Feuerbach's Leben und Wirken aus seinen ungedruckten Briefen und Tagebüchern, Vorträgen und Denkschriften veröffentlicht von seinem Sohne Ludwig Feuerbach, 2 Bde., Leipzig 1852. (GW 12). **7** dem Sohn: Joseph Anselm Feuerbach; vgl. Erl. zu Z. 6 des vorliegenden Briefes.

1170 (734 a)

Originalhandschrift: Privatarchiv, Familienbesitz.
Erläuterung: 5 an meinem 48jährigen Geburtstag: 28. Juli 1852.

1171 (745 a)

Originalhandschrift: UB München, Sign. 4° Cod. ms. 935 b/22. 7.
Streichung: 6 selbst *gest.:* oder.
Erläuterungen: 6 Bertha: Bertha Feuerbach. **7** Karl: Karl Westermann war als Landgerichtsassessor in Nürnberg tätig. Er war der Schwager von L. Feuerbach, verheiratet mit Bertha Feuerbachs Schwester Maximiliane. Siehe J. Stadler, Erinnerungen an die Familie Feuerbach, München 1909, S. 3.

1172 (814 a)

Originalhandschrift: Privatarchiv Herbert Albrecht, Berlin. – *Der Brief ist adressiert an:* Herrn / Dr. Herz / praktischer Arzt und Prosektor / Erlangen.
Korrekturen: Adresse Dr. Herz: Dr. Hertz *Manuskript* **25** Grenzen: Gränzen *Manuskript.*
Erläuterungen: 1 Jakob Herz: Der 1816 in Bayreuth geborene J. Herz hatte ab 1835 in Erlangen Medizin studiert, wurde 1841 Assistenten an der chirurgischen Klinik und übte seit dieser Zeit, ohne Dozent gewesen zu sein, eine Lehrtätigkeit aus. Seiner Habilitierung stand sein Glaubensbekenntnis im Wege, jedoch wurde er sechs Jahre später auf Befürwortung des Physiologen und Anatomen G. Fleischmann – der Feuerbachs Lehrer war – an der Universität zum Professor ernannt. In Absprache mit Gerlach übernahm J. Herz auch Vorträge in Anatomie, obwohl diese nicht im Vorlesungsverzeichnis angezeigt werden durften. Nach seinem Tod, im September 1871, wurde über ihn die Lebensbeschreibung „Doctor Jacob Herz. Zur Erinnerung für seine Freunde" (Erlangen 1871) veröffentlicht. – Zur Beziehung mit L. Feuerbach vgl. auch GW 20, S. 44 und S. 94–95. **9** Dr. Bayer: Gemeint ist Karl Bayer, dessen frühe Schriften von 1838 und 1839 L. Feuerbach in den „Hallischen Jahrbüchern für deutsche Wissenschaft und Kunst" (Leipzig), rezensiert hat (GW 8, S. 137–148 und GW 9, S. 82–99). **15** Pommersfelden: Gemeinde bei Höchstadt an der Aisch.

1173 (834 a)

Originalhandschrift: Zentralbibliothek Zürich, Autographensammlung Bebler G 63.2.
Erläuterungen: 4 von Ihrem ... Gemahl: Gustav Heinrich Eduard Zimmermann. **5** Einladung: Die Familie Friedrich Christian Georg Kapp aus Hamm in Westfalen hatte Bertha und L. Feuerbach zur Verlobung von Feuerbachs Tochter mit ihrem zweiten Sohn, Otto Kapp, eingeladen. Leonore reiste jedoch mit ihrer Mutter allein am 21. Mai 1857 über Heidelberg nach Mainz, während Feuerbach in Bruckberg blieb. Vgl. GW 20, S. 453. – Das Verlöbnis wurde aber alsbald wieder gelöst, da O. Kapp, genau wie sein Bruder Friedrich Alexander, nach New York ausreiste. **7–8** 8 Tage im Besitz Ihres lieben Briefes: Das Einladungsschreiben von Ende April 1857 ist nicht nachweisbar. **27** mir jede Vergnügungsreise verbieten: L. Feuerbach stand kurz vor der Fertigstellung seiner „Theogonie nach den Quellen des klassischen, hebräischen und christlichen Altertums", die noch 1857 als neunter Band seiner „Sämmtlichen Werke" erscheinen konnte. **38** Zeilen ... Lorchens: Nicht bekannt. **44** Weiler: Mehrere beieinander liegende Gehöfte.

1174 (850 a)

Originalhandschrift: UB München, Nachlaß Ludwig Feuerbach. Dedikation Peter Feuerbach, 1986, 2. Fasz. 4 und J. A. Stargardt Autographenhandlung, Katalog 593, Nr. 379.
Streichungen: 13 gründlich *gestr.:* nachg[ewiesen] **28** sie auch *gestr.:* die vielen Götter **29** mögen *gestr.:* so **29** alle das *gestr.:* [unleserlich] **30** was *gestr.:* die **45** Jupiter ist der *gestr.:* Gott des [Himmel]s **49** wann er will *gestr.:* darunter ist die Gottheit die Eine [?] **59** Denn nur *gestr.:* daraus daß ich will, aber nicht kann was ich [?] **61** will und *gestr.:* [unleserlich].
Erstveröffentlichung, Auszug: J. A. Stargardt, Auktionskatalog 593 vom 9.–10. Juni 1970, Nr. 379. Vgl. Z. 70–80.
Datierung: Ergibt sich aus der Erwähnung folgender Veröffentlichungen: L. Feuerbach, Theogonie nach den Quellen der klassischen, hebräischen und christlichen Altertums, Leipzig 1857 und J. S. Hittells, The evidences against Christianity, 2. ed., New York 1857. Vgl. Z. 13 und Z. 70–71 im vorliegenden Brief.
Erläuterungen: 6 meiner Schrift vom Ursprung der Götter: Siehe L. Feuerbach, Theogonie nach den Quellen der klassischen, hebräischen und christlichen Altertums, Leipzig 1857 (SW 9; GW 7). **54–56** „Alles", heißt es in den Psalmen, „was er will, das tut er, im Himmel, auf Erden, im Menschen und in allen Tiefen": A. T., Psalter 135,6. **67** „Bei Gott ist kein Ding unmöglich": N. T., Lukas 1,37. **68–69** „was bei den *Menschen* unmöglich ist, ist bei Gott möglich": N. T., Lukas 18,27. **70** *J. Hittells Werk*: Die Schrift „The evidences against Christianity" des Amerikaners J. S. Hittell erschien 1856 in erster Auflage in San Francisco, bevor davon die hier erwähnte zweite Auflage 1857 in New York herauskam.

1175 (865 a)

Originalhandschrift: Der Verbleib ist nicht bekannt.
Erwähnung: Bolin WuZ, S. 270 und S. 339, Anm. 60.
Erläuterungen: 3–4 habe ich mich so kurz gefaßt: Im Sommer 1858 hatte L. Feuerbach dem Hamburger Verleger Otto Meißner zwei Artikel für „Das Jahrhundert. Zeitschrift für Politik und Literatur" geschickt, die beide auf Feuerbachs Wunsch anonym veröffentlicht worden waren. Es handelt sich um „Spiritualismus und Sensualismus. ‚System der Rechtsphilosophie'. Von Ludwig Knapp, Erlangen 1857" und „Dr. Friedrich Wilhelm Heidenreich, praktischer Arzt, geboren 1798, gestorben 6. Dezember 1857 zu Ansbach". Siehe ebenda 3. Jg., Hamburg 1858, Nr. 26, S. 410–412 und ebenda Nr. 27, Hamburg 1858, S. 421–425. Vgl. GW 11, S. 11–16 und S. 17–25. – Vgl. weiter Otto Meißners Brief vom 3. Juli 1858 an L. Feuerbach (GW 20, S. 192–193).

1176 (869 a)

Originalhandschrift: Zentrale Landesbibliothek Berlin, Depositum Kuczynski.
Erstveröffentlichung: W. Schuffenhauer, „Ein selbständiger, selbstleuchtender Kopf ..." – Ludwig Feuerbach über eine Publikation des hessischen Justizbeamten Wilhelm Möller. In: http://www.feuerbach-international.de/
Erläuterung: 5–6 Ihres Freundes: „Das Volks-Rechtsbewußtsein": Wilhelm Möller, Das Volks-Rechtsbewußtsein der Gegenwart über Bestrafung der Verbrecher, Kassel 1857. W. Möller war nach seinem Jura-Studium in Marburg in verschiedenen Ämtern als Justizbeamter im Umkreis von Kassel, Marburg und Giessen tätig. Vgl. darüber ausführlich die Erstveröffentlichung.

1177 (880 a)

Originalhandschrift: Privatarchiv, Familienbesitz.
Datierung: Vgl. Z. 36 und 42 des vorliegenden Briefes.
Erläuterungen: 10 der hiesigen Fabrik: Bruckberger Porzellanmanufaktur. Vgl. darüber beispielsweise: A. Bayer, Ansbacher Porzellan. Geschichte und Leistung der Ansbach-Bruckberger Porzellan-Manufaktur 1757–1860, Ansbach 1933 (= Veröffentlichungen der Gesellschaft für fränkische Geschichte). **23** Fabrik: Wie Z. 10. **29** Frau Gemahlin: Gemeint wird die erste Frau von Theodor von Cramer-Klett, Emilie Auguste Klett. Theodor von Cramer-Klett heiratete die Tochter des Maschinenfabrikanten Johann Friedrich Klett 1847 und übernahm dessen Maschinenfabrik und Eisengießerei.

1178 (904 a)

Randbemerkungen: *Seite 1:* Sr. Hochwohlgeboren / Herrn Dr. Feuerbach / in / Bruckberg / bei Ansbach. / frei.[?] *Seite 2:* Herrn Administrator der Adelitz / v[on] Tetzel-Stiftung[?], Freiherrn von Behaim / Hochwohlgeboren / Nürnberg / Hinterm Tetzel.
Originalhandschrift: Stadtarchiv Nürnberg, E11/II FA Behaim Nr. 1787/II. – *Eine Abschrift wurde für S. Friedrich K. v[on] Behaim angefertigt, der diese am 23. November 1860 [?] an seinen Bruder, den Münchener Major Chr. K. F. Freiherr von Behaim (vgl. Brief 1173 (905 b), zurücksandte.*
Streichung: 22 gemauert *gestr.:* werden.
Erläuterung: 1 Johann Erdmann Ludwig Ulsch: Er vermittelte die Mietvereinbarung – vgl. Brief 1181 (905 b) im vorliegenden Band – zwischen den Brüdern von Behaim und L. Feuerbach.

1179 (904 b)

Randbemerkung: *Links oben* Sr. Hochwohlgeboren / Hrn. Dr. Feuerbach / Bruckberg.
Originalhandschrift: Entwurf bzw. Abschrift. Stadtarchiv Nürnberg, E11/II FA Behaim Nr. 1787/II.
Streichungen: 5 Rechenberg *gestr.:* muß **6** daß *gestr.:* ich die Benutzung.
Erläuterungen: 11 Seinem mitbeteiligten ... Bruder: Der Münchener Major Chr. K. F. Freiherr von Behaim. **14** Vertrag: Der Mietvertrag wurde am 20. August 1860 von Friedrich Freiherr von Behaim und am 23. August 1860 von L. Feuerbach unterzeichnet. Vgl. im vorliegenden Band Brief 1181 (905 b).

1180 (905 a)

Randbemerkung: *Auf der ersten Seite* An / Herrn Dr. Feuerbach / Hochwohlgeboren / in / Bruckberg. [?]
Originalhandschrift: Entwurf bzw. Abschrift. Stadtarchiv Nürnberg, E11/II FA Behaim Nr. 1787/II.
Erläuterung: 8–9 Bau-Einrichtungen: Vgl. im vorliegenden Band die Briefe 1178 (904 a), 1181 (905 b) und 1182 (905 c).

1181 (905 b)

Randbemerkung: *Dritte Seite links:* 50 fl. hat H[er]r Dr. Feuerbach bezahlt d[en] 28. 9. [18]60 / U[lsch].
Originalhandschrift: Stadtarchiv Nürnberg, E11/II FA Behaim Nr. 1787/II. – Anhang Mietvertrag 20. und 23. August 1860. – *Rechts oben Empfangsvermerk:* 25. August 1860 [?]
Streichung: 76 im Winter *gestr.:* nicht voll.
Erläuterungen: 5 Baron von Behaim: S. Friedrich K. Freiherr von Behaim, vgl. vorliegenden Brief Z. 22–23 und Z. 83. **52** Betrag von 50 fl.: Vgl. Randbemerkung zum vorliegenden Brief. **57** Allerheiligen d[es] J[ahre]s: Jährlich der 1. November.

1182 (905 c)

Randbemerkung: *Am Rand links oben:* Sr. Hochwohlgeboren / Hrn. Dr. Ludwig Feuerbach / Privatgelehrter / Bruckberg / frei [?]
Originalhandschrift: Stadtarchiv Nürnberg, E11/II FA Behaim Nr. 1787/II. – *Abschrift für Ch. K. Friedrich von Behaim in München.*
Absendeort: *Stempel auf der 2. Seite:* Nürnberg, 25. Aug[ust] 1860.
Streichungen: 13–14 eines neuen Kamins *gestr.:* Der obere Vorpl[atz] **17** verputzt und *gestr.:* nebst der Küche **23** begnügen *gest.:* wollen **26** An der *gestr.:* Fenst[er] **28** überhaupt *gestr.:* ist.

1183 (906 a)

Originalhandschrift: Stadtarchiv Nürnberg, E11/II FA Behaim Nr. 1787/II. – *Der Brief weist auf erster Seite mehrere Ausrisse auf; die dadurch bedingten Textverluste wurden sinngemäß rekonstruiert und in eckige Klammern ergänzt (vgl. Z. 15, 16 und 17).*
Erläuterungen: 5 Schreiben: Siehe Brief 1182 (905 c). **20** nächsten Mittwoch: 26. September 1860. **23** Einzug auf dem Rechenberg: 27. September 1860. – Unter dem 28. September 1860 bestätigte der Verwalter Ulsch auf dem Mietvertrag die Bezahlung der vereinbarten Summe von 50 fl. Siehe Randbemerkung zu Brief 1181 (905 b).

1184 (931)

Abgesandter Brief – *Der Briefentwurf ist im Briefwechselband IV enthalten; siehe GW 20, Brief 931. Er wurde dort irrtümlich auf die Monate März/April 1861 datiert, gehört aber, wie dem nun aufgefundenen abgesandten Brief zu entnehmen ist, der Zeit des 23. Februar 1861 bzw. unmittelbar davor an.*
Originalhandschrift: UB München, Sign. 4° Cod. ms. 935 a /27. 1 b.
Adreßseite: Herrn / Dr. Eduard Löwenthal / Redakteur der Allg[emeinen] D[eu]tsch[en] Zeitschrift / *Frankfurt a. M.* / frei. *Abfertigung:* Nürnberg, 23. Feb[ruar 1861] / 24. 2.
Erstveröffentlichung, Auszug: J. A. Stargardt Autographenhandlung Berlin, Katalog 622, Nr. 348, Auktion vom 24./25. Februar 1981.
Textvergleich mit Stargardt: 6 Verehrter Herr! *Fehlt bei Stargardt* **8** aus: und *Stargardt* **11–50** Auch haben ... Feuerbach *Fehlt bei Stargardt.*
Erläuterungen: 7 Ihr „System des Naturalismus": E. Löwenthal, System und Geschichte des Naturalismus, oder: Neueste Forschungsresultate, 1. Abth.: System des Naturalismus, Leipzig 1861. **33–34** Aufsatz im „Jahrh[undert]": E. Löwenthal, Ein Beitrag zur Kraft- und Stoff-Theorie. In: Das Jahrhundert. Zeitschrift für Politik und Literatur, 2. Jg., Hamburg 1857, S. 965–968. **44** Dr. Weinland: David Friedrich Weinland. **47** „Gedanken über die Thierseele": D. Weinland, Einige Gedanken über die Thierseele. In: Der zoologische Garten. Organ der zoologischen Gesellschaft in Frankfurt am Main, 1. Jg., Nr. 8, 1. Mai 1860, Frankfurt am Main 1860, S. 129–134.

1185 (950 a)

Originalhandschrift: Privatarchiv, Familienbesitz.
Datierung: Die Jahreszahl 1861 ergibt sich aus Z. 5 des vorliegenden Briefes (vgl. die entsprechende Erl.).
Erläuterungen: 5 Sängerfest: Vom 20. bis zum 23. Juli 1861 fand in Nürnberg das „Allgemeine Deutsche Sänger-Fest" statt. Vgl. Gesänge

zum deutschen Sänger-Fest in Nürnberg vom 20. bis 23. Juli 1861 und Gedenkbuch des in der Stadt Nürnberg 1861 begangenen Großen Deutschen Sängerfestes. Auf Veranlassung des Festausschusses herausgegeben. Mit drei Stahlstichen, Nürnberg 1861. **11–13** Ein feindseliges Geschick... Asyls: Bezieht sich auf den Zusammenbruch der Bruckberger Porzellanmanufaktur. **16–17** wie bereits bei meinem Vater: Vgl. Erl. zu Brief 1169 (721 a), Z. 7. **32** mein Bruder: Karl Feuerbach. **33** das von Ihnen gesuchte Manuskript: Vgl. hierzu den Antwortbrief von G. J. Junghann an Feuerbach vom 10. August 1861 (GW 20, Brief 952) und ebenda die Erl. zu diesem Brief, Z. 4–5. Vgl. auch die nachfolgende Erl. zu Z. 103. **103** 1826... angekündigt: Siehe im vorliegenden Band Brief 982, Z. 9–10 und die entsprechende Erläuterung.

Literaturverzeichnis

Das Verzeichnis erfaßt alle im Text und in den Untersuchungen und Erläuterungen genannten bzw. erwähnten Schriften, Aufsätze, Buchbesprechungen und Periodika in alphabetischer Folge nach Autoren bzw. Sachtiteln mit vollständigem Titel, Ort und Jahr des Erscheinens, soweit erschließbar. Mehrere Veröffentlichungen eines Autors sind unter dem Autorennamen nach dem Erscheinungsdatum geordnet.

Abhandlungen der Naturhistorischen Gesellschaft zu Nürnberg.
– – 2. Bd., Nürnberg 1861. 423
– – 3. Bd., 1. Hälfte, Nürnberg 1864. 423
– – 4. Bd., Nürnberg 1868. 423
Ahrens, H., Fichte's politische Lehre in ihrer wissenschaftlichen, culturgeschichtlichen und allgemeinen nationalen Bedeutung. Festrede zur Fichtefeier an der Universität Leipzig, Leipzig 1862. 421
Allgemeine Deutsche Arbeiter-Zeitung, Coburg 1862–1866. 472
Allgemeine Zeitung, Augsburg 1810–1882. 263, 272, 273, 303, 323, 376, 453, 454, 465, 485, 487, 488, 497, 516
– [Carové, F. W.?] Nr. 346, 11. Dezember 1841, S. 2765. [Korrespondenz aus] Frankfurt a. M., 6. Dec. 376, 516
– Nr. 338, 3. Dezember 1864, S. 5493–5494 und Nr. 339, 4. Dezember 1864, S. 5509–5510. [Rezension:] Der Soldatenhandel deutscher Fürsten nach Amerika (1775–1783), von Friedrich Kapp. Berlin 1864. 454
– Nr. 82, 23. März 1865 (Beilage), S. 1321–1322. Ein Nachruf [auf Gustav Eduard Kolb]. 488
Allgemeiner Porträt-Katalog. Verzeichnis einer Sammlung von 30.000 Porträts des sechzehnten bis neunzehnten Jahrhunderts in Holzschnitt, Kupferstich, Schabkunst und Lithographie. Mit biographischen Notizen hrsg. von Hans Dietrich von Diepenbroick-Grüter, Hildesheim 1967 (= Reprographischer Nachdruck der Ausgabe Hamburg 1931 bis 1939). 515
Allgeyer, J., Anselm Feuerbach, 2 Bde., 2. Aufl. auf Grund der zum erstenmal benützten Originalbriefe und Aufzeichnungen des Künstlers. Aus dem Nachlasse des Verfassers hrsg. und mit einer Einleitung

begleitet von C. Neumann, Berlin – Stuttgart 1904. 474, 491
Altenhöfer, A. J., Augsburg, 16. März. In: Allgemeine Zeitung, Augsburg (Beilage), Nr. 75, 16. März 1865, S. 1213. 488
Anonym:
- [Nietzsch, K. I.?] Ludwig Feuerbach: „Das Wesen des Christenthums." Leipzig, Otto Wigand 1841. XII und 450 S. 8. – David Friedrich Strauß: „Die christliche Glaubenslehre in ihrer geschichtlichen Entwicklung und im Kampfe mit der modernen Wissenschaft." Tübingen bei Osiander und Stuttgart bei Köhler. Erster Band, 1840. XVI u. 717 S. 8. Zweiter Band, 1841. VIII u. 739 S. 8. In: Deutsche Monatsschrift für Litteratur und öffentliches Leben. Hrsg. von C. Biedermann, 1. Bd., Leipzig 1842, S. 18–48. 516
- Herr Lassalle und sein System. In: Korrespondent von und für Deutschland, Nürnberg, Juli 1863. XI
- Die Wunder der Pariser Weltausstellung vom Jahre 1867. Schilderungen und Erlebnisse aus einer Weltstadt. In: Bilder aus der Gegenwart. Vierte Sammlung der Welt der Jugend, Leipzig – Berlin 1869, Nr. 17, S. 41–106. 486
Anzeiger des Westens, St. Louis 1846–1912. 411, 509
Apelt, E. F., Johann Keppler's astronomische Weltanschauung, Leipzig 1849. 409
- Die Reformation der Sternkunde. Ein Beitrag zur deutschen Culturgeschichte, Jena 1852. 409
-- 1. Thl.: Die Geschichte der Sternkunde von Nicolaus von Cusa bis auf Keppler in ihrem Zusammenhange mit dem Leben und der Cultur der deutschen Nation. In: Ebenda, S. 1–266. 409
-- 2. Thl.: Johann Keppler und David Fabricius: In: Ebenda, S. 267 bis 440. 409
- Metaphysik, Leipzig 1857. 409
Archiv für die Geschichte des Sozialismus und der Arbeiterbewegung, hrsg. von C. Grünberg, 2. Bd., Leipzig 1912. 437
Argonautica Gustaviana d. i. Nothwendige NachRicht von der Newen Seefahrt und Kauffhandlung; so von Gustaw Adolpho M., der Schweden König, durch anrichtung einer General Handelscompagnie in dero Reich zu stifften angefangen, Frankfurt am Main 1633. 256, 482
Arndt, A./Jaeschke, W. (Hrsg.), Materialismus und Spiritualismus. Philosophie und Wissenschaft nach 1848, Hamburg 2000. 494
Arnold, K., Ueber die Unsterblichkeit der Seele nach Ansichten der Alten, Passau 1864. 498
Athenæum für Wissenschaft, Kunst und Leben. Eine Monatsschrift für das gebildete Deutschland, Nürnberg 1838–1839. 375, 515, 516
Auerbach, B., Berthold Auerbach's gesammelte Schriften. Zweite Gesammtausg., Bd. 1–22, Stuttgart 1863–1864. 495
Aufseß, O. (Hrsg.), Geschichte des uradelichen Aufseß'schen Geschlechtes in Franken. Nach den Quellen bearb., Berlin 1888. 423

Augsburger Zeitung siehe Allgemeine Zeitung, Augsburg.
Bailleul, J.-Ch., Examen critique de l'ouvrage posthume de Mme La B^{nne} de Staël, ayant pour titre: Considérations sur les principaux événemens de la Révolution française. 2 T., Paris 1818. 496, 504
Bastian, A., Der Mensch in der Geschichte. Zur Begründung einer psychologischen Weltanschauung, 3 Bde., Leipzig 1860. 170, 457 bis 458
– – Bd. 1: Die Psychologie als Naturwissenschaft. 170, 458
– – Bd. 2: Pscholgie und Mythologie. 458
– – Bd. 3: Politische Psychologie. 458
[Bauer, B.,] Die Posaune des jüngsten Gerichts über Hegel, den Atheisten und Antichristen, Leipzig 1841 (Neudruck der Ausg. Leipzig 1841, Aalen 1969). 376, 516
Bauer, E., Bailly und die ersten Tage der französischen Revolution. In: Denkwürdigkeiten zur Geschichte der neueren Zeit seit der Französischen Revolution. Nach den Quellen und Original-Memoiren bearb. und hrsg. von Bruno Bauer und Edgar Bauer, Heft 1, Charlottenburg 1843, S. 5–148. 496
Baumgarten, S. J. siehe Schröter, J. F.
Bayer, A., Ansbacher Porzellan. Geschichte und Leistung der Ansbach-Bruckberger Porzellan-Manufaktur 1757–1860, Ansbach 1933 (Veröffentlichungen der Gesellschaft für fränkische Geschichte). 522
Beneke, F. E., System der Metaphysik und Religionsphilosophie, aus den natürlichen Grundverhältnissen des menschlichen Geistes abgeleitet, Berlin 1840. 107, 444–445
– Die neue Psychologie: erläuternde Aufsätze zur zweiten Auflage meines Lehrbuches der Psychologie als Naturwissenschaft, Berlin 1845. 409
– Lehrbuch der Psychologie als Naturwissenschaft, Berlin 1861. 409
Berendt, G. C., Die Insekten im Bernstein. Ein Beitrag zur Thiergeschichte der Vorwelt, Danzig 1830. 424
– Die im Bernstein befindlichen organischen Reste der Vorwelt gesammelt in Verbindung mit Mehreren bearb. und hrsg., 2 Bde., Berlin 1845–1856. 424
– Die Bernstein-Ablagerungen und ihre Gewinnung. Gelesen in der März-Sitzung 1866 der Königl. Physikalisch-ökonomischen Gesellschaft zu Königsberg. In: Schriften der Königlichen Physikalisch-Ökonomischen Gesellschaft zu Königsberg, 7. Jg., Königsberg 1866, S. 107–130. 424
Berliner Allgemeine Zeitung, Berlin 1859–1863. 436
Berner, E., Kaiser Wilhelms des Großen Briefe, Reden und Schriften. Ausgewählt und erl., II. Bd.: 1891–1888, Berlin 1906. 402
Bessinger, O., Carl Ernst Bock als Mitarbeiter der „Gartenlaube". Inauguraldissertation zur Erlangung der Doktorwürde in der Medizin der Hohen Medizinischen Fakultät der Johann Wolfgang Goethe- Uni-

versität zu Frankfurt am Main, Frankfurt am Main 1956. 475
Best, H./Weege, W., Biographisches Handbuch der Abgeordneten der Frankfurter Nationalversammlung 1848/49, Düsseldorf 1996. 452
Beyer, C., Friedrich Rückert's Leben und Dichtungen, 3 Bücher, Coburg 1866. 317, 501
– Friedrich Rückert, ein deutscher Dichter. Festrede gehalten zu Neufeß bei der Rückertfeier des Coburger Künstlervereins „Stiftshütte" am 29. Mai 1867, Coburg 1867. 317, 501
Beyer, C., Leben und Geist Ludwig Feuerbachs. Festrede am 11. November 1872 auf Veranlassung des Freien Deutschen Hochstifts für Wissenschaft, Künste und allgemeine Bildung in Goethes Vaterhause zu Frankfurt gehalten, Leipzig 1873. 500
– Die Bibel oder die ganze Heilige Schrift des Alten und Neuen Testaments. Nach der deutschen Übersetzung D. Martin Luthers. 176, 229, 230, 242, 384, 418, 423, 468, 473, 474, 476–478, 487, 521
Bibliotheca historica. Verzeichniss einer Sammlung von Werken aus dem Gebiete der Geschichte und deren Hülfswissenschaften. Vorräthig auf dem Lager von F. A. Brockhaus' Sortiment und Antiquariat in Leipzig, Leipzig 1866. 274, 488
Biedermann, G., Ludwig Andreas Feuerbach, Leipzig – Jena – Berlin 1986. 446
Birkenmeyer, W., Das russische Heidelberg, Heidelberg 1995. 403
Blätter für literarische Unterhaltung, Leipzig 1826–1898. 501
Blasche, B. H., Philosophie der Offenbarung als Grundlage und Bedingung einer höhern Ausbildung der Theologie, Gotha 1829. 352, 510
Blind, K., Eine Turnrede. (Zum Londoner Turnfest und zum Schützenfest in Bremen). In: Der deutsche Eidgenosse, London – Hamburg 1865, S. 71–74. 452
– Zur fünfzigjährigen Burschenschaftsfeier in Jena. [Brief von Karl Blind an Gustav Struve, 8. August 1865]. In: Der deutsche Eidgenosse, London – Hamburg 1865, S. 104. 452
– Neubildung der Volkspartei in Deutschland. Sendschreiben. Zu Handen der Darmstädter Versammmlung 14. September [1865]. In: Der deutsche Eidgenosse, London – Hamburg 1865, S. 121–123. 452
– Zur Bamberger Versammlung. Sendschreiben [vom] 23. Dez[ember] 1865. In: Der deutsche Eidgenosse, London – Hamburg 1866, S. 159 bis 160. 452
– Centralisation, Dualismus und Förderalismus in Oestreich. In: Der deutsche Eidgenosse, London – Hamburg 1866, S. 213–219. 452
– In Memoriam [Ferdinand Cohen-Blind]. In: Der deutsche Eidgenosse, London – Hamburg 1866, S. 233. 452
– Voraussagungen. In: Der deutsche Eidgenosse, London – Hamburg, 1866, S. 275–277. 452
– „Preußens Beruf", die Denkschrift vom Jahre 1822 und die Bismarck'sche Politik. In: Der deutsche Eidgenosse, London – Hamburg

1866, S. 288–294. 452
- Das Lavalette'sche Circular. (Nachtrag zu den „Voraussagungen" auf Seite 275–[2]77). In: Der deutsche Eidgenosse, London – Hamburg 1866, S. 295. 452
- Südbund. In: Der deutsche Eidgenosse, London – Hamburg 1866, S. 301–303. 452
- Entweder – oder: Freund oder Feind! In: Der deutsche Eidgenosse, London – Hamburg 1866, S. 327–329. 452
- Pro Filio. In: Der deutsche Eidgenosse, London – Hamburg 1867, S. 349–357. 452

Böhner, A. N., Naturforschung und Kulturleben in ihren neuesten Ergebnissen zur Beleuchtung der großen Frage der Gegenwart über Christenthum und Materialismus, Geist und Stoff, Hannover 1859. 89, 437, 438

Bolin, A. W., Familjebegreppets utveckling ända till reformationen, Helsingfors 1860. 128, 433, 448
- Eine Walpurgisnacht in Finnland. 1852. In: Der neue Pitaval, Leipzig 1862, S. 180–196. 29, 66, 105, 415, 429, 443
- Elias Nygrén. (Familienmord. Finnland) 1852. In: Der neue Pitaval, Leipzig 1862, S. 357–368. 29, 415, 429
- En betydande bok ur sednaste decenniet. [Rezension zu D. F. Strauß, Ulrich von Hutten]. In: Helsingfors Dagblad vom 3. Mai 1862. 415, 433
- Jesu lefnad af Ernest Renan. Efter originalets 4:de upplaga öfversall af N. Ignell 1:sta Häftet. [Rezension zu Ernest Renan, Das Leben Jesu]. In: Helsingfors Dagblad vom 20. und 21. August 1863. 415, 433
- [Reise Sr. Maj. des Kaisers nach Finnland.]. In: Revalsche Zeitung, Nr. 207, 9. September 1863. 433
- Helsingfors, 20. September. In: Revalsche Zeitung, Nr. 208, 10. September 1863. 433
- [Zur Eröffnung des Landtags des Großfürstenthums Finnland]. In: Revalsche Zeitung, Nr. 212, 14. September 1863. 433
- Helsingfors, 27. Sept. In: Revalsche Zeitung, Nr. 214, 17. September 1863. 433
- [Aus Finnland]. In: Revalsche Zeitung, Nr. 223, 27. September 1863. 433
- Helsingfors, 9. October. In: Revalsche Zeitung, Nr. 230, 5. Oktober 1863. 433
- Helsingfors, 13. October. In: Revalsche Zeitung, Nr. 231, 7. Oktober 1863. 433
- Helsingfors, 18. Octbr. In: Revalsche Zeitung, Nr. 233, 9. Oktober 1863. 433
- Helsingfors, 24. Octbr. In: Revalsche Zeitung, Nr. 242, 19. Oktober 1863. 433

- Helsingfors. [Die Reden Schauman's und Törngren's über Adressen und Petitionen]. In: Revalsche Zeitung, Nr. 244, 22. Oktober 1863. 433
- Helsingfors, 3. November. In: Revalsche Zeitung; Nr. 250, 29. Oktober 1863. 433
- Helsingfors, 14. November. In: Revalsche Zeitung, Nr. 260, 9. November 1863. 433
- Helsingfors, 17. Novbr. In: Revalsche Zeitung, Nr. 261, 11. November 1863. 433
- Helsingfors, 26. November. In: Revalsche Zeitung, Nr. 272, 23. November 1863. 433
- Helsingfors, 28. November. In: Revalsche Zeitung, Nr. 275, 27. November 1863. 433
- Helsingfors, 5. Decbr. In: Revalsche Zeitung, Nr. 278, 30. November 1863. 433
- Helsingfors, 12. Dec. In: Revalsche Zeitung, 292, 17. Dezember 1863. 433
- Helsingfors, 19. December. In: Revalsche Zeitung, Nr. 295, 20. Dezember 1863. 433
- Helsingfors, 26. Decb. In: Revalsche Zeitung, Nr. 296, 21. Dezember 1863. 433
- Helsingfors, 2. Januar. In: Revalsche Zeitung, Nr. 300, 28. Dezember 1863. 433
- Helsingfors, 4. Januar. In: Revalsche Zeitung, Nr. 301, 30. Dezember 1863. 433
- Helsingfors, 8. Januar. In: Revalsche Zeitung, Nr. 7, 10. Januar 1864. 433
- Helsingfors, 16. Januar. In: Revalsche Zeitung, Nr. 8, 11. Januar 1864. 433
- Helsingfors, 23. Januar. In: Revalsche Zeitung, Nr. 14, 18. Januar 1864. 433
- Helsingfors, 8. Februar. In: Revalsche Zeitung, Nr. 29, 5. Februar 1864. 433
- Helsingfors, 20. Februar. In: Revalsche Zeitung, Nr. 38, 15. Februar 1864. 433
- Helsingfors, 27. Februar. In: Revalsche Zeitung, Nr. 43, 21. Februar 1864. 433
- Helsingfors, 19. März. In: Revalsche Zeitung, Nr. 63, 17. März 1864. 433
- Helsingfors, 29. März. Das Gutachten des Landtags-Ausschusses über das Preßgesetz. In: Revalsche Zeitung, Nr. 70, 25. März 1864. 433
- Helsingfors, 29. März (Schluß). In: Revalsche Zeitung, Nr. 71, 26. März 1864. 433
- Helsingfors, 5. April. In: Revalsche Zeitung, Nr. 76, 1. April 1864. 433

- Helsingfors, 12. April. In: Revalsche Zeitung, Nr. 82, 8. April 1864. 433
- Helsingfors, 16. April. In: Revalsche Zeitung, Nr. 87, 14. April 1864. 433
- Familjen. Studier, Helsingfors 1864.   76, 101, 102, 108, 442, 433, 444
- Leibnitz ett förebud till Kant. Akademisk afhandling, som med den vidtberömda Filosofiska Fakultetens vid Kejserliga Alexanders-Universitetet i Finland tillstånd till offentlig granskning framställes. Uti hist.-filol. lärosalen, lördagen den 10. December 1864, Helsingfors 1864.   76, 77, 108, 116, 117, 140, 148, 159–160, 433–434, 444, 445
- Ein Bild aus den Fronverhältnissen Finnlands. 1837. In: Der neue Pitaval, 35, Leipzig 1864, S. 182–212.   433
- Karl Granroth. (Finnland. Familienmord.) 1859. In: Der neue Pitaval, 35, Leipzig 1864, S. 213–240.   433
- Undersökning af lärän om viljans frihet, med särskildt afseente å Kants behandling af problemet [Untersuchung von der Lehre über die Willensfreiheit, mit besonderer Berücksichtigung der Behandlung des Kantischen Problems], Helsingfors 1868.   341, 355, 453, 494
- Ludwig Feuerbach. Sein Wirken und seine Zeitgenossen. Mit Benutzung ungedruckten Materials. Dargestellt von W. Bolin, Stuttgart 1891 (Sigle: Bolin WuZ).   XVIII, 429–431, 489, 490, 521
- Ausgewählte Briefe von und an Feuerbach. Zum Säkulargedächtnis seiner Geburt, 2 Bde., Leipzig 1904 (Sigle: Bw). Siehe L. Feuerbach, Teilsammlungen.
- Ett förloradt Paradis [Das verlorene Paradies].   407
- Kungens Guddotter [Des Königs Patenkind].   407

Bonitz, H., Zur Erinnerung an Friedrich Adolf Trendelenburg. Vortrag gehalten am Leibniztage 1872 in der Königlichen Akademie der Wissenschaften, Berlin 1872.   414

Breil, M., Die Augsburger „Allgemeine Zeitung" und die Pressepolitik Bayerns. Ein Verlagsunternehmen zwischen 1815 und 1848, Tübingen 1996.   488

Briese, O., Angst in den Zeiten der Cholera, 4 Bde., Berlin 2003.   484
-- 1. Bd.: Über kulturelle Ursprünge des Bakteriums. Seuchen-Cordon I.   484

Brugger, J. D. C., Das Urbild der deutschen Reinsprache, aus der Geschichte, dem Wesen und dem Geiste unserer Sprache dargestellt. Nebst einem Fremdwörterbuche worin viele Wörter neu übersetzt und ausführlich erklärt sind, Heidelberg 1847.   440
- Das Christenthum im Geiste des 19. Jahrhunderts Vorträge und Gebete gehalten in den deutsch-katholischen Gemeinden Heidelberg, Mannheim, Frankfurt, Worms, Constanz, Stockach und Hülfingen, Heidelberg 1847.   440
- Fremdwörterbuch für das deutsche Volk mit 14000 Fremdwörtern,

worunter sehr viele neue sich befinden, mit neuen Uebersetzungen, die nicht blos zum Verständniß der in Zeitungen und Büchern aller Art vorkommenden Fremdwörter dienen, sondern auch zum Verdrängen derselben durch deutsche Wörter im Leben geeignet sind, Heidelberg 1855. 96, 440
— Der Deutschkatholizismus in seiner Entwicklung. Dargestellt in der Geschichte der deutschkatholischen Gemeinde zu Heidelberg, Heidelberg 1862. 440
— Geist, Seele, Stoff. Als Handschrift gedruckt, Heidelberg 1863. 94, 96, 161, 162, 169, 440, 456, 457
Buckle, H. T., Geschichte der Civilisation in England. Mit Bewilligung des Verfassers übersetzt von Arnold Ruge, 2 Bde., Leipzig – Heidelberg 1860–1861. 38, 94, 161, 419–420, 440, 456
Büchner, L., Kraft und Stoff. Empirisch-naturphilosophische Studien. In allgemein-verständlicher Darstellung, 5. Aufl., Frankfurt am Main 1858. 146, 161, 456
— Briefe aus dem Herzen Deutschlands. In: Der deutsche Eidgenosse, London – Hamburg 1865, S. 36–38, 64–66 und London – Hamburg 1866, S. 167–170. 452
— Entwurf zu einem Programme der deutschen Volkspartei. In: Der deutsche Eidgenosse, London – Hamburg 1866, S. 170–171. 452
Büttner, W., Georg Herwegh – Ein Sänger des Proletariats. Der Weg eines bürgerlich-demokratischen Poeten zum Streiter für die Arbeiterbewegung. Mit einem Anhang ungedruckter Briefe und Dokumente über Herweghs Verhältnis zur Arbeiterbewegung, 2., überarb. Aufl., Berlin 1976. 406
Catalogus Institutionum in academia regia bavarica Friderico-Alexandrina, Erlangae. 494
Cherno, M., „Der deutsche Eidgenosse" and its Collapse, 1865–1867. The Attempt to Stimulate a German Revolution through Emigré Propaganda. In: German Life and Letters a Quarterly review 35, Oxford 1981–1982, S. 138–149. 457
Constitutionnel siehe Le Constitutionnel.
Conwentz, H., Heinrich Robert Goeppert, sein Leben und Wirken. Gedächtnissrede, gehalten in der allgemeinen Sitzung der Naturforschenden Gesellschaft zu Danzig am 5. November 1884, Danzig 1885. 423
Courier, P.-L., Les Pastorales de Longus, Daphnis et Cloé, traduction d'Amyot, complétée par P.-L. Courier. Préface par Amaury Duval, Paris 1863. 113, 115, 445
Das Jahrhundert. Zeitschrift für Politik und Literatur, 1.–4. Jg., Hamburg 1856–1859. 509, 521, 524
— Das Westfälische Dampfboot. Red. O. Lüning, Bielefeld (Hamm) 1845–1848. 4, 402
Daumer, G. F., Mittheilungen über Kaspar Hauser, Nürnberg

1832. 322, 502–503
- Der Anthropologismus und Kriticismus der Gegenwart in der Reife seiner Selbstoffenbarung nebst Ideen zur Begründung einer neuen Entwicklung in Religion und Theologie, Nürnberg 1844. 322, 502–503
- Frauenbilder und Huldigungen, 3 Bde., Leipzig 1853. 322, 502 bis 503
- – 2., Aufl., 1.–3. Thl., Leipzig 1858. 322, 502–503
- Meine Conversion. Ein Stück Seelen- und Zeitgeschichte, Mainz 1859. 322, 502–503
- Enthüllungen über Kaspar Hauser. Mit Hinzufügung neuer Belege und Documente und Mittheilung noch ganz unbekannter Thatsachen, namentlich zu dem Zwecke, die Heimath und Herkunft des Findlings zu bestimmen und die vom Grafen Stanhope gespielte Rolle zu beleuchten. Eine wider Eschricht und Stanhope gerichtete historische, psychologische und physiologische Beweisführung, Frankfurt am Main 1859. 322, 502–503, 513

Der deutsche Eidgenosse, hrsg. unter Mitwirkung von Karl Blind, Louis Büchner, Ludwig Feuerbach, Ferdinand Freiligrath, M. Gritzner d. Ä., Ernst Haug, Theodor Mögling, K. Nauwerck, Theodor Olshausen, Gustav Rasch, Emil Rittershaus, Gustav Struve, J. D. H. Temme, u. A., London–Hamburg 1865–1867. (Unveränderter Nachdruck der Ausgabe London und Hamburg 1865–1867, Glashütten im Taunus 1973). IX, 169, 452, 457
- – Der Verwaltungsrath: Was wir wollen. In: Ebenda, S. 1. 452
- – Vereins-Bericht. In: Ebenda, S. 369–371. 452

Der Deutsche Nationalverein 1859–1867. Vorstands- und Ausschußprotokolle, bearb. von A. Biefang, Düsseldorf 1995. 408

Der heilige Rock in neuer und vermehrter Auflage. Eine Streitschrift gegen die neumodischen römisch-papistischen Eiferer, die Feinde des Lichtes und der Freiheit. Von einem Katholiken, Leipzig 1868. 345, 508

Der neue Pitaval. Eine Sammlung der interessantesten Criminalgeschichten aller Länder aus älterer und neuerer Zeit. Hrsg. von J. E. Hitzig und W. Häring (i. e. W. Alexis), Leipzig 1842–1865. 29, 66, 75, 105, 108, 109, 415, 429, 433, 443, 444

Der Spiegel, Hamburg, Nr. 52, 21. Dezember 2002. 514

Derwein, H., Hoffmann von Fallersleben und Johanna Kapp. Begegnung in Heidelberg, 2. Aufl., [Fallersleben 1956]. 477

Deubler, K., K.-Deubler-Museum, Inventar und Bibliothek. Verzeichnis des Konrad Deublerschen Nachlasses, Bad Goisern 1965. XV

Deutsche Jahrbücher für Politik und Literatur, hrsg. von H. B. Oppenheim, Bde. 1–13, Berlin 1861–1864. 21, 37, 50, 52, 411, 419, 424

Deutsche Jahrbücher für Wissenschaft und Kunst, Leipzig 1841–1843. 516

Deutsche Monatsschrift für Litteratur und öffentliches Leben. [Hrsg. von K. Biedermann], Leipzig 1842–1845. 376, 516

Deutsche Warte. Umschau über das Leben und Schaffen der Gegenwart, 1.–4. Bd., Leipzig 1873. 405, 412, 424

Deutsche Zeitung, Berlin 1860–1861. 401

Deutsches Museum. Zeitschrift für Literatur, Kunst und öffentliches Leben, hrsg. von R. Prutz, Leipzig 1851–1867. 485

Die Epigonen, Bde. I–V, hrsg. von O. Wigand, Leipzig 1846–1848. 377, 517, 518

Die Gartenlaube. Illustrirtes Familienblatt, hrsg. von E. Keil, red. von F. Stolle, Leipzig 1853–1937. 161, 232, 435, 455–457, 475

– – Für einen deutschen Geisteskämpfer. In: Ebenda, Nr. 1, Leipzig 1872, S. 17–19. 475

Die Musen, eine norddeutsche Zeitschrift, hrsg. von Friedrich Baron de la Motte Fouqué und Wilhelm Neumann, Berlin 1812–1814. 462

Die Natur. Zeitung zur Verbreitung naturwissenschaftlicher Kenntniß und Naturanschauung für Leser aller Stände, hrsg. von O. Uhle und K. Müller in Verbindung mit E. A. Roßmäßler und andern Freunden, Halle 1852–1902. 161, 419, 455

Die Natur. Zeitung zur Verbreitung naturwissenschaftlicher Kenntnis und Naturanschauung für Leser aller Stände. Ergänzungshefte, hrsg. von O. Uhle und K. Müller, Halle 1862–1872. 161, 419, 455

Die Presse, Wien. 323

Doctor Jacob Herz. Zur Erinnerung für seine Freunde, Erlangen 1871. 520

Dobbek, W. (Hrsg.), Die Akte Ludwig Feuerbach. Veröffentlichungen aus dem Archiv der Deutschen Schillerstiftung, H. 2, Weimar [1961]. (Sigle: Archiv DS). XVIII, 417, 464, 469, 471, 511, 512

Dodel-Port, A. (Hrsg.), Konrad Deubler. Tagebücher, Biographie und Briefwechsel des oberösterreichischen Bauernphilosophen, Leipzig 1886. (Sigle: Deubler Bw). XIX, 419, 420, 449, 460, 497, 499, 500, 505, 507

– – 1. Thl.: Konrad Deublers Lebens- und Entwicklungsgang und handschriftlicher Nachlaß. 419, 420

– – 2. Thl.: Aus Konrad Deublers Briefwechsel (1848–1884). 449, 460, 497, 499, 500, 505, 507

– Konrad Deublers Bibliothek im Heimat-Museum Bad Goisern (= Abschrift des Verzeichnisses von A. Dodel-Port, fortgeführt von F. Laimer und J. Pesendorfer). (Sigle: DB). XIX, 440, 455, 456

– Konrad Deubler, der monistische Philosoph im Bauernkittel. Sein Entwicklungsgang vom einfältigen Glauben zum klaren Erkennen. Nach authentischen Quellen aus seinen Tagebüchern, seinem Briefwechsel und anderen Schriftstücken dargestellt. Volksausgabe, Stuttgart 1909. 475

Duboc, C. J., Die Propaganda des Rauhen Hauses und das Johannes-Stift

in Berlin. Eine Warnung, Berlin 1862.   3, 401, 405
- Wider die Grundanschauung des philosophischen Idealismus. In: Deutsche Jahrbücher für Politik und Literatur, Berlin 1862, S. 118 bis 138.   21, 43, 50, 51, 411
- Gottheit, Freiheit und Unsterblichkeit vom Standpunkt der Anthropologie. In: Deutsches Museum, Leipzig Nr. 37 vom 13. September 1866, S. 340–346.   263, 485, 490, 499
- Zur philosophischen Literatur. Ludwig Feuerbach: Gottheit, Freiheit und Unsterblichkeit vom Standpunkt der Anthropologie. Leipzig. Otto Wigand. 1866. In: Allgemeine Zeitung, Augsburg (Beilage), Nr. 292, 19. Oktober 1866, S. 4793–4794, Nr. 293, 20. Oktober 1866, S. 4809 bis 4810 und Nr. 294, 21. Oktober 1866, S. 4831–4832.   263, 485, 487, 490, 499
- (Hrsg.), Acht Briefe von Ludwig Feuerbach. In: Deutsche Warte. Umschau über das Leben und Schaffen der Gegenwart, 4. Bd., H. 10, Leipzig 1873, S. 582–589. (Sigle: Deutsche Warte).   XIX, 405, 412, 424

Dühring, E.: Der Werth des Lebens. Eine philosophische Betrachtung, Breslau 1865.   306, 312, 313, 498, 499
- Capital und Arbeit. Neue Antworten auf alte Fragen, Berlin 1865.   306, 498
- Natürliche Dialektik. Neue logische Grundlegungen der Wissenschaft und der Philosophie, Berlin 1865.   306, 312, 313, 499
- Kritische Grundlegung der Volkswirthschaftslehre, Berlin 1866.   306, 498
- Ludwig Feuerbach, Gottheit, Freiheit und Unsterblichkeit. In: Ergänzungsblätter zur Kenntniß der Gegenwart, hrsg. von H. J. Meyer, redigiert von O. Dammer, 2. Bd., 1. H., Hildburghausen 1867, S. 1 bis 5.   306, 312, 357, 498, 499, 511
- Kritische Geschichte der Philosophie von ihren Anfängen bis zur Gegenwart, Berlin 1869.   511

Dulon, R., Vom Kampf um Völkerfreiheit. Ein Lesebuch fürs deutsche Volk, 2 Hefte, 2. Aufl., Bremen 1849–1850.   419
Ebel, H., Gothisches. In: Zeitschrift für vergleichende Sprachforschung auf dem Gebiete der indogermanischen Sprachen, 5. Bd., Berlin 1856, S. 235–236.   510
Eisfeld, G., Die Entstehung der liberalen Parteien in Deutschland 1858–1870. Studie zu den Organisationen und Programmen der Liberalen und Demokraten, Hannover 1969.   403
Engels, F., Betrachtungen über den Krieg in Deutschland. In: Karl Marx. Friedrich Engels. Werke, Bd. 16, Berlin 1973, S. 167–189.   479
- Siehe auch Marx, K./Engels, F.
Enk, K., Epiktetos Unterredungen, aufgezeichnet von Arrhianos. Aus dem Griechischen in das Deutsche übertragen, Wien 1866.   476
Epigonen siehe Die Epigonen.

Erdmann, E., Geschichte der neuern Philosophie von Bacon von Verulam bis Benedict Spinoza, von Dr. Ludwig Andreas Feuerbach. Ansbach 1833. C. Brüggel. II. 434 S. (Beilagen p. I–LXIV.). In: Jahrbücher für wissenschaftliche Kritik, Berlin 1833, Nr. 106, Sp. 841 bis 848.   373, 514

Ergänzungsblätter zur Kenntniß der Gegenwart, hrsg. von H. J. Meyer, redigiert von O. Dammer, 1. Bd. Hildburghausen 1866; 2. Bd. Hildburghausen 1867.   306, 357, 498, 511

Eschricht, D. F., Unverstand und Erziehung. Vier populäre Vorlesungen über Kaspar Hauser, Berlin 1857.   514

Feller, R., Die Universität Bern 1834–1934, Bern – Leipzig 1935.   415

Fellrath, I., Georg Herwegh und das Spritzleder. Zur Genese eines Rufmords und seinen Folgen. In: 1848 und der deutsche Vormärz, (= Jahrbuch Forum Vormärz Forschung, 1997), Bielefeld 1998, S. 161–175.   465

Fénelon, F. de S. de L. M., Traité de l'existence de Dieu, et Lettres sur divers sujets de métaphysique et de religion, par Fénelon. Édition précédée d'un Essai sur Fénelon, par M. Villemain, et publiée avec un avertissement et des notes, par M. Danton, Paris 1860.   445

Festschrift zum 50jährigen Bestehen des Victoria-Instituts zu Falkenberg (Mark), Berlin 1909.   432, 448

Feuerbach, F. H., Die Religion der Zukunft, Zürich – Winterthur 1843 bis 1845.   419

– Gedanken und Thatsachen. Ein Beitrag zur Verständigung über die wichtigsten Bedingungen des Menschenwohles, Hamburg 1862. 135, 449

Feuerbach, H., Gedanken über die Liebenswürdigkeit der Frauen. Ein kleiner Beitrag zur weiblichen Characteristik. Von einem Frauenzimmer [i. e. Henriette Feuerbach], Nürnberg 1839.   512

– Sonntagsmuße. Ein Buch für Frauen von der Verfasserin der Gedanken über die Liebenswürdigkeit der Frauen, Nürnberg 1845.   512 bis 513

– Siehe unter Feuerbach, J. A. v., Nachgelassene Schriften, 1. Bd.

– Uz und Cronegk. Zwei fränkische Dichter aus dem vorigen Jahrhundert, Leipzig 1866.   513

Feuerbach, J. A. v., Nachgelassene Schriften. 4 Bde., Braunschweig 1853.

– – 1. Bd.: Anselm Feuerbach's Leben, Briefe und Gedichte, hrsg. von H. Feuerbach.   513, 519

– – 2. Bd.: Geschichte der griechischen Plastik. Bd. 1: Aus dem Nachlasse Anselm Feuerbach's, hrsg. von H. Hettner.   513, 519

– – 3. Bd.: Geschichte der griechischen Plastik. Bd. 2: Aus dem Nachlasse Anselm Feuerbach's, hrsg. von H. Hettner.   513, 519

– – 4. Bd.: Anselm Feuerbach's kunstgeschichtliche Abhandlungen, hrsg. von H. Hettner.   513, 519

Feuerbach, K. W., Einleitung* zu dem Werke: Analysis der dreyeckigen Pyramide durch die Methode der Coordinaten und Projectionen. Ein Beytrag zu der analytischen Geometrie. In: Isis oder Encyclopädische Zeitung von Oken, Jena 1826, 1. Bd., H. VI., Sp. 565–569.   398, 413, 525
- Grundriß zu analytischen Untersuchungen der dreieckigen Pyramide, Nürnberg 1827.   18, 24, 25, 398, 410, 413

Feuerbach, L.,
Werkausgaben:
- Sämmtliche Werke, 10 Bde., Leipzig 1846–1866. (Sigle: SW).   XX
-- SW 1: Erläuterungen und Ergänzungen zum Wesen des Christenthums, 1846.   40, 169, 200, 210, 233, 280, 286, 296, 467, 492, 516
-- SW 2: Philosophische Kritiken und Grundsätze, 1846.   40, 210, 233, 280, 286, 296, 467, 492, 509
-- SW 3: Gedanken über Tod und Unsterblichkeit, 3. Aufl., 1847.   40, 185, 200, 204, 205, 209, 210, 233, 280, 286, 296, 333, 467, 468, 492
-- SW 4: Geschichte der neuern Philosophie von Bacon von Verulam bis Benedict Spinoza, 1847.   40, 200, 210, 233, 280, 286, 296, 467, 492
-- SW 5: Darstellung, Entwicklung und Kritik der Leibnitz'schen Philosophie, 1848.   40, 200, 210, 233, 280, 286, 293, 296, 433, 467, 492, 495
-- SW 6: Pierre Bayle, nach seinen für die Geschichte der Philosophie und Menschheit interessantesten Momenten dargestellt und gewürdigt, 1848.   40, 200, 210, 233, 280, 286, 296, 346, 467, 492, 509
-- SW 7: Das Wesen des Christenthums, 3., umgearb. und verm. Aufl., 1849.   40, 161, 169, 200, 204, 205, 209, 210, 233, 235, 280, 286, 295, 296, 333, 455, 467, 468, 492
-- SW 8: Vorlesungen über das Wesen der Religion. Nebst Zusätzen und Anmerkungen, 1851.   IX, 40, 142, 153, 169, 200, 210, 233, 280, 286, 296, 450, 467, 492
-- SW 9: Theogonie nach den Quellen des classischen, hebräischen und christlichen Alterthums, 1857.   XII, 40, 41, 64, 78, 81, 157, 159, 185, 186, 200, 210, 215, 233, 269, 280, 286, 296, 308, 383, 406, 434, 467, 477, 479, 487, 492, 493, 520, 521
-- SW 10: Gottheit, Freiheit und Unsterblichkeit vom Standpunkte der Anthropologie, 1866.   XII, XIII, 8, 13, 105, 169, 195, 200, 204–207, 209–211, 215, 216, 228, 233, 232, 237–239, 241, 243–248, 250–253, 255, 257, 260, 263, 271, 272, 278, 280, 285, 286, 288–290, 296, 306, 308, 353, 357, 365, 404, 407–409, 419, 421, 431, 433, 441, 443, 445, 454, 457, 464, 466–470, 473, 475, 477, 478, 484, 485, 487–494, 498, 505, 510
- Gesammelte Werke, hrsg. von W. Schuffenhauer (seit 1993: hrsg. von der Berlin-Brandenburgischen Akademie der Wissenschaften durch

W. Schuffenhauer), Berlin 1967 ff. (Sigle: GW).
– – GW 1: Frühe Schriften, Kritiken und Reflexionen (1828–1834), bearb. von W. Schuffenhauer und W. Harich, Berlin 1981, 2000. VII, XX, 421, 445, 494, 497, 514, 515
– – GW 2: Geschichte der neuern Philosophie von Bacon von Verulam bis Benedikt Spinoza, bearb. von W. Harich, Berlin 1981, 1984. 514
– – GW 3: Geschichte der neuern Philosophie. Darstellung, Entwicklung und Kritik der Leibnizschen Philosophie, bearb. von W. Schuffenhauer und W. Harich, Berlin 1981, 1984. 433, 495, 504
– – GW 4: Pierre Bayle. Ein Beitrag zur Geschichte der Philosophie und Menschheit, bearb. von W. Harich, Berlin 1974, 1990. 509
– – GW 5: Das Wesen des Christentums, bearb. von W. Schuffenhauer und W. Harich, Berlin 1974, 1984. 418, 420, 484, 508, 518
– – GW 6: Vorlesungen über das Wesen der Religion. Nebst Zusätzen und Anmerkungen, bearb. von W. Harich, Berlin 1967, 1981, 1984. 431, 453, 457, 459, 475
– – GW 7: Theogonie nach den Quellen des klassischen, hebräischen und christlichen Altertums, bearb. von W. Harich, Berlin 1969, 1982, 1985. 421, 428, 433, 434, 459, 487, 498, 521
– – GW 8: Kleinere Schriften I (1835–1839), bearb. von W. Harich, Berlin 1969, 1982, 1989. 515–517, 520
– – GW 9: Kleinere Schriften II (1839–1846), bearb. von W. Schuffenhauer und W. Harich, Berlin 1970, 1982, 1990. XIII, 418, 477, 490, 515, 516, 520
– – GW 10: Kleinere Schriften III (1846–1850), bearb. von W. Harich, Berlin 1971, 1982, 1990. 404, 421, 445, 487, 499, 509, 518
– – GW 11: Kleinere Schriften IV (1851–1866), bearb. von W. Harich, Berlin 1972, 1982, 1990. VII, 404, 407, 409, 412, 413, 421, 424, 431, 433, 443, 445, 454, 467–469, 475, 477, 485, 495, 499, 510, 521
– – GW 12: Paul Johann Anselm von Feuerbachs Leben und Wirken veröffentlicht von seinem Sohne Ludwig Feuerbach, bearb. von W. Harich, Berlin 1976, 1989. 457, 503, 519
– – GW 13: Nachlaß I, Erlangen 1829–1832, bearb. von W. Schuffenhauer, Ch. Weckwerth, R. Steindl, K. R. Schreiber und M. Boenke, Berlin 1999. 494, 514
– – GW 14: Nachlaß II, Erlangen 1830–1832, bearb. von Ch. Weckwerth und W. Schuffenhauer, Berlin 2001. 494, 514
– – GW 15: Nachlaß III. In Vorbereitung. 494, 514
– – GW 16: Nachlaß IV. In Vorbereitung. VII, XVI, 433, 451, 476, 481, 516
– – GW 17: Briefwechsel I (1817–1839), bearb. von W. Schuffenhauer, E. Voigt, Berlin 1984. VII, 413, 513

- - GW 18: Briefwechsel II (1840–1844), bearb. von W. Schuffenhauer, E. Voigt, Berlin 1988. VII, 516
- - GW 19: Briefwechsel III (1845–1852), bearb. von W. Schuffenhauer, E. Voigt, Berlin 1993. VII, 404, 416, 432, 446, 450, 457, 458, 465, 489, 491, 499, 517, 518
- - GW 20: Briefwechsel IV (1853–1861), bearb. von W. Schuffenhauer, E. Voigt (†) und M. Köppe, Berlin 1996. VII, 401, 402, 405, 407–411, 413, 416, 422, 423, 427, 428, 430, 432, 437, 462, 466, 470, 472, 474, 485, 492, 501, 509, 510, 520, 521, 524, 525
- - GW 22. In Vorbereitung. VII, 404, 413, 414, 420, 425, 449, 460, 461, 466, 494

Teilsammlungen:
- Grün, K. (Hrsg.), Ludwig Feuerbach in seinem Briefwechsel und Nachlass sowie in seiner philosophischen Charakterentwicklung, 2 Bde., Leipzig – Heidelberg 1874. (Sigle: BwN). XIX
- - 1. Bd.: 1820–1850. 500, 513, 516, 517
- - 2. Bd.: 1850–1872. 406, 412, 419–421, 432–435, 440, 442, 444, 445, 447, 449, 451, 453–457, 459, 460, 468, 470, 477, 480–482, 484–488, 492–495, 497, 498, 500–504, 508–510, 511
- - Höchst bescheidener Wunsch. In: BwN, Bd. 1, S. 340. 516
- - Zinzendorf und die Herrnhuter. In: BwN, Bd. 2, S. 236–252. XIV, 257
- Ausgewählte Briefe von und an Ludwig Feuerbach. Zum Säkulargedächtnis seiner Geburt, hrsg. und biogr. eingel. von W. Bolin, 2 Bde., Leipzig 1904 (= Ludwig Feuerbach. Sämtliche Werke. Neu hrsg. von W. Bolin und F. Jodl, neu hrsg. und erw. von H.-M. Sass, Bde. 12/13: Ausgewählte Briefe von und an Ludwig Feuerbach, Stuttgart-Bad Cannstatt 1964). (Sigle: Bw). XVIII–XIX
- - Bw I: XII, 404, 437, 438
- - Bw II: 401, 410, 426–430, 446, 451, 459, 474, 475, 481, 482, 487, 489, 491, 496, 504, 505
- Ludwig Feuerbach. Briefwechsel, hrsg. von W. Schuffenhauer (Reclams Universalbibliothek, Bd. 105), Leipzig 1963. (Sigle: Bw Recl). XIX, 406, 435

Einzelschriften:
- De ratione, una, universali, infinita. Dissertatio inauguralis philosophica auctore Ludovico Andrea Feuerbach, phil. doct., Erlangae MDCCCXXVIII. [Über die eine, allgemeine, unendliche Vernunft. Philosophische Inaugural-Dissertation von Ludwig Andreas Feuerbach, Doktor der Philosophie, Erlangen 1828]. (GW 1, S. 1–173). 372, 514
- Gedanken über Tod und Unsterblichkeit, aus den Papieren eines Denkers, nebst einem Anhang theologisch-satirischer Xenien herausgegeben von einem seiner Freunde, Nürnberg 1830 [anonym]. (GW 1, S. 175–515). 112, 169, 445

- Geschichte der neuern Philosophie von Bacon von Verulam bis Benedikt Spinoza, Ansbach 1833. (SW 4; GW 2). 372, 514
- Abälard und Héloise oder Der Schriftsteller und der Mensch. Eine Reihe humoristisch-philosophischer Aphorismen, Ansbach 1834. (SW 3, S. 149–260; GW 1, S. 533–638). 328, 373, 416, 515
- Hegel. Sendschreiben an den Hrn. Dr. C. F. Bachmann. Von Dr. K. Rosenkranz. Königsberg 1834. 140 S. In: Jahrbücher für wissenschaftliche Kritik, Berlin 1835, Nr. 64, Sp. 521–525 und Nr. 65, Sp. 529–535. (GW 8, S. 3–13). 516
- Jacobi und die Philosophie seiner Zeit. Ein Versuch, das wissenschaftliche Fundament der Philosophie historisch zu erörtern Von J. Kuhn, Mainz 1834. 558 S. In: Jahrbücher für wissenschaftliche Kritik, Berlin 1835, Nr. 90, Sp. 729–736. (SW 2, S. 83–91; GW 8, S. 14–23). 516
- „Die Philosophie des Rechts nach geschichtlicher Ansicht." Von Friedr. Jul. Stahl. Erster Band: „Die Genesis der gegenwärtigen Rechtsphilosophie." Heidelberg 1830. XVI, 362 S. Zweiter Band: „Christliche Rechts- und Staatslehre." Erste Abteilung. Heidelberg 1833, XVI, 344 S. In: Jahrbücher für wissenschaftliche Kritik, Berlin 1835, Nr. 1, Sp. 1–7; Nr. 2, Sp. 9–16 und Nr. 3, Sp. 17–20. (SW 1, S. 108–127; GW 8, S. 24–43). 516
- Hegels Werke. Vollständige Ausgabe. XIII. u. XIV. Bd. Hegels Vorlesungen über die Geschichte der Philosophie. Herausgegeben von Dr. Carl Ludwig Michelet. I. Bd. XVIII, 418. II. Bd. 586. Berlin 1833. In: Jahrbücher für wissenschaftliche Kritik, Berlin 1835, Nr. 46, Sp. 369 bis 376; Nr. 47, Sp. 377–381 und Nr. 48, Sp. 385–389. (SW 2, S. 1–17; GW 8, S. 44–61). 516
- 1) „Versuch einer wissenschaftlichen Darstellung der Geschichte der neuern Philosophie." Ersten Bandes erste Abteilung: „Darstellung und Kritik der Philosophie des Cartesius, nebst einer Einleitung in die Geschichte der neuern Philosophie." Von Dr. Joh. Ed. Erdmann. Riga und Dorpat 1834. X, 336. – 2) „Cartesius und seine Gegner. Ein Beitrag zur Charakteristik der philosophischen Bestrebungen unserer Zeit." Von Dr. C. F. Hock, Wien 1835. IV, 114. In: Jahrbücher für wissenschaftliche Kritik, Berlin 1836, Nr. 72, Sp. 573–576 und Nr. 73, Sp. 577–580. (SW 2, S. 92–99; GW 8, S. 128–136). 516
- Die Idee der Freiheit und der Begriff des Gedankens von Dr. K. Bayer, Nürnberg 1837. In: Hallische Jahrbücher für deutsche Wissenschaft und Kunst, Leipzig, Nr. 6, 6. Januar 1838, Sp. 46–48 und Nr. 7, 8. Januar 1838, Sp. 51–56. (GW 8, S. 137–148). 516, 520
- Zur Kritik des Empirismus. „Kritik des Idealismus und Materialien zur Grundlage des apodiktischen Realrationalismus." Von F. Dorguth, Geh. Justiz- und Oberlandes Gerichtsrat. gr. 8. Magdeburg 1837. Heinrichshofen. (17 ½ B. 1 1/3 Tlr.). In: Hallische Jahrbücher für deutsche Wissenschaft und Kunst, Leipzig, Nr. 73, 26. März 1838,

Sp. 582–584; Nr. 74 vom 27. März 1838, Sp. 588–592 und Nr. 75 vom 28. März 1838, Sp. 597–600. (SW 2, S. 137–152; GW 8, S. 149–164). 516
- „Versuch einer wissenschaftlichen Darstellung der Geschichte der neuern Philosophie." Ersten Bandes zweite Abteilung: „Malebranche, Spinoza und die Skeptiker und Mystiker des XVII. Jahr hunderts. Darstellung und Kritik ihrer Systeme." Von Dr. J. E. Erdmann, 1836. XXII, 257. Beilagen CX. In: Jahrbücher für wissenschaftliche Kritik, Berlin 1838, Nr. 67, Sp. 534–536; Nr. 68, Sp. 537–542 und Nr. 69, Sp. 545–551. (SW 2, S. 100–115; GW 8, S. 165–180). 516
- Pierre Bayle, nach seinen für die Geschichte der Philosophie und Menschheit interessantesten Momenten dargestellt und gewürdigt, Ansbach 1838. (SW 6; GW 4). 509
- An Karl Riedel. Zur Berichtigung seiner Skizze. In: Athenæum für Wissenschaft, Kunst und Leben. Eine Monatschrift für das gebildete Deutschland, Nürnberg, März 1839, S. 50–64. (SW 2, S. 167–178; GW 9, S. 3–15). 515
- Ueber das Wunder. In: Athenæum für Wissenschaft, Kunst und Leben. Eine Monatschrift für das gebildete Deutschland, Nürnberg, Mai 1839, S. 1–55. (SW 1, S. 1–41; GW 8, S. 293–340). 515, 517
- [Anonym; Unterschrift: „...ch"] Dr. Karl Bayer, Betrachtungen über den Begriff des sittlichen Geistes und über das Wesen der Tugend, Erlangen 1839. In: Hallische Jahrbücher für deutsche Wissenschaft und Kunst, Leipzig, Nr. 85, 8. April 1840, Sp. 676–680; Nr. 86, 9. April 1840, Sp. 685–688; Nr. 87, 10. April 1840, Sp. 691–696. (GW 9, S. 82–99). 520
- Das Wesen des Christenthums, Leipzig 1841. (SW 7; GW 5). 35, 38, 346, 375, 377, 412, 438, 516, 518, 520
- — 2., verm. Aufl., Leipzig 1843. 235, 419
- Zur Beurteilung der Schrift „Das Wesen des Christentums". In: Deutsche Jahrbücher für Wissenschaft und Kunst, Leipzig, Nr. 39 vom 16. Februar 1842, S. 154–155 und Nr. 40 vom 17. Februar 1842, S. 157–159. (SW 1, S. 248–258; GW 9, S. 229–242). 516
- Grundsätze der Philosophie der Zukunft, Zürich – Winterthur 1843. (SW 2, S. 269–346; GW 9, S. 264–341). XIII, 108, 235, 280, 477, 490
- Das Wesen des Glaubens im Sinne Luthers. Ein Beitrag zum „Wesen des Christenthums", Leipzig 1844; 2., zeitgem. Aufl. 1855. (SW 1, S. 259–325; GW 9, S. 353–412). 235
- Das Wesen der Religion. 1845. In: Die Epigonen, hrsg. von O. Wigand, Bd. 1, Leipzig 1846, S. 117–178 (SW 1, S. 410–486; GW 10, S. 3–79). 462, 517
- Fragmente zur Charakteristik meines philosophischen curriculum vitae, Leipzig 1846. (SW 2, S. 380–414; GW 10, S. 151–180). 509
- Das Geheimnis des Opfers oder Der Mensch ist, was er ißt, Leipzig

1847. (SW 10, S. 1–35; GW 11, S. 26–52). 41, 42, 421, 431
- Die Unsterblichkeitsfrage vom Standpunkt der Anthropologie [1846], Leipzig 1847. (SW 3, S. 261–363; GW 10, S. 192–284). 185, 271, 421
- Über meine „Gedanken über Tod und Unsterblichkeit" [1846], Leipzig 1847. (SW 3, S. 263–408; GW 10, S. 284–308). 445, 487
- Ueber „das Wesen der Religion" in Beziehung auf: „Feuerbach und die Philosophie. Ein Beitrag zur Kritik Beider von R. Haym 1847." Ein Bruchstück. In: Die Epigonen, hrsg. von O. Wigand, Bd. 5, Leipzig 1848, S. 165–177. (GW 10, S. 333–346). 517–518
- Die Naturwissenschaft und die Revolution [Rezension zu: Lehre der Nahrungsmittel. Für das Volk. Von J. Moleschott]. In: Blätter für literarische Unterhaltung, Leipzig 1850, Nr. 268 vom 8. November, S. 1069–1071; Nr. 269 vom 9. November, S. 1073–1074; Nr. 270 vom 11. November, S. 1077–1079; Nr. 271 vom 12. November, S. 1081–1083. (GW 10, S. 347–368). 421
- Qu'est-ce que la religion, d'après la nouvelle philosophie allemande, trad. par H. Ewerbeck, Paris 1850. 163, 165, 454, 456
- (Hrsg.), Anselm Ritter von Feuerbach's Leben und Wirken aus seinen ungedruckten Briefen und Tagebüchern, Vorträgen und Denkschriften veröffentlicht von seinem Sohne Ludwig Feuerbach, 2 Bde., Leipzig 1852. (GW 12). 503, 519
- Spiritualismus und Sensualismus [Rezension zu:] System der Rechtsphilosophie von Ludwig Knapp, Erlangen 1857. In: Das Jahrhundert. Zeitschrift für Politik und Literatur, 3. Jg., Nr. 26, Hamburg 1858, S. 410–412 [anonym]. (GW 11, S. 11–16). 409, 457, 521
- Dr. Friedrich Wilhelm Heidenreich, praktischer Arzt, geboren 1798, gestorben 6. Dezember 1857 zu Ansbach. In: Das Jahrhundert, 3. Jg., Nr. 27, Hamburg 1858, S. 421–425 [anonym]. (GW 11, S. 17–25). 521
- СУЩНОСТЬ ХРИСТІАНСТВА. СОЧИНЕНИЕ ЛЮД. ФЕЙЕРБАХА. ПЕРЕВОДЪ СДѢЛАННЫЙ СО ВТОРОГО ИСПРАВЛЕНАГО ИЗДАНІЯ ФИЛАДЕЛЬФОМЪ ѲЕОМАХОВЫМЪ, London 1861. VIII–IX, 403, 422
- СУЩНОСТЬ РЕЛИГІИ ЛЮДВИГА ФЕЙЕРБАХА ПЕРЕВОДЪ ѲЕДОРОВСКАГО, Heidelberg 1862. 403, 404, 422
- Über Spiritualismus und Materialismus, besonders in Beziehung auf die Willensfreiheit, Leipzig 1866. (SW 10, S. 37–204; GW 11, S. 53 bis 186). XII, XIII, 22, 43, 60, 64, 95, 251, 290, 407, 412, 424, 428, 433, 443, 445, 453, 469, 477, 481, 485, 494, 495, 510
- La Religion – Mort – Immortalité. L. Feuerbach. Trad. de l'Allemand avec autorisation de l'auteur par J. Roy, Paris 1864. XV, 111, 122–127, 134, 137, 138, 155–158, 160, 165, 163, 267, 444, 445, 447, 454, 486

- L. Feuerbach. Essence du Christianisme. Traduction de l'Allemand, avec autorisation de l'auteur par J. Roy, Paris 1864. XV, 111, 122–127, 134, 137, 138, 155–158, 160, 163, 165, 267, 444, 445, 447, 454, 486
- Zur Moralphilosophie (1868). Kritisch revidiert. In: Solidarität oder Egoismus. Studien zu einer Ethik bei und nach Ludwig Feuerbach sowie kritisch revidierte Edition „Zur Moralphilosophie" (1868) besorgt von W. Schuffenhauer, hrsg. von H.-J. Braun, Berlin 1994, S. 353–430. XVI, 509

Feuerbach, P. J. A. v., Revision der Grundsätze und Grundbegriffe des positiven peinlichen Rechts, 2 Thle., Erfurt – Chemnitz 1799–1800. 9–10, 407
- Kaspar Hauser. Beispiel eines Verbrechens am Seelenleben des Menschen, Ansbach 1832. (Reprint 1983). 322, 503
- Anselm Ritter von Feuerbach's weiland königl. bayerischen wirkl. Staatsraths und Appellationsgerichts-Präsidenten Leben und Wirken aus seinen ungedruckten Briefen und Tagebüchern, Vorträgen und Denkschriften veröffentlicht von seinem Sohne Ludwig Feuerbach, 2 Bde., Leipzig 1852. 322
- – Memoire über Kaspar Hauser (1832). In: Ebenda, S. 319–333. (GW 12, S. 567–578). 322, 503

Fichte, I. H., System der Ethik, 2 Bde., Leipzig 1850–1853. 293, 495
- – 1. Bd. 495
- – 2. Bd., 2. darstellender Teil: I. Die allgemeinen ethischen Begriffe und die Tugend- und Pflichtenlehre. 495
- – 2. Bd., 2. darstellender Teil: II. Die Lehre von der rechtssittlichen und religiösen Gemeinschaft. 495

Fichte, J. G., Ueber Machiavell, als Schriftsteller, und Stellen aus seinen Schriften. In: Vesta. Für Freunde der Wissenschaft und Kunst, hrsg. von F. von Schrötter und M. von Schenkendorf, 1. Bd., Junius, Königsberg 1807, S. 17–81. 190, 462
- Ueber Machiavell, als Schriftsteller, und Stellen aus seinen Schriften. In: Die Musen, hrsg. von Friedrich Baron de la Motte Fouqué und Wilhelm Neumann, Jg. 1813, Zweites Stück, März, April, Berlin 1813, S. 133–224. 462
- Die Staatslehre, oder über das Verhältniß des Urstaates zum Vernunftreiche in Vorträgen, gehalten im Sommer 1813 auf der Universität zu Berlin. (Aus seinem Nachlasse herausgegeben.), Berlin 1820. 103, 442

Fischer, J. Ch., Ueber die Freiheit des menschlichen Willens, Leipzig 1858. 161, 349, 456, 510

Fischer, K., Logik und Metaphysik oder Wissenschaftslehre. Lehrbuch für akademische Vorlesungen, Stuttgart 1852. 176, 428, 458, 463
- Geschichte der neuern Philosophie, Bd. 1: Das classische Zeitalter der dogmatischen Philosophie, Mannheim 1854. 352, 510

- System der Logik und Metaphysik oder Wissenschaftslehre, 2. völlig umgearb. Aufl., Heidelberg 1865. 191, 249, 312, 458, 463, 477, 480, 499
- Geschichte der neuern Philosophie. Jubiläumsausgabe, 8. Bd.: Hegels Leben, Werk und Lehre, 2 Bücher, Heidelberg 1901. 458

Fliegende Blätter 7, 1848. 465, 472

Forster, G., Sämmtliche Schriften, Bd. 8, Leipzig 1843. 485
- Georg Forsters Werke. Sämtliche Schriften, Tagebücher, Briefe, Bd. 17: Briefe 1792 bis 1794 und Nachträge, hrsg. von der Akademie der Wissenschaften der DDR, Zentralinstitut für Literaturgeschichte, bearb. von K.-G. Popp, Berlin 1989. 485

Fourier, Ch., Théorie des quartre mouvements et des destinées générales, Paris 1808. 442
- Theorie der vier Bewegungen und der allgemeinen Bestimmungen, hrsg. von Th. W. Adorno, eingel. von Elisabeth Lenk, Frankfurt am Main 1966. 442

Fränkischer Kurier [Mittelfränkische Zeitung], Nürnberg 1850–1944. 416, 453, 454, 472, 507
- – 29. Juli 1864, S. 1. 416
- – Der Menschenhandel deutscher Fürsten. In: Ebenda, Nr. 363, 30. Dezember 1864, S. 1 und Nr. 364, 31. Dezember 1864, S. 1. 153, 454

Fränkische Landeszeitung, Ansbach 1970 ff. 515
- – Brief von Ludwig Feuerbach entdeckt. In: Ebenda, Nr. 256, 4. November 1998. 515

Franklin, B., Franklin's goldenes Schatzkästlein oder Anweisung, wie man thätig, verständig, beliebt, wohlhabend, tugendhaft, religiös und glücklich werden kann. Ein unentbehrlicher Rathgeber für Jung und Alt in allen Verhältnissen des Lebens. Hrsg. von Dr. [J. A.] Bergk, Leipzig 1833. 419

Freiligrath, F., Wer hält die Räder Dir im Takt. Revolutionsgedichte, Berlin [1948]. 452

Fröbel, J., Theorie der Politik als Ergebnis einer erneuerten Prüfung demokratischer Lehrmeinungen, Wien 1861–1864. 441, 483
- – 1. Bd.: Die Forderungen der Gerechtigkeit und Freiheit im Staate, Wien 1861. 441
- – 2. Bd.: Die Thatsachen der Natur, der Geschichte und der gegenwärtigen Weltlage, als Bedingungen und Beweggründe der Politik, Wien 1864. 441, 483

Gartenlaube siehe Die Gartenlaube.

Gedenkbuch des in der Stadt Nürnberg 1861 begangenen Großen Deutschen Sängerfestes. Auf Veranlassung des Festausschusses herausgegeben. Mit drei Stahlstichen, Nürnberg 1861. 524

Gensler, F. [W. C.], Beiträge zur Einleitung in die Newton'sche oder mathematische Naturphilosophie, Bern 1840. 414

- Die thebanischen Tafeln stündlicher Sternanfänge. Aus den Gräbern der Könige Ramses VI. und Ramses IX. für die 24 halbmonatlichen Epochen des Jahres 1262/61 v. Chr. Nach inductiver Methode erklärt, Leipzig 1872.   414
Gervinus, G. G., Historische Schriften. Geschichte der florentinischen Historiographie bis zum 16. Jahrhundert, nebst einer Charakteristik des Macciavell. Versuch einer inneren Geschichte von Aragonien bis zum Ausgang des Barcelonischen Königsstammes. Neue Ausg., Wien 1860.   190, 462
Gesänge zum deutschen Sänger-Fest in Nürnberg vom 20. bis 23. Juli 1861.   524
Gimpl, G./Manninen, J., Kuka oli Wilhelm Bolin? Vem var Wilhelm Bolin? Wer war Wilhelm Bolin? Katalog der Ausstellung im Agricola-Raum der Universitätsbibliothek Helsinki, 7. Mai – 1. Juni 1991, Helsinki 1991.   406, 407, 494
Girardin, St.-M., Jean-Jacques Rousseau. Sa Vie et ses Ouvrages. In: Revue des deux mondes, T. 13, Paris 1852, S. 164–178; T. 14, Paris 1852, S. 502–521; T. 15, Paris 1852, S. 483–507; T. 16, Paris 1852, S. 756–780. [Die Fortsetzung des Serienartikels konnte nicht ausfindig gemacht werden.]   75, 433
Glück, Ch. K. siehe unter Allgemeiner Porträt-Katalog.
Goehler, R., Geschichte der deutschen Schillerstiftung 1859–1909, 2 Bde., Berlin 1909.   417, 465, 473
Goeppert, H. R./A. Menge: Die Flora des Bernsteins und ihre Beziehungen zur Flora der Tertiärformation und der Gegenwart. Mit Unterstützung des Westpreussischen Provinzial-Landtags hrsg. von der Naturforschenden Gesellschaft zu Danzig, Danzig 1883.   423–424
Görres, J. J. v., Athanasius, Regensburg 1838.   502
Goethe, J. W. v., Faust. Eine Tragödie. Beide Theile in einem Band, Stuttgart – Tübingen 1838.   251, 409, 467, 484
- Goethes Werke. Hrsg. im Auftrage der Großherzogin Sophie von Sachsen, Weimar 1887 ff.   407, 448
- Johann Wolfgang Goethe. Sämtliche Werke. Briefe, Tagebücher und Gespräche, 40 Bde., I. Abt., SW 2: Gedichte 1800–1832, hrsg. von K. Eibl, Frankfurt am Main 1988.   420, 484
Gottschall, R., Friedrich Rückert. In: Blätter für literarische Unterhaltung, Leipzig, Nr. 48, 29. November 1866, S. 753–758.   501
Grün, K. (Hrsg.), Ludwig Feuerbach in seinem Briefwechsel und Nachlass sowie in seiner Philosophischen Charakterentwicklung, 2 Bde., Leipzig – Heidelberg 1874 (Sigle: BwN). Siehe L. Feuerbach, Teilsammlungen.
- Eine Sommerfrische der freien Wissenschaft. In: Die Gartenlaube. Illustrirtes Familienblatt, hrsg. von E. Keil, Leipzig 1875, Nr. 24, S. 400–401.   457
Grundbuch (= Patientenverzeichnis der Heilanstalt), Nr. 832 im Klinikum

am Europakanal, Klinik für Psychiatrie, Psychotherapie und Psychotherapeutische Medizin, Erlangen. 508

Gruppe, O. F., Antäus. Ein Briefwechsel über speculative Philosophie in ihrem Conflict mit Wissenschaft und Sprache, Berlin 1831. 14, 409

– Wendepunkt der Philosophie im 19. Jahrhundert, Berlin 1834. 14, 409

Gutzkow, K., Die rothe Mütze und die Kapuze. Zum Verständniß des Görres'schen Athanasius, Hamburg 1838. 502

– Gutachten. Ludwig Feuerbach im Dorfe Rechenberg bei Nürnberg. In: W. Dobbek (Hrsg.), Die Akte Ludwig Feuerbach. Veröffentlichungen aus dem Archiv der Deutschen Schillerstiftung, H. 2, Weimar [1961], S. 3–4. 416, 417

Gwinner, W., Arthur Schopenhauer aus persönlichem Umgang dargestellt. Ein Blick auf sein Leben, seine Charakter und seine Lehre, Leipzig 1862. 29, 415

Hallische Jahrbücher für deutsche Wissenschaft und Kunst, hrsg. von A. Ruge und Th. Echtermeyer, Leipzig 1838–1841. 346, 375, 516, 520

Hecker, F., Der Krieg in Amerika. [Brief von Friedrich Hecker an den Redakteur des „Eidgenossen", 17. Februar 1865]. In: Der deutsche Eidgenosse, London – Hamburg 1865, S. 43–47. 452

Hegel, G. W. F., Grundlinien der Philosophie des Rechts, oder Naturrecht und Staatswissenschaft im Grundrisse, hrsg. von E. Gans, Berlin 1833. 167, 442

Heine, H. siehe auch unter Strodtmann, A.

– Heinrich Heine. Historisch-kritische Gesamtausgabe der Werke. In Verbindung mit dem Heinrich-Heine-Institut hrsg. von Manfred Windfuhr im Auftrag der Landeshauptstadt Düsseldorf, Bd. 3/1, Hamburg 1991. 490

Heinsius, A., Meine Religion in ihren Grundzügen, Coburg 1869. 362, 364, 512

Helsingfors Dagblad, Helsingfors 1861–1889. 29, 415, 433

Herbart, J. F., Zur Lehre von der Freyheit des menschlichen Willens. Briefe an Herrn Professor Griepenkerl, Göttingen 1836. 504

[Herwegh, E.], Ein Freischärlerbericht. *Rheinfelden, 28. April. In: Allgemeine Zeitung, Augsburg, Nr. 132, 11. Mai 1848 (Beilage), S. 2108–2109. 465

– Zur Geschichte der deutschen demokratischen Legion aus Paris. Von einer Hochverrätherin, Grünberg 1849. 185, 198, 208, 214, 461, 465, 468

– – Im Interesse der Wahrheit. Zur Geschichte der deutschen demokratischen Legion aus Paris, von einer Hochverräterin. Emma Herwegh. Nach dem unzensierten Handexemplar der Autorin, hrsg. und mit einem Nachwort versehen von H. Brandstätter, Lengwil 1998. 461

- Der Tag von Aspromonte, Coburg 1862. 57, 59, 425, 426
Herwegh, G., Gedichte eines Lebendigen. Mit einer Dedikation an den Verstorbenen, Zürich – Winterthur 1841. 203, 220, 467, 470, 472
– – 2. Bd., Zürich – Winterthur 1843. 220, 467, 472
– – Neue wohlfeile Ausg., Zwei Teile in Einem Band, Zürich – Winterthur 1845. 467, 472
- Satirische Gedichte. In: Orion. Monatsschrift für Literatur und Kunst, 4. H., Hamburg 1863. 427
– – Zweckessen. In: Ebenda, S. 243–244. 427
– – Heinrich Heine. In: Ebenda, S. 244–246. 427
– – Einem Andern. In: Ebenda, S. 246. 427
- Neue Gedichte. Herausgegeben nach seinem Tode, Zürich 1877. 256, 426, 482
– – Herr Wilhelm. Preußische Conflictspoesieen. In: Ebenda, S. 105 bis 116. 426–427
Herwegh, M./Fleury, V., Briefwechsel Georg und Emma Herweghs mit Ludwig Feuerbach. In: Nord und Süd. Eine deutsche Monatsschrift. 33. Jg., Bd. 128, H. 382–384, Berlin 1909, S. 25–47, 260–275, 489 bis 500. (Sigle: Nord und Süd). XIX, 405, 425, 446, 461, 464, 466, 469, 483
Hettner, H. siehe Feuerbach, J. A. v., Nachgelassene Schriften, Bd. 2 bis Bd. 4.
Hippel, Th. G. v., Ueber die Ehe, Berlin 1774. 103, 442
- Über die bürgerliche Verbesserung der Weiber, Berlin 1792. 103, 442
Hittell, J. S., The evidences against Christianity, San Francisco 1856. 384, 521
– – 2d ed., New York 1857. 384, 521
Hölderlin, F., Hyperion oder der Eremit in Griechenland, 2 Bde., 2. Aufl., Stuttgart – Tübingen 1822. 213
Hoffmann, F., Akademische Festrede zur Feier des hundertjährigen Geburtstages Johann Gottlieb Fichte's gehalten am 19. Mai 1862 in der Aula der Hochschule zu Würzburg, Würzburg 1862.
Holbach, P. H. D., Baron d', Système de la nature, ou des loix du monde physique et du monde moral, Londres [Amsterdam] MDCCLXX [1770]. Dt. bearb. und mit Anm. versehen, Frankfurt – Leipzig 1841. 356, 419, 511
Horaz (Quintus Horatius Flaccus), Ars poetica. 428
Huber, J., Idee der Unsterblichkeit, München 1864. 498
Ideler, K. W., Grundriss der Seelenheilkunde, 2 Thle., Berlin 1835 bis 1838. 351, 510
Isis oder Encyclopädische Zeitung von Oken, Jena 1817–1848. 413
Jahrbücher für wissenschaftliche Kritik, hrsg. von der Societät für Wissenschaftliche Kritik zu Berlin, Berlin 1827–1846. 373, 375, 514, 516

Jahrhundert siehe Das Jahrhundert.
Jesus der Essaeer oder die Religion der Zukunft eine Beleuchtung der Enthüllungen über die wirkliche Todesart Jesu, 2., unveränd. Aufl., Leipzig 1849.   419
Journal of speculative philosophy siehe The journal of speculative philosophy.
Junghann, G., Tetraedrometrie, Gotha 1862–1863.   18, 24, 32, 410, 413–415
– –   1. Thl.: Die Goniometrie dreier Dimensionen, Gotha 1862.   410
– –   2. Thl.: Die Eckfunctionen in Verbindung mit Längen-, Flächen- und Körpergrössen, Gotha 1863.   31, 415
Kaiser, B., Die Schicksale der Bibliothek Georg Herweghs. Entdeckungen in der Zürcher Zentralbibliothek. Mit ungedruckten Briefen von Emma Herwegh und Ludwig Feuerbach. In: Vereinigung schweizerischer Bibliothekare, Nachrichten, Liestal, 20. Jg., Nr. 7 vom 10. Dezember 1944, S. 89–98 und 21. Jg., Nr. 1 vom 10. Januar 1845, S. 1 bis 16.   463, 464, 476
– (Hrsg.), Der Freiheit eine Gasse. Aus dem Leben und Werk Georg Herweghs, Berlin 1948.   425, 471
– (Hrsg.), Die Akten Ferdinand Freiligrath und Georg Herwegh. Veröffentlichungen aus dem Archiv der Deutschen Schillerstiftung, H. 5/6, Weimar [1964].   459
Kampe, Geschichte der religiösen Bewegung der neuern Zeit, 4 Bde., Leipzig 1852–1860.   410
– –   4. Bd. [Untertitel: Geschichte des Deutschkatholicismus und freien Protestantismus in Deutschland und Nordamerika von 1848–1858], Leipzig 1860.   IX, 410
Kant, I., De mundi sensibilis atque intelligibilis forma et principiis, Regiomonti 1770.   105
– Prolegomena zu einer jeden künftigen Metaphysik die als Wissenschaft wird auftreten können, Riga 1783.   434
– Critik der reinen Vernunft, 2., hin und wieder verb. Aufl., Riga 1787.   107, 140, 170, 434, 457
– Kritik der praktischen Vernunft, Riga 1797.   170, 457
– Immanuel Kant's Sämmtliche Werke, hrsg. von K. Rosenkranz und F. W. Schubert, Leipzig 1838–1842.   328, 504
Kapp, F., Die Sklavenfrage in den Vereinigten Staaten. Geschichtlich entwickelt, Göttingen – New York 1854.   71, 432
– Leben des amerikanischen Generals Johann Kalb, Stuttgart 1862.   67, 70, 430–432
– Der Soldatenhandel deutscher Fürsten nach Amerika (1775 bis 1783), Berlin 1864.   67, 142, 143, 153, 229, 430, 451, 454, 474
– Geschichte der deutschen Einwanderung in Amerika. Geschichte der Deutschen im Staate New York bis zum Anfange des neunzehnten Jahrhunderts, New York 1867.   XIV, 143, 229, 239, 281, 347, 451,

454, 474, 491, 505, 506
-- 2. Aufl., Leipzig 1868. [Untertitel:] Die Deutschen im Staate New-York bis zum Anfang des neunzehnten Jahrhunderts, Leipzig 1868. 337, 454, 474, 491, 505–506
-- 3., verm. Aufl., New York 1869. 454, 506
- Franz Daniel Pastorius Beschreibung von Pennsylvanien. Nachbildung der in Frankfurt a. M. im Jahre 1700 erschienenen Original-Ausgabe. Hrsg. vom Crefelder Verein für wissenschaftliche Vorträge, mit einer Einleitung von F. Kapp, Crefeld 1884. 482
Keim, T., Geschichte Jesu von Nazara in ihrer Verkettung mit dem Gesammtleben seines Volkes, 3 Bde., Zürich 1867–1872. 294, 495
Khanikoff, N. de, Mémoire sur la partie méridionale de l'Asie centrale, Paris 1861. 78, 81, 422, 434
- Mémoire sur l'ethnographie de la perse. Recueil de voyages et de mémoires publié par la sociéte de geographie, Paris MDCCCLXVI. 422
Kind, F., Gedichte, Leipzig 1808. 461
-- König Ankäos. In: Ebenda, S. 5–8. 461
Knapp, L., System der Rechtsphilosophie, Erlangen 1857. (Neudruck der Ausgabe Erlangen 1857, Aalen 1963). 64, 170, 409, 428, 457
-- Die geschichtliche Mechanik. In: Ebenda, Erlangen 1857, S. 44–129. 13, 409
Koehler, B., Ludwig Bamberger. Revolutionär und Bankier, Stuttgart 1999. 427
Köppe, M., Zur Entstehung von Ludwig Feuerbachs Schrift „Über Spiritualismus und Materialismus, besonders in Beziehung auf die Willensfreiheit". In: A. Arndt/W. Jaeschke (Hrsg.), Materialismus und Spiritualismus. Philosophie und Wissenschaft nach 1848, Hamburg 2000, S. 35–51. 494
- Ein unbekannter Brief Ludwig Feuerbachs aus dem Jahre 1834. In: Philosophisches Jahrbuch. Im Auftrag der Görres-Gesellschaft hrsg. von H. M. Baumgartner (†), K. Jacobi, H. Ottmann, W. Vossenkuhl, 108. Jg., 2. Halbbd., Freiburg – München 2001, S. 319–331. 514, 515
- Karl Theodor Ferdinand Grün (1817–1887). Diss. phil., Freie Universität Berlin, Berlin 2004. 513
Krausnick, M., Nicht Magd mit den Knechten. Emma Herwegh eine biographische Skizze. In: Marbacher Magazin, Sonderheft 83, Marbach 1998. 414
Krumbiegel, G./Krumbiegel B., Fossilien der Erdgeschichte, Stuttgart 1981. 422
Kuczynski, J., Abraham Lincoln. Eine Biographie, Köln 1985. 430
La Démocratie. Liberte, egalite, fraternite, Paris 1868–1870. 365, 512
La rive gauche: journal international de la jeune Republique, Geneve 1864–1866. 163, 166, 456

Landrol, G., Essence du christianisme. Par L. Feuerbach. Traduit par Joseph Roy, 2 vol. in 8°. In: Le Constitutionnel, Journal politique, littéraire, universel, Paris, Nr. 262 vom 18. Septembre 1864.   141, 449, 450

Lang, K. H. v., Annalen des Fürstenthums Ansbach unter der preuss. Regierung 1792–1806, Freiburg – Leipzig 1806.   451
- Die Geschichte des vorletzten Markgrafen von Brandenburg-Ansbach, Ansbach 1848.   93, 141, 153, 439, 451, 453

Lange, F. A., Geschichte des Materialismus und Kritik seiner Bedeutung für die Gegenwart, Iserlohn 1866.   323, 324

Larroque, P., Examen critique des doctrines de la religion chrétienne, 2ème édition, Paris – Bruxelles 1860.   455

Lassalle, F., Die Philosophie Herakleitos des Dunklen von Ephesos. Nach einer neuen Sammlung seiner Bruchstücke und der Zeugnisse der Alten dargestellt, 2 Bde., Berlin 1858.   88, 89, 92, 439
- Das System der erworbenen Rechte. Eine Versöhnung des positiven Rechts und der Rechtsphilosophie, 2 Thle., Leipzig 1861.   88, 89, 92, 439
- - 1. Theil: Die Theorie der erworbenen Rechte und der Collision der Gesetze unter besonderer Berücksichtigung des römischen, französischen und preußischen Rechts dargestellt.   88, 439
- - 2. Theil: Das Wesen des römischen und germanischen Erbrechts in historisch-philosopischer Entwicklung.   88, 439
- Herr Julian Schmidt, der Literarhistoriker mit Setzer-Scholien herausgegeben, Berlin 1862.   86, 91, 412, 436
- Ueber Verfassungswesen. Ein Vortrag gehalten in einem Berliner Bürger-Bezirks-Verein, Berlin 1862.   87, 91, 436
- Die Philosophie Fichte's und die Bedeutung des deutschen Volksgeistes. Festrede gehalten bei der am 19. Mai 1862 von der Philosophischen Gesellschaft und dem Wissenschaftlichen Kunstverein im Arnim'schen Saale veranstalteten Fichtefeier, Berlin 1862.   87, 91, 436
- Was nun? Zweiter Vortrag über Verfassungswesen, Zürich 1863.   87, 91, 436
- Die Wissenschaft und die Arbeiter. Eine Vertheidigungsrede vor dem Berliner Criminalgericht gegen die Anklage die besitzlosen Klassen zum Haß und zur Verachtung gegen die Besitzenden öffentlich angereizt zu haben, Zürich 1863.   87, 91
- Offnes Antwortschreiben an das Central-Comite[e] zur Berufung eines Allgemeinen Deutschen Arbeiter-Congresses zu Leipzig, Zürich 1863.   91, 437
- Reden Lassalle's zu Frankfurt am Main am 17. und 19. Mai 1863, nach dem stenographischen Bericht, Frankfurt am Main 1863. [Arbeiterlesebuch].   88, 91, 437
- Die indirecte Steuer und die Lage der arbeitenden Klassen. Eine

Vertheidigungsrede vor dem K. Kammergericht zu Berlin gegen die Anklage, die besitzlosen Klassen zum Haß und zur Verachtung gegen die besitzenden öffentlich angereizt zu haben, Zürich 1863.   88, 91
- Die Feste, die Presse und der Frankfurter Abgeordnetentag. Drei Symptome des öffentlichen Geistes. Eine Rede, gehalten in der Versammlung des Allgemeinen Deutschen Arbeiter-Vereins zu Barmen, Solingen und Düsseldorf, Düsseldorf [1863]. [Rheinische Rede].   88, 91, 437
- An die Arbeiter Berlins. Eine Ansprache im Namen der Arbeiter des Allgemeinen Deutschen Arbeitervereins, Berlin 1863.   88, 91, 437, 439
- Macht und Recht. Offenes Sendschreiben, Zürich 1869.   87, 91
- Ferdinand Lassalle. Intime Briefe an Eltern und Schwester, Berlin 1905.   436
- Arbeiter-Programm. Ueber den besonderen Zusammenhang der gegenwärtigen Geschichtsperiode mit den Ideen des Arbeiterstandes, Berlin 1907.   87, 91, 436
- Ferdinand Lassalle. Nachgelassene Briefe und Schriften, hrsg. von G. Meyer, Bd. 5, Stuttgart – Berlin 1925.   437, 439
Laurent, F., Laurent, Le Christianisme, 2ème édition corrigée, Paris 1863. (Histoire du droit des gens et des relations internationles par F. Laurent; 4).   160, 455
- Les barbares et le catholicisme, 2ème édition corrigée, Paris 1864. (Histoire du droit des gens et des relations internationles par F. Laurent; 5).   160, 455
Le Constitutionnel, journal du commerce, politique et litteraire, Paris 1864.   134, 136, 138, 141, 449, 450
Leibniz, G. W., Nouveaux essais sur l'entendement humain, Amsterdam und Leipzig 1765.   77, 105, 128, 140, 434, 443
- Monadologie, Wien 1847.   293
- Neue Abhandlungen über den menschlichen Verstand. Übers., mit Einleitung und Anmerkungen versehen von E. Cassirer (= Philosophische Werke in vier Bänden in der Zusammenstellung von E. Cassirer, Bd. 3), Hamburg 1996.   450
Leidecker, Kurt F., The record book of the St. Louis Philosophical Society, founded February 1866, New York – Ontario 1990.   486
Leipziger Literatur-Zeitung, Leipzig.   373, 515
-- G. H. 2., Geschichte der neuern Philosophie von Bacon von Verulam bis Benedict Spinoza. Von Dr. Ludw. Andr. Feuerbach, Privatdocent der Philosophie. Ansbach, Brügel. 1833. IV u. 434 S. LXIV S. Anhang. 8. (2 Thlr.). In: Ebenda, [Nr.] 41 vom 17. Februar 1834, Sp. 325–327.   373, 515
Lenel, E., Friedrich Kapp. 1824–1884. Ein Lebensbild aus den deutschen und den nordamerikanischen Einheitskämpfen, Leipzig 1935. (Sigle: Lenel).   XIX, 505, 507

Liebmann, O., Kant und die Epigonen. Eine kritische Abhandlung, Stuttgart 1865. 481

Literarische Zeitung, Berlin 1834–1849. 373, 515

– – Geschichte der neueren Philosophie, von Bacon v. Verulam bis Benedict Spinoza, von Dr. Ludw. Andr. Feuerbach, Privatdocenten der Philosophie. Ansbach, bei Brügel. 1833. 31 ½ Bog. gr. 8. 2 Thlr. In: Ebenda, Probenummer. Berlin, im November 1833, Sp. 3. 373, 515

Littre, E., Paroles du philosophie positive, 2. ed., Paris 1863. 113, 115, 445

– Auguste Comte et la philosophie positive, Paris 1863. 113, 115, 445

Loew, H., Über den Bernstein und die Bernsteinfauna, Berlin 1850. 424

– Ueber einige bei Danzig gefangene Dipteren, Danzig 1866. 424

Löwenthal, E., Ein Beitrag zur Kraft- und Stoff-Theorie. In: Das Jahrhundert. Zeitschrift für Politik und Literatur, 2. Jg., Hamburg 1857, S. 965–968. 394, 524

– System und Geschichte des Naturalismus, oder: Neueste Forschungsresultate, 1. Abth.: System des Naturalismus, Leipzig 1861. 3, 7, 394, 401, 405, 524

Lüdeking, K., [Ludwig Feuerbach. Eine Reiseskizze]. In: Anzeiger des Westens, St. Louis 1858. 509

– Ludwig Feuerbach. Eine Reiseskizze. In: Das Jahrhundert. Zeitschrift für Politik und Literatur, 3. Jg., Nr. 43, Hamburg 1858, S. 680–684. 509

Lüning, O., [Briefe]. In: Anzeiger des Westens, Jg. 25–26, St. Louis 1860. 411

– – Aus Norddeutschland. In: Ebenda, Jg. 25, No. 12, 3. Januar 1860. 411

– – Aus Norddeutschland. In: Ebenda, No. 13, 12. Januar 1860. 411

– – Unsere norddeutsche Correspondenz. In: Ebenda, No. 16, 9. Februar 1860. 411

– – Unsere norddeutsche Correspondenz. In: Ebenda, No. 18, 16. Februar 1860. 411

– – Aus dem nördlichen Deutschland. In: Ebenda, No. 22, 15. März 1860. 411

– – Preußische Zustände. Aus dem nördlichen Deutschland. In: Ebenda, No. 23, 22. März 1860. 411

– – Unsere norddeutsche Correspondenz. In: Ebenda, No. 26, 3. Mai 1860. 411

– – Unsere norddeutsche Correspondenz. Aus dem nördlichen Deutschland. In: Ebenda, No. 32, 24. Mai 1860. 411

– – Aus dem nördlichen Deutschland [2 Briefe]. In: Ebenda, No. 34, 7. Juni 1860. 411

– – Aus Norddeutschland [2 Briefe]. In: Ebenda, No. 40, 19. Juli 1860. 411

- – Aus dem nördlichen Deutschland. In: Ebenda, No. 43, 10. August 1860. 411
- – Norddeutsche Correspondenz des „Anzeigers des Westens". Aus-Norddeutschland. In: Ebenda, No. 45, 23. August 1860. 411
- – Norddeutsche Correspondenz des „Anzeigers des Westens". In: Ebenda, No. 46, 3. September 1860. 411
- – Unsere norddeutsche Correspondenz. Aus dem nördlichen Deutschland. In: Ebenda, No. 52, 15. Oktober 1860. 411
- – O. L., Correspondenz des „Anzeiger des Westens". Aus dem nördlichen Deutschland. In: Jg. 26, No. 4, 12. November 1860. 411
- – Unsere norddeutsche Correspondenz, ebenda, No. 7, 3. Dezember 1860. 411
- – Dr. Otto Lüning an den „Anzeigers des Westens". Aus dem nördlichen Deutschland. In: Ebenda, No. 8, 10. Dezember 1860. 411
- [Briefe]. In: New-Yorker Demokrat, hrsg. von F. Schwedler, New York 1860. 411
- Preußische Zustände I.–VI. In: Wochenschrift des Nationalvereins, hrsg. von A. L. v. Rochau, Coburg. 19, 411
- – Nr. 63, 12. Juli 1861, S. 52–522,
- – Nr. 64, 19. Juli 1861, S. 527–529,
- – Nr. 68, 16. August 1861, S. 56–562,
- – Nr. 71, 6. September 1861, S. 584–586,
- – Nr. 83, 29. September 1861, S. 678–680 und
- – Nr. 89, 10. Januar 1862, S. 726–728.
- Die neueste Aera in Preußen I.–II. In: Wochenschrift des Nationalvereins, hrsg. von A. L. v. Rochau, Coburg. 19, 411
- – Nr. 103, 18. April 1862, S. 840–842 und
- – Nr. 108, 23. Mai 1862, S. 880–881.
- Preußische Landtagsbriefe I.–XVIII. In: Wochenschrift des Nationalvereins, hrsg. von A. L. v. Rochau, Coburg. 19, 411
- – Nr. 110, 6. Juni 1862, S. 894–895,
- – Nr. 112, 20. Juni 1862, S. 912–914,
- – Nr. 113, 27. Juni 1862, S. 920–922,
- – Nr. 114, 4. Juli 1862, S. 929–931,
- – Nr. 115, 11. Juli 1862, S. 935–937,
- – Nr. 116, 18. Juli 1862, S. 942–944,
- – Nr. 117, 25. Juli 1862, S. 969–971,
- – Nr. 119, 8. August 1862, S. 986–988,
- – Nr. 120, 15. August 1862, S. 998–1000,
- – Nr. 121, 22. August 1862, S. 1006–1007,
- – Nr. 122, 29. August 1862, S. 1014–1016,
- – Nr. 123, 5. September 1862, S. 1029–1031,
- – Nr. 124, 12. September 1862, S. 1038–1040,
- – Nr. 126, 26. September 1862, S. 1061–1064,
- – Nr. 127, 3. Oktober 1862, S. 1068–1070,

– – Nr. 128, 10. Oktober 1862, S. 1078–1079,
– – Nr. 129, 17. Oktober 1862, S. 1083–1084 und
– – Nr. 130, 24. Oktober 1862, S. 1093–1094.
– Zur Charakteristik der Aera Bismarck I.–VII. In: Wochenschrift des Nationalvereins, hrsg. von A. L. v. Rochau, Coburg. 19, 411
– – Nr. 133, 14. November 1862, S. 1115–1116,
– – Nr. 134, 21. November 1862, S. 1124–1125,
– – Nr. 135, 28. November 1862, S. 1132–1133,
– – Nr. 136, 5. Dezember 1862, S. 1139–1140,
– – Nr. 138, 19. Dezember 1862, S. 1157–1158,
– – Nr. 141, 9. Januar 1863, S. 1187–1189 und
– – Nr. 142, 16. Januar 1863, S. 1197–1198.
– Preußische Landtagsbriefe I.–XIV. In: Wochenschrift des Nationalvereins, hrsg. von A. L. v. Rochau, Coburg. 19, 411
– – Nr. 144, 30. Januar 1863, S. 1212–1213,
– – Nr. 145, 6. Febraur 1863, S. 1219–1221,
– – Nr. 146, 13. Februar 1863, S. 1230–1231,
– – Nr. 147, 20. Februar 1863, S. 1235–1237,
– – Nr. 148, 27. Februar 1863, S. 1245–1247,
– – Nr. 150, 13. März 1863, S. 1260–1261,
– – Nr. 151, 20. März 1863, S. 1268–1270,
– – Nr. 153, 3. April 1863, S. 1289–1291,
– – Nr. 154, 10. April 1863, S. 1300–1301,
– – Nr. 156, 24. April 1863, S. 1318–1320,
– – Nr. 157, 3. Mai 1863, S. 1325–1326,
– – Nr. 158, 10. Mai 1863, S. 1333–1335,
– – Nr. 160, 24. Mai 1863, S. 1349–1351,
– – Nr. 161, 31. Mai 1863, S. 1357–1359 und
– – Nr. 162, 7. Juni 1863, S. 1364–1366.
– Zur Charakteristik der Aera Bismarck. In: Wochenschrift des Nationalvereins, hrsg. von A. L. v. Rochau, Coburg. 19, 411
– – Nr. 163, 14. Juni 1863, S. 1373–1374.
– – Nr. 168, 19. Juli 1863, S. 1421–1423.
– – Nr. 170, 2. August 1863, S. 1436–1437.
– Die Wahlen in Preußen. In: Wochenschrift des Nationalvereins, hrsg. von A. L. v. Rochau, Coburg, Nr. 184, 5. November 1863, S. 1562 bis 1564. 19, 411
Macaulay, Th. B., Ausgewählte Schriften geschichtlichen und literarischen Inhalts. Deutsch von F. Steger, A. Schmidt und J. Althaus, 4. Stereotyp-Aufl., Braunschweig 1861. 462
– – Macchiavelli, 1. Bd., S. 275–325. 462
Malebranche N., De la recherche de la vérité, Où l'on traitte de la nature de l'esprit de l'homme, et de l'usage qu'il en doit faire pour éviter l'erreur dans les sciences, 4. ed., t. I–III, Paris 1678–1679. 445
– Oeuvres complètes, 2 t., Paris 1837. 445

– – Méditations. 445
– – Traité de l'amour de dieu. 445
Marx, K., Karl Marx an Joseph Weydemeyer, 27. Juni 1851. In: MEGA² III/4, S. 138. 472
– Karl Marx an Friedrich Engels, 13. Oktober 1851. In: Karl Marx. Friedrich Engels. Werke, Bd. 27, Berlin 1963, S. 356–359. 452
– Das Kapital. Kritik der politischen Oekonomie, 1. Bd., Hamburg 1867. XVI, 347, 509
Marx, K./Engels, F., Manifest der Kommunistischen Partei. In: Karl Marx. Friedrich Engels. Werke, Bd. 4, Berlin 1980, S. 459–493. 436
Mayer, G., Ferdinand Lassalle und die jüdische Reformbewegung. In: Der Jude, hrsg. von M. Buber, 5. Jg., Berlin 1920, S. 26–31. 437
Mende, F., Heine und Venedey. In: Heine-Jahrbuch 1986, 25. Jg., Hrsg. von J. A. Kruse, Heinrich-Heine-Institut der Landeshauptstadt Düsseldorf, Hamburg 1986, S. 61–94. 427
Merker, J. F., Caspar Hauser nicht unwahrscheinlich ein Betrüger. Dargestellt von dem Polizeirath Merker, Berlin 1830. 514
Milton, J., The doctrine and discipline of divorce, London 1643. 101, 442
– Abhandlung über Lehre und Wesen der Ehescheidung mit der Zueignung an das Parlament vom Jahre 1644. Nach der abgekürzten Form des George Burnett. Deutsch von F. v. Holtzendorff, Berlin 1855. 442
Möller, W., Volks-Rechtsbewußtsein der Gegenwart über Bestrafung der Verbrecher, Kassel 1857. 385, 522
Mohl, O. M., Streifereien durch den Weltausstellungspalast im Jahre 1867. In: Bilder aus der Gegenwart. Vierte Sammlung der Welt der Jugend, Leipzig – Berlin 1869, Nr. 18, S. 1–106. 486
Moleschott, J., Lehre der Nahrungsmittel. Für das Volk, Erlangen 1850. 421
– Der Kreislauf des Lebens. Physiologische Antworten auf Liebig's Chemische Briefe, Mainz 1852. 161, 419, 455
– Georg Forster, der Naturforscher des Volks. Zur Feier des 26. November 1854, 2. verb. Aufl., Berlin 1862. 48, 423
– Für meine Freunde. Lebens-Erinnerungen, Gießen 1894. 492
Moleschott, S., Elsa. Ein Kinderleben. – Muttertrost, Gießen [o. J.]. 510
– Elsa. Ricordi di una madre. Italienische Uebersetzung von Elsa Moleschott, Gedichte von Antonio Fogazzaro, Gießen [o. J.]. 510
Müller, E., Die Hochschule Bern in den Jahren 1834–1884. Festschrift zur fünfzigsten Jahresfeier ihrer Stiftung, Bern 1884. 415
Musen siehe Die Musen, eine norddeutsche Zeitschrift.
Natur siehe Die Natur.
Neue Deutsche Zeitung. Organ der Demokratie, Darmstadt [später Frankfurt am Main] 1848–1850. 4, 402

Neue Oder-Zeitung, Breslau 1849–1855. XI
New-Yorker Demokrat, New-York 1845–1876 [Titel 1846–1856: Wöchentlicher New-Yorker Staats-Demokrat]. 411
Noë, H., Oesterreichisches Seebuch. Darstellungen aus dem Leben an den Seeufern des Salzkammergutes, München 1867. 319, 502
Nord und Süd. Eine deutsche Monatsschrift, hrsg. von P. Lindau, Berlin 1877–1930. 405, 425, 446, 461, 464, 466, 469, 483
Nürnberger Kurier siehe Fränkischer Kurier (Mittelfränkische Zeitung. Nürnberger Kurier).
Nürnberger Presse, Nürnberg 1872–1887. 416
Offermann, T., Arbeiterbewegung und liberales Bürgertum in Deutschland 1850–1983, Bonn 1979. 422
Oppenheim: Zum Abschied. In: Deutschen Jahrbüchern für Politik und Literatur, Bd. 13, Berlin 1864, S. 385–392. 424
Orion. Monatsschrift für Literatur und Kunst, hrsg. von A. Strodtmann, 2 Bde., Hamburg 1863–1864. 37, 38, 44, 60, 62, 418, 422, 427, 428
Ovid, Heroid. Epistola, quae inscibitur Penelope Ulyssi, suethice reddita a Ioh. Gust. Ek, Lundae 1844. 401
– Metamorphosen. 427
Paine, Th., Die Rechte des Menschen. Eine Antwort auf Burke's Angriff gegen die französische Revolution und zugleich eine Kritik des Wesens und des Werthes der verschiedenen bestehenden Regierungsformen. Aus dem Englischen. Mit einer Biographie des Verfassers und einer Vorrede von F. Hecker, Leipzig 1851. 419
De Pascale, C./Savorelli, A., Sechzehn Briefe von L. Feuerbach an J. Moleschott. In: Archiv für Geschichte der Philosophie, hrsg. von R. Specht, Bd. 70, H. 1, Berlin – New York 1988, S. 46–77. (Sigle: Archiv). XVIII, 491, 492, 512
Pastorius, F. D., Nova literaria circuli Franconici oder fränkische Gelehrten-Historie, Nürnberg 1725. 275, 489
– Franz Daniel Pastorius Beschreibung von Pennsylvanien: Nachbildung der in Frankfurt a. M. im Jahre 1700 erschienenen Original-Ausgabe, hrsg. vom Crefelder Verein für wissenschaftliche Vorträge; mit einer Einleitung von Friedrich Kapp, Crefeld 1884. 256, 274
Pastorius, M. A., Circuli Franconici perbrevis delineation. Das ist der Höchst- und Hoch-Ansehnlichen Herren Constatuum deß Hochlöbl. Fränck. Craises gantz kurtze sowohl Genealogische als Historische Beschreibung, [Nebentitel: Franconia rediviva], Nürnberg 1702. 275, 489
Pepperle, I., Philosophie und kritische Literatur im deutschen Vormärz: Ludwig Feuerbach und Georg Herwegh. In: Ludwig Feuerbach und die Philosophie der Zukunft, hrsg., von H.-J. Braun, H.-M. Sass, W. Schuffenhauer und F. Tomasoni, Berlin 1990, S. 575–592. 483
Pfaff, E. R., Ideen eines Arztes über die Unsterblichkeit der menschlichen Seele, Dresden 1864. 498

Pfau, L., Gedichte, 2., durchges. und verm. Aufl., Stuttgart 1858. 497
- Freie Studien, Stuttgart 1866. X, 272, 273, 279, 488, 490
- - 2., umgest. Aufl., Stuttgart 1874. 490
- Artistische Briefe aus der Pariser Ausstellung. In: Allgemeine Zeitung, Augsburg (Beilage), Jg. 1867. 303, 497
- - Nr. 145, 25. Mai 1867, S. 2369–2370,
- - Nr. 146, 26. Mai 1867, S. 2385–2386,
- - Nr. 160, 9. Juni 1867, S. 2617–2618 und
- - Nr. 162, 11. Juni 1867, S. 2649–2650.
- Artistische Briefe aus der Pariser Ausstellung. Neue Folge. In: Allgemeine Zeitung, Augsburg (Beilage), Jg. 1867. 303, 497
- - Nr. 268, 25. September 1867, S. 4293–4294,
- - Nr. 275, 2. Oktober 1867, S. 4401–4402,
- - Nr. 276, 3. Oktober 1867, S. 4419,
- - Nr. 289, 16. Oktober 1867, S. 4618–4619,
- - Nr. 296, 23. Oktober 1867, S. 4726,
- - Nr. 297, 24. Oktober 1867, S. 4746–4747,
- - Nr. 303, 30. Oktober 1867, S. 4838–4839,
- - Nr. 304, 31. Oktober 1867, S. 4857–4858,
- - Nr. 311, 7. November 1867, S. 4966–4967,
- - Nr. 312, 8. November 1867, S. 4982–4984,
- - Nr. 320, 16. November 1867 (Außerordentliche Beilage), S. 5122 bis 5123,
- - Nr. 325, 21. November 1867, S. 5190–5192,
- - Nr. 331, 27. November 1867, S. 5286–5287,
- - Nr. 332, 28. November 1867, S. 5306–5307 und
- - Nr. 338, 4. Dezember 1867, S. 5397–5399.
Pitaval siehe Der neue Pitaval.
Platon Werke. Übersetzung und Kommentar. Im Auftrag der Kommission für Klassische Philologie der Akademie der Wissenschaften und der Literatur zu Mainz, hrsg. von E. Heitsch und C. W. Müller, Göttingen
- - Bd. III/4: Phaidros, Göttingen 1993. 498–499
- - Bd. VI/2: Protagoras, Göttingen 1999. 328
Plinius (Gaius Plinius Caecilius Secundus – Minor), Epistolarum libri decem, 2 Vol., Lipsiae 1800–1802. 407
[Porphyrius, M.], Porphyrii philosophi, De abstinentia ab esu animalium, Libri quatuor cum notis integris Petri Victorii et Loannis Valentini, Trajecti ad Rhenum, apud Abrahamum a Paddenburg, Bibliopolam MDCCLXVII. 50
Prechtl, J. B., Das Wissenswertheste vom Schlosse und der Pfarrei Bruckberg zwischen Moosburg und Landshut, Freising 1876. 444
Presse siehe Die Presse.
Quatrefages de Bréau, J. L. A. de, Unité de l'espèce humaine, Paris 1861. 434
Radbruch, G., Paul Johann Anselm Feuerbach. Ein Juristenleben,

3. Aufl., hrsg. von E. Wolf, Göttingen 1934. 458
Radenhausen, C., Isis der Mensch und die Welt, 4 Bde., Hamburg 1863. 161, 456
Rasch, G., Ein Immortellenkranz auf das Grab eines Märtyrers. (Max Dortu). In: Der deutsche Eidgenosse, London – Hamburg 1865, S. 19–24. 452
- Ein Streiter der Revolution. [Gustav Adolf Schlöffel]. In: Der deutsche Eidgenosse, London – Hamburg 1865, S. 82–88. 452
- Der letzte politische Gefangene des Zuchthauses zu Waldheim. In: Der deutsche Eidgenosse, London – Hamburg 1865, S. 113–120. 452
- Aus der Heimath des verlassenen Bruderstammes. In: Der deutsche Eidgenosse, London – Hamburg 1866, S. 162–166. 452
- Ein neuer Jesuiten-Orden im Dienste der europäischen Reaction. In: Der deutsche Eidgenosse, London – Hamburg 1866, S. 251–255. 452
- Aus dem siebenbürgischen Sachsenlande. In: Der deutsche Eidgenosse, London – Hamburg 1866, S. 309–313. 452
Reich, E., Aus meinem Leben, Gotha 1864. 505, 507
- Die allgemeine Naturlehre des Menschen, Gießen 1865. 505, 507
- Die Ursachen der Krankheiten, der physischen und der moralischen, Leipzig 1867. 505
- Ueber die Entartung des Menschen, ihre Ursachen und Verhütung, Erlangen 1868. 507
Rénan, E., La vie de Jésus, Paris 1863. XV, 80, 84, 94, 294, 434, 435, 440, 466
- Das Leben Jesu, Berlin 1863. 294, 434, 495
- E. Rénan: M. Feuerbach et la Nouvelle École Hégélienne. In: Œuvres complètes de Ernest Rénan. Édition définitive établie par Henriette Psichari, Paris [1955], tome VII, (Études d'histoire réligieuse, 1857), S. 286–295. 34, 418
Revalsche Zeitung, Reval 1860–1914. 433
Revue des deux mondes, litterature, histoire, arts et sciences, Paris 1829 bis 1976. 75, 433
Revue germanique [Begr.: Ch. Dollfus und A. Neffzer], Paris 1858 bis 1869 [Titel: Revue moderne, 1865 ff.]. 35
Rheinische Zeitung für Politik, Handel und Gewerbe, Köln 1842 bis 1843. IX
Riehl, W. H., Die Naturgeschichte des Volkes als Grundlage einer deutschen Social-Politik, Stuttgart 1862. 76, 433
– – 3. Bd.: Die Familie, 6. unveränd. Abdruck, Stuttgart 1862. 76
Ritter, H., Unsterblichkeit, 2., umgearb. und verm. Aufl., Leipzig 1866. 498
Röckel, A., Sachsens Erhebung und das Zuchthaus zu Waldheim, Leipzig 1865. 452

Rogeard, A., Pamphlets de A. Rogeard, avec un avant-propos de l'auteur, Bruxelles 1868. 486, 496
- - L'abstention (élections de 1863) 486
- - Les propos de Labiénus (1865) 486
- - Histoire d'une brochure (1866) 486
- - L'échéance de 1869 (1866) 486
- - Le deux décembre et la morale (1866) 486, 496
- - Suivi de l'historie du deux décembre par sir A. W. Kinglake 496
Rosenkranz, K./Schubert, F. W. siehe Kant, I.
Rousseau, J.-J., J. J. Rousseau's sämmtliche Werke. Deutsch bearbeitet von K. Große und J. G. Hanschmann, Leipzig 1840–1841. 428, 429
- - Emil, oder über die Erziehung [1. bis 4. Buch]. In: Ebenda, 2. Bd., Leipzig 1840. 65, 103, 428–429
- - Glaubensbekenntnis des savoyischen Vikars, in, Emil, oder über die Erziehung. In: Ebenda, 3. Bd., Leipzig 1840. 65, 428
- Oeuvres complètes, Francfort a. M. 1855–1856. 75, 433
- Bekenntnisse. Mit einer Einführung von W. Krauss, Leipzig 1965. 289, 290, 494
Roy, J., siehe L. Feuerbach, Teilsammlungen.
Rudnickaja, Evgenija L., Ja. Chanykov – Gercenu. In: Literaturnoe nasledstvo, 62, Moskau 1955, S. 702–709. 403
Rüstow, W., Der Krieg von 1866 in Deutschland und Italien, politisch-militärisch beschrieben. Mit Kriegskarten, Zürich 1866. 288, 493
Ruge, A., Neue Wendung der deutschen Philosophie. (Das Wesen des Christenthums, von Ludwig Feuerbach. Leipzig, Otto Wigand, 1841.). In: A. Ruge (Hrsg.) Anekdota zur neuesten deutschen Philosophie und Publicistik von Bruno Bauer, Ludwig Feuerbach, Friedrich Köppen, Karl Nauwerck, Arnold Ruge und einigen Ungenannten, 2. Bd., Zürich – Winterthur 1843, S. 3–61. 517
- Neue Wendung der deutschen Philosophie. (Das Wesen des Christenthums, von Ludwig Feuerbach. Leipzig, Otto Wigand, 1841.). In: Aktenstücke zur Censur, Philosophie und Publicistik aus dem Jahre 1842. Gesammelt und hrsg. von A. Ruge, Ausg. in einem Bande, 2. Thl., Mannheim 1847, S. 3–61. 517
- Zwei Jahre in Paris, Studien und Erinnerungen, 2 Thle., Leipzig 1846. 424
Sänger, J., Die Arbeiterbewegung in Rheda und Wiedenbrück – vom Rhedaer Kreis bis zur SPD heute, Gütersloh 1987. 402
Schaubach, A., Die deutschen Alpen. Ein Handbuch für Reisende durch Tyrol, Oesterreich, Steyermark, Illyrien, Oberbayern und die anstoßenden Gebiete, Thle. 1–4, Jena 1845–1846. 455
Schenkel, D., Das Charakterbild Jesu. Ein biblischer Versuch, 3. Aufl., Wiesbaden 1864. 294, 495
Scherr, J., Die deutsche Literatur in ihrer nationalliterarischen und wissenschaftlichen Entwicklung und in ihrer Einwirkung auf das geistige

Leben der Völker, Leipzig 1853. 295, 495
- Deutsche Kultur- und Sittengeschichte, 2., durchgehends umgearb. und verm. Aufl., Leipzig 1858. 295, 495
-- 3., verm. Aufl., Leipzig 1866. 495
Schiller, F. v., Gedichte von Friedrich Schiller. Zwei Thle., 3. von neuem durchges. Aufl., Leipzig 1808. 377, 518
-- An die Freunde. 1892. In: Ebenda, 2. Thl. 377, 518
-- Einem jungen Freunde als er sich der Weltweisheit widmete. In: Ebenda, 2. Thl. 378, 518
- Friedrich Schiller. Gesammelte Werke in acht Bänden, hrsg. und eingeleitet von A. Abusch, Berlin 1959.
-- Don Carlos, Infant von Spanien. Ein dramatisches Gedicht. In: Ebenda, Bd. 3, S. 5–237. 410
-- Piccolomini. In fünf Aufzügen. In: Ebenda, Bd. 3, S. 333–441. 504
Schippel, E., Henriette Feuerbach. Eine Studie zur Geistesgeschichte des 19. Jahrhunderts, Jena 1930 (= Jenaer Germanistische Forschungen, 14). 513
Schloenbach, A., Ludwig Feuerbach. In: Bibliothek der Deutschen Klassiker, Denker und Forscher der Neuzeit, 25. Bd., 2. Lieferung, 2. Heft, Hildburghausen 1864, S. 265–297. 332–333, 504–505
Schmidt, J., Geschichte der Deutschen Literatur im neunzehnten Jahrhundert, 3., wesentl. verb. Aufl., Bd. 3, Leipzig 1856. 21, 411, 412
Schmidt-Weißenfels, [E.], Aus dem Copirbuch eines Agitators. In: Die Gartenlaube, Illustrirtes Familienblatt, hrsg. von E. Keil, Leipzig 1865, Nr. 51, S. 815. 435
Schopenhauer, A., Die beiden Grundprobleme der Ethik, behandelt in zwei akademischen Preisschriften, 2., verb. und verm. Aufl., Leipzig 1860. 10, 407
-- 1.: Preisschrift über die Freiheit des Willens, gekrönt von der Königlich Norwegischen Societät der Wissenschaften, zu Drontheim, am 26. Januar 1839. In: Ebenda, S. 1–102. 9, 407
-- 2.: Preisschrift über die Grundlage der Moral, nicht gekrönt von der Königlich Dänischen Societät der Wissenschaften, zu Kopenhagen, am 30. Januar 1840. In: Ebenda, S. 103–275. 407
- Über die vierfache Wurzel des Satzes vom zureichenden Grunde, 2., sehr verb. und betr. verm. Aufl., Frankfurt am Main 1847. 108
Schröter, J. F., Allgemeine Geschichte der Länder und Völker von Amerika. Nebst einer Vorrede S. J. Baumgartens, 2 Bde., Halle 1752. 274, 488–489
Schuffenhauer, W. (Hrsg.), Ludwig Feuerbach. Briefwechsel (Universalbibliothek, Bd. 105), Leipzig 1963. (Sigle: Bw Recl). Siehe L. Feuerbach, Teilsammlungen.
- Ludwig Feuerbach, Zur Moralphilosophie (1868). Kritisch revidiert. In: Solidarität oder Egoismus. Studien zu einer Ethik bei und nach

Ludwig Feuerbach sowie kritisch revidierte Edition „Zur Moralphilosophie" (1868) besorgt von W. Schuffenhauer, hrsg. von H.-J. Braun, Berlin 1994, S. 353–430. Siehe L. Feuerbach, Einzelschriften.
- Ludwig Feuerbach stellt des Bruders Schrift „Gedanken und Thatsachen", 1862, vor. In: Aufklärung und Kritik. Zeitschrift für freies Denken und humanistische Philosophie. Hrsg. von der Gesellschaft für kritische Philosophie Nürnberg, Sonderheft 3/1999, S. 99–109. 449
- „Ein selbständiger, selbstleuchtender Kopf..." – Ludwig Feuerbach über eine Publikation des hessischen Justizbeamten Wilhelm Möller. In: http://www.feuerbach-international.de/ 521
- Ein bisher unbekannter Brief von Ludwig Feuerbach. In: Ludwig Feuerbach und die Fortsetzung der Aufklärung, hrsg. von H.-J. Braun, Zürich 2004, S. 117–131. 507

Schweizer Handels-Courier, Biel 1852–1909. 471

Scott, W., Ivanhoe. Eine Geschichte vom Verfasser des Waverley. (Walter Scott.) Nach der neuesten Originalausgabe übersetzt und mit einem einleitenden Vorworte versehen von K. Immermann, 3 Thle., Hamm 1826. 4, 402
- Ivanhoe, Berlin 1952. 402

Seneca (Lucius Annaeus – Minor), Epistulae morales. 487

Shakespeare, W., Shak[e]speare's dramatische Werke übersetzt von A. W. v. Schlegel und L. Tieck, 6. Ausg., Berlin 1864. 472–473
–– Hamlet. In: Ebenda, Bd. 6, Berlin 1864. 222, 472–473

Siebold, K. Th. E. v., Lehrbuch der vergleichenden Anatomie, Berlin 1846 und 1848. 423
–– 1. Thl.: Wirbellose Thiere, Berlin 1848. 423
–– 2. Thl.: Wirbelthiere, Berlin 1846. 423
- /Stannius, H. (Hrsg.), Handbuch der Zootomie, 2. Aufl., Berlin 1854. 423

Sigel, F., General Grant und General Sigel. Persönliche Bemerkungen über den Grant'schen Bericht, die Vorgänge in Westvirginien betreffend. In: Der deutsche Eidgenosse, London – Hamburg 1866, S. 177–180. 452

Solothurner Wochenblatt, Solothurn 1861–1937. 473, 474, 478, 502

Spinoza, B. de, Ethica. In: Ders., Opera, quae supersunt omnia, addidit H. E. G. Paulus, Vol. II, Ienae 1803. 328

Spoerri, Th., Genie und Krankheit. Eine psychopathologische Untersuchung der Familie Feuerbach, Basel – New York 1952. 500

Stadler, J., Erinnerungen an die Familie Feuerbach. (Als Manuskript für Freunde gedruckt), München 1909. 519

Stadtlexikon Nürnberg. Hrsg. von M. Diefenbacher und R. Endres, 2., verb. Aufl., Nürnberg 2000. 423, 435

Stanhope, P. H., Auszug eines Briefs des Grafen Stanhope an den Herrn

Schullehrer Meyer in Ansbach. Datirt Carlsruhe, den 27. März 1834. Als Manuscript gedruckt, Carlsruhe 1834. 514
Stargardt, J. A., Autographenhandlung, Kataloge. 425, 461, 480, 484, 515–517, 519–521, 524
Staudinger, P., Nachruf [auf Andreas Reuß]. In: Allgemeine deutsche Arbeiter-Zeitung (Coburg), 23. August 1863, S. 196. 472
Stenographische Berichte über die Verhandlungen der durch die Allerhöchste Verordnung vom 21. Dezember 1861 einberufenen beiden Häuser des Landtags. Haus der Abgeordneten, 1. Bd., Berlin 1862. 408
Stöcklin, L., Pie Pelicane, [Musik: Alberik Zwyssig], [o. O.] 1841. 503
– Mess-Gesänge für vier Männerstimmen. Zum Gebrauche beim katholischen Gottesdienst im Seminar Wettingen, Wettingen 1856. 503
Strauß, D. F., Das Leben Jesu, kritisch bearbeitet, 2 Bde., Tübingen 1835–1836. 30, 294, 415, 435, 495
– Ulrich von Hutten, 3 Bde., Leipzig 1858–1860. 30, 415
– – 1. Thl., Leipzig 1858. 30, 415
– – – Vorrede. In: Ebenda, S. V–LVI. 30, 415
– – 2. Thl., Leipzig 1858. 30, 415
– – 3. Thl., 3. Buch: Gespräche von Ulrich von Hutten, 1860. 30, 415
– Hermann Samuel Reimarus und seine Schutzschrift für die vernünftigen Verehrer Gottes, Leipzig 1862. 30, 415
– Der alte und der neue Glaube. Ein Bekenntniss, Leipzig 1872. 500
Strodtmann, A., Heinrich Heine's Wirken und Streben. Dargestellt an seinen Werken, Hamburg 1857. 419
– (Hrsg.), Heines „Sämtliche Werke", 21 Bde., Hamburg 1861–1866. 38, 419
– Ankündigung des „Orion". In: Orion, Hamburg 1863, S. 1–4. 418
Struve, G., Gustav Struve's Weltgeschichte in neun Büchern, Coburg 1863–1867. 161, 262, 455, 485
– – 6. Bd.: Revolutions-Zeitalter, 2 Thl.: Von 1815 bis 1848, Coburg 1865. 262, 485
– Die „Teig-Gesichter" in Deutschland. In: Der deutsche Eidgenosse, London – Hamburg 1865, S. 9–11. 452
Tacitus, C., Germania, Berlin 1849. 352, 510
Tägliche Rundschau, Berlin 1881–1933. XII
The journal of speculative philosophy, St. Louis 1867–1893. 487
Tillier, C., Mein Onkel Benjamin. Ins Deutsche übertragen und mit einem biographischen Vorwort versehen von L. Pfau, Stuttgart 1866. 272, 273, 279, 488, 490
Trauungsregister 1837 der Pfarrei Großhaßlach. 418
Ule, O., Alexander von Humboldt. Biographie für alle Völker der Erde, 1.–3. Aufl., Berlin [1869]. 419
Varnhagen von Ense, K. A., Biographische Denkmale, 5. Thl.: Leben des Graf von Zinzendorf, Berlin 1830. 235, 476

- Biographische Denkmale. 5. Thl.: Graf Ludwig von Zinzendorf, 2., verm. und verb. Aufl., Berlin 1846. 476
Vergil (P. Vergilius Maro), Aeneis, Lateinisch / Deutsch, übers. und hrsg. von E. und G. Binder, Stuttgart 1997. 412
- Georgica. 235, 498
Vesta. Für Freunde der Wissenschaft und Kunst, hrsg. von Ferdinand Frh. von Schrötter und Max von Schenkendorf, Königsberg 1807. 462
Vischer, F. Th., Ästhetik oder Wissenschaft des Schönen. Zum Gebrauche für Vorlesungen, 6 Bde., Reutlingen – Leipzig – Stuttgart 1846 bis 1858. 495
Vogt, C., Köhlerglaube und Wissenschaft. Eine Streitschrift gegen Hofrath Rudolph Wagner in Göttingen, Gießen 1855. 419
- Bilder aus dem Thierleben, Frankfurt am Main 1852. 419
- Altes und Neues aus Thier- und Menschenleben, 2 Bde., Frankfurt am Main 1859. 161, 456
- Vorlesungen über den Menschen, seine Stellung in der Schöpfung und in der Geschichte der Erde, 2 Bde., Gießen 1863. 419
- Ein Blick auf die Urzeit des Menschengeschlechts. 419
- Über die Mikrocephalen oder Affen-Menschen. 339, 507
Volney, C. F. de, Die Ruinen oder Betrachtungen über die Umwälzungen der Reiche, und das natürliche Gesetz. Aus dem Franz. von A. Kühn, Leipzig 1842. 419
Waagen, G. F., Königliche Museen. Verzeichnis der Gemälde-Sammlung, 9. Aufl., Berlin 1847. 131, 134, 448, 449
Walter, St., Das Wesen der Religion: Übersetzungsgeschichte und Übersetzungskritik der russischen Feuerbach-Übersetzung von 1862 aus Heidelberg, Heidelberg – Moskau 2003. 403, 404
Weber, K. M. v., Aufforderung zum Tanz, op. 65. 442
Weege, W. siehe Best, H./Weege, W.
Wehler, H.-U. (Hrsg.), Friedrich Kapp. Vom radikalen Frühsozialisten des Vormärz zum liberalen Parteipolitiker des Bismarckreichs. Briefe 1843–1884, Frankfurt am Main 1969. (Sigle: Kapp Bw). XIX, 419, 451, 507
Weinland, D., Einige Gedanken über die Thierseele. In: Der zoologische Garten. Organ der zoologischen Gesellschaft in Frankfurt am Main, 1. Jg., Nr. 8, 1. Mai 1860, Frankfurt am Main 1860, S. 129–134. 395, 524
Westphälische Zeitung, red. und hrsg. von W. Crüwell, Paderborn – Hamm – Dortmund 1848–1883. 3, 401, 424
Westfälisches Dampfboot siehe Das Westfälische Dampfboot.
Wigand, O., Mein lieber Freund [Brief an Ludwig Feuerbach vom Dezember 1847; Widmung]. In: Die Epigonen, hrsg. von O. Wigand, Bd. 5, Leipzig 1848, S. VII–VIII. 517
Winkler, H. A., Preußischer Liberalismus und deutscher Nationalstaat.

Studien zur Geschichte der Deutschen Fortschrittspartei 1861–1866, Tübingen 1964. 403
Winnefeld, Die Philosophie des Epiktetus. Ein Beitrag zur Geschichte des Eklekticismus der Römischen Kaiserzeit. In: Zeitschrift für Philosophie und philosophische Kritik, im Vereine mit mehreren Gelehrten, hrsg. von I. H. v. Fichte, H. Ulrici, I. A. Wirth, 49. Bd., Halle 1866, S. 1–32 und S. 193–226. 476
Wislicenus, G. A., Die Bibel im Lichte der Bildung unserer Zeit. Eine Reihe von Betrachtungen der Hauptstücke derselben, Magdeburg 1853. 161, 455
– Die Bibel. Für denkende Leser betrachtet, 2 Bde., Leipzig 1863 bis 1864. 161, 455
Wochen-Blatt für den Kreis Wiedenbrück, hrsg. und verl. von H. Lange 19, 20, 62, 411, 427
Wochenschrift des Deutschen Nationalvereins, hrsg. von A. L. v. Rochau, Coburg – Heidelberg 1860–1865. 19, 411
Wundt, W., Vorlesungen über die Menschen- und Thierseele. Eingeleitet und mit Materialien zur Rezeptionsgeschichte versehen von W. Nitsche, 2 Bde., Leipzig 1863. (Repr. der Ausg. Leipzig 1863, Berlin 1990). 277, 489
Zeitschrift für Philosophie und philosophische Kritik, im Vereine mit mehreren Gelehrten, hrsg. von I. H. v. Fichte, Hermann Ulrici und I. A. Wirth, 49. Bd., Halle 1866. 476
Zeitschrift für vergleichende Sprachforschung auf dem Gebiete des Deutschen, Griechischen und Lateinischen, hrsg. von A. Kuhn, Berlin 1852–1967. 352
– – 5. Bd., Berlin 1856. 352
Zeitschrift für wissenschaftliche Zoologie, hrsg. von C. Th. v. Siebold und A. Kölliker, 1. Bd., Leipzig 1849. 423

Namenverzeichnis

Das Verzeichnis erfaßt alle im Text, Textvergleich und in den Erläuterungen erwähnten Personen und mythologischen Namen in alphabetischer Reihenfolge. Abweichende Schreibweisen werden durch runde Klammern gekennzeichnet. Soweit ermittelbar, werden bei Personen Lebensdaten und eine kurze Annotation beigegeben, bei regierenden Fürsten u. ä. werden Lebensdaten in runden Klammern, Regierungsjahre in spitzen Klammern hinzugefügt. Die Abkürzungen bedeuten: A. T. – Altes Testament, eigtl. – eigentlich, N. T. – Neues Testament, prot. – protestantisch, evangelisch, Pseud. – Pseudonym.

Abälard, Peter (1079–1142) französischer Philosoph; Scholastiker. 328, 416, 494, 515

Abusch, Alexander. Herausgeber von Friedrich Schillers Werken. 410, 504

Achilleus, Held der griechischen Sage, Sohn des Königs Peleus und der Nereide Thetis. 41

Adelheid Victoria Amalie Luise Marie Konstanze, Herzogin zu Schleswig-Holstein-Augustenburg, geb. Prinzessin zu Hohenlohe-Langenburg (1835 bis 1900). 472

Adorno, Theodor Wiesengrund (1903–1969) Philosoph, Soziologe. 442

Ahrens, Heinrich (1808 bis 1874) Staatswissenschaftler. 421

Akrisios von Argos, im griechischen Mythos König von Argos, Vater der Danae. 427

Alarcón y Ariza, Pedro Antonio de (1833–1891) spanischer Schriftsteller. 66

Albrecht, Herbert. XX, 515, 519

Alexis, Willibald siehe Georg Wilhelm Heinrich Häring.

Allgeyer, Julius (1829–1900) Kupferstecher, Biograph des Malers Anselm Feuerbach. 474, 491

Altenhöfer, August Joseph (1804 bis 1876) von 1865 bis 1869 leitender Redakteur der „Allgemeinen Zeitung", Augsburg. 487, 488

Althaus, Julius. Übersetzer. 462

Ankäos. 461

Apelt, Ernst Friedrich (1812 bis 1859) Philosoph; Professor in Jena, Friesianer. 14, 409

Apollo, griechischer Gott der Musik, Dichtkunst, Weissagung

und Heilkunde, später als Gottheit des Lichts verehrt. 60, 117
Archimedes (um 285–212 v. u. Z.) griechischer Mathematiker und Physiker. 95, 440
Arndt, Andreas. XX, 494
Arnold, Karl. 498
Assing, Ludmilla (1821–1880) Schriftstellerin. 414
Athene, griechische Göttin, Tochter des Zeus. 508
Auerbach, Berthold (eigtl. Moses Baruch Auerbacher) (1812 bis 1882) Schriftsteller. 196, 295, 465, 495
Aufermann (Auffermann). 93, 153
Aufseß, Hans Philipp Werner Freiherr von und zu (1801 bis 1872) Gründer des Germanischen Nationalmuseums in Nürnberg (1852) und bis 1862 erster Vorstand. 423
Aufseß, Hans (geb. 1848) jüngster Sohn von Hans Freiherr von und zu A. 46, 423
Aufseß, Otto Freiherr von und zu. 423
August, Friedrich Christian, Herzog von Schleswig-Holstein-Sonderburg-Augustenburg (1829–1880). 221
Augustus (63 v. u. Z.–14) erster römischer Kaiser. 486
Aumayer, Max (gest. 1872) Pfarrer in Bruckberg bei Moosburg nahe Landshut. 109, 111, 444

Baader, Benedikt Franz Xaver von (1765–1841) Philosoph, Theologe. 294
Bacchus, römischer Gott des Weines und der Fruchtbarkeit. 380

Bacherer, Gustav (1813–1850) Schriftsteller. 516
Bacon von Verulam, Francis (1561–1626) englischer Staatsmann, Jurist und Philosoph. 14, 342, 372, 514
Bäuerle, Gustav (geb. 1846) Lehrer in Stuttgart. XIII, 294, 297, 302, 323, 324, 329, 495, 497, 503
Bäuerle. Eltern von Gustav B. 296
Baierlacher, Eduard (1825 bis 1889) Feuerbachs Hausarzt; 1868 Direktor der Naturhistorischen Gesellschaft zu Nürnberg. X, XII, 118, 120–121, 134, 173, 185, 196, 404, 444, 446
Bailleul, Jacques-Charles (1762 bis 1843) Politiker, Schriftsteller. 496
Bailly, Jean Sylvain (1736 bis 1793) französischer Naturwissenschaftler, Politiker. 298, 300, 330, 332, 496, 504
Bain, Alexander (1818–1903) englischer Philosoph und Psychologe. 252
Bamberger, Ludwig (1823 bis 1899) Nationalökonom, Publizist, Demokrat. IX, 61, 100, 404, 441, 427
Bangel. Verleger in Heidelberg. 404
Bardili, Christoph Gottfried (1761–1808) Philosoph. 356
Barnum, Phineas Taylor (1810 bis 1891) amerikanischer Schausteller. 304, 497
Bastian, Adolf (1826–1905) Ethnologe. 170, 457
Bauer, Bruno (1809–1882) kritischer Theologe und Philosoph, Junghegelianer. 262, 516

Bauer, Edgar (1820–1886) Bruder des vorigen; Publizist, Junghegelianer. 496
Bauer, Johann Michael. Gemeinsam mit G. N. Raspe Verleger der Nürnberger Monatschrift „Athenæum für Wissenschaft, Kunst und Leben". 515
Baumgarten, Siegmund Jakob (1706–1757) prot. Theologe. 274, 488
Baumgartner, Hans Michael. 514
Baxt. 130
Bayer, Adolf. 522
Bayer (Beyer), Karl. Studienfreund L. Feuerbachs, Bruder von Conrad Beyer. 10, 317, 380, 408, 501, 520
Bayle, Pierre (1647–1706) französischer Philosoph. 124, 126, 346, 416, 508, 509
Beauharnais, Stephanie (1789 bis 1860) seit 1806 verh. mit Karl Ludwig Friedrich, Großherzog von Baden. Mutter K. Hausers. 322, 503, 514
Behaim. 387–393, 440, 522
Behaim, Ch. K. Friedrich von. Major, wohnhaft in München; Bruder von S. F. K. von Behaim. 390, 522, 523
Behaim, S. Friedrich K. von. Administrator der Adelitz von Tetzel-Stiftung, Bruder des vorigen. 390, 522, 523
Behrend, Heinrich Theodor (1817–1893) Politiker, Vertreter im preußischen Abgeordnetenhaus. 5, 403
Behrens, Beate. XX
Benecke, Heinrich (geb. 1829) Journalist. XI, XII, 383, 384
Beneke, Friedrich Eduard (1798 bis 1854) Philosoph; seit 1832 Professor in Berlin. 14, 66, 107, 112, 328, 409, 443, 444
Berendt. 49
Berendt, Georg Carl (1790 bis 1850) Mediziner, Paläontologe. 424
Berkeley, George (1685–1753) irischer Philosoph und Theologe. 342
Bernays, Karl Ludwig (1815 bis 1876) Journalist, ging im Auftrag von Abraham Lincoln 1861 als Konsul nach Zürich. 193, 463
Berner, Ernst. 402
Bertha (Viktoria-Institut, Falkenberg, Mark). 131
Bessinger, Otto. 475
Best, Heinrich. 452
Beyer, Conrad (Konrad) (1834 bis 1906) Dichter und Literaturhistoriker, Rückertforscher, Bruder des vorigen. 317, 500, 501
Bibra, Ernst von (1806 bis 1878) Naturforscher, später Schriftsteller; 1861 Direktor der Naturhistorischen Gesellschaft zu Nürnberg. 45, 422, 423
Biedermann, Georg. 446
Biedermann, Karl (1812–1901) Politiker, Publizist, Herausgeber der „Deutschen Monatsschrift für Literatur und öffentliches Leben", Leipzig. 516
Biefang, Andreas. 408
Binder, Jakob Friedrich (1787 bis 1856) Jurist, Politiker; seit 1821 erster Bürgermeister von Nürnberg. 513
Birkenmeyer, Willy. 403
Bismarck, Otto Eduard Leopold Fürst von (1815–1898) 1862 bis 1890 preußischer Ministerpräsident, 1871–1890 Reichs-

kanzler. XI, XIX, 61, 87, 139, 154, 221, 236, 258, 265 bis 267, 282, 288, 450, 480, 486
Blanc, Jean Joseph Louis (1811 bis 1882) französischer sozialistischer Politiker. 442
Blanqui, Louis Auguste (1805 bis 1881) französischer Sozialist. XIV
Blasche, Bernhard Heinrich (1776 bis 1832) Pädagoge, Philosoph. 352, 510
Blatin, Antoine (geb. 1845) französischer Politiker; Redakteur. 163, 166
Bleyer (gest. 1788) Mutter von B. Bleyer. 47
Bleyer, B. 45, 50, 423
Blind, Friederike (geb. Ettlinger) (geb. 1819) war in erster Ehe mit Jakob Abraham Cohen (gest. 1848) verheiratet; dann Frau von Karl Blind. 58, 145, 426, 452
Blind, Karl (1826–1907) Schriftsteller und Journalist. IX, 58, 145, 147, 169, 452
Blind, Mathilde siehe Cohen-Blind, Mathilde.
Blind, Ottilie. Tochter von Karl Blind. 452
Blöde, Gustav. 418
Bock, Carl Ernst (1809–1874) Mediziner; seit 1845 Professor der pathologischen Anatomie in Leipzig. 233, 475
Bockum-Dolffs, Florens Heinrich Gottfried von (1802–1899) Politiker, Mitglied des preußischen Abgeordnetenhauses. 5, 401, 403
Bodenstedt, Friedrich Martin von (1819–1892) Übersetzer, Schriftsteller. 196, 465

Bodin, Jean (1530–1596) französischer Staatsrechtslehrer. 245
Böcklin, Arnold (1827–1901) schweizerischer Maler. 502
Böhme, Jakob (1575–1624) Schuhmacher; Philosoph, Mystiker und Theosoph. 373
Böhner, August Nathanaël (1809 bis 1892) Pfarrer in Dietikon nahe Zürich. 89, 437, 438
Bolin. Schwestern von Wilhelm Bolin. 29, 34
Bolin, Andreas Wilhelm (1835 bis 1924) Philosoph, seit 1862 Mitarbeiter an der Universitätsbibliothek Helsinki, später Direktor; Editor von L. Feuerbach. VII, IX, XI–XIII, XV, XVI, XVIII, XIX, 8, 13, 16, 29, 31, 34, 36, 41, 64, 67, 73, 75, 77, 101, 104, 106, 109, 112, 116–119, 121, 127, 129, 131, 132, 139, 141, 147, 150, 159, 170, 172–174, 176, 177, 180, 183, 189, 192, 237, 243, 246, 248, 250, 253, 276, 279, 289, 291, 294, 305, 307, 310, 313, 314, 316, 318, 326, 328, 340, 343, 348, 355, 358, 406, 407, 409, 415, 429, 433, 434, 437, 438, 442–445, 447–451, 453, 458–463, 475, 477, 479, 487, 488, 494–496, 498 bis 500, 504, 505, 508, 509, 511
Bolin, Carl Eduard (gest. 1864) Vater von Andreas Wilhelm Bolin. 15, 106, 409, 443, 445
Bolin, Ernestine, geb. Römpler. Mutter von Andreas Wilhelm Bolin. 15, 29, 34, 253, 409, 481
Bolin, Thilda, geb. Snellmann. Frau von Wilhelm B. 291, 320, 326, 328, 343, 358, 494, 499, 500, 502

Bonitz, Hermann (1814–1888) Altphilologe. 414
Bormann, Karl Wilhelm Emil (1802–1882) Provinzialschulrat in Berlin. 473
Brandstätter, Horst. 461
Braun, Hans-Jürg. 483, 507
Breil, Michaela. 488
Briese, Olaf. 484
Brissot, Jacques Pierre B. de Warville (1754–1793) französischer Politiker; Publizist. 442
Brockhaus, Friedrich Arnold (1772–1823) Begründer der gleichnamigen Verlagsbuchhandlung. 274, 488
Brokmeyer (Brockmeyer), Henry Conrad (1828–1906) Philosoph, Emigrant in den USA. XIV, 268, 486, 493
Bronner, Eduard (1822–1886) Arzt. 146
Brown, Thomas (1778–1820) schottischer Philosoph und Dichter. 14, 409
Brugger, Josef (Joseph) Dominik Carl (1796–1865) Gründer des Vereins für deutsche Reinsprache. 94, 96, 161, 162, 169, 440, 456, 457
Buber, Martin (1878–1965) jüdischer Religions- und Sozialphilosoph. 437
Buchenau. 245
Buchner, Lothar. 436
Buckle, Henry Thomas (1821 bis 1862) englischer Kulturhistoriker. 38, 39, 94, 161, 419, 440, 456
Büchner, Ludwig (1824–1899) Arzt, Philosoph, populärer Vertreter des naturwissenschaftlichen Materialismus. X, XIII, XV, 146, 161, 185, 297, 303, 403, 452, 456

Büttner, Wolfgang. 406
Burnett, George. 442

Cabet, Étienne (1788–1856) französischer Politiker. 442
Caesar Gajus Julius (100–44 v. u. Z.) römischer Feldherr, Staatsmann und Schriftsteller. 486
Calderón, de la Barca Pedro (1600 bis 1681) spanischer Dramatiker. 66
Campe, Johann Julius Wilhelm (1792–1867) Buchhändler und Verleger; seit 1823 Mitinhaber des Verlags Hoffmann & Campe in Hamburg. 37, 418
Carey, Henry Charles (1793 bis 1879) amerikanischer Nationalökonom. 306
Carové, Friedrich Wilhelm (1789 bis 1852) Jurist, Philosoph. 516
Cartesius siehe Descartes.
Cassirer, Ernst (1874–1945) Philosoph. 450
Cavour, Camillo Benso, conte di (1810–1861) italienischer Staatsmann, Ministerpräsident des Königreichs Sardinien-Piemont (1852–1859, 1860 und 1861). 354
Cervantes Saavedra, Miguel de (1547–1616) spanischer Dichter. 66
Charras, Jean-Baptiste-Adolphe (1810–1865) französischer Schriftsteller. 162, 164, 456
Chassin, Chr. Louis. 512
Cherno, Melvin. 457
Christian Friedrich Carl Alexander, Markgraf von Ansbach. 70, 430, 431
Christus siehe Jesus Christus.
Circe siehe Kirke.
Cironi, Pietro. 414

Claudius. König von Dänemark, in W. Shakespeares „Hamlet". 222, 472

Clifford. 4

Cloe (Chloe) griechisch „die Keimende" oder die „Grünende"; Mädchenname im Hirtenroman von Longus. 115, 445

Cohen, Eduard (1838–1910) Maler, bereiste von 1867 bis 1870 Italien. 451, 507

Cohen-Blind, Mathilde (1841 bis 1896) Dichterin und Schriftstellerin. 58, 145, 426

Comte, Isidore Marie Auguste François-Xavier (1798–1857) französischer Philosoph. 113, 115, 445

Conwentz, Hugo (1855–1922) Botaniker. 423

Cotta. 273

Cotta von Cottendorf, Johann Friedrich Freiherr (1764 bis 1832) Verleger der „Allgemeinen Zeitung"; Vater von Johann Georg von Cotta. 488

Cotta, Johann Georg von (1796 bis 1863) Verleger; seit 1821 Mitarbeiter im Verlagshaus seines Vaters und von 1832 bis 1863 Inhaber der J. G. Cottaschen Buchhandlung in Stuttgart. 488

Courrier, Paul Louis (1772 bis 1825) französischer Schriftsteller. 113, 115, 445

Crämer (C. von Doos), Karl (1818 bis 1902) Landtagsabgeordneter in Bayern; Mitbegründer der Fortschrittspartei, von 1867 bis 1871 Mitglied des deutschen Zollparlaments. 221, 404, 472

Cramer-Klett, Emilie Auguste (gest. 1866) Tochter von Johann Friedrich Klett, heiratete 1847 Theodor von Cramer-Klett. 387, 522

Cramer-Klett, Theodor Freiherr von (1817–1884) Unternehmer; übernahm 1847 die Maschinenfabrik Klett & Co. in Wöhrd/Nürnberg. 173, 386, 458, 522

Creuzer, Georg Friedrich (1771 bis 1858) klassischer Philologe; akademischer Lehrer L. Feuerbachs. 372

Cronegk, Johann Friedrich Freiherr von (1731–1758) Dichter. 513

Crowley. 198

Cusa, Nicolaus von (1401 bis 1464) spätmittelalterlicher Philosoph und Theologe. 409

Dammer, Otto (1839–1916) Politiker, Chemiker. 436, 498

Danaë, im griechischen Mythos Tochter des Königs Akrisios von Argos und der Eurydike. 427

Danton, M. 445

Daphnis, in der griechischen Sage Hirte auf Sizilien, Sohn des Hermes. 115, 445

Daub, Karl (1765–1836) protest. Theologe, Professor in Heidelberg, Anhänger Hegels; akademischer Lehrer L. Feuerbachs. 372

Daumer, Georg Friedrich (1800 bis 1875) Gymnasialprofessor in Nürnberg; Religionskritiker, zeitweise Erzieher Kaspar Hausers. 322, 371, 376, 502, 513, 514, 516, 517

De Boni, Filippo (1816–1870) italienischer Schriftsteller. 414

De Sanctis, Francesco (1817 bis 1883) italienischer Literarhistoriker; 1861–1862 Unterrichtsminister. XVIII, 406, 414, 492
De Pascale, Carla. XVIII
Dean, Ferdinand J. 439
Dedekind, Eduard (geb. 1802) Jugendfreund L. Feuerbachs, emigrierte nach der Revolution von 1848/49 in die USA. 72, 432
Deifel, Leonhard. 516
Dérobert, Jean Alexis. Lehrer. 131, 448
Derwein, Herbert. 477
Descartes (Cartesius), René (1596 bis 1650) französischer Philosoph, Mathematiker und Physiker. 128, 278, 294, 342, 358, 373
Deubler, Anna („Nandl") (geb. 1849) Adoptivtochter von Konrad Deubler. 39, 325, 420, 503
Deubler, Anna, geb. Schenner. Mutter von Konrad Deubler. 161, 455
Deubler, Eleonora O., geb. Gamsjäger (1813–1875) Frau von Konrad D. 39, 161, 262, 316, 325, 420, 455, 500
Deubler, Konrad (1814–1884) österreichischer Bauer und Gastwirt; seit 1862 mit L. Feuerbach bekannt und befreundet. X, XV, XIX, 38–40, 93–95, 161, 162, 168, 179, 180, 187, 256, 261, 262, 304, 309, 314, 315, 316, 319, 320, 324–326, 332, 334, 339, 343, 346, 419, 420, 434, 440, 449, 455–457, 460, 461, 475, 480, 482, 484, 485, 496–500, 502, 503, 505, 507

Deubler, Leopold. Bergarbeiter; Vater von Konrad Deubler. 161, 455
Diderot, Denis (1713–1784) französicher Schriftsteller und Philosoph. 442
Diefenbacher, Michael. 423
Dingelstedt, Franz Freiherr von (1814–1881) Schriftsteller. 202, 459, 463, 466
Dittrich, Franz (1815–1859) Mediziner, seit 1850 Leiter der Medizinischen Klinik in Erlangen. 380
Dobbek, Wilhelm. Herderforscher und -editor. XVIII, 410, 416, 417, 464, 469, 471, 511, 512
Dobeneck, Rebekka Magdalena Helene Freifrau von siehe Feuerbach 8.
Dodel-Port, Arnold (1843 bis 1908) schweizerischer Botaniker, Herausgeber des Nachlasses von K. Deubler. XIX, 420, 460, 475
Döhler, L. Bekannte von L. Feuerbach aus Goisern. 257
Dörr, Friedrich. Mitarbeiter am „Orion". 418, 422, 428
Don Carlos. Titelgestalt eines dramatischen Gedichtes von Friedrich Schiller. 410
Dreßler, Johann Gottlieb (1799 bis 1867) prot. Theologe, Pädagoge in Bautzen. 409
Duboc, Carl Julius (1829 bis 1903) Publizist und Philosoph. X, XI, XIII, XIX, 3, 6, 21, 22, 43, 50–52, 263, 264, 269, 401, 405, 411, 422, 424, 485, 487, 488, 490, 499
Dühring, Karl Eugen (1833 bis 1921) Philosoph und Nationalökonom. 305–308, 312, 313, 357, 358, 498, 499, 511

Dulon, Rudolph (1807–1870) prot. Theologe. 419
Duncker, Franz Gustav (1822 bis 1888) Publizist; Verleger; Mitbegründer der Deutschen Fortschrittspartei. 229, 411, 474
Dyck, Anthonis van (1599 bis 1641) niederländischer Maler. 131

Ebel, H. 351, 510
Eberlein. 393
Ebner, Emil. Gemeinsam mit Seubert Verleger in Stutt-gart. 273, 488
Eckardt. 221
Eggers, Hermann. Lehrer. 131, 448
Eggers, J. J. 418
Ehrlich, W. Professor in London. 146
Eibl, K. 420
Eisenbach, Gerhard. XX
Eisenbarth, Johann Andreas (um 1663–1727) Arzt, Heilkünstler. 361, 512
Eisfeld, Gerhard. 403
Ellinger. Buchhändler. 492
Elßenwenger (Elssenwenger). Bürgermeister in Goisern. 325, 333, 509
Endres, Rudolf. 423
Engels, Friedrich (1820–1895) Philosoph und Politiker, enger Mitarbeiter von Karl Marx. 436, 452, 479
Enk, K. 476
Epiktet (Epiktetos, Epiktetus) (um 50–um 138) griechischer Philosoph, Stoiker. 235, 476
Erdmann. 328
Erdmann, Johann Eduard (1805 bis 1892) Philosophiehistoriker, Religionsphilosoph. 514

Eschricht, Daniel Friedrich (Frederik) (1798–1863). 513, 514
Eurydike, im griechischen Mythos eine Dryade, Gattin von Orpheus. 427
Ewerbeck, August Hermann (1816–1860) Arzt, Publizist und Übersetzer. 163, 165, 450, 454, 456

Fabricius, David. 409
Faust, Titelgestalt bei Goethe. 251, 261, 467, 484
Feller, Richard (1877–1958) Schweizerischer Historiker. 415
Fellrath, Ingo. 465
Fénelon, François de Salignac de La Mothe (1651–1715) französischer Schriftsteller, Theologe. 113, 114, 445
Feuerbach
1. Johann Anselm (1755–1827) Advokat; Vater von P. J. A. Ritter von Feuerbach. 227, 473, 474
2. Paul Johann Anselm Ritter von (1775–1833) Begründer der neueren bürgerlichen deutschen Strafrechtswissenschaft. 9, 155, 174, 227, 230, 322, 373–375, 379, 395, 407, 416, 450, 454, 457, 458, 474, 503, 514, 515, 519, 524
3. Joseph Anselm (1798 bis 1851) Sohn von 2., Archäologe, klassischer Philologe, Professor in Freiburg im Breisgau. 379, 395, 513, 519
4. Karl Wilhelm (1800–1834) Sohn von 2., Gymnasialprofessor für Mathematik in Erlangen. 18, 24–28, 32, 395 bis 398, 410, 413–415, 524

5. Eduard August (1803 bis 1843) Sohn von 2., Jurist, Professor der Rechte in Erlangen. 395, 445, 483, 500, 507
6. Ludwig Andreas (1804 bis 1872) Sohn von 2., Philosoph; verheiratet 1836 mit 11. VII–XX, 7, 10, 23, 26, 28, 33, 35, 40, 43, 45, 48, 51, 53, 57, 58, 61, 63, 67, 72, 75, 86, 89 bis 93, 96, 105, 109, 110, 112, 118, 119, 121, 131, 133–135, 155, 161, 162, 169, 173, 177, 178, 180, 183, 186, 187, 189, 192, 196, 200, 201, 203, 205, 207, 208, 211, 212, 215–219, 222, 223, 228, 230, 237, 239, 240, 242, 249, 254, 256, 257, 259, 261, 262, 268, 269, 271, 272, 276, 281, 286, 289, 291, 303, 309, 310, 314, 317, 318, 320, 321, 324, 328, 329, 333, 337, 339, 340, 348, 353, 361, 366, 367, 374, 375, 377, 379, 380, 381, 382, 386, 387, 390 bis 393, 395, 398, 401–412, 414–435, 437–441, 443–471, 473–478, 480–505, 507–511, 513–525
7. Friedrich Heinrich („Fritz") (1806–1880) Sohn von 2., Philologe und aufklärerischer Schriftsteller in Nürnberg. 59, 60, 69, 135, 185, 187, 199, 214, 261, 262, 380, 395, 419, 426, 427, 430, 449, 461, 465, 484
8. Rebekka Magdalena Helene von Dobeneck, geb. Feuerbach (1808–1888) Tochter von 2., verheiratet mit Freiherrn von Dobeneck, später geschieden. 227, 229, 230, 242, 320, 321, 474, 478, 502
9. Leonore („Lore") (1809 bis 1885) Tochter von 2. 59, 60, 69, 120, 186, 199, 242, 262, 321, 426, 427, 430, 461, 465, 478
10. Elise („Elisa") (1813 bis 1883) Tochter von 2. 59, 60, 69, 120, 135, 186, 199, 242, 261, 262, 321, 325, 426, 427, 430, 461, 465, 478, 484
11. Johanna Julie Bertha, geb. Löw (Loewe, Löwe) (1803 bis 1883) Tochter von C. F. Löw (Loewe, Löwe) und Caroline Friederike Sophie Freiin von Streit; verheiratet 1836 mit 6. VIII, X, XII, 6, 13, 26, 34, 38–40, 42, 46, 57, 59, 61–63, 69, 75, 86, 94, 96, 100, 114, 115, 119, 122, 123, 130, 131, 134, 135, 137–139, 154, 162, 164, 166, 169, 170, 173, 179, 184, 189, 192, 195, 198, 200, 201, 203, 211, 214, 217, 222, 231, 232, 237, 239–241, 247, 253, 259, 273, 257, 262, 265, 267, 280, 291, 299, 301, 305, 313, 314, 320, 326, 330, 332, 334, 339, 344, 345, 366, 380, 382, 391, 393, 413, 414, 416, 418, 420, 421, 425, 428, 432, 449, 450, 457, 458, 461, 466, 478, 484, 494, 519, 520
12. Henriette („Jette"), geb. Heidenreich (1812–1892) verheiratet mit 3. 236, 355, 365, 366, 379, 477, 510–513, 519
13. Anselm (1829–1880) Sohn von 3., Maler. 280, 304, 319, 474, 489, 491, 497, 501, 502
14. Elise („Elischen", „Elisen") (geb. 1840) Tochter von 5. 260, 449, 483
15. Johann Anselm Ludwig (1842–1916), Sohn von 5.,

praktischer und Militärarzt. XIII, XIV, 114, 115, 122, 123, 137, 138, 253, 340, 445, 450, 507

16. Leonore Wilhelmine Marie Auguste (Eleonore, „Lorchen") (1839–1923) Tochter von 6. und 11. VIII, X, XII, XV, 6, 13, 38–40, 42, 46, 52, 57, 62, 69, 75, 94, 96, 113–115, 118 bis 123, 130, 133, 135, 137, 138, 154, 162, 164, 166, 169, 179, 184, 199, 201, 203, 211, 214, 217, 222, 231, 232, 238, 239, 247, 253, 259, 260, 273, 257, 265, 267, 279, 280, 299, 301, 303, 305, 308–310, 313, 314, 316, 317, 319, 320, 324, 325, 330, 332, 334, 339, 344 bis 346, 366, 382, 420, 425, 426, 428, 432, 444, 446, 449, 456, 460, 466, 471, 473, 481, 483, 500, 503, 505, 520

17. Peter Anselm (1914–1992) Nachkomme der Familie von 5. 511, 515, 520

Fichte, Immanuel Hermann (1796 bis 1879) Philosoph; Sohn von J. G. Fichte. 293, 495

Fichte, Johann Gottlieb (1762 bis 1814) Philosoph. 14, 41, 87, 103, 104, 175, 177, 190, 293, 294, 358, 421, 436, 442, 462, 511

Fillak, H. 325

Fischer, Ernst Kuno Bertholdus (1824–1907) Philosophiehistoriker. 65, 174, 176, 177, 181, 182, 191, 239, 249, 252, 273, 305, 311, 312, 343, 352, 428, 458, 460, 463, 477, 480, 488, 499, 510

Fischer, Johann Christian. 161, 349, 456, 510

Fleischmann, Gottfried (1777 bis 1850) Physiologe und Anatom; akademischer Lehrer von L. Feuerbach. 372, 520

Fleury, Victor. XIX

Förster, Ernst (1800–1885) Maler, Münchener Kunstschriftsteller. 473

Forster, Johann Georg Adam (1754–1794) Naturforscher, Reiseschriftsteller und Publizist. XV, 48, 262, 423, 485

Forster, Maria Theresia (Therese) (1786–1862) Tochter von Georg Forster, Schwägerin von Emil Ernst Gottfried von Herder. 48

Fouqué, Friedrich Heinrich Karl Freiherr de la Motte (1777 bis 1843) Dichter. 462

Fourier, François-Marie Charles (1772–1837) französischer Sozialphilosoph. 102, 442

Franckh, Joh. Fried. (1866 gest.) Stuttgarter Verlagshändler. 497

Franklin, Benjamin (1706 bis 1790) amerikanischer Aufklärer, Staatsmann und Schriftsteller. 171, 419

Freiligrath, Ferdinand (1810 bis 1876) Dichter; lebte von 1851 bis 1868 in London. 146, 452–453, 459

Friedländer, Georg(e). Praktischer Arzt in Berlin. 118, 119, 139, 187, 450, 462

Friedländer, Max (1829–1872) Publizist. XI

Friedrich. Medizinalrat in Ansbach. 377, 517

Friedrich Christian August. 472

Friedrich II. (Friedrich der Große) (1712–1786) <1740–1786> König von Preußen. 275, 288

Friedrich IV. (der „Ältere") (1460 bis 1536) <1486–1517> Markgraf von Ansbach, seit 1495 auch von Kulmbach-Bayreuth. 67, 69, 70, 430, 431, 439

Friedrich Wilhelm IV. (1795 bis 1861) <1840–1861> König von Preußen. 402

Fries, Bernhard (1820–1879) Maler. 118, 173, 446, 458, 502

Fries, Jakob Friedrich (1773 bis 1843) Philosoph, Mathematiker und Physiker. 14

Fritzsche, Friedrich Wilhelm (1825–1905) Mitbegründer des Allgemeinen Deutschen Arbeitervereins, Leipzig; Sozialdemokrat. 436

Fröbel, Karl Ferdinand Julius (1805–1893) radikaler demokratischer Publizist und Verleger. 258, 441, 483

Gajus Plinius Secundus der Ältere. 407

Galen, Galenus Galenos (129 bis 199) griechisch-römischer Arzt. 496

Galilei, Galileo (1564–1642) italienischer Mathematiker, Physiker und Astronom. 293, 441

Gans, Eduard (1798–1839) Jurist, Philosoph. 442

Garibaldi, Giuseppe (1807 bis 1882) italienischer Freiheitskämpfer. VIII, 254, 330, 332, 365, 425, 426, 508

Gariel, E. 114, 116

Gates, Horatio (1728–1806) nordamerikanischer General. 70, 431

Gemming, von. Mitglied der Naturhistorischen Gesellschaft zu Nürnberg. 45, 46, 423

Gensler. Familie von Friedrich Wilhelm Carl G. 32

Gensler, Friedrich Wilhelm Carl. Pfarrer in Großmölsen, Vetter von L. Feuerbach. 24, 25, 28, 32, 413–415

Gerlach. Universitätslehrer in Erlangen. 520

Gervinus, Georg Gottfried (1805 bis 1871) Geschichtsschreiber und Literarhistoriker. 190, 462

Gesner, Johann Matthias. 407

Gibson. 45, 46

Gimpl, Georg. 406, 494

Girardin, Saint-Marc (1801 bis 1873) französischer Journalist. 75, 433

Glockner, Hermann (1896 bis 1979) Philosoph. 416

Glück, Christian Friedrich von (1755–1831) Pandektist; seit 1784 in Erlangen tätig u. a. als Dekan der juristischen Fakultät; Vater von Ch. K. Glück. 375, 515

Glück, Christian Karl (1791 bis 1867) Jurist, Oberappellationsgerichtsrat in München. 374, 375, 515

Goehler, Rudolf. 417, 465, 473

Göpfert, Herbert G. 484

Goepp. Vater von Charles Goepp. 144

Goepp, Charles. 144, 451, 454

Göppert, Heinrich Robert (1800 bis 1884) Begründer der Paläobotanik. 49, 423, 424

Görres, Johann Joseph von (1776 bis 1848) Publizist. 320, 502

Goethe, Johann Wolfgang von (1749–1832) Dichter, Staatsmann, Naturforscher. 39, 129, 171, 244, 251, 261, 262, 328, 407, 409, 420, 448, 467, 484

Goetzenberger. 299, 301
Goldhann, L. Mitarbeiter am „Orion". 422
Gottschall, Rudolf. 501
Grabow, Wilhelm (1802–1874) Politiker, 1862 bis 1866 Präsident des preußischen Abgeordnetenhauses. 5, 12, 403
Griepenkerl, Friedrich Conrad (1782–1849). 504
Gritzner, Maximilian C. (Gritzner d. Ä.) Mitarbeiter am „Der deutsche Eidgenosse". 453
Große, K. 428, 429
Grotius, Hugo (eigtl. Huigh de Groot) (1583–1645) niederländischer Rechtsgelehrter und Staatsmann. 245
Grün, Karl Theodor Ferdinand (1817–1887) Publizist, erster Herausgeber des Nachlasses von L. Feuerbach. VII, XIX, 406, 418, 433, 434, 449, 451, 457, 459, 487, 498, 513
Grünberg, Carl (1861–1940) Historiker. 437
Gruppe, Otto Friedrich (1804 bis 1876) Philosoph, Altertumsforscher. 14, 409
Günther, J. Georg. Redigierte gemeinsam mit Otto Lüning und Joseph Weydemeyer die „Neue Deutsche Zeitung". 402
Gustav II. Adolf (1594–1632) <1611–1632> König von Schweden. 482
Gutzkow, Karl Ferdinand (1811 bis 1878) Schriftsteller; 1861 bis 1864 Generalsekretär der Deutschen Schillerstiftung in Weimar. 16, 196, 416, 417, 464, 465, 502
Gwinner, Wilhelm (1825–1917) Jurist, Philosoph. 29, 415

Haag, Konrad. Schweizer Bauer, Gemeindevorsteher in Hüttweilen, Anhänger von L. Feuerbach. 437
Händel. Verleger in Leipzig. 505, 506
Häring (Hearing), Georg Wilhelm Heinrich (Pseud. Willibald Alexis) (1798–1871) Schriftsteller, Herausgeber des „Neuen Pitaval". 29, 108, 109, 415, 444
Hamfeldt, J. R. Buchhändler in Hamburg. 129, 176, 183
Hamlet. Titelgestalt einer Tragödie von Shakespeare. 222, 472
Hammacher, Friedrich (1824 bis 1904) Jurist, nationalliberaler Politiker. 20, 411
Hanschmann, J. G. 428, 429
Harris, William Torrey. Sekretär der Philosophischen Gesellschaft in St. Louis. XIV, 268, 487, 493
Hartmann, Moritz (1821 bis 1872) österreichischer Schriftsteller und Politiker. 418, 422, 428
Hatzfeld, Sophie Gräfin von (1805–1881) Freundin und Anhängerin F. Lassalles. 414
Haug, Ernst. Ehemaliger österreichischer Leutnant; später Mitherausgeber der Zeitschrift „Kosmos". 453
Hauser, Kaspar (um 1812 bis 1833) Nürnberger Findelkind (vermuteter badischer Thronerbe). 371, 502, 503, 513, 514
Haym, Rudolf (1821–1901) Schriftsteller und Publizist; Mitgründer der nationalliberalen Partei. 518
Hebbel, Christian Friedrich (1813 bis 1863) Dichter. 418, 428

Hecker, Friedrich Franz Karl (1811–1881) Rechtsanwalt, Journalist und Politiker. 146, 452

Hegel, Georg Wilhelm Friedrich (1770–1831) Philosoph. XII, 22, 76, 103, 167, 175, 176, 191, 239, 249, 252, 275, 280, 308, 358, 371, 372, 376, 412, 442, 458, 463, 511, 516, 517

Heger. Hausherr bei Katharina Michel in Bamberg. 130

Heidenreich, Friedrich Wilhelm (1798–1857) Arzt in Ansbach, Freund L. Feuerbachs. 521

Heigl, Elise (Elisa), geb. Feuerbach (1840–1874) Tochter von L. Feuerbachs Bruder Eduard August F., später verheiratet mit Ferdinand Heigl. 313, 500

Heigl, Ferdinand, Stadtrat und Rechtsanwalt in Regensburg; Mann von Elise H. 500

Heine, Heinrich (1797–1856) Dichter. XV, 38, 61, 280, 418, 419, 422, 427, 490

Heinsius, A. 362, 364, 512

Heinzen, Karl Peter (1809 bis 1880) linksradikaler Schriftsteller und Journalist; seit Herbst 1850 in den USA. 146

Hektor, Enno (1823–1874) Bibliothekar am Germanischen Museum in Nürnberg. X, 69, 72, 360, 404, 431, 511

Helm. 69

Helmholtz, Hermann Ludwig Ferdinand (1821–1894) Physiker und Physiologe. 252

Heloise (Héloïse) (1101–1164) Nonne, Schülerin und Geliebte des Abaelardus. 328, 416, 494, 515

Helvetius, Claude Adrien (1715 bis 1771) französischer Philosoph. XV

Herakles (Herkules), Gestalt der griechischen Sage, Sohn des Zeus und der Alkmene. 31, 328

Heraklit (Herakleitos) (um 544 bis um 483 v. u. Z.) griechischer Philosoph. 88, 89, 439

Herbart, Johann Friedrich (1776 bis 1841) Philosoph und Pädagoge. 14, 252, 328, 358, 409, 504, 511

Herder, Adele Luise Wilhelmine Pauline von siehe Adele Kuby.

Herder, Emil Ernst Gottfried von (1783–1855) fünfter Sohn von Johann Gottfried von H., bayerischer Oberforst- und Regierungsrat, seit 1839 im Ruhestand in Erlangen. 423

Herder Ferdinand Theobald Maximilian Gottfried von („Don Fernando") (1828–1896) Sohn des vorigen, Mitarbeiter und Bibliothekar des Botanischen Gartens in St. Petersburg. 46, 48, 49, 423

Hertz, Wilhelm von (1835 bis 1902) Germanist. 418

Herwegh, Ada (1849–1921) Tochter von Emma und Georg Herwegh. 7, 27, 178, 198, 214, 233, 240, 259, 414, 459, 478, 481

Herwegh, Emma Charlotte, geb. Siegmund (1817–1904) Frau des Dichters Georg H. VIII, X, XIX, 7, 23, 26, 27, 49, 57, 59, 86, 92, 119, 120, 178, 183 bis 186, 192, 194–196, 199, 201, 203, 207, 208, 212–214, 217, 218, 220, 221, 233, 234, 240, 241, 255, 256, 259, 260,

405, 413, 414, 420, 425, 426, 446, 459, 461, 463–465, 467, 468, 470, 471, 476, 478, 492
Herwegh, Ernst Ludwig (1790 bis 1865) Vater von Georg Herwegh. 185, 461
Herwegh, Georg Friedrich Rudolf Theodor Andreas (1817–1875) revolutionärer Dichter des deutschen Vormärz. VIII, XIX, 7, 23, 26, 27, 49, 57, 59 bis 61, 119–121, 183–186, 192 bis 199, 202, 208, 211–214, 220, 233, 234, 240, 241, 254 bis 256, 259, 405, 406, 413, 414, 419, 425–427, 446, 459, 463, 465, 467, 468, 470, 471, 476, 478, 481–483
Herwegh, Horace (Horaz) (1843 bis 1901) Sohn von Emma und Georg Herwegh, Ingenieur. 7, 193, 194, 198, 214, 233, 459, 463, 465
Herwegh, Marcel (1858–um 1937) Schriftsteller, Musiker; Sohn von Emma und Georg Herwegh. XIX, 7, 120, 183, 214, 233, 459
Herz, Jakob (1816–1871) Arzt, seit 1863 Professor der Medizin in Erlangen, Prosektor am Anatomischen Institut der Universität. 340, 380, 519, 520
Herzen, Alexander Iwanowitsch (1812–1870) russischer Demokrat und Publizist. 220, 403, 472
Herzen, Natalja Alexandrowna, geb. Sacharjina (1817–1855) Frau von Alexander Iwanowitzsch H. 220, 472
Hettner, Hermann (1821–1882) Literatur- und Kunsthistoriker. 513, 519

Hippel, Theodor Gottlieb von (1741–1796) Staatsmann und Schriftsteller; gehörte zum Freundeskreis Kants. 103, 442
Hippokrates (460–370 v. u. Z.) griechischer Arzt. 496
Hirschfeld, J. B. 505
Hirzel. Bruder von Rudolf Hirzel. 201, 239, 478
Hirzel, Rudolf. Verlobter von Leonore Feuerbach. 201, 203, 217, 237, 253, 466, 470, 471, 478, 481
Hittell, John Shertzer (1825 bis 1901) amerikanischer Publizist. 384, 521
Hitzig, Julius Eduard (1780 bis 1849) Kriminalist, Mitherausgeber des „Der neue Pitaval". 415, 444
Hobbes, Thomas (1588–1679) englischer Philosoph. 160, 245, 328, 342, 356
Hölderlin, Friedrich (1770 bis 1843) Dichter. 213
Hofmann, Friedrich. 475
Hoffmann. Mitinhaber des Verlags Hoffmann & Campe in Hamburg. 37, 418
Hoffmann von Fallersleben (eigentl. August Heinrich Hoffmann aus Fallersleben) (1789 bis 1874) Literaturhistoriker, Dichter. 477
Hohenlohe-Langenburg, Adelheid zu (1835–1900) Frau von Friedrich Christian August, Herzog von Schleswig-Holstein-Sonderburg-Augustenburg. 221, 472
Holbach, Paul Heinrich Dietrich Baron von (Mirabaud) (1723 bis 1789) Philosoph. 419, 511

Holtzendorff, Franz von. Übersetzer. 442
Homer (8. Jh. v. u. Z.) griechischer Dichter. 41, 308
Horaz (Quintus Horatius Flaccus) (65–8 v. u. Z.) lateinischer Dichter. 244, 428
Hotmann, François (1524–1590) französischer Jurist. 245
Huber, Johannes. 498
Hubert. Förster in Walter Scotts Roman „Ivanhoe". 4
Humboldt, Alexander Freiherr von (1769–1859) universaler Gelehrter, Naturforscher und Geograph. 252, 419
Hume, David (1711–1776) englischer Philosoph. 77, 148, 342, 356
Hundius, W. Posamentier. 174
Hutten, Ulrich von (1488–1523) Humanist. 30, 415

Ideler, Karl Wilhelm (1795–1860) Psychiater; Privatdozent und Lehrer der psychiatrischen Klinik an der Friedrich Wilhelms-Universität zu Berlin. 351, 510
Imbriani. Eltern von Vittorio Imbriani. 260
Imbriani, Vittorio (1840–1886) italienischer Dichter und Kritiker. 260, 414
Ivanhoe. Titelgestalt eines historischen Romans von Sir Walter Scott. 4, 402

Jacobi, Friedrich Heinrich (1743 bis 1819) 14, 65, 428
Jacobi, K. 514
Jacoby, Johann (1805–1877) Arzt, Publizist und Politiker. 20, 43, 403, 411
Jaeschke, Walter. 494

Jean Paul (eigentl. Jean Paul Friedrich Richter) (1763 bis 1825) Schriftsteller. XV
Jegel. Tochter von Ludwig Jegel. 416
Jegel, Ludwig (geb. 1822) Redakteur, seit 1852 Emigrant in den USA. 33, 229, 416, 474
Jegel, Sophie, geb. Michel 416
Jehovah (Jahwe). 35, 418
Jesus Christus. XV, 30, 80, 81, 84, 85, 94, 236, 294, 295, 434, 440, 453, 466, 495
Jodl, Friedrich (1849–1914) Philosoph, Herausgeber der Werke von L. Feuerbach. XIX
Johann. Erzherzog. 68
Josua. 293
Junghann, Gustav Julius (geb. 1808) Gymnasiallehrer für Mathematik und Physik. 18, 24, 26, 27, 31, 32, 395, 410, 413 bis 415, 525
Jupiter (Iuppiter), italischer Gott des lichten Himmels, Blitz- und Donnergott. 384, 412
Jupiter Stygius siehe Schmidt, Julian.

Kaiser, Bruno (1911–1982). 425, 459, 463, 464, 471, 476
Kalb, Johann (Baron Kalb von Hüttendorf) (1721–1780) Generalmajor; legte sich selbst den Titel eines Barons zu. 67, 70, 430–432
Kampe, Friedrich Ferdinand (1825 bis 1872) Prediger der deutsch-katholischen Bewegung, Schriftsteller. IX, 10, 11, 16, 18, 408–410, 416
Kant, Immanuel (1724–1804) Philosoph. XIII, 9, 13–15, 22, 48, 50, 65, 66, 74, 76, 77, 103–105, 107, 108, 117, 128,

bis 177, 181, 239, 252, 269 bis 271, 293, 294, 308, 309, 328, 341, 342, 357, 358, 423, 424, 433, 434, 443–445, 447, 450, 453, 457, 458, 481, 494, 504

Kapp
1. Johann Georg Christian (1798 bis 1874) Professor der Philosophie in Erlangen, 1833 nach Heidelberg übersiedelt, 1839–1844 Professor für Philosophie in Heidelberg, mit L. Feuerbach seit dessen Privatdozentur in Erlangen eng befreundet. 236, 477, 518
2. Johanna (1825–1883) Tochter von 1. 236, 477
3. August, Sohn von 1. 236
4. Max (1837–1909) Sohn von 1. 236, 477
5. Friedrich Christian Georg (1792–1866) Vetter von 1., Gymnasialdirektor in Hamm (Westfalen); Vater von Friedrich Alexander Kapp. 155, 236, 373, 378, 381, 382, 454, 477, 520
6. Friedrich Alexander („Fritz") (1824–1884) Jurist, 1850 Auswanderung in die USA; Inhaber eines Anwaltsbüros in New York, Journalist. X, XIV, XVI, XIX, 13, 37, 62, 67, 69, 93, 141, 145, 146, 153, 222, 228–230, 233, 239, 248, 254, 257, 259, 274, 281, 282, 287, 337, 339, 345, 411, 416, 419, 420, 427, 429–432, 439, 451, 454, 466, 472, 474, 477 bis 482, 489, 491, 505–507, 520
7. Ida siehe Ida Zimmermann, geb. Kapp.
8. Amalie siehe Leyen, Amalie von der, geb. Kapp.
9. Otto. 1857 kurzzeitig verlobt mit L. Feuerbachs Tochter Eleonore. 72, 382, 432, 520
10. Clara (geb. 1851) Tochter von 6. 142, 259, 228, 275, 451, 483, 489
11. Louise (geb. 1852) Tochter von 6. 142, 228, 451
12. Johanna (geb. 1855) Tochter von 6. 142, 228, 451
13. Margarete (geb. 1857) Tochter von 6. 142, 228, 451
14. Wolfgang (1858–1922) Sohn von 6. 142, 228, 451
15. Ida (geb. 1867) Tochter von 6. 142, 228

Kapp, W. 446

Karl Ludwig Friedrich, Großherzog von Baden (1786–1818), gilt als Vater von K. Hauser. 514

Katharina von Medici (1519 bis 1589) Königin, Regentin in Frankreich <1560 bis 1563>. 508

Keil, Ernst (1816–1878) Herausgeber. 455, 457, 475

Keiler, Peter. XX

Keim, Karl Theodor (1825 bis 1878) prot. Theologe. 294, 495

Keller, Gottfried (1819–1890) schweizerischer Schriftsteller; lernte während seines Studiums 1848–1850 in Heidelberg L. Feuerbach kennen. 413, 414

Keppler, Johann (1571–1630) Astronom. 409

Khanikoff. Frau von Jakob von Khanikoff. XI, 52, 63, 85, 86, 117, 118, 130–133, 187, 189, 249, 425, 428, 446

Khanikhoff, Jakob von (geb. 1837) Russischer Emigrant.

VIII, XI, 42, 52, 62, 80, 84 bis 86, 117, 133, 249, 403, 404, 422, 425, 434, 435, 446, 447, 462
Khanikoff. Frau von Nikolai Wladimirowitsch von K. 42
Khanikoff, Nikolaj Wladimirowitsch (1819–1878) Orientalist, Mathematiker, Vetter von Jakob Khanikoff. 42, 78, 81, 85, 422, 434
Kind, Johann Friedrich (1768 bis 1843) romantischer Dichter und Librettist. 461
Kinglake, Alexander William (1809–1831) britischer Historiker und Politiker, Liberaler. 299, 301, 496
Kinkel, Gottfried (1815–1882) Schriftsteller. 471
Kirke (Circe), griech. Mythologie, in Homers „Odyssee" die Tochter des Helios auf Aia, eine Zauberin. 35
Klein, Karl (1842–1907) Mineraloge. 49, 424
Klett siehe Cramer-Klett, Theodor von.
Klett, Johann Friedrich (1778 bis 1847) Fabrikant in Nürnberg, Schwiegervater von Theodor von Cramer-Klett. 522
Knapp, Ludwig (1821–1858) Privatdozent in Heidelberg. 13, 64, 170, 409, 428, 457, 521
Koch, Wilhelm Daniel Joseph (1771–1849) Botaniker; akademischer Lehrer L. Feuerbachs in Erlangen. 372
Köhler. Verleger in Stuttgart. 516
Koehler, Benedikt. 427
Kölliker, Rudolf Albert von (1817–1905) Anatom und Zoologe. 423

Köppe, Manuela. 494, 513 bis 515
Köppen, Karl-Friedrich (1775 bis 1858) theistischer Philosoph in Erlangen. 373
Köstlin, H. 419
Kohn, Anton (1820–1882) Bankier in Nürnberg. 85, 173, 435, 458
Kohn, Joseph (geb. 1810) Händler in Nürnberg. 404
Kolb, Georg Friedrich (1808 bis 1884) Statistiker, Publizist und Politiker. 487, 488
Kolb, Gustav Eduard (1798 bis 1865) Publizist; seit 1837 Chefredakteur der Augsburger „Allgemeinen Zeitung". 273
Kolumbus, Christoph (1451–1506) Seefahrer, Entdecker Amerikas. 252
Kopernikus, Nikolaus (1473 bis 1543) Astronom; Begründer des heliozentrischen Weltbildes. 433
Krausnick, Michail. 414
Krauss, W. 494
Kreitmair. Arzt. 404
Kröner, Alfred. XX
Krumbiegel, Brigitte. 422
Krumbiegel, Günter. 422
Kuby, Adele Luise Wilhelmine Pauline, geb. von Herder (1831–1906) Frau von Karl Wilhelm K. 48, 423
Kuby, Karl Wilhelm (1829 bis 1894) Arzt. 48
Kuczynski, Jürgen (1904–1997) Historiker, Wirtschaftswissenschaftler. 430, 521
Kürnberger, Ferdinand (1821 bis 1879) Schriftsteller und Publizist; 1867–1870 Generalsekretär der Schillerstiftung. 359, 511, 512

Kuhn, Adalbert (1818–1881) Philologe, Literaturwissenschaftler. 352
Kummer, Anna. Tochter von Robert K. 179
Kummer, Robert (1810–1889) Landschaftsmaler in Dresden. 179, 319, 324, 460, 502, 503
Kyklopen; im griechischen Mythos bei Homer einäugige Riesen, u. a. Polyphem. 41

Labenius (Titus Labienus) (gest. 45 v. u. Z.) römischer Offizier, Volkstribun. 264, 266, 447, 486
Lacroix, A. Verleger. 113, 114, 122–127, 136–138, 156, 158, 163, 165, 265, 267, 450, 456
Laimer, F. XIX
Lamennais, Hugues-Félicité Robert (1782–1854) französischer Schriftsteller. 103, 190
Landrol, Gustave. 449
Lang, Karl Heinrich Ritter von (1764–1835) 93, 141, 142, 153, 439, 451, 453
Lange, Friedrich Albert (1828 bis 1875) Philosoph und Sozialpolitiker. 323, 324
Languet, Hubert. 245
Lanna, Adalbert Freiherr von (1836–1909) Autographensammler. 438
Larroque, Patrice (1801–1879) 160, 455
Lassal, Heymann. Vater von Ferdinand Lassalle. 436
Lassalle, Ferdinand (1825 bis 1864) Jurist, Publizist und Sozialist; erster Präsident des Allgemeinen Deutschen Arbeitervereins 1863/1864. X, XI, 86, 89, 90, 191, 412, 414, 436, 437, 439, 463

Laurent, François (1810–1887) 160, 455
Leibniz, Gottfried Wilhelm (1646 bis 1716) Gelehrter, Philosoph, Mathematiker und Diplomat. 76, 77, 105, 108, 117, 128, 132, 139–141, 148, 160, 293, 342, 358, 433, 434, 443–445, 447, 448, 450, 495
Leidecker, Kurt F. 486
Lenbach, Franz von (1836–1904) Maler. 502
Lenel, Edith. Historikerin, Urenkelin von Friedrich Alexander Kapp. XIX, 230, 429, 450, 452, 473, 474, 482, 491, 505, 507
Leroux, Pierre Henri (1797 bis 1871) französischer Sozialphilosoph. 442
Lewes, Georg Henry (1817–1878) englischer Schriftsteller, Lebensgefährte von Marian Evans (George Eliot). 252
Leyen, Alfred von der. Schwiegersohn von Friedrich Christian Georg Kapp. 155, 454, 489
Leyen, Amalie von der, geb. Kapp. Frau von Alfred von der Leyen, älteste Tochter von Friedrich Christian Georg Kapp. 275, 489
Leyen, von der. Tochter von Alfred von der Leyen und Amalie von der Leyen, geb. Kapp. 275
Liebmann, Otto (1840–1912) Professor der Philosophie in Straßburg. 481
Lincoln, Abraham (1809–1865) <1861–1865> 16. Präsident der USA; 1865 ermordet. 68, 142, 430, 463
Lippe, Leopold Graf zur (1815 bis 1889) Oberstaatsanwalt,

Justizminister, Mitglied des Preußischen Herrenhauses. 61, 427

Liszt, Franz (1811–1886) Pianist, Komponist, Dirigent. 414

Littré, Maximilien Paul Émile (1801–1881) französischer Philosoph und Sprachforscher. 113, 115, 445

Locke, John (1632–1704) englischer Philosoph. 77, 128, 148, 245, 434

Löhlein, Theodor. 1895–1899 Vorsitzender der Zweigstiftung der Deutschen Schillerstiftung in Karlsruhe. 473

Loew, H. 49, 424

Löwe, Ludwig (1837–1886) liberaler Politiker, mit Karl Wedemeyer Besitzer der Firma Ludwig Löw & Co. 436

Löwenherz, Richard siehe Richard I.

Löwenthal, Eduard (1836–1917) Schriftsteller und Publizist. 3, 7, 401, 405, 524

Lommel. Redakteur des „Fränkischen Kurier". 453

Longus (3. Jh.) griechischer Sophist. 445

Lope siehe Vega.

Louis Napoleon Bonaparte siehe Napoleon III.

Ludwig I. Karl August (1786 bis 1868) <1825–1848> König von Bayern. 501

Ludwig II. (1845–1886) König von Bayern, förderte R. Wagner. 213, 472

Lüdeking, Karl. 347, 509

Lüning, Ida. Tochter von Otto L. 100, 441

Lüning, Otto (1818–1868) Arzt, Journalist, Politiker; 1860 bis 1867 im Ausschuß des Deutschen Nationalvereins tätig, Mitglied des Landtags von 1862–1867 (Fortschrittspartei; Nationalliberale Partei). VIII, IX, 4, 6, 12, 13, 19, 20, 61–63, 100, 195, 197, 202, 203, 207, 208, 219, 222, 234, 401 bis 404, 408, 411, 427, 464, 466, 468, 472, 476

Lützelberger, Ernst Carl Julius (1802–1877) prot. Theologe, der seinem Amt entsagte, religionskritischer Schriftsteller. 516

Lukan, eigentl. Marcus Annaeus (39–65) lateinischer Dichter. 407

Luóranen, Gustav. 66

Luther, Martin (1483–1546) Kirchenreformator. 30, 176, 235, 294

Mably, Gabriel Bonnot de (1709 bis 1785) französischer Schriftsteller. 442

Macaulay, Thomas Babington, Lord M. of Rothley (1800 bis 1859) britischer Politiker und Historiker. 190, 462

MacClellan (Mc Clellan), George Brinton (1826–1885) nordamerikanischer General; trat 1864 als Präsidentschaftskanditat der Demokratischen Partei gegen Lincoln an. 142

Machiavelli, Niccolò (1469 bis 1527) italienischer Philosoph. 190, 191, 245, 246, 462

Maier, August (1813–1861) Geiger, Kantor und Komponist in Ansbach. 379

Malebranche, Nicole (1638–1715) französischer Philosoph. 113, 114, 445

Manninen, Juha. 406, 494

Manteuffel, Otto Theodor Freiherr von (1805–1882) preußischer Staatsmann. 32
Maria, Gestalt aus dem N. T., die Mutter Jesu. 30, 131, 448
Mariana, Padre Juan de (1536 bis 1623) spanischer Geschichtsschreiber. 245
Marie. Verlobte von Ludwig Schweigert. 184
Martiny, Friedrich (1819–1897) Jurist. 20, 411
Marx, Karl Heinrich (1818 bis 1883) Philosoph, Historiker, Ökonom. XI, XVI, 347, 436, 452, 472, 509
Mayer, Gustav. 437, 439
Mazzini, Guiseppe (1805 bis 1872) Führer der italienischen nationalen Einheits- und Unabhängigkeitsbewegung. 365
Mehmel, Gottlieb Ernst August (1761–1840) Philosoph und Bibliothekar. 373
Meißner, Otto Karl (1819–1902) Verlagsbuchhändler in Hamburg. 385, 521
Mende, F. 427
Menge, A. 424
Mephistopheles, die das Prinzip des Bösen vertretende Gestalt in Goethes „Faust". 293
Mereau, Louis. 516
Merker, Johann Friedrich. Polizeirat. 514
Merz, Julius. Buchhändler und Verleger in Nürnberg. 375, 515, 516
Mesner. 254
Metz, August Joseph (1818 bis 1874) Jurist; 1859–1867 im Ausschuß Deutscher Nationalverein tätig. 221, 401
Meyer. 306
Meyer, Hermann Julius. 498

Meyer, Johann Georg. Ansbacher Volksschullehrer. 371, 514
Meyer, Julius (1817–1867) Unternehmer und Publizist. 404
Michel, Katharina (1801–1858) Freundin der Familie Feuerbach, Schwiegermutter von L. Jegel. 416
Mill, John Stuart (1806–1873) englischer Philosoph und Volkswirt. 252
Miller, Norbert. 484
Milton, John (1608–1674) englischer Dichter. 101, 245, 442
Milton, J. R. 442
Mögling, Theodor (1814–1867) Lehrer. 453
Möller, Wilhelm (1814–1877) Justizbeamter in Marburg. 385, 521, 522
Mohl, O. M. 486
Mohr. Verleger. 440
Mojsisovics, Johann August Georg Edmund Edler von Mojsvár (1839–1907) Geologe, Paläontologe. 325
Moleschott, Elisabeth Antonia, geb. van der Monde (geb. 1795) Mutter von Jacob M. 355, 511
Moleschott, Elsa (1863–1868) Tochter von Jacob M. 353, 510
Moleschott, Elsa. Tochter von Jacob M. 510
Moleschott, Jacob (1822–1893) Physiologe. X, XIII, XV, XVIII, 38, 48, 161, 285, 288, 297, 303, 353, 355, 364, 403, 414, 419, 421, 423, 455, 491 bis 493, 510, 512
Moleschott, Marie (1853–1879) Tochter von Jacob M. 355, 510

Moleschott, Sophie, geb. Strekker, verheiratet 1849 mit Jakob M. 510
Moleschott, Sophie. Schwester von Jacob M. 355, 511
Montesquieu, Charles Louis de Secondat (1689–1755) französischer Philosoph. 245
Morelly, A. 442
Müller, Eduard. 415
Müller, Ildephons (1810–1871). Superior Pater. 227, 229, 242, 320, 323, 502
Müller, Karl (1818–1899) Botaniker, gab mit O. Ule „Die Natur" heraus. 419, 455
Müller, Wolfgang M. von Königswinter (1816–1873) Arzt und Schriftsteller. 473
Münch-Bellinghausen, Elegius Freiherr von (1806–1871) Vorsitzender der Deutschen Schillerstiftung. 219, 466, 471, 473

Nandl siehe Deubler, Anna („Nandl").
Napoleon III. Charles Louis N. Bonaparte (1808–1873) französischer Kaiser <1852 bis 1870>, Neffe von Napoleon I. 250, 257, 265, 267, 354, 365, 456, 480, 482, 484, 486, 493, 496, 510, 512
Nauwerck (Nauwerk), Karl (1810 bis 1891) Publizist, Junghegelianer. 453
Nerrlich, Paul. XX
Neuhaus, Johann Karl Friedrich (1798–1849) schweizerischer Politiker; war seit 1831 im „Grossen Rat" und im Berner Regierungsrat tätig. 514
Neumann, Carl. Kunsthistoriker in Göttingen. 474, 491

Neumann, Wilhelm. Herausgeber der Zeitschrift „Die Musen". 462
Neureuther, Eugen Napoleon (1806–1882) Maler. 502
Newton, Isaak (1643–1727) englischer Universalgelehrter, Physiker und Mathematiker. 25, 414
Nitsche, Wolfgang. 489
Nitzsch, Karl Immanuel (1787 bis 1868) prot. Theologe, Professor in Bonn und Berlin. 516
Noë, Heinrich (1835–1896) Reiseschriftsteller. 319, 502
Nohl, Karl Friedrich Ludwig (1831–1885) Schriftsteller. 419, 428
Nygrén, Elias. 415

Odysseus, in der griechischen Mythologie Held vor Troja; König von Ithaka; Sohn des Laertes und der Antikleia. 422
Offermann, Toni. 422
Oken, Lorenz (eigtl. Okenfuß) (1779–1851) Naturphilosoph und Mediziner. 398, 413
Olshausen (Oelshausen), Theodor (1802–1869). 453
Oppenheim, Heinrich Bernhard (1819–1880) Publizist und Verleger, Herausgeber der „Deutschen Jahrbücher für Politik und Literatur". 21, 37, 43, 52, 424
Osiander. Verleger in Tübingen. 516
Ottmann, Henning. 514
Ottokar, Amadeus. 516
Ovid (Publius Ovidius Naso) (43 v. u. Z.–17) römischer Dichter. 401, 407, 427

Paine, Thomas (1737–1809) englischer Politiker und Publizist. 419
Passover, A. 167, 168, 456
Pastorius. 256, 274
Pastorius, Franz Daniel (1651 bis 1719) Schriftsteller. 275, 482, 489
Pastorius, Melchior Adam. 275, 489
Penns, W. 274
Pepperle, Ingrid. 483
Perseus, im griechischen Mythos Sohn des Zeus und der Danaë. 427
Pesendorfer, Johann. XIX
Peters, Hermann (1847–1920) Mediziner und -historiker. 29
Petrus. 47
Pfaff, Emil Richard. 498
Pfau, Ludwig (1821–1894) Schriftsteller, Dichter, Übersetzer. X, XIII, 272, 273, 279, 303, 304, 325, 488, 490, 497, 503
Philipp II. (1527–1598) König von Portugal seit 1580, <1556 bis 1598> König von Spanien. 171, 410
Piehl, Heinrich. Besitzer der Firma „Heinrich Piehl & Co." in Lübeck. 243
Pilz. Astronom in Hallstadt. 325
Platon (Plato) (427–347 v. u. Z.) griechischer Philosoph. 101, 328, 442, 498
Popp, Klaus-Georg. 485
Porphyrius, M. (232–304) griechischer Philosoph. 50
Prechtl, Johann B. 444
Priestley, Joseph (1733–1804) englischer Theologe, Philosoph und Naturwissenschaftler. 328, 356
Prodikos (um 450 v. u. Z.) griechischer Sophist aus Julis. 328
Properz, eigentl. Sextus Propertius (50 v. u. Z.–16) römischer Dichter. 380, 407
Proudhon, Pierre-Joseph (1809 bis 1865) französischer Frühsozialist und Ökonom. XIV, 162, 165, 280, 456, 490
Prutz, Robert Eduard (1816 bis 1872) Dichter und Literarhistoriker. 263
Psichari, Henriette. 418
Publilius Syrus (geb. 93 v. u. Z.) Mimenschreiber. 443
Pyat, Aimé Félix (1810–1889) französischer Publizist, Dramatiker und Politiker, Demokrat. 344, 345

Quandt. Verleger in Leipzig. 505, 506
Quatrefages de Bréau, Jean Louis Armand (1810 bis 1892) Anthropologe. 79, 83, 434
Questenberg. Kriegsrat in Friedrich Schillers „Piccolomini". 504

Rabelais, François (1494 bis 1553) französischer Schriftsteller. 299, 301, 496
Radbruch, Gustav (1878–1949) Rechtshistoriker. 458
Radenhausen, Christian. 161, 316, 334, 456, 500
Raffael, eigtl. Raffaello Santi (Sanzio) (1483–1520), italienischer Maler und Architekt. 131, 171, 448
Ramses VI. (um 1145–1137) Ägyptischer König. 414
Ramses IX. (um 1160–1107) Ägyptischer König. 414

Rarenstein, E. G. 146
Rasch, Gustav. 146, 452, 453
Raspe, Gabriel Nicolaus. Verleger der Nürnberger Monatschrift „Athenæum für Wissenschaft, Kunst und Leben". 515
Rauhenzahner. 404
Reich, Eduard (1836–1919) Mediziner und Naturwissenschaftler. 334, 339, 505, 507
Reimarus, Hermann Samuel (1694–1768) Philosoph und Theologe; Bibelkritiker. 30, 77, 415
Rein, Karl Gabriel Thiodolf (1838–1919) 1863 Dozent und ab 1869 Professor für Philosophie an der Universität Helsinki. 494
Reischach, Hermann Ludwig Ernst Albert Freiherr von (1798–1876) Mitbesitzer und Geschäftspartner im Cotta-Verlag. 488
Rénan, Joseph-Ernest (1823 bis 1892) französischer Religionswissenschaftler und Orientalist. XV, 34, 35, 80, 81, 84, 85, 94, 96, 163–166, 200, 294, 415, 418, 434, 440, 466, 495
Reuß (Reuss), Andreas (1863 gest.) Redakteur. 12, 222, 404, 408, 472
Rey, Aristide. Freund von Marie-Édouard Vaillant. XIV, 298 bis 301, 329, 331, 343, 344, 496, 508
Ricasoli, Bettino, Baron von Brolio (1809–1880) italienischer Staatsmann; 1861–1862 und 1866–1867 Ministerpräsident. 492
Richard I. Löwenherz (1157 bis 1199) von <1189–1199> englischer König, Sohn Heinrich II. 402
Richter, Karl. 484
Riedel, Karl (1804–1878) Studienfreund von L. Feuerbach, prot. Pfarrer; junghegelianischer Publizist. 516
Riehl, Wilhelm Heinrich von (1823–1897) Kulturhistoriker. 76, 433
Rietschel, Ernst Friedrich August (1804–1861) Bildhauer. XII, 449
Ritter, Heinrich (1791–1869) Philosophiehistoriker. 498
Rittershaus, Emil Fr. (1834 bis 1897) Kaufmann und Dichter. 453
Rittershausen, E. 419
Rochau, August Ludwig von (1810–1873) Herausgeber der „Wochenschrift" und des „Wochen-Blatts des Nationalvereins". 411
Röckel, August (1814–1876) Dirigent. 146, 452
Rötscher, Heinrich Theodor (1803–1871) Ästhetiker, Kritiker. 419, 422
Rogeard, Louis-Auguste. XIV, 264, 266, 298–301, 329–331, 343, 344, 486, 496, 508
Rosenkranz, Johann Karl Friedrich (1805–1879) Philosoph und Literaturhistoriker. 328, 504
Roßmäßler, Emil Adolf (1806 bis 1867). 48, 161, 179, 310, 455, 460, 499
Rottmann, Carl Anton Joseph (1797–1850) Landschaftsmaler. 319, 501, 502
Rousseau, Jean-Jacques (1712 bis 1778) französisch-schweizerischer Schriftsteller, Philosoph

und Pädagoge. XV, 65, 66, 74, 75, 102, 103, 105, 190, 191, 245, 246, 289, 428, 429, 433, 442, 443, 494
Roy, Joseph. Freund von Marie-Édouard Vaillant, übersetzte „Das Wesen des Christentums" und Auszüge aus religionsphilosophischen Schriften L. Feuerbachs. XIV, XV, 122–125, 127, 136, 137, 155, 157, 159, 160, 162, 164, 165, 264–267, 298, 300, 329, 331, 444, 445, 447, 449, 450, 454, 486
Rubens, Peter Paul (1577–1640) flämischer Maler. 131
Rudnickaja, Evgenija L. 403
Rückert, Friedrich (1788–1866) Dichter und Sprachwissenschaftler. 317, 501
Rüstow, Friedrich Wilhelm (1821 bis 1878) Militärschriftsteller, Offizier. VIII, 213, 217, 288, 414, 426, 493
Ruge, Arnold (1802–1880) gründete 1838 die „Hallischen Jahrbücher", später „Deutsche Jahrbücher". XX, 49, 376, 424, 440, 456, 516, 517
Rupp, Julius (1809–1884) Mitbegründer der freien evangelischen Gemeinde in Königsberg. 17, 409

Sänger, Jochen. 402
Saint-Simon, Chlaude Henri de (1760–1825) französischer Sozialtheoretiker. 442
Salomon. 235, 476
Sanctis, Frederico de (1817 bis 1883) italienischer Literarhistoriker und Politiker. 406
Sass, Hans-Martin. XIX, 483
Sauder, Gerhard. 484

Savorelli, Alessandro. XVIII
Sayn-Wittgenstein, Caroline von, geb. Iwanowska (1819 bis 1887) Lebensgefährtin von Franz Liszt in Weimar. 414
Schack, Adolf Friedrich von (1815–1894) Jurist, Diplomat; Begründer der Schackgalerie. 319, 502
Schaible, Carl Heinrich (1824 bis 1899) Arzt und Schriftsteller, Demokrat. 146
Scharnhorst, Gerhard Johann David von (1755–1813) preußischer General. 275, 489
Schaubach, Adolph Ernst (1800 bis 1850) Lehrer, Heimatkundler. 455
Schelling, Friedrich Wilhelm Joseph von (1775–1854) Philosoph. 175, 294, 358, 511
Schenk. Lehrer. 24
Schenkel, Daniel. 294, 495
Schenkendorf, Max von (1783 bis 1817) Dichter, Herausgeber der Zeitschrift „Vesta". 462
Scherr, Johannes (1817–1886) Kultur- und Literarhistoriker, Novellist. 295, 495
Schertle, Valentin (1809–1885) Lithograph. 446
Schiller, Friedrich (1759–1805) Dichter, Ästhetiker. 197, 410, 496, 504, 518
Schippel, Erika. 513
Schlegel, August Wilhelm von (1767–1845) Schriftsteller, Sprachforscher. 472–473
Schleiermacher, Friedrich Daniel Ernst (1768–1834) prot. Theologe, Philosoph und Philologe. XII, 17, 18, 376, 517
Schlönbach (Schloenbach), Karl Arnold (1817–1866) Schauspieler, Dichter. 333, 504

Schmidt, Adolf. Übersetzer. 462
Schmidt, August Ludwig Immanuel. Leiter des Victoria-Instituts in Falkenberg (Mark). XII, 72, 130, 131, 432, 448
Schmidt, Emerentia, geb. Stadler. Frau von August Ludwig Immanuel Schmidt. XII, 130, 131, 448
Schmidt, Julian (1818–1886) Journalist und Literaturhistoriker. 21, 22, 86, 411, 412, 436
Schmidt, Theodor. Lehrer. 131, 448
Schmidt-Weißenfels, Eduard (1833–1893). 435
Schmieder, Falko. XX
Schmit, W. 404
Schmitt. Verleger. 404
Schöll, Adolf. Mitarbeiter an der Monatsschrift „Orion". 428
Schopenhauer, Arthur (1788 bis 1860) Philosoph. XI, XIII, 9, 10, 14, 22, 29, 65, 74, 104, 105, 107, 108, 170, 269, 277, 323, 407, 415, 503
Schreitmüller, Johann. 134, 173, 315, 319, 449, 500
Schröter, Johann F. 489
Schrötter, Ferdinand Freiherr von. Herausgeber der Zeitschrift „Vesta". 462
Schubert, F. W. 504
Schütz, Friedrich Jacob. 146, 452
Schuffenhauer, Werner. XIX, 406, 449, 483, 507, 521
Schultheiß, Wolfgang Konrad. Lehrer, Mitbegründer des Nürnberger Lehrervereins (1821). 130, 131, 186, 448
Schulze-Delitzsch, Franz Hermann (1808–1883) Jurist und Politiker. 403

Schurz, Carl (1829–1906) Publizist, Demokrat; lebte seit 1852 in den USA, später Senator für Missouri. 146
Schwarzenberg, Philipp. 184, 461
Schweigert, Ludwig (geb. 1832) Offizier aus Wien; 1860 Beteiligung an Garibaldis Freischaren; von 1862–1865 Sekretär des Nationalvereins in Coburg. VIII, 58, 184, 426
Schwind, Moritz von (1804 bis 1871) Maler und Zeichner. 502
Scott, Sir Walter (1771–1832) schottischer Dichter und Romanschriftsteller. 402
Seeger, Ludwig (1810–1864) Dichter. 196, 465
Semper, Gottfried (1803 bis 1879) Baumeister und Kunsttheoretiker. 414
Seneca (4 v. u. Z.–65) römischer Philosoph. 487
Shakespeare, William (1564 bis 1616) englischer Dramatiker, Schauspieler, Dichter. 472
Sheridan, Richard Brinsley (1751 bis 1816) anglo-irischer Dramatiker. 66
Sidney, Algernon (1622–1683) englischer Politiker. 245
Siebold, Karl Theodor Ernst von (1804–1885) Anatom und Zoologe. 49, 423
Siegmund, Henriette Wilhelmina, geb. Kramer; Mutter von Emma Herwegh. 197, 220, 459, 465
Siegmund, Johann Gottfried (gest. 1865) Vater von Emma Herwegh; Seidenwarenhändler in Berlin. 178, 185, 197, 220, 233, 459, 463, 465

Sigel, Franz (1824–1902). 146, 452

Sisyphos (Sisyphus), im griechischen Mythos Sohn des Aiolos, König von Korinth. 170, 378

Snellman, Johan Vilhelm (1806 bis 1881) finnischer Philosoph und Staatsmann. 407

Söltl, Johann Michael von (1797 bis 1888) Historiker, Archivar. 516

Sokrates (um 469–399 v. u. Z.) griechischer Philosoph. 349

Solger, Reinhold Ernst Friedrich Karl (1817–1866) Dichter, Schriftsteller. 71, 72, 154, 236, 419, 432, 475, 477

Solon (640–561 v. u. Z.) athenischer Gesetzgeber, einer der Sieben Weisen. 275, 309, 346

Sommermeyer, Carl August. Lehrer. 131, 448

Soukop, Josef (geb. 1817) Schuldirektor in Goisern, Freund von Konrad Deubler. 325

Specht, Rainer. Herausgeber des „Archiv für Geschichte der Philosophie". XVIII

Spencer, Herbert (1820–1903) englischer Philosoph und Soziologe. 252

Spielhagen, Friedrich (1829 bis 1911) Schriftsteller. 419

Spinoza, Baruch (Benedict) (1632–1677) niederländischer Philosoph. 245, 328, 342, 352, 356, 357, 372, 373, 514

Spitzweg, Carl (1808–1885) Maler; anfangs Apotheker. 502

Spoerri, Theodor (1973 gest.) Psychiater. 500

St. Just, Antoine Louis-Leon de (1768–1794) 12

Stadler, Caroline Theresie Christiane Louise, geb. Löw (Loewe, Löwe) (1801–1865) Frau von Johann Adam Stadler; älteste Schwester von Bertha Feuerbach, geb. Löw. 432

Stadler, Christian. 518

Stadler, Emerentia Maria Kunigunde (1831 geb.) 72, 432

Stadler, Erneste Friederice (1827 geb.) Tochter von Johann Adam Stadler und Caroline Theresie Christiane Louise Stadler, geb. Löw. 121, 447

Stadler, Johann Adam (1796 bis 1864) Hauslehrer der Familie C. F. Löw (Loewe, Löwe) auf Bruckberg; nach Eheschließung 1818 mit Louise Löw Geschäftsführer, Mitbesitzer und (seit 1831) Inhaber der Bruckberger Porzellanmanufaktur; Schwager L. Feuerbachs. 71, 72, 378, 432, 518

Stadler, Julie, Tochter von Johann Adam und Louise St. 519

Staël, Anne Louise Germaine, Baronin von S.-Holstein (1766 bis 1817) französische Schriftstellerin. 298, 300, 496

Stanhope, Philipp Henry, Earl of (1781–1855) zeitweise Pflegevater von K. Hauser. 513, 514

Stannius, Hermann Friedrich (1808–1883) Arzt und Zoologe. 423

Staudinger, P. Vorstandsvorsitzender des Arbeiter-Verein Nürnberg (1864). 472

Steger, Friedrich (1811–1874) Übersetzer. 462

Steiger, E. Verleger in New York. 505

Stein, Heinrich Friedrich Karl Reichsfreiherr von und zum (1757–1831) Politiker. 275, 489
Steinbrecher, H. 257
Steinbrecher, Josepf („Sepp"). Färbermeister, Freund von Konrad Deubler. 262, 333, 334
Steinhart. Postsekretär in Tübingen. 168
Steinicken, Christian (gest. 1896) Kupferstecher in München. 90, 438, 439
Stern, Adolf Ernst (1835–1907) Dichter, Literarhistoriker. 419, 428
Sterroz, Martin Joseph. Lehrer. 131, 448
Stewart, Dugald (1753–1828) schottischer Philosoph. 14, 409
Stich, W. 516
Stier. Prof. in Berlin. 516
Stoddard, R. H. 419
Stöcklin, Leo (gest. 1873) Prälat, Abt von Mariastein. 322, 503
Strauß, David Friedrich (1808 bis 1874) prot. Theologe und philosophischer Schriftsteller. 30, 81, 85, 262, 294, 315, 415, 435, 495, 500, 516
Streit, Fedor (1820–1904) Jurist; 1859–1865 Geschäftsführer des Deutschen Nationalvereins. 57, 426
Strodtmann, Adolf Heinrich (1829–1879) Schriftsteller und Dichter; Herausgeber des „Orion". 37, 38, 44, 418, 419, 422, 428
Struve, Gustav von (1805 bis 1870) Politiker; war mit Friedrich Hecker ein Führer der badischen Aufstände, dann Emigration; Rückkehr nach Deutschland 1863. 146, 161, 262, 452, 453, 455, 485
Sturm, H. R. 31, 36
Suess, Eduard (1831–1914) österreichischer Geologe. 325, 503

Tacitus, Publius Cornelius (um 55–120) römischer Geschichtsschreiber. 352
Tantalus (Tantalos) im griechischen Mythos Sohn des Zeus, Vater des Pelops und der Niobe, König am Sipylos in Lydien. 250, 327
Temme, Jodocus Donatus Hubertus (1798–1881) Jurist, Schriftsteller. 453
Theresa. 325
Tibullus, Albius (55–um 18 v. u. Z.) römischer Elegiker. 380, 407
Tieck, Ludwig (1773–1853) Schriftsteller. 473
Tillier, Claude (1801–1844) französischer Schriftsteller. 488, 490
Titus. 171
Tomasoni, Francesco. 483
Toni. 325
Trendelenburg, Friedrich Adolf (1802–1872) Philosoph. 25, 413, 414
Trübner, Johann Nicolaus (1817 bis 1884) deutscher Verleger, begründete 1852 in London die Verlagsbuchhandlung Trübner & Co. IX, 146, 147, 403, 404
Twesten, August Detlev Christian (1789–1876) Philosoph und Theologe. XII

Ueberweg, Friedrich (1826 bis 1871) Philosoph; Professor in Bonn und Königsberg. 328
Ule, Otto Eduard Vincenz (1820 bis 1876) Naturwissenschaftler, mit K. Müller Herausgeber der Zeitung „Die Natur". 38, 48, 161, 419, 455
Ulfilas von Gangengigl siehe Wulfila.
Ulrich (Ullrich), Titus (1813 bis 1891) Dichter, Kunstkritiker. 419
Ulsch, Johann Erdmann Ludwig (1822–nach 1890) Verwalter. 387–389, 392, 393, 522–524
Uz, Johann Peter (1720–1796) Dichter. 513

Vahlteich, Julius (1839–1915) Schuhmacher. 436
Vaillant, Marie-Édouard (1840 bis 1915) französischer Revolutionär. XIV, XV, 109–116, 121–125, 127, 135, 137, 138, 162, 164, 166, 231, 232, 264, 265, 267, 298, 299, 301, 329, 330, 332, 343–345, 444, 447, 486, 493, 496
Varnhagen von Ense, Karl August (1785–1858) Schriftsteller, Literarhistoriker und preußischer Diplomat. 235, 476
Vega, Lope Félix de Vega Carpio (1562–1635) spanischer Dichter. 66, 429
Venedey, Jacob (1805–1871) Schriftsteller und radikaler Publizist. 61, 427
Venus, italische Göttin des Gartenbaus. 380
Verboeckhoven. 450
Victor Emmanuel siehe Vittorio Emanuele II.
Vincke. 403

Virgil, Publius Vergilius Maro (70–19 v. u. Z.) röm. Epiker. 407, 412, 498
Vischer, Friedrich Theodor (1807 bis 1887) Ästhetiker. 295, 495
Vittorio Emanuele II. (Victor Emmanuel) (1820–1878) <1849 bis 1861> König von Sardinien, ab 1861 König von Italien. 365, 510, 512
Vogt, Karl (1817–1895) Naturforscher, Politiker. X, XIII, XV, 38, 161, 162, 297, 302, 303, 339, 403, 419, 456, 495, 497, 507
Voigt, Edith (1938–1994). XX
Voigt, Karl. Verlagsbuchhändler in Weimar. 469
Volckhausen, C. Mitarbeiter am „Orion" 419, 422
Vollert, Anton (1828–1897) mit G. W. H. Häring Herausgeber des „Neuen Pitaval". 29, 415
Volney, Constantin François de Chasseboeuf (1757–1820) französischer philosophischer Schriftsteller und Politiker. 419
Voltaire, eigtl. François-Marie Arouet (1694–1778) französischer Philosoph und Schriftsteller XV, 14
Voß, Christian Friedrich, d. J. (1755–1795) Buchhändler und Zeitungsverleger in Berlin. 485
Vossenkuhl, Wilhelm. 514

Waagen, Gustav Friedrich (1797–1868) Direktor der Königlichen Gemälde-Galerie, Berlin. 448
Wagner, Johann Jacob. 66
Wagner, Richard Wilhelm (1813 bis 1883) Musikdramatiker,

Komponist. 213, 220, 414, 472
Wagner, Rudolph (1805–1864) Physiologe und Zoologe; seit 1840 Professor der Physiologie in Göttingen. 419
Walter, Stephan. 403, 404
Waldeck, Benedikt Franz Leo (1802–1870) preußischer Politiker. 403, 411
Weber, Carl Maria von (1786 bis 1826) Komponist und Dirigent. 442
Weege, Wilhelm. 452
Wehler, Hans-Ulrich. XIX, 419, 507
Weigelt, Georg Christian (1816 bis 1885) Theologe, Schriftsteller; Prediger der deutsch-katholischen Freien Gemeinde in Hamburg. 378, 518
Weilshauser, Gustav. 349, 353
Weinland, David Friedrich (1829 bis 1915) Naturwissenschaftler und Zoologe. 395, 524
Westermann, Karl. Landgerichtsassessor in Nürnberg, Schwager L. Feuerbachs. 130, 274, 380, 519
Westermann, Maximiliane, geb. Löw (Loewe, Löwe). 519
Weydemeyer, Hans siehe Weydemeyer, Joseph.
Weydemeyer, Joseph (1818 bis 1866) Publizist, redigierte von 1848–1850 die „Neue Deutsche Zeitung". 222, 402, 472
Wichern, Johann Hinrich (1808 bis 1881) prot. Theologe; gründete 1858 das Evangelische Johannesstift in Berlin. 401
Wienbarg, Ludwolf Christian (1802 bis 1872) Schriftsteller. 419
Wigand, Carl Hugo (1822 bis 1873) ältester Sohn von Otto Friedrich Wigand, übernahm den Verlagsbuchhandel seines Vaters. 99, 100, 200, 204, 205, 209, 211, 212, 215, 228, 232, 233, 238, 241, 247, 286, 287, 421, 441, 468, 469, 477 bis 479, 490, 493, 512
Wigand, Otto Alexander (1823 bis 1882) Sohn von Otto Friedrich Wigand; Buchdrukker, Begründer und Besitzer der Buchdruckerei „Otto Wigand" in Leipzig. 512
Wigand, Otto Friedrich (1795 bis 1870) Verlagsbuchhändler in Leipzig, bei dem L. Feuerbachs „Sämmtliche Werke" erschienen. VIII, XVI, 71, 99, 100, 110, 111, 130, 134, 194, 195, 196, 199, 201, 204, 205, 207–209, 211–216, 228, 232–234, 241, 246, 247, 286, 360, 377–379, 406, 417, 421, 432, 441, 464, 465–470, 473, 475–479, 490, 492, 508, 511, 512, 516, 517, 519
Wigand, Walter Wilhelm (1826 bis 1894) Sohn von Otto Friedrich Wigand; Teilhaber der Buchdruckerei seines Bruders Otto Alexander W. 512
Wilhelm I. („Prinz von Preußen") (1797–1888) 1858 preußischer Regent, <1861–1888> preußischer König und <1871 bis 1888> deutscher Kaiser. 5, 12, 20, 60, 62, 282, 287, 402, 408, 426, 450, 493
Windfuhr, Manfred. 490
Winiger, Josef. XX
Winkler, Heinrich August. 403
Winnefeld. 476
Wislicenus, Gustav Adolf (1803 bis 1875) prot. Theologe, einer der Begründer und Vertreter

deutscher freireligiöser Gemeinden. XV, 161, 455

Wiß. 275

Witte. Lehrer am Victoria-Institut zu Falkenberg (Mark). 131, 448

Wolf, Erik. Herausgeber. 458

Wolff, Christian Freiherr von (1679–1754) Philosoph und Mathematiker. 148

Wolffsohn, Jul., Kaufmann. 146

Wüstenfeld, Emilie Maria, geb. Capelle (1817–1874) Philanthropin. 17, 410

Wulfila (Ulfilas von Gangengigl) (um 311–um 383) Bischof der Westgoten, übersetzte die Bibel ins Gotische. 15

Wundt, Wilhelm (1832–1920) Psychologe und Philosoph; seit 1864 Professor in Heidelberg. 277, 489

Xenophon (um 430–nach 355 v. u. Z.) griechischer Schriftsteller. 328

York. 4

Zeltner, Johannes (1805 bis 1882) Ultramarinfabrikant in Nürnberg. 49, 423

Zeus, im griechischen Mythos der höchste Gott, Sohn des Kronos und der Rhea. 41, 60, 427

Ziegler, Franz Wilhelm (1803 bis 1876) Politiker. 19, 20, 411

Zimmermann, Gustav Heinrich Eduard (1817–1866) Arzt; verheiratet mit Ida Zimmermann, geb. Kapp. 381, 382, 489, 520

Zimmermann, Ida, geb. Kapp, Tochter von Friedrich Christian Georg K., Schwester von Friedrich Alexander K. 20, 381, 275, 411, 489

Zinzendorf, Nikolaus Ludwig Reichsgraf von Z. und Pottendorf (1700–1760) Begründer der Herrnhuter Brüdergemeine. XIV, 144, 235, 257, 288, 451, 476, 478, 481, 483, 493

Zyklopen siehe Kyklopen.

Sachverzeichnis

Für die Biographie Ludwig Feuerbachs und der Familie Feuerbach im weitesten Sinne relevante Sachwörter siehe unter Feuerbach.

Allgemeiner Deutscher Arbeiterverein (23. Mai 1863 gegründet) 437
Alter Ego 104
Alvenslebensche Konvention (8. Februar 1863) 450
Amerika VIII, X, XIV, 67, 93, 143, 146, 153, 171, 193, 194, 214, 230, 234, 239, 255, 258, 274, 275, 332–333, 379, 385, 430, 432, 463, 481, 497, 507
– Geschichte der deutschen Einwanderung 143
Annexion, Bismarcks 221
Ansbach 67, 72, 93, 110, 111, 374, 375, 377, 439, 513–515, 517, 518
– Schloßgarten 371, 514
Anschauung 128
– apriorische 141
Anthropologie 235, 308, 346
Aristoteliker 372
Aspromonte 57, 425
Astronomie 14
Atheismus 297, 303
Aussee (Bad A., Steiermark) 180, 325
Australien 411
Autographenhandlung
– Hartung & Hartung 438
– J. A. Stargardt 425, 461, 480, 484, 515–517, 519–521, 524
– Erasmus-Haus 507

Baden-Baden 471
Baden 146
Bamberg 67, 130, 420, 416, 430
Basel 456, 471, 507
Bayern XIV, 178, 222, 258, 337, 340, 373
Bayreuth 519
Bayrischer Wald 185, 237
Belgien 447
Benediktiner 323
Berchtesgaden 315
Berlin VIII, X–XII, 4, 13, 20, 29, 31, 41, 62, 71, 89, 92, 100, 118–121, 130–134, 139, 140, 142, 154, 155, 159, 178, 187, 221, 222, 264, 275, 280, 305, 316, 338, 372, 373, 401, 404, 408, 410, 426, 427, 430, 432, 444–446, 448, 449, 451, 462, 463, 474, 482, 491, 507
– Freie Universität Berlin 513
– Johannes-Stift 401, 405
– Königliche Akademie der Wissenschaften 413–414

- Königliche Nationalgalerie (Alte Nationalgalerie) 448, 449
- Kunstsäle 132, 133
- Lutter & Wegner XII
- Museum 131, 135
- Staatsbibliothek Preußischer Kulturbesitz 154, 446
- Tiergarten 132
- Friedrich-Wilhelm-Universität 442, 448
- Unter den Linden 132
- Zentrale Landesbibliothek Berlin 521

Bern 32, 372, 415
- Universität 32
- Universitätsarchiv 514

Bernstein 45, 49
Bernsteinsammlung 49
Berry 162, 164
Bewegung, sozialistische 300
Böhmen 482
Böhmischer Wald 185, 237, 477
Bologna, Biblioteca dell'Archiginnasio 491, 512
Bonn 430
Bradford 146
Breslau (Wrocław) IX, 10, 11, 16, 17, 49
- Botanischer Garten 423

Bruckberg bei Ansbach VIII, 67, 71, 74, 104, 109, 111, 142, 375, 379, 381, 382, 386, 387, 389, 390, 392, 393, 406, 433, 440, 444, 492, 517, 518, 520, 522, 523
- Porzellanmanufaktur VIII, XIII, 386, 387, 404, 492, 522, 524
- Schloß 408, 411, 418, 430, 432

Bruckberg bei Moosburg 444
Brünn 39, 161, 420, 440, 455
Brüssel 136, 137, 450
Buddhisten 170

Burgund 264, 266

Christentum, Christen 35, 36, 39, 48, 176, 322
Coburg VIII, 20, 43, 184, 362, 402, 422, 426, 430
Constanz 440

Dachstein 161, 180
Dantonisten 12
Dänemark 450, 472
Danzig (Gdańsk) 49, 68, 430
Darmstadt 430
Demokratie 92, 282
Denken 13
Determinismus 356
Deutscher Bund XIV, 479, 483
Deutsches Literaturarchiv, Schiller-Nationalmuseum Marbach 489
Deutschland X, XI, 4, 6, 16, 29, 34, 64, 67, 68, 94, 108–112, 116, 123, 129, 142, 143, 145, 146, 155, 171, 174, 188, 196, 222, 229, 236, 237, 247, 256, 258, 259, 261, 265–267, 272, 274, 275, 281, 285, 289, 291, 299, 301, 306, 314, 320, 326, 329, 331, 332, 337, 338, 347, 348, 354, 360, 365, 366, 403, 406, 409, 411, 416, 419, 424, 425, 427, 430, 436, 451, 472, 477, 479, 483, 491, 493, 500, 507
Ding an sich 269
Dogma, Dogmatik, Dogmatismus 36, 66
Donau 347
Dortmund X, 3, 21, 43, 52, 401
Dresden 38, 179, 324, 482, 502
Dresdner Maiaufstand (3.–9. Mai 1849) 452
Dualismus 36
Düsseldorf 491

Eger 324
Ehe 101–103
– Familie 101–103, 442
Eichenbach (Obereichenbach bei Ansbach) 397
Einheit von Sein und Nichtsein 280
Einheit, deutsche 275
Eisenach 32, 179, 408
Emanzipation 103
Empirie 148
Erfahrung 14, 15, 66
Erkenntnis 13, 14, 168
Erkenntnistheorie 66, 140
Erlangen VIII, XIII, 42, 49, 50, 235, 317, 372–374, 404, 424, 425, 462, 507, 519
– Friedrich-Alexander-Universität 494
– – Philosophische Fakultät 372
– Klinikum am Europakanal 508
– Universitätsbibliothek 235
Erziehung 302
Europa XIV, 13, 139, 153, 360, 365, 414, 497

Falkenberg (Mark) XII, 72, 130, 131, 133, 135, 432, 446, 448
– Victoria-Institut XII, 432, 448
Feier
– Fichtefeier (1862) 421, 436
– Schillerfeier (1859) 496
Feudalismus 5
Feuerbach, L.
– Anthropologie 276–278
– Ausweisung aus Leipzig 450, 457
– Ehrengaben, Spenden, Wechsel, Honorar IX, 6, 12–13, 33, 61, 71, 151, 195, 222, 223, 233, 234, 281, 287, 358–361, 404, 416, 417, 427, 432, 441, 464, 466, 471, 473, 505, 511

– Einladungen
– – nach Goisern 39, 162
– – nach Paris 123, 447
– – nach Zürich 59
– Einquartierung 287
– Erlanger Vorlesungen 368
– Mietvertrag 389–391, 393, 440, 523, 524
– Mitglied der St. Louis Philosophical Society (1867) 268, 298, 493
– Silberhochzeit (1862) 34, 64, 73, 418, 428, 433
– Tochter Leonore
– – Verlobung (2. Verlobung, 1865) 201, 217, 222, 237, 432, 466, 473, 477
– Volksausgabe 40, 200, 204 bis 206, 209, 215, 440, 467
– Wohnverhältnisse 8, 43, 95, 155
Finnland X, 118
Fourierismus 103
Fränkische Schweiz 112
Frage, schleswig-holsteinsche 221
Franken 49, 424
Frankfurt am Main 28, 144, 178, 221, 222, 430, 437, 440, 472, 474, 489
Frankreich XV, 113, 115, 123, 125, 127, 136, 138, 265–267, 298 bis 301, 330, 331, 344, 345, 354, 406, 484, 496, 510
– Franche Comté 163, 165
Freiburg im Breisgau 188, 517
Freiheit 8, 9, 14, 275, 356
– Freiheitsbewegung (1859) 298, 300
Freystadt (Kiesielice) bei Graudenz (Grudziądz) 45
Friedland im Mecklenburgischen 32
Fürth 247
– Stadtarchiv 416

Gattungsbegriff 383
Gedankenfreiheit 7
Geist 42, 74, 254
Gemeinsinn 271
Genf (Schweiz) 463
Geschichte 303
– der Natur 303
– der Philosophie 257
– Deutschlands 39
– Deutschlands im 18. Jahrhundert 142
Gesellschaften
– Historical Society of Pennsylvania, Philadelphia 275, 439
– St. Louis Philosophical Society XIV, 268, 486, 493
– Sozietät für wissenschaftliche Kritik, Berlin 373
Gesetz, Gesetzmäßigkeit 15
Gewissen 297
Gießen 188
Glückseligkeit, G.-Trieb 10, 74, 269–271
Gmunden (Oberösterreich) 315
Godesberg 355
Goisern (bei Ischl, Österreich) X, XV, 38, 93, 94, 179, 180, 262, 314, 316–319, 324–326, 332, 333, 339, 346, 348, 420, 457, 461, 480, 481, 485, 493, 497–501, 503–505, 507–509
– Heimatmuseum XV, XIX, 449
Göppingen 272
Göttingen 465
Golling 315
Gosau (Österreich) 180
Gotha 18, 24, 32, 334
Gothaismus 19
Gott (Deus), Götter, Gottheit 22, 30, 35, 72, 78–80, 82, 85, 140, 149, 251, 262, 352, 383, 384
– Vorstellung 384
Gottesgnaden-Theorie 5, 12, 191

Gravitationstheorie 25
Großhaßlach, Pfarrei 418
Großmölsen 24, 32

Hallein (Österreich) 315
Hallstatt (Österreich) 180, 319, 325
– Hallstätter See 161, 319
Hamburg IX, 10, 11, 17, 31, 36, 37, 44, 116, 120, 129, 176, 178, 180, 183, 261, 262, 314, 315, 401, 418, 430, 459, 484, 518, 521
Hamm (Westfalen) 4, 520
Hannover XIV
Hegeltum, Hegelei 14, 327
Heidelberg IX–X, 94, 161, 231, 232, 236, 264–267, 298 bis 301, 329, 331, 355, 365, 372, 382, 403, 430, 440, 446, 462, 477, 491, 502, 517, 518, 520
– Freie Gemeinde 94
Helgoland 176, 180, 182, 459
Helsinki (Helsingfors) 13, 29, 34, 64, 75, 101, 106, 116, 127, 139, 147, 170, 189, 243, 250, 279, 290, 291, 316, 326, 340, 355, 406, 421, 432, 442, 444, 448, 454, 477, 480, 489, 493, 498, 501, 509
– Akademie 147
– Schwedisches Theater 407
– Universität 407
– Universitätsbibliothek 406, 421, 432, 442, 444, 448, 454, 459, 477, 480, 493, 498, 500, 501, 509
Herrnhuter (Moravians, Moravianbrothers), Herrnhutismus, XIV, 143, 144, 153, 154, 234 bis 236, 255, 257, 451, 474
Hildburghausen 332
Hof 319
Holstein XIV

Hülfingen 440
Hüttendorf (Bayreuth) 431
Hütteneck (Österreich) 325

Ich 104, 269
- und Alter Ego 104
- und Du 269
Idealismus 13–14, 22, 44, 105, 132, 139, 252, 293
- und Materialismus 22
Idealität 51, 105, 132, 139
Identität von Denken und Sein 175
Identitätsphilosophie 312
Ilten (Hildesheim) 477
Indeterminismus 342
Individualismus 239
Isar 220, 347, 472
Ischl (Österreich) 319
Italien VIII, XIV, 58, 201, 254, 260, 285, 288, 354, 365, 366, 404, 406, 425, 426, 446, 483, 484, 491–493

Jena 14, 174, 178, 181, 182, 291, 305, 307, 310, 311, 458, 498, 500

Kantianer 128
Karlsbad (Karlovy Vary) 26, 246
Karls-Eisfeld (Österreich) 180
Karlsruhe 430
Kaschau (Košice) 492
Kassel 315, 338, 430
Kategorien, apriorische 14
Kategorischer Imperativ 65
Katholiken, Katholizismus 161, 235
Kausalität 14, 50
Kirche 36, 176, 337
Kissingen 259
Kleinstaaterei 143, 282
Kleve 355
Koblenz 179
Köln 13, 430, 491

Kölner Kirchenstreit (1837) 493, 502
Königsberg (Kaliningrad) 12, 402, 408, 410, 411
Königssee 315
Kraft und Stoff 79, 83, 308
Kraków, Biblioteca Jagiellónska XVIII, 513
Krems (Österreich) 324
Krieg 68, 144, 145, 253, 258, 263–264, 266, 276, 287, 288, 300, 354
- italienischer K. 260
- Siebenjähriger K. (1756 bis 1763) 256, 288
- gegen Dänemark (1864) 450
- preußisch-österreichischer K. (1866) XIII, XIV, 285, 479, 480, 482, 483, 486, 489, 491
Kriminalrecht 154, 160
Kunst 15, 35–37, 44, 173, 279, 280
Kurhessen XIV

Lambach (Österreich) 315
Lasern (Österreich) 325, 503
Le Havre 193, 194
Leipzig 22, 48, 99, 130, 134, 139, 169, 179, 195, 199, 204, 205, 209, 211, 228, 232, 241, 246, 247, 274, 286, 324, 337, 378, 417, 430, 436, 437, 441, 450, 457, 460, 467, 469, 473, 499, 505
- Die Deutsche Bibliothek 441
- Herbstmesse 324, 503
- Zentralkomitee 87
Lichtenthal 259
Liestal (Schweiz), Dichtermuseum Herwegh 413, 414, 425, 426, 446, 459–461, 463, 464, 466, 469, 470, 478, 483
Lindau am Bodensee 183
Linz (Österreich), Landwirtschaftsausstellung 324

Lippe-Schaumburg 258
Lissa (Dalmatinische Insel, Italien) 484
Literatur 7, 32, 37, 41, 72, 145
- der Gegenwart 7
London IX, 145, 146, 169, 343, 344, 427, 508
- Woolwich 146
Luckau 410
Lübeck 243, 243, 250
Luthertum 144, 236
Luxemburg 496

Magdeburg 178
Main 288
Mainz 60, 427, 430, 520
Mannheim 440
Marburg 515
Mariastein (Schweiz) 227, 323
Materialismus 22, 35, 44, 70, 297, 303, 322
Mathematik 26, 217
Mecklenburg XIV
Meiningen 430
Mentana (Italien) 330, 332, 344, 345, 508
Meseritz (Międzyrzecz) 49
Metaphysik, Metaphysiker 26, 35, 65, 148, 352
Methode
- Feuerbachs 149, 252
- Hegels 167
Mexiko 198
Militär, M.-Budget 5
Militär, M.-Frage 20
Missouri 222
Montfort-L'Amaury 78, 81
Montmorency 65, 428
Moral 14, 35, 65, 171, 252, 263, 269-271, 290
Moskau, Russisches Zentrum zur Bewahrung und Erforschung von Dokumenten der neusten Geschichte 435
München 90, 109-111, 118, 119, 134, 135, 314, 315, 319, 320, 390, 423, 438, 446, 472, 500-502, 515, 523
- Bibliothek 177, 256
- Glyptothek 319
- Neue Pinakothek 319, 501
- Schack-Galerie 319, 502
- Universitätsbibliothek 401, 405, 407-411, 413, 415, 418, 422, 424, 427, 428, 430, 433 bis 435, 438, 441, 443-445, 447-450, 452-454, 456-458, 460, 462, 465, 467-473, 475, 478-481, 485-489, 492, 494 bis 500, 503, 504, 507, 508, 509-512, 515, 519, 520, 524
-- Dedikation Peter Feuerbach 511, 515
Muggendorf 41

Nassau XIV
Nationalverein, Deutscher VIII, 12, 408, 411, 422, 426
Naturforscher, Versammlung 49
Naturwissenschaft(en) 182, 308, 309
Neapel 7, 405
- Universität 405
Nekromantie (Totenbeschwörung) 8, 407
Neukantianismus 14
Neustadt an der Aisch 274
Newcastle 146
New York 67, 68, 222, 228, 257, 281, 337, 338, 382, 416, 432, 451, 472, 520
Nikolsburg (Mikulov, Tschechien) 480
Nördlingen 272
Norddeutscher Bund XIV, 354, 479
Norderney 29, 34, 41, 421
Notwendigkeit 15, 74, 160, 356
Noumena 77, 434
Nürnberg VIII, XI, XIV, 27, 29,

37, 38, 43, 45 bis 48, 50, 68, 110, 111, 113, 115, 119, 120, 121, 123, 130, 139, 144, 154, 178–180, 201, 227, 231–233, 240, 246, 254, 261, 272, 298 bis 301, 305, 314, 316, 318, 326, 366, 380, 386–393, 413, 421, 423, 426, 430, 435, 447, 448, 478, 484, 490, 491, 507, 513, 515, 519, 522–524
- Allgemeines Deutsches Sänger-Fest (1861) 524
- Arbeiterverein 472
- Doos (Ortsteil von N.) 472
- Germanisches Museum (Germanisches Nationalmuseum) X, 69, 72, 235, 347, 423, 431, 449, 458, 462
- „Goldener Adler" 507
- Lehrerverein 448
- Naturhistorische Gesellschaft X, 423
- Rechenberg VIII, IX, X, XIV, 6–8, 21–23, 27, 33, 38, 40, 41, 50, 53, 59, 62, 63, 69, 73, 85, 86, 90, 93, 95, 104, 112, 116, 117, 120, 130–132, 134, 153, 159, 162, 168, 173, 177, 179, 180, 183, 185–187, 195, 205, 207, 212, 215, 218, 219, 223, 230, 233, 237, 242, 246–249, 253, 254, 256, 260, 274, 279, 285, 287, 289, 302, 305, 307, 309, 339, 340, 345, 348, 361, 364, 387, 388, 390, 392–395, 404, 407, 409, 416, 420, 460–462, 492, 508, 523
- „Roter Hirsch" 46
- „Rotes Roß" 6
- Stadtarchiv 522, 523
- Stadtbibliothek 105, 235, 425, 443, 461
- „Württemberger Hof" 23, 27, 413
Nürnberger Schweiz 112

Oberpfalz 121
Obskurantismus 494
Odessa (Ukraine) 46
Odinskult 15
Oise (Nebenfluß der Seine) 78, 81
Olmütz (Olomouc, Tschechien) 39, 161, 420, 440, 455
Oppeln (Opole, Polen) 349
Österreich XIV, 23, 179, 247, 253, 256, 258, 275, 320, 325, 333, 346, 354, 413, 450, 460, 472, 479, 483, 491
Ostsee 45, 120

Paderborn 4
Pantheismus 280, 295, 322
Paris X, 109, 110, 113, 114, 116, 121–125, 127, 135–138, 160, 162–166, 194, 198, 214, 231, 232, 264–267, 298, 300, 303, 304, 330–332, 427, 447, 450, 486, 497, 508
- Kunstausstellung 303, 304
- Palais des Tuileries 508
- Passy 456
- Weltausstellung (1867) 486, 497
Parnaß (Parnassos) 220
Partei 92, 222, 262
- Deutsche Fortschrittspartei VIII, XI, 5, 12, 20, 87, 88, 92, 202, 401, 402, 411, 437, 439, 472
- Freisinnige P. 5
- Volkspartei VIII, 221
Passau 310, 324
Pest (Budapest, Ungarn) 261
Petersburg (St. Petersburg, Russland) 46, 106, 192, 243, 276, 316
- Akademie der Schönen Künste 46
Pflicht(en), Pflichtbewußtsein 269–271

Phaenomena 77, 434
Philosophie 51, 176, 177, 181, 182, 234, 251, 273, 278, 309, 312, 327
- deutsche 35
- Hegels 22, 239, 275, 280, 308, 412
- Leibniz' 77
Photographie(n) (Bild, Portrait) 11, 13, 18, 29, 38, 45, 46, 49, 57, 60, 147, 227, 230, 232, 242, 325, 334, 374, 375, 406
Physiologie 105
Pietismus, Pietisten 154, 161
Poesie 60
- Homerische 308
Politik 7, 96, 163, 166, 250, 275, 281
- der Gegenwart 105
- preußische 288, 338, 354
Polizei 168, 179
- französische 126
- Willkür der P. 169
Pommern XIV
Pommersfelden 381, 520
Positivismus 113, 115, 445
Potsdam XII, 133
- Friedenskirche 449
- Mausoleum 449
- Pietà XII, 133, 449
Prag (Praha, Tschechien) 261, 480
Preußen XIV, 4–6, 12, 142, 179, 236, 247, 253, 258, 275, 282, 288, 347, 354, 403, 436, 479, 483, 491, 496
Privatarchiv
- Albrecht, H., Berlin 515, 519
- Familienbesitz 414, 481, 519, 522, 524
Proletariat 103
Protestantismus, Protestanten 161, 235, 321
Psychologie, Psyche, Seele 14, 22, 27, 44, 65, 73, 105, 278, 303, 409

Quedlinburg, Gymnasium 32

Raum 50, 79, 83
- und Zeit 107, 303, 443
Realismus 9
Recht 269
Reformation 30, 281
Regensburg 313, 420, 500
Religion 15, 22, 35, 36, 74, 79, 80, 82, 83, 89, 234, 251, 262
Revolution 163, 165, 267
- von 1789 347, 365
- von 1848/49 432
Rheda 4, 100, 219
Rhein 139
Rom 227, 275, 280, 330, 331, 425, 491
Rügen 45, 134
Rupprechtstegen bei Hersbruck 33, 117, 416
Rußland 42, 47, 188, 244, 286, 404, 450

Sachsen XIV
Salzburg 315, 319
Salzkammergut (Österreich) 39, 94, 161, 168, 319, 326, 346, 366, 440, 480
Sarstein (Österreich) 346
Schillerstiftung, Deutsche IX, 16, 33, 34, 194–197, 208, 212, 219, 223, 234, 258–361, 408 bis 410, 416, 417, 459, 464 bis 467, 471, 473, 511
Schlacht
- bei Camden (USA), (16. August 1780) 431
- von Hastings (England), (14. Oktober 1066) 4
- bei Kissingen (10. Juli 1866) 259, 483
- bei Königgrätz (Hradec Králové, Tschechien) (3. Juli

1866) XIV, 482, 493
Schleswig-Holstein 32, 450, 472, 479
Scholastik 249, 308, 342
Schottland 293
Schwaben 222
Schweinfurt IX
Schweiz X, 11, 139, 322, 430, 466, 518
Sebalder Sprengel 448
Seine 78, 81, 163, 166
Sensualismus 239, 252
Sezessionskrieg 430
Sinn(e), Sinnlichkeit 13, 14, 104, 105, 128, 140, 141
Solothurn (Schweiz), Zentralbibliothek 474, 478, 502
Sophistik 249
Sozialismus, französischer 63
Spanien 365
Spiritualismus 70
Spree 347
Staat 245
Staatsstreich von 1851 298, 300, 496, 486
St. Gilgen (Österreich) 319
St. Louis, Missouri, USA 193, 268, 347
Stockach 440
Stuttgart 109–111, 272, 297 bis 301, 303, 315, 324, 329, 331, 430, 488, 495
– Staatsbibliothek 295, 495
St. Wolfgangsee (Österreich) 319
Subjekt, isoliertes 128, 149

Tarasp (Schweiz) 184, 461, 465
Teufen (St. Gallen, Schweiz) 315
Theologie 22, 105, 107, 235, 280
Thun (Schweiz) 517
Thüringen 38, 179, 311
Tirol 301, 299, 329, 331, 343, 344, 496
Tübingen 167, 168, 329–332, 343, 344
Tugend 270
Turin (Italien) 285, 353, 355, 492

Ultramontane 345
Universität(en),
– in der Schweiz 10
– in Deutschland 160
Unsterblichkeit 8, 14, 107

Venetien (Italien) XIV, 260, 483, 484
Verantwortung, Verantwortlichkeit 74, 252
Verbrechen 302
Verein Deutscher Freiheit und Einheit 146, 147, 452
Vereinigte Staaten von Amerika (USA) 416, 430
Verlage, Verlagsbuchhandlungen, Verlagshäuser
– A. Locroix, Verboeckhoven und Cie., Bruxelles – Paris 113, 114, 136–138, 447, 450
– Bangel & Schmitt, Heidelberg 404
– Bauer und Raspe, Nürnberg 515
– Ellingersche Buchhandlung, Kaschau 492
– Emil Ebner, Stuttgart 488
– Franckhschen Verlagsbuchhandlung, Stuttgart 497
– Hoffmann & Campe, Hamburg 418
– J. G. Cottasche Buchhandlung, Stuttgart 488
– Otto Meißner Verlag, Hamburg 521
– Trübner Co., London 146, 403
– Quandt & Händel, Leipzig

337, 505
- Vieweg & Sohn, Braunschweig 519
- Wigandsche Verlagsbuchhandlung, Leipzig 519

Vernunft 15
- apriorische 15
- göttliche 15

Verstand 13, 83, 140
Virginien (Nordamerika) 261
Volk 5, 6, 245, 258
Vor-Kantianismus 252

Wahrnehmung 51, 65
Warschau (Warszawa), Antiquariat Lamus 518
Washington D. C.
- Library of Congress 429, 450, 452, 473, 474, 482, 491, 505

Weimar 16, 34, 211, 416, 430, 467, 469, 511
- Stiftung Weimarer Klassik, Goethe- und Schiller-Archiv 416, 471, 473, 512

Westfalen 68, 382, 430
Wien XIV, 26, 57, 200, 211, 219, 261, 288, 322, 325, 358, 360, 463, 465, 471, 511
Wiener-Friede (30. Oktober 1864) 493
Wille(n) 73, 74, 238, 252, 254
Willensfreiheit 70, 149, 160, 172, 233
Windsheim (Bad W., Neustadt an der Aisch) 274
- Stadtbibliothek 256, 274
Wolffianismus 77
Worms 440
Württemberg 179

Yankees 222

Zeit 79, 83
Zürich 11, 26, 57, 58, 119, 183, 192, 196, 201, 211, 212, 214, 217, 240, 259, 414, 426, 459, 463, 470, 471, 476, 492, 493
- Zentralbibliothek 413, 518, 520
- Eidgenössisches Polytechnikum 471

Zustände, politische 189, 222

Korrespondenzverzeichnis

Die Ludwig-Feuerbach-Korrespondenz der Jahre 1862–1868 und die Nachträge aus der Zeit von 1828–1861 zu den Bänden 17 bis 20 sind in diesem Verzeichnis chronologisch nach Korrespondenten unter Angabe des Datums und der Korrespondenz-Nummer (= Nr.) geordnet. Briefe von Feuerbach erscheinen im Kursivdruck.

Bäuerle, Gustav
15. 4. 1867, Nr. 1123
31. 5. 1867, Nr. 1125
13. 10. 1867, Nr. 1137
21. 10. 1867, Nr. 1140
Benecke, Heinrich
1857/1858, Nr. 1174 (850 a)
Beyer, Conrad
26. 9. 1867, Nr. 1134
Bleyer, B.
9. 12. 1862, Nr. 996
Blind, Karl
25. 12. 1864, Nr. 1042
22. 3. 1865, Nr. 1051
Böhner, August Nathanaël
Herbst 1863, Nr. 1013
Bolin, Wilhelm
15. 2. 1862, Nr. 972
4. 4. 1862, Nr. 975
16. 8. 1862, Nr. 985
15. 10. 1862, Nr. 989
5. 11. 1862, Nr. 993
24. 3. 1863, Nr. 1005
19. 5. 1863, Nr. 1008
12. 6. 1863, Nr. 1009
Ende Januar 1864, Nr. 1022
4. 2. 1864, Nr. 1023
27. 3. 1864, Nr. 1024

21. 5. 1864, Nr. 1026
3. 7. 1864, Nr. 1028
12. 9. 1864, Nr. 1034
25. 9. 1864, Nr. 1036
7. 11. 1864, Nr. 1039
30. 12. 1864, Nr. 1043
21. 1. 1865, Nr. 1046
10. 4. 1865, Nr. 1052
15. 6. 1865, Nr. 1054
3. 7. 1865, Nr. 1055
23. 7. 1865, Nr. 1059
29. 9. 1865, Nr. 1064
vor dem 4. 3./4. 3. 1866, Nr. 1092
22. 3. 1866, Nr. 1096
30. 4. 1866, Nr. 1099
18. 5. 1866, Nr. 1101
17. 12. 1866, Nr. 1115
5. 3. 1867, Nr. 1121
8. 4. 1867, Nr. 1122
20. 6. 1867, Nr. 1127
1./11. und 14. 7. 1867, Nr. 1128
11. 7. 1867, Nr. 1130
6. 8. 1867, Nr. 1131
29. 8. 1867, Nr. 1132
30. 9./1. 10. 1867, Nr. 1135
18. 10. 1867, Nr. 1139

19. 3. 1868, Nr. 1146
30. 5. 1868, Nr. 1149
17. 9. 1868, Nr. 1152
Brokmeyer, Henry Conrad
30. 10. 1866, Nr. 1111
Büchner, Ludwig
28. 7. 1865, Nr. 1061
Cramer-Klett, Theodor von
*10./18. 3. 1859, Nr. 1177
(880 a)*
Daumer, Georg Friedrich
18. 12. 1833, Nr. 1159 (89 a)
Deubler, Konrad
23. 10. 1862, Nr. 991
3. 11. 1862, Nr. 992
11. 12. 1863, Nr. 1017
19. 12. 1863, Nr. 1018
15. 2. 1865, Nr. 1047
21. 3. 1865, Nr. 1050
6. 7. 1865, Nr. 1057
13. 7. 1865, Nr. 1058
10. 7. 1866, Nr. 1104
4. 10. 1866, Nr. 1108
6. 7. 1867, Nr. 1129
19. 9. 1867, Nr. 1133
17. 10. 1867, Nr. 1138
27. 12. 1867, Nr. 1142
9. 1. 1868, Nr. 1144
Deutsche Schillerstiftung
12. 10. 1862, Nr. 988
9. 12. 1865, Nr. 1081
21. 12. 1865, Nr. 1083
16. 11. 1868, Nr. 1153
22. 11. 1868, Nr. 1155
Duboc, Julius
8. 1. 1862, Nr. 968
26. 1. 1862, Nr. 970
1. 7. 1862, Nr. 979
10. 7. 1862, Nr. 980
24. 11. 1862, Nr. 994
13. 12. 1862, Nr. 997
22. 12. 1862, Nr. 998
21. 10. 1866, Nr. 1109
Ende Oktober/Anfang November 1866, Nr. 1112

Feuerbach, Friedrich
16. 10. 1852, Nr. 1171
(745 a)
Feuerbach, Johann Anselm Ludwig
9. 6. 1866, Nr. 1102
Feuerbach, Leonore
15. 9. 1864, Nr. 1035
Feuerbach, Henriette
21. 3. 1852, Nr. 1169 (721 a)
Friedländer, Georg
2. 8. 1865, Nr. 1063
Friedrich
23. 8. 1844, Nr. 1164 (434 a)
Glück, Christian Karl
15. 5. 1835, Nr. 1161 (123 b)
Harris, William Torrey
30. 10. 1866, Nr. 1111
Hegel, Georg Wilhelm Friedrich
22. 11. 1828, Nr. 1158 (46)
Heinsius, A.
2. 12. 1868, Nr. 1156
Herwegh, Emma
26. 1. 1862, Nr. 971
22. 7. 1862, Nr. 983
19. 1. 1863, Nr. 1000
23. 2. 1863, Nr. 1001
7. 8. 1864, Nr. 1030
10. 8. 1864, Nr. 1031
4. 7. 1865, Nr. 1056
26. 7. 1865, Nr. 1060
31. 7. 1865, Nr. 1062
17. 10. 1865, Nr. 1065
20. 10. 1865, Nr. 1067
22. 10. 1865, Nr. 1068
2. 11. 1865, Nr. 1070
13. 11. 1865, Nr. 1073
17. 11. 1865, Nr. 1076
21. 11. 1865, Nr. 1077
1. 12. 1865, Nr. 1079
4. 12. 1865, Nr. 1080
5. 3. 1866, Nr. 1093
26. 8. 1866, Nr. 1106
Herwegh, Georg
21. 7. 1862, Nr. 981

Herz, Jakob
  27. 11. 1855, Nr. 1172
  (814 a)
  9. 3. 1868, Nr. 1145
Jegel, Ludwig
  11. 9. 1862, Nr. 987
Junghann, Gustav Julius
  31. 7. 1861, Nr. 1185 (950 a)
  31. 5. 1862, Nr. 977
  22. 7. 1862, Nr. 982
  12. 8. 1862, Nr. 984
  16. 8. 1862, Nr. 986
Kampe, Ferdinand
  28. 2. 1862, Nr. 973
  24. 4. 1862, Nr. 976
Kapp, Christian
  14. 10. 1849, Nr. 1167
  (624 a)
Kapp, Friedrich
  10. 4. 1863, Nr. 1006
  11./19. 5. 1863, Nr. 1007
  11. 12. 1863, Nr. 1016
  10. 12. 1864, Nr. 1040
  17. 12. 1864, Nr. 1041
  5. 1. 1865, Nr. 1044
  10. 1. 1866, Nr. 1086
  18. 1. 1866, Nr. 1088
  1./2. 3. 1866, Nr. 1091
  9. 7. 1866, Nr. 1103
  10. 8. 1866, Nr. 1105
  2. 12. 1866, Nr. 1114
  29. 12. 1866, Nr. 1117
  15. 2. 1867, Nr. 1120
  4. 1. 1868, Nr. 1143
  11. 4. 1868, Nr. 1148
Khanikoff, Jakob von
  31.12. 1862, Nr. 999
  10. 3. 1863, Nr. 1003
  1. 10. 1863, Nr. 1011
  4./5. 8. 1864, Nr. 1029
Khanikoff, Nikolai Wladimirowitsch
  3. 7. 1863, Nr. 1010
Lassalle, Ferdinand
  21. 10. 1863, Nr. 1012
  28. 10./3. 12. 1863, Nr. 1015
Löwenthal, Eduard
  23. 2. 1861, Nr. 1184 (931)
Lüning, Otto
  19. 1. 1862, Nr. 969
  6. 3. 1862, Nr. 974
  18. 6. 1862, Nr. 978
  4. 3. 1863, Nr. 1002
  16. 3. 1863, Nr. 1004
  3. 1. 1864, Nr. 1021
  15. 12. 1865, Nr. 1082
Maier, August
  30. 7. 1852, Nr. 1170 (734 a)
Meißner, Otto
  27. 7. 1858, Nr. 1175 (865 a)
Merz, Julius
  18. 9. 1838, Nr. 1162 (180 a)
Moleschott, Jacob
  27. 1. 1867, Nr. 1118
  11./12. 9. 1868, Nr. 1151
  2./31.12. 1868, Nr. 1157
Müller, Ildephons
  5. 1. 1866, Nr. 1084
  15. 1. 1866, Nr. 1087
  10. 3. 1866, Nr. 1095
  11. 10. 1867, Nr. 1136
Passover, A.
  26. 2. 1865, Nr. 1049
Pfau, Ludwig
  10. 11. 1866, Nr. 1113
  23. 12. 1866, Nr. 1116
  11. 6. 1867, Nr. 1126
Präsidium des Erziehungsrates, Bern
  26. 5. 1834, Nr. 1160 (105 a)
Ruge, Arnold
  11. 1. 1842, Nr. 1163 (280 a)
Roy, Joseph
  13. 8. 1864, Nr. 1033
  8. 1. 1865, Nr. 1045
Schreitmüller, Johann
  30. 9. 1864, Nr. 1037
  1. 6. 1865, Nr. 1053
Steinicken, Christian
  13. 11. 1863, Nr. 1014

Strodtmann, Adolf
  19. 10. 1862, Nr. 990
  1. 12. 1862, Nr. 995
Ulsch, Johann Erdmann Ludwig
  28. 7. 1860, Nr. 1178 (904 a)
  10. 8. 1860, Nr. 1179 (904 b)
  20. 8. 1860, Nr. 1180 (905 a)
  23. 8. 1860, Nr. 1181 (905 b)
  13. 9. 1860, Nr. 1182 (905 c)
  21. 9. 1860, Nr. 1183 (906 a)
Unbekannt
  27. 11. 1858, Nr. 1176
  (869 a)
  5. 5. 1866, Nr. 1100
  8. 9. 1866, Nr. 1107
  9. 3. 1868, Nr. 1140
Vaillant, Edouard
  6. 5. 1864, Nr. 1025
  16. 6. 1864, Nr. 1027
  12. 8. 1864, Nr. 1032
  2. 10. 1864, Nr. 1038
  17. 2. 1865, Nr. 1048
  31. 1. 1866, Nr. 1089
  27. 10. 1866, Nr. 1110
  15. 5. 1867, Nr. 1124
  22. 12. 1867, Nr. 1141
  22. 3. 1868, Nr. 1147
Weigelt, Georg Christian
  13. 11. 1849, Nr. 1168
  (625 a)
Weilshauser, Gustav
  18. 7. 1868, Nr. 1150
Wigand, Hugo
  1. 1. 1864, Nr. 1020
  2. 11. 1865, Nr. 1071
  7. 11. 1865, Nr. 1072
  15. 11. 1865, Nr. 1074
  21./22. 11. 1865, Nr. 1078
  8. 1. 1866, Nr. 1085
  24. 2. 1866, Nr. 1090
  5. 3. 1866, Nr. 1094
  31. 3. 1866, Nr. 1098
  31. 1. 1867, Nr. 1119
Wigand, Otto
  19. 5. 1845, Nr. 1165
  (490 a)
  Dezember 1847, Nr. 1166 (572 a)
  1. 1. 1864, Nr. 1019
  19. 10. 1865, Nr. 1066
  27. 10. 1865, Nr. 1069
  15. 11. 1865, Nr. 1075
  30. 3. 1866, Nr. 1097
  17. 11. 1868, Nr. 1154
Zimmermann, Ida
  4. 5. 1857, Nr. 1173 (834 a)

Inhaltsverzeichnis

Vorbemerkung VII
Redaktionelle Bemerkungen XVII

1862

968. Von Julius Duboc, 8. Januar 1862 3
969. Von Otto Lüning, 19. Januar 1862 4
970. An Julius Duboc, 26. Januar 1862 6
971. An Emma Herwegh, 26. Januar 1862 7
972. An Wilhelm Bolin, 15. Februar 1862 8
973. Von Ferdinand Kampe, 28. Februar 1862 10
974. Von Otto Lüning, 6. März 1862 12
975. Von Wilhelm Bolin, 4. April 1862 13
976. Von Ferdinand Kampe, 24. April 1862 16
977. Von Gustav Julius Junghann, 31. Mai 1862 18
978. Von Otto Lüning, 18. Juni 1862 19
979. Von Julius Duboc, 1. Juli 1862 21
980. An Julius Duboc, 10. Juli 1862 22
981. An Georg Herwegh, 21. Juli 1862 23
982. Von Gustav Julius Junghann, 22. Juli 1862 24
983. Von Emma Herwegh, 22. Juli 1862 26
984. An Gustav Julius Junghann, 12. August 1862 . . . 27
985. Von Wilhelm Bolin, 16. August 1862 29
986. Von Gustav Julius Junghann, 16. August 1862 . . 31
987. An Ludwig Jegel, 11. September 1862 33
988. Von der Deutschen Schillerstiftung,
    12. Oktober 1862 33
989. Von Wilhelm Bolin, 15. Oktober 1862 34
990. Von Adolf Strodtmann, 19. Oktober 1862 37

991. Von Konrad Deubler, 23. Oktober 1862 38
992. An Konrad Deubler, 3. November 1862 40
993. An Wilhelm Bolin, 5. November 1862 41
994. Von Julius Duboc, 24. November 1862 43
995. Von Adolf Strodtmann, 1. Dezember 1862 44
996. Von B. Bleyer, 9. Dezember 1862 45
997. An Julius Duboc, 13. Dezember 1862 50
998. Von Julius Duboc, 22. Dezember 1862 51
999. An Jakob von Khanikoff, 31. Dezember 1862 . . 52

1863

1000. Von Emma Herwegh, 19. Januar 1863 57
1001. An Emma Herwegh, 23. Februar 1863 59
1002. Von Otto Lüning, 4. März 1863 61
1003. An Jakob von Khanikoff, 10. März 1863 62
1004. An Otto Lüning, 16. März 1863 63
1005. Von Wilhelm Bolin, 24. März 1863 64
1006. Von Friedrich Kapp, 10. April 1863 67
1007. An Friedrich Kapp, 11./19. Mai 1863 69
1008. An Wilhelm Bolin, 19. Mai 1863 73
1009. Von Wilhelm Bolin, 12. Juni 1863 75
1010. Von Nikolai Wladimirowitsch von Khanikoff
   3. Juli 1863 78
1011. An Jakob von Khanikoff, 1. Oktober 1863 85
1012. Von Ferdinand Lassalle, 21. Oktober 1863 86
1013. An August Nathanaël Böhner, Herbst 1863 89
1014. An Christian Steinicken, 13. November 1863 . . . 90
1015. An Ferdinand Lassalle,
   28. Oktober/3. Dezember 1863 90
1016. An Friedrich Kapp, 11. Dezember 1863 93
1017. Von Konrad Deubler, 11. Dezember 1863 93
1018. An Konrad Deubler, 19. Dezember 1863 95

1864

1019. Von Otto Wigand, 1. Januar 1864 99
1020. Von Hugo Wigand, 1. Januar 1864 99

1021. Von Otto Lüning, 3. Januar 1864 100
1022. Von Wilhelm Bolin, Ende Januar 1864 101
1023. An Wilhelm Bolin, 4. Februar 1864 104
1024. Von Wilhelm Bolin, 27. März 1864 106
1025. Von Edouard Vaillant, 6. Mai 1864 109
1026. An Wilhelm Bolin, 21. Mai 1864 112
1027. Von Edouard Vaillant, 16. Juni 1864 113
1028. Von Wilhelm Bolin, 3. Juli 1864 116
1029. An Jakob von Khanikoff, 4./5. August 1864 . . . 117
1030. Von Emma Herwegh, 7. August 1864 119
1031. An Emma Herwegh, 10. August 1864 120
1032. Von Edouard Vaillant, 12. August 1864 121
1033. Von Joseph Roy, 13. August 1864 124
1034. Von Wilhelm Bolin, 12. September 1864 127
1035. An Leonore Feuerbach, 15. September 1864 . . . 130
1036. An Wilhelm Bolin, 25. September 1864 132
1037. An Johann Schreitmüller, 30. September 1864 . . 134
1038. Von Edouard Vaillant, 2. Oktober 1864 135
1039. Von Wilhelm Bolin, 7. November 1864 139
1040. Von Friedrich Kapp, 10. Dezember 1864 141
1041. Von Friedrich Kapp, 17. Dezember 1864 145
1042. Von Karl Blind, 25. Dezember 1864 145
1043. Von Wilhelm Bolin, 30. Dezember 1864 147

1865

1044. An Friedrich Kapp, 5. Januar 1865 153
1045. Von Joseph Roy, 8. Januar 1865 155
1046. An Wilhelm Bolin, 21. Januar 1865 159
1047. Von Konrad Deubler, 15. Februar 1865 161
1048. Von Edouard Vaillant, 17. Februar 1865 162
1049. Von A. Passover, 26. Februar 1865 167
1050. An Konrad Deubler, 21. März 1865 168
1051. Von Karl Blind, 22. März 1865 169
1052. Von Wilhelm Bolin, 10. April 1865 170
1053. An Johann Schreitmüller, 1. Juni 1865 173
1054. Von Wilhelm Bolin, 15. Juni 1865 174
1055. An Wilhelm Bolin, 3. Juli 1865 177
1056. Von Emma Herwegh, 4. Juli 1865 178

1057. Von Konrad Deubler, 6. Juli 1865 179
1058. An Konrad Deubler, 13. Juli 1865 180
1059. Von Wilhelm Bolin, 23. Juli 1865 180
1060. Von Emma Herwegh, 26. Juli 1865 183
1061. An Ludwig Büchner, 28. Juli 1865 185
1062. An Emma Herwegh, 31. Juli 1865 186
1063. An Georg Friedländer, 2. August 1865 187
1064. Von Wilhelm Bolin, 29. September 1865 189
1065. Von Emma Herwegh, 17. Oktober 1865 192
1066. An Otto Wigand, 19. Oktober 1865 194
1067. An Emma Herwegh, 20. Oktober 1865 195
1068. Von Emma Herwegh, 22. Oktober 1865 196
1069. Von Otto Wigand, 27. Oktober 1865 199
1070. Von Emma Herwegh, 2. November 1865 201
1071. Von Hugo Wigand, 2. November 1865 204
1072. An Hugo Wigand, 7. November 1865 205
1073. An Emma Herwegh, 13. November 1865 207
1074. Von Hugo Wigand, 15. November 1865 209
1075. Von Otto Wigand, 15. November 1865 211
1076. An Emma Herwegh, 17. November 1865 212
1077. Von Emma Herwegh, 21. November 1865 212
1078. An Hugo Wigand, 21./22. November 1865 215
1079. Von Emma Herwegh, 1. Dezember 1865 217
1080. An Emma Herwegh, 4. Dezember 1865 218
1081. Von der Deutschen Schillerstiftung,
 9. Dezember 1865 219
1082. Von Otto Lüning, 15. Dezember 1865 219
1083. An die Deutsche Schillerstiftung,
 21. Dezember 1865 223

1866

1084. Von Ildephons Müller, 5. Januar 1866 227
1085. Von Hugo Wigand, 8. Januar 1866 228
1086. Von Friedrich Kapp, 10. Januar 1866 228
1087. An Ildephons Müller, 15. Januar 1866 229
1088. Von Friedrich Kapp, 18. Januar 1866 230
1089. Von Edouard Vaillant, 31. Januar 1866 231
1090. Von Hugo Wigand, 24. Februar 1866 232

1091. An Friedrich Kapp, 1./2. März 1866 233
1092. An Wilhelm Bolin,
       vor dem 4. März/4. März 1866 237
1093. Von Emma Herwegh, 5. März 1866 240
1094. Von Hugo Wigand, 5. März 1866 241
1095. An Ildephons Müller, 10. März 1866 242
1096. Von Wilhelm Bolin, 22. März 1866 243
1097. Von Otto Wigand, 30. März 1866 246
1098. Von Hugo Wigand, 31. März 1866 247
1099. An Wilhelm Bolin, 30. April 1866
       Briefentwurf 248
       Abgesandter Brief 248
1100. An Unbekannt, 5. Mai 1866 249
1101. Von Wilhelm Bolin, 18. Mai 1866 250
1102. An Johann Anselm Ludwig Feuerbach,
       9. Juni 1866 253
1103. An Friedrich Kapp, 9. Juli 1866 254
1104. An Konrad Deubler, 10. Juli 1866 256
1105. Von Friedrich Kapp, 10. August 1866 257
1106. Von Emma Herwegh, 26. August 1866 259
1107. An Unbekannt, 8. September 1866 260
1108. Von Konrad Deubler, 4. Oktober 1866 261
1109. Von Julius Duboc, 21. Oktober 1866 263
1110. Von Edouard Vaillant, 27. Oktober 1866 264
1111. Von Henry Conrad Brokmeyer und
       William Torrey Harris, 30. Oktober 1866 268
1112. An Julius Duboc, Ende Oktober/
       Anfang November 1866 269
1113. Von Ludwig Pfau, 10. November 1866 272
1114. An Friedrich Kapp, 2. Dezember 1866 274
1115. Von Wilhelm Bolin, 17. Dezember 1866 276
1116. An Ludwig Pfau, 23. Dezember 1866 279
1117. Von Friedrich Kapp, 29. Dezember 1866 281

1867

1118. An Jacob Moleschott, 27. Januar 1867 285
1119. Von Hugo Wigand, 31. Januar 1867 286
1120. An Friedrich Kapp, 15. Februar 1867 287

1121. An Wilhelm Bolin, 5. März 1867 289
1122. Von Wilhelm Bolin, 8. April 1867 291
1123. Von Gustav Bäuerle, 15. April 1867 294
1124. Von Edouard Vaillant, 15. Mai 1867 298
1125. An Gustav Bäuerle, 31. Mai 1867 302
1126. Von Ludwig Pfau, 11. Juni 1867 303
1127. Von Wilhelm Bolin, 20. Juni 1867 305
1128. An Wilhelm Bolin, 1./11. und 14. Juli 1867 . . . 307
1129. An Konrad Deubler, 6. Juli 1867 309
1130. Von Wilhelm Bolin, 11. Juli 1867. 310
1131. An Wilhelm Bolin, 6. August 1867 313
1132. Von Wilhelm Bolin, 29. August 1867 314
1133. An Konrad Deubler, 19. September 1867 316
1134. An Conrad Beyer, 26. September 1867 317
1135. An Wilhelm Bolin,
   30. September/1. Oktober 1867 318
1136. Von Ildephons Müller, 11. Oktober 1867 320
1137. Von Gustav Bäuerle, 13. Oktober 1867 323
1138. Von Konrad Deubler, 17. Oktober 1867 324
1139. Von Wilhelm Bolin, 18. Oktober 1867 326
1140. An Gustav Bäuerle, 21. Oktober 1867 329
1141. Von Edouard Vaillant, 22. Dezember 1867 329
1142. Von Konrad Deubler, 27. Dezember 1867 332

1868

1143. Von Friedrich Kapp, 4. Januar 1868 337
1144. An Konrad Deubler, 9. Januar 1868 339
1145. An Jakob Herz, 9. März 1868 340
1146. Von Wilhelm Bolin, 19. März 1868 340
1147. Von Edouard Vaillant, 22. März 1868 343
1148. An Friedrich Kapp, 11. April 1868 345
1149. An Wilhelm Bolin, 30. Mai 1868 348
1150. Von Gustav Weilshauser, 18. Juli 1868 349
1151. Von Jacob Moleschott, 11./12. September 1868 . 353
1152. Von Wilhelm Bolin, 17. September 1868 355
1153. Von der Deutschen Schillerstiftung,
   16. November 1868 358
1154. An Otto Wigand, 17. November 1868 360

1155. An die Deutsche Schillerstiftung,
       22. November 1868 361
1156. Von A. Heinsius, 2. Dezember 1868 362
1157. An Jacob Moleschott, 2./31. Dezember 1868 . . . 364

Nachträge

1158. (46) An Georg Wilhelm Friedrich Hegel,
       22. November 1828 371
1159. (89 a) An Georg Friedrich Daumer,
       18. Dezember 1833 371
1160. (105 a) An das Präsidium des Erziehungs-
       rates in Bern, 26. Mai 1834 372
1161. (123 b) Von Christian Karl Glück,
       15. Mai 1835 374
1162. (180 a) An Julius Merz, 18. September 1838 . . . 375
1163. (280 a) An Arnold Ruge, 11. Januar 1842 376
1164. (434 a) An Friedrich, 23. August 1844 377
1165. (490 a) An Otto Wigand, 19. Mai 1845 377
1166. (572 a) Von Otto Wigand, Dezember 1847 377
1167. (624 a) An Christian Kapp, 14. Oktober 1849 . . 378
1168. (625 a) An Georg Christian Weigelt,
       13. November 1849 378
1169. (721 a) An Henriette Feuerbach,
       21. März 1852 379
1170. (734 a) An August Maier, 30. Juli 1852 379
1171. (745 a) Von Friedrich Feuerbach,
       16. Oktober 1852 380
1172. (814 a) An Jakob Herz, 27. November 1855 . . . 380
1173. (834 a) An Ida Zimmermann, 4. Mai 1857 381
1174. (850 a) An Heinrich Benecke, [1857/1858] 383
1175. (865 a) An Otto Meißner, 27. Juli 1858 385
1176. (869 a) An Unbekannt, 27. November 1858 . . . 385
1177. (880 a) An Theodor von Cramer-Klett,
       10./18. März 1859 386
1178. (904 a) Von Johann Erdmann Ludwig Ulsch,
       28. Juli 1860 387
1179. (904 b) Von Johann Erdmann Ludwig Ulsch,
       10. August 1860 388

1180. (905 a) Von Johann Erdmann Ludwig Ulsch,
   20. August 1860 389
1181. (905 b) An Johann Erdmann Ludwig Ulsch,
   23. August 1860 389
1182. (905 c) Von Johann Erdmann Ludwig Ulsch,
   13. September 1860 392
1183. (906 a) An Johann Erdmann Ludwig Ulsch,
   21. September 1860 393
1184. (931) An Eduard Löwenthal, 23. Februar 1861
   Abgesandter Brief 394
1185. (950 a) An Gustav Julius Junghann,
   31. Juli 1861 395

Untersuchungen und Erläuterungen 399
Literaturverzeichnis 526
Namenverzeichnis 566
Sachverzeichnis 596
Korrespondenzverzeichnis 606

Briefwechsel V (1862-18..
Na
9783050038223.3